BARBARA PIAZZA

# Die Frauen der Pasqualinis

*Buch*

Seine Liebe zu der Kaufmannstochter Sofia Marzone ist aussichtslos, und so packt der junge Steinmetz Stefano Pasqualini seine Gitarre und etwas Proviant auf sein Fahrrad und verlässt Neapel. Er hat gehört, dass es derzeit – es ist Frühjahr 1908 – Arbeit im Baugewerbe gibt, im fernen Berlin. Doch in dem schwäbischen Dorf Wisslingen lernt er die resolute rothaarige Anna Sailer kennen und lieben. Anfangs als »Zitronenschüttler« belächelt, zieht er mit Anna an der Seite ein erfolgreiches Bauunternehmen auf. Auch die Familie wächst: Bald haben die Zwillinge Peter und Paul und die Tochter Else das Licht der Welt erblickt. Dennoch gibt es immer wieder Anfeindungen gegen die »Sailer-Italiener«.

Als die Weimarer Republik in die geschichtliche Katastrophe taumelt, stürzt auch die Familie Pasqualini ins Unglück. Eines Tages steht Sofia, die ihren Mann und ihren Vater verloren hat, ganz in Schwarz gekleidet vor dem Haus in Wisslingen. Trotz eines heftigen Wortwechsels flammen schnell die alten Gefühle zwischen Stefano und Sofia wieder auf. Der Skandal ist perfekt …

*Autorin*

**Barbara Piazza** wurde 1945 in Eislingen/Fils geboren. Nach einer Verwaltungsausbildung hat sie über viele Jahre erfolgreich als Drehbuchautorin für viele Fernsehfilme und Serien gearbeitet. *Die Frauen der Pasqualinis* ist ihr erster großer Roman. Barbara Piazza ist verheiratet, hat zwei erwachsene Kinder und lebt mit ihrem Mann in Oberschwaben.

Barbara Piazza

# Die Frauen der Pasqualinis

Roman

blanvalet

*Meiner Urgroßmutter*
*Katharina Piazza gewidmet*

MIX
Papier aus verantwortungsvollen Quellen
FSC® C014496

Verlagsgruppe Random House FSC-DEU-0100
Das FSC®-zertifizierte Papier *Holmen Book Cream* für dieses Buch
liefert Holmen Paper, Hallstavik, Schweden.

1. Auflage
Taschenbuchausgabe Mai 2011 bei Blanvalet, einem Unternehmen
der Verlagsgruppe Random House GmbH, München.

Dieses Werk wurde vermittelt durch die Literarische Agentur
Thomas Schlück, Garbsen.
Umschlaggestaltung: HildenDesign, München
Umschlagmotiv: © mauritius images / Photo Alto – és collection
ED · Herstellung: sam
Satz: Uhl + Massopust, Aalen
Druck und Einband: GGP Media GmbH, Pößneck
Printed in Germany
ISBN: 978-3-442-37361-1

www.blanvalet.de

# PROLOG

## NEAPEL, SOMMER 1905

Sofia Mazone interessierte sich für die weltliche Liebe und das jenseitige Leben. Beides war eine logische Konsequenz ihres Lebensalters und ihrer Umgebung. Vor allem aber war sowohl das eine wie auch das andere hinter den Schleiern der Unwissenheit versteckt – und sie liebte Geheimnisse. Sofia war fünfzehn Jahre alt und befand sich seit eineinhalb Jahren im Klosterinternat der Franziskanerinnen von Neapel.

Die Luft in dem gewölbten Unterrichtssaal war trotz der dicken Mauern des alten Klosters stickig und schwül. Mit der Penetranz eines defekten Wasserhahns tröpfelten die Worte einer Heiligenlegende aus dem Mund der dürren, argwöhnischen Aufsichtsschwester Agneta und perlten an den Gedanken der acht jugendlichen Schülerinnen ab wie Regen an einer Fensterscheibe.

Sofia legte das feine Leinentuch beiseite, das in einigen Jahren ihr Ehebett schmücken sollte. Ihre Aufgabe war es, mit einem weißen Seidenfaden einen Hohlsaum anzubringen. Zum tausendsten Mal fragte sie sich erbittert, weshalb sie die Kunst des Weißnähens erlernen musste. Ihr Vater, der Reeder Archangelo Mazone, war in der Lage, Dutzende und Aberdutzende dieser Decken fertigen zu lassen, von Personen, die besser für solche Arbeiten geeignet waren als sie oder zumindest Spaß daran hatten.

Tante Serafina zum Beispiel verbrachte Nachmittage und Abende mit dieser idiotischen Beschäftigung. Sie setzte ihre Nadel wie ein Uhrmacher sein Werkzeug, jeder Stich eine absolute Kopie des vorherigen, und der Stumpfsinn des ganzen Unternehmens schien ihr nichts auszumachen. Sie sang oder plauderte dabei, nahm immer wieder ein Schlückchen Portwein aus ihrem geliebten venezianischen Glas und machte dennoch keinen einzigen Flecken.

Aufmüpfig betrachtete Sofia die eigenen unregelmäßigen Stiche und die Druckstellen ihrer schweißnassen Finger auf dem zarten Gewebe. Sie verwünschte ihre Familie, die darauf bestanden hatte, sie in die Schule der Franziskanerinnen zu schicken, um all das zu erlernen, was eine Tochter der neapolitanischen Oberschicht zur Führung eines Hauswesens benötigte.

*Angeblich* benötigte.

Denn natürlich diente dieser Internatsaufenthalt vor allem dem Zweck, eine kostbare spätere Heiratskandidatin eine Zeit lang vor den überall lauernden Gefahren der Verführung wegzusperren.

Außer dem Pater Superior, einem Greis von über siebzig Jahren, gab es in diesem Gefängnis, das sich Schule nannte, keinen einzigen Mann.

Doch genau das war es, was die jungen Damen in Wahrheit beschäftigte. In ihren Gesprächen und Gedanken erschufen sie, selbst noch während ihrer fünf täglichen Gebete, einen Ritter, der sie auf Händen trug und ihnen Rosen streute. Dem es an nichts, aber auch gar nichts gebrach, vor allem nicht an Schönheit und Charme.

In manchen Nächten aber, wenn etwas sie aus ihrem leichten Schlaf geweckt hatte und sie den Atemzügen der anderen drei Mädchen im Schlafsaal lauschte, dachte Sofia an das jenseitige Leben; an das, in welches ihre Mutter verschwunden war.

Den Nonnen nach befand sie sich dort in einem Zustand immerwährenden Glücks.

Sofia fragte sich oft, wie ein solches Glück beschaffen sein mochte. Denn immerhin war Carlota Mazone durch ihren Tod gezwungen worden, eine wichtige und unerledigte Aufgabe zu hinterlassen, nämlich sie, ihre Tochter Sofia.

Sofia vermisste die Mutter schmerzhaft, zumindest dann, wenn sie anderer Meinung war als Vater und Tante. Bei der Entscheidung für die Klosterschule war dies der Fall gewesen, und ihr Widerstand hatte angehalten bis zum heutigen Tage. Hätte eine Mutter ihr zur Seite gestanden, niemals wäre sie hinter diesen Klostermauern gelandet, dessen war sie sich sicher. Weswegen Sofia auch der Überzeugung war, ihr diesseitiges Unglück und das jenseitige umfassende Glück ihrer Mutter entspräche keiner gerechten Verteilung.

Aus diesen Gründen hatte Sofia auch ihre Zweifel an der Richtigkeit der göttlichen Vorsehung angemeldet. Doch die wenigen Versuche, mit ihrem Vater, mit Tante Serafina oder gar mit dem Pater Superior darüber zu sprechen, hatten nur zu blasphemischen Wutanfällen ihres Vaters, schicksalsergebenen Seufzern ihrer Tante Serafina und der Aufforderung des Paters Superior geführt, diesen lästerlichen Gedanken mit Rosenkranzgebeten zu begegnen

Sofia zog eine Grimasse. Sie spulte einen weiteren Seidenfaden von der Rolle, schnitt ihn ab, schob ihn zwischen die Lippen, benetzte das Ende mit Spucke, presste ihn gerade und führte ihn durch das Nadelöhr. Sie hatte noch mindestens eine Stunde zu nähen, bevor die Aufsichtsschwester das Buch zuklappen und die Schülerinnen zum Mittagstisch entlassen würde. Doch anstatt weiterzuarbeiten, stand sie auf und näherte sich der monoton lesenden Nonne.

»Darf ich mal austreten?«, flüsterte sie und schlug züchtig die

Augen nieder, damit Schwester Agneta die Lüge darin nicht erkannte.

Der Habicht, wie Schwester Agneta von den Schülerinnen genannt wurde, nickte leicht mit dem Schnabel, doch ein kurzes, verächtliches Heben der Augenbrauen machte Sofia klar, dass Agneta die Absicht durchschaute, es aber für unter ihrer Würde hielt, um die Notwendigkeit dieses Gangs mit ihr zu feilschen.

Erleichtert zog Sofia die Tür hinter sich zu und bummelte den langen, dämmrig-kühlen Kreuzgang hinab, der sich zu einem schattigen Innenhof öffnete.

Mit leichten Schritten ging sie über den gepflegten Rasen zu dem großen Brunnen, der den Mittelpunkt des sonst schmucklosen Gartens bildete. Rasch schob sie die langen Ärmel ihres Baumwollkleids hoch und hielt die Finger in die Wasserkaskaden.

Als sie sich wieder umdrehte, sah sie ihn.

Er hatte ungebärdige schwarze Locken, ein männlich-kantiges Gesicht mit einem schön geschwungenen Mund und einem energischen Kinn – und er war nackt bis zur Taille.

Unter der straffen, tief gebräunten Haut verbargen sich ausgeprägte Muskeln. Er sah aus, als ob er aus Bronze gegossen wäre, doch die Statue, die einen Moment lang ebenso erstarrt gewesen war wie Sofia, begann sich zu bewegen, sogar zu sprechen.

»Buon giorno, Signorina«, sagte der Fremde. »Wo, bitte, kann ich die Mutter Oberin finden?«

Sofia schluckte trocken.

»Die Oberin?«, fragte er, noch immer freundlich, aber nachdrücklicher.

Erstaunlicherweise hatte er blaue Augen, so blau wie das Tyrrhenische Meer an Sonnentagen, eine intensive, stählerne Bläue.

Sofia starrte ihn unverwandt an und fühlte plötzlich, wie

eine unbekannte Hitze durch ihren Körper schoss, die etwas zu schmelzen schien, von dessen Existenz sie bisher noch nichts gewusst hatte. Sie wandte sich um und rannte mit fliegenden Röcken zurück zum Kreuzgang.

Der junge Mann schaute ihr nach.

Die dunkelbraunen, glatten Haare flatterten wie eine Fahne im Wind. Das Mädchen hatte die Figur und die Bewegungen eines Kindes, und dennoch war es so weiblich wie keine der Frauen, die er bisher getroffen hatte. Auf der zarten Haut ihres Gesichts hatte das Leben noch keine Abdrücke hinterlassen, dennoch ahnte man bereits die Stärke und Leidenschaft der Frau, die sie später einmal sein würde.

Sie war etwas Besonderes, und plötzlich wusste er, wie er die Züge der steinernen Immaculata gestalten würde, die nach dem Willen der Oberin künftig die Säule in der Mitte des Brunnens zieren sollte.

Sofia rannte den langen Kreuzgang entlang, als ob der Leibhaftige hinter ihr her wäre, von dem Schwester Agneta manchmal im Flüsterton sprach. Neben der Tür des Unterrichtssaals blieb sie stehen und rang nach Luft. Sie lehnte sich mit dem Rücken an die Sandsteinwand, schloss die Augen und sah den Fremden noch einmal vor sich, deutlicher sogar als in den Sekunden der realen Begegnung. Sie versuchte, das Bild festzuhalten, bis sich ihr Atem wieder beruhigt hatte und die süße Hitze in ihr verebbt war. Dann öffnete sie die Tür und ging zurück zu ihrem Platz.

Schwester Agneta drehte nicht einmal den Kopf, sondern las unbewegt weiter. Sie wurde erst später aufmerksam, als Sofia eine ungewöhnliche Betriebsamkeit entwickelte.

Die Schwester stand auf und ging, mit dem Buch in der Hand und noch immer vorlesend, zum Arbeitstisch ihrer schwierigsten Schülerin. Sie ist intelligent, verhätschelt, kapriziös und unberechenbar, dachte sie und war sich dabei bewusst, dass dieses ungebärdige Füllen ihr mehr Freude bereitete als all die anderen, die sie in den vierunddreißig Jahren ihres Ordenslebens betreut hatte.

Sofia hatte den bereits genähten Saum aufgetrennt und war eben dabei, mit einem goldenen Faden neu zu beginnen.

»Was soll das?«, wollte Schwester Agneta wissen. Sie verabscheute zu heftigen Prunk und war der Auffassung, dass die goldene Garnrolle der Stickerei von Altardecken vorbehalten sein sollte.

»Ich habe es mir anders überlegt«, erwiderte Sofia lakonisch.

»Und warum?«

»Weil ich mich an diesen Tag erinnern möchte«, sagte Sofia, und in ihrer Stimme schwang ein seltsamer Unterton mit.

Schwester Agneta widmete den ersten goldenen Stichen einen nachdenklichen Blick. Sie fragte sich besorgt, was in den wenigen Minuten von Sofias Abwesenheit vorgefallen sein mochte, aber sie war erfahren genug, nicht in das Mädchen zu dringen. Wenn es etwas Wesentliches gewesen war, wovon sie ausging, würde diese fünfzehnjährige Heranwachsende es niemals einer Ordensfrau berichten, die sie als Habicht betrachtete.

# TEIL EINS

# NEAPEL – MÄRZ 1908

**1** Natürlich war es ein Vorwand, aber Sofia mochte Vorwände. Sie waren ihre einzige Chancc, das Haus zu verlassen und *den* Teil des Lebens kennenzulernen, der sich außerhalb der dichten Lorbeerhecke abspielte, die das Anwesen des Reeders Mazone umgab. Glücklicherweise war Tante Serafina nicht besonders streng, kein Vergleich zum unvergesslichen Habicht. Außerdem war dem Wunsch einer Tochter, das Grab ihrer Mutter aufzusuchen, schwer zu widersprechen.

Sofia suchte sich eine Schere und ging in den Garten, um ein paar der früh blühenden Rosen von den Sträuchern zu schneiden. Sie umwickelte die Blumen mit einem feuchten Lappen, legte sie in ihren Henkelkorb und machte sich auf den Weg zum Friedhof, der nicht allzu weit entfernt war.

Es handelte sich natürlich um keinen gewöhnlichen Friedhof, in dem ganz normale Menschen bestattet waren, sondern um Santo Michele, die Ruhestätte der oberen Zehntausend Neapels. Ein Platz, der die letzte Möglichkeit bot, die Bedeutung derer zu demonstrieren, die dort zum ewigen Schlaf gebettet waren.

Santo Michele war eine Totenstadt, in der jeder sein eigenes, möglichst pompöses Haus hatte. Es gab Einzel- und Familienstätten in Form von kleinen Kapellen, winzigen Palästen, Tempeln, Fantasiebauwerken und Grotten, dazwischen befanden sich ummauerte Podeste, auf denen Kreuze, Obelisken und

Engel, griechische und römische Göttinnen und Götter oder trauernde Fabelwesen zu sehen waren.

Sofias Mutter ruhte in einem Mausoleum, das wenige Wochen nach ihrem Tod erbaut worden war. Es war der Akropolis nachempfunden, und Sofia fand es ausgesprochen hässlich. Sie fragte sich manchmal, ob ihre Mutter mit dieser letzten Behausung einverstanden gewesen wäre, hätte man ihr das Bauwerk zeigen können, bevor sie das Zeitliche segnete. Leider hatte niemand eine solche Möglichkeit erwogen, was nicht verwundern konnte: Carlota Mazone war knapp zwanzig Jahre alt gewesen, als dieser bedauerliche Umstand eingetreten war; anlässlich ihrer Geburt im Übrigen, wie sich Sofia hin und wieder von Schuldbewusstsein gequält vorhielt. Es waren die Tage, an denen sie der Verschiedenen das allumfassende Glück im unbekannten Umfeld Gottes von Herzen gönnte.

Die Rosen hatten unter dem kurzen Weg nicht gelitten. Sofia wickelte sie aus dem Lappen und legte sie auf den gekalkten Kies vor dem Grabmal. Sie sprach ein kurzes Gebet, während sie ein weiteres Mal das Bild der unbekannten Frau betrachtete, das unter schützendem Glas in der Grabtafel versenkt war. Ihre verstorbene Mutter hatte das gleiche Oval des Gesichts, das dominiert wurde von lebhaften braunen Augen. Es war, wie das der Tochter, eingerahmt von einer Fülle dunkler Haare. Beide hatten sie die charakteristische schmale Nase der Scottis, deren volle Lippen – und vermutlich auch denselben Hang zum Eigensinn, denn die kleinen Grübchen im rechten Mundwinkel waren ebenfalls identisch. Es war wie ein Blick in den Spiegel.

Sofia fröstelte, obwohl der Morgen warm und freundlich war.

Sie drehte sich um, und das Wunder geschah erneut.

Da stand er, genauso, als ob er aus einem ihrer zahlreichen Träume gesprungen wäre.

Die Haare waren so lockig wie damals, ein klein wenig länger vielleicht. Um Wangen und Kinn lagen die dunklen Schatten eines Barts, der heute noch nicht rasiert worden war, und er war auch dieses Mal nackt bis zur Taille. In der rechten Hand hielt er einen mit Steinen gefüllten Eimer, was die Muskeln unter der braunen Haut noch stärker hervortreten ließ.

Sie musterten sich schweigend.

Dann verzog der Mann seinen schön geschwungenen Mund zu einem kleinen Lächeln und sagte, während er den Eimer abstellte: »Das Kind aus dem Kloster!«

Sofia war verblüfft.

Er hatte sie wiedererkannt, was bemerkenswert war. Immerhin war die Begegnung nur kurz gewesen, und knapp drei Jahre lagen dazwischen.

»Ich bin kein Kind mehr«, stellte Sofia trotzig klar.

Sein Lächeln vertiefte sich, und er sagte ein wenig belustigt: »Verzeihen Sie bitte, Signorina.«

»Bitte«, erwiderte Sofia ein wenig schnippisch und überlegte fieberhaft, wie diese Begegnung wohl zu verlängern wäre. Denn eigentlich war jetzt der gebotene Zeitpunkt, mit einem hochnäsigen Nicken an ihm vorbeizurauschen, wie es ihr Stand verlangte.

Andererseits, sie befand sich am Grab ihrer Mutter, und was eigentlich hatte *er* hier zu suchen?

»Ich bin damit beschäftigt, den Engel dort zu reparieren«, erklärte der Mann, als ob er ihre Gedanken lesen könnte, und deutete auf das Grabmal der Vicorettis, das sich schräg hinter dem der Mazones befand. Sofia erkannte jetzt auch den weinenden Engel, der, in zwei Teile zerbrochen, auf dem Boden neben der Grabplatte lag.

»Und wie machen Sie das?«, fragte Sofia verständnislos, mit einem Blick auf den Eimer. Vielleicht war der Engel ja innen hohl, und der Mann hegte die Absicht, ihn mit den Steinen aufzufüllen, damit er schwerer wurde und den Winterstürmen besser standhalten konnte.

»Mit Zement«, klärte Stefano sie auf.

»Und was ist mit den Steinen?«

»Die brauche ich für ein neues Podest!«

»Ah ja«, sagte Sofia und war sich darüber im Klaren, dass das Gespräch nun zu Ende war. Dennoch blieb sie stehen und fragte: »Und was haben Sie damals im Kloster gemacht?«

»Eine neue Brunnenfigur. Eine Madonna, eine Immaculata. Haben Sie sie noch nie gesehen?«

»Doch. Natürlich«, log Sofia rasch und errötete. Sie hatte nicht die Absicht, ihm mitzuteilen, dass sie wenige Wochen nach dem damaligen Zusammentreffen das Kloster vorzeitig verlassen hatte und nie wieder dort aufgekreuzt war. Es war einer ihrer zahlreichen Siege über den Willen ihres Vaters gewesen, die zwei schrecklichen Jahre um ein halbes zu kürzen. Keine einzige Nadel hatte sie seitdem mehr angerührt, selbst das Betttuch mit dem goldenen Saum hatte Tante Serafina fertigstellen müssen.

Der halb nackte Mann balancierte vorsichtig über den engen Pfad zwischen den Gräbern, dann stellte er den Eimer erneut ab und schaute Sofia auffordernd an. Es dauerte einen Moment, bis diese begriff, dass sie dem Mann den Weg blockierte, wenn er vermeiden wollte, über die Grabflächen zu stapfen.

Verlegen machte sie einen Schritt rückwärts, strauchelte und fiel in die Gedenkstätte der Cuccis.

»Haben Sie sich verletzt?«, fragte er, während er sie aus dem Hortensienstrauch zog, der glücklicherweise ihren Aufprall abgemildert hatte.

»Nein«, flüsterte Sofia.

Sie war völlig benommen. Nicht etwa, weil sie besonders

erschrocken gewesen wäre. Es war die Nähe des Mannes, die Kraft seiner Arme, die Berührung seiner Hände, der unbekannte Duft, der seiner Haut entströmte, und das Blau seiner Augen, die sie besorgt musterten.

In diesem Moment beschloss sie herauszufinden, wer er war. Sie hatte drei Jahre von ihm geträumt und konnte es nicht zulassen, dass er aufs Neue aus ihrem Leben verschwand.

## 2

An einem Sonntag Mitte März gab es, obwohl die vorösterliche Fastenzeit bereits begonnen hatte, mit Spinat und Käse gefüllte Ravioli, in Weißwein gedünsteten Barsch mit Trüffeln, paniertes Hühnchen und als Nachspeise Panna cotta, eine Spezialität der Köchin Gloria. Als Archangelo Mazone dazu ein Glas seines bestgehüteten Südweins spendierte und Sofia dabei nicht überging, war klar, dass er etwas im Schilde führte.

»Du bist jetzt bald achtzehn Jahre alt, Sofia«, sagte er bedeutungsvoll.

Schlagartig wurde Sofia bewusst, dass das edle Mahl die Ouvertüre für eine böse Oper gewesen war.

»Ich habe nicht die Absicht, Sandro zu heiraten«, erklärte sie deswegen rasch, um allen Darlegungen und Begründungen zuvorzukommen.

Archangelo Mazone, ein stattlicher Mann von fünfundvierzig Jahren mit einer dichten eisgrauen Mähne, betrachtete seine einzige Tochter mit einem Lächeln, in dem Anerkennung und Belustigung gleichermaßen lagen.

Die Kleine hatte einen scharfen Verstand und eine ungewöhnlich rasche Auffassungsgabe. Das wusste er, seitdem sie sich artikulieren konnte – und die Franziskanerinnen hatten diesen Eindruck bestätigt. Allerdings auch die Kehrseite der guten Eigenschaften.

»Sofia ist nur mit äußerster Behutsamkeit zu lenken«, hatte es die Mutter Oberin höflich umschrieben.

Die Wahrheit war, dass Sofia einen ausgesprochenen Dickschädel hatte.

Archangelo unterdrückte einen Seufzer, aber er wusste aus Erfahrung, dass Umschweife nichts nützten.

»Du wirst es tun, mein Schatz«, sagte er deshalb bestimmt.

»Papa!«, schrie Sofia zornig und setzte sich in Kampfposition. »Du kannst nicht von mir verlangen, dass ich diesen alten, versoffenen Mann heirate, nur weil seine und deine Grundstücke aneinandergrenzen!«

»Es werden später einmal auch *deine* Grundstücke sein, mein Kind!«

Und wir brauchen sie dringend, hätte er am liebsten noch hinzugefügt. Wie sonst sollen wir die neuen Hallen bauen, die unsere Reederei dringend benötigt, wenn sie im Wettbewerb überleben will?

Aber er wusste, dass er sich diese Erklärungen sparen konnte. Kein einziges Argument wäre schlagkräftig genug, um seine Tochter doch noch davon zu überzeugen, dass Sandro Orlandi ein passender Ehemann sei. Es half nur die väterliche Autorität.

»Tante Serafina!«, sagte Sofia laut und fordernd. »Du kannst doch nicht erlauben, dass er mich … *verkauft!*«

Serafina Mazone presste die Lippen zusammen und schaute auf den Goldrand der hundert Jahre alten Porzellanteller. Ihre Nichte tat ihr von Herzen leid, aber sie sah nicht die geringste Chance, ihren Bruder von dieser Idee abzubringen. Ganz abgesehen davon, dass sie die Notwendigkeit seiner Überlegungen einsah.

Sofia konnte den Gesichtsausdruck ihrer Tante so deutlich lesen wie die Zeilen in einem offenen Buch.

»So ist das also«, murmelte sie grimmig.

Es handelte sich um keinen Prozess, in dem es noch möglich war, ihre Interessen zu verteidigen, sondern bereits um die Verkündung des Urteils.

»Ich werde ins Kloster gehen«, sagte sie entschlossen.

Der Reeder verbiss sich ein Lächeln. Er hatte nichts anderes erwartet.

»Sie werden dich nicht nehmen, Sofia. Kein Orden der Welt!«

Sofia suchte den Blick ihres Vaters, und sie erkannte den ehernen Willen darin, für den er bekannt war. Sie selbst hatte noch selten damit Bekanntschaft gemacht; viele bisherige Probleme hatten mit Tränen, Bitten und Charme zu ihren Gunsten gelöst werden können.

Doch diese Angelegenheit war, wie Sofia jetzt begriff, nicht mehr verhandelbar.

»Dann bringe ich mich um«, stieß sie trotzig hervor.

»Das wirst du nicht«, erwiderte Archangelo ruhig.

Er hätte diese Befürchtung tatsächlich gehegt, wenn Sofia gewesen wäre wie die meisten anderen Mädchen ihres Alters: albern und oberflächlich. Da sie aber in beträchtlichem Maß intelligent war, würde sie nach dem Verrauchen des ersten Zorns nicht nur die Macht des Geldes begreifen, sondern auch die Kostbarkeit des Lebens erkennen. Sie würde sich der Verpflichtung beugen, durch ihre Heirat das zu erhalten und zu vermehren, was acht Generationen der Mazones aufgebaut hatten.

Wieder einmal begann Archangelo, mit dem Schicksal zu hadern, das ihm den erwünschten Sohn vorenthalten hatte. Ein Umstand, an dem nichts mehr zu verändern war, denn ein Sturz vom Pferd hatte ihn wenige Monate nach dem Tod seiner geliebten Frau derart beschädigt, dass er nicht mehr fähig war, ein weiteres Kind zu zeugen. Glücklicherweise war er dennoch in der Lage, die Freuden der Liebe zu genießen, wovon er rege Gebrauch machte. Eine weitere Heirat aber lag nicht in seiner Absicht. Wozu auch? Niemand konnte den Hausstand besser verwalten als seine Schwester Serafina und dies, ohne unnötige Ansprüche zu stellen oder großes Interesse an ihrer Person einzufordern.

Er war ein Mann in den besten Jahren, er gedachte noch einige Jahrzehnte zu leben, und zwar *sehr gut* zu leben. Dass die Reederei florierte, war die Bedingung dafür und die geplante Heirat das Mittel, dies zu realisieren. Er konnte darüber grübeln, wie er wollte: In diesem Fall war es unmöglich, auf Sofias Wünsche Rücksicht zu nehmen.

## 3

Immer wieder in dieser Nacht schlich Serafina Mazone den Flur entlang und lauschte vor der Zimmertür ihrer Nichte.

Sie hatte verzweifeltes Weinen erwartet und war willens zu trösten und ihr gut zuzureden. Immerhin hatte sie dieses Kind aufgezogen, als ob es ihr eigenes wäre. Doch Trost und Zuspruch schienen weder nötig noch ratsam. Stunden über Stunden vernahm Serafina die wütenden Schritte, mit denen Sofia das Zimmer durchmaß, hörte kurze, zornig ausgestoßene Worte und Sätze hinter der verschlossenen Tür. Beinahe hätte sich die besorgte Tante durch einen Aufschrei verraten, als lautes Poltern und Krachen die nächtliche Stille störte. Sofia hatte in ihrer trotzigen Auflehnung den Ständer mit der Waschschüssel umgestoßen – und dies vermutlich nicht zufällig. Erst gegen Morgen trat Ruhe ein.

Archangelo Mazone staunte nicht schlecht, als seine Tochter zur gewohnten Stunde am Frühstückstisch Platz nahm.

Sie war blass und hatte feine blaue Schatten um die Augen, aber sie wirkte erstaunlich gefasst.

»Ich möchte die Überschreibung unseres Landguts auf meinen Namen«, forderte sie. »Und außerdem ein Konto, über das ich ohne die Zustimmung eines Ehemanns verfügen kann!«

Archangelo war verblüfft. Er hatte weitere Vorwürfe befürchtet.

»Und welche Summe stellst du dir vor?«

Sofia sagte es ihm.

Die Kleine war alles andere als bescheiden.

»Man sollte nie etwas unter Wert verkaufen, hast du mir beigebracht«, sagte sie, als sie die steile Falte sah, die über seiner Nasenwurzel erschienen war.

Ein Lächeln huschte über das Gesicht des Reeders. Er hatte sich nicht geirrt: Sie war eine echte Mazone. Dann nickte er bedächtig.

»Gut. Ich bin einverstanden!«

Sofias Mund kräuselte sich triumphierend. Sie hatte mit Widerstand gerechnet. Doch die nächsten Worte ihres Vaters ernüchterten sie rasch.

»Du sollst beides haben, aber erst an deinem dreißigsten Geburtstag. Nur dann früher, wenn ich vorher versterben sollte. Dann gehört dir ohnehin alles!«

»Und warum erst, wenn ich dreißig bin?«

»Weil ich genau weiß, was sonst geschehen würde. Du würdest dich sofort nach der Hochzeit auf das Landgut zurückziehen und deinen Ehemann zu einem Ehemann auf dem Papier degradieren.« Archangelo hob die Stimme und machte seine Tochter mit der Quintessenz seiner Überlegungen bekannt: »Du wirst aber *das* tun, was notwendig ist und ich von meiner einzigen Tochter erwarten darf. Du wirst Sandros Kinder gebären und, auch wenn unser Name mit mir endet, dafür sorgen, dass das Blut der Mazones weiter den Hafen beherrscht, denn das *wird* es. Die Mazones sind stark und schlau, während die Orlandis schon immer eine Sippe von weißem Blut und trübem Geist waren. In der Natur aber siegt das Starke über das Schwache – und du bist das Instrument, dies zu bewirken!«

Sofia presste die Lippen zusammen. Sie wusste, dass dies sein letztes Wort war – und sie wusste auch, dass sie keine Wahl hatte. Wie und wovon sollte sie leben, wenn sie sich dieser Hochzeit verweigerte? Die zerlumpten, ausgemergelten Frauen im Hafen oder im Spanischen Viertel fielen ihr ein, die sie im Vorüberfahren manchmal aus den Kutschenfenstern gesehen hatte. Sie wohnten in zerfallenden, stinkenden Häusern, und Tante Serafina hatte ihr erzählt, dass ihre Ehemänner sie regelmäßig verprügelten, obwohl sie ständig neue Kinder erwarteten und gebaren. Kinder, die schwach waren, weil sie nicht ausreichend ernährt werden konnten, und die schneller starben als in der Villa Mazone die Fliegen.

Nach einer langen Pause sagte Sofia schließlich: »Es bleibt mir wohl nichts anderes übrig!« Trotzig schaute sie auf ihre verschlungenen Finger. Dann aber hob sie den Blick: »Da wäre allerdings noch etwas!«

Archangelo begann ärgerlich zu werden. Er hatte nicht vor, weitere Zugeständnisse zu machen.

»Es handelt sich um Mutters Grabmal. Ich finde es schändlich und geschmacklos!«

Für einen Moment verschlug es dem Reeder die Sprache.

»Es ist von Berlucci«, sagte er – und zu seinem Ärger klang es wie eine Entschuldigung.

»Es gefällt mir aber nicht«, beharrte Sofia. »Ich möchte selbst eines entwerfen!«

»Du?« Wie kam das Kind nur auf eine derart abwegige Idee?

»Ich gehe sehr oft dorthin, und jedes Mal stört mich der Anblick. Bitte, Papa. Ich hatte noch nie eine Gelegenheit, etwas für meine Mutter zu tun.«

Ihre Stimme wurde kindlich und klagend, als sie hinzufügte: »Und ich denke, *das* zumindest wirst du mir gestatten müssen, bevor du mich *wegschickst!*«

Augenblicklich verspürte Archangelo eine Welle von Scham. Er liebte seine Tochter, auch wenn er es nicht erlauben konnte, dass diese Liebe seine Vernunft überwältigte.

»Wenn dir das so wichtig ist«, murmelte er mit gepresster Stimme. »Was immer dir gefällt – lass es anfertigen!«

»Danke, Papa«, sagte Sofia so demütig, dass es ihm erneut einen Stich ins Herz versetzte und er dachte, dass es ihm völlig gleichgültig sein konnte, welche Monumente sich über der Grube erhoben, wenn er erst einmal an der Seite seiner verstorbenen Frau lag.

## 4

Stefano stand in dem Schuppen, den sein Vater, der Steinmetz Cesare Pasqualini, als Werkstatt benutzte.

Sie hatten den gleichen Beruf, doch nicht dieselben Absichten. Cesare hatte nie Anstalten gemacht, seinem hehren Vornamen entsprechend etwas zu verändern oder gar erobern zu wollen. Er war stets zufrieden gewesen mit dem, was ihm zugedacht war: die handwerklichen Unterweisungen seines Vaters, die Übernahme des kleinen Geschäfts, dessen wahrer Vorzug der Standort neben dem Friedhof Santo Michele war, in dem die vornehmen Familien Neapels bestattet wurden, und schließlich Maria, die Tochter des Fischers, die nur drei Häuser entfernt wohnte und über erwähnenswerte Kochkünste verfügte.

Danach fertigte er willig all die Grabmale und steinernen Balustraden an, die bei ihm bestellt wurden, hin und wieder auch einmal eine Brunnenfigur.

Schon mit vierzehn Jahren hatte Stefano dies alles genauso gut gekonnt wie sein väterlicher Lehrmeister. Dennoch wollte er sich nicht mit dem Erlernten begnügen. Er wollte ein Baumeister werden.

Es war damals nicht leicht gewesen, seinen Vater, vor allem aber seine Mutter, davon zu überzeugen, wie wichtig es für ihn war, an die Bauhütte nach Rom zu gehen.

»Schuster, bleib bei deinen Leisten«, tönte Maria Pasqualini, die von den Lastern gehört hatte, die diese große Stadt beherrschten, und insgeheim um die Seele ihres Lieblingssohns fürchtete.

Und sein Vater hieb in die gleiche Kerbe: »Warum bist du nicht zufrieden? Du bist ein tüchtiger Steinmetz!«

Es war das höchste Lob, das er seinem Ältesten jemals gezollt hatte.

Stefano aber wollte kein Friedhofssteinmetz bleiben. Und der geniale Funke, der notwendig gewesen wäre, um sich der Bildhauerei zuzuwenden, war nicht vorhanden. Die wenigen Skulpturen, die von ihm stammten, hatten zwar stets seine Kunden zufriedengestellt, doch sie waren, dessen war sich Stefano früh bewusst gewesen, Handwerksarbeit und keine Kunst.

Immer mehr spürte er, dass seine Neigung und wahre Begabung auf einem anderen Felde lag: Sein Traum war es, *Gebäude* zu ersinnen und zu erbauen.

Es war ein langes und hartes Ringen gewesen, doch Stefano hatte sich behauptet.

In Rom hatte er alles gelernt, um sich einen Baumeister nennen zu dürfen: die Grundlagen der Architektur, der Statik und der Kunst, Steine zu setzen und nicht nur zu mauern. Er verstand sich darauf, Böden – sogar in Mustern und Ornamenten – zu legen, und hatte auch in der Stuckatur Übung gewonnen.

»Stimmt alles«, pflegte sein Vater zu sagen, wenn davon die Rede war. »Doch was hat es dir genützt, mein Sohn?«

Das war leider die Wahrheit, denn die Bauhütte hatte sich aufgelöst, und eine neue Stelle in Rom war nicht zu finden gewesen. Die Zeiten waren schlecht und wurden täglich schlechter, weshalb es gut war, das Geld in den Sparstrumpf zu stecken.

Es war immer dasselbe Gerede, aber der Klerus, der Adel und die reiche Bürgerschaft Roms schienen plötzlich an diese Parolen zu glauben und zeigten wenig Lust, neue Bauten in Angriff zu nehmen oder die alten zu renovieren. Außerdem fand sich, falls tatsächlich einmal eine Position frei wurde, stets ein Sohn, Bruder, Neffe oder Cousin eines römischen Architekten oder Baumeisters, dem der Vorzug gegeben wurde. Vor gut drei Jahren war Stefano nichts anderes übrig geblieben, als nach Neapel zurückzukehren.

Im kleinen Betrieb seines Vaters jedoch gab es nicht immer Arbeit für alle drei männlichen Pasqualinis. Man darbte zwar nicht, doch war der Gewinn nicht so hoch, um drei Familien davon ernähren zu können. Nicht zuletzt aus diesem Grunde waren sowohl Stefano wie auch sein Bruder Roberto noch immer unverheiratet.

Außerdem wurde Stefano argwöhnisch von seinem jüngeren Bruder beobachtet, der in dessen Augen von ihrem Vater bevorzugt wurde. Stefano hingegen war der Auffassung, dass Roberto, der Nachgeborene, sich auch anderwärts nach einer Arbeit umsehen könnte, was der Ertragslage des Geschäfts eindeutig zugutekommen würde. Doch Roberto war träge und sich des Schutzes der Mutter gewiss, die gleich einer Glucke all ihre Kinder um sich versammelt haben wollte.

Nicht selten kam es aus diesen Gründen zu Spannungen zwischen den Männern. Cesare Pasqualini wusste insgeheim genau, dass Robertos Vorwürfe zutrafen, denn Stefano war nicht nur der bessere Fachmann, sondern auch zuverlässiger. Allerdings zeigte sein Ältester, nachdem er aus Rom zurückgekehrt war, einen eigenen Kopf und pflegte diesen auch durchzusetzen, wenn er der Überzeugung war, dadurch ein besseres Ergebnis erzielen zu können.

Wenn Cesare aber etwas nicht ertragen konnte, so waren es oppositionelle Reden und Handlungen in seiner Werkstatt. Und noch war es die seine; er hatte auch nicht die Absicht, daran in den nächsten zwei Jahrzehnten etwas zu ändern. Wer bei ihm arbeiten wollte, hatte sich zu fügen und zu begnügen, ob er nun Stefano oder Roberto hieß.

Maria Pasqualini fungierte in diesem immer wiederkehrenden Spiel als Schiedsrichterin und Schlichterin. Wenn die Spannungen in der Werkstatt überhandzunehmen drohten, griff sie in ihre Trickkiste und verwies auf ihr schwaches Herz. Sie legte sich ins Bett, verweigerte die Nahrung und stöhnte zum Steinerweichen, so lange, bis die gemeinsame Sorge um ihre Gesundheit die Männer wieder miteinander versöhnte.

Gina, mit dreizehn Jahren die jüngste der Pasqualinigeschwister, hatte sich anfangs sehr über die regelmäßig eintretenden Herzattacken erschrocken. Doch mit weiblicher Intuition war sie ihrer Mutter rasch auf die Schliche gekommen und unterstützte talentiert Marias Theatervorstellungen.

Was nichts daran änderte, dass die Unzufriedenheit in Stefano gedieh wie ein Krebsgeschwür. Denn Stefano wollte kein Befehlsempfänger und Ausführender mehr sein, er wollte gestalten.

Während der langen Winterabende entstanden kühne und stolze Gebäude vor seinem geistigen Auge; Bauwerke, die seine Lehrherren in Rom vor Neid hätten erblassen lassen. Und er, der Baumeister Stefano Pasqualini, übergab in seinen Träumen die Schlüssel dieser Häuser den künftigen Bewohnern, in schwarzem Gehrock und Lackschuhen, wie es die Sitte erforderte.

Stefano wurde jäh aus seinen Gedanken gerissen, als sich die Werkstatttür öffnete. Verblüfft starrte er auf die Welle von auberginefarbenem Tuch, die zuerst sichtbar wurde und zu einem glockigen Mantel gehörte, wie sich gleich danach herausstellte.

Die zierliche Person, die er bekleidete, trug einen farblich passenden, modischen Strohhut mit weitem, geschwungenem Rand, der ihr Gesicht ins Halbdunkel rückte. Doch Stefano hatte sie sofort erkannt.

Signorina Mazone schenkte ihm jedoch keinerlei Aufmerksamkeit. Zielstrebig ging sie auf den ältesten der anwesenden Pasqualinis zu, wobei ihr Mantelsaum über den Boden fegte und den Steinstaub aufwirbelte.

»Sind Sie der Steinmetz Pasqualini?«

Cesare nickte. »Der bin ich.« Er war erstaunt. So lange er zurückdenken konnte, war es noch nie passiert, dass eine junge Dame der besseren Gesellschaft in seiner Werkstatt erschienen war – und dies ohne jegliche Begleitung.

»Ich komme wegen eines neuen Grabmals für meine Mutter«, sagte Sofia rasch, denn sie deutete den Gesichtsausdruck des Steinmetzen richtig.

»Mein Vater ist leider verhindert, und meine Tante, die mich hierherbegleitet hat, fühlt sich nicht wohl und musste draußen in der Kutsche bleiben!«

Cesare Pasqualini nickte mit geheucheltem Verständnis, obwohl ihm das Verhalten der jungen Frau dennoch sonderbar erschien.

»Ich habe eine Skizze angefertigt. Eine laienhafte natürlich. Aber ich denke, Sie haben Spezialisten für so etwas, zumindest hat man mir das berichtet, als ich neulich die Brunnenfigur im Franziskanerinnenkloster bewundert habe!«

Sie nestelte einen Zettel aus ihrer Manteltasche und legte ihn vor Cesare auf die Werkbank.

Stefano, der ebenso wie sein Bruder Roberto näher gekommen war, schaute seinem Vater über die Schultern.

Er sah sofort, worum es sich handelte. Das Kind, das keines mehr war, hatte Pergamentpapier über die Abbildung einer griechischen Skulptur gelegt und mit einem Kohlestift die Umrisse nachgefahren. Die Wiedergabe der Gesichtszüge und des weiblichen Körpers war grob, dilettantisch und zeugte von der Ungeduld der Kopistin.

Stefano verbiss sich ein Lächeln, denn sein Vater war der jungen Frau bereits auf den Leim gegangen und sagte: »Ich denke, das wäre ein Auftrag für meinen ältesten Sohn hier! Er hat erst kürzlich eine ähnliche Figur fertiggestellt, die sich drüben in unserem Ausstellungsareal neben der Friedhofsmauer befindet. Oder hatten Sie bereits Gelegenheit, diese zu sehen?«

»Nein«, log Sofia, ohne auch nur eine Spur zu erröten, und blickte Stefano zum ersten Mal an diesem Tag in die Augen.

Cesare sah sich veranlasst, präziser zu werden. »Sie wurde für das Grab der Sadis bestellt und wird in den nächsten Tagen dort aufgestellt werden.«

»Meine Mutter war eine Scotti, und dies sollte man ihrem Grabmal auch ansehen«, sagte Sofia mit einem Anflug von Hochmut. Die Sadis waren eine Familie, die noch keine zwei Generationen in Neapel ansässig war, und sie hatten, wie man munkelte, osmanische Vorfahren.

»Außerdem, das alte Mausoleum muss abgerissen werden, und ich habe natürlich auch meine Pläne, wie das Podest gestaltet werden soll!«

»Natürlich, natürlich«, pflichtete Cesare ihr bei, obwohl ihm das alles andere als »natürlich« erschien angesichts des Alters dieser Person. Hoffentlich war sie wenigstens in der Lage, ihre Allüren zu finanzieren. Er wollte diese Zweifel schon vorsichtig formulieren, doch Sofia schien seine Gedanken erraten zu haben und fiel ihm ins Wort. »Die Kosten spielen keine Rolle«, erklärte sie entschieden – und *dies* zumindest entsprach der vollen Wahrheit.

»Dann schlage ich vor, mein Sohn Stefano bringt Sie hinüber ins Kontor, und Sie erläutern ihm Ihre Vorstellungen!«

Sofia nickte. Der Vorschlag von Vater Pasqualini deckte sich absolut mit dem, was ihr vorschwebte. Sie raffte ihre Röcke und wollte schon zur bezeichneten Tür gehen.

»Wir müssen allerdings auf einer angemessenen Vorauszahlung bestehen«, sagte Cesare rasch, denn die junge Dame erschien ihm von abenteuerlichem Naturell, und Menschen dieser Spezies waren in der Regel unstet und hatten bald neue Interessen und Einfälle, was sie die alten vergessen ließ.

Sofia blieb stehen und zog eine Börse aus der Tasche ihres Mantels.

»Wie viel?«, fragte sie, und ihr Ton war jetzt ganz der ihres Vaters.

Cesare erschrak und reduzierte die Summe, die er zu nennen beabsichtigt hatte, rasch um ein Viertel.

Sofia legte das Geld nachlässig auf die Werkbank und rauschte an Stefano vorbei, der zuvorkommend die Tür ins Kontor aufhielt und mit ihr dort verschwand.

»Sachen gibt es«, meinte Cesare kopfschüttelnd, als er sicher war, dass sie ihn nicht mehr hören konnte, »die gibt es gar nicht!«

»Wen schert es«, erwiderte Roberto, der das Geld überprüft und festgestellt hatte, dass es mehr war, als sein Vater verlangt hatte.

Im Kontor nebenan führten Sofia und Stefano lebhafte Diskussionen über die Gestaltung des neuen Grabmals. Als sie über eine Stunde später endlich handelseinig geworden waren, begleitete der junge Baumeister die Kundin hinaus zu der wartenden Kutsche.

Der Kutscher war auf seinem Bock eingenickt, was Stefano veranlasste, an seiner Stelle die Tür der Kutsche zu öffnen und der jungen Dame auf den Tritt zu helfen. Er stellte dabei fest, dass das Innere der Kalesche vollkommen leer war. Die an Übelkeit leidende Tante schien sich in Luft aufgelöst zu haben oder zu Fuß nach Hause gegangen zu sein, was Stefano für ziemlich unwahrscheinlich hielt.

5 Das Hochzeitsdatum war auf den 29. April festgelegt worden, den Festtag der heiligen Katharina von Siena. Sie sei, wie Archangelo versicherte, bereits zu ihrer Heiligsprechung im Jahr 1461 die besondere Schutzpatronin der Mazones gewesen und werde der künftigen Ehe, schon durch die Wahl des Termins, ihren besonderen Segen verleihen.

Serafina Mazone, welche die Familiengeschichte so gut kannte wie niemand zuvor, war bei ihren vielfältigen Recherchen noch nie auf Indizien für diese Behauptung ihres Bruders gestoßen. Doch auch ihr war klar, dass die Eile, mit der Sofias Verehelichung herbeigeführt werden sollte, einer vernünftigen Begründung bedurfte. Die einzig wahre nämlich, dass mit dem Bau der Werfthalle noch in diesem Jahr begonnen werden sollte, war zu profan, als dass sie ausgesprochen werden durfte. Täglich prüften der Reeder und seine Schwester sorgsam Mimik und Laune der jungen Braut. Sie fürchteten, ob mit dem Rückzug der Einwilligung, mit Kapriolen oder noch Schlimmerem zu rechnen sei. Doch Sofia schien sich in ihr Schicksal ergeben zu haben. Sie zeigte sich sogar bereit, zusammen mit Serafina die Listen des Hochzeitsguts zu überprüfen, noch Fehlendes zu notieren und ihrem Vater diese Notizen in regelmäßigen Abständen zum Ordern zu übergeben. Auch ließ sie sich willig herbei, mit der Schneiderin das Brautkleid zu besprechen, abmessen zu lassen und mehrmals anzuprobieren.

Dass die bevorstehende Eheschließung aber Sofias Gemüt über alle Maßen beschäftigte, war an ihrem mangelnden Appetit zu bemerken und an einer nie zuvor beobachteten Erschöpfung.

Während sie früher in den Stunden nach dem Mittagsmahl Vater und Tante, die sich zur wohlverdienten Siesta begeben wollten, mit Anfragen und Anliegen belästigt hatte oder gar in Lärm erzeugende Aktivitäten verfallen war, zog sie sich in diesen Wochen ebenso wie die anderen in ihr Zimmer zurück, um einen ausgedehnten Nachmittagsschlaf abzuhalten.

Es war am frühen Nachmittag des 25. April, als Sofia den bereits präparierten Korb schnappte.

Aus dem Zimmer ihrer Tante drangen sanfte, aus dem Schlafzimmer ihres Vaters rasselnde Schnarchgeräusche. Sofia lauschte jeweils nur einen kurzen Moment, dann huschte sie die Dienstbotentreppe hinab und verschwand durch die Hintertür. Schon seit frühester Kindheit wusste sie, dass auch das Personal der Mazones die Siesta der Herrschaft benutzte, um von der Arbeit des langen Morgens auszuruhen.

Sie fand das Loch in der Lorbeerhecke, das sie inzwischen etwas erweitert hatte, und drückte sich vorsichtig durch die Sträucher. Zwei Minuten später hatte sie die Straße erreicht. Sie rückte den Hut zurecht, zog den Schleier übers Gesicht und spannte den Sonnenschirm auf.

Der Spaziergang dauerte nicht länger als zehn Minuten, dann

schlüpfte sie durch eine Seitenpforte der Friedhofsmauer, die hier von einer kleinen Kirche unterbrochen wurde. Zielstrebig marschierte sie über die schmalen Wege und Tritte und konnte in weiteren drei Minuten die Baustelle auf dem Grab ihrer Mutter erkennen.

Stefano hörte Sofias Schritte auf dem Kiesweg, bevor er ihr gestreiftes Baumwollkleid zwischen den Monumenten entdeckte. Sie sah aus wie eines der vielen Kindermädchen oder eine der Erzieherinnen, die in den umliegenden Villen der Reichen beschäftigt waren. Stefano hatte längst begriffen, dass genau dies ihre Tarnung war.

Er hatte auch alles andere begriffen.

Die Kleine hatte sich in ihn verliebt. Es war die einzig vernünftige Erklärung dafür, was sie zu all diesen Aktionen veranlasst haben konnte.

»Ich habe kaltes Hühnchen mitgebracht und Zitronenkuchen«, verkündete Sofia fröhlich und zog das Leinentuch von ihren Schätzen im Korb.

»Danke«, erwiderte Stefano hilflos und fragte sich, wohin das alles noch führen werde.

Tatsächlich war er überrascht gewesen von dem großzügigen Angebot einer täglichen Mahlzeit und hatte die Lieferung durch einen Diener erwartet. Er hätte nie gedacht, dass Sofia Mazone ihm das Essen persönlich bringen würde und auch noch an diesen freudlosen Ort. Er nahm den Korb und ging zu der Stelle direkt hinter der Mauer, an der es angenehm schattig war.

Dort, im Sichtschutz einiger Thujabüsche, breitete Sofia mit routinierter Selbstverständlichkeit eine Decke auf den Boden und packte, wie an jedem Arbeitstag in den letzten zwei Wochen, die Zutaten für ihr gemeinsames Picknick aus.

Stefano hatte anfangs einen heftigen Lachreiz verbergen müssen, als er die goldgeränderten Porzellanteller sah, auf die sie die Speisen verteilte. Sie hatte sogar jedes Mal Becher aus Kristallglas dabei, die sie mit kühlem, bernsteinfarbenem Wein füllte, den sie in einem verschlossenen Tonkrug transportierte.

»Perfekt«, sagte Stefano und ließ sich am Rand des Tuchs im moosigen Gras nieder.

Er griff nach einer Hühnerkeule und schlug seine Zähne in das zarte Fleisch. Dabei sah er ihr zu, wie sie sich ebenfalls setzte, und registrierte die Mühe, die ihr das machte. Es musste an den Dingen liegen, die sich *unter* ihrem Gouvernantenkleid befanden.

Stefano war sechsundzwanzig Jahre alt, und er hatte durchaus Erfahrungen mit den Frauen. Er war achtzehn gewesen, als er nach Rom gegangen war, und sein Trieb verlangte längst nach den Dingen, welche die Pfaffen verteufeln wollten. Die römischen Dirnen, die in der Nähe der Bauhütte lebten, versicherten ihm, er habe einen Körper wie ein junger Gott. Und sie lehrten ihn bald, ihnen göttliche Freuden damit zu bereiten.

Seitdem er aus Rom zurückgekommen war, ging er regelmäßig zu Rosita, der Witwe des Hufschmieds. Eine ganze Anzahl der jungen Männer, die er kannte, besuchten Rosita, die ihnen das Warten auf die Freuden des heiligen Ehestands vergnüglich abzukürzen verstand. Mit Sofia jedoch war es etwas anderes. Solche Dinge mit ihr zu tun war undenkbar. Es war überhaupt alles undenkbar und unglaublich, sogar das, was derzeit gerade stattfand. Stefano nahm sich täglich vor, ihr dies zu sagen, da sie es offenbar nicht selbst erkennen konnte. Doch fiel ihm diese Absicht jedes Mal erst wieder ein, nachdem sie davongehüpft war.

Sie war die Tochter des Reeders Archangelo Mazone, eines Mannes, der für jeden Neapolitaner ein Begriff war. Es gab keine Brücke, die von der Werkstatt des Steinmetzen Pasqualini zur Villa der Mazones führte – und der umgekehrte Weg war genauso unmöglich. Diese Friedhofspicknicke mussten ein Ende haben, auch wenn er Sofia, wie er sich eingestand, jeden Tag ungeduldiger erwartete, und dies keineswegs nur der Nahrung wegen. Stefano neigte nicht dazu, sich etwas vorzumachen. Schon das sonderbare Kind im Kloster hatte ihn fasziniert.

Das Weib aber, zu dem es sich inzwischen entwickelt hatte, reizte seine Sinne und rührte sein Herz. Obwohl sie, wie sie bewiesen hatte, eine selten eigensinnige Person war, ging etwas von ihr aus, das einen bisher unbekannten Beschützerinstinkt in ihm weckte. Er hätte sie, wann immer er sie ansah, in die Arme schließen, sie davontragen und in eine Burg bringen mögen, in der sie vor allem Bösen der Welt in Sicherheit war. Wobei ihm gleichzeitig bewusst war, dass sie diese Burg bereits bewohnte, dass ihr Vater über alle Maßen in der Lage war, sie zu beschützen, und dass die einzig reale Gefahr, die ihr drohte, von ihm selbst ausging.

Er beschloss, die Sache in Angriff zu nehmen.

»Sie dürfen nicht mehr hierherkommen, Sofia«, sagte er und nahm einen großen Schluck Wein aus dem gläsernen Becher.

»Und warum nicht?«

»Es schickt sich nicht. Ihre Familie weiß nichts von diesen … *Besuchen*, oder?«

»Nein.«

»Sie würde sie auch nicht billigen, da bin ich mir sicher.«

»Das bin ich auch!«

»Warum tun Sie es dann?«

Kaum hatte er es ausgesprochen, wurde ihm klar, welch ein Fehler das gewesen war. Die falsche Formulierung. Jetzt konnte er nur noch auf ihre jungfräuliche Scham hoffen, doch Sofia war nicht zu bremsen.

»Weil ich Sie sehen möchte«, erklärte sie prompt.

»Sofia«, sagte Stefano und griff, ohne dass es ihm bewusst war, nach ihrer Hand.

»Sie haben einen Ruf zu verlieren und eine Zukunft. Irgendwann werden Sie einen Mann Ihrer sozialen Klasse finden. Eine Freundschaft zwischen uns ist unmöglich!«

»Ich will keine Freundschaft. Und ich werde in drei Tagen Sandro Orlandi heiraten!«

Stefano starrte sie an. Er konnte nicht glauben, was sie da sagte.

»Doch, es ist wahr«, versicherte Sofia, die den Zweifel in seinen Augen erkannte.

Das Blut begann in Stefanos Kopf zu klopfen, als er die Konsequenz dieser Worte begriff. Was bildete die Kleine sich ein, wer sie war? Wer er war? Was *überhaupt* bildete sie sich ein, tun zu können?

Er packte sie am Kinn und zwang sie, ihn anzusehen. Doch in ihren Augen sah er weder Frivolität noch Neugier, die Lust zu ergründen, sondern die Tränen des Kindes, das sie einmal gewesen war.

»Es ist nicht so, wie du denkst«, flüsterte sie unglücklich.

»Wie ist es dann?«

»Ich liebe dich«, gestand sie mit zitternder Stimme. »Ich liebe dich von dem Moment an, als ich dich zum ersten Mal gesehen habe. Ich kann es nicht erklären, aber ich habe immer an dich gedacht!«

»Ich habe auch an dich gedacht, manchmal zumindest«, erwiderte Stefano und erschrak, denn er hatte nicht vorgehabt, ihr einmal zu sagen, wie sehr ihn die Begegnung im Klosterhof berührt hatte und wie er über diese Kindfrau nachgedacht hatte, als er versuchte, der steinernen Immaculata deren Züge zu verleihen.

Es waren damals die gleichen Empfindungen gewesen wie heute, nur nicht so drängend und ausgeprägt.

Eine Träne benetzte die Mulde zwischen seinem Daumen

und der restlichen Hand, die immer noch auf der weichen Wange Sofias lag. Es war, als ob dieses Tröpfchen Nass alles beiseiteschwemmte, was sich jemals an Vernunft in seinem Kopf befunden hatte. Er ließ seine Rechte dort, wo sie war, umfasste mit der Linken ihre schmale Taille und zog sie an sich. Er fühlte das Fischbein unter dem Baumwollstoff, und darunter spürte er die Wölbung ihres Busens.

Sofia seufzte unter seinem Kuss und flüsterte etwas, das er nicht verstand, doch sie öffnete dabei die Lippen. Gegen seinen Willen, so als ob sie nicht ein Teil von ihm wäre, schlüpfte seine Zunge in ihren Mund. Einen Moment lang spürte er ihr Erschrecken, danach aber beugte sie den Kopf eine Idee weiter nach hinten und antwortete ihm, erst zögernd, doch bald schon mutiger und hungriger.

Die Leidenschaft schoss ihm wie ein Feuerstrahl in die Lenden, und er kam erst wieder zur Besinnung, als sie sich zu wehren begann.

»Nein«, sagte sie bestimmt. »So will ich es nicht!«

Und danach erfuhr er, wie sie sich alles vorstellte.

Sie sagte es ihm, während sie mit zitternden Händen die Knöpfe des Gouvernantenkleids wieder schloss und ihre Haare in Ordnung brachte. Sie nannte ihm den Tag, die Stunde und den Weg. Sie kippte die Speisereste unter die Thujabüsche, sammelte Decke, Geschirr, Gläser und Tonflasche wieder in ihren Korb und erklärte ihm, dass sie ihn vorher nicht mehr besuchen konnte.

Danach verschwand sie in den Schatten der Friedhofskirche und ließ ihn in totaler Verwirrung zurück.

Wie sich bald zeigte, meinte Sofia es ernst mit ihrer Ankündigung. Sie erschien nicht am nächsten Tag und auch nicht am übernächsten, dem letzten vor der geplanten Hochzeit.

Stefano versuchte, die ziehende Sehnsucht, die er wie einen körperlichen Schmerz empfand, durch rastloses Arbeiten zu vertreiben.

Am Abend lag er mit schmerzenden Gliedern im Bett, doch an Schlaf war nicht zu denken. Der Appetit verließ ihn nahezu gänzlich, und seine Mutter, erschrocken über seine dunklen Augenringe, begann, sich um seine Gesundheit zu sorgen.

Er strich durch die Gegend, besah sich die Docks, die Hallen und Kontore der Reederei Mazone, begegnete dabei sogar dem Reeder, als er den Hof überquerte. Er schlenderte an der Villa Mazone vorbei und konnte von Weitem erkennen, wie eine Dame mittleren Alters – es handelte sich wohl um Sofias Tante – die Verladung diverser Kisten in einen Planwagen überwachte. Von Sofia war nichts zu sehen.

Am Mittag des fraglichen Tags war er sicher, dass er es tun würde.

Er ging zum Meer, an die felsige Uferstelle, an der seine Freunde und er an warmen Tagen kopfüber ins Meer sprangen, um zu schwimmen und zu tauchen. Lange schaute er auf die bewegten stahlblauen Wellen und bedachte die Konsequenzen. Nach mehr als einer Stunde erhob er sich, schüttelte den Sand von seiner Hose und machte sich auf den Weg.

**6** Sofia lag so still in den Kissen, dass er sich erschrocken über sie beugte. Doch sie war nicht tot, sondern so warm und lebendig, dass sie den süßen Wahnsinn ein drittes und letztes Mal zusammen erleben konnten.

Als Stefano sich aufrichtete, um sich endlich von ihr zu trennen, entdeckte er im fahlen Schein des ersten Lichts das Blut. Auf dem makellosen Weiß des Leintuchs hatte es einen dunklen Flecken hinterlassen. Angst fiel ihn an wie ein Tier, angesichts der Ungeheuerlichkeit dieses Beweises.

Sofia, die spürte, wie er erstarrte, legte die Arme um seinen nassgeschwitzten Hals, vergrub ihre Finger in seinen dichten schwarzen Locken und zog ihn zurück in ihre Wärme. »Es tut mir nicht leid«, sagte sie mit fester Stimme und lauter, als die Situation es vertrug. »Nicht ein winziges bisschen!«

Stefano drückte seine Lippen an ihren Hals und fühlte ihr Herz pochen.

Es schlug beharrlich und entschlossen, als ob es die Sünden, die sie in dieser Nacht begangen hatten, nie gegeben hätte. Stefano war geneigt, die Finger an den eigenen Puls zu legen, um festzustellen, ob auch sein Organismus einfach wieder auf normal umgestellt hatte, was er für ausgeschlossen hielt. Er fühlte sich wie beim Tauchen im Meer, wenn er sich immer noch ein paar Schwimmzüge mehr abgerungen hatte, um dann, unmittelbar vor der drohenden Ohnmacht, wieder an die Oberfläche zu stoßen.

Was Sofia betraf, so war er noch unter dem Wasserspiegel. Er gestand sich zwei weitere Sekunden zu, bevor er endgültig den Rausch gegen die Wirklichkeit einzutauschen bereit war. Dann aber stand er auf und griff nach seinen Kleidern.

Sofia lag gekrümmt und in einer ungewollt lasziven Haltung auf dem Betttuch, das sonderbarerweise mit goldenen Stichen gesäumt war. Während Stefano sich ankleidete, betrachtete er sie. Ihre Brüste waren formvollendet und voll, fast zu schwer für ihre sonst so zierliche Figur. Seine Augen folgten dem Schwung ihrer Hüfte, ihres wohlgeformten Schenkels und des einen Beins, das unter dem Tuch hervorragte. Er erwartete Schmerz oder zumindest Bedauern darüber, dass es das erste und letzte Mal war, sie in dieser Weise betrachten zu können, doch er blieb völlig gefühllos.

Ein Muster von perlmuttfarbenen Streifen fiel jetzt durch die angelehnten Fensterläden auf das Bild des freundlich lächelnden Schutzengels, das über Sofias Bett hing. Es war Zeit zu gehen, allerhöchste Zeit, das war das Einzige, was er denken konnte. Es füllte ihn von den Haarspitzen bis zu den Zehen aus, dieses Denken, und er war wütend über die Mechanik seiner Vorsicht. Doch Sofia war eine Mazone, und diese Nacht war verboten und unerhört.

»Wirst du morgen dabei sein?«, wollte Sofia wissen.

»*Soll* ich es denn?«

Sofia überlegte einen Moment, dann nickte sie.

»Ja«, stieß sie trotzig hervor. Doch Stefano wusste, dass ihr Nachdenken darüber nur vorgegeben war. Sie hatte sich das überlegt, genauso wie die Sache mit der heutigen Nacht.

»Sag bitte kein Wort mehr«, flüsterte sie jetzt, und ihre Stimme kündigte bereits die Tränen an, die sie gleich weinen würde.

Stefano nickte. Vorsichtig öffnete er die dunkelgrün gestrichenen Fensterläden. Der Weg hinaus musste ein anderer sein als der, den er gekommen war.

Sofia setzte sich auf. Ihre glatten, langen Haare legten sich wie ein dunkler Schleier um Kopf und Schultern. Sie hob den rechten Arm und strich sich eine Strähne aus dem Gesicht. Mit der Gewissheit seines ganzen Seins wusste Stefano, dass es genau dieses Bild war, das mit ihm gehen würde.

»Mach es gut«, sagte er mit belegter Stimme, und Sofia wurde wütend.

»Hau ab«, schrie sie wild. »Geh endlich, du Idiot!« Danach erschrak sie und starrte ihn ängstlich an. Trotz seiner wachsenden Nervosität musste er lächeln. Sie sah süßer aus als jemals zuvor, aber sie war unberechenbar, wenn Emotionen sie packten.

Er schwang sich auf die Fensterbrüstung, stieß sich ab und

sprang nach unten, in die dichten Verzweigungen der Lorbeerhecke.

Sofia hörte das Knacken und hielt für ein paar Sekunden den Atem an. Doch es passierte nichts. Das Personal ihres Vaters hatte noch eine knappe Ruhestunde vor sich, bevor die Arbeit des Tages begann. Und die Idee, dem Haushund Chicca am späten Abend Biskuits in den Napf zu füllen, den sie bis knapp unter den Schüsselrand mit Papas bestem Portwein aufgegossen hatte, schien sich bewährt zu haben. Jetzt, wo sie allein war, hörte sie aus dem Flur das trunkene Schnarchen des Tieres.

Sofia sank in die Kissen zurück und starrte zur Decke.

Sie gab keinen Laut von sich, als sie endlich zu weinen begann.

In zwei Wochen würde sie achtzehn Jahre alt werden, doch sie war überzeugt davon, dass sie soeben aufgehört hatte zu leben.

Lange lag sie unbeweglich, nur die Tränen rannen über ihre Wangen.

Dann aber drängte sich in ihrem Kopf ein Gedanke in den Vordergrund, der auf sie wirkte wie Wasser auf einen müden Wanderer in der Wüste. Sie dankte im Nachhinein Schwester Habicht, die ihr die jesuitische Philosophie nahegebracht hatte. Danach war es falsch, eine Sache nur *bis zum Ende* zu überlegen. Man musste über den Schluss hinausdenken, wenn man bestehen wollte.

## 7

Der Weihrauch des Hochamts hing noch in der Luft und kämpfte mit dem penetranten Duft der Lilien, die in verschwenderischer Fülle die Kirche zierten. Archangelo Mazone hatte keine Kosten gescheut, die Hochzeit seiner einzigen Tochter zu einem Ereignis werden zu lassen. Sofia hasste Lilien, sie hasste diese Hochzeit, und sie hasste den Mann, der neben ihr stand und sie gleich fragen würde, ob sie ihn lieben und ehren, mit ihm in guten und schlechten Tagen und bis zum Tod vor Gott in Treue verbunden sein wolle.

Ihr Blick ging hoch zu dem großen romanischen Kreuz, zu diesem Gott, der sein dunkles, ruhiges Gesicht zur Seite gedreht hatte, zu *Sandros* Seite, genauer gesagt, und weg von ihr.

Er hatte ja recht damit. Zweifellos war sie eine Betrügerin und würde diese Kirche mit einem Meineid auf dem Gewissen verlassen, aber: Hatte man ihr vielleicht eine Wahl gelassen?

Das Areal der Reederei Mazone und die Ländereien der Orlandis grenzten aneinander, *das* war der ausschlaggebende Faktor für diese wunderbare Hochzeit.

Sofia war sicher, dass die Idee, diese Parzellen durch Eheschließung zu vereinen, bereits bei ihrer Geburt entstanden war. Und immer wichtiger wurde, je mehr die Jahre zeigten, dass Sofia das einzige Kind des Reeders bleiben würde.

Sie drehte sich zu ihrem Bräutigam und sah in sein Gesicht, das sich in knapp vierzig Lebensjahren gerundet hatte und vom vielen Weingenuss gezeichnet war. Sie erinnerte sich an ihr Toben, an ihre Drohungen, sich etwas anzutun, als Archangelo das erste Mal von dieser geplanten Ehe gesprochen hatte. Sie war damals sechzehn gewesen. Doch ihr Vater hatte nur laut gelacht. »Ich kenne dich, cara mia«, hatte er gesagt. »Du bist ein Teufel, aber ein Teufel, der klug zu denken vermag. Und viel zu eitel ist, um sich zu schaden. Nicht den kleinsten Kratzer wirst du dir beibringen, der dein Gesicht weniger hübsch erscheinen ließe!«

In regelmäßigen Abständen hatten sich diese Unterredungen wiederholt, so oft, bis Sofia sich in dem Glauben gewiegt hatte, dass es bei diesen verbalen Attacken ihres Vaters bleiben würde.

Doch es war ein Fehler gewesen, so zu denken. Genauso, wie

es ein Fehler ihres Vaters gewesen war, sie offen und unverfroren zum Werkzeug seiner Geschäftspolitik zu erklären, sie zu einer Sklavin zu machen, die dazu verdammt war, Sandros Kinder zu gebären. Jedenfalls hatte sie letztendlich keinerlei Skrupel verspürt, die wirkliche Liebe kennenzulernen, wenn auch nur für eine einzige Nacht.

Plötzlich nahm Sofia die eigentümliche Stille wahr, und ihre Gedanken kehrten zum Hier und Jetzt zurück. Sie bemerkte Sandros erstaunt aufgerissene Augen und den fordernden Blick des greisen Pfarrherren, der alle Sakramente gespendet hatte, die Sofia bisher zuteilgeworden waren. Er räusperte sich und stellte seine Frage ein zweites Mal.

»Ja«, sagte Sofia jetzt mit klarer Stimme. Es klang nicht sehr gottergeben, und Sofia hoffte inständig, dass alle die Kampfansage verstanden hatten. Zwar hatte man sie gezwungen, ein Grundstück zu heiraten und ihren Körper zur Verfügung zu stellen, doch ihr Geist war frei und unverkäuflich.

Widerlich leicht und geschmeidig fand der goldene Reif, den Sandro ihr jetzt an den Finger steckte, den Platz, der ihm zugedacht war.

Sofia nahm den zweiten Ring vom Silbertablett des Ministranten und schob ihn über Sandros weichen, weißen Ringfinger. Er versank darin wie ein Stein im Meer. Als sie aufsah, entdeckte sie ihn endlich. Stefano Pasqualini stand im Halbdunkel der Taufkapelle und war kaum wahrzunehmen, doch sein Umriss war ihr so vertraut, dass ihr Herz sich schmerzhaft zusammenzog. Dann aber lächelte Sofia, das erste Mal während der ganzen Zeremonie.

8 Stefano begann, die Säcke zur Seite zu räumen, die er über das Fahrrad gebreitet hatte. Dann betrachtete er das Gefährt, für das er fast sein ganzes erspartes Geld ausgegeben hatte. Es war nicht neu, das hätte seine Möglichkeiten überstiegen, aber es war in keinem schlechten Zustand. Vermutlich hatte ein reicher Dandy es ausprobiert und bald wieder beiseitegelegt, um sich einem neuen Spielzeug zuzuwenden.

Stefano hatte es bereits zwei Tage zuvor, am Tag der Hochzeit Sofias, von allem festgeklebten Schmutz und Staub befreit. Er hatte Fahrgestell und Felgen poliert, bis sie glänzten wie Silber. Dennoch hatte es keine Sekunde gegeben, in der er nicht daran hatte denken müssen, wie die Frau, die er liebte, in den Armen dieses Sandros liegen würde, beim Tanz und schlimmer noch, in der Nacht, die dem Tanzen folgte. Es war die Nacht gewesen, in der Stefano so viel aus der bauchigen Grappaflasche seines Vaters getrunken hatte, dass er auf dem harten Lehmboden des Schuppens eingeschlafen und erst im Morgengrauen mit trockener Zunge, schwerem Kopf und stechendem Magen wieder erwacht war und sich sofort zu übergeben begann. Doch nur grünliche Galle hatte sein Körper hervorgewürgt. Die Liebe zu Sofia war wie ein wucherndes Geschwür in seinem ganzen Leib, in seinem Herzen, vermutlich sogar in seiner unsterblichen Seele und quälte ihn tausendmal mehr als die Rache des Alkohols.

Knarrend öffnete sich die Tür, und der runde, rotwangige Kopf Maria Pasqualinis erschien in der Öffnung. Stefano erhob sich und versuchte sich so zu platzieren, dass sein Körper das bereits bepackte Fahrrad weitgehend verdeckte, doch er sah am Gesicht seiner Mutter, dass es ein zweckloses Unterfangen war.

»Du gehst also wieder weg«, sagte sie. Es war eine Feststellung, keine Frage.

»Ja«, erwiderte Stefano und verlagerte das Gewicht auf den rechten Fuß, denn aus Erfahrung wusste er, dass nun ein unendlicher Schwall von Worten und Argumenten über ihn ausgeschüttet würde. Doch erstaunlicherweise sagte seine Mutter nichts. Sie musterte ihn lange mit einem sonderbaren Gesichtsausdruck. Dann nickte sie und meinte: »Es wird das Beste sein!«

Stefano spürte, dass er errötete, und Zorn flammte in ihm auf.

»Du bist sechsundzwanzig Jahre alt und ein Mann«, sagte Maria begütigend. Es klang, als ob sie sich für seine Röte entschuldigen wollte. »Aber eine Mazone bleibt eine Mazone, selbst wenn sie einen Orlandi heiratet. Es wäre der Ruin von uns allen, wenn du hierbliebest!«

»Woher …«, setzte Stefano an, doch Maria hob entschieden die Hand und sagte mit einer fast mitleidigen Ironie in der Stimme und so, als ob es die Antwort aller Antworten wäre: »Ich bin deine Mutter!«

Dann machte sie zwei Schritte auf ihn zu und zeichnete mit dem Zeigefinger ein rasches Kreuzzeichen auf seine Stirn. Erst jetzt sah Stefano die Tränen in ihren Augen. Doch sie drehte sich bereits wieder um und zog die Tür hinter sich zu.

Stefano meinte, die Berührung noch auf seiner Stirn zu fühlen, den schwachen Duft nach Olivenöl, Hefe und Thymian, das Parfüm, das seine ganze Kindheit begleitet hatte.

Als er den bitteren Geschmack in seinem Gaumen spürte, trat er heftig mit dem Fuß gegen die Tür. Das helle Licht des Tages sprang herein und ließ das polierte Metall der Lenkstange des Fahrrads triumphierend aufblitzen.

Stefano hob den Kopf und schaute nach Osten. Es war noch sehr früh am Morgen, und bläulicher Dunst lag über Wasser und Land, aber es würde ein schöner Tag werden.

Spontan beschloss er, seinen Lieblingsplatz aufzusuchen und ein letztes Mal den Sprung von den Felsen zu wagen. Das Meer war eiskalt zu dieser Jahreszeit, aber er brachte es nicht fertig, sich davonzumachen, ohne sich noch einmal darin bewegt zu haben.

9 Sofia genoss noch einen kurzen Augenblick das Nest aus Satindecken, in das sie sich gewickelt hatte, dann öffnete sie die Augen und drehte sich nach rechts. Zu ihrer Erleichterung war der Platz neben ihr leer. Es fiel ihr ein, dass Sandro davon gesprochen hatte, früh zu den Weinbergen reiten zu wollen, mit denen die Orlandis ihren Reichtum begründet hatten. Oder waren es die Olivenhaine gewesen? Egal, jedenfalls war er weg.

Sie setzte sich auf und zog die Knie ans Kinn. Es war der dritte Tag ihrer Ehe, doch bereits jetzt war bewiesen, dass ihre Vorstellung davon richtig gewesen war. Sandros Umarmung in der Hochzeitsnacht war so viel Wein vorausgegangen, dass es ihr keine Mühe bereitet hatte, den kleinen Betrug zu bewerkstelligen. Ihre Tränen hatte ihr Ehemann für die Folgen der jungfräulichen Schmerzen gehalten, doch sie waren nichts anderes gewesen als ein Protest ihres Körpers gegen Sandros ungeschicktes Bemühen. Sie hatte die Zähne fest zusammenbeißen müssen, um nicht laut Stefanos Namen zu rufen. Immerhin versuchte Sofia gerecht zu bleiben: Es war nicht Sandros Schuld, dass sie ihn nicht lieben konnte. Sie beschloss, ihm wenigstens eine *freundliche* Gattin zu sein, mehr konnte sie einfach nicht bieten.

Dann hopste sie aus dem Bett, goss aus dem bereitgestellten Krug Wasser in die Schale und begann mit der Morgentoilette.

Gut, sie hatte geschworen, treu zu sein. Doch niemand verbot es, nicht einmal der Katechismus oder die Zehn Gebote, Stefano zu *sehen*. Sie wurde auf der Stelle fröhlicher und begann, ein kleines Lied zu summen, als sie ihr langes dunkelbraunes Haar bürstete.

Das Problem, an welchem Ort sie Stefano die nächsten Monate antreffen könnte, war geregelt. Niemand, und am wenigsten ihre fromme Schwiegermutter Odilia Orlandi konnte sie dafür schelten, die Messe besuchen zu wollen – und anschließend das Grab ihrer Mutter. Die Sache mit dem Mausoleum war zwar eine zeitlich begrenzte Lösung, aber danach würde ihr eine andere Möglichkeit einfallen, Stefano zu treffen, da war Sofia sich sicher. Trällernd öffnete sie die Schranktür und entschied sich für ein luftiges Kleid aus taubenblauem Batist.

**10** Stefano liebte seine Familie, und er liebte die Stadt, in der er geboren worden war. Er liebte das Meer, das Land, seinen Duft und den milden Wind, der an diesem Maimorgen sanft über ihn hinwegstrich, als er die Tür des Schuppens öffnete, um all dies für immer hinter sich zu lassen.

Ihm war klar, dass er sich weder von seinem Vater noch von seinen Geschwistern verabschieden konnte. Er durfte dort nicht das intuitive Verstehen erwarten, das seine Mutter bewiesen hatte.

Vorsichtig trug er das Fahrrad bis vor das Tor. Erst dort schwang er sich auf den Sattel und trat in die Pedale. Mit jeder Umdrehung der Räder versuchte er, die Fesseln der Sehnsucht und des Heimwehs abzustreifen, die ihn bereits quälten, noch ehe er eine nennenswerte Strecke zurückgelegt hatte.

Bald passierte er die verwitterten Mauern des Friedhofs Santo Michele, hinter denen die begonnene Arbeit lag. Es würde nun wohl die Aufgabe seines Vaters werden, das Grabmal der Mazones fertigzustellen, Roberto hatte zu wenig Geschick für die komplizierte Konstruktion.

Unvermittelt bremste Stefano ab.

Sofia, es war wirklich Sofia, stand in der Toröffnung neben der Kirche. Ihre Haare waren unter der dunklen Haube verborgen, die ihren neuen Stand klarmachen sollte. Sie war ein wenig blass, aber ihre Augen leuchteten.

»Ich habe schon gedacht, du kommst nicht mehr«, sagte sie anstelle einer Begrüßung. Ein wenig spöttisch verzog sie die Mundwinkel und fügte hinzu: »Wenn du in diesem Tempo weitermachst, werden wir uns noch sehr oft sehen können, bevor das Mausoleum beendet ist!«

Stefano verbiss sich ein Stöhnen. Es war genau das, was er befürchtet hatte. »Sofia«, sagte er und dachte, dass seine Stimme klang wie die seiner Mutter, wenn sie seiner Schwester Gina eine ihrer kindlichen Einbildungen ausreden wollte. »Wir waren uns darüber einig, dass es aufhören muss, bevor ein Unglück passiert.«

»Ja. Aber ich habe mir überlegt, es wird kein Unglück passieren. Wir leben in derselben Stadt, du arbeitest für meine Familie, und wir werden uns immer mal wieder sehen. Nur sehen, verstehst du. Das ist keine Sünde!«

In ihrer Stimme schwang so viel herzzerreißende Auflehnung mit, dass Stefano die Lenkstange umklammerte, als ob sie in der Lage wäre, ihm Halt zu geben.

»Es ist unmöglich«, sagte er mit gepresster Stimme.

Sofia starrte ihn an. Er konnte ihr doch nicht allen Ernstes die letzte Hoffnung nehmen, welche die Trübsal ihrer erzwungenen Ehe wenigstens hin und wieder unterbrechen konnte: ihn anzuschauen. In seiner Nähe zu sein. Die Vertrautheit zu spüren. Die Erinnerung zu pflegen.

»Ich werde dich auch in Rom finden«, verkündete sie trotzig, auch wenn sie keine Ahnung hatte, wie sie dies bewerkstelligen sollte.

»Ich gehe nicht nach Rom!«

Sofia schaute ihn ungläubig an. Dann aber brach sich ihr Temperament Bahn. Sie verließ den Sichtschutz des dämmrigen Kircheneingangs, warf ihre Arme um seinen Hals und begann zu schreien: »Ich werde dich nie loslassen, Stefano, niemals!«

Stefano blickte sich hastig um, doch glücklicherweise war niemand zu sehen.

»Sei vernünftig, Sofia, bitte«, drängte er sie und zog energisch ihre Hände von seinen Schultern. Archangelo Mazone war nicht nur reich und einflussreich, er war ein Mann von Grundsätzen. Sein Zorn würde auch vor seiner einzigen Tochter nicht haltmachen.

Stefano trat einen Schritt zurück, was zur Folge hatte, dass sein Fahrrad klappernd zu Boden fiel.

Jetzt erst bemerkte Sofia seine Gitarre, die er oben auf das Reisegepäck gebunden hatte.

»Nach Rom hast du sie nie mitgenommen«, sagte sie prompt.

Stefano schwieg. Er wusste, dass er ihr von seiner Furcht erzählt hatte, im unsicheren Rom könne man ihm das geliebte Instrument stehlen.

»Was hast du vor?«, verlangte sie zu wissen, und Stefano war klar, dass nichts und niemand sie von diesem Ort wegbringen konnte, bevor er diese Frage beantwortet hatte.

»Ich gehe nach Deutschland«, bekannte er schließlich. »Ein Freund, den ich aus Rom kenne, hat erfahren, dass es dort Arbeit für einen Baumeister gibt!«

Ganz vorn in der Straße, von den Villen her, hörte Stefano jetzt eine Pferdekutsche. Rasch bückte er sich nach dem Fahrrad. Ein spitzer Pflasterstein hatte eine Kerbe in den Ledersattel geritzt.

»Wirst du mir schreiben?«, fragte Sofia und bemühte sich, das Zittern ihrer Knie zu beherrschen.

»Aber dein Mann …«

»Schreib meiner Tante Serafina. Sie wird mir den Brief geben. Versprich es mir«, beschwor Sofia ihn eilig, denn auch sie hatte jetzt das Trappeln der Pferdehufe vernommen.

Stefano nickte.

Unvermittelt umklammerte sie seine Oberarme und krallte ihre Finger in sein Fleisch, sodass es trotz des dichten Gewebes seiner Leinenjacke schmerzte. Sie sagte es leise, aber mit einer solchen Eindringlichkeit, dass es dramatischer klang als jeder Schrei: »Irgendwann werden wir zusammen sein, ich *spüre es*, Stefano!« Sie hielt einen Moment lang den Atem an und stieß dann hervor: »Du wirst keine andere Frau lieben können, niemals!«

Es klang wie Verheißung und Fluch zugleich.

Und dann, um jeder Erwiderung Stefanos zuvorzukommen, drehte sie sich um und ging mit schnellen, entschlossenen Schritten von ihm weg. Stefano schaute ihr nach. Ihr taubenblauer Rock wippte hinter ihr her. Dann öffnete sie das Portal der kleinen Friedhofskirche und verschwand darin.

Mit Gerassel fuhr die geschlossene Kutsche an ihm vorüber. Das Pferd rechts im Geschirr hob, ohne aus dem Tritt zu kommen, den Schwanz und verlor zwei schwarz-grüne Äpfel. Einer davon traf genau auf die Spitze von Stefanos Schuh. Er kickte ihn beiseite und musterte den feuchten Flecken, den er hinterlassen hatte. Seine Mutter war der Ansicht, so etwas bringe Glück, doch Stefano glaubte nicht an solche Ammenmärchen.

Er war sich des Wagnisses seiner Reise ebenso bewusst wie der Unmöglichkeit zu bleiben.

Vermutlich hätte er den Schritt aus der Werkstatt des Vaters heraus trotz allen innerlichen Aufbegehrens nie gewagt ohne die Sache mit Sofia. Jetzt aber blieb ihm keine andere Wahl – und er hatte es gewusst, bevor es geschehen war.

Er kontrollierte den Sitz des Bündels, des Kochtopfs und der Gitarre. Vom Hafen her hörte er das Horn eines auslaufenden Schiffs.

Ein letztes Mal grüßte er den lang gezogenen Bergrücken mit dem Kegel des Vesuvs, der im Osten hinter ihm lag und Bucht und Stadt zu umarmen schien. Dann schwang er sich erneut in den Sattel, trat in die Pedale und nahm Kurs auf die nördliche Vorstadt.

Zitronen schaukelten zwischen weißen Blüten an den Bäumen der Gärten, ein handtellergroßer bläulicher Schmetterling, wie Stefano ihn noch nie gesehen hatte, schwebte vor ihm über die Straße, und der Lieferant einer Bäckerei warf ihm, mit Blick auf sein Reisegepäck, gut gelaunt ein zu klein geratenes Brot zu.

Stefano fing es geschickt auf und rief einen Dank über die Schulter. Das Brot war noch warm und schmeckte zart nach Anis.

Vielleicht würde er irgendwann doch noch ein Glück finden können, dachte er mit dem Optimismus seiner jungen Jahre, es gab der Glücke ja viele – und nicht alle davon trugen weibliche Vornamen.

**11** Sofia verbrachte die folgende Zeit in einer seltsamen Trance. Sie konnte sich bewegen, es gelang ihr auch zu sprechen, zu essen und ihren neuen Pflichten nachzukommen. Bisweilen erschien sie sogar heiter, doch irgendwie hatte diese Sofia nichts mit der wirklichen zu tun. Diese nämlich stand noch immer in der kleinen Friedhofskirche und versuchte zu verstehen, was geschehen war. Die Tatsache anzunehmen, dass Stefano sie verlassen hatte.

Niemand bemerkte das Vorhandensein zweier Sofias, nicht einmal Tante Serafina, die jede Woche einmal zum Tee erschien.

Da sie nichts wirklich interessierte, bemerkte die wahre Sofia auch nicht das Ausbleiben der monatlichen Regel. Erst in der siebten Woche ihrer Ehe wurde sie sich dessen bewusst.

Es war, als sie zum zweiten Mal den Frühstückstisch verlassen musste, nachdem Sandro sein Messer gezückt hatte, um mit einem genüsslichen Schlag die Kuppe des Frühstückseies vom Rest zu trennen. Eine der Sofias begann heftig zu würgen, worauf ein derart befriedigtes Schmunzeln um die dünnen Lippen Odilia Orlandis erschien, dass *beide* Sofias begriffen, worum es sich handelte, und sich ins Ehebett flüchteten.

»Ich bin ja so glücklich«, erklärte Sandro, dem seine Mutter die freudige Vermutung mitgeteilt hatte, noch ehe das Ei verschlungen war, und küsste Sofia begeistert auf ihre bleiche Wange.

»Ich bin es auch«, murmelte die eine Sofia und schloss erschöpft von der Rebellion ihres Magens die Augen.

Bis zu diesem Tage hatte sie niemals auch nur einen Anflug von Reue verspürt, was die Nacht mit Stefano betraf. Ganz im Gegenteil, ihr ganzes Sinnen und Trachten war es, die Erinnerung daran zu hegen und zu pflegen und all das, was in der Wirklichkeit geschah, aus ihrem Bewusstsein fernzuhalten. Endlich wurde sich Sofia ihrer Schizophrenie bewusst und begann einzusehen, dass ihr nichts anderes übrig bleiben würde, als sich der Realität zu stellen. Gleichzeitig mit dieser Einsicht und der Wiedervereinigung ihrer beiden Identitäten erschien, wie im biblischen Menetekel, ein riesiges Fragezeichen vor ihrem geistigen Auge: War der Vater des Kindes, das sie erwartete, ihr Ehemann oder war es Stefano Pasqualini?

Ein paar Tage lang wurde Sofia von Albträumen gequält, und sie erwog ernstlich, sich ihrem Beichtvater anzuvertrauen. Dann aber, eines Nachts, fasste sie den Entschluss, diese Frage in den hintersten Winkel ihres Herzens zu verbannen. Niemand außer ihr wusste von der Liebesnacht mit Stefano, nicht einmal Tante Serafina ahnte etwas davon. Folglich war mit niemandes Vorwurf oder gar Anklage zu rechnen. Als sie diese Gedanken zu Ende gebracht hatte, stellte sich auch der Schlaf wieder ein.

Sofia gelangte sogar zu der Überzeugung, die Schwangerschaft sei eine ganz fabelhafte Zeit, selbst als ihre morgendliche Übelkeit sich als hartnäckig erwies und oft bis in die Mittagsstunden anhielt. Denn Sandro überschüttete sie mit Blumen und anderen Aufmerksamkeiten. Zum ersten Mal seit ihrer Heirat war er Sofia wirklich sympathisch, zumal er jedes Bemühen um körperliche Nähe einstellte. Es war beinahe so wie vor ihrer Eheschließung. Sofia wünschte sich heftig, dass dieser Zustand nie enden möge, zumal auch das quälende Sehnen nach Stefano sich mit dem Fortschreiten der Schwangerschaft milderte. Es schien, als ob das heranwachsende Kind einem Schwamm gleich alle Emotionen in sich aufsog, zu denen sie fähig war.

**12** Als Stefano Venezien erreicht hatte, wo er für ein paar Wochen Station machen wollte, um durch Gelegenheitsarbeiten seine Reisekasse aufzubessern, erfuhr er von der schrecklichen Seuche, die dort in einer Stadt namens La Guay ausgebrochen war.

»Die Beulenpest«, wussten die Männer, mit denen er am Abend in einer Trattoria einen Krug Wein trank. »Sie wütet bereits seit der Osterzeit, und es hat Hunderte von Toten gegeben!«, behauptete ein junger Zimmerer, der sich auf der Walz in die betreffende Gegend verirrt hatte.

Entsetzt entschloss sich Stefano, wieder aufzubrechen und das betroffene Gebiet weiträumig zu umfahren.

In Innsbruck kam er aushilfsweise als Bote und Austräger eines Feinkostgeschäfts unter. Die Arbeit war leicht und gut bezahlt. Eines Tages aber, als er eine große Kiste mit Kolonialwaren in einem der prachtvollen Bürgerhäuser der Innenstadt abgeliefert hatte, geriet er auf dem Domplatz in die Auseinandersetzung zweier Gruppen jüngerer Leute, die sich gegenseitig heftig beschimpften und bedrohten. Während Stefano versuchte, in die Gasse zu gelangen, die zu seiner Arbeitsstelle führte, kam es zu ersten Handgreiflichkeiten, die bald eskalierten und zu brutalen Schlägereien ausarteten.

»Was ist mit dir? Bist du dafür oder dagegen?«, rief ein kräftiger Junge mit blond gekräuselten Haaren und packte Stefano unsanft am Arm. Stefano verstand nur ansatzweise, was man von ihm wollte, aber er hasste es, angeschrien und körperlich genötigt zu werden. Er umfasste das Handgelenk des Burschen mit seiner Linken, stieß den Angreifer von sich und sagte drohend: »Hau ab, Kerl!«

Sein Gegenüber taumelte nach hinten und prallte gegen eine Hausmauer. Die Aktion verschaffte Stefano zwar Befreiung, lenkte aber die Aufmerksamkeit der Mitstreiter des Blonden auf ihn. Sie stürzten ihrem Freund zu Hilfe und hieben aufgebracht auf den vermeintlichen Gegner ein.

Stefano fühlte, wie sein Nasenbein brach und warmes Blut über Lippen und Kinn rann. Vermutlich wäre die Sache noch wesentlich böser ausgegangen, wenn nicht plötzlich der schrille Ton einer Pfeife zu vernehmen gewesen wäre und ein Polizist anrückte. So schnell wie nächtlich räubernde Ratten nach einem Lichteinfall verschwanden die Akteure des Streits in den schattigen Gassen und Hauseingängen der Altstadt.

Stefano brauchte nicht eine Sekunde, um nachzudenken. Es war überall auf der Welt das Gleiche: Schuld an einer Auseinandersetzung war immer der, den die Büttel erwischten.

Er rannte in einen Durchgang zwischen den Häusern, wischte sich dabei mit dem Ärmel das Blut aus dem Gesicht und kletterte dann über die Mauer eines Innenhofs.

Auf dem Dachboden des Handelshauses, wo man ihm erlaubt hatte zu schlafen, untersuchte er in der Spiegelscherbe, die er bei der Rasur benutzte, die angeschwollene Nase. Es dauerte Wochen, bis er sie wieder anfassen konnte, ohne Schmerzen dabei zu haben. Und ein winziger, kaum sichtbarer Knick, der nur im Profil zu erkennen war, blieb die ewige Erinnerung an diese Auseinandersetzung.

Der Buchhalter der Firma, dem Stefanos geschwollene Nase auffiel, klärte ihn über den Anlass der Auseinandersetzung auf. Bei den streitenden Parteien hatte es sich um Studenten der Innsbrucker Universität gehandelt, die für oder gegen die päpstliche Enzyklika »Pascendi dominici gregis« demonstrierten, die sich gegen den Modernismus innerhalb der katholischen Kirche wandte.

»Was hab ich damit zu tun?«, fragte sich Stefano bitter und kühlte die Verletzung tagelang mit in Wasser getränkten Leinenlappen, die ihm eine mitleidige Verkäuferin zurechtgeschnitten hatte. Doch als er beobachtete, dass die Ausfälle und Schlägereien sich nahezu täglich wiederholten, wohl mehr um die Rauflust der Studenten zu befriedigen, als den Papst zu schmähen oder zu verteidigen, packte Stefano seine Habseligkeiten auf das Fahrrad und machte sich auf die nächste Etappe seiner Reise. Er tat gut daran, denn, wie er später erfuhr, bescherte der bevorstehende Sommer dem Land Tirol eine Fülle von schweren Unwettern, bei denen es insgesamt fünfundzwanzig Tote gab und die viele als Strafe Gottes wegen der lästerlichen Auflehnung des Theologieprofessors Ludwig Wahrmund und seiner Studenten gegen die Worte des Papstes empfanden.

Doch dies brauchte Stefano nicht mehr zu scheren. Er radelte weiter bis zum Bodensee, der zu einem Teil bereits ans deutsche Ufer grenzte. Als er sich auf einen Hügel am Ufer setzte, die große, blitzende Wasserfläche betrachtete und sich einen Moment lang einbildete, es handle sich um das Tyrrhenische Meer, hatte er eine Erscheinung. Hoch über dem Wasser schwebte ein Ding, das aussah wie eine riesige silberne Zigarre. Stefano stand auf, um das Gebilde genauer betrachten zu können. Es schien sich sogar zu bewegen, gemächlich und majestätisch zugleich. Stefano war so fasziniert, dass er den Obstbauern, der neben ihn trat, erst bemerkte, als dieser sagte: »Das ist der Zeppelin, ein Luftfahrzeug, das sie in Friedrichshafen gebaut haben. Man kann achtzehn Leute damit befördern!«

Stefano glaubte kein Wort von diesem Unsinn, aber er hielt es nicht für ratsam, dem Einheimischen zu widersprechen. Er roch im Atem des Landwirts die Sorte von Alkohol, die hier »Schnaps« genannt und aus Äpfeln und Birnen gebrannt wurde. Vermutlich war ein Zuviel dieses Obstbrands die Ursache für die Einbildungen dieses Mannes. Denn Stefano hatte zwar davon gehört, dass das Fliegen in Fluggeräten für Menschen wenige Minuten lang möglich sei, doch diese Zigarre befand sich schon länger als eine halbe Stunde am Himmel – und dies schien ihm, wenn man das Gewicht von achtzehn Personen bedachte, ein Ding der Unmöglichkeit.

**13** »Kannst bleiben, bis die Kartoffeln und Rüben heraus sind, Stefan«, sagte der dicke oberschwäbische Bauer Franz Seeburger und musterte den braun gebrannten, schwarzlockigen Erntehelfer mit Wohlwollen. Hatte sich nicht schlecht geschlagen während der Getreideernte, der Italiener, im Grunde sogar besser als die beiden Tiroler. Dafür konnten die mit den Pferden umgehen, die dem Italiener ganz offensichtlich unheimlich waren.

»Hast ihn gefragt, den Stefan?«, wollte die Bäuerin wissen, als Franz in die dampfende Waschküche trat, um den Staub des Feldes von seinen Schuhen zu waschen.

»Ja, hab ich. Aber er will nicht. Will weiterreisen!«

»Schad drum. Den hätt man sich halten müssen. Der kann anpacken und ziert sich auch nicht, mal unsere Waschkörbe zu tragen!«

»Und lustig ist er auch!«, rief die Magd Resi hinterm Kessel hervor.

Tatsächlich war die Ernte auf dem Hof noch nie so fröhlich verlaufen wie in diesem Jahr. Und es lag eindeutig nicht nur daran, dass Korn, Hafer und Weizen prachtvoll standen und keine Gewitterregen oder Hagelschläge die Hoffnung auf volle Scheunen zunichtegemacht hatten. Noch nie war auf dem Hof Seeburger während der Ernte *gesungen* worden – und es war der Italiener, der damit begonnen hatte. Niemand verstand den Inhalt der Lieder, die der Mann schmetterte, obwohl Bauer Seeburger ihm die schwerste Arbeit zugeteilt hatte, das Aufladen. Doch über all den Gesängen ließ sich der feine Getreidestaub vergessen, der wie eine goldene Wolke über den Feldern lag, zum Blinzeln und Husten reizte, auf dem Leib juckte und sich mit den Schweißperlen zu einer klebrigen Masse verband. Nicht einmal die Insekten schienen so lästig wie in früheren Jahren.

Der Italiener war eindeutig ein Gewinn gewesen.

»Gib ihm doch einfach mehr Geld«, schlug Seeburgers Tochter Bibi dreist vor und stach mit dem großen Holzlöffel in die dampfende Brühe, in der die Bettwäsche schwamm.

»Das hätt er sich wirklich verdient«, setzte die Bäuerin nach, obwohl sie sonst eher knauserig veranlagt war.

»Bei mir gibt's keine Extrawürste«, knurrte Franz Seeburger

und dachte, dass es vielleicht doch besser war, wenn der Stefan wieder verschwände. Die Bäuerin war seine zweite Frau, die erste war ihm im Kindbett verstorben, als sie das Hannele, sein drittes Kind, geboren hatte. Das Hannele war jetzt vierzehn, seine Frau knapp doppelt so alt, und seine Älteste, die Bibi, war gerade siebzehn geworden. Er dagegen ging auf die fünfzig zu, und er hatte die Blicke bemerkt, die die Weibspersonen des Hofs, seine Gattin nicht ausgenommen, dem schönen Italiener zugeworfen hatten, wenn sie sich unbeobachtet glaubten. Glücklicherweise schien der Kerl Anstand zu haben und zu wissen, wohin er am Abend gehörte: in die Gesindestube über dem Pferdestall nämlich und nicht etwa ins Herrenhaus – Gitarre hin oder her.

Es war zwar tatsächlich schade, wenn er weiterzog, zumal Franz Seeburger einen Stallneubau plante und der Stefan, der offensichtlich etwas vom Bauen verstand, ihm bereits einige brauchbare Ratschläge gegeben hatte. Aber der häusliche Friede war ein hohes Gut, und Gelegenheit macht Diebe. Man wurde nicht fünfzig Jahre alt, ohne die Richtigkeit solcher Binsenweisheiten einsehen zu lernen.

In dicken Strumpfsocken stieg Franz Seeburger die Holztreppe zum Obergeschoss hoch und verschwand in seinem Schlafzimmer, wo er oben auf der hohen Kante zwischen Balken und Dachspindeln die eiserne Kasse mit dem Bargeld versteckt hatte. Er entnahm ihr den Betrag, den er dem Italiener versprochen hatte, und legte noch einige Geldstücke dazu. Leistung musste anerkannt werden, da hatte die Bäuerin nicht unrecht.

»Danke, Padrone«, strahlte Stefano, als Franz das Salär auf den Eichentisch der Stube zählte.

»Dann viel Glück auf deinem weiteren Weg!«

»Glück ich suche und finde«, erklärte Stefano und grinste.

Er hatte von den Leuten zwischen Tirol und dem Hinterland des Bodensees, wo er sich jetzt befand, nicht nur die dortigen Lieder, sondern auch die Bedeutung der fremden Worte erlernt. Sein Deutsch war noch fehlerhaft, aber er konnte sich ausdrücken.

Als er in die Scheune ging, um sein bereits gepacktes Fahrrad zu holen, musste er lachen. Die Mädchen hatten ihm eine Art Satteltasche aus Segeltuchstoff genäht, wie man sie Pferden überzuhängen pflegte. Und was links und rechts des Hinterrads darin steckte, würde seinen Hunger und Durst für einige Zeit stillen.

»Kommst du wieder, Stefan?«, fragte das Hannele, das hinter den Strohballen auf ihn gewartet hatte.

»Vielleicht«, sagte Stefano leichthin. Inzwischen war er darin geübt, sich zu verabschieden: Er vermied klare Aussagen. Durch das offene Fenster entdeckte er Bibi, die mit bockigem Gesicht unter der Aufsicht ihrer Großmutter Kartoffeln fürs Mittagessen schälte. Als sie den Kopf hob, um ihm noch einmal zuzunicken, sah er, dass sie geweint hatte. Dabei hatte er sich nicht das Geringste vorzuwerfen, allenfalls, Optimismus verbreitet zu haben, was von dem ernsten Menschenschlag, der hier beheimatet war, offenbar wie berauschender Wein empfunden wurde.

Stefano hob die Hand und winkte. Dann prüfte er, ob die Gitarre zuverlässig festgebunden war, schwang sich auf sein stählernes Ross und trat in die Pedale. In Stuttgart, so hatten die Fuhrleute in den Wirtschaften erzählt, wurde viel gebaut, und Fachleute waren willkommen. Es konnte nicht mehr allzu weit bis dorthin sein, gemessen an den mehr als tausend Kilometern, die bereits hinter ihm lagen.

Der Tag war wie gemacht, um durch die Landschaft zu fahren. Stefano passierte Felder, auf denen hohe Stangen zu sehen waren. Bis vor Kurzem hatten daran die Früchte gehangen, die eine der Grundlagen für das Getränk waren, das er inzwischen kennengelernt hatte. Es hieß »Bier«, wurde in riesigen Kupferkesseln hergestellt, und die Produktion unterlag strenger Geheimhaltung. Jede Brauerei, wie man die Stätten der Zubereitung nannte, hatte ihr eigenes Rezept, obwohl Stefano, der an den freien Sonntagen mehrfach die schäumende Erfrischung versucht hatte, keine Unterschiede feststellen konnte. Das Getränk schmeckte ihm nur mäßig, doch er musste feststellen, dass Wein in den nördlich der Alpen liegenden Ländern kein Grundnahrungsmittel war, sondern den feineren Herrschaften vorbehalten blieb.

Gegen Abend erblickte er in der Ferne den Turm einer großen Kirche. Wie ein sorgfältig gearbeiteter Scherenschnitt klebte er am pastellfarbenen Abendhimmel. Stefano beschloss, in einem mit Heu gefüllten Schuppen zu übernachten und sich die Kirche am nächsten Tag genauer anzusehen.

Zum ersten Mal seit langer Zeit gelang es ihm nicht, Sofia aus seinen Gedanken zu verdrängen. Ihr Bild erstand mit schmerzender Genauigkeit. Er sah die zarten dunklen Härchen, die vom Ohr in Richtung Nacken wuchsen und sich aufstellten, wenn Sofia erregt war oder zornig wurde, er sah ihre frischen roten Lippen, und er glaubte, ihre vollen und festen Brüste unter seinen Händen zu spüren. Er sah den verzweifelten, an Irrsinn grenzenden Ausdruck in ihren Augen, als sie gesagt hatte, dass er niemals imstande sein werde, eine andere Frau zu lieben. Er stöhnte auf, drehte sich zur Seite und vergrub das Gesicht in das duftende Heu. Vermutlich hat sie recht damit, dachte er bitter, denn all die Monate, seitdem er Neapel verlassen hatte, war sein Trieb wie betäubt gewesen. Jetzt, wo er sich erstmals wieder meldete, verlangte er nach Sofia – und nur nach Sofia. Als er endlich den Schlaf fand, kam sie zu ihm. Warm und weich umfing ihn ihr Fleisch. Sie wurden eins und lösten sich so vollkommen ineinander auf, dass er wusste, dies war Seligkeit und Tod zugleich. Er würde nie wieder erwachen und sich dem Elend des Lebens stellen müssen.

Eine kleine braune Feldmaus machte ihm klar, dass es sich anders verhielt. Sie saß neben seinem Knöchel und war im Begriff, ein Loch in die kostbaren Wollsocken zu nagen, die ihm Hannele beim Abschied zugesteckt hatte. Stefano vertrieb sie, reckte seine Glieder und gab die Träume der Nacht an den Mond zurück, der eben silbern verblasste, während im Osten pfirsichfarbene Morgenröte einen schönen Herbsttag versprach.

Stefano radelte bis zu dem kleinen Bach, den er bereits am Vortag ausgemacht hatte, wusch sich und trank durstig das klare, ein wenig moosig schmeckende Wasser. Er füllte auch seinen Blechbehälter damit. Dann machte er sich auf zu der Stadt, in deren Mitte sich die mächtige Kirche befand. Die Kommune trug den schwierig auszusprechenden Namen »Ulm«, wie er von einer Marktfrau erfuhr, die eben dabei war, ihren Stand aufzustellen. Im hellen Morgenlicht erklomm er die Treppen des Turms, die sich einer Schraube gleich himmelwärts wanden. Schmale Fenster erlaubten kurze Blicke auf die Dächer der Stadt. Auf der Aussichtsplattform angekommen belohnte eine weite und freie Sicht seine Mühe.

Zuerst ging sein Blick nach Süden, woher er gekommen war. Ganz in der Ferne, scheinbar in den Wolken schwebend, sah er den großen See. Er dachte an das erfrischende Bad und den guten Wein, den er dort genossen hatte. Dann aber drehte er sich nach Westen, wo die Landeshauptstadt Stuttgart liegen musste, das Ziel seiner langen Reise. Aber noch wusste er nicht, dass er niemals dorthin gelangen würde.

## 14

Nachdem er eine Mittelgebirgslandschaft durchfahren hatte, die nach einer gefährlich abschüssigen Straße schließlich einer weiten Ebene Platz machte, schlug das Wetter um. Graue Wolken verhüllten den fahlblauen Oktoberhimmel, und ein leiser, beharrlicher Regen setzte ein.

Wind kam auf und trieb die Tropfen wie kleine, eisige Pfeile heran. In kurzer Zeit war er durchnässt bis auf die Haut. Seine kalten Finger, die die Lenkstange umklammerten, begannen klopfend zu schmerzen.

Es war bereits dunkel, als er eines der lang gezogenen Dörfer erreichte. Die Gehöfte und Häuser befanden sich wie nachlässig aufgereihte Perlen an einer Kette links und rechts der Straße.

Unter der Laterne eines Gasthauses schwebte ein schmiedeeisernes Tier, dessen deutscher Name »Hirsch« lautete, wie Stefano inzwischen wusste. Er stoppte, stieg ab und schob sein Fahrrad ins Hinterhaus. Vorsichtig löste er die Bänder und hob die Gitarre vom Rücksitz. Er vergewisserte sich, ob der dichte Teppichsack, mit dem das Instrument verhüllt war, die Nässe abgehalten hatte, was glücklicherweise der Fall war. Dann klemmte er den Sack unter den Arm, warf sich die Segeltuchtaschen über die Schulter und stieg über die wenigen Treppen zum Eingang hinauf.

Als er die Tür der Gaststube öffnete, prallte er um ein Haar gegen eine Person, die vier große Bierkrüge in den Händen hielt. Ihre hellen graugrünen Augen waren exakt auf der gleichen Höhe wie die seinen, denn die Frau war ungewöhnlich groß und sehr schlank. Ihr Teint erinnerte ihn an das Sonntagsbrot, das am Seeburgerhof gebacken wurde: milchweiß, mit rötlichbraunen Einsprengseln von gehackten Rosinen. Feine hellrote Haare klebten dicht an ihrer Kopfhaut, darüber war ein geflochtener Kranz befestigt, aus dem Stefano dunkle Metallnadeln herausragen sah.

»Hoppla«, sagte das Wesen mit einer erstaunlich lauten, kräftigen Stimme.

»Hoppla«, erwiderte Stefano freundlich, denn er nahm an, dass es sich um den in dieser Region üblichen Abendgruß handele.

Die Frau lachte, was die Strenge, die sie umgab wie eine zweite Haut, unvermittelt aufreißen ließ. Ihre Katzenaugen funkelten spöttisch. Sie stellte die Bierkrüge auf den runden Holztisch neben der Theke und drehte sich dann wieder um. »Was bist denn du für einer?«, wollte sie wissen. Ihr lautes Organ bewirkte, dass die Blicke der Männer im Gastraum sich allesamt auf Stefano richteten.

»Ich bin ein Baumeister«, sagte Stefano, denn der Ort konnte nicht weit von seinem Ziel entfernt sein, und vielleicht befand sich hier bereits ein mutmaßlicher Auftraggeber.

»Ha, jetzt guck a«, rief ein Mann, der an der Ofenbank saß. »Jetzt treten die Handwerksburschen schon als Meister auf!«

Es klang aber mehr belustigt als böse, und Stefano beschloss, sich im Moment auf keine Standesdiskussionen einzulassen.

»Ich hätte gerne eine warme Mahlzeit, Wein und ein Nachtlager«, verlangte er entschieden, denn er war hungrig und müde.

»Du hast ganz schöne Ansprüche an einem gewöhnlichen Mittwochabend«, ließ sich ein großer, massiger Mann vernehmen, der über seiner Hose einen weißen Kittel mit feinen blauen Streifen trug.

Stefano hatte inzwischen gelernt, dass dies die Arbeitskluft der Macellaios war, die hier »Metzger« genannt wurden und in der Hochsprache Fleischer oder Schlachter. Seine Hoffnung auf gute Nahrung wuchs beträchtlich. Es schien sich bei diesem Gasthaus um eine Kombination aus Wirtschaft, Schlafhaus und Schlachterei zu handeln. »Hast du denn auch Geld?«, kam die erwartete Frage, »oder willst du dir das alles ›erspielen‹?« Der Mann imitierte – nicht ohne schauspielerische Begabung – einen Gitarristen, was seine Genossen zu einem rauen Gelächter veranlasste.

Stefano griff in die Tasche seiner Hose, wo er die Geldkatze aufbewahrte. Er öffnete sie und ließ den Schlachter demonstrativ den Inhalt sehen. Es war genug für Essen, Trinken und ein Nachtlager, aber natürlich bewahrte er den Hauptteil seines verdienten Geldes in einer dünnen Ledertasche auf, die mit Laschen am Inneren seines Leibriemens befestigt war.

»In Ordnung«, sagte der Schlachter. »Bring ihm von der Metzelsupp, Anna, und sag der Babett, sie soll das Bett im kleinen Stüble oben beziehen!« Er sagte dies alles in einem kehligen Dialekt, den Stefano zwar verstand, der sich aber dennoch von dem unterschied, den die Menschen im Bodenseeraum gesprochen hatten. Er übersetzte die Rede des Schlachters zuerst in die Hochsprache, die er von den Büchern kannte, die ein oberschwäbischer Pfarrer ihm geliehen und die er in den Sommernächten im Kerzenlicht studiert hatte, danach in seine italienische Muttersprache. Es brauchte daher ein wenig Zeit, bis er zu einer Antwort fähig war, doch das war ohne Bedeutung.

Stefano hatte bemerkt, dass die Volksstämme der Deutschen, die er bisher kennengelernt hatte, weniger leichtzüngig waren als seine italienischen Landsleute. Er hatte allerdings auch schon festgestellt, dass man daraus nicht voreilig schließen durfte, diese Leute *dächten* träge oder gar ungenau. Sie mochten behäbig sein, dumm waren sie nicht. Sogar die Erscheinung über dem See hatte letztlich der Behauptung des Bauern entsprochen.

Stefano legte den Gitarrensack auf die Wirtsbank, hob die Taschen von der Schulter und setzte sich zu den vier Männern am runden Tisch. Augenblicklich verstummte ihre brummelnde Unterhaltung, und ein beredtes Schweigen verbreitete sich.

»Was ich habe gemacht falsch?«, fragte Stefano schließlich, doch keiner der Zecher war zu einer Antwort bereit.

Anna, die Rothaarige, die eben mit einem dicken weißen Teller in der Hand aus der Küche kam, lächelte ein wenig und sagte mit dem spöttischen Glitzern in den Augen, das Stefano nun bereits kannte: »Wir sind Schwaben. Und ein Schwabe würde sich niemals an einen Tisch zu anderen Gästen setzen, wenn es nicht Verwandte oder gute Freunde sind. Wer hier hereinkommt und fremd ist, setzt sich allein an einen Tisch!«

»Scusi!«, erwiderte Stefano und erhob sich sofort.

»Jetzt bleib halt sitzen, Kerle«, sagte der älteste der Männer gutmütig.

»Hast ja offensichtlich einen Anstand, dann lassen wir dich halt mit anekommen!«

»Er meint, dass sie bereit sind, dich zu dulden«, dolmetschte Anna, und ihre Belustigung war jetzt unübersehbar. Sie stellte den Teller vor ihn auf den Tisch und brachte ihm unaufgefordert einen Krug Bier dazu.

»Wein gibt's nur flaschenweise, und das ist teuer«, sagte sie, bevor sie wieder verschwand.

»Mahlzeit«, wünschten die Herren unisono.

»Grazie«, murmelte Stefano und betrachtete ein wenig ratlos den riesigen Berg einer fahlen grüngrauen Masse, die den größten Teil seines Tellers einnahm. Daneben befand sich eine Scheibe fetten Fleischs und eine dunkle, aufgeblähte Rolle, die am Anfang und am Ende mit einer Schnur abgebunden und demnach eine »Wurscht« war, wie Stefano gelernt hatte. Vorsichtig nahm er die Gabel in die Hand, spießte ein paar der dubiosen grünlichen Fäden auf und besah sie nicht ohne Misstrauen.

»Sauerkraut«, erklärte der Mann, der neben ihm saß, und

wandte sich dann seinen Kumpanen zu. »Hat der bestimmt noch nie zwischen die Zähne gekriegt, der Zitronenschüttler!«

»Als ob du wüsstest, woher der stammt«, nuschelte ein kleiner untersetzter Mann mit schütterem Grauhaar.

»Grazie«, hat er gesagt, beharrte Stefanos Sitznachbar. »Gratias agamus, Domino Deo nostro«, zitierte er dann. »Das ist Lateinisch – und Lateinisch ist das frühere Italienisch!«

»Dass Lehrer immer angeben müssen«, räsonierte der Schlachter, griff unter die Theke und goss mit einem raschen Griff eine helle Flüssigkeit in ein Wasserglas. Er nahm einen kräftigen Schluck daraus, während Stefano sich hastig an die Übertragung machte.

»Hat der Mann recht«, sagte er dann mit dem notwendigen Verzug, was wiederum niemandem aufzufallen schien.

Das unbekannte Gemüse, das ausgesprochen ekelerregend aussah, schmeckte überraschend gut. Mutig geworden zückte Stefano das Messer und stach mit der Gabel in die Wurst, um ein Stück davon abzuschneiden. Eine Fontäne heißen Fetts spritzte auf, beschmutzte sein Leinenhemd und rann über seinen Handrücken.

»Hoppla«, rief die Rothaarige erneut, und Stefano begriff, dass es sich dabei nicht um den Abendgruß handelte, sondern um einen Ausdruck von Überraschung.

Stefano wischte die fettige Spur mit seinem Taschentuch ab, so gut es ging, und machte sich mit Heißhunger über das Essen her, das er mit beträchtlicher Geschwindigkeit verschlang und immer wieder einen kräftigen Schluck Bier dazu trank.

Die vier Zecher betrachteten ihn dabei nahezu wortlos. Als er die Reste vom Teller sauber mit einem Stück Brot ausgewischt hatte, resümierte der älteste der Männer mit einem breiten Grinsen: »Wenn er so schnell arbeiten kann, wie er isst, dann hat er mehr als sein Auskommen, der Mann!«

Die Rothaarige hatte inzwischen seinen Bierkrug ein zweites Mal gefüllt, doch sie behielt ihn noch in der Hand und sagte keck: »Der ist vom Haus, wenn du deine Katz aus dem Sack lässt und uns etwas aufspielst.« Dabei zeigte sie unmissverständlich auf die verhüllte Gitarre.

Ein beifälliges Gemurmel erhob sich, und Stefano beschloss, der Aufforderung nachzukommen. Er griff nach dem Sack, öffnete die Verschlusskordel und zog das honigfarbene, glänzend lackierte Instrument heraus. Mit einem leichten, fast zärtlichen Griff fuhr er prüfend über die Saiten, lauschte, stimmte nach und strich einen ersten Akkord.

Mit einem raschen Blick in die Runde erkannte er die Spuren der Müdigkeit, die dieser lange, verregnete Herbsttag in den abgearbeiteten Gesichtern der Männer hinterlassen hatte. Er lächelte, sein Strich wurde schneller, und seine volle, wohlklingende Baritonstimme fand ein Lied, das er oft am Abend für die müden Fischer in seiner Nachbarschaft gesungen hatte. Mochte die Arbeit dieser Leute, die an seinem Tisch saßen, eine andere sein, ihr Land kalt, ihre Sprache wie das Krächzen von Raben und ihre Nahrung sonderbar, die Medizin für sie war dieselbe. Bald sah er, dass er sich in dieser Einschätzung nicht irrte, denn die Fröhlichkeit der neapolitanischen Weisen wirkte auf sie, als ob sie Perlwein aus Asti getrunken hätten. Der Schlachter brachte die Flasche mit dem wasserklaren Inhalt, die er bisher ganz für sich alleine beansprucht hatte, zusammen mit winzigen Gläsern, die er für alle füllte. Dieser Schnaps war noch herber als der in den oberen Landen, ebenso wie es offenbar die Bewohner des Landstrichs waren, in den er nun geraten war. Und das Gebräu hatte es in sich. Als sie die zweite Flasche davon geleert hatten, war es Stefano beinahe so warm wie bei dem Traum von Sofia. Die Uhr über der Eingangstür zeigte schon eine Viertelstunde nach zwei Uhr am Morgen, als er sich von seinen neuen Freunden verabschiedete. Ihre Namen waren Karle, Eigen, Schorsch und Heiner: Karl, Eugen, Georg und Heinrich; Carlo, Eugenio, Giorgio und Enrico, übersetzte Stefano.

Als die Männer laut grölend davongetorkelt waren, packte Anna die Segeltuchtaschen, denn Stefano war nicht bereit, den Sack mit der Gitarre aus der Hand zu geben. Eine flackernde Petroleumlampe in der Hand führte sie ihn ins dritte Obergeschoss und stieß die Tür der winzigen Kammer auf, die ihm zugedacht war. Stefano sah das riesige Federbett und war sicher, dass er fürstlich darin schlafen würde.

»Schließ noch nicht ab, ich bin gleich wieder da«, flüsterte die Rothaarige und schlüpfte hinaus.

Stefano war überrascht darüber, wie zugänglich diese Frau, die er für spröde gehalten hatte, offenbar war. Er ließ sich auf das schwere Bett plumpsen und fühlte zum ersten Mal seit vielen Monaten ein schwach ziehendes Verlangen. Hoffentlich war die Frau in der Lage, genügend Öl in das glimmende Feuer zu gießen.

Die Tür knarrte leise, als sie zurückkam. »Das kannst du sicher gebrauchen«, sagte sie halblaut, schob ein unförmiges Behältnis an seinen Oberschenkel und war bereits wieder draußen.

Verblüfft richtete Stefano sich auf.

Im Schein der Lampe entdeckte er ein Gefäß aus Kupfer, das in einer gehäkelten Baumwollhülle steckte. Es war mit heißem Wasser gefüllt und mit einer Schraube verschlossen. Noch nie hatte Stefano etwas Derartiges gesehen oder auch nur den Gedanken erwogen, dass so etwas notwendig sein könnte.

Die Spannung in seinen Lenden wich einer so unbändigen Heiterkeit, dass er zu lachen begann und nicht mehr aufhören konnte. Schließlich wälzte er sich tränenüberströmt in den Federkissen. So lange, bis ein scharfer, eiskalter Windstoß durch die schadhaften Dachschindeln fuhr und ihm die Nützlichkeit der Gabe bewusst machte.

Er schlüpfte aus seiner Hose und unter die Kissenberge, drückte die leise glucksende Kupferflasche gegen seinen Bauch und rollte sich wie ein Fötus zusammen. Er schlief tief und entspannt. Kein Traum warnte ihn vor einem weiteren Verbleib an diesem Ort.

**15** Der schwäbische Hahn siegte auch über den schlimmsten Kater. Stefano sah aus dem kleinen Fenster und stellte fest, dass es nicht mehr regnete. Er fuhr stöhnend in seine Beinkleider und verwünschte sich selbst und den Schnaps. Er dachte an den starken türkischen Kaffee seiner Mutter und an die Milchsuppe, die er wohl stattdessen serviert bekommen würde. Sofort stellte sich ein Brechreiz ein, der anhielt, bis er die Gaststube betrat.

Eugen, der Wirt, warf seinem neuen Freund, dem »Zitronenschüttler«, einen raschen Blick zu, griff an die Zapfsäule und füllte einen Krug mit Bier. Dann zog er Stefano auf die Ofenbank, drückte ihm den Krug in die Hände und forderte ihn auf: »Trink. Das wird dir guttun!«

Stefano hatte seine Zweifel, aber der Rat erwies sich als weise. Als er den Krug schließlich mit durstigen Zügen geleert hatte, wurde ihm besser. Er beschloss, einen kleinen Spaziergang zu machen, ehe er sein Gepäck holen und weiterfahren würde.

Kühler Nebel hing über einem Bach, der sich, einen Steinwurf vom Gasthaus entfernt, durch das Dorf schlängelte. Auf einer Blechtafel entdeckte Stefano den Namen der Ansiedlung: Wisslingen. Die ungepflasterte Dorfstraße war voller Schlaglöcher und Pfützen, ein aufgebrachter Hund raste zwischen den

Häusern hervor und schnappte nach seiner Hose. Stefano bückte sich und hielt dem Tier die offene Hand entgegen.

Der Hund knurrte, aber seine Neugier siegte über die Aggression. Mit feuchter Schnauze beschnüffelte er den Handteller des Fremden und ließ sich, nach beruhigenden Worten, schließlich sogar streicheln.

Als Stefano sich umwandte, um zum Gasthaus zurückzugehen, folgte der Hund ihm beharrlich. Vor dem Eingang der Wirtschaft nahm er unaufgefordert Platz.

Die Frau mit den roten Haaren war gerade dabei, die Diele zu fegen. Stefano blieb stehen und schaute auf den gestampften Lehmboden, in dessen poröser, unebener Oberfläche Schmutz eingesickert und angetrocknet war. Missbilligend schüttelte er den Kopf und sagte: »Schlechter Boden für Haus mit viele Besucher!«

»So ist es«, bestätigte der Wirt, der inzwischen wieder in seiner Schlachtermontur steckte. »Aber was will man machen. Holz ist auch keine befriedigende Lösung. Da muss man ständig hinterher sein und spänen und wachsen. Und dafür hat kein Mensch Zeit in unserem Haus!«

»Könnte man machen Terrazzo«, überlegte Stefano laut. »Hat keine Fugen und kann man leicht wischen mit Wasser und Seife.«

Eugen musterte Stefano mit neuer Aufmerksamkeit. »Und du könntest das, so was?«

»Perfetto«, versicherte Stefano selbstbewusst, um sich gleich darauf ein zweites Mal an diesem Tag zu verwünschen. Doch die Worte waren bereits gesagt, und sie bewirkten, dass er sich noch am Nachmittag desselben Tages auf dem Ochsengefährt des Wirts befand, um in der nahe gelegenen Stadt das Material für den neuen Boden zu beschaffen.

Unter den kritischen Blicken der Wirtsfamilie, des Personals und der Gäste mischte Stefano Kalk und Sand im richtigen Verhältnis. Er zerkleinerte die Natursteinabfälle, die er gekauft hatte, bis sie die richtige Splittergröße hatten, und gab sie zusammen mit dem angemessenen Teil Wasser unter die Mörtelmasse.

»Das ist nichts anderes als Kuchenbacken«, kommentierte die rothaarige Anna, die ihm als Hilfskraft zugeteilt worden war. Sie war, wie Stefano inzwischen erfahren hatte, eine Nichte des Wirts und nur so lange im Haus, bis die Magd, die einen Arm gebrochen hatte, wieder einsatzfähig sein würde. Als Tochter des örtlichen Maurermeisters hatte sie zudem ein besonderes Interesse am Ausgang seiner Bemühungen.

»Warte nur ab, was wird aus unsere schöne Teig«, sagte Stefano lachend und beschloss, aus dem ungeplanten Aufenthalt das Beste zu machen und ein Renommierstück seiner Künste herzustellen. Er verteilte den Terrazzobrei mit großen, versierten Zügen auf dem aufgerauten Lehmboden und setzte ein apartes Randmuster aus vorher zurechtgesägten Steinplättchen.

Die Anwesenden staunten, waren aber keineswegs begeistert von seiner Arbeit.

»Geduld«, sagte Stefano. »Ist noch nicht fertig!«

Als der Terrazzo trocken genug für eine weitere Bearbeitung war, begann ihn Stefano abzuschleifen. Es war eine schwere und langwierige Handarbeit. Anna meckerte, denn der Mörtelstaub legte sich wie dünner weißer Reif über die dunklen Möbel der Wirtsstube.

Stefano stellte sich taub. Des Effekts wegen polierte er die ganze Nacht, und als er fertig war, versagte ihm keiner die Anerkennung. Dunkelgrau-weiß, mit feinen ziegelroten Einsprengseln, eingerahmt vom schwarz-weißen Seitenband bot der breite Flur einen eindrucksvollen, beinahe repräsentativen Anblick. Am Abend, als die frisch geputzten Wandlampen die glänzende, spiegelglatte Oberfläche gebührend zur Geltung brachten, sah es vornehmer aus als im Foyer des örtlichen Schlosses, wie Eugen stolz bemerkte. Am Morgen bezahlte er Stefano mit einem dicken geräucherten Schinken und stellte eine abschließende Fleischmahlzeit sowie den Erlass der noch unbeglichenen Logierechnung in Aussicht.

Doch Anna, die beharrlich hinter dem Tresen stehen geblieben war und die Unterhaltung belauscht hatte, schüttelte den Kopf und sagte entschieden: »Er bleibt. Vater sagt, er braucht sowieso noch einen Arbeiter, wenn nächste Woche mit der Kirchenrenovierung begonnen wird!«

In einem ersten Impuls wollte Stefano den Mund öffnen und mitteilen, dass es sein erklärtes Ziel war, in Stuttgart als Baumeister zu arbeiten, doch Anna ließ ihn gar nicht zu Wort kommen: »In Stuttgart wird man nicht auf dich warten«, beschied sie. »Besser den Spatz in der Hand als die Taube auf dem Dach!«

Stefano fragte sich, was diese Vögel mit seiner Zukunft zu schaffen hätten, doch er erahnte den Sinn ihrer Rede. Auch sein eigener Realismus machte ihm klar, dass sie wohl recht hatte. Stuttgart war zwar die Hauptstadt dieses Landes, aber auch dort würde die Erstellung von Neubauten während der Winterzeit wohl nur wenig betrieben oder ganz eingestellt werden. Die Tätigkeit in einer Kirche aber bedeutete nicht nur regelmäßiges Geld und Brot, sie bot auch Schutz vor Regen, Kälte und anderen Witterungsunbilden.

»Kannst ja im Stüble oben wohnen bleiben«, lockte Eugen, denn er fand es plötzlich unklug, einen so tüchtigen Mann ganz und gar aus den Fängen zu lassen. Und tüchtig musste er sein, der Italiener, denn sein schlitzohriger Bruder Hermann hatte den Terrazzoboden am gestrigen Abend lange und ausführlich betrachtet, bevor er jetzt seine Tochter mit diesem Angebot vorgeschickt hatte.

»Nichts da«, sagte Anna resolut. »Er kann bei uns die Hinterkammer haben. Die grenzt an den Stall, da hat er eine bessere Wärme als in deinem windigen Dachjuchhe, Onkel!« Und damit war es besiegelt.

Stefano schob das mit seiner Habe beladene Fahrrad die schadhafte Dorfstraße entlang, dicht gefolgt von dem Hund, der ihn erwartet hatte, als ob es eine Vereinbarung dafür gegeben hätte.

Hinter ihnen keuchte Anna her. In ihrer Linken trug sie einen geflochtenen Weidenkorb, in dem sich der geräucherte Schinken, ein stattliches Stück Käse und zwanzig frische Eier befanden. In der Rechten hielt sie einen verschließbaren Krug mit Bier, denn sie kannte die hiesigen Lohntarife besser als der Italiener; vor allem aber kannte sie ihren geizigen Onkel.

»Tritt ein, bring Glück herein«, sagte sie launig, als sie die Tür der Hinterkammer öffnete.

Stefano hätte beinahe laut aufgelacht, als er sah, was ihm hier in Aussicht gestellt wurde. Die Kammer enthielt einen alten Schrank, eine noch ältere Holztruhe, einen wackeligen Stuhl und ein Bett, das allerdings einen soliden Eindruck machte. Der niedere Raum war erfüllt von den Dünsten des benachbarten Kuhstalls, aber er war, wie Anna versichert hatte, angenehm temperiert.

Bis zum Frühjahr, dachte Stefano und dass es sich mit dem Gestank besser leben ließe als mit der klirrenden Kälte des bevorstehenden Winters, von der ihm Anna während der vergangenen Tage grausige Geschichten erzählt hatte.

**16** Wildes Gebell ließ Stefano aus dem Schlaf hochfahren. Er stand auf, öffnete den Fensterladen und hielt verblüfft inne. Von der Regenrinne herab hingen sonderbare längliche Gebilde, die aus Glas zu sein schienen. Große weiße Flocken trieben daran vorbei, schwebten zur Erde und legten sich auf die anderen. Zusammen bildeten sie eine dicke weiße Decke, die sich über alles gebreitet hatte: über den Hof, die Jauchegrube, die Dächer des Dorfs und des Kirchturms, des Schlosses, über Bäume, Hecken und Büsche.

Das musste der Schnee sein, von dem in den letzten Wochen immer wieder die Rede gewesen war. Jetzt sah er auch seinen Hund, dem er den Namen Basta gegeben hatte. Er raste wie wahnsinnig geworden hinter der Scheune hervor, sprang in die Höhe und schnappte nach den Schneeflocken, um sich dann mit einem beglückten Jaulen auf dem weißen Teppich zu wälzen.

Stefano reckte sich, schlüpfte in seine Kleider und machte sich auf den Weg in die Küche.

»Aha. Lässt sich der Herr auch einmal blicken?«, fragte Anna spitz und hob mit dem Schürhaken einen Ring aus der Herdplatte, um die Hitze für das Anbraten des Sonntagsbratens zu steigern. »Der Vater hat schon wieder gemault und dich einen gottlosen Gesellen genannt!«

»Maulen« bedeutete ärgerliche Rede. Sein Arbeitgeber neigte dazu, dies hatte Stefano längst registriert, ebenso die Tatsache, dass es nicht zu empfehlen war, diese Angewohnheit zu übernehmen und ebenfalls anzuwenden.

»Bin ich nicht gottlos, aber eure Gott ist die falsche«, antwortete Stefano mit dem üblichen Übersetzungsverzug und hob den Kaffeewärmer von der Kanne. Glücklicherweise hatte Anna dafür gesorgt, dass noch etwas von der heißen Brühe übrig geblieben war.

»Gott gibt es nur einen«, behauptete Anna, in Abweichung von allem, was sie jemals in der Bibelstunde ihrer pietistischen Gemeinde gehört hatte.

»Hat der Herr Pfarrer eine andere Meinung«, erwiderte Stefano skeptisch.

»Der weiß auch nicht alles. Früher, früher haben sie auch nur zu einem gebetet, bevor der Luther aufgetaucht ist. Ich habe mich schon als kleines Mädchen gefragt, ob die vielen Kriege und Toten wirklich notwendig waren, nur weil die einen die besseren Christen sein wollten als die anderen!«

Stefano betrachtete die rothaarige Frau über seine Kaffeeschüssel hinweg mit einem belustigten Lächeln und schnitt sich dann ein großes Stück vom Sonntagsbrot ab.

»Früher, früher du hättest gebrannt für solch eine Rede!«

»Das hätten sie so oder so gemacht«, erwiderte Anna ungerührt. »Schon wegen meiner Haare!«

»Und deine kleine Rosinen«, ergänzte Stefano und tippte mit dem Zeigefinger auf die größte von allen.

Anna trat einen Schritt zurück, aber sie war nicht beleidigt. »Sommersprossen heißt das!«, belehrte sie ihn.

»Ist Winter jetzt. Und Rosinen finde ich hübschler!«

»Hübscher«, korrigierte sie streng. »Du musst besser Deutsch lernen!«

»Wenn ich lerne zu gut Wisslingen-Deutsch, muss ich lernen neu, wenn ich komme nach Stuttgart. Deutsche Sprache hat viele Gewänder.«

Anna musste lachen. »Was man von dir nicht sagen kann. Du brauchst dringend einen Mantel, bei diesem Schnee!« Sie musterte ihn nachdenklich. »Oben im Schrank sind noch ein paar Sachen vom Ähne. Die könnten dir passen!«

Stefano hatte nicht einmal mehr Zeit zu fragen, was »Ähne« bedeute, da war sie schon draußen. Sie zögerte selten, etwas umzusetzen, wenn es ihr in den Kopf kam. Und sie sagte meistens das, was sie dachte, ob es den Widerspruch ihres Vaters auslöste oder nicht.

Die anderen Arbeiter, mit denen Stefano die vergangenen vier Wochen die Kirche renoviert hatte, sprachen oft darüber. Sie sagten, der Meister und das Hauswesen hätten nur den »General« gewechselt, als die Meisterin im vorigen Jahr verstorben war. Und dass sie halt eine »Hex« sei, die Anna, was man ohne Weiteres an ihren roten Haaren erkennen könne, die der liebe Gott als Warnung für jeden Mann auf ihrem Haupt wachsen lasse. Hätte sie wenigstens über verführerische Rundungen verfügt und so kokette Verhaltensweisen an den Tag gelegt, wie man es von einer Hexe erwarten dufte, aber nein.

»A freche Hex und sonst nex«, sagte Eberhard, der es schon einmal bei ihr versucht und sich nichts anderes eingehandelt hatte als eine kräftige Ohrfeige. Was unverständlich war, denn immerhin war Anna nun schon neunundzwanzig und damit bereits auf der Hauptstraße zur alten Jungfer, fand Eberhard. Von dem im Übrigen noch nie jemand behauptet hatte, dass er ein Zauberer sei, obwohl er ebenfalls einen kupferfarbenen Schopf hatte.

Manchmal ist nicht nur die Sprache hierzulande verwirrend, dachte Stefano.

Als er von seinem Morgenspaziergang zurückkam, bei dem er den bisher noch nie erlebten Schnee in seinem ganzen Ausmaß bewundert hatte, lag auf seinem Bett ein Umhang aus dunklem Tuch. Durchgefroren wie er war, schlüpfte er rasch in das schwere Kleidungsstück. Es war ein wenig zu weit und an den Ärmeln zu kurz, aber ein deutlich besserer Wetterschutz als die Wolljacke, die er für seinen ersten Wisslinger Lohn gekauft hatte.

Er ging in die Küche, um sich bei Anna zu bedanken.

»Na bitte, sag ich doch«, sagte diese und musterte ihn zufrieden. Dann zog sie den hohen eisernen Topf vom Herd, kippte das Wasser in den Ausguss und schüttete die gekochten Kartoffeln auf die steinerne Abtropffläche. »In einer Stunde gibt's

Essen«, verkündete sie. »Du könntest so lange den Schnee vom Hof räumen!«

Stefano suchte sich eine Schaufel, belud sie mit Schnee und warf ihn in die Jauchegrube. Ein Teil davon zerschmolz, der Rest verwandelte sich in schmutzigfarbenen Brei. Als er zur Hälfte fertig war, kam der Meister von seinem Frühschoppen zurück.

»Oh, Kerle«, sagte er kopfschüttelnd, verschwand im Schuppen und kam mit einem Gerät zurück, dessen Gebrauch er Stefano alsbald vorführte. Er nannte es »Schneeschippe«. Damit brauchte Stefano nur einen geringen Teil der Zeit, die er für die Räumung der ersten Hofhälfte aufgewendet hatte.

Nach dem Sonntagsmahl, das – wie immer – aus Braten, sauren Kartoffelscheiben und handgemachten Nudeln bestand, die den schwer auszusprechenden Namen »Schpätzla« hatten, machte der Meister seine Siesta, die hierzulande »Schläfle« genannt wurde. Seine rothaarige Tochter spülte das Geschirr und ging danach in die Bibelstunde, die, wie Stefano inzwischen wusste, in einen nachmittäglichen Kaffeeschwatz überzugehen pflegte. Mit ihrer Rückkehr war nicht vor beginnender Dunkelheit zu rechnen. Der Meister verschlief in der Regel den Sonntagnachmittag, bis am frühen Abend die Stallarbeit zu erledigen war, bei der ihm Stefano manchmal zur Hand ging.

»Warum du machst zwei Mal Bauer?«, hatte er einmal gefragt.

»Sicher ist sicher«, war die Antwort des Meisters gewesen. In langen, schwierigen Sätzen hatte er Stefano erklärt, dass für ihn als Häuser-Bauer nicht immer ausreichend Arbeit vorhanden war, sodass er als Tier-Bauer noch Milch, Butter und Fleisch hinzugewinnen wollte.

Stefano hatte auf seinen zurückliegenden Sonntagsspaziergängen die abgeernteten Felder gesehen, die von unzähligen Steinen durchsetzt waren. Er hatte die hügeligen Wiesen durchschritten, auf denen Obstbäume wuchsen, die kleine Äpfel, Birnen und Pflaumen hervorbrachten. Und er hatte bemerkt, wie wenig neu errichtete Häuser es in diesem Dorf, selbst in der benachbarten Kreisstadt gab.

Bald war er zu der Überzeugung gekommen, dass es sich um ein armes Land handelte, in dem er sich momentan aufhielt. Ein noch ärmeres, als es das Hinterland der tyrrhenischen Küste war, denn dort war der Boden ertragreicher und die Witterung gnädiger.

Hier mangelte es an Sonne, an Licht, an Freude und Lebenslust. Und auch an Wein. Der vergorene Apfel- oder Birnenmost, den die Männer am Abend als Ersatzgetränk konsumierten, schmeckte nach Essig und Erde. Kein Wunder, dass die Menschen hier von ernster, fast mürrischer Wesensart waren und ihre Pflichten mit zäher Verbissenheit erledigten.

Sie waren auch nicht zugänglich oder aufzumuntern, wie die Leute in den sogenannten »oberen Landen«. Kein Lied kam bei der Arbeit über ihre Lippen, nur selten würzte ein Scherz das notwendige Tun. Und wenn schon einmal, so war es immer ein Spaß, der auf *seine*, auf Kosten des Ausländers ging. Die Arbeiter waren nicht böse, aber sie hegten ein grundsätzliches Misstrauen gegen alles Fremde. Auch wenn ihnen Stefanos berufliches Können und Wissen heimlich imponierte, sie hätten sich niemals herabgelassen, dies auszusprechen.

War er in den ersten Tagen als Reisender noch mit zurückhaltender Freundlichkeit behandelt worden, freundschaftlich sogar nach einer gehörigen Portion Schnaps, war er jetzt »dem Sailer sein Italiener« und, hinter seinem Rücken, immer wieder der »Zitronenschüttler«. Man duldete ihn, weil er eine gewisse Nützlichkeit hatte. Mehr nicht. So wie er den Hund duldete, der das einzige lebendige Wesen war, das ihm uneingeschränkt Zuneigung entgegenbrachte.

Stefano seufzte und schaute hinaus in das immer dichter werdende Schneegestöber. Noch nie war ihm die Entfernung von seiner Heimat, von seiner Familie so gewaltig, die Umgebung so fremd und die Gepflogenheiten der hier wohnenden Menschen so verschieden vom Vertrauten erschienen. Es war, als habe auch in seiner müffelnden Stube eine Art »Gestöber« eingesetzt: Schwere graue Fetzen von Melancholie schwebten durch den kargen Raum. Je heller und weißer es draußen wurde, desto dunkler wurde es in Stefanos Seele.

Er packte seine Gitarre aus und spielte wehmütige Melodien, so lange, bis ihm Tränen in die Augen stiegen und der Hund Basta, der auf einem alten Kissen in der Zimmerecke lag, zu jaulen begann.

Stefano schob die Gitarre zurück in den Sack, starrte eine Weile auf die groben Bodendielen der Kammer und stand dann auf, um aus der Tiefe der Truhe Tintenfass, Feder und Papier herauszusuchen, die er dort verstaut hatte. Es war an der Zeit, sein Versprechen einzuhalten und Sofia zu schreiben.

Stefano tauchte die Feder in die Tinte und begann seinen Brief: »Liebe Sofia …«

Dann setzte er die Feder wieder ab und schaute ratlos auf das weiße Papier. Sofia war unverrückbar in seinem Herzen und kreiste in seinem Blut. Es war der Preis des Verharrens: Während der Reise und bei der Arbeit in den oberen Landen, als ihn jeden Tag neue Eindrücke erfüllt hatten, hatte er es geschafft, diese Sehnsucht zu verdrängen. Nun aber, und obwohl er es sich ständig verbot, gelang es ihm keinen Tag und keine Nacht, nicht an sie zu denken. Doch es war schwer, nahezu unmöglich, seine Empfindungen in Worte zu fassen. Zudem war es verboten, denn Sofia war die Ehefrau eines anderen.

So schrieb er schließlich nur wenige Zeilen: von seinem unerwarteten Aufenthalt in Wisslingen, der Arbeit in der Kirche und vom Eintreffen des Schnees.

Er adressierte den Umschlag an Serafina Mazone, wie Sofia es verlangt hatte, verschloss ihn sorgfältig und verstaute ihn auf dem Grund der Truhe. Wenn er in der nächsten Woche mit dem Meister in die Stadt fuhr, würde sich eine Gelegenheit finden, das Postamt aufzusuchen.

**17** Als Odilia Orlandi am Morgen des 25. Dezember gerade einen diamantenverzierten Schildpattkamm in ihre hochgetürmte Frisur steckte, gellte ein hoher, spitzer Schrei durch alle Stockwerke der geräumigen Villa. Odilia wusste augenblicklich, was los war. Seit Tagen schon hatte sie die gelbliche Verfärbung um Nase und Mund ihrer Schwiegertochter bemerkt, und nun war es so weit: In wenigen Stunden würde der erste Orlandi der nächsten Generation das Licht der Welt erblicken, bereits jetzt geadelt mit dem Vorzug, den Tag der Geburt mit dem Sohn des Allerhöchsten teilen zu dürfen. Sofern es der Kleinen nicht einfiel, ausgerechnet an diesem Tag einer *Tochter* das Leben zu schenken – oder allzu lange mit der Niederkunft herumzutrödeln.

»Antonio!«, schrie Odilia und packte die in hellblauen Flanell verhüllte Schulter ihres Gatten, um sie kräftig zu schütteln.

Antonio Orlandi fuhr aus den Federn hoch und starrte seine Frau an. Er konnte sich nicht erinnern, jemals so gewaltsam von ihr berührt worden zu sein.

»Das Kind kommt!«, rief Odilia, und Antonio erschrak bis in die Tiefen seines Herzens. Er hatte den bösen Tag nicht vergessen, der seinen ersten Sohn hervorgebracht hatte. Unverzüglich sah er die Unmengen von Blut, die sich auf Bettlaken und Boden ergossen hatten, sah das quittengelbe Gesicht seiner Frau, die ohne ein weiteres Wort ins Jenseitige davonzuschweben schien, und das Monstrum, das sie geboren hatte: blaurot, runzelig und ohne den geringsten Willen, seine Stimme zu erheben oder die überwärmte Luft des Schlafzimmers einzuatmen. Erst ein paar kräftige Klapse der Hebamme hatten dies schließlich bewirkt.

Antonio begann zu zittern, so stark war die Macht der Erinnerung, doch dann besann er sich und gewann den größten Teil seiner Contenance wieder zurück.

»Ich werde Gustavo nach der Wehenmutter schicken«, erklärte Odilia.

»Er soll auch den Doktor holen«, verlangte Antonio als Tribut an die Vergangenheit.

Seine Frau fand dies zwar übertrieben, aber auch sie erinnerte sich und dachte, dass es das Geld wert sein musste, denn sie kannte ihren Sohn Sandro und war nicht sicher, ob er zu einer zweiten Ehe zu bringen wäre, falls die jetzige im Kindsbett ihr Ende fände.

Ein weiterer Schrei machte den Überlegungen ein Ende. Odilia eilte ins Schlafgemach ihres Sohnes und fand ihre Schwiegertochter in einer Mischung aus Schmerz und Hysterie mit angezogenen Knien an die Messingstangen geklammert, die sich an der Stirnseite des Betts befanden.

»Ich sterbe«, keuchte Sofia und glaubte das, was sie sagte, vor allem, wenn sie an ihre arme Mutter dachte.

»Das geht nicht so schnell«, erwiderte Odilia überzeugt, denn schließlich hatte sie dies damals auch erfahren.

»Versuche, dich zu entspannen. Ich schiebe dir ein paar Kissen hinter den Rücken und werde eine Tasse heiße Milch holen, das wird dir guttun!«

Eine neue Wehe riss an Sofias Eingeweiden, Eisenfäuste packten ihren Unterleib und pressten ihn zusammen. Sofia vergaß zu schreien, so sehr erschreckten sie die wilden Kräfte, die hier im Spiel waren. Es fiel ihr ein, dass heute der Christtag war und dass es sich bei diesen Schmerzen nur um eines handeln konnte: die himmlische Rache für ihren Betrug. Just an dem Tag, an dem die unbefleckte Jungfrau Maria den Sohn Gottes geboren hatte, an diesem Tag sollte sie, die Schuldbefleckte, ihre gerechte Strafe erhalten. Kaum hatte sie diesen Gedanken zu Ende gebracht, riss etwas in ihr. Sie hatte das Gefühl zu zerplatzen.

»Um Gottes willen«, schrie Odilia, als sie ins Zimmer zurückkam. Sie ließ die Tasse mit der heißen Milch fallen, eilte ans Bett und entdeckte zwischen den aufgestellten Beinen Sofias das schwarze Vlies eines Köpfchens.

»Nonnina, so hilf mir doch jemand«, kreischte Odilia, nicht weniger erschrocken als ihre Schwiegertochter. Diese aber bäumte sich auf und gab einen Laut von sich, wie ihn Odilia noch niemals gehört hatte. Dann schwappte ein Schwall Flüssigkeit und etwas Blut aus Sofia, gefolgt von einem Geschöpf, das geradezu explosionsartig auf den Damast der Bettdecke stürzte. Es bedurfte keinerlei Klapse, das Kind begann unverzüglich und mit starker Stimme zu schreien.

»Es ist ein Junge!«, rief Sandros Großmutter Chiara, die, in einen seidenen Morgenmantel gehüllt, ebenfalls herbeigeeilt war.

Es war ein hübsches und kräftiges Kind. Als die Nonnina mithilfe einer Stickschere beherzt die Nabelschnur durchtrennt und abgebunden hatte, richtete sich Sofia einen Moment lang auf, um ihren Sohn zu betrachten, bevor man ihn den notwendigen Waschungen unterzog.

Es bedurfte nur eines einzigen Blicks, um festzustellen, wer der Vater dieses Knaben war. Ganz bestimmt nicht der Mann, der gleich nach ihrem ersten Stöhnen nach oben ins Herrenzimmer geflohen war und nicht früher bei ihr erscheinen würde, als bis Mutter und Großmutter ihm Entwarnung signalisiert hätten.

Sofia schloss die Augen, als die Wehenmutter, die eilends eingetroffen war, mit kundigen Händen ihren Leib massierte. Noch etwas glitt aus ihr heraus. Verblüfft öffnete sie wieder die Lider und erkundigte sich, ob sie noch ein Kind geboren habe.

Die Wehenmutter, die auch Sofia zur Welt gebracht hatte, lachte laut auf.

»Nein, nein, mein Zuckerhäschen«, sagte sie. »Damit musst du schon noch ein Weilchen warten!«

Sofia erwiderte nichts, aber sie war überzeugt davon, dass dies nie, niemals wieder geschehen würde.

Die Wehenmutter lobte indessen die unübliche Geschwindigkeit, mit der sie den qualvollen Prozess der Niederkunft hinter sich gebracht habe, und die prachtvolle Verfassung des Knaben.

»Wie soll er denn heißen?«, fragte sie.

»Stefano«, sagte Sofia und fügte rasch hinzu, dass dies Sandros ausgesprochener Wunsch sei.

Odilia Orlandi war erstaunt und erfreut über das Engagement ihres Sohnes. Giovanni, der Name ihres geliebten Vaters, wäre ihr zwar passender erschienen, aber Stefano war ein hoch verehrter Heiliger und Märtyrer. Wenn das Kind am nächsten Tag getauft werden würde, fielen Tauftag und Namenstag zusammen, was ihr als vielversprechender Anfang für eine junge christliche Seele erschien. Sie strich der Schwiegertochter anerkennend über die nass geschwitzten Haare und stellte im Geist bereits die Speisefolge des Taufmenüs zusammen.

Dann aber fiel ihr ein, dass sie Sandro benachrichtigen musste.

Sie fand ihn auf der Chaiselongue des Herrenzimmers, wo ihn die nervöse Anspannung des Wartens niedergestreckt hatte, in tiefem Schlaf versunken.

**18** Der Brief aus Deutschland erreichte Serafina Mazone am 2. Februar 1909, an Maria Lichtmess. Sie musterte die fremde Handschrift und drehte den einfachen Umschlag erstaunt in der Hand. Dann griff sie nach dem Stilettmesser mit dem opalbesetzten Griff und schlitzte das Kuvert sorgfältig auf. Es enthielt einen Zettel, auf dem zu lesen stand, sie solle den zweiten, etwas kleineren Brief ungeöffnet an ihre Nichte Signora Sofia Orlandi weiterleiten.

Serafina Mazone war fünfzig Jahre alt. Sie war nie verheiratet gewesen, was sie nicht davon abgehalten hatte, die Liebe kennenzulernen. Es handelte sich dabei um ein Kapitel ihrer Lebensgeschichte, von dem nur zwei Personen wussten: ihre inzwischen verstorbene Schwägerin Carlota, Sofias Mutter, und der betreffende Herr, der inzwischen einen roten Kardinalshut trug.

Serafinas Affäre mit ihm hatte vier glückselige, schreckliche Jahre gedauert. Ihre anfangs bescheidene Begabung für Tarnung und List war in dieser Zeit ins Meisterliche angewachsen, ebenso wie ihre Intuition, Gefühle zu erkennen, die im Verborgenen gedeihen mussten.

Ihr Eindruck war also richtig gewesen. Es gab einen Mann im Leben ihrer Nichte, den es nicht geben sollte. Sie erinnerte sich der nervösen Unruhe, der flackernden Augen Sofias in den beiden Wochen vor ihrer Hochzeit, ihres ausgedehnten nachmittäglichen Ruhebedürfnisses und an das im Vorjahr noch nicht beobachtete Loch in der Lorbeerhecke. Sie zählte zwei und zwei zusammen und konnte sich danach auch erklären, weshalb Sofia beim Hochzeitsamt nahezu das Jawort verpasst hatte.

Sofort danach durchfuhr sie ein entsetzlicher Gedanke. Das Kind. Stefano. Der Stolz aller Orlandis. Entsetzt hob sie ihre Finger und zählte die Monate nach. Sie griff sogar nach dem Stift und berechnete die Wochen und Tage. Danach war sie erleichtert, wenn auch nicht vollends beruhigt. Sie kannte die Mazones, sie kannte sich, und sie kannte ihre Nichte Sofia.

Ihre Mutter hatte stets behauptet, der Reichtum der Familie gehe auf freibeuterische Vorfahren zurück. Die Mazones seien nichts anderes als über die Jahrhunderte hinweg sozialisierte Piraten – und vermutlich hatte sie recht damit. Alle Mazones hatten sich genommen, wonach ihnen der Sinn stand. Und Sofia, so schien es, war keine Ausnahme.

Serafina besah sich den Briefumschlag genauer. Ein Absender war nicht auszumachen, der Mann schien vorsichtig zu sein. Einen kurzen, nur einen ganz kurzen Moment überlegte sie, ob sie das Schreiben vernichten solle. Sofort aber entstand das Bild ihrer Schwägerin vor ihrem geistigen Auge, die ihr vorwarf, ihrer Tochter Sofia *den* Dienst zu verweigern, den sie, Carlota, Serafina Dutzende von Male erwiesen hatte.

Die Dinge schienen sich immer zu wiederholen. Serafina betrachtete die fremdländische Briefmarke auf dem Umschlag mit einem grimmigen Lächeln. Germania. Das machte die Sache immerhin leichter. Es stand nicht zu befürchten, dass der Inhalt der Botschaft ein schnelles, heimliches Rendezvous nach sich ziehen könnte. In jedem Fall würden bis zu einem möglichen Wiedersehen Wochen verstreichen; Wochen, in denen sie Sofia ins Gewissen reden konnte.

Denn ihr eigener Casus und der ihrer Nichte unterschieden sich in zwei wesentlichen Punkten: Niemals hatte Serafina jemandem die eheliche Treue versprochen – und nie war ihr das

Glück beschieden gewesen, ein Kind zu haben. Wenn dieser Unbekannte auf einem späten Schlusswort bestand, so sollte er es haben dürfen: Vielleicht war es auch wichtig für Sofia, um die Geschichte endgültig in sich begraben zu können.

Danach aber, dessen war Serafina sich sicher, durfte und würde es keine weiteren Schreiben mehr geben, keine Kontakte und am besten auch keine Gedanken.

Die arme Sofia, dachte sie voller Mitleid, aber es gab keine Alternative. Mit fünfzig hatte Serafina nicht nur Abstand zum Eros gewonnen, sondern auch genügend Lebenserfahrung, um von den schrecklichen Folgen eines ehebrecherischen Verhältnisses zu wissen, sofern es entdeckt wurde.

Sie schob den Brief in eine Schublade ihres Schreibtischs und beschloss, auf jeden Fall noch einige Nächte darüber zu schlafen.

**19** Der Winter war klirrend kalt und so schneereich wie schon seit vielen Jahren nicht mehr.

»Das ist gut«, fand Hermann Sailer, in diesem Fall als Tier-Bauer und nicht als Haus-Bauer. »Bei diesen Temperaturen verrecken die Schädlinge.«

»Verrecken« bedeutete, dass sie den Winter nicht überleben würden.

Manchmal befürchtete Stefano, es könne ihm ergehen wie diesen Tieren. Obwohl die rothaarige Anna ihm Handschuhe aus rauer Schafwolle gestrickt hatte, die er sogar bei der Arbeit trug, und trotz des Kohlebeckens, das auf Veranlassung des Meisters in der Kirche aufgestellt worden war, mussten die Tätigkeiten schließlich eingestellt werden. Der Frost war zu mächtig geworden.

Stefano, seiner Arbeit beraubt, schippte den Schnee vom Hof

und verstärkte seine Mithilfe im Stall. Den Rest des Tages reparierte er auf Geheiß des Meisters beschädigte Werkzeuge, wartete die wenigen Geräte und Maschinen und hackte Holz. Lohn für solche Arbeiten bekam er nicht.

»Das geht auf Kost und Logis«, sagte der Meister kühl. Stefano rechnete damit, bald entlassen zu werden, eine Vorstellung, die ihm bedrohlich erschien. Er inspizierte täglich die Landstraße und war sicher, dass es unmöglich war, auf dieser Eisbahn mit dem Fahrrad bis Stuttgart zu gelangen. Es war erst Ende Februar. Schneeschmelze und Frühlingsbeginn konnten noch wochenlang auf sich warten lassen, meinte Anna.

Sie vermittelte ihn für eine Woche in die Villa eines Fabrikanten in der Stadt, wo eine Stuckdecke auszubessern war. Stefano erledigte die Arbeit zur größten Zufriedenheit des Auftraggebers, danach aber saß er wieder im Schuppen und schärfte die Sensen, mit denen Hermann Sailer im Frühling das Gras für die Kühe mähen würde. Er spürte den vorwurfsvollen Blick des Meisters, wenn er sich beim warmen Mittagsmahl zweimal von den Speisen nahm, und registrierte, dass sein Anteil am Apfelmost rationiert wurde.

Eines Morgens fand er seine beiden Hausgenossen in dunkle Trauergewänder gekleidet. Der Meister spannte ein vom Baron ausgeliehenes Pferd vor den Wagen, und Anna erklärte ihm, ihre Patin, eine Schwester ihrer Mutter, sei verstorben und man fahre zu ihrer Bestattung in eine Stadt namens Schwäbisch Gmünd, die hinter der Hügelkette lag, die man vom Dachboden aus sehen konnte.

Stefano blieb zu Hause zurück. Er hütete das Feuer, versorgte die Tiere und kochte einsame Mahlzeiten, denn die Reise der Sailers erforderte zwei ganze Tage, auch wenn die Bestattung in einer knappen Stunde erledigt war, wie Anna ihm sagte.

Noch hatte er keine Ahnung davon, dass der Tod dieser unbekannten Frau hinter den Hügeln sein Leben grundlegend verändern würde.

**20** Anna Sailer kramte den Brief, der vor wenigen Tagen eingetroffen war, aus ihrer Schatulle. Sie hob das Kuvert an die Nase und stellte zornig fest, dass der zarte, blumige Geruch, der ihr sofort aufgefallen war, noch immer an dem dicken Büttenpapier klebte. Ein letztes Mal erwog sie den gefassten Entschluss, dann steckte sie das Schreiben in ihre Kittelschürze.

Auf dem Weg zur Küche schaute sie durch die trüben Fensterscheiben und sah, dass es zu tauen begonnen hatte.

Der verkrustete Schnee, der während des langen Winters längst grau geworden war, würde bald aufgeweicht sein und Hof und Straßen für einige Tage in eine Schlammwüste verwandeln.

Als sie die Tür des großen Küchenherds öffnete und den Brief hineinwarf, flammte das Feuer so freudig auf, als ob es ihr Beifall zollen wollte.

Sie hatte nicht vor, die Angelegenheit auf die lange Bank zu schieben – und der Tag war günstig. Ihr Vater war zu einer Innungsversammlung in die Kreisstadt gefahren.

Sie musste sich nicht einmal die Mühe machen, ihn zu rufen, Stefano kam von selbst.

»Ist Post für mich gekommen?«, erkundigte er sich so beiläufig wie möglich, denn er hatte bemerkt, dass Anna auf diese Frage sonderbar patzig reagierte.

»Nein«, erwiderte sie und lächelte, das erste Mal, seitdem er solche Auskünfte verlangt hatte.

Stefano nickte. Eigentlich war er nicht überrascht. Trotzdem hatte sich eine letzte Hoffnung so beharrlich an sein Herz geklammert wie der verwelkte Efeu draußen an die Wände der

Sailerschen Gartenlaube. Er würde dieses Hoffen entfernen müssen, bevor es seinem Herzen erging wie den morsch gewordenen Brettern unter dem Schmarotzergewächs. Sofia war verheiratet, die Ehe ein heiliges Sakrament, und nur der Tod vermochte diesen Zustand zu beenden. Er sah das feiste Gesicht Sandro Orlandis vor seinem geistigen Auge und begann, an seinem inneren Efeu zu zerren.

Anna beobachtete ihn mit durchdringendem Blick. »Setz dich«, sagte sie dann und strich sich eine rote Strähne aus dem Gesicht. »Ich muss mit dir sprechen!«

Es ist so weit, dachte Stefano. Er hat es ihr aufgetragen, der Meister, mich zu entlassen. Mir zu sagen, dass ich nicht länger geduldet werde, dass ich mich aufmachen soll – wohin auch immer. Stefano sah sich, wie er, an die Lenkstange geklammert, sein Fahrrad durch eine Landschaft aus schmutziger Schneepampe schob, geplagt von der nicht abzuweisenden Frage nach dem Nutzen des ganzen Unterfangens zu diesem verfehlten Zeitpunkt. Er spürte bereits die Stiche des Tauregens an Händen und Wangen, die klammen Kleider am frierenden Leib, die durchnässten Stiefel an seinen Beinen – und Wut erfasste ihn. Wut darüber, dass er sich überhaupt auf dieses Winter-Intermezzo eingelassen hatte. Seit vier ganzen Monaten schon hätte er sich in der Hauptstadt befinden können. Warum, zum Teufel, hatte er den Herbstwind gescheut? Der wäre, auf dem letzten Stück seiner Reise, ein besserer Begleiter gewesen als alles, was sich jetzt vor den Fenstern und in diesem unwirtlichen Land abspielte, in dem die Menschen sich für das Musterstück von Gottes Schöpfung hielten.

»Du wirst Anfang März in Stuttgart keine Arbeit kriegen und als Ausländer schon gleich gar nicht«, sagte Anna, als ob sie seine Gedanken lesen könnte.

»Es wird nicht ewig Winter sein«, erwiderte Stefano abweisend.

»Das ändert nichts an der Sache. Im Frühling wird es genügend einheimische Bauarbeiter geben. Und den Gedanken, den italienischen *Baumeister* zu spielen, musst du dir ohnehin aus dem Kopf schlagen. Die Schwaben sind misstrauisch, geizig und gern unter sich. Sie neigen nicht dazu, Fremde freundlich aufzunehmen. Und wenn es um *Positionen* geht, ziehen sie einen fachlich schlechteren Landsmann einem begabten Ausländer allemal vor. Du wirst in Stuttgart nichts anderes sein als ein Mann für Gelegenheitsarbeiten!«

»Sie sagt die Wahrheit, nichts anderes als die böse Wahrheit!«, ertönte eine Stimme in seinem Kopf so laut, dass Stefano gequält eine Grimasse schnitt.

»Du scheinst dich ja darüber zu freuen«, knurrte er dann, denn es hatte etwas wie Genugtuung in ihrer Stimme gelegen. Sonderbar eigentlich, denn gerade bei ihr hatte er immer das Gefühl gehabt, dass sie ihm freundlich gesinnt war und ohne Vorbehalte begegnete. Er konnte es nicht beschwören, so gut war sein Deutsch immer noch nicht, aber einige Male hatte er den Eindruck gehabt, dass sie den Arbeitskollegen gegenüber mit Heftigkeit seine Interessen verteidigt hatte. Sogar gegen ihren Vater hatte sie zu seinen Gunsten einige Male aufbegehrt.

Anna ging derweilen in die »gute Stube«, wie der Salon hier genannt wurde, und kam kurz darauf mit einer Tonflasche und einem kleinen Glas in der Hand zurück.

»Trink einen Schnaps«, forderte sie ihn auf, wohl um den Schock der nachfolgenden Kündigung abzufedern.

Stefano kippte wortlos den Inhalt des Gläschens, das Anna sofort aufs Neue füllte. Dann schaute sie ihn lange an und seufzte.

»Leicht fällt mir das nicht«, gestand sie schließlich.

Mir auch nicht, hätte Stefano beinahe gesagt, denn plötzlich wurde ihm bewusst, dass er nicht gerne fortging.

Es roch nicht gut in seiner Kammer, zugegeben, aber wenn er an den Sonntagmorgen dieses Spätherbsts und Winters in der Küche saß, das Herdfeuer knisterte, der warme Raum geschwängert war vom Duft des am Abend zuvor gebackenen Sonntagsbrots, später des Bratens, wenn Annas heller, hoher Sopran ihn verlockte, seine Gitarre zu holen, um die frommen Lieder zu begleiten, die sie selbstvergessen manchmal zu singen begann, dann lösten seine eigenen Traurigkeiten sich auf, und er genoss einen sanften Frieden der Seele, wie er ihn früher nicht gekannt hatte.

»Und der Vater ist auch dagegen!«

»Wogegen?«, erkundigte sich Stefano erstaunt. Es schien sich um etwas anderes zu handeln als seine Entlassung.

»Er sagt, ich könnte auch noch was Besseres kriegen, jetzt, wo ich Geld habe. Er bestreitet ja nicht, dass du etwas kannst und Charakter hast. Aber als Schwiegersohn hat er sich halt doch etwas anderes vorgestellt als nur einen … *Zitronenschüttler!*«

Zum ersten Mal klang dieses Attribut nicht verächtlich, sondern beinahe zärtlich – und Stefano begriff.

Die rothaarige Anna hatte ihm einen Antrag gemacht. »Ich habe geerbt«, erklärte sie, während sie sein Glas ein drittes Mal füllte. »Von der Patin in Schwäbisch Gmünd. Sie hatte die gleichen roten Haare wie ich.« Hier lächelte sie, und Stefano verstand, dass sie um den Spott der Arbeiter wusste, was ihre folgenden Worte bestätigten: »Sie war nur ganz kurz verheiratet, die Tante Babett, hat keine Kinder gehabt, und alle haben behauptet, sie sei eine Hex!«

Anna betrachtete Stefano so aufmerksam wie den Teig des Sonntagsbrots, wenn sie prüfte, ob die Hefe ausreichend wirkte, danach sprach sie weiter.

»Bei der Erbschaft handelt es sich um eine beträchtliche Menge Bargeld und um ein paar Äcker am Rand der Stadt, von denen zwei bereits als Bauland ausgewiesen sind.« Anna hob die Stimme. »Als *Bauland*, verstehst du, Stefan? Als mein Mann kannst du so viele Häuser bauen, wie du möchtest, auch Brunnen oder Grabmale, wenn dir das gefällt, und nach Stuttgart können wir immer noch ziehen, wenn du das wirklich möchtest!«

Stefano schaute sie an. Im matten Licht dieses Spätnachmittags wirkte ihr Gesicht milchweiß. Die lustigen braunen Sprossen waren über den Winter verschwunden wie das Gras unter dem Schnee. Ihre frisch gewaschenen Haare lagen wie eine Kupferkappe um ihren Kopf, die Brauen, die ebenfalls kupfern glänzten, betonten noch ihre grünen Katzenaugen. Einen Moment lang sah er ein dunkles Feuer, das darin aufblitzte, dann senkte sie schnell die rostfarbenen Wimpern. Ihr weißes Gesicht überzog sich mit einer brennenden Röte.

Als sie wieder aufblickte, war der verräterische Funke verschwunden, und sie sagte, so sachlich, als ob sie ihm einen Befehl des Meisters übermittle: »Sag mir morgen Bescheid. Länger mag ich nicht warten. Und wenn es ein Nein ist, erwarte ich, dass niemand davon erfährt!«

Stefano lag schlaflos in seinem Bett und bedachte sein Leben. Er hörte die Kühe im Stall, die hin und wieder kehlige Laute von sich gaben und den unbelasteten Schlaf der Kreatur schliefen, um den er sie schon mehrmals beneidet hatte.

Gegen Morgen, als er den vorlauten Hahn krähen hörte, hatte er eine Entscheidung getroffen. Stefano beschloss, Sofia ein für alle Mal aus seinen Gedanken zu verbannen und das anzunehmen, was er in Anbetracht aller Umstände als Chance betrachten musste.

21 »Du Saukerle!«, schrie Hermann Sailer. »Dir dreh ich den Hals um! Mein Mädle schwängern und sich dann ins gemachte Nest setzen wollen, das hätt man sich ja gleich denken können, wie das läuft, wenn man sich gutmütig zeigt!«

»Ich bin nicht schwanger, Vater«, sagte Anna kühl. »Und *ich* will es, dass wir heiraten!«

Hermann Sailer fuhr herum. Er starrte seine Tochter an und dachte spontan, dass an einem solchen Irrsinn nur das verdorbene Blut der Häberles, der Sippe seiner verstorbenen Frau, Schuld haben konnte. Drei Deppen hatte es dort gegeben, in zwei Generationen, und die Furcht davor hatte damals seine eigene Heirat überschattet. Wobei er bis zum heutigen Tag nie Anzeichen einer Geisteskrankheit bei seiner Tochter hatte bemerken müssen.

»Wenn es so ist«, er schnaufte erleichtert, »dann schlag dir die Sache aus dem Kopf, Anna. Je schneller, desto besser!«

»Ich bin volljährig, Vater!«

Schwungvoll fuhr Sailers Hand hoch, klatschte auf Annas Wange und hinterließ ein fünfschwänziges Feuermal.

Stefano, der sich bisher zurückgehalten hatte, machte einen raschen Schritt. Er packte den Meister an beiden Handgelenken und schrie mit auflodserndem Zorn: »Wenn du noch einmal schlägst diese Frau, ich stecke dich in Hackmaschine für Rüben!«

Sailer war weit davon entfernt, diese Drohung ernst zu nehmen, aber er begriff die Bedeutung der Botschaft, und er wusste, dass er dem muskulösen, einen Kopf größeren Italiener körperlich unterlegen war. Deutlich sah er die dunkle Ader am Hals des jungen Mannes hervortreten, und er erinnerte sich der beiden kraftvollen Faustschläge, mit denen Stefano einen der Arbeiter gezüchtigt hatte, als dieser es wagte, ihn einen »Hurensohn« zu nennen.

Anna trat zwischen sie und löste die beiden Männer so schnell und sanft voneinander, dass Stefano einen Moment lang an einen Zaubertrick glaubte. Aber sie verfügte noch über bessere Mittel.

»Wenn du dich mit mir anlegen willst, Vater, dann schlag ich vor, wir verkaufen das Geschäft und den Hof – und du zahlst mir meinen mütterlichen Teil aus!«

Ihre Stimme hatte die Schärfe eines Schlachtmessers, und Hermann Sailer verstand auf der Stelle, dass sein störrisches »Mädle« mit nichts, aber auch gar nichts von ihrem Vorhaben abzubringen sein würde.

»Bist halt doch eine Hex«, knurrte er, bevor er sich wütend ins Obergeschoss verzog.

Anna lächelte ein wenig. »Morgen gehen wir zum Pfarrer, Stefan. Je schneller wir das hinter uns bringen, desto besser«, schlug sie ihm vor. Und dass es möglich wäre, den italienischen Namen einzudeutschen, wenn man bereit sei, eine gewisse Gebühr dafür zu entrichten. Sie habe sich erkundigt. »Pasqualini heißt, soviel ich weiß, nichts anderes als ›Österle‹! Und Österle wär doch nett, oder?«

Aber Stefano lehnte es ab, »kleine Ostern« zu heißen. Vielleicht war der Wortsinn ja tatsächlich derselbe, aber immerhin war er in der italienischen Sprache in eine bessere Sprachmelodie gekleidet.

Ein weiteres Mal begann Anna damit und führte listig an, die Geschäfte würden mit Sicherheit unter einem schwäbischen Namen besser florieren; auch würden die Leute, zumindest in der nächsten Generation, keinen Gedanken mehr daran verschwenden, dass ihren Kindern ausländisches Blut beigemischt sei.

Doch in diesem Punkt war Stefano nicht zu bekehren.

»Der Name bleibt, basta!«, erklärte er entschieden.

Worauf der Hund in der Ecke sich erhob und näher trappelte, um den Handteller seines Herrn abzulecken.

Beide mussten sie daraufhin lachen.

Dann packte Stefano seine neu gewonnene Braut am Zipfel ihres Wollkleids. Es war, fand er, an der Zeit, die Verlobung zu realisieren. Und er war neugierig darauf, wie Anna sich anfühlte. Er hatte erwartet, dass sie sich ziere, doch sie wich nicht zurück unter seinem suchenden Mund. Ihre Lippen waren überraschend warm und weich, und sie schmeckten ein wenig nach Vanille.

»Warum willst du mich eigentlich?«, flüsterte er zwischen zwei Küssen, doch Anna lachte nur und begann, seine Hand abzuwehren, die sich zärtlich und ungeduldig um ihre Brust gelegt hatte.

»Das noch nicht«, sagte sie und kicherte leise.

Stefano küsste sie noch einmal und ein weiteres Mal. Doch obwohl er spürte, wie seine Braut unter den Zärtlichkeiten zu zittern begann, duldete sie keine weitergehenden Intimitäten.

»Erst wenn wir verheiratet sind«, erklärte sie streng und schob ihn von sich.

## 22

Die Hochzeit fand am 1. Mai 1909 statt, knappe zwei Wochen nach Ostern. Hermann Sailer hoffte, dass ihr der nationalen Maifeiern wegen niemand besonders Beachtung schenken würde.

Stefano hatte bereits drei Verehelichungen beobachtet, seitdem er sich in Wisslingen aufhielt. Jede von ihnen hatte alle Dorfbewohner auf die Beine gebracht, die in der Lage waren, ihre Wohnstätte zu verlassen. Auch viele Gäste aus dem Umland waren gekommen. Unter den Klängen der örtlichen Blaskapelle und in einer geschmückten Kutsche sitzend, fuhren die

Brautpaare von Fahnen, Uniform- und Trachtenträgern, Brautjungfrauen und Blumen streuenden Kindern begleitet zu Rathaus und Kirche. Danach fand jeweils im Saal des Schützen, der größten Gastwirtschaft des Orts, ein rauschendes Festgelage statt, das sich bei Tanz und Musik bis in die frühen Morgenstunden erstreckte.

Die »Italienerhochzeit« aber sollte, obwohl die Ortskirche inzwischen fertig renoviert war und für Gottesdienste benutzt wurde, in einer Kapelle stattfinden, die sich auf der Lichtung eines Waldes befand; die anschließende Hochzeitsfeier in kleinstem Kreise in einem Nebenzimmer des Hirschen.

»In Gottes Namen, gehen wir halt«, sagte Hermann Sailer im Tonfall hilfloser Resignation, als das Brautpaar in der guten Stube erschien. Es war der erste Satz, den Stefano von ihm hörte, seitdem Anna ihre Verlobung verkündet hatte.

Auch im Dorf hatte sich ein seltsames Vakuum vor Stefano aufgetan: Sobald er irgendwo erschienen war, waren die Gespräche verstummt. War er den Wisslingern schon vorher suspekt gewesen, so betrachtete man ihn jetzt wie jemanden, den man einer gefährlichen Infektionskrankheit verdächtigte. Man sprach nur das Nötigste mit ihm und entfernte sich so rasch wie möglich.

»Das wird schon wieder«, hatte Anna zuversichtlich gemeint. Sie war sehr gelassen und heiter, seitdem sie im Besitz des Gelds und der Äcker war.

Zu dritt – der Meister in trotzigem Abstand zum Brautpaar – gingen sie nun durch den Wald zu der Kapelle, wo sich bereits eine kleine Gruppe der Sailerschen Verwandten versammelt hatte.

»Kopf hoch«, flüsterte Anna und zog Stefano an der Verwandtschaft vorbei zum Eingang des Gotteshauses.

Der Brautvater setzte sich allein in die erste Bank, und seine rothaarige Tochter schob ihren künftigen Mann sanft zu den beiden Holzstühlen im Chorraum.

Die Kapelle war alt, kalt und kahl. Keine Blume schmückte den Raum, eine einzige Kerze flackerte auf dem Altar, und nirgendwo war eine Skulptur der barmherzigen Gottesmutter auszumachen. Auch von der Vielzahl der Heiligen, ob männlichen oder weiblichen Geschlechts, fehlte jede Abbildung. Nur ein schwarzes, düsteres Kreuz ohne Corpus schwebte an einer eisernen Kette über dem Altar.

Der Pfarrer trug ein schlichtes schwarzes Gewand. Mit derber Deutlichkeit hatte er erklärt, dass er sich erheblich überwinden müsse, dieser Ehe den Segen zu spenden, da der Bräutigam »falschgläubig« sei.

Stefano indes vermutete dasselbe von diesem Pastor samt seiner Gemeinde. Doch Anna hatte ihn vor dem Besuch im Pfarrhaus dringend aufgefordert, solche Zweifelsdiskussionen zu unterlassen, zu schweigen und einfach im passenden Moment »Ja« zu sagen, was er schließlich versprochen hatte.

Von seinen nächtlichen Albträumen, in denen er im immerwährenden Höllenfeuer briet, weil er die einzige wahre katholische Kirche verraten hatte, erwähnte er nichts, aber er spürte in der Tasche seines Hochzeitsfracks die Perlen seines Erstkommunionrosenkranzes, den er im Reisegepäck mitgeführt hatte. Womöglich half dieser ein wenig gegen die Sünde dieser ketzerischen Hochzeit, die er auch noch im Stande der Ungnade erlebte, denn er war seit mehr als drei Jahren nicht bei der Beichte gewesen.

Stefano lauschte der Lesung aus der Heiligen Schrift, in der vom guten Samen und vom Unkraut die Rede war, die der Herr am Tag der Ernte voneinander trennen würde, um das Gute zu sammeln und das Böse und Unnütze zu vernichten. Er schaute dabei in das mürrische Gesicht des Pastors und war sich völlig darüber im Klaren, dass dieser ihn dem Unkraut zurechnete. Doch seine Braut drückte wenige Minuten später ihre Hand gegen die seine und lächelte in einer so aufmunternden Weise, dass Stefano wieder Zuversicht fasste.

»Ja«, sagte er also mit starker Stimme. Und, um alle Zweifel auszuschließen, auch noch: »Si, si, ich will es!«

Anna nickte, und der Pfarrherr segnete widerstrebend ihren heiligen Bund.

Am Tag zuvor hatten sowohl Stefano als auch Anna auf dem Rathaus eine Urkunde unterzeichnet, die ihren Ehestand entsprechend den Gesetzen des Stuttgarter Königs besiegelte.

Mit doppelter Schnur waren sie nun also verbunden, vor König und vor Gott.

»Befiehl du meine Wege«, sang, von einem Harmonium begleitet, die kleine Hochzeitsgemeinde. Stefano schickte derweilen seine Gedanken in Richtung Süden. Er sah die Bucht von Neapel vor sich, seine Eltern und Geschwister, die in seinem Denken wie verblassende Gemälde erschienen, und danach sehr deutlich, obwohl er es nicht wollte, Sofia, wie sie nackt auf dem Bett saß und sich die dunklen Haare aus dem Gesicht strich.

In diesem Moment brach die gleißende Frühlingssonne durch die Bleiglasfenster der alten Kapelle. Sie tauchte den Raum in ein warmes Licht und zauberte blaue, rote und gelbe Ranken auf den Boden vor dem Altar. Stefanos Herz wurde leichter. Er wertete dies als ein versöhnliches Zeichen seines katholischen Gottes, der schließlich von allem Kenntnis haben musste, auch von den Qualen, Zweifeln, Ängsten und Hoffnungen seines in die Fremde gezogenen Dieners.

Beim Hochzeitsmahl waren sie zu acht. Der Pfarrer hatte sich wegen dringender Pflichten entschuldigt.

Das Essen bestand aus vier Gängen: einer weißlichen, dickflüssigen Suppe, in der Stücke von Rinderhirn schwammen, gesottenem Fleisch mit einer geriebenen, sehr scharfen Wurzel, dazu geröstete Kartoffeln, danach Schweinebraten mit den zu jedem möglichen Anlass servierten Spätzle und sauren Kartoffelscheiben, die als »Salat« angepriesen wurden. Zum Abschluss gab es eine Nachspeise, die Anna als »Schotto-Soße« bezeichnete. Es handelte sich um eine Art Weincreme, zu deren Herstellung der saure heimische Apfelmost verwendet wurde.

Bevor man das Dessert servierte, hielt der Brautvater eine Ansprache: »Es ist jetzt halt so, man kann nichts mehr machen«, sagte er, denn sein strenger Glaube verlangte von ihm die Akzeptanz des kirchlichen Akts. »Hoffen wir, dass es gut geht und das Geschäft nicht ruiniert wird damit!«

»Wollen wir's hoffen«, pflichtete sein Bruder, der Hirschwirt, ihm bei.

»Uns wird's schon nichts tun«, beruhigte ihn seine Frau, die Wirtin und Tante der Braut.

»Es gibt nie einen Segen, wenn's Bieberle der Hochzeitslader war«, ließ sich Tante Margret Häberle vernehmen, die gehofft hatte, das Bargeld und die Äcker ihrer verstorbenen Schwägerin aus Schwäbisch Gmünd zu erben.

»Das Bieberle« war, wie Stefano inzwischen wusste, hierzulande die Bezeichnung für das männliche Geschlechtsteil.

»Ich bin gar nicht schwanger, Tante Margret«, versicherte Anna gut gelaunt.

»Man wird ja sehen«, murmelte die verhinderte Erbin und holte zu einem weiteren verbalen Schlag aus: »Jedenfalls haben sich da die zwei Richtigen gefunden!«

Anna ärgerte sich nun doch, und selbst Stefano begriff, was die angeheiratete Verwandte mit diesem süffisanten Satz zu sagen versuchte: Beide waren sie Außenseiter, jeder auf seine

Weise. Der Italiener und die rote Hexe, die zudem drei ganze Jahre älter war als ihr Mann.

»Halt du dein Schandmaul, Margret«, knurrte da überraschend der Brautvater, der die ganze Häberle-Verwandtschaft noch nie hatte leiden mögen. »Oder sollen wir uns ein bisschen über die zwei Kinder unterhalten, die dein Mann nebennaus …«

»Prost«, rief der Hirschwirt dazwischen, der einen Sinn dafür hatte, wann eine Rauferei auszubrechen drohte.

Anna nickte ihm dankbar zu und erhob ihr Glas.

»Prost«, sagte sie zu Stefano und zog ihn hoch.

Sie trug ein enges schwarzes Taftgewand mit langen Ärmeln, das bis zum Fußboden reichte und ihre knabenhafte Figur vorteilhaft unterstrich. Ihre roten Haare lagen heute in weichen Wellen um ihr Gesicht und waren erst am Hinterkopf zu einem lockeren Knoten verschlungen. An einem Schildpattreif war ein feiner elfenbeinfarbener Spitzenschleier befestigt, der bis zu ihrer Schulter und über den halben Rücken reichte. Ihr langer weißer Hals war so makellos geformt wie der eines Schwans, ihre Lippen glänzten im frischen, sehr hellen Rot der inneren Erregung. Sie lächelte ihn an, und zum ersten Mal sah Stefano, dass auch sie schön war, wenn auch auf eine ganz andere Weise als Sofia. Seine neu angetraute Frau glich einem stolzen Knappen, der bereit war, an seiner Seite gegen die ganze Welt anzutreten, respektive die Welt, die sie kannte.

Stefano betrachtete die Hochzeitsgesellschaft, danach erneut seine Frau, und plötzlich kam er wieder, dieser ungeheure Lachreiz, den er in diesem Hause schon einmal erlebt hatte.

Er rang ihn nieder, hob ebenfalls sein Glas, rief »Salute« und trank einen Schluck des dünnen württembergischen Weins, um das Gefühl loszuwerden, als schlechter Schauspieler in einer ländlichen Posse gelandet zu sein, ohne seine Rolle auch nur im Mindesten zu beherrschen.

23 »Vielleicht ist der Brief verloren gegangen, solange du weg warst?«, vermutete Sofia und musterte ihre Tante durchdringend. »Oder Papa hat ihn erwischt, gelesen und danach vernichtet?!« Die Angst in ihrer Stimme war unüberhörbar, doch in diesem Punkt konnte die Tante ihre Nichte beruhigen.

»Dein Vater würde sich niemals erlauben, ein an mich gerichtetes Schreiben zu öffnen«, erklärte Serafina Mazone selbstbewusst. »Es ist ganz einfach kein Brief mehr gekommen. Ich bin mir sicher!«

»Ich verstehe das nicht«, jammerte Sofia, obwohl sie zutiefst erleichtert war. Denn natürlich hatte es Stefano gegenüber keinen Grund gegeben zu verbergen, dass sie ihm einen Sohn geboren hatte. Es würde zwar nichts an den Gegebenheiten ändern, aber Stefano würde es *wissen*, und diese Kenntnis wäre ein starkes Band zwischen ihnen; ein stärkeres vielleicht sogar als das ihrer Liebe. Eines, das immer bestehen bliebe.

Nur eines hatte sie nicht bedacht bei dieser vielleicht doch etwas gewagten Aktion: dass die Tante als Vermittlerin ausfallen könnte. Glücklicherweise aber war ihr dies nicht zum Verhängnis geworden, auch wenn es ihr unverständlich war, wie Stefano auf eine derartige Botschaft nicht reagieren konnte.

»Man versteht manches nicht, was Männer denken und tun«, sagte die Tante unvermittelt und in einem Ton, der ihre Nichte aufhorchen ließ. Serafina bemerkte es und wandte sich zu dem Wagen um, in dem der kleine Stefano schlief. »Ein schönes Kind«, schmeichelte sie, obwohl sie momentan nur den behaarten Hinterkopf des Knaben erkennen konnte.

Doch der erwünschte Effekt stellte sich unverzüglich ein.

»Er ist das schönste und liebste Kind, das man sich vorstellen kann«, versicherte Sofia euphorisch. »Und, stell dir vor, Tante Serafina, er kann bereits gehen. Er rennt zu Hause durch den ganzen Salon, obwohl er noch nicht einmal ein ganzes Jahr alt ist. Er spricht auch schon einige Worte: ›Mama‹, ›Nonna‹ und ›Dolci‹. Meine Schwiegermutter ist außer sich vor Entzücken. Sie sagt, keines ihrer Kinder war so weit in diesem Alter!«

Das kann ich mir vorstellen, dachte Serafina Mazone, als sie an den dicklichen, trägen Sandro und seine noch dickere und faulere Schwester Marcella dachte.

»Stefano ist so unglaublich süß«, fuhr Sofia fort zu schwärmen. »Und das absolute Ebenbild seines …« In letzter Sekunde bemerkte sie den drohenden Lapsus und konnte ihn gerade noch rechtzeitig korrigieren. »Onkels«, sagte sie glatt.

»Welches Onkels?«, fragte Serafina erstaunt.

»Fernando. Es gibt ein Bild von ihm, das gemalt wurde, als er drei Jahre alt war!«

»Ah ja«, murmelte Serafina und war sich ganz sicher, dass Fernando Mazone, der mit zwölf Jahren beim Baden im Meer ertrunken war, zu jedem Lebensalter seinen beiden Geschwistern geglichen hatte, nicht aber dem Kind ihrer Nichte.

Sie hätte viel darum gegeben, den Mann zu kennen, der Sofia diesen geheimnisvollen Brief geschrieben hatte. Danach wäre es einfacher gewesen, sich über die Ähnlichkeiten des kleinen Stefano mit irgendwelchen Verwandten zu unterhalten. Doch Sofia hatte es vorgezogen, den Eindruck zu erwecken, dass es sich bei dem rätselhaften Schreiben um das einer Internatsfreundin aus dem Kloster gehandelt habe.

Serafina hatte darauf den Hinweis, die Handschrift sei eindeutig männlich, unterlassen, ebenso wie sie die doppelte Kuvertierung unerwähnt ließ, die bei einem harmlosen Schriftwechsel unter Freundinnen höchst ungewöhnlich war. Auch hatte sie die fast manische Nervosität übergangen, mit der Sofia nach weiteren Schreiben forschte. Sie hatte sich daran erinnert, dass man mit dem Gewähren von Vertrauen in derlei Angelegenheiten nicht vorsichtig genug sein konnte. Obwohl sie natürlich ein wenig gekränkt war. Sie hätte Sofia niemals verraten, schon ihrer eigenen Vergangenheit wegen nicht, doch dann fiel ihr ein, dass das Kind davon nichts wusste.

Jedenfalls war es das Allerbeste, wenn dieser unbekannte Mann niemals wieder etwas von sich hören ließ.

Allerdings war es bedenklich, wenn er wirklich der Vater des Kindes sein sollte. Nicht, weil eine Entdeckung dieses Umstands zu befürchten war; der Mensch schien ja vernünftig zu sein und sich zurückzuhalten. Eine optische Ähnlichkeit aber würde bewirken, dass Sofia ihn nicht vergessen konnte, selbst wenn sie dies irgendwann einmal wollte.

Demnach gab es nur *eine* Möglichkeit, dieser Sache die Spitze zu nehmen: möglichst zahlreiche weitere Kinder, die Sofias Aufmerksamkeit beanspruchen und ihre Zuwendung einfordern würden.

Serafina beschloss, ein ernstes Wort mit Odilia Orlandi zu sprechen. Denn nach allem, was sie hörte, hatte die Ehe nicht dazu geführt, Sandros Lebensstil zu verändern. Er machte unter Vorgabe von Geschäften ausgedehnte Reisen und verbrachte, wenn er zu Hause war, die meisten Abende mit Freunden bei Glücksspielen und Wein. Was keine idealen Voraussetzungen für ein erfülltes Eheleben und weitere Nachkommen waren.

Serafina seufzte, als sie sah, mit welch verzückter Miene Sofia mit ihrem Sohn scherzte, der inzwischen aufgewacht war und willens, seine Kunststücke vorzuführen.

Sofia hob ihn aus dem Kinderwagen und stellte ihn auf seine strammen Beinchen. Er strahlte Serafina an, öffnete seinen kleinen Mund und schrie: »Nonna, Nonna. Altra Nonna!«

Serafinas Herz schmolz dahin. Sie hatte das Kind schon lange nicht mehr gesehen, denn eine Sommergrippe hatte ihre Lungen so stark strapaziert, dass sie die letzten drei Monate, sehr zum Verdruss des Reeders, in einem Sanatorium auf Ischia verbringen musste. Sie bückte sich, hob den Kleinen hoch, drückte ihn an sich und küsste ihn. Dieses Kind war wirklich süß und intelligent, und sie selbst konnte nun sehen, wie recht ihr Bruder mit seinem Urteil gehabt hatte. »Er ist ein Mazone«, rief sie, »ein echter Mazone!«

*Daran* bestand nicht der geringste Zweifel, wer immer sein Vater sein mochte.

**24** Das Eheleben erwies sich als erstaunlich harmonisch.

Am ersten Hochzeitstag zog Stefano eine positive Bilanz. Und das Gebäude, das er für seine künftige Familie gebaut hatte, stand kurz vor dem Bezug.

»Ein bissle hat er schon einen Krattel«, fanden die Leute. Womit sie ausdrücken wollten, dass Stefano einen Hang zum Höheren hatte. Aber sie sagten es weniger kritisch als respektvoll, denn das »Italienerhaus« konnte sich sehen lassen. Es war nicht gerade eine Villa, aber auch kein gewöhnliches Wohnhaus. Es lag, auf gekonnte Art und Weise, genau dazwischen.

»Ist auch kein Kunststück, mit dem Geld von der Anna«, blaffte der Pfarrer, für dessen Geschmack der Falschgläubige dadurch – und überhaupt – sozial zu sehr aufgewertet wurde.

Das Sensationellste aber war, dass der junge Ehemann sich gleich nach der Hochzeit einen Habitus zugelegt hatte, der geradezu unerhört war.

»Das müssen Sie sich einmal ansehen«, sagte der Schmied zum Baron, als dieser vorbeikam, um seinen Fuchs neu beschlagen zu lassen. »Sonst können Sie das gar nicht glauben, wie der Kerl auftritt. Mit Gehrock, gestreiften Hosen und steifem Kragen. Und Lackschuhen, ich schwör es, ich hab es mit eigenen Augen gesehen!«

»Das ist nicht Ihr Ernst?!«

»Mein heiliger Ernst. Und wissen Sie, wie er den Unsinn begründet? Dass er ein Baumeister sei. Ein Baumeister italienischer Provenienz. *Provenienz* hat der gesagt, wörtlich. Ich hab erst mal den Lehrer fragen müssen, was er damit eigentlich meint!«

»Und, was meint er?«

»Italienischer Herkunft!«

»Na, das ist ja unbestreitbar richtig!«

»Ha no, das vielleicht schon. Aber man kann das doch auch ein bisschen weniger geschwollen ausdrücken!«

»Sicher. Nur, die Italiener haben eben eine Freude am Pathos. Denken Sie nur an die Oper!«

Daran dachte der Schmied allerdings so gut wie nie. Und »Pathos« – das war eindeutig keiner, den er kannte. Vermutlich auch so ein Überkandidelter.

Stefano wusste natürlich von dem Gerede. Seine Frau versäumte es nie, ihn davon zu unterrichten, zumal sie sein Auftreten zu Beginn ebenfalls kritisiert hatte.

»Wie er wirkt, so wird ein Mann auch bewertet«, belehrte Stefano sie, indem er das entsprechende italienische Sprichwort zu übersetzen versuchte. Doch Anna war schnell im Begreifen und meinte: »Kleider machen Leute!«

»Genau«, Stefano nickte zufrieden. Denn das war es, was er beabsichtigte. Das Kostüm machte nicht nur im Theater den Menschen klar, welche Rolle man zu spielen beabsichtigte.

So erschien er in Gehrock, gestreiften Hosen, steifem Kragen und Lackschuhen nicht nur auf den Ämtern, um die notwendigen Verhandlungen für die Bauvorhaben zu führen, sondern auch zu Besprechungen mit Auftraggebern, Lieferanten und anderen Handwerkern – und natürlich auf seinen Baustellen. Selbst in den Hirschen ging er so gekleidet, um sich die Teilnahme am Stammtisch zu ertrotzen. Was ihm, unter Beistand seines angeheirateten Onkels, schließlich gelang.

Das Geschäft florierte zum einen dank Annas Geld, wie der Pfarrer richtig erkannt hatte, aber vor allem dank der Tüchtigkeit Stefanos und nicht zuletzt des schönen Wetters im Jahr 1910 wegen, das die Baukonjunktur angeheizt hatte.

Und langsam begann man anders von Stefano zu sprechen.

Manche sagten noch »der Italiener«, doch ihn öffentlich einen »Zitronenschüttler« zu nennen wagte bald niemand mehr.

»Ich hab gehört, in der Stadt wollen sie ein Gymnasium bauen«, verkündete die Anna eines Tages. »Das wäre doch eine Chance für jemand, der davon träumt, große und schöne Gebäude zu errichten!«

Stefano besorgte sich die Ausschreibungsbedingungen und studierte sie gründlich. Danach kaufte er sich ein Zeichenbrett und anderes notwendiges Material. Drei ganze Wochen lang zog er sich nach der Arbeit des Tages zurück und belud den großen Esstisch mit immer mehr Papieren und Skizzen.

Anna begann, sich Sorgen zu machen, wenn Stefano erst lange nach Mitternacht den Weg ins Schlafzimmer fand, aber sie sagte nichts, sondern erhöhte nur die Qualität der Ernährung.

»Der Hochmut ist der direkte Weg in die Hölle«, knurrte Hermann Sailer, wenn er sah, wie seine Tochter zum Frühstück Speck und Eier briet und sich dazu verstieg, echten Bohnenkaffee aufzugießen.

»Dann nehm ich an, du verzichtest lieber«, stichelte die Anna, um ihrem Vater dann aber doch den gerechten Anteil an der sündigen Kost zukommen zu lassen.

Mit klopfendem Herzen reichte Stefano Pasqualini nicht nur

seine Pläne für das Gymnasium ein, sondern auch gleichzeitig eine präzise Kalkulation der Kosten und die Zusicherung, sämtliche Arbeiten des Roh- und des Innenausbaus gewissenhaft zu übernehmen.

»Die sind ja größenwahnsinnig geworden!«, entrüstete sich der Bauunternehmer Eberhard Hittelmayer, als er – in seiner Eigenschaft als Gemeinderat der Stadt – von dem Angebot der »Baufirma Sailer & Co.« erfuhr. Er betrachtete den Neubau der Schule als seine ganz persönliche Angelegenheit, denn bisher war er mit seinem Unternehmen der absolute Platzhirsch gewesen. Ein Sailer war in der Realisierung von Großbauten bisher noch nie aufgetreten. Doch es zeigte sich, dass die Fraktion der Räte, die er hinter sich versammeln konnte, eher klein war. Die schon viel besprochenen und kritisierten Tricksereien des Hittelmayer begannen sich nun, wo plötzlich ernsthafte Konkurrenz aufgetaucht war, gegen ihn zu richten.

»Mir gefallen die Sailerschen Vorschläge ausgesprochen gut«, ließ der Oberamtmann noch vor der entscheidenden Sitzung in Umlauf bringen, was als Trendansage gewertet wurde. Der Bürgermeister der Stadt, der dem Oberamtmann ohnehin einen Gefallen schuldig war und sich noch immer über die dreiste Abrechnung des Hittelmayer beim Krankenhausumbau ärgerte, schlug in dieselbe Kerbe. Er hob bei inoffiziellen Vorgesprächen besonders die universelle Bauleitung hervor, die der Sailerschwiegersohn angeboten hatte und nicht einmal extra honoriert haben wollte. Zweifel an seiner Kompetenz verbaten sich, denn was der Italiener bisher geleistet hatte, war von allerbester Qualität, was selbst der Hittelmayer einräumen musste.

Worauf sich der evangelische Pfarrer, der allerdings nur mit beratender Stimme bei der Entscheidung vertreten war, daran erinnerte, dass er ein Schwesterkind der verstorbenen Sailerin war und dies schließlich auch einmal zum Tragen komme dürfe.

Der Oberstudiendirektor, der das dienstälteste Mitglied des Stadtparlaments war, hielt sich grundsätzlich an die Meinung des Pfarrers, und somit war die Abstimmungslage klar, denn der Gemeinderat würde sich nicht über die Voten der Autoritäten hinwegsetzen.

»Ich kann es kaum glauben«, sagte Stefano in einer Art freudigem Schock, als er erfuhr, dass er den Zuschlag erhalten hatte.

Anna lächelte geschmeichelt und dachte, dass sich ihre heimliche Spende an den Vetter Stadtpfarrer, die dieser verwenden wollte, um neue Instrumente für den Posaunenchor anzuschaffen, wirklich rentiert hatte.

Der alte Sailer verzehrte weiterhin Eier und Speck zum Frühstück, denn das künftige Bauvorhaben würde auch ihn fordern – und er war schließlich ein Mann in den Jahren.

»Der Teufel soll ihn holen«, murmelte der Hittelmayer, als er sah, wie sich sein Kontrahent ins Zeug legte. Aus dem ganzen Oberamtsbezirk holte er sich die besten Arbeiter zusammen, zahlte ihnen mehr, als er und seine Kollegen untereinander abgesprochen hatten, und zog die Wände der neuen Schule in Rekordzeit hoch.

Auch die Beamten von Stadt und Oberamt waren frappiert vom »Geschäftsführer der Firma Sailer«. Auf diesen Titel hatte man sich geeinigt, denn Anna hatte noch immer Angst, den fremdländischen Namen auch in die Firmenbezeichnung aufzunehmen. Sie kannte ihre Landsleute. Die benötigten zumindest den Anschein, um nicht von sich selbst denken zu müssen, sie fraternisierten mit einem Ausländer. Und »Sailer & Co.« klang einfach solider und verlässlicher als »Sailer und Pasqualini«.

Die Gemeindevertreter verhandelten mit dem »Herrn Geschäftsführer« anfangs zwar noch ziemlich herablassend, waren aber bald von Stefanos Fachkenntnissen und seinem Durchsetzungswillen beeindruckt. Es waren die Beamten des Oberamtmanns, die Stefano – erheitert und doch wider Willen angetan – das Prädikat »der Herrenmaurer« verpassten. Ein Spitzname, der sich in der Stadt und auch in Wisslingen rasch verbreitete.

Stefano schmunzelte, als er davon hörte. Annas Erbschaft und seine eigene Inszenierung trugen Früchte. In erstaunlich kurzer Zeit war er zu einem Faktor in der näheren Umgebung geworden. Nicht etwa auf- oder gar angenommen, aber doch zwangsläufig respektiert. Schon aus diesem Grunde liebte Stefano seine neue »Uniform«, die er nur ablegte, wenn er sich in sein Ehebett legte.

Das noch größere Wunder aber war, dass Sofia nicht recht behalten hatte, denn er begann Anna zu lieben, oder zumindest so etwas Ähnliches. Natürlich war dieses Gefühl nicht mit dem vergleichbar, das Sofia in ihm erweckt hatte. Es war ein Unterschied wie zwischen einem offen lodernden Feuer und einem gemütlichen Kachelofen.

Doch je mehr Zeit verging, desto öfter dachte Stefano darüber nach, dass Letzterer seine Vorzüge hatte. Er spendete belebende Wärme nach einem langen Arbeitstag, und nie bestand die Gefahr, dass er außer Kontrolle geraten und alles, was man war und besaß, verschlingen könnte.

Anna schien ähnlich zu empfinden. »Wir hausen doch nicht schlecht miteinander, oder?«, fragte sie ihn, als sich der Hochzeitstag zum zweiten Mal jährte und sie in ihrer neuen »besseren Stube« saßen.

»Nein«, räumte Stefano ein, nahm genüsslich einen Schluck Wein und drückte unter der Leinentischdecke sein Knie an das seiner Frau. Mit einem zufriedenen Grinsen genoss er ihre Verlegenheit.

»Das schickt sich nicht, Stefan«, kritisierte sie ihn.

Doch so kühl, wie sie tat, war sie nicht, seine rothaarige Frau.

Niemals aber zeigte sie etwas von ihren Gefühlen, bevor sich nicht die Tür des Schlafzimmers hinter ihnen geschlossen hatte. Dabei waren sie völlig alleine, der alte Sailer wohnte weiter in seinem Bauernhaus.

In Stefanos ehemaligem Zimmer neben dem Kuhstall schliefen nun zwei der neu eingestellten Arbeiter, die Scheune und ein weiterer Teil des Bauernhofs dienten der erweiterten Firma als Materiallager.

Anfangs hatte es Kompetenzgerangel und Auseinandersetzungen zwischen dem alten Sailer und seinem Schwiegersohn gegeben, doch Stefano verspürte wenig Lust, eine Neuauflage der Situation zu erleben, wie er sie zu Hause in der Werkstatt seines Vaters gehabt hatte. Und auf seine Frau war Verlass.

»Du kannst gelegentlich auf den Baustellen auftauchen, das macht sich gut, aber sonst: Kümmere du dich um den Hof, Vater«, verlangte Anna energisch. »Und überlass das Bauen dem Stefan und mir!«

Als der alte Maurermeister daraufhin die Bibel zitierte und einforderte, dass man Vater und Mutter ehren solle, konterte sie unerschrocken: »Die Mutter ist tot – und das mit der Ehre ist überhaupt kein Problem. Die kannst du haben, wenn's sein muss, drei Mal am Tag. Nur aus dem Geschäft sollst du dich raushalten. Es gehört dir ja sowieso nur noch der kleinste Teil davon, oder?«

Dem war nicht zu widersprechen.

»Und das Alter hast du auch, um kürzerzutreten«, setzte sie noch nach.

Hermann Sailer überdachte die Sache und sprach unter vier Augen mit seinem Bruder, dem Hirschwirt, darüber.

Der aber war von der Anna instruiert.

»Zehn Arbeiter sind zehn Mäuler, die Hunger und Durst haben. Nur wenn du uns in den Rücken fällst, Onkel Eugen, dann sagen wir ihnen halt, sie sollen in den Schützen zum Einkehren gehen«, drohte sie ihm. »Und unseren Kunden aus der Stadt sagen wir das am besten auch gleich!«

Worauf dem Hirschwirt klar war, welcher Partei er sich zuzuschlagen hatte.

So fütterte der alte Sailer die Kühe, Schweine, Hühner und Gänse, kümmerte sich um die steinigen Äcker und buckeligen Wiesen, ums Obst, den Most und den Schnaps. Wenn er tatsächlich auf den Baustellen auftauchte, verband er das alsbald mit einer tüchtigen Einkehr in der nächsten Wirtschaft. Er konnte sich fortan auch erlauben, jeden Mittag ein Nickerchen zu machen, die neuen Arbeiter seines tüchtigen Schwiegersohns ein wenig zu schikanieren und der Magd Konstanze, die er eingestellt hatte, seitdem Anna ausgezogen war, hin und wieder auf ihr dralles Hinterteil zu klopfen.

Es war, alles in allem, kein schlechtes Leben.

So nett hab ich es noch nie gehabt, dachte der alte Sailer immer öfter, aber laut sagte er es nie.

**25** Das Richtfest für das neue Gymnasium war auf den 27. März 1911 angesetzt worden. Es war der Tag, an dem der eben gewählte italienische Regierungschef Giovanni Giolitti sein Kabinett bildete. Zugleich feierte das Königreich Italien sein fünfzigjähriges Bestehen; ein Umstand, der Stefano Pasqualini erst sehr viel später bewusst wurde.

Gerade hatte der Zimmermann seinen Segensspruch zu Ende gebracht, als die Magd Konstanze sich zwischen den versammelten Neugierigen und den wenigen Honoratioren durchdrängelte und Stefano am Ärmel zupfte.

»Meister«, wisperte sie aufgeregt. »Es ist so weit!«

Der Satz bedurfte keiner weiteren Erläuterung. Man hatte zwar erst in zwei Wochen mit dem Ereignis gerechnet, aber Kinder waren nicht an Liefertermine gebunden oder hatten Fertigstellungsgarantien abgegeben.

Sein Vater fiel Stefano ein, der die langen Stunden während der Geburt der kleinen Gina halb in der nahe gelegenen Kirche zum Beten, halb neben seiner Grappaflasche zum Betäuben der Angst verbracht hatte. An das Eintreffen seines Bruders Roberto auf dieser Welt konnte sich Stefano nicht erinnern, immerhin war er damals erst knapp zwei Jahre alt gewesen, aber man hatte ihm Gleiches davon berichtet.

Schon wandte sich Stefano zum Gehen, als ihm einfiel, dass die Männer hierzulande sich anders verhielten. Soweit er beobachtet hatte, setzten diese ihre Pflichten einfach fort und begnügten sich, vom Ergebnis der Niederkunft Kenntnis zu nehmen.

Er überlegte, was Anna wohl von ihm erwartete. Dann nickte er der Magd zu, befahl, der Gattin seine allerbesten Wünsche auszurichten, und nahm dankend das Angebot des Barons an, der ihm für den Weg zum Richtfestmahl im Gasthaus Drei Könige einen Platz in seinem nagelneuen Automobil angetragen hatte. Und er war sich der Ehre durchaus bewusst.

»Wir haben's gleich, nur noch ein kleines bisschen durchhalten!«, rief Agnes, eine erfahrene Hebamme, und wischte Anna den Schweiß von der Stirn. Hoffentlich würde sie mit dieser »alten Mutter« keine Schwierigkeiten bekommen, denn die Erstgebärende war immerhin zweiunddreißig Jahre alt.

»Drücken, Mädle, *drücken*, sonst wird das nie etwas!«

»Ich tu ja, was ich kann«, keuchte Anna, biss die Zähne zusammen und versuchte ein weiteres Mal, das Kind aus ihrem Körper herauszupressen.

»Na bitte, es geht doch!«

Versiert packte Agnes das Köpfchen und zog das kleine Geschöpf aus dem Schoß seiner Mutter.

»Der ist wie du, Anna«, stellte sie fest, als sie den langen, mageren Säugling betrachtete, der aber nichtsdestotrotz einen gesunden und lebenstüchtigen Eindruck machte.

»Ist das jetzt ein Kompliment oder eine Beleidigung?«, wollte Anna wissen und lachte ein wenig. Gleich darauf verging ihr das Lachen wieder, denn ihr Leib zog sich ein weiteres Mal schmerzhaft zusammen. Die Hebamme musterte sie erstaunt. »Es ist doch dein erstes Kind, oder?«, fragte sie dann, als sie sah, wie die Anna sich krümmte.

»Red doch keinen Quatsch, Agnes. Natürlich ist es das erste. Wo hätte denn ein anderes herkommen sollen?«

Die Hebamme, die auf diese Frage einige Antworten gewusst hätte, schwieg lieber. Sie beugte sich über die Sailertochter und begann vorsichtig, deren Unterbauch abzutasten. Gleich danach war ihr die Sache klar. »Es kommt noch eines, Anna«, verkündete sie.

»Heiliger Strohsack«, konnte Anna gerade noch murmeln, bevor eine neue Welle des Schmerzes von ihr Besitz ergriff.

Zehn Minuten später barg Agnes einen zweiten Jungen. Er glich seinem Bruder wie ein Ei dem anderen, nur schien dieses Kind zur Körperform der Mutter das italienische Temperament seines Vaters geerbt zu haben. Es schrie mit erstaunlich dunkler Stimme, als ob es am Spieß stecke, und trat, als sie es abzuwaschen versuchte, so um sich, dass es der Hebamme beinahe aus den Händen und in den Zuber mit warmem Wasser gerutscht wäre.

Als Stefano gegen acht Uhr am Abend vom Richtfest zurückkehrte, lagen seine beiden Söhne, in flauschige Moltontücher gewickelt, nebeneinander in der Wiege. Sie sahen aus wie überdimensionale Streichhölzer: lang, weiß und mit lilaroten Köpfchen.

»Was sagst du jetzt?«, flüsterte Anna, die so erschöpft war, dass sie sich kaum wach halten konnte.

»Deo gratias«, murmelte Stefano. Dann beugte er sich über seine Frau und küsste sie. »Und dir auch, meine Rote«, sagte er danach laut, richtete sich auf und verdrückte gerührt zwei Tränen.

»Sie hat ziemlich viel Blut verloren. Sie muss jetzt schlafen«, mahnte die Hebamme.

Stefano nickte und verließ auf Zehenspitzen das Schlafzimmer.

Während Agnes sich in der Küche reinigte, lief Stefano über den Hof, um seinen Schwiegervater zu wecken, der auf dem Sofa eingenickt war. Er bat ihn und die Magd hinüber ins neue Haus, wo er eine Flasche Schaumwein aus Asti öffnete, die er schon vor Wochen für diesen Anlass besorgt hatte.

»Der ist eindeutig besser als Most«, konstatierte die Hebamme, als sie einen Schluck davon gekostet hatte.

Auch der Magd Konstanze schmeckte das Getränk, das in der Kehle kitzelte und nach dem zweiten Glas das Blut schneller kreisen ließ, was selbst der alte Sailer bemerkte.

»Da es zwei Kinder sind, muss auch zweimal Schampus getrunken werden«, fand Stefano, der sich so leicht und heiter fühlte wie schon lange nicht mehr.

Die beiden anderen Flaschen hatte er zwar für den Weihnachtstag und für den Eintritt ins neue Jahr vorgesehen, aber, wie hatte ihn heute der jüdische Kommerzienrat belehrt, als er die Einweihungsfeierlichkeit bereits um sechs Uhr verlassen wollte: »Man muss die Feste feiern, wie sie fallen!«

»Wie heißen die Buben überhaupt?«, fiel dem alten Sailer nach dem dritten Glas Schaumwein ein zu fragen.

Auf *zwei* Stammhalter war schließlich niemand gefasst gewesen, und »Stefan«, wie Anna es sich im Falle der Geburt eines Sohnes gewünscht hatte, konnte nicht doppelt vergeben werden.

Die junge Mutter, die inzwischen vom Krähen der beiden Hauptpersonen wieder erwacht war, lehnte den Schaumwein ab, aber sie machte in Sachen der Namensgebung einen vernünftigen Vorschlag.

»Peter und Paul«, sagte sie wie aus der Pistole geschossen.

»Pedro und Paolo«, murmelte Stefano und danach, um den Klang auszuprobieren: »Pedro Pasqualini e Paolo Pasqualini. Bravissimo!«

Und dabei blieb es.

Nach langer Zeit zum ersten Mal holte der Hausherr seine Gitarre und spielte die lustigen neapolitanischen Lieder, die besser zum Schaumwein passten als die schwäbischen, wie sogar der alte Meister fand. Der schickte Konstanze los, um den Schinken zu holen, den er persönlich über Wacholderzweigen langsam und fachkundig geräuchert hatte. Mit seinem Spezialmesser, das vom vielen Schleifen eine sichelartige Form angenommen hatte, schnitt er papierdünne Streifen davon ab; dazu gab es von dem Brot, das Anna gerade noch aus dem Ofen gebracht hatte, bevor die Wehen eingetreten waren.

Als alle satt waren, beschloss Stefano kühn, auch noch die dritte Flasche zu öffnen. Es hatte weder in seiner noch in der Sailer-Familie jemals Zwillinge gegeben, und deshalb verkündete der ehemalige Zitronenschüttler zum Beifall seiner Mitzecher: »Man muss die Feste feiern, wie sie fallen.«

Das Blut wallte danach so ungebärdig durch die Adern des alten Sailer, dass er, nachdem er mit der Magd über den Hof zurück ins alte Haus gewankt war, keine Bereitschaft zeigte, allein ins Bett zu gehen.

»Komm, lass mich halt ein bissle«, bat er und nahm die Hand

dieses Mal nicht so schnell vom drallen Hinterteil Konstanzes, die wenig Widerstand leistete.

Stefano hingegen legte sich auf die hölzerne Ofenbank und betrachtete seine beiden Kinder in der Wiege, die man auf Rat der Hebamme neben den warmen Kachelofen gestellt hatte.

Was für ein Tag, dachte er glücklich und hörte noch vier Schläge von den zwölfen der Kirchenuhr, bevor er einschlief.

Boshafterweise träumte er ausgerechnet in dieser Nacht, zum ersten Mal seit langer Zeit, von Sofia. Er hielt sie in den Armen, spürte ihr weiches, zartes Fleisch, und die schon mehrfach gefühlte, durch nichts anderes zu erreichende Seligkeit breitete sich in ihm aus. Doch es war ihm nicht lange vergönnt, sie zu genießen. Nie gehörte Töne ließen ihn unvermittelt hochfahren. Er sah seine Frau in ihrem langen Nachtgewand herbeitappen, und ihre Haare schienen im fahlen Mondlicht rot zu lodern. Sie beugte sich über die Wiege und sagte leise und sanft einige Worte. Erst danach wurde Stefano klar, dass es sich bei dem Lärm um das Geschrei seiner Söhne handelte.

Da hatte sich Sofia schon aufgelöst, wie Gespenster nach der Geisterstunde es wohl tun mussten, und das Gefühl absoluter Seligkeit wich dem einer zärtlichen Fürsorge für die drei Geschöpfe, mit denen er sein Leben von nun an teilen würde.

**26** Knapp zwei Jahre hatte der verhasste Krieg gedauert, den das Königreich Italien gegen die Türken geführt hatte.

Gut, man hatte Libyen und den Dodekanes gewonnen, aber kein Tag in diesen Kriegsjahren war vergangen, an dem Archangelo Mazone nicht um jedes einzelne seiner Schiffe gezittert hatte, denn die kriegerischen Begehrlichkeiten machten auch vor den Handelsschiffen nicht halt.

»Geh in die Kirche und stelle eine Dankeskerze auf, Serafina. Noch heute«, befahl der Reeder seiner Schwester.

»Und warum, bitte?«, verlangte Serafina zu wissen, die sich nicht für Politik interessierte. Sie hatte keine Lust davonzulaufen, nachdem Sofia sich endlich einmal entschlossen hatte, ihr den kleinen Stefano für einige Stunden zu überlassen.

»Weil der Krieg mit den Türken endlich aus ist«, tönte ihr Bruder. »Und glücklicherweise ist unsere Reederei gut davongekommen. Was nicht alle aus der Branche von sich behaupten können!«

»Ich werde es vor der Abendmesse erledigen«, versprach Serafina und rettete im letzten Moment eine chinesische Vase vor dem zerstörerischen Interesse ihres kleinen Großneffen. Doch der hatte bereits andere Pläne.

»Nonno, Nonno, cavallo«, schrie Stefano und gab keine Ruhe, bis sich Archangelo Mazone auf Knie und Hände begab, den kleinen Reiter aufsitzen ließ und mit ihm durch den Salon krabbelte.

Stefano schwang eine imaginäre Peitsche, mit der er seinen Großvater antrieb, und jauchzte entzückt.

Serafina versagte sich ein Kopfschütteln oder gar eine Bemerkung, aber sie dachte, dass sie es für ausgeschlossen gehalten hatte, dass ein kleiner Junge es schaffen könnte, aus einem der wichtigsten Bürger der Stadt Neapel einen derartigen Affen zu machen. Der Reeder war geradezu verliebt in seinen Enkel, aber ehrlich gesagt, es ging ihr ja ebenso.

Stefano hatte inzwischen seine Mutter entdeckt, die früher als erwartet zurückgekehrt war. Er rutschte über das Hinterteil seines Großvaters und ließ sich auf dessen Waden plumpsen. Archangelo unterdrückte einen Fluch, erhob sich ächzend und rieb sich die schmerzenden Knie, während sein Enkel auf seine Mutter zuraste.

Sofia konnte ihn gerade noch auffangen, bevor er ihr die Röcke ruinierte.

»Mein Goldschatz, mein allerliebster Junge«, sagte sie lachend und drückte den Kleinen an sich.

Serafina verschwand in der Küche, um gekühlte Limonade und den Zitronenkuchen zu holen, auf den der Kleine so versessen war.

»Wie sein Vater.« Sofia lächelte und dachte wieder einmal an die Stunden im stillen Friedhof, im Schatten der Thujabüsche. Es war nicht zu fassen, dass seitdem bereits vier Jahre vergangen waren. Dabei hatte es keinen einzigen Tag gegeben, an dem sie nicht an Stefano dachte. Ihre Sehnsucht war durch die verstrichene Zeit nicht abgeschwächt, sondern immer quälender geworden, und der Anblick ihres Sohns, der ein Abbild seines Vaters war, schürte diese Gefühle stets aufs Neue. Zumal ihre Ehe eigentlich gar keine war.

Als ob sie ihre Gedanken spüren könnte, erkundigte sich Tante Serafina:

»Was macht denn Sandro?«

»Och, eigentlich nichts!«, erwiderte Sofia. »Er ist höchst selten zu Hause!«

»Du willst damit sagen, er säuft, treibt sich herum und überlässt es irgendwelchen Subalternen, sich um den Handel und den Gutshof zu kümmern«, sagte der Reeder gallenbitter. Diesmal war sein Zorn auf den Schwiegersohn größer als die Rücksicht auf seinen Enkel. Ganz Neapel sprach inzwischen vom Dandyleben Sandro Orlandis.

Sofia schaute ihren Vater an und fand, dass er alt geworden war. Die Sorgen über den Krieg hatten seine eisgraue Löwenmähne schneeweiß werden lassen. Und die Gichtanfälle, die früher Monate oder gar Jahre auseinandergelegen hatten, kamen immer häufiger und heftiger. »Es ist schon gut, Papa«, sagte

Sofia deshalb versöhnlich. »Wenn er nicht da ist, dann können wir auch nicht streiten!«

»Ihr solltet an das Kind denken«, verlangte Tante Serafina ärgerlich, wobei nicht klar wurde, ob dies eine Reklamation an ihren Bruder oder an ihre Nichte war. Sie spürte es wohl selbst und wurde präziser.

»Achte bitte auf deine Rede, Archie. Ein Kind muss seinen Vater bewundern können«, herrschte sie ihren Bruder an, was selten einmal vorkam. Und ihrer Nichte riet sie süffisant: »Man kann sich auch *bemühen*, den Mann im Haus zu halten.« Denn es war vollkommen klar, dass Sofia dies weder versuchte noch wünschte.

»Das Kind ist das einzig Positive an dieser Ehe«, hatte ihr Odilia bei Serafinas letztem Besuch im Hause Orlandi kummervoll zugeraunt. Womit sie genau das aussprach, was Archangelo Mazone schon mehrfach festgestellt hatte.

»*Du* warst es, der Sofia zu dieser Heirat genötigt hat«, hatte Serafina ihrem Bruder vorgehalten, doch der hatte nur abgewinkt und festgestellt: »Die Hallen stehen, und das ist das Wesentliche!«

Tatsächlich lebte Sofia mit ihren zweiundzwanzig Jahren wie eine Jungfrau. Seit der Geburt des Kindes hatte Sandro sie nicht mehr angerührt. Sie schliefen in getrennten Räumen, und »Besuche« hatte es keine gegeben. Serafina wusste Bescheid, denn sie hatte die Zofe ihrer Nichte bestochen. Es war besser, auf dem Laufenden zu sein, denn Sofia war unberechenbar. Noch hielt sie still, doch Serafina kannte die Schwächen der Mazone-Frauen. Eines Tages würde ein Ausbruch erfolgen, dessen war sie sich seit der Unterredung mit der Zofe sicher.

Archangelo, der ebenfalls seine Quellen hatte, dachte währenddessen über das Gerücht nach, sein Schwiegersohn sei vor allem am eigenen Geschlecht interessiert. Nun ja, wenn er ehrlich war, hätte dies, selbst wenn diese Neigung schon vor der Eheschließung bekannt gewesen wäre, nichts am Lauf der Ereignisse geändert, gab der Reeder vor sich selbst zu. Denn egal ob Sandro nun eher Männern zugetan war oder beiden Geschlechtern, die Grundstücke waren unverzichtbar. Seit Sofias Heirat stand ihr Name in den entsprechenden Grundbüchern – und das war das Wichtigste. Und sein Enkel natürlich, vor allem nachdem es den Anschein hatte, dass weiterer Nachwuchs wohl nicht zu erwarten war.

»Hol den Portwein, Serafina«, verlangte der Reeder.

»So früh schon?«, wunderte sich Serafina und gab zu bedenken: »Die Sonne steht noch am Himmel!«

»Man kann nicht immer auf alles Rücksicht nehmen«, knurrte Archangelo und meinte damit die gesamte verdammte Sachlage.

## 27

An einem schönen, noch sommerlich warmen Frühherbsttag des Jahres 1913 wurde das Gymnasium feierlich eingeweiht. Jedermann lobte das stattliche und repräsentative Gebäude. Man war sich einig darüber, dass es weitum keine zweite vergleichbar schöne Schule gab.

Stefano Pasqualini saß, in einem maßgeschneiderten Gehrock und nagelneuen Lackschuhen, zwischen den wichtigsten Repräsentanten des Oberamts. Er lauschte dem Marsch, den die Blaskapelle der Stadt intonierte. Inzwischen verstand er nicht nur die Sprache der Musik, sondern auch all die Worte, die die Festredner zuvor verloren hatten.

Seine Frau war wie besessen davon, seinen Wortschatz zu erweitern und seine sprachlichen Fehler zu korrigieren. Sie hatte zu diesem Zweck sogar eine Absprache mit dem Lehrer getroffen, der zweimal in der Woche am Abend bei den Pasqualinis erschien, um Stefano in Rede und Schrift zu unterrichten. Anna entlohnte ihn gut für diese Dienste und schenkte dem Pädagogen jedes Mal eine Flasche des italienischen Weins, den sie seit geraumer Zeit kistenweise aus einem Feinkostgeschäft der Stadt herbeischaffen ließ. Und ihren Ehemann bestärkte sie regelmäßig darin, in seinen Bemühungen nicht nachzulassen.

»Das Beherrschen der Sprache ist die wahre Eintrittskarte in ein Land«, war ihr Credo. »Und je perfekter du dich ausdrücken kannst, desto besser ist der Rang, in den du dich setzen darfst!«

Nun, er saß bereits in der ersten Reihe dieser Versammlung, dachte Stefano vergnügt und pries seine kluge Ehefrau. Denn es war ihm nach etlichen Proben im Beisein des Lehrers gelungen, die wenigen Sätze, die er beim Festakt zu sagen hatte, fehlerlos und vermeintlich souverän vorzutragen. Niemand hatte seine Nervosität dabei bemerkt und das flaue Gefühl der Angst, die seine Innereien umzudrehen drohte.

Im letzten Moment war ihm der Spruch eingefallen, den Anna ihm für schwierige Stunden eingebläut hatte: »Man sieht dir nur an den Kragen, man sieht dir nicht in den Magen!«

Er hatte die Prüfung bestanden, er sah es an den Gesichtern der Anwesenden.

»Bravo, Maestro«, hatte der Oberamtmann ihm anerkennend zugeraunt, als er zurück zu seinem Platz gegangen war. Der Mann war ein Verehrer des Dichters Goethe, hatte er ihm einmal erzählt, und teilte dessen Begeisterung für das »Land, wo die Zitronen blühen«.

Abschließend sprach der Pfarrer einen Segensgruß.

Es war nicht der bäffende aus Wisslingen, sondern sein Kollege aus der Kreisstadt, mit dem Stefano schon mehrmals gesprochen hatte. Alles hatte sich bestens gefügt. Und zum ersten Mal seit langer Zeit blickte Stefano mit ungetrübter Zuversicht in die Zukunft.

## 28

»Nein! Nein, ich will es nicht!«

Sofias wütender Schrei gellte durch das ganze Haus, als der Arzt ihr mitteilte, dass die Magenverstimmung, die sich als sehr hartnäckig erwiesen hatte, der Beginn ihrer zweiten Schwangerschaft war.

»Versündige dich nicht«, wies Odilia Orlandi sie zurecht und beschloss, noch am selben Tag beim Standbild der heiligen Mutter Anna eine Kerze aufzustellen.

Sofia, die die überraschenden nächtlichen Überfälle ihres Mannes noch in übelster Erinnerung hatte, starrte ihre Schwiegermutter mit unverhohlenem Hass an. Sie wusste genau, wem sie das neue Interesse ihres Gatten an seinen ehelichen Pflichten zu verdanken hatte. »Dieses Kind wird hässlich und dumm werden«, stieß sie hervor, denn nichts anderes war zu erwarten nach diesen erzwungenen Vereinigungen, vor denen Sandro eine Unmenge Wein getrunken haben musste, wie sie seinem sauren Atem unschwer hatte entnehmen können.

»Ich werde dafür beten, dass Gott dich für solche lästerlichen Reden nicht bestraft!«

»Die Strafe sitzt bereits in meinem Bauch«, schrie Sofia gallenbitter, begann zu würgen und sich erneut in den Porzellankübel neben ihrem Bett zu übergeben.

Sie wird sich schon wieder beruhigen, dachte Odilia und erinnerte sich an ihre dritte und letzte Schwangerschaft, bei der sie ähnlich reagiert hatte. Milde gestimmt durch solche Gedanken griff sie nach der Hand ihrer Schwiegertochter. »Es wird alles gut werden, meine Kleine«, sagte sie überraschend zärtlich. »Du musst dich nur schonen. Ich werde dir alles abnehmen, was dich belasten könnte!« Sie dachte dabei vorwiegend an ihren wundervollen Enkel Stefano, der prächtig gedieh und alles aufwog, was diese kindische, launenhafte Schwiegertochter ihr an

Sorgen und Ärger bereitete. »Die Zeit der Übelkeit wird bald vorüber sein, und neun Monate sind schnell überstanden!«

Sofia presste die Lippen zusammen und versagte sich eine Antwort. Sie beschloss, alles zu unternehmen, um diese unerwünschte Leibesfrucht wieder loszuwerden.

An einem schönen Sommertag, dem ersten, an dem sie nicht gleich die Morgenmahlzeit wieder von sich gegeben hatte, kletterte sie auf den Esstisch und sprang beherzt herunter. Vorsichtshalber wiederholte sie den Vorgang. Beim dritten Mal kam sie ungeschickt auf und knickte zur Seite. Fast gleichzeitig spürte Sofia einen stechenden Schmerz in ihrem rechten Bein.

»Schienbein und Wadenbein sind gebrochen, und ein Kreuzband dürfte angerissen sein«, diagnostizierte der herbeigerufene Arzt.

Er schiente Bein und Fuß, wickelte Gipsbinden darum und veranlasste, dass der Hausdiener eiligst ein von ihm entworfenes Gestell schreinerte, das ans Fußende von Sofias Bett geschoben wurde. Der Professor selbst befestigte das Gipsbein an der Vorrichtung.

»Sie werden geraume Zeit in dieser zugegebenermaßen unbequemen Lage zubringen müssen. Ich rate Ihnen, in diesem Fall ausnahmsweise die notwendige Geduld aufzubringen, Donna Sofia. Andernfalls riskieren Sie dauerhafte Beeinträchtigungen!«

»Und welcher Art, bitte?«, wollte Sofia wissen, die immer noch hoffte, dass seine Rede sich auf eine Beendigung ihrer Schwangerschaft bezog.

Der Mediziner, der Lebenserfahrung hatte und Sofia durchschaute, lächelte durchtrieben und sagte dann in schonungsloser Offenheit: »Im freundlichsten Fall werden Sie hinken, meine Liebe. Im schlechteren sich nur mit der Hilfe eines Stocks fortbewegen können, und wenn Sie zum Unglück noch Unverstand und Pech haben sollten, werden Sie im Rollstuhl durch Ihre Zukunft fahren!«

Darauf gab es nichts zu erwidern, und jede Opposition war im Keim erstickt. Sofia wollte weder verstümmelt noch behindert sein.

Zehn lange Wochen verbrachte sie in ihrem Bett, der Peinlichkeit ausgesetzt, selbst bei intimsten Körpervorgängen auf die Hilfe ihrer Schwiegermutter angewiesen zu sein.

Klaglos erledigte Odilia Orlandi diese unangenehmen Aufgaben. Ihr Mitleid mit der Schwiegertochter wuchs, die gefesselt in ihrem Bett lag und mit hilflosem Zorn ertragen musste, dass das neue Leben in ihrem Leib sich unter den besten Bedingungen entwickelte.

Sonderbarerweise waren es gerade diese Wochen, welche die beiden Frauen erstmals einander näherbrachten. Bestrebt, Sandro aufzuwerten, erzählte Odilia Geschichten aus seiner Kindheit und Jugend. Sie berichtete von dem sanften, anhänglichen und liebebedürftigen Kind, von seinen ängstlichen, fantasievollen Träumen und der andauernden Furcht vor der herrschsüchtigen Großmutter Chiara, der Matriarchin der Orlandis.

»Sie hat es geschafft, dass alle sich ihrem Willen unterworfen haben. Ihre Kinder, ihre Schwiegerkinder, ihre Enkel, das Personal: Wir waren nichts anderes als ihre Sklaven. So lange, bis der Schlagfluss der Sache ein Ende machte. Leider hat mein armer Mann die Erleichterung, die diese Krankheit uns allen brachte, nicht lange genießen können. Er starb, und sie, die Eisenharte, wie wir sie nennen, lebt immer noch. Ich kann dir versichern, Sofia, niemand war unglücklich darüber, als Sandro die Alte in dieses Damenstift brachte. Sie kann zwar niemanden mehr herumkommandieren, aber die Stiftsdamen erzählen mir, ihre Blicke seien so fürchterlich, dass sie nur gesetzte, ältere Pflegekräfte an ihr Bett lassen können!«

Als der Arzt schließlich die Gipsbandagen mit einer scharfen Säge halbierte und von Sofias dünn gewordenem Bein schälte, musste die junge Frau feststellen, dass mit dem stinkenden Gips auch der Widerstand gegen das Kind von ihr abgefallen war. Sie freute sich nicht, dies keineswegs, aber sie beschloss, keine neuen Versuche zu unternehmen, es vor der Zeit loszuwerden.

»Wenn du es erst in den Armen hältst, wird alles vergessen sein«, tröstete Odilia sie und duldete es, dass der kleine Stefano sich auf Sofias Schoß setzte und seinen warmen, nach Meer duftenden Lockenkopf an ihre Brust legte. Sofia schloss die Augen, dachte an seinen Vater und an die herrliche, beglückende Sünde in seinen Armen.

Die Tränen, die Wut und Auflehnung bisher verhindert hatten, rannen dabei reichlich über ihre Wangen und in Stefanos Haare.

Dieser Junge war ein so köstliches Pfand ihrer wahren Liebe, dass Gott vermutlich das Recht hatte, von ihr zu fordern, dafür auch Sandros Kind zu gebären, dachte Sofia, und es half ihr, die restlichen sechseinhalb Monate irgendwie zu ertragen.

## 29

Angefangen hatte die unterschwellige Feindseligkeit bereits 1915, als Italien gegen Österreich in den Krieg eintrat.

Österreich war Mitglied des Dreierbundes und kämpfte an der Seite des Deutschen Reichs. Man las an den Aushängen am Rathaus, in denen regelmäßig über den Kriegsverlauf berichtet wurde, auch von den vielen Verlusten der österreichisch-ungarischen Verbündeten bei den Isonzo-Schlachten, was die Stimmung gegen Italien beträchtlich anheizte.

Immer mehr Wisslinger wurden zu den Waffen gerufen, und die kleine Kommune hatte bereits fünf Tote zu beklagen.

Die allgemeine Teuerungswelle und die Lebensmittelknappheit, die inzwischen auch den abgelegenen württembergerischen Landstrich um Wisslingen erreicht hatten, taten ein Übriges.

Obwohl Anna sich bei der »Reichswollwoche«, in der für die frierenden Frontsoldaten Woll- und Garnreste sowie wieder verwendbare Wollsachen gesammelt wurden, besonders ins Zeug gelegt hatte, wurde der »Sailer-Italiener« immer unfreundlicher betrachtet.

Stefano bemerkte, wie die Gespräche verstummten, die sich derzeit fast nur um den Krieg, den damit verbundenen Mangel oder um erzwungene Einschränkungen drehten, wenn er den Schankraum des Hirschen betrat. Rasch wandten die Zecher sich dann anderen, unverfänglicheren Themen zu. Wäre er nicht der angeheiratete Neffe des Wirts gewesen, hätte er damit rechnen müssen, hinausgeworfen zu werden. Eindeutig war er am Stammtisch nicht mehr willkommen.

Ganz schlimm wurde es, als im August 1916 Italien auch Deutschland den Krieg erklärte.

Es gab inzwischen ein knappes Dutzend junger Wisslinger, die im Kampf für Kaiser, König und Vaterland den Tod gefunden hatten.

Bald nach dem Kriegseintritt Italiens kursierte in der Kreisstadt ein Flugblatt, in dem zum Boykott gegen die Baufirma Sailer & Co. aufgerufen wurde, die »in Wahrheit in Feindes Hand« sei. Unterzeichnet war das Pamphlet von einem Anonymus, der sich als »ein Patriot« bezeichnete.

»Das kommt vom Hittelmayer«, sagte Anna, nachdem sie die Schmähschrift gelesen hatte.

Der Aufschwung der Sailer-Pasqualini-Sippe war dem alten Hittelmayer immer mehr zu einem Dorn im Auge geworden. Und dass er sich als Patriot bezeichnete, war nicht einmal gelogen. Er hatte am Krieg 1870/71 teilgenommen und versäumte es kein Jahr, die Sedan-Feier in der Stadt zu organisieren und zu einem gesellschaftlichen Ereignis zu machen.

Auch der Oberamtmann war der Auffassung, dass es sich um eine Intrige von Eberhard Hittelmayer handle. Er wiegte den Kopf, machte ein sorgenvolles Gesicht und sagte: »Beweisen wird sich nichts lassen. Dazu ist der Kerl viel zu schlau – und die öffentliche Meinung ist im Moment, nur zu verständlich, alles andere als italienfreundlich!«

Die Tatsache, dass Deutsche und Italiener sich auf den Schlachtfeldern gegenüberstanden und danach trachteten, jeweils so viele »Feinde« wie möglich zu vernichten, setzte in Stefano Denkprozesse in Gang, die er bisher weitgehend verdrängt und mit Arbeit überlagert hatte.

*Wer eigentlich war er?*

Seinen Papieren gemäß war er ein italienischer Staatsbürger, der in Württemberg lebte und jederzeit ausgewiesen werden konnte, wie der Oberamtmann ihm erklärt hatte, auch wenn dies unwahrscheinlich war, schon seiner Familie wegen.

Doch wo war sein Herz in diesem Konflikt?

Wenn er ganz ehrlich zu sich selbst war, so war er nichts anderes als ein nationaler Zwitter; unfähig, sich für das eine oder das andere Land ganz entscheiden zu können.

»Du musst dich um die hiesige Staatsangehörigkeit bemühen«, fand Anna. »Das wird sich herumsprechen und es den Leuten erleichtern, dich zu akzeptieren und Geschäfte mit uns zu machen. Sie werden dann begreifen, dass du einer von uns sein möchtest!«

Doch dieses Mal brachte Stefano es nicht fertig, dem klugen Rat seiner Frau Folge zu leisten. Er dachte an seine Kindheit, seine Jugend, er schmeckte das Salz des Meeres auf seinen Lippen, hatte den Duft der Zitronenhügel in der Nase, und er dachte auch zum ersten Mal seit langer Zeit wieder an Sofia.

Dann überlegte er, was sein Vater und seine Mutter zu solch einer Entscheidung sagen würden, und er hatte keine Zweifel an ihrer Einschätzung: Sie würden ihn als Verräter betrachten. Als Menschen, der versuchte, seine Wurzeln zu verleugnen.

Zugegeben, er lebte auf deutschem Boden mit einer Deutschen, und seine Kinder waren unbestreitbar deutsch. Sie verstanden, bis auf die wenigen Worte, die in den Liedern vorkamen, die er manchmal sang, nicht einmal die Sprache, mit der ihr Vater aufgewachsen und zum Mann geworden war.

Es wäre mehr als nützlich, den Antrag auf Einbürgerung zu stellen, wie der Oberamtmann es ihm nahegelegt hatte, doch Stefano konnte sich nicht dazu überwinden.

»Ich schaffe es einfach nicht. Es kommt mir vor wie ein seelischer Selbstmord«, versuchte er, es Anna zu erklären.

Doch so nachgiebig sie sonst war, wenn es sich um Bitten ihres Mannes handelte, dieses Mal blieb sie hart. Sie war der Auffassung, dass sie diese Haltung ihren Söhnen schuldig war.

Wochen vergingen, in denen nur die notwendigsten Dinge besprochen wurden. Die schlechte Stimmung fiel sogar dem alten Sailer auf, obwohl Anna sich bemühte, sich in seiner Gegenwart so normal wie möglich zu verhalten. Doch der alte Meister war nicht auf den Kopf gefallen.

»Du solltest nicht versuchen, den Stefan zu etwas zu zwingen, das er nicht will und nicht kann«, sagte er eines Morgens, als er mit seiner Tochter allein in ihrer Küche war. »Das Nationalgefühl spielt beim Mann eine größere Rolle als bei einer Frau. Vermutlich, weil man die Männer seit Urzeiten dazu gezwungen hat, ihre Heimat zu verteidigen!«

»Und was ist dabei herausgekommen?«, erwiderte Anna und schüttelte empört den Kopf, sodass ihr rotes Haar durch die Luft wirbelte. »Unzählige Tote, Not, Elend und Leid. Mir ist es vollkommen egal, wer von den Großkopferten den Ton angibt, in welchem Land jemand geboren wurde und als was er sich fühlt – oder ich mich fühlen soll. Hauptsache, meine Familie kann in Frieden leben, hat ein Dach über dem Kopf und ihr Auskommen!«

»Genau das ist es ja, was ich meine«, konterte Hermann Sailer. »So denkt eine *Frau*!«

»In ihrem Herzen denken die Männer genauso, auch wenn sie am Stammtisch anders sprechen und sich durch ihre selbst erzeugte Begeisterung oder Überzeugung oder was auch immer dazu bringen lassen, ›ins Feld‹ zu ziehen. Frag doch mal die, die zurückkommen, Vater. Ob die ihre Sichtweise nicht geändert haben!«

»Man kann nie das Ende auf den Anfang übertragen«, sagte der alte Sailer unerwartet philosophisch. »Jedenfalls hat die Einstellung deines Mannes viel mit dem Selbstwertgefühl zu tun. Mag sein, dass es dir gelingt, ihm wirklich deinen Willen aufzuzwingen, du bist stärker, als ich jemals gedacht habe. Aber, ich warne dich, Anna. Du wirst ihn darüber verlieren!«

Anna starrte ihn betroffen an. So hatte sie ihren Vater noch nie reden hören. Sie hatte ihm nicht einmal zugetraut, solche Gedanken entwickeln zu können. Ganz abgesehen davon, dass es ihm offensichtlich wichtig war, den anfangs so ungeliebten Italiener als Schwiegersohn zu behalten. Denn mit ihrem vielen Geld hätten sie beide und die Kinder auch mühelos weiterleben können, wenn ihr Mann sich dem Konflikt entzogen und aus dem Staub gemacht hätte.

Der alte Sailer saß hinter seiner Tasse mit Milchkaffee und betrachtete das Mienenspiel seiner Tochter. Er sah, dass sein Appell nicht ohne Wirkung auf sie blieb.

»Die Zeiten ändern sich wieder«, setzte er nach. »Aber eine Ehe bleibt nur dann gut, wenn man sich keine dauerhaften Blessuren zufügt!«

Vermutlich hätte dies immer noch nicht gereicht, Anna zum Einlenken zu bringen. Eines Nachts aber erwachte sie und hörte neben sich ein Schluchzen, das sich auch dadurch nicht ganz unterdrücken ließ, dass Stefano sein Gesicht ins Kopfkissen presste.

Eine warme Welle des Mitleids stieg in Anna auf. Alles in ihr drängte danach, sich umzudrehen, ihn an sich zu ziehen und ihn an ihrer Brust zu wiegen, wie sie es mit ihren Söhnen tat, wenn sie sich wieder einmal beim wilden Herumtoben verletzt hatten. Doch sie erinnerte sich an die Worte ihres Vaters und daran, dass Stefan ein stolzer Mann war.

Am nächsten Vormittag aber, als er nach einem ergebnislosen Gespräch mit einem unentschlossenen Bauherrn zum morgendlichen Vesper in die Küche kam, sagte sie: »Wenn es dir so schwerfällt, Stefan, will ich nicht von dir verlangen, ein Deutscher zu werden. Schließlich habe ich mich in einen Italiener verliebt und einen solchen geheiratet. Dann bleib halt, in Gottes Namen, das, was du bist!«

Stefano sagte darauf kein Wort, aber er nahm sie in die Arme und küsste sie mit einer Innigkeit, die ihr nun die Tränen in die Augen trieb und die sie tief beschämte.

**30** Das Kind, das an einem windigen Märztag des Jahres 1916 geboren wurde, schien die Skepsis seiner Mutter zu ahnen, denn es verhielt sich so unauffällig wie möglich. Nach einigen Stunden milder Wehen rutschte es eher beiläufig aus Sofias Leib und maunzte danach mit einer hohen, dünnen Stimme wie ein kleines Kätzchen.

Es war ein Mädchen, und es war ausgesprochen hübsch.

Wie Odilia es richtig vorausgesehen hatte, verschwand der

letzte Widerstand Sofias gegen das ungewollte Kind in dem Moment, als es die Hebamme an ihre Brust legte.

Wie ein kleiner Engel lag es schließlich frisch gewaschen und bekleidet in den spitzengesäumten Kissen der schweren, geschnitzten und goldverzierten Familienwiege der Orlandis. Es hatte die ovale Kopfform Sofias und auch deren feine Gesichtszüge, doch das trotzige Grübchen fehlte. Auf dem kleinen Gesicht lag eine sanfte, fast überirdische Liebenswürdigkeit.

Odilia Orlandi fand, dass dieses Wesen *den* Namen tragen müsse, den sein Aussehen suggerierte. Niemand widersprach, und so taufte der Pfarrherr die kleine Signorina Orlandi auf den Namen Angela.

Er musste zwei Mal dazu ansetzen, denn der siebenjährige Stefano versuchte mit aller Gewalt, ihn an der Amtspflicht zu hindern. Er krallte seine Hände in den bestickten Brokat des barocken Prachtgewands und schob den Priester aus dem Weg, um dann seine Großtante Serafina, die den Täufling auf dem Arm hielt, vom Taufbrunnen zu stoßen.

»Wirf es ja nicht ins Wasser«, schrie er mit schriller Stimme. »Ich will nicht, dass ihr das Kind umbringt!«

Odilia Orlandi zerrte ihren Enkel rasch an ihre Seite und erklärte ihm wispernd, dass man mit kleinen Menschen anders verfahre als mit kleinen Katzen, denn der Junge hatte unglücklicherweise gesehen, wie die Magd den letzten Wurf der Hauskatze ertränkt hatte.

Großvater Archangelo lächelte stolz. Er hatte bemerkt, wie stark der Junge inzwischen geworden war – und wie sehr er dem Pfaffen in seinen albernen Röcken zugesetzt hatte.

»Angela, ziehe hin in Frieden«, sagte der Pfarrer abschließend, doch Frieden war es noch nicht in den europäischen Landen, und es lag auch wenig Friede auf dem Lebenspfad dieses kleinen Engels.

31 Im Verlauf des Kriegs stieg auch das Interesse der Landbevölkerung an der politischen Berichterstattung.

Der Papierfabrikant Cohn hatte diese Entwicklung frühzeitig bemerkt und sich darum bemüht, die Lizenz für eine Tageszeitung zu erlangen.

»Ich hoffe, durch den Zeitungsverlag, den ich demnächst gründen werde, mein eigener Kunde zu werden und mein Kerngeschäft dadurch mit abzusichern«, sagte er zu Stefano.

»Beabsichtigen Sie, hierfür ein neues Gebäude zu errichten?«, erkundigte sich Stefano hoffnungsvoll. Doch der Fabrikant schüttelte bedauernd den Kopf. »Ich konnte nach dem Tod des alten Renner die Halle der Landmaschinenfabrik übernehmen. Der Mann hatte keine Erben, und die Bank hat mir ein günstiges Angebot gemacht!«

»Schade für mich«, sagte Stefano bedauernd. Der Bau einer Druckhalle wäre genau der Auftrag gewesen, den er sich wünschte, denn die Erstellung von Neubauten war seit Kriegsbeginn stark zurückgegangen. Selbst kleinere Ausbesserungsarbeiten wurden nun schon bis zum Kriegsende verschoben. Den Kommerzienrat Cohn ausgenommen, gab es so gut wie keinen unternehmerischen Elan mehr, und wer Geld hatte, versuchte es für bessere Zeiten aufzubewahren. Außerdem machte sich zunehmend der kriegsbedingte Mangel an Arbeitskräften bemerkbar. Selbst hier, in der süddeutschen Provinz, sahen sich immer mehr Frauen gezwungen, Männerarbeiten zu übernehmen. Anders als in den großen Städten hatte man zwar immer noch ausreichend zu essen, doch die Gier des Molochs Krieg bekam man auf andere Weise zu spüren. Die Schweine hatten als »schädliche Kartoffelfresser« aufgrund einer Berliner Verordnung längst geschlachtet und der »angemessene Teil« davon abgeliefert werden müssen. Jetzt aß die geplagte Bevölkerung die Kartoffeln, und die Pferde kamen an die Reihe. Sie wurden ebenso zum Dienst in den kämpfenden Truppen eingezogen wie die nachgewachsene Wisslinger Jugend.

»Er hatte Tränen in den Augen, der Baron, als sie ihm die zwei Braunen aus dem Stall geholt haben, ich hab es mit eigenen Augen gesehen«, berichtete der alte Sailer, aber er verschwieg die Hassreden des Schmieds, der gleich zwei Söhne an der Westfront verloren hatte.

»Für fünf unmündige Enkel habe ich jetzt zu sorgen«, hatte der Mann ihm vorgehalten, »während du dir den Hintern auf dem Sofa breitliegen kannst, nachdem dein italienischer Schwiegersohn dir die Arbeit im Stall abnimmt. Der braucht für niemanden zu kämpfen und auch nicht um Gesundheit und Leben zu fürchten, im Gegenteil: Der kann sich von Annas Geld ein gutes Leben machen, während unsere deutschen Buben im Schützengraben liegen und elend verrecken müssen!«

Tatsächlich verhinderte Annas ererbtes Geld, dass sie in Not kamen oder auch nur zum Sparen gezwungen waren, aber der Umsatz des letzten Vierteljahres war so gering, dass man an die Entlassung der restlichen Arbeiter denken musste. Es waren ohnehin nur noch die Älteren oder die zurückgekehrten Kriegsverletzten beschäftigt – und diese und ihre Familien hatten den Verdienst bitter nötig.

Stefano verbrachte unruhige Nächte. Seine Gedanken gingen wie Mühlenflügel. Und sein Ehrgeiz protestierte unentwegt dagegen, sich erneut an den Rand einer Gesellschaft drängen zu lassen.

Bei einer günstigen Gelegenheit bat er den Kommerzienrat darum, ihm seine bereits gelesenen Tageszeitungen zu überlassen.

Samuel Cohn war erstaunt, aber er schätzte den jungen Baumeister, seine Tüchtigkeit und seine Bildungswut. So veranlasste er, dass die Zeitung vom Vortag immer dann beim Sailer-Italiener abgegeben wurde, wenn sein Knecht die neueste Post aus dem Schließfach abholen ging.

Regelmäßig, mit pedantischer Genauigkeit und entsprechendem Zeitaufwand las Stefano von da an das Stuttgarter Blatt, sehr zum Zorn seines Schwiegervaters, der dies als »Tagdieberei« bezeichnete.

Selbst Anna fand den Aufwand übertrieben und war der Meinung, die Zeit sei für Besseres zu verwenden.

»Was kann wichtiger sein als die Zukunft?«, widersprach Stefano solchen Anfeindungen, denn inzwischen begann sich in seinem Kopf ein Plan zu formieren. Und schließlich bat er seine Frau um etwas, das er noch nie von ihr verlangt hatte: um die Offenlegung des Gesamtumfangs der Schwäbisch Gmünder Erbschaft.

Anna betrachtete ihn amüsiert, als sie seine Verlegenheit bemerkte. »Du brauchst dich nicht so zu haben, Stefan. Wir sind verheiratet – und mein Vermögen ist demnach auch deines!«

Stefano war sich darüber im Klaren, dass dies – rein rechtlich betrachtet – keineswegs der Fall war. Aber so war seine Anna, dachte er innerlich gerührt: Wenn sie sich einmal für etwas entschieden hatte, dann mit Haut und Haaren.

Anna holte die Sparbücher, die Obligationsbriefe und die Grundbuchauszüge.

Stefano studierte alles genau und hob schließlich erstaunt den Kopf. »Das hätte ich nie gedacht, dass es so viel ist!«

»Du hättest mich nur fragen müssen.« Anna schüttelte ihr rotes Haupt und fing die inzwischen sechsjährigen Zwillinge wieder ein, die sich des Stempelkissens bemächtigt hatten, ihre Hände auf das tintengetränkte Kissen pressten und bereits erste blaue Muster auf die weiß gekalkte Wand des Büros stempelten.

»Ihr kleinen Ungeheuer«, schalt Anna erbost, aber Stefano lachte.

Er setzte je einen seiner kleinen »P's«, wie die Zwillinge von den Arbeitern genannt wurden – denn sie waren für Fremde nicht voneinander zu unterscheiden –, auf seine Knie, holte sein Taschentuch aus der Hose und putzte die Handflächen mithilfe von etwas Spucke wieder sauber.

Es war ein Akt der Zärtlichkeit, nicht der Zurechtweisung.

Anna seufzte laut.

»Wenn du die Kinder derart verziehst, werden wir noch unser blaues Wunder mit ihnen erleben!«

»Haben wir doch schon, das blaue Wunder.« Stefano grinste und deutete auf den Wandfries der Patschhände.

»Dass du mir ja nicht auf die Idee kommst, darüberzumalen«, warnte er seine Frau, drückte die beiden kleinen Gauner an sich und küsste sie so herzlich, dass sie quietschten und um sich zu schlagen begannen. »Sie sind wie du. Nur keine Gefühle zeigen«, fand Stefano daraufhin und ließ seine Söhne zur Tür hinausstürzen, um ihrem Großvater behilflich zu sein.

Anna lächelte und beschloss, ihm seine Spitzen am Abend zurückzuzahlen. Sie hatte in den sieben Ehejahren beträchtlich hinzugelernt und längst begriffen, wie man es anstellen musste, einem Mann Freude zu machen – und nicht zuletzt auch sich selbst.

O ja. Sie war eine gelehrige Schülerin gewesen – und Stefano ein geduldiger und engagierter Lehrer. Manchmal schämte sich Anna der Lust, die ihr das Eheleben verschaffte. Und sie war froh, sich nicht wie eine Katholikin der Peinlichkeit einer monatlichen oder gar wöchentlichen Beichte unterziehen zu müssen.

Am frühen Morgen, als sie befriedigt in Stefanos Armen lag und seinen Atem wie ein leises Streicheln in ihrem Nacken fühlte, fragte er unvermittelt: »Wie viel Mut hast du, Anna?«

Anna drehte sich um und sah ihn erstaunt an. Was meinte

er damit? Ob sie doch noch ein Kind haben wollten? Sie war nicht abgeneigt, obwohl er ihr schon vor Jahren bedeutet hatte, dass es besser sei, wenn sie sich dieses versagten. »Viele Kinder bedeuten eine schlechtere Erbquote«, hatte er ihr erklärt. Ein Argument, das Anna sofort überzeugte. Worauf sie sich lange mit der Hebamme unterhalten hatte, die ihr schließlich einige Techniken beibrachte, mit denen eine unerwünschte Schwangerschaft unterbunden werden konnte.

Doch es handelte sich nicht um ein weiteres Kind.

»Es ist mein Plan, die Rezession zu nutzen«, erklärte ihr Stefano.

»Und wie soll das gehen?«, wollte Anna wissen.

Stefano weihte sie ein. Es war ein Plan mit hohem Risiko. So hohem Risiko, dass, wenn er nicht gelänge, das ganze Schwäbisch Gmünder Erbe verspielt sein könnte.

Anna richtete sich auf und lehnte sich mit dem nackten Rücken gegen das polierte Holz am Kopfende ihres Ehebetts. Sie machte sich nicht einmal die Mühe, ihre kleinen, spitzen Brüste zu bedecken, deren Warzen sich in der Kälte zusammenzogen und ganz hart wurden.

Mit gerunzelter Stirn und schweigend dachte sie nach. Schließlich schob sie sich eine rote Strähne hinters Ohr, lächelte ein wenig und sagte: »Es ist eine Chance, so seh ich das auch. Und wenn es schiefgeht, dann ist eben alles wie vorher, bevor meine Tante, die Hexe, uns mit ihren guten Gaben überschüttet hat!«

Eigentlich war Stefano satt gewesen für diese Nacht. Doch als er seine Frau ansah, die mit verblüffender Nachgiebigkeit seine verrückten Überlegungen guthieß und mitzutragen bereit war, fand er sie so attraktiv wie niemals zuvor. Er fasste nach ihr und tat all das, wovon er wusste, dass es sie besonders entzückte. Und als sie im rechten Moment das zwischen ihnen vereinbarte

Codewort ausstieß, das ihn an die Ratschläge der Hebamme erinnern sollte, ignorierte er die Warnung und kostete das Vergnügen aus bis zum letzten Moment. Nicht etwa, weil er sich nicht im Griff gehabt hätte, sondern weil er willens war, einem großen geschäftlichen Risiko noch ein zweites, privates an die Seite zu stellen.

Anna begriff seine Absicht ohne Erklärung und ließ sich treiben. Bereits im Moment ihres letzten Aufschreis wusste sie, dass sie diesmal wieder empfangen hatte.

**32** Hermann Sailer war wie vom Donner gerührt.

»Das ist nicht dein Ernst, Stefan«, stieß er schließlich hervor.

»Wenn es das nicht wäre, dann würde er's nicht sagen«, antwortete seine Tochter an Stelle des Schwiegersohns.

Hermann Sailer fasste sich an den Kragen und öffnete den obersten Knopf. »So was geht man doch in diesen Zeiten nicht an!«

»*Gerade* in diesen Zeiten. Der Kommerzienrat ist auch meiner Meinung«, meldete sich Stefano nun zu Wort.

»Was hat denn der Jud mit deinen Verrücktheiten zu schaffen?«

»Er ist dafür«, verkündete Stefano lakonisch.

»Ha, dem sein Vermögen steht auch nicht auf dem Spiel!«

»Deines aber auch nicht, Vater«, stellte Anna klar. »Du hast nämlich kaum eines!«

Das stimmte, was den alten Sailer noch mehr erbitterte. »Aber ich darf euch durchfüttern, wenn es schiefgeht«, stieß er mehr hilflos als aufgebracht aus, denn er erkannte, dass es zwecklos war, an die Vernunft zu appellieren. Es war eine beschlossene Sache zwischen Anna und ihrem Mann. Und wie es ausging, wenn die sich einig waren, hatte er schon mehrmals erlebt: Um welche Idiotie es sich auch handelte, sie wurde ausgeführt.

»Macht, was ihr wollt!«, brummte er schließlich, und dass der Esel aufs Eis gehe, wenn ihm zu wohl werde. Dann stand er auf und knallte die Bürotür hinter sich zu, dass die Fensterscheiben klirrten.

Auf Tochter und Schwiegersohn machte es wenig Eindruck, aber die Zwillinge, die im Hof spielten, waren begeistert. Sie imitierten den zornigen Akt ihres Großvaters so lange mit der Stalltür, bis Hermann Sailer sie schließlich genervt in den Leiterwagen packte und mit zum Bäumeschneiden auf die Haldenwiese nahm.

Anna sah ihnen nach und zog die richtigen Schlüsse. »Er ist nicht dafür«, registrierte sie sachlich. »Aber er wird es tun!«

»Er muss es tun, wenn es getan werden soll. Wenn *ich* es erledige, werden sie mich totschlagen«, resümierte Stefano nüchtern.

Am Ende sah der alte Sailer es ebenfalls ein.

Stefano las, jetzt unterstützt von seiner Frau, die Mitteilungen der Handelsregister und der Konkursgerichte. Hermann Sailer dagegen machte bald allerlei Reisen mit der Eisenbahn und blieb oft einige Tage weg. Er besichtigte im Bereich des schwäbischen Eisenbahnnetzes jedwede in Schwierigkeiten geratene oder in Konkurs gegangene Firma und kaufte oder ersteigerte das übrig gebliebene Gerät und Material zu äußerst günstigen Preisen. Er bezahlte mit Geld, Kartoffeln, Mehl, Speckseiten, Äpfeln und Schnaps. Er versäumte sogar das Eintreffen seiner ersten Enkeltochter Else und konnte das kleine, rothaarige Mädchen erst fünf Tage nach seiner Geburt in Augenschein nehmen.

Jedes Mal, wenn neue Ware eingetroffen war, fuhr der alte Sailer, zusammen mit seinem Vetter Max, dem Vorarbeiter, der im Kriegsgeschehen ein Auge verloren hatte, und den drei älteren, noch im Betrieb beschäftigten Maurern mit dem Ochsengespann zum Frachtbahnhof in der Stadt. Dort leerten sie in aller Ruhe einen ganzen, mehrere oder nur einen anteilmäßig gemieteten Güterwagen. Sie entluden Backsteine, Sandsteine, Gips, Mörtel und Zement, gebrauchte Baumaschinen und Werkzeuge verschiedenster Art, Steinplatten, Fliesen, Sanitärbedarf, Eisen- und Kupferrohre, Badewannen und Spülbecken aus Stahl, Emaille und Stein, Herde, Klosettschüsseln, Fensterglas und Rahmenholz, Hölzer für Dachstühle, Dachplatten und vieles andere. Die Arbeiter und selbst den Beamten, der den Frachtbahnhof leitete, brachte Hermann Sailer durch die Übergabe hochbegehrter landwirtschaftlicher Produkte dazu, den Mund über die eingegangene Fracht zu halten. Auf der Heimfahrt bedeckte eine dichte Plane das Frachtgut, das in der zweiten Halle des alten Renner abgeladen, sortiert und gehortet wurde.

Es gab natürlich allerlei Gemunkel und Gerede in Stadt und Dorf, aber allgemein wurde davon ausgegangen, dass es sich um Güter und Maschinen handle, die der Kommerzienrat für die Einrichtung seines Zeitungsverlagshauses benötige. Mit dem Friedensvertrag von Saint-Germain-en-Laye endeten die Sailerschen Reisen und Transporte, doch die zweite Halle des alten Renner war brechend voll.

**33** Sofia steckte eine kleine Orangenblüte am Revers von Stefanos Anzug fest und zog die weiße Fliege zurecht. Dann musterte sie ihren Sohn und sagte mit mütterlichem Stolz: »Du wirst der schönste Erstkommunikant Neapels sein, Stefano!«

»Verdirb das Kind nicht«, knurrte der Reeder, obwohl er ganz und gar derselben Ansicht war wie seine Tochter.

Er griff in seine Jackentasche, trat vor den Enkelsohn und befestigte mit vor Rührung leicht zitternden Händen die goldene Taschenuhr, die er für diesen Tag eigens hatte anfertigen lassen, am Knopfloch des kindlichen Fracks.

»Du musst sie täglich zur gleichen Zeit an diesem Knopf hier aufziehen, Stefano«, belehrte er seinen Enkel. Der Junge grinste und war gewillt, es gleich zu versuchen, doch Archangelo wehrte ab: »Erst am Abend um fünf, wie ich es gestern begonnen habe!«

»Wo ist eigentlich Sandro?«, erkundigte sich Tante Serafina und musterte die versammelte Kommuniongesellschaft, die sich in der Halle der Villa Orlandi zum gemeinsamen Kirchgang versammelt hatte.

Sofia presste die Lippen zusammen, wandte sich wortlos um und verschwand über die Treppe ins Obergeschoss.

»Der verdammte Kerl bringt es fertig, die Erstkommunion seines Sohns zu verschlafen«, zischte Archangelo Mazone, und sein Gesicht nahm die Farbe des Sommerflieders an.

»Bitte, reg dich nicht auf, Archie«, flüsterte Serafina besorgt, denn das Herz ihres Bruders machte ihr und dem Hausarzt seit geraumer Zeit Sorgen, während Archangelo stets missmutig abwinkte, wenn der Mediziner zum Verzicht auf Zigarren und Portwein riet und während der heißen Monate eine Erholungszeit im kühleren Bergland empfahl.

Der Instinkt des Reeders allerdings war unfehlbar.

Als Sofia das Schlafzimmer betrat, in dem Sandro seit der Geburt Stefanos seine Nächte verbrachte, schlug ihr der saure Geruch eines alkoholischen Exzesses entgegen, den sie in ihrer Ehe hinreichend kennengelernt hatte. In dem zerwühlten Doppelbett befand sich nicht nur ihr Ehemann, sondern ein braun gebrannter, offensichtlich nackter junger Mann, der kaum die zwanzig erreicht haben dürfte.

»Sandro!«, rief Sofia mit einer Stimme so spitz wie ein Stilett.

Sandro gab ein unwilliges Grunzen von sich, wälzte sich auf die andere Seite und wäre erneut in den Schlaf abgeglitten, hätte Sofia ihn nicht an der Schulter gepackt und derb gerüttelt.

»Unten stehen alle und warten auf dich! Du scheinst vergessen zu haben, was heute für ein Tag ist!«

Sandro stemmte sich hoch. Sein Kopf schien zerplatzen zu wollen. Er starrte seine Frau an und versuchte zu verstehen, was sie so früh am Morgen schon von ihm wollte.

»Stefano hat heute Erstkommunion. Steh jetzt auf und zieh dich an, oder ich werde deine Mutter schicken, dir das zu sagen! Und dann: Sieh dich vor, mein Lieber! Sie wird diesen Menschen hier…« – ihr Blick streifte nur kurz die Gestalt neben Sandro – »…vermutlich aus dem Fenster werfen oder mit ihrer Hutnadel erstechen!«

Danach wandte sie sich um und verließ den Raum. In Anbetracht der versammelten Verwandtschaft, deren Ohren jeden Ton aus dem Obergeschoss zu erlauschen versuchten, versagte sie es sich, die Tür zuzuknallen, wie ihr zumute gewesen wäre. Sie atmete ein paarmal durch und stieg dann gemessenen Schritts die Treppe hinab.

»Sandro fühlt sich nicht wohl«, erklärte sie ruhig. »Er hat wieder eine seiner Koliken!«

Odilia Orlandi erblasste vor Entrüstung. Sie selbst hatte die feine Umschreibung für die nachalkoholischen Ausfälle ihres Sohns erfunden und wusste nun zweifelsfrei, dass ihre Ängste berechtigt gewesen waren. Sie machte eine hastige Bewegung in Richtung Treppe, doch die Hand ihrer Schwiegertochter, die sich erstaunlich energisch um ihren Unterarm legte, hinderte sie daran.

»Wir sollten gehen, Mama. Wir können es dem Kind nicht zumuten, dass es seinen Ehrentag auch noch ohne seine geliebte Nonna begehen muss!«

Odilias Blick fiel auf den Knaben, der unbeeindruckt mit seiner Schwester spielte, die heute mehr denn je einem kleinen Engel glich. Sie sah das fliederfarben angelaufene Gesicht des Großvaters Mazone und die flackernde Angst in Serafinas Augen, die Angelegenheit könnte – in Anwesenheit der Familien Orlandi und Mazone und drei Mitgliedern des Personals – im Klartext besprochen werden, und nickte.

»Du hast recht, Sofia. Gehen wir«, ordnete sie an.

»Ich werde dem Herrn seinen Tee machen«, raunte die Köchin Sofia zu, während die Festgesellschaft sich vor dem Haus auf die diversen Fahrzeuge verteilte.

Sofia schüttelte energisch den Kopf. »Lassen Sie ihn schlafen, Zita. Er ist zu krank, um auch nur einen Tee bei sich behalten zu können!«

Aus den Augenwinkeln sah sie, dass ein sehr schlanker junger Mann aus dem Seitenausgang huschte und hinter dem großen Oleandergebüsch verschwand. Sie hoffte, dass nur sie diese Gestalt registriert hatte. Erneut presste sie die Lippen zusammen und wünschte Sandro ins Pfefferland oder, noch besser, ins ewige Höllenfeuer. Dann aber besann sie sich, dass sie heute den Tag feiern wollte, an dem ihr geliebter Sohn Stefano im Sakrament der heiligen Kommunion erstmals mit dem Leib des Herrn eins werden würde, und sie nahm das Höllenfeuer zurück.

Bei den überirdisch schönen Gesängen während des Gottesdienstes vergaß sie die Demütigungen, die ihr durch Sandro widerfahren waren, und betrachtete beglückt den dunklen Lockenkopf ihres Sohns, als er sich auf die Kommunionbank kniete. In diesem Moment durchströmte sie, trotz allem, ein warmes Gefühl des Glücks.

Als sie nach Hause zurückkamen, um im Kreis der Verwandten das Festmahl einzunehmen, war Sandro noch immer nicht zu sehen.

Sofia war damit beschäftigt, die Gäste zu bewirten, und versagte es sich, ein zweites Mal nach oben zu steigen, um den vermutlich noch immer benommenen Sandro an seine Pflichten zu erinnern. Doch Odilia war nicht mehr zurückzuhalten. Zornig erklomm sie die Treppen und riss, ohne anzuklopfen, die Tür des Schlafzimmers auf.

Zu ihrem heftigen Zorn lag Sandro noch immer in den zerwühlten Kissen. Der bestialische Gestank, der das Zimmer erfüllte, brachte Odilia dazu, die Vorhänge beiseitezuziehen und die Fensterflügel weit aufzureißen. Dann trat sie ans Bett, um ihrem Sohn die längst fällige Gardinenpredigt zu halten.

»Sandro«, rief sie, doch danach erstarb ihr der Ton auf den Lippen.

Sandro schlief keineswegs. Seine Augen waren weit aufgerissen und starr.

Odilia Orlandi war vierundsiebzig Jahre alt, und der Tod war ihr nicht fremd. Sie hatte ihren Mann, ihre Eltern und ihre beiden älteren Brüder in diesem Zustand gesehen. Gleich beim ersten Blick wusste sie, dass ein Arzt nicht mehr notwendig war.

Lange und ernst betrachtete sie die aufgeschwemmte, von Ausschweifungen gezeichnete Gestalt ihres Ältesten. Sie fragte sich schonungslos, wie viel Anteil sie selbst an der Verformung dieses einst so liebenswürdigen Kindes gehabt hatte, doch sie konnte sich keine schwerwiegenden Fehler vorwerfen.

Dann fiel ihr die Festgesellschaft ein, die im Salon auf ihre Rückkehr wartete. Sie wog alles gegeneinander ab und traf dann ihre Entscheidung. Sie brachte die Fensterflügel wieder in ihre alte Lage, zog den Vorhang zu und nestelte den Schlüssel heraus, der auf der Zimmerseite im Türschloss steckte. Dann verließ sie den Raum. Vom Flur aus schloss sie sorgfältig ab und begab sich danach wieder in den Salon, wo sie verkündete, dass

Sandro nach Einnahme seiner Medizin Gott sei Dank eingeschlafen und nicht länger von den Schmerzen seiner Kolik geplagt sei.

Stefano war inzwischen dabei, mit vor Freude hochroten Wangen die restlichen Geschenke auszupacken, bevor die Köchin begann, die Lieblingspasta des Kommunikanten als Vorspeise zu servieren. Das Fest würde sich bis in die Abendstunden hinziehen. Wenn die Gäste wieder nach Hause gefahren und die Kinder zu Bett gebracht waren, würde immer noch genügend Zeit sein, sich mit dem Todesfall zu beschäftigen.

An Sandros verpfuschtem Leben und seinem unrühmlichen Ende war nichts mehr zu ändern. So sollte wenigstens die Erinnerung ihres Enkels an seinen Erstkommunionstag eine unbeschädigte sein, fand Odilia Orlandi, die schon als junges Mädchen zu überlegten und kühlen Entscheidungen fähig gewesen war.

**34** Stefano Pasqualini saß im Amtszimmer des Oberamtmanns, einem kleinen Saal, der früheren Feudalfürsten als Musikzimmer gedient hatte. Über ihm schwebte ein Flor pastellfarbener Damen, die einem Mann mit Siegeskranz eine goldene Lyra überreichten.

Der Oberamtmann, der ihm gegenübersaß, wiegte den Kopf hin und her, doch nach gebührendem Nachdenken kam er zu einem Ergebnis.

»Niemand wird Sie daran hindern können, Herr Pasqualini«, sagte er. »Immerhin gibt es einen gültigen Bebauungsplan und eine amtliche Baugenehmigung!«

»Genau das sagt der Kommerzienrat auch!«

»Sie haben mit ihm darüber gesprochen?«

»Ja! Das war sozusagen das Fundament meines Plans!«

Der Oberamtmann erhob sich. Wie Stefano inzwischen wusste, war dies ein Zeichen dafür, dass die Unterredung beendet war.

»Dann wünsche ich Ihnen viel Glück, Herr Pasqualini!«

Stefano verbeugte sich. »Danke, Herr Oberamtmann! Es wird notwendig sein!«

Bald darauf begannen die Bauarbeiten auf den beiden von Anna geerbten Äckern. Nach dem sonntäglichen Gottesdienst marschierten die interessierten Wisslinger an die Baustelle und bestaunten die sage und schreibe zwölf Baugruben.

»Was veranstaltet der Sailer da eigentlich?«, fragte man sich allgemein, doch nicht lange.

Von den Gemeinderäten erfuhr man bald, dass es sich um eine Siedlung handle, in der nach Fertigstellung die neuen Facharbeiter und Angestellten wohnen sollten, die der Kommerzienrat für das geplante Verlagshaus aus Stuttgart und anderen großen Städten zusammenholen wollte.

»Das ist nichts, was dem alten Sailer eingefallen ist, das sind die Ideen vom Schwiegersohn«, geiferte Eberhard Hittelmayer. »Erst drückt er sich vor dem Kriegsdienst und lacht sich vermutlich ins Fäustle, wenn er sieht, wie unser armes Vaterland darniederliegt, und jetzt spielt er auch noch den Kriegsgewinnler, der Zitronenschüttler, der verdammte. Und die Anna, das verblendete Mädle, finanziert das Ganze! Im Grab würd die Babett sich umdrehen, wenn sie das wüsste, da wett ich meinen Kopf drauf!«

Doch der Kopf des Hittelmayer interessierte niemand in diesen Zeiten.

Der Sailer-Italiener hatte streuen lassen, dass er weitere Arbeiter und Taglöhner brauche, während der Hittelmayer sein Geschäft nur noch in bescheidenem Rahmen fortführen konnte.

»Ist mir doch egal, woher der Herrenmaurer stammt, solang er mir pünktlich meinen Lohn zahlt und ich die Mäuler daheim stopfen kann«, fasste Eduard Köhler, ein gesund aus dem Krieg zurückgekehrter Wisslinger Schreinergeselle, die öffentliche Meinung zusammen.

»Das Wasser findet manchmal auch den Weg *auf* den Berg. Man darf nur nie vergessen, dass es in der Regel nach unten fließt«, sagte Stefano und beschloss, auf der Hut zu bleiben und Vorsicht walten zu lassen, nachdem er plötzlich wieder zu Stand und Ehren gekommen war.

Im Mai 1919, als er ohnehin eine Besprechung im Oberamt hatte, ließ er sich erneut beim Oberamtmann anmelden.

»Ich habe mich entschlossen, Ihren Rat von damals zu befolgen, Herr Oberamtmann«, sagte Stefano und ärgerte sich selbst über das Pathos in seiner Stimme, als er hinzufügte: »Ich bin jetzt gewillt, ein Deutscher zu werden!«

»Bravo, Herr Pasqualini!«, rief der Oberamtmann, dessen Sympathie ungebrochen war. Und er schlug behutsam vor, in diesem Fall doch auch eine Namensanpassung vorzunehmen.

Hier aber endete Stefanos Bereitschaft zur Integration. Die zurückliegenden Jahre hatten ihn härter werden lassen. Nur seiner Frau gestattete er noch Zugang zu seinem wahren Ich – und auch dies nur in den Stunden nächtlicher Nähe.

»Es ist genauso, wie du es vorhergesehen hast«, gestand Anna eines Abends bedrückt, als sie mit ihrem Vater allein war. »Er hat sich verändert, der Stefan!«

»Weil sie seinen Stolz verletzt haben. Sei froh, dass *du* es nicht warst!«

Anna nickte und schob der kleinen Else einen Löffel Brei in den Mund. Dass ihr Ehemann nun deutsch war, verschaffte ihr keine Genugtuung mehr. Sie sah seine Augen und seine Körperhaltung, wenn er auf der Baustelle war, in einem blauen Arbeitsanzug aus Drillich und derben Arbeitsschuhen. Sie begriff, dass er bestrebt war, ein ordentlicher Bürger seiner Wahlheimat zu werden, und dass er die fremden Spielregeln übernommen hatte. Aber sie erkannte auch seinen Willen, den Wisslingern und Städtern ihre Verachtung und seine Ausgrenzung während des Kriegs auf subtile Weise zurückzuzahlen. Stefano wollte nicht mehr als Herrenmaurer auftreten, er wollte den anderen zeigen, dass er tatsächlich ein solcher war.

»Hol doch die Gitarre und sing wieder einmal mit uns«, bat Anna, als die Familie sich eines Sonntagabends versammelt hatte.

Stefano schüttelte den Kopf. »Nie mehr, Anna«, sagte er entschieden. »Die Gitarre gehört in ein anderes Leben!«

Von da an wusste sie ganz sicher, dass sein Ehrgeiz zu einer Sucht geworden war, die ihn mehr und mehr in Besitz nahm.

## 35

»Was machst du da, Junge?«, fragte Stefano erstaunt, als er eines Abends spät vom Hirschen nach Hause kam. Er hatte dort bis weit nach Mitternacht Skat gespielt.

»Ich seh mir deine Zeichnungen an«, erwiderte der neunjährige Paul. Stefano, der den Verdacht hatte, dass sein Sprössling interessantere Lektüre unter den großformatigen Plänen versteckt hatte, kam näher. Er tastete unter die Bauzeichnungen, doch darunter befand sich nur die hölzerne Tischplatte.

»Warum hast du den Kamin in dem Eckhaus hier in die Mitte gezeichnet?«

»Das Haus ist das geräumigste und soll vom Verlagsleiter bewohnt werden. Der Kommerzienrat hat mir gesagt, die Frau des Mannes habe Probleme mit der Lunge. Wenn ich den Kamin nun nicht an den üblichen Platz, sondern zentral setze, kann man mittels eines Warmluftsystems alle Räume beheizen, auch die Schlafräume!«

»Ach so«, sagte Paul mit unkindlichem Ernst. »Aber die Aufteilung der Zimmer leidet darunter!«

»Stimmt.« Stefano nickte. Er war nun wirklich erstaunt. »Seit wann beschäftigst du dich mit solchen Dingen, Paul?«

»Schon immer. Ich habe jede Zeichnung studiert, die du gemacht hast, Papa«, antwortete der Junge, als ob es das Selbstverständlichste auf der Welt wäre.

Stefano verkniff sich ein Lächeln und setzte sich zu Paul an den Tisch. »Warum hast du mir nie davon erzählt?«

»Ich weiß nicht. Ich dachte, es ist dir nicht recht!«

»Ganz im Gegenteil, Paul. Ich freue mich darüber!«

Der Junge betrachtete seinen Vater prüfend. »Ich will auch einmal Baumeister werden wie du«, gestand er dann und errötete.

Stefano fühlte, wie sein Herz sich erwärmte, als er sich daran erinnerte, wie sich der Kleine, schon als er vier Jahre alt gewesen war, immer wieder von seiner Zeit an der Bauhütte in Rom hatte erzählen lassen. Er hatte vermutet, das vermeintliche Abenteuer in der fernen, fremden Stadt habe den Jungen in Bann gezogen, doch offenbar war es die Baukunst, die ihn faszinierte.

»Wenn du möchtest, kann ich dir verschiedene Bücher geben, Paul«, schlug er dem Jungen vor.

»O ja, bitte«, rief Paul mit funkelnden Augen.

Doch ehe Stefano dazu kam, den Schrank aufzuschließen, in dem er diese Kostbarkeiten aufbewahrte, erschien Anna in ihrem wattierten rosafarbenen Morgenmantel und stieß entrüstet aus: »Was sind denn das für nächtliche Konferenzen?« Sie warf ihrem Mann einen strafenden Blick zu. »Der Bub muss morgen um sieben Uhr in die Schule. Und du noch eine Stunde früher auf die Baustelle!«

Sie musterte Stefano jetzt genauer und sah, dass er noch seine Tageskleidung trug. »Wo kommst du überhaupt her um diese Zeit?« Dann aber beantwortete sie sich die Frage gleich selbst: »Kartenspielen ist Teufelszeug und bringt nichts als Unglück und Verlust!«

Stefano lachte laut auf, denn der Einsatz der Spieler war so kläglich, dass er, trotz einer beachtlichen Glückssträhne, am ganzen langen Abend nicht mehr als zwei Mark eingenommen hatte.

Er gab seinem Sohn einen Klaps auf das Hinterteil, worauf Paul sich in seine Schlafkammer trollte, und packte dann sein Weib. Während sie zugleich schimpfte und lachte, hob er sie hoch und trug sie ins Schlafzimmer.

Als es an der Zeit war aufzustehen, setzte Anna sich auf und betrachtete ihren schlafenden Ehemann. Sie zögerte noch, ihn nach der kurzen Nacht aufzuwecken, als er sich murmelnd auf die andere Seite drehte, dabei an ihren Rücken stieß, ihre Hüften umfasste und mit schlaftrunkener Stimme murmelte: »Komm noch einmal zurück, Sofia, *bitte!*«

Eine eiskalte Hand griff nach Annas Herz, und sofort erschienen die ominösen Büttenkuverts vor ihrem geistigen Auge. Vier an der Zahl waren es gewesen, die sie in den zurückliegenden Jahren vernichtet hatte. Und sie würde mit jedem weiteren ebenso verfahren, jetzt erst recht, nachdem ihr Verdacht sich in Gewissheit verwandelt hatte. Sie glitt zurück ins Bett, rutschte auf Stefanos Seite und legte den Arm um seinen Nacken. Dieser Mann gehörte ihr, ihr ganz allein. Sie würde ihm seine nostalgischen Träume schon austreiben.

**36** Die zweite Halle des alten Renner, die der Kommerzienrat an Stefano vermietet hatte, leerte sich in dem Maße, in dem die zwölf Siedlungshäuser wuchsen. Wäre Stefanos weitsichtiger Plan nicht gewesen, das Unternehmen wäre undurchführbar geworden. Denn an nichts mangelte es in diesen Nachkriegszeiten mehr als an Materialien. Was nicht vorhanden war, musste teuer gekauft werden.

Das böse Nachspiel des so euphorisch begonnenen Kriegs begann langsam spürbar zu werden: Die deutschen Lande stöhnten unter der Last der Reparationszahlungen, und selbst die Preise der Grundnahrungsmittel stiegen immer weiter.

Trotz aller Umsicht verschlang die Großbaustelle Unsummen von Geld. Das Schwäbisch Gmünder Vermögen schmolz dahin wie der Schnee in der Sonne.

»Es ist ja nicht verloren«, tröstete Anna ihren Mann und sich selbst, als sie am Ende des Jahres 1920 Bilanz machte. »Es entsteht ein Gegenwert, der nicht nur uns, sondern noch unsere Kinder und Enkel ernähren wird!«

Die Bilanz, die der alte Sailer ziehen musste, als das Jahr 1920 vergangen war, war wesentlich bitterer.

Heimlich, um seine Tochter und die Magd Konstanze nicht zu beunruhigen, hatte er in der Stadt den dortigen Augenarzt aufgesucht.

»Man wird mir wohl den Star stechen müssen«, verkündete er die selbst gestellte Diagnose, noch bevor er auf dem Patientenstuhl Platz genommen hatte.

»Da gibt es nichts zu stechen«, meinte der Arzt jedoch, als er mit seinen Untersuchungen zu Ende war. »Dein Leiden kommt nicht vom Auge selbst, es ist der Blutzucker. Über beiden Pupillen haben sich ganze Kränze von wilden Blutgefässen gebildet. Du dürftest nach meiner Einschätzung nur noch höchst undeutlich sehen. Kannst du dich erinnern, wann das begonnen hat?«

»Gleich nachdem der Krieg angefangen hat«, gab der alte Sailer zu und fragte, was der Arzt zu tun beabsichtige.

»Nichts. Da ist Hopfen und Malz verloren«, erwiderte der Doktor derb, der aus Wisslingen stammte und früher einmal mit dem Sailer die Volksschule besucht hatte. »Du wirst blind werden, Hermann, in weniger als einem Jahr. Stell dich seelisch schon mal drauf ein!«

Mit der Seele hatte sich Hermann Sailer bisher kaum beschäftigt, und er konnte sich trotz der zahlreichen Predigten des Pfarrers, in denen sie vorgekommen war, auch nicht viel darunter vorstellen. Was allerdings den Verlust seines Augenlichts betraf, waren seine Vorstellungen höchst präzise.

Der Schock trieb ihn ins benachbarte Gasthaus Drei Könige, wo er bei einem Krug Bier die Schreckensnachricht bedachte.

Er war siebenundsechzig Jahre alt, und er würde demnächst regelmäßige Hilfe brauchen.

Seine einzige Tochter Anna war die Mutter von drei lebhaften Kindern, hatte einen ehrgeizigen Mann und selbst einen Hang zu Höherem; immerhin hatte sie es in den letzten Jahren geschafft, die Buchhaltung zu erlernen.

»Lieber mach ich es selbst, als dass Fremde ständig Einblick in unsere Verhältnisse nehmen können«, hatte sie ihm diese Maßnahme erklärt.

Zäh, wie sie war, hatte sie sich durch die Bücher gekämpft und nur in Zweifelsfällen vom alten Ganter in der Stadt beraten lassen.

Wie auch immer, seiner eigenwilligen Tochter wollte er nicht zur Last fallen – und auf Konstanze war vermutlich nur Verlass, wenn er ihr etwas bieten konnte. Der Bauernhof gehörte ihm noch immer zur Hälfte. Das musste genug sein für ein paar

Jahre Pflege; immerhin war er ja nicht bettlägerig, und uralt war in seiner Familie noch niemand geworden.

So kam es, dass er, als er am Abend von der Kreisstadt zurückkehrte, die Konstanze bat, seine Frau zu werden.

»Ich hätt dir auch so beigestanden«, sagte diese, allerdings erst, nachdem sie im Rathaus das Aufgebot bestellt hatten.

»Du wirst doch nicht behaupten wollen, du hättest gewusst, dass ich blind werde«, entrüstete sich der Sailer, doch Konstanze lachte ihn aus und meinte, dass ihr dies von dem Moment an klar gewesen sei, als er sie gebeten habe, ihn zu rasieren.

»Das macht ein Mann nur dann, wenn es wirklich nicht mehr anders geht«, spöttelte die Magd.

Anna fiel aus allen Wolken, als ihr Vater sie mit der Aussicht auf eine Stiefmutter konfrontierte. »Wie kannst du so was ins Auge fassen, Vater, ohne auch nur einen Ton vorher zu sagen, ohne die geringste Aussprache, ich mein, es geht da doch um etwas!«

»Ja, sicher geht es um was, um mein bissle Sach nämlich. Ein Vermögen hab ich ja kaum eines, wie du mir mal vorgehalten hast, Anna. Und was das Fragen oder eine so genannte ›Aussprache‹ betrifft, da kann ich mich nicht erinnern, dass *du* das damals gemacht hättest!«

»Ha, komm, das ist doch nicht vergleichbar«, empörte sich Anna, ein halber Bauernhof war schließlich ein halber Bauernhof, daran änderte auch die Schwäbisch Gmünder Erbschaft nichts.

»Das ist Betrachtungssache«, hielt der alte Sailer dagegen und dachte, dass er ohne Augenlicht mit der gutmütigen und einfältigen Konstanze allemal besser dran war als mit seiner tüchtigen, intelligenten, manchmal aber recht scharfzüngigen Tochter.

Stefano legte den Arm um seine Ehefrau und sagte in einem

Ton, den er selten verwendete: »Sei ruhig, Anna, und wünsche dem Vater viel Glück!«

Anna öffnete noch einmal den Mund, doch ein Blick ihres Mannes brachte sie zum Schweigen. Später in der Schlafkammer konnte sie es sich allerdings nicht verkneifen zu sagen: »Vielleicht ist es ja wirklich besser, wenn er nichts mehr sieht. Weil, eine Schönheit ist sie ja keine, die Konstanze, und überhaupt ...«

»Überhaupt mischen wir uns da nicht ein, Anna. Wir haben mehr als unser Auskommen, und eigentlich müsstest du als gute Christin doch erleichtert sein, wenn der Vater sein Verhältnis endlich in eine ordentliche Ehe umwandelt!«

Anna fuhr hoch und starrte Stefano an. »Sag nur, du hast das gewusst, dass die beiden ... ich meine, der Vater ist doch ein uralter Mann!«

Stefano lachte und zupfte sie an einer Strähne ihrer roten Haare. »Das denken alle Kinder von ihren Eltern«, spottete er. Doch als er die bockige Miene seiner Frau sah, griff er in die Schublade des Nachttischs, wo er die Überraschung aufbewahrt hatte: Der Stein an dem Ring war von einem tiefen, satten Grün, eingefasst von einer ganzen Reihe blitzender kleiner Diamanten.

»Du bist verrückt«, flüsterte Anna atemlos und drehte das funkelnde Stück im matten Schein der Petroleumlampe. Noch nie hatte sie so etwas Schönes gesehen – und sie kannte auch niemanden in ihrem ganzen Bekanntenkreis, der etwas Derartiges besaß. »Der hat bestimmt ein Wahnsinnsgeld gekostet!«

»Nicht ganz so viel wie ein halber Bauernhof«, scherzte Stefano. »Aber vielleicht tröstet er dich trotzdem ein wenig über den Verlust hinweg. Ich habe ihn vom Geld gekauft, das der Baron mir für die Umbaupläne am Schloss bezahlt hat. Der Juwelier in der Stadt sagte, das sei genau der Ring, der zu dir passe. Er habe dieselbe Farbe wie deine Augen!«

»Stimmt. Aber, dass der sich daran erinnert«, staunte sie.

»Er scheint dich sehr zu verehren. Offenbar wollte er dich mal heiraten!«

»Und warum bitte bist du dann nicht eifersüchtig auf ihn?«, fragte Anna, die trotz ihrer streitlustigen Miene ein klein wenig errötet war. Stefano lachte und zog sie in die Arme. »Weil ich keinen Grund dazu habe.« Seine Frau liebte ihn, da war er sich sicher. Dass sie in den letzten Jahren ein bisschen habgierig geworden war, war eine andere Sache. Ebenso wie die, dass er den Ring sehr günstig erworben hatte, aus zweiter Hand, wie der Juwelier ehrlicherweise eingestanden hatte. Schmuck war in den schweren Nachkriegsjahren ebenso ein Zahlungsmittel geworden wie Kartoffeln, Rauchfleisch und Schnaps.

**37** Glücklicherweise konnte während des milden Winters auf den Baustellen weitergearbeitet werden. Parallel dazu wurden in der ersten Rennerschen Halle die wenigen notwendigen Umbauten vorgenommen. Die Lizenzverhandlungen zogen sich, sehr zum Unwillen des Kommerzienrats, länger hin, als er vermutet hatte, doch im Februar des Jahres 1921 war es schließlich so weit. Bald darauf wurden die riesigen Setz- und Druckmaschinen angeliefert und installiert. Das von Samuel Cohn angeworbene Personal würde die Arbeit im April beginnen; am 1. Mai wollte der Kommerzienrat mit der Gründungsausgabe der Zeitung starten.

Das Wichtigste an dem gesamten Unternehmen, die Abonnentenwerbung, hatte bereits begonnen. Samuel Cohn, der sich erneut als brillanter Unternehmer erwies, hatte dafür eigens eine Truppe engagiert, die während des Kriegs als Unterhaltungskünstler tätig gewesen war. Ihr Entgelt waren in diesen schlechten Zeiten ausreichende Nahrung und ordentliche Schlafstätten gewesen, was ihre Fähigkeiten, Menschen für die Zeitung zu begeistern, ungemein gesteigert hatte. Sie schwärmten aus wie die Bienen und gewannen einen achtbaren Prozentsatz der Bevölkerung als Kunden für das neue Regionalblatt.

»Was umso erstaunlicher ist, als sie etwas verkaufen, was es noch gar nicht gibt«, sinnierte der Kommerzienrat laut.

»Und das bei der Mentalität der hiesigen Bevölkerung«, stimmte Stefano ihm zu. »Das ist wirklich beachtlich!«

Samuel Cohn holte eine seiner französischen Cognacflaschen hervor, die er während des Kriegs vorsichtshalber versteckt hatte, und goss zwei der goldgeränderten, ziselierten Gläser voll, die von einem Jagdausflug aus Böhmen stammten.

Im Spätherbst würden die ersten Siedlungshäuser bezugsfertig sein und die Familien der Mitarbeiter, die im Moment noch in den verschiedenen Wisslinger und städtischen Gasthäusern logierten, nachziehen können.

»Zum Wohl«, sagte der Kommerzienrat und hob sein Glas.

»Zum Wohl. Auf unser Geschäft – und auf die Zukunft!«

»Auf die Zukunft«, pflichtete der Kommerzienrat ihm bei und sprach dann zum ersten Mal den Namen der neuen Zeitung aus: »Und auf den *Ostalbboten*. Dass er wachse, gedeihe und hundert Jahre alt werde!«

## 38

Die Nacht war noch immer nicht zu Ende. Sogar die vor wenigen Tagen aus dem Süden zurückgekehrten Vögel in den Auen und Wäldern rund um Wisslingen waren noch nicht erwacht, als Anna ihre Buben weckte.

»Aufstehen, wir fahren heute mit Papa zum Druckhaus der neuen Zeitung!«

Die Zwillinge, die zu entzückenden zehnjährigen Lausbuben herangewachsen waren, fuhren wie von der Tarantel gestochen aus dem Bett. Sie schüttelten ihre dunklen Wuschelhaare, fuhren sich flüchtig mit dem Waschlappen übers Gesicht und zogen sich dann hastig an, immer von der Angst getrieben, der Vater könne seine Zusage wieder zurücknehmen. Der aber war weit davon entfernt.

»Zieh auch Else an, Anna. Das Kind soll mit dabei sein!«

»Sie versteht doch ohnehin nicht, worum es geht«, versuchte Anna ihren Mann zu bremsen, denn die Kleine, die noch mit dem Schlaf kämpfte, tat ihr leid.

»Sie versteht es noch nicht, aber sie wird sich erinnern«, beharrte Stefano. »Diese Zeitung ist der größte Fortschritt, den die Leute hier jemals erfahren haben. Gäbe es sie nicht, dann würde Wisslingen das gleiche verschlafene Nest bleiben wie die letzten paar hundert Jahre. Und nicht zu vergessen: Wir hätten nicht in derart kurzer Zeit zwölf Häuser bauen können mit der berechtigten Hoffnung, sie langfristig gut zu vermieten.«

»Ja, ja, ist ja gut«, brummte Anna, die sich nicht vorstellen konnte, was an der Herstellung einer Zeitung so Sensationelles sein könne. Diese Gedanken jedoch musste sie rasch zurücknehmen, denn es *war* eine Sensation.

Turmhohe Maschinen füllten die ehemalige Halle des alten Renner. Sie sogen von großen Rollen gespultes, jungfräulich reines Papier in ihre vielstöckigen Eingeweide, wo sich unter Höllengetöse die Verwandlung in eine mit Schlagzeilen, Artikeln und sogar Bildern bedruckte Zeitung vollzog.

Die Zwillinge standen so still wie Lots Weib, nachdem sie zur Salzsäule erstarrt war. Else brach in ängstliches Geschrei aus und presste die Hände auf die Ohren.

»Unglaublich«, murmelte Anna und trat respektvoll einen Schritt von der Höllenmaschine zurück.

»Bravo!«, rief Stefano euphorisch. Er war fasziniert von der unglaublich raschen Vervielfältigung der Nachrichten, die ursprünglich nur aus den sechs Seiten bestanden hatten, die ihm der Kommerzienrat zuvor in seinem Büro gezeigt hatte.

Samuel Cohn griff in den Stapel der fertigen Zeitungen und reichte dem Bauunternehmer eines der Gründungsexemplare. »Eine Geste der Freundschaft«, sagte er schmunzelnd und schlug die letzte Seite auf, wo sich eine eingerahmte Anzeige befand: »Wir danken dem Bauunternehmen Sailer & Pasqualini für allen Beistand während der Gründungsphase des *Ostalbboten*, insbesondere für die Erstellung der künftigen Betriebssiedlung Am Buschenacker.«

Zum ersten Mal während seines Lebens außerhalb Italiens fühlte Stefano eine brennende Röte in sein Gesicht steigen. Es war eine Röte des Stolzes, nicht der Beschämung. Spontan beschloss er, eine weitere Zeitung zu kaufen, die Anzeige auszuschneiden, ihren Inhalt zu übersetzen und an seinen Vater nach Neapel zu schicken. Einen Moment lang überlegte er, den gedruckten Triumph seiner Auswanderung auch Sofia zukommen zu lassen, doch in diesem Moment sah er, dass sein Sohn Peter sich auf den Boden gelegt hatte und im Begriff war, unter die Druckmaschine zu robben, um die Arbeit des Geräts von unten zu begutachten.

Stefano machte einen raschen Schritt nach vorn, zog seinen Filius wieder auf sicheres Terrain, setzte ihn auf die Beine und verpasste ihm die erste Ohrfeige in seiner Funktion als Vater.

**39** Eine Erbschaft war nach Sandros Tod nicht zu verteilen gewesen: Alle Liegenschaften der Familie Orlandi befanden sich im Besitz der alten Chiara, die sich in ihrem Damenstift nicht etwa dem Tod näherte, sondern zäh und beharrlich die Sprache wieder zurückeroberte. Und der tüchtige Verwalter kümmerte sich nach wie vor um die Gelder, das Gut, um die Olivenhaine und Weinberge.

An Sofias Leben änderte sich nur, dass die Konfrontationen mit dem ständig betrunkenen oder an Katerzuständen leidenden Ehemann ausblieben.

Auf heftiges Drängen des Reeders war die Witwe wenige Wochen nach dem Tod ihres Mannes mit den Kindern in die väterliche Villa zurückgezogen. Nicht einmal Odilia Orlandi hatte widersprochen, sondern unerwartetes Verständnis gezeigt.

»Diese Ehe war wirklich kein Glücksfall für Sofia«, räumte sie ein und fügte sehr zum Entsetzen des Reeders hinzu: »Sie ist ja noch jung. Vielleicht trifft sie irgendwann einmal doch noch einen Mann, der zu ihr passt und bei dem sie ihr Glück findet!«

Archangelo Mazone beglückwünschte sich, dass Sofia nicht dabei war, als die Großmutter seiner Enkel derart unüberlegte, romantische Vorstellungen äußerte. Die ehemaligen Grundstücke der Orlandis waren inzwischen längst mit den Hallen der Reederei Mazone bebaut, weshalb der Tod dieses Nichtsnutzes von Ehemann nur als Erleichterung betrachtet werden konnte. Und er hatte nicht den Wunsch, sein Lebenswerk durch einen weiteren Schwiegersohn zu gefährden. Deshalb hatte er bald nach Sandros Tod die juristische Umwandlung der Reederei in eine Handelsgesellschaft betrieben und einen Geschäftsführer eingestellt, den er höchstpersönlich einführte und überwachte. Das Advokatenbüro der Doktores Mastrovelli, das bereits seinem Großvater und Vater gedient hatte, war damit betraut, diesen Geschäftsführer zu kontrollieren, bis sein Enkel Stefano Orlandi in der Lage sein würde, diese Aufgabe zu übernehmen. Dieselbe Kanzlei hatte auch das Sondervermögen seiner Tochter Sofia und seiner Schwester Serafina zu betreuen und dafür zu sorgen, dass regelmäßige Zahlungen daraus geleistet wurden, wenn er, Archangelo Mazone, einmal das Zeitliche gesegnet hatte.

Er richtete auch ein Konto ein und füllte es mit jenem Betrag, den Sofia ihm damals vor ihrer Eheschließung abgehandelt hatte. Gleichzeitig überschrieb er ihr das Familiengut in der Basilikata. Archangelo Mazone war ein Ehrenmann und vergaß nie, was er einmal zugesagt hatte.

Das Schicksal gewährte ihm bereits eine Frist von mehr als zwei Jahren, in denen er das Glück hatte, das Gedeihen seiner beiden Enkelkinder im eigenen Hause zu beobachten.

Stefano ging seit eineinhalb Jahren mit besten Ergebnissen in die Lateinschule der Jesuiten. Köchin Paola hoffte insgeheim, dass einmal ein Priester aus ihm werde, denn der Junge hatte eine sehr schöne Singstimme. Die wilde Lebenslust und seinen Hang zu übermütigen Streichen würden ihm die Jesuiten schon austreiben und stattdessen die notwendige Frömmigkeit beibringen, da war Paola sich sicher.

Serafina, die solche Gedanken ahnte, betete – eingedenk der eigenen Erfahrungen – um eine Abwendung der geistlichen Laufbahn. Aus diesem Grunde hatte sie sich auch vehement gegen einen Internatsaufenthalt gestellt und sich durchgesetzt: Gustavo kutschierte den jungen Herrn täglich zur Schule und holte ihn von dort auch wieder ab.

Stefanos Schwester Angela verbrachte mit großem Vergnügen die meiste Zeit ihres jungen Lebens in der Küche. Paola verhätschelte sie über die Maßen, doch glücklicherweise schien dies dem Kind nicht zu schaden. Der kleine Engel fühlte sich auch seiner Großmutter Odilia ganz besonders verbunden, sodass diese, von Serafina freundlich ermuntert, immer wieder ganze Wochen im Haus der Mazones verbrachte.

Zu ihrer Mutter hatte Angela ein eher freundlich-distanziertes als herzliches Verhältnis. Sofia erging es ebenso. Und keine von beiden, weder die einunddreißigjährige Mutter noch die fünfjährige Tochter, machten Anstalten, etwas daran zu ändern. Angela setzte auf ihre »Wahlmütter«, die eigentlich Köchin, Großtante und Großmutter waren, Sofia hingegen auf ihren geliebten Sohn Stefano.

Und so ließ Sofia es sich auch nicht nehmen, den Jungen an jedem Nachmittag selbst in der Kunst des Klavierspiels zu unterrichten. Der Reeder war nicht sehr begeistert von diesem Unterfangen, doch Serafina widersprach ihm: »Lass sie doch gewähren, Archie. Der Junge wird, wenn er ein bisschen älter ist, mit Sicherheit andere Interessen entwickeln. Aber Sofia tut es gut. Und es bringt sie nicht auf dumme Gedanken!«

Natürlich war Archangelo klar, was sie damit meinte, und so stimmte er zu. Serafina aber unterstützte nicht nur die musikalische Bildung ihres Großneffen, sie förderte auch die Freundschaft Sofias mit ihrer ehemaligen Internatsfreundin Octavia, die ins Franziskanerinnenkloster eingetreten war und nunmehr als Schwester Imelda angesprochen wurde.

Der Tod ihres Gatten hatte Sofias Interesse am jenseitigen Leben wieder erweckt. Die langen Gespräche mit Imelda im kühlen Klosterhof taten ein Übriges: Sie fühlte sich beinahe wieder so jung, rein und unbefleckt wie während ihres Internatsaufenthalts. Auch zu Hause fiel sie, von ihrer Tante sanft manipuliert, wieder in das Leben einer unmündigen Haustochter zurück.

Sie begab sich oft auf den nahe gelegenen Friedhof, was alle im Hause wunderte, nachdem niemand verborgen geblieben war, dass Sofia Sandros Tod eher als Befreiung denn als Schicksalsschlag empfunden hatte. Da jedoch keiner Lust und Zeit hatte, sie bei diesen Friedhofsgängen zu begleiten, konnte auch niemand feststellen, dass Sofia sich nicht ein einziges Mal die

Mühe machte, die letzte Ruhestätte ihres Mannes aufzusuchen. Ihr Interesse galt ausschließlich der Grabstätte ihrer Mutter, wo sie die mitgebrachten Blumen niederlegte und die verwelkten entfernte.

Danach setzte sie sich in der Nähe der Friedhofsmauer ins moosige Gras und verlor sich in lange Tagträume.

**40** An einem regnerischen Tag Anfang September des Jahres 1921, als das Meer zum ersten Mal in hohen, bleigrauen Brechern an den Strand klatschte und damit das Ende des Sommers anzeigte, zog sich der Mittagsschlaf des Reeders Mazone so sehr in die Länge, dass sich seine Schwester Serafina in sein Schlafzimmer begab, um ihn aufzuwecken.

Sie fand Archangelo fast sitzend in seinem Bett, so viele Federkissen hatte er sich hinter den Rücken gesteckt.

Neben ihm lag die Zeitung, über deren Inhalt er sich heftig erregt hatte. Denn Archangelo Mazone hatte gelesen, dass sein Vaterland im Begriff war, den Faschisten Schlüsselpositionen in der Politik einzuräumen. So etwas konnte einfach nicht gut gehen. Und König Victor Emanuel III. schien nicht in der Lage zu sein, diesen Entwicklungen entschieden entgegenzutreten. Vielleicht war es besser, wenn er, Archangelo Mazone, diese Zeiten nicht mehr erleben musste.

»Schick nach Sofia und auch nach dem Pfarrer«, flüsterte der Reeder mit dünnen, blauen Lippen.

Serafina rang das Schluchzen nieder, das ihr die Kehle würgte, nickte und verließ rasch das Zimmer, in dem es nach Angstschweiß und Kampfer roch. Sie fand Archangelos Anordnungen übertrieben, doch es war schon schwierig genug, dem Bruder zu widersprechen, wenn er sich wohlfühlte. Tat man es, wenn sein Herz ihm Beschwerden machte, löste dies regelmäßig einen Tobsuchtsanfall aus.

Im Vorhaus fand sie Gustavo und befahl ihm, die Kalesche anzuspannen und zuerst Sofia bei den Franziskanerinnen abzuholen; danach konnte er den Arzt mitnehmen, dessen Haus sich ganz in der Nähe des Klosters befand. Zwar gab es seit einem knappen Jahr im Haushalt des Reeders ein Automobil, doch niemand außer ihm selbst war in der Lage, das Teufelsgerät zu bewegen. Den Rossknecht schickte sie los, um den Pfarrer zu verständigen. Dann ging Serafina zurück zu ihrem Bruder, setzte sich auf den brokatbezogenen Sessel neben dem geschnitzten Bett, fasste nach ihrem Rosenkranz und begann murmelnd mit dem Gebet.

»Hör auf damit, Fina«, keuchte der Reeder unwillig. »Dafür ist später noch Zeit!«

»Der Anfall wird vorübergehen, Archie, wie alle anderen zuvor auch«, sagte Serafina hoffnungsvoll und griff tröstend nach der blassen Hand ihres Bruders. Sie war eiskalt, und durch die papieren gewordene Haut schimmerten nahezu schwarz seine Adern.

Der kranke Reeder schnaubte durch die Nase. »Ich war noch nie ein Illusionist. Dieses Mal wird es mich erwischen. Aber …«, das Sprechen fiel ihm zunehmend schwer. »Habe … Vorsorge getroffen. Für die Firma … für Sofia … und auch für dich!«

»Du kannst mich doch nicht allein lassen, Archie«, schluchzte Serafina nun doch.

»Du musst dich um Sofia und um die Kinder kümmern. Und …« Die Stimme wollte ihm nicht mehr gehorchen und verlor sich in ein unverständliches Gestammel.

Serafina erschrak. Die Augen ihres Bruders schienen in der letzten halben Stunde tiefer in die Augenhöhlen gesunken zu sein, seine Nase erschien spitzer, und sein Atem, der bisher nur flach gewesen war, versagte jetzt einige Herzschläge lang. Eine Pause entstand, nach der der Reeder den Kopf hob wie ein aufsteigender Vogel.

Er versuchte, dem Treibstoff des Lebens noch einige Male nachzujagen, bevor er in die Kissen zurückfiel, um endgültig zu verstummen.

Serafina, die all dies fassungslos mit angesehen hatte, hob die rechte Hand und fuhr über die Lider des Toten.

»Es tut mir leid, Donna Sofia«, sagte der Arzt, der nichts anderes mehr tun konnte, als den Totenschein auszustellen. Sofia nickte, doch sie widmete dem Professor keine weitere Aufmerksamkeit. Mit versteinerter Miene starrte sie auf den unwiederbringlich von ihr gegangenen Vater. Schließlich setzte sie sich in den Sessel, den ihr die Tante bereitwillig überlassen hatte.

Auf dem Gesicht des Reeders lag jetzt derselbe ironisch-amüsierte Gesichtsausdruck, den Sofia schon einige seltene Male zuvor gesehen hatte, wenn ein bereits verloren geglaubtes großes Geschäft doch noch gelungen war. Was aber war es gewesen, das diesen letzten überraschenden Abdruck in seiner Mimik hinterlassen hatte?

Hatte er ihre Mutter wiedergesehen und war nun in der unvorstellbaren, geheimnisvollen jenseitigen Welt so glücklich wie damals als junger Ehemann? Und würde sie selbst eines Tages auch einmal in der Lage sein, Stefano wieder zu treffen, dort wenigstens, wo es keine vergeblichen Briefe gab und soziale Grenzen undenkbar schienen?

Doch dann fiel ihr ein, dass ihre Vereinigung kein Sakrament, sondern eine Todsünde gewesen war, deren Fortsetzung Gott im Jenseits nicht dulden würde. Diese jähe Erkenntnis trieb Sofia die Tränen in die Augen und ließ sie hemmungslos weinen. Sie geriet so außer Fassung, dass Serafina den eintreffenden Pfarrer abfing und in den Salon führte, wo sie ihm, nach der unangenehmen Anfahrt im strömenden Regen, erst eine Tasse heiße Schokolade und etwas Gebäck servieren ließ.

Während der geistliche Herr sich aufwärmte, schnappte sich Serafina ihre Nichte, verabreichte ihr eine ordentliche Portion Laudanum und verfrachtete sie mithilfe der Hausmagd in ihr Bett im Mädchenzimmer. Danach führte sie den Pfarrer ans Lager des Reeders, damit ihm die Letzte Ölung gespendet werden konnte. Dabei schüttelte Serafina mehrmals verwundert den Kopf. Da lebte man nun viele Jahre zusammen in einem Haus und glaubte, die Befindlichkeiten der Familienmitglieder gründlich zu kennen, doch es musste eine viel stärkere, verborgene Liebe der Tochter zu diesem Toten gegeben haben, als ihr, der Schwester und Tante, jemals klar geworden war. Denn anders war die abgrundtiefe Verzweiflung Sofias am Totenbett ihres Vaters einfach nicht zu erklären.

Sofia erlebte die Trauerfeierlichkeiten als Albtraum in Schwarz und Grau. Grau und ungebärdig war das herbstliche Meer, grau verhangen der Himmel, und grau in allen Schattierungen erschienen ihr die Gesichter der schwarz gekleideten Trauergemeinde.

Es war das zweite Begräbnis in kurzer Zeit, das fast die gesamte Bevölkerung Neapels auf die Beine brachte. Das erste war Anfang August die Bestattung Enrico Carusos gewesen, des genialen Sängers und international bekannten Sohnes der Stadt. Als der alte Reeder Mazone sich auf den letzten Weg machte, säumten kaum weniger Menschen den Weg.

Der Sarg war unter den Liliengebinden kaum erkennbar. Sechs Rappen zogen die schwarze Prachtpritsche, über der sich, an vier Silberstangen befestigt, ein schwarzer Samthimmel mit silbernen Fransen wölbte. Wie ein riesiges Rudel von Pinguinen tappten die Honoratioren Neapels hinter Leichenkutsche und

Pfarrer in Richtung des Friedhofs Santo Michele; hinter ihnen folgten die Frauen und das gemeine Volk.

Maria Pasqualini konnte vom Fenster ihrer Küche aus den Leichenzug beobachten. Sie sah die Gestalt Sofias, die trotz des schlichten Trauergewands ungemein weiblich und attraktiv wirkte. Voller Erleichterung dachte sie an den Brief ihres Sohns, der die Familie nach dreizehn langen Jahren der Ungewissheit vor wenigen Tagen erreicht hatte. Sie dankte Gott von ganzem Herzen für die Gnade, mit der er das Unglück verhindert hatte, das sie damals befürchtete.

Zuerst sah sie das engelsgleiche kleine Mädchen, das die verhasste, leichtfertige Person an der Hand führte. Dann aber bemerkte sie den Knaben, der an ihrer rechten Seite ging.

»Großer Gott«, schrie sie auf. Sie riss den Vorhang zur Seite, um genauer sehen zu können, aber es bestand nicht der geringste Zweifel. Es war wie eine Begegnung mit der Vergangenheit. Der Junge sah aus wie ihr Sohn Stefano im ähnlichen Alter. Sogar Gangart und Kopfhaltung waren dieselbe.

Marias Blick verfolgte die Gestalt des Knaben, bis sie in der Masse der Menschen nicht mehr zu erkennen war. Danach wandte sie sich vom Fenster ab und wankte zum Küchentisch. Sie setzte sich auf die Bank, stemmte die Ellbogen auf die Holzplatte und vergrub das Gesicht in den Händen. In dieser Haltung blieb sie sitzen und schreckte erst auf, als ihr Mann die Küche betrat.

»Was ist denn passiert?«, fragte Cesare erstaunt, denn so hatte er seine Frau noch selten gesehen.

Maria Pasqualini griff nach den Zipfeln ihrer Schürze und wischte die nassen Spuren von ihren vollen Wangen. »Nichts«, sagte sie dann, und es gelang ihr, ihrer Stimme einen fast normalen Klang abzuringen.

»Wenn nichts wäre, würdest du auch nicht weinen«, folgerte Cesare mit männlicher Logik.

»Es sind die Wechseljahre«, behauptete Maria daraufhin, und da Cesare es inzwischen gewohnt war, dass diese rätselhafte weibliche Lebensphase die sonderbarsten Gemütszustände erzeugen konnte, hakte er nicht weiter nach.

Maria aber traf mit der gebotenen Vorsicht ihre Maßnahmen. So kam es, dass der Kutscher Gustavo sich hin und wieder, während er auf den Lateinschüler wartete, in ein Schwätzchen mit einer älteren, rotbackigen, rundlichen Frau verwickelt sah, die seit einiger Zeit frische Eier an die Jesuiten lieferte. Es war eine gutmütige Matrone, denn gleich beim ersten Zusammentreffen schenkte sie dem Jungen kleine, safrangelbe Kekse, die sie selbst gebacken hatte, wie sie stolz erzählte.

Gustavo war nicht sicher, ob Serafina Mazone die Annahme dieses Gebäcks erlaubt hätte, doch Stefano aß sie, nachdem er sie erst einmal gekostet hatte, mit einer derartigen Gier, dass Gustavo nicht einzuschreiten wagte. Er beruhigte sein Gewissen damit, dass die Alte in früheren Zeiten offenbar bei den Orlandis gedient hatte, denn einmal erwähnte sie, Stefanos Vater hätten die Kekse genauso geschmeckt wie dem Jungen.

Diese Offenbarung, kaum getan, schien ihr allerdings ausgesprochen peinlich zu sein, was Gustavo lächeln ließ. Er konnte sich gut vorstellen, dass die gestrenge Odilia es nicht schätzte, wenn das Personal über die Vorlieben der Herrschaften plauderte, und es Folgen hätte, käme ihr etwas davon zu Ohren. Die Frau schien dies auch zu wissen und sich vorzusehen. Sie mied weitere Gespräche und hielt sich künftig, wenn sie sich beim Kloster begegneten, auf der anderen Straßenseite im Sonnenschutz eines kühlen Hauseingangs auf.

41 Am Donnerstag, dem 15. September 1921, erwachte Sofia nach einem langen, erholsamen Schlaf. Zehn Tage waren seit dem Begräbnis ihres Vaters vergangen, zehn Tage voller Trauer, Aufregung und Besprechungen. Eine letzte fand am heutigen Tag in der Kanzlei der Doktores Mastrovelli statt. Sofia saß an der Seite ihrer Tante auf einem hart gepolsterten Lederstuhl und lauschte den Ausführungen des Anwalts so geistesabwesend, dass der Jurist sich am Ende räusperte und mit lauterer Stimme als sonst nachfragte, ob die Damen wohl alles richtig verstanden hätten.

»Aber natürlich«, sagte Serafina Mazone sofort. Die Antwort der Tochter des Erblassers ließ auf sich warten, worauf Mastrovelli senior die Frage seines Sohns besorgt wiederholte.

»Ja, ja, ich habe verstanden«, erklärte jetzt auch Sofia. »Ich habe nur überlegt, was zu tun ist!«

»Nichts, Verehrteste, absolut nichts«, beeilte sich Mastrovelli junior zu versichern. Was, um Gottes willen, hatte diese aufreizende junge Witwe im Sinn oder gab es gar Absprachen mit der Schwester des Reeders, die, wie allen klar war, längst über die Rolle der Haushälterin hinausgewachsen war? Niemand wusste genau, wie sehr sie die beruflichen Entscheidungen Archangelo Mazones beeinflusst hatte, und alle fürchteten die Winkelzüge dieser Frau, von der es hieß, dass es ihr sogar gelungen war, einen Kardinal zu machen.

Mastrovelli der Jüngere tauschte einen nervösen Blick mit Bernardo Salvatore, dem Geschäftsführer der Reederei, und fügte mit entschiedener Stimme hinzu: »Sämtliche Vollmachten liegen beim Geschäftsführer der Reederei und unserer Kanzlei. Ihr Herr Vater hatte nicht vor, Sie oder Ihre Tante aktiv in die Geschäftsvorgänge einzubinden!«

Sofia erwachte aus ihrer Trance und begann zu lächeln, als

sie die kaum verhohlene Nervosität der Herren bemerkte. »Das glaube ich aufs Wort«, kommentierte sie beinahe erheitert. Ihre Tante aber lehnte sich zurück, nahm eine kämpferische Sitzhaltung sowie einen ernsthaft-energischen Gesichtsausdruck an und sagte bedeutungsvoll: »Man wird sehen, meine Herren!«

Natürlich hatte sie das Firmentestament gelesen, bevor ihr Bruder es unterschrieben hatte, ebenso kannte sie seine private letztwillige Verfügung.

Beide Dokumente waren absolut wasserdicht. Sie boten weder Sofia noch ihr selbst auch nur die geringste Möglichkeit, in die Geschäfte einzugreifen. Doch ein bisschen Gift ins Herz dieser allzu selbstsicheren Herren zu streuen erschien ihr, im Hinblick auf künftige private Sonderwünsche, eine probate Taktik. Man würde Sofia und ihr alle möglichen Zugeständnisse machen, sofern sie sich aus dem Wesentlichen heraushielten.

Sofia brachte es gerade noch fertig, ihre Absichten so lange zurückzuhalten, bis sie mit ihrer Tante wieder in dem noblen Buick saß, den inzwischen ein Mietchauffeur bediente. Sie drückte auf den Knopf, der die Glasscheibe zwischen Fahrer und Fond schloss, und sagte: »Ich werde verreisen, Tante Serafina, und zwar schon sehr bald!«

Serafina Mazone fand den Wunsch ihrer Nichte, sich zu zerstreuen, völlig normal. Außerdem hätte sie während ihrer Abwesenheit die beiden Kinder ganz für sich alleine. Serafina war Gott, zu dem sie – des Kardinals wegen – lange Jahre ein zwiespältiges Verhältnis gehabt hatte, ausgesprochen dankbar für dieses unverhoffte Geschenk einer indirekten Mutterschaft. Sollte Sofia nach den Bedrückungen ihrer misslungenen Ehe doch ein wenig ihr Leben genießen: Den Kindern würde es deswegen an nichts fehlen.

»Das ist eine sehr gute Idee«, fand Serafina deshalb. »Ich

würde dir Korfu vorschlagen. Das Klima dort ist ganz ausgezeichnet!«

»Ich werde nach Deutschland reisen«, erklärte Sofia entschieden.

Serafina war Frau genug, um nicht nachfragen zu müssen. Sie hatte diese Episode nie ganz vergessen: den ominösen Brief, Sofias hektische Fragen, die flatternde Unruhe ihrer Nichte in dieser Zeit. So ersparte sie sich die Lügen, die Sofia ihr bei weiteren Nachfragen präsentieren würde; vermutlich wieder irgendeine Geschichte von ihrer ehemaligen Internatsfreundin und dergleichen Unsinn.

Sofia war kein Kind mehr. Sie war eine Witwe, und ihr dominanter Vater, der Kapriolen wie die Reise seiner Tochter nach Deutschland, das in seinen Augen Feindesland geblieben war, niemals erlaubt oder gar finanziert hätte, war unter sandiger Erde und welkenden Blumen begraben.

Serafina warf einen Blick auf das Gesicht ihrer Nichte und wusste, dass alle Liebesmühe vergebens wäre: Sofia war entschlossen, den Mann wiederzusehen, der mit großer Wahrscheinlichkeit der Vater des Reedereierben war.

## 42

»König Wilhelm ist gestorben«, sagte Anna, die die Schlagzeilen des *Ostalbboten* bereits überflogen hatte, als Stefano am ersten Oktobermontag des Jahres 1921 in die Küche kam, um zu frühstücken. »Der württembergische König war nur noch ein Herzog, und zu sagen hatte er auch nichts mehr. Wir sind eine Republik. Wir werden von Vertretern des Volks regiert – und das Volk, das sind *wir*«, erwiderte Stefano, der ein eifriger und überzeugter Bürger seines neuen Heimatlands geworden war.

»Wir? Wir sind höchstens a Völkle«, spottete seine Frau.

»Und außerdem wird es immer so bleiben, dass die Großkopferten das Sagen haben – ob die jetzt Kaiser oder König oder Präsident oder Kanzler heißen, das bleibt sich gleich! Und das Demokratische, das ist nur das Feigenblatt, mit dem die Herren ihre eigenen Interessen zudecken!«

»Davon verstehst du nichts, Anna!«, sagte Stefano unwillig.

»Und das, was du zu verstehen glaubst, ist nur das Angelesene, was in deiner viel gepriesenen Zeitung steht, die du inzwischen höher hältst als das Evangelium!«

Stefano verzog ärgerlich die Mundwinkel und griff nach seiner Kaffeetasse. Er war stolz darauf, in den vergangenen Jahren ein zeitgeschichtlich gebildeter Mensch geworden zu sein. Er konnte durchaus mithalten, wenn vor oder nach dem Skatspiel im Hirsch politisiert wurde. Sogar der Kommerzienrat, der Baron und der Landrat, die er einmal im Monat bei den Versammlungen des »Bundes der Selbstständigen« traf, zu denen die Kommunalspitzen regelmäßig eingeladen waren, hielten etwas auf seine Meinung.

Nur Anna fühlte sich immer öfter aufgerufen, ihm zu widersprechen. Zu einem heftigen Streit war es gar gekommen, als es um die Schulbildung der Zwillinge ging.

»Natürlich sollen die Buben etwas Anständiges lernen. Aber sie gleich aufs Gymnasium zu schicken, das finde ich ausgesprochen übertrieben. Da kriegen sie nur Flöhe in den Kopf gesetzt, und wenn sie fertig sind, will sich keiner von ihnen mehr die Hände schmutzig machen und ein Handwerk erlernen«, hatte Anna ihm vorgehalten.

»Na und? Wenn sie studieren möchten, dann sollen sie eben studieren!«

»Und wer bitte soll den Betrieb führen?«

»Vorläufig bin ich durchaus noch in der Lage, das selbst zu machen. Immerhin bin ich noch nicht einmal vierzig. Und überhaupt: Was man gelernt hat, kann einem niemand wieder wegnehmen!«

Was genau Stefanos Erfahrung entsprach, wenn er auf das letzte Jahrzehnt zurückblickte.

»Das mag ja sein«, ereiferte sich seine Frau. »Aber Sach ist Sach, und von nix kommt nix. Akademiker sind in aller Regel Hungerleider, wenn sie von dem leben müssen, was sie verdienen!«

»Bring mich doch nicht zum Lachen, Anna. Unsere Kinder sind *jetzt* schon wohlhabend – und demnach haben sie die Freiheit, einmal das zu werden, wonach ihnen wirklich der Sinn steht!«

Anna presste jetzt noch die Lippen zusammen, wenn sie an diese Auseinandersetzung dachte.

»Du hast einen Krattel gekriegt, Stefan, einen richtigen Krattel! Und der Hochmut ist eine Todsünde, nicht nur in meiner, sondern auch in deiner Religion!«, hatte sie geschrien, denn manchmal in letzter Zeit hatte sie das Gefühl, dass es Stefano allzu häufig in die »gute Gesellschaft« zog. Zu Hause jedenfalls war er höchst selten.

»Vielleicht habe ich tatsächlich einen Krattel gekriegt, wie du das ausdrückst. Dir aber, meine liebe Anna, dir sind Haare auf den Zähnen gewachsen – und zwar ziemlich borstige!«

Nicht einmal eine gute Nacht hatten sie sich danach noch gewünscht – und das war schon sehr lange nicht mehr vorgekommen.

Am Tag danach hatte es zwar eine Versöhnung gegeben, doch der kleine, schmerzliche Riss war geblieben. Ganz abgesehen davon, dass Stefano *befohlen* hatte, Peter und Paul am Gymnasium der Kreisstadt anzumelden.

Vielleicht war es doch ein Fehler gewesen, ihm so großzügig die Verfügungsgewalt über das Schwäbisch Gmünder Erbe übertragen zu haben, dachte Anna einen Moment lang, um sich dann sofort zu schämen. Es gab keinen liebevolleren Vater als ihren Mann – und seine Beharrlichkeit in Sachen Schule war nicht Eigensinn, sondern Fürsorge und Liebe, das war ihr vollkommen klar. Dennoch fand sie es übertrieben. Erst gestern war erneut der Zorn in ihr aufgewallt, als ihr Sohn Peter auf die Frage, ob er seine Hausaufgaben schon gemacht habe und sie ihr zeigen könne, erwidert hatte, dass sie davon doch sowieso nichts verstehe.

Wie der Vater, so der Sohn.

Und ein weiteres Mal korrigierte sie sich. Sie durfte es nicht erlauben, dass der Riss zwischen Stefano und ihr sich ständig vergrößerte. So ging sie rasch in die Speisekammer, holte die geräucherte Wurst und schnitt dicke Scheiben davon ab, mit denen sie Stefanos Brot für die vormittägliche Vesperpause belegte. Vermutlich war sie nur so gereizt, weil sie sich Sorgen um ihren Vater machte.

Die Zuckerkrankheit hatte ihn inzwischen nicht nur blind, sondern auch kindisch gemacht. Er hatte stark an Gewicht verloren, verbrachte die meiste Zeit des Tages im Bett und musste von Konstanze versorgt werden. Wenn man nicht ständig hinterher war, vergaß er nachgerade alles: die Nahrungsaufnahme ebenso wie den rechtzeitigen Gang aufs Klosett.

Stefano hatte zwar in der Zeitung von kanadischen und amerikanischen Forschern gelesen, die einem Hund die Bauchspeicheldrüse entfernt hatten und ihm danach regelmäßig einen Wirkstoff namens Insulin gespritzt hatten, wonach er wieder gesund geworden war. Doch ihr Arzt hatte bei diesen Berichten nur abgewinkt und müde gelächelt.

»Das ist nett für den Hund, aber für euren Vater ist bald Matthäi am Letzten!« Was bedeutete, dass mit dem Ableben des alten Sailer in absehbarer Zeit zu rechnen sei.

Ein bisschen früh fand Anna zwar, aber pragmatisch, wie sie war, beschloss sie, rechtzeitig die Schneiderin aufzusuchen und sich ein winterfestes schwarzes Ensemble schneidern zu lassen. Eines mit einem langen Wollrock und einem kürzeren Mantel darüber, wie sie es auf einem Bild von der rumänischen Kaiserin Zita gesehen hatte, die sie insgeheim bewunderte.

»Dein Vesper«, sagte sie versöhnlich und reichte Stefano das in Pergamentpapier eingeschlagene Brot.

Der jedoch schüttelte den Kopf. »Ich brauche heute gar keines. Ich habe um zehn eine Besprechung mit dem Baron und dem Mäder im Schützen, da nehm ich das zweite Frühstück gleich dort!«

Das war es, was sie meinte: Der Herr vesperte am hellen Werktag im besten Gasthof des Dorfs mit den Großkopferten, anstatt Dampf zu machen, damit die Siedlungshäuser vollends fertig wurden. Der Innenausbau, der schon wesentlich weiter hätte sein sollen, zog sich unplanmäßig in die Länge, was daran lag, dass es mehr und mehr zu Lieferverzögerungen kam.

Der geplante Einzug der Mieter im Frühjahr hatte bereits aufs Jahresende verschoben werden müssen, und dies war eine Nachricht gewesen, auf die der Kommerzienrat äußerst unwillig reagiert hatte.

»Wie's dem Herrn beliebt«, zischte Anna deswegen schmallippig, drehte sich um und knallte die Tür hinter sich zu. Jetzt war er wirklich ein Herrenmaurer geworden, ihr Stefan!

Stefano sah ihr missmutig nach und hob dann die Schultern. Früher war sie nicht so kratzbürstig gewesen, dachte er.

Dann aber schaute er auf seine Taschenuhr und trank rasch die Tasse mit dem Milchkaffee aus. Ein weiteres Mal bedauerte er, dass er sich von seiner Frau hatte davon abbringen lassen, eines dieser Fernsprechgeräte anzuschaffen. Wie nützlich das heute gewesen wäre, nachdem er gestern hatte feststellen müssen, dass die Lieferung der Kaminöfen immer noch nicht eingetroffen war. Mit einem Telefon im Büro hätte er bei der Großfirma in Köln nachfragen können, woran es lag: an der Bahn, an Herstellungs- oder Lieferschwierigkeiten oder an seiner Weigerung, eine zweite Anzahlung zu leisten. Diese zu verlangen war zwar eine Unverschämtheit, doch wenn sich die Fertigstellung der Häuser deswegen noch mehr verzögerte, würde er eben nachgeben müssen. Immer noch besser, als sich den weiteren Zorn des Kommerzienrats zuzuziehen, der ihm bereits vorgerechnet hatte, was das Gaststättenlogis seiner führenden Herren ihn kostete – und wie ungeduldig deren Familien wegen des Nachzugs waren.

Aus dem geplanten zweiten Frühstück war ein frühes Mittagessen geworden, denn der Schützenwirt hatte frisch gebackenen warmen Leberkäse im Angebot.

»Guten Appetit, die Herren!«, rief die Kellnerin Kätter, die eigentlich Katharina hieß, und verteilte die Teller mit den dampfenden Scheiben. Dazu gab es einen noch lauwarmen Kartoffelsalat, den Stefano inzwischen ausgesprochen gern mochte.

»Einen Guten allerseits«, brummte der Schlossermeister Mäder, wobei er, wie es üblich war, den »Appetit« unerwähnt ließ, nichtsdestotrotz aber genau diesen meinte.

»Gesegnete Mahlzeit«, wünschte der Baron gemessen.

»Ihnen auch«, parierte Stefano. Er schob das erste Stück des wohlschmeckenden Gerichts in den Mund, als sich die Tür öffnete und eine ganz in Schwarz gekleidete weibliche Person mit einem ungeheuer ausladenden Hut den Gastraum betrat.

Ein Droschkenkutscher, der zwei riesige Koffer hereinwuchtete, folgte ihr unmittelbar. Er stellte die Gepäckstücke vor der Theke ab, wischte sich mit seinem großen, rot karierten Taschentuch den Schweiß von der Stirn und sagte zum Schützenwirt: »Die Frau braucht ein Zimmer!«

Sofort wandte sich das Interesse aller Anwesenden den beiden Ankömmlingen zu. Wisslingen war weder ein Kurbad noch eine Großstadt. Allein reisende Damen kamen hier höchst selten vorbei, und eine derart auffällige war noch nie zuvor da gewesen.

Vermutlich eine Ehefrau der Verlagsleute, die darauf hoffte, in eines der neuen Siedlungshäuser ziehen zu können, und nun die Geduld verloren hatte, dachte Stefano. Er betrachtete die ausladenden Koffer und schloss daraus, dass die Dame nicht vorhatte, nur eine Stippvisite zu machen. Es würde sicher zu neuem Ärger mit dem Kommerzienrat kommen.

»Und für wie lange?«, erkundigte sich der Schützenwirt.

»Keine Ahnung«, erwiderte der Droschkenkutscher.

»Geschwätzt hat sie ja jede Menge, aber ich habe nur ›Wisslingen‹ und ›Kammer‹ verstanden, nachdem sie am Bahnhof bei mir eingestiegen war! Es ist eine Ausländerin!«

Das nun war wirklich eine Sensation. Was wollte eine ausländische Dame mit zwei riesigen Koffern in Wisslingen?

Vielleicht ist es eine Liebschaft vom Baron, dachte der Schlossermeister Mäder, der von dem Gemunkel gehört hatte, dass der Landadelige es bei seinen diversen Reisen mit der ehelichen Treue nicht so genau nahm. Wenn die Frau ihm allerdings nachgereist war, dann hatte der Gute ein paar unangenehme Stündchen vor sich, denn mit der Baronin war nicht gut Kirschen essen. Und davon, dass sie nichts von der Fremden erfuhr, war kaum auszugehen: Wenn in Wisslingen etwas Außerordentliches passierte, dann wusste es in kürzester Zeit jeder im Ort.

Die Frau, die bisher geschwiegen hatte, sagte jetzt einen Satz in fremder Sprache. Sie sprach langsam und laut, als ob sie damit dem mangelnden Verstehen begegnen könne.

Stefano schob den Teller mit dem Leberkäse ein Stück von

sich, stand zögernd auf und begab sich zur Theke. »Permette?«, fragte er, höflich gewillt, den Dolmetscher zu spielen.

Die zierliche Frau, von der er bisher nur Mantel und Hut gesehen hatte, drehte sich zu ihm um und hob plötzlich den Kopf, sodass der ausladende Hutrand ihr Gesicht nicht mehr länger beschattete.

Einen Moment lang, der unendlich schien, starrten sie sich in die Augen, dann stammelte Stefano fassungslos: »Sofia? Wie kommst du hierher?«

»Mit dem Zug«, erwiderte Sofia, als ob es die natürlichste Sache der Welt wäre. Schließlich hob sie die Arme und legte sie um Stefanos Hals. Sie drückte den Kopf an seinen Drillichanzug, nässte ihn mit ihren Tränen und sagte mit einem Seufzer in der Stimme: »Du hast keine Ahnung, wie sehr ich mir diesen Moment gewünscht habe. Immer und immer wieder! Ich habe nie aufgehört, dich zu lieben, Stefano, keine einzige Sekunde in all den Jahren!«

Stefano bemerkte den Blick des Schützenwirts und das beredte Schweigen seiner beiden Gesprächspartner in seinem Rücken, das mehr Neugierde ausdrückte, als alle Fragen es hätten tun können.

Er entzog sich vorsichtig Sofias Umarmung und sagte auf Deutsch und mit rauer Stimme: »Ich werde jetzt erst einmal deine Koffer nach oben bringen!«

Er griff nach dem klobigen Zimmerschlüssel, den der Schützenwirt bereits auf den Tresen gelegt hatte, und fasste dann nach dem größeren der beiden Koffer.

»Ja, Moment mal«, ließ sich da der Droschkenkutscher vernehmen. »Bezahlt werden sollte schon auch noch!«

Stefano stellte den Koffer zurück und holte die Geldbörse aus seiner Hosentasche.

Er gab dem Kutscher einen Schein und wehrte mit einer unwilligen Handbewegung das Wechselgeld ab. Was ein Fehler war, wie sich sogleich herausstellte.

»Wenn es so ist, dann nehm ich auch einen warmen Leberkäs mit Kartoffelsalat. Und ein großes Helles, wenn ich bitten darf!«

Sprach es und setzte sich an den Tisch neben den Baron und den Mäder. Stefano war klar, dass die beiden auf der Stelle versuchen würden, dem Mann weitere Details zu entlocken, wenn die Tür hinter ihm und Sofia geschlossen wäre.

Ich kann behaupten, sie sei meine Schwester, dachte Stefano, als er keuchend die schweren Koffer die Treppen hochzerrte. Denn ebenso wenig wie der Droschkenkutscher dürfte jemand anderer in der Wirtsstube die herausgepressten Worte der Italienerin verstanden haben. Er würde einen Trauerfall in der Familie erfinden, eine Ausrede, die durch Sofias schwarze Kleidung und den Hut noch unterstrichen würde.

Es würde sich alles begründen lassen.

Das Schlimmste, was passieren konnte, wäre, dass er, um den Schein zu wahren, für ein, zwei Wochen verschwinden müsste, um seine »trauernde Schwester« zurückzubegleiten. Daran würde er, realistisch betrachtet, kaum vorbeikommen, denn Sofia machte nicht den Eindruck, als ob sie ihren Eigensinn verloren hätte, ganz im Gegenteil: *Ohne ihn* würde sie diesen Ort nicht so schnell wieder verlassen. Und wenn er nicht sicher sein konnte, dass sie sich wieder dort befand, wohin sie gehörte, würde er kein Auge mehr zutun können.

Allein der Umstand, dass sie hier aufgetaucht war, was auch immer sie dazu bewogen haben mochte, machte ihm klar, dass sie unberechenbarer war als jemals zuvor.

Nun war seine Vernunft gefragt – und er war gewillt, sie anzuwenden. Sofia hatte einmal in sein Leben eingegriffen und es dadurch völlig verändert. Ein weiteres Mal würde er dies nicht zulassen, denn er hatte mehr zu verlieren als vor dreizehn Jahren.

43 Sofia schälte sich aus ihrem schwarzen Mantel und warf ihn auf den verblichenen Polsterstuhl, der vor einem Tisch mit eingelegter Glasplatte stand. Dann hob die Reederstochter die Schultern an, reckte sich ein wenig und sagte mit klagender Stimme: »Du kannst dir nicht vorstellen, wie anstrengend es ist, zwei Tage in einem Eisenbahnabteil zuzubringen!«

Stefano versagte sich ein Kopfschütteln. Sofia sprach und verhielt sich so, als ob es die lange Trennung nie gegeben hätte.

Er lehnte sich mit dem Rücken gegen die Zimmerwand und beschloss, die Sache auf den Punkt zu bringen. »Warum bist du hier, Sofia?«

Sofias Blick drückte blankes Unverständnis aus. »Um dich zu sehen, natürlich!«

»Entschuldige, aber *natürlich* kann ich das nicht finden. Natürlich wäre, wenn du dich bei deinem Mann befinden würdest. Und bei deinen Kindern. Ich nehme doch an, es gibt welche; immerhin bist du mehr als dreizehn Jahre verheiratet!«

»Die Kinder sind bei meiner Tante Serafina«, sagte Sofia, als ob dies die Erklärung für diese ganze absurde Situation sei. Sie setzte sich auf die Bettkante, und plötzlich begannen ihre Lippen zu zucken.

»Du scheinst dich nicht besonders zu freuen, mich wiederzusehen«, sagte sie leise, und noch bevor es eintrat, wusste Stefano, dass der Brunnen der Tränen erneut zu sprudeln beginnen würde.

Er atmete tief durch und beschloss, ein schnelles Ende dieser Farce herbeizuführen. Vermutlich hatte sie sich mit Sandro gestritten und war so trotzig ausgebrochen wie ein temperamentvolles Pferd, wenn man versuchte, es zu sehr an die Kandare zu nehmen. »Ich freue mich zu sehen, dass es dir gut geht. Alles andere aber, Sofia, ist Vergangenheit!«, sagte Stefano, und erstaunt stellte er fest, wie langsam er sprach und dass es ihm etwas Mühe machte, die richtigen Worte zu finden. Und erstmals begriff er, dass auch die Muttersprache verloren oder teilweise verloren gehen konnte, wenn man sie nicht mehr benutzte.

Er hob die Stimme, damit Sofia ihn auch wirklich verstehen konnte: »Auch ich habe geheiratet. Und ich habe drei Kinder. Zwei Jungs und ein Mädchen. Man kann die Zeit nicht zurückdrehen, Sofia!«

Sofia schaute ihn an, als ob er ihr einen Dolch ins Herz gestoßen habe. So sehr war er in ihrem Empfinden *der* Stefano geblieben, der er damals gewesen war, dass sie nie auch nur mit einem einzigen Gedanken eine derartige Entwicklung in Betracht gezogen hatte. Traumgestalten altern nicht, sie heiraten nicht fremde Frauen und vermehren sich mit diesen. In einer einzigen Sekunde begriff Sofia ihre unglaubliche Naivität und ihr Leben seit ihrer Heirat. Mit plötzlicher Hellsichtigkeit war sie sich im Klaren darüber, dass ein solches gar nicht möglich gewesen wäre, hätte sie ihren Traum nicht konserviert und vor jedem Anflug der Wirklichkeit bewahrt. Nur ein einsamer, sich in Sehnsucht nach ihr verzehrender Stefano und die nie nachlassende Hoffnung einer wie auch immer gearteten Wiedervereinigung hatten ihr die Kraft verliehen, Sandro zu ertragen und in ihrer unwürdigen Position auszuharren. Nicht einmal die Liebe zu ihren Kindern und die Verantwortung für sie hätten dies bewirken können, wie sie sich jetzt in diesem lächerlich kleinbürgerlichen Hotelzimmer eingestehen musste. Und erst der Tod ihres autoritären Vaters hatte die Fesseln vollends gelöst und sie bewogen, aus der Fiktion Realität werden zu lassen. Sie hatte sich kindlicher benommen als ihre fünfjährige Tochter.

Eine Welle von Scham schlug so gewaltig über ihr zusammen wie eine der großen Springfluten, von denen die Seeleute im Hafen manchmal gesprochen hatten. Sofia fühlte, wie sie in die Tiefe gezogen wurde, ertrinken würde, und sie erwartete diesen Tod mit Dankbarkeit. Nichts anderes mehr war möglich. Das jenseitige Leben war der Vergänglichkeit der irdischen Liebe vorzuziehen.

Mit Anspannung und Besorgnis hatte Stefano den Wechsel ihrer Gesichtsfarbe von tiefem Rot in eine sonderbare weiße Milchglasfarbe verfolgt. Ohne zu überlegen, ging er zu ihr und ergriff ihre Hand.

»Du hast dich ein bisschen verirrt, Sofia«, sagte er beinahe zärtlich. »Das wird vergehen, und du findest wieder zurück!«

»Bestimmt«, flüsterte Sofia mit weißen Lippen und mühte sich um ein Lächeln und die Contenance, die man ihr in der Klosterschule beigebracht hatte. »Der Kutscher wird noch unten sein. Ich werde ihn bitten, noch ein wenig länger zu bleiben, damit ich mich frisch machen kann. Er wird mich dann sicher wieder zum Bahnhof zurückbringen!«

Stefano nickte. Ein solcher Verlauf passte ausgezeichnet in die Legende, die er verbreiten wollte. »Es wird das Beste sein, Sofia«, sagte er erleichtert.

Sofia lächelte erneut. Jede Nuance seiner Stimme war unauslöschbar in ihrem Bewusstsein verankert. Er liebte sie wirklich nicht mehr, er war froh, wenn er sie so schnell wie möglich wieder loswerden konnte.

Stefano sah ihren verschwommenen Blick und einen Ausdruck solch ungewohnter Demut und Schicksalsergebenheit in Mimik und Haltung, dass es ihm den Hals zudrückte und sein Magen sich schmerzhaft zusammenzog.

Unvermittelt stand Sofia auf. Sie schwankte ein klein wenig, und Stefano sah sich veranlasst, ihren Arm zu fassen und sie zu stützen.

Der Stoff ihres schwarzen Kleides war weich und dünn, er spürte ihr Fleisch darunter, und plötzlich sah er unter dem Spitzeneinsatz des Ausschnitts den Ansatz ihrer vollen Brüste. Er bemerkte die dünne blaue Ader an ihrer Schläfe, die sich im Rhythmus ihres Herzschlags leicht hob und senkte. Und er nahm die feinen dunklen Härchen unterhalb ihrer Ohren wahr. Seine Hände und sein Körper begannen wie von selbst zu agieren. Er legte seinen rechten Arm um ihre Taille und seinen anderen in ihren Nacken. Er drückte Sofias zarte Gestalt an sich und suchte fast gleichzeitig ihren Mund. Als seine Zunge auf die ihre traf, stöhnte er auf. Die Außenwelt wich von ihm zurück, wie damals, als er in der Bauhütte in Rom von einem Holzbalken am Kopf getroffen worden war, und er verschwand mit Sofia in einem kreisenden roten Tunnel.

## 44

Nachdem die Raserei und das Reden nachgelassen hatten, waren sie in einen erschöpften Schlaf verfallen.

Stefano erwachte zuerst. Am Anfang hatte er Mühe, sich zurechtzufinden, doch nach einigen Sekunden brach die Erkenntnis seines Dilemmas mit voller Wucht über ihn herein.

Sofia schlief, das Gesicht in die Kissen gedrückt, noch immer tief und fest. Ihre aufgelösten Haare umgaben sie wie ein Fächer.

Stefano kroch aus dem Bett, das umringt war von rasch abgeworfenen Kleidungsstücken. Er sammelte die seinen davon auf und begann sich anzuziehen, wobei sein Blick auf die Fotografie mit dem abgelichteten Erstkommunikanten fiel, die Sofia ihm gezeigt hatte.

Sein Sohn Stefano.

Sie hatten von der Vergangenheit gesprochen, nicht von der Zukunft. Noch hatte Sofia ihre Wünsche und Forderungen an ihn nicht geäußert, aber es brauchte wenig Fantasie, sie zu erahnen. Sie war frei, und sie war reich und unabhängig. Seine eigene Ehe würde sie für ungültig erklären, ebenso den Umstand, dass er inzwischen ein Deutscher geworden war. Sie würde ihn bedrängen, mit ihr zu kommen, und ihm den Vorschlag machen, sich mit Geld von seinen hiesigen Vaterpflichten freizukaufen. Er kannte bereits jetzt, noch ehe sie ausgesprochen waren, jedes ihrer Argumente und war sich der Hartnäckigkeit gewiss, mit der sie vorgebracht werden würden.

Stefano schreckte zusammen, als er die Schläge der nahen Kirchturmuhr hörte. Siedend heiß fiel ihm die Verabredung mit dem Schlossermeister Mäder ein, die er für vier Uhr am Nachmittag getroffen hatte. Es ging um den schadhaften Kamin des Schulhauses, der repariert werden musste.

Stefano warf einen Blick auf Sofia und überlegte, ob er sie wecken solle, doch in einem Anflug von Feigheit beschloss er, die notwendige Aussprache auf später zu verschieben. Er drehte den Schlüssel im Schloss, ging die Treppe hinunter und hoffte, den Gasthof ungesehen durch den Hinterausgang verlassen zu können. Doch es schien, dass der Schützenwirt genau dies erwartet hatte, denn noch ehe Stefano die Klinke ganz hinuntergedrückt hatte, erschien er in der Tür zur Wirtsstube.

»So, ausgeschlafen, der Herr?«, fragte der Wirt und grinste belustigt. »Das war ja ein *lebhaftes* Wiedersehen mit der Dame!«

»Halt du dich da raus«, sagte Stefano und versuchte zu entkommen.

»Wenn du auf Diskretion aus gewesen wärst, dann hättet ihr die Sache ein bisschen leiser abwickeln sollen. Aber so, wie die geschrien hat … Du musst schon ein toller Hecht sein im Bett!«

»Danke für das Kompliment«, zischte Stefano gallenbitter und ballte die rechte Faust. »Vor allem hab ich eine gute Rechte, und Leute, die zu viel schwätzen, können ganz schnell damit Bekanntschaft machen!« Damit riss er die Hintertür auf und knallte sie mit der Schuhsohle wieder zu, wobei er sich im Klaren darüber war, dass diese Drohung nichts, aber auch gar nichts fruchten würde. Kurz nach elf war er mit Sofia nach oben gegangen, jetzt war es kurz nach vier Uhr am Nachmittag: Mit Sicherheit kursierte die Geschichte schon längst im Dorf. Und womöglich hatte sie Anna bereits erreicht.

Gequält atmete Stefano die feuchte Herbstluft ein und stieß sie dann in einem Seufzer wieder aus. Er hatte keine Ahnung, wie er aus dieser Sache herauskommen sollte, ob er dies überhaupt wollte und was die richtigen Maßnahmen wären.

»So, bist du nett aufgehalten worden«, empfing ihn der Schlossermeister mit gutmütigem Spott, als er den Schulhof erreicht hatte.

»Lass uns raufsteigen, bevor es zu regnen beginnt«, sagte Stefano und versuchte, weiteren Erörterungen zuvorzukommen.

»Reg dich ab, Stefan. Von *mir* wird niemand was erfahren«, versicherte Mäder. »Ich habe noch nie was davon gehalten, wenn man sich in anderer Leute Privatangelegenheiten einmischt. Da kann man sich nur den Mund verbrennen!«

»Das ist eine sehr vernünftige Einstellung«, brummte Stefano und begann, die enge, eiserne Wendeltreppe hochzuklettern, die sonst nur vom Kaminfeger benutzt wurde.

Von der Regenrinne an gab es eiserne Bügel für Hände und Füße, die übers Dach hinweg direkt zum Kamin führten. Dort befanden sich einige Trittplatten, die es dem Kaminfeger ermöglichten, seine Arbeit zu erledigen.

Der Schlossermeister schnaufte wie ein alter Gaul, bis er diesen luftigen Hochstand erreicht hatte. Er war gute zehn Jahre älter als Stefano und mindestens zwanzig Kilogramm schwerer. Jetzt klammerte er sich an die Kaminmauer und sagte: »Das nächste Mal schick ich für solche Arbeiten meinen Gesellen. Das ist nichts mehr für mich, und ganz schwindelfrei war ich noch nie!«

»Du darfst nur nicht nach unten sehen. Schau in die Ferne, dann vergeht das ganz schnell«, riet Stefano. Dann zog er aus der Tasche des Drillichanzugs einen Hammer, versenkte den Arm im Kamin und begann, mit der abgeschrägten Spitze des Werkzeugs an die Innenwände zu klopfen.

»Morsch wie ein alter Baum«, diagnostizierte er nach ein paar Schlägen.

»Und die Blechabdeckung hat Löcher, als ob man mit einem Kanonenrohr hineingeschossen hätte«, stellte Mäder fest: »Da muss es ja ständig durchgeregnet haben!«

»Das ist das Problem.« Stefano nickte. »Glaube kaum, dass es ausreicht, die äußeren Teile auszubessern. Ich werde nachher mal eine Mauerprobe im obersten Stockwerk machen. Wenn es da nicht besser aussieht, muss man den ganzen Kamin neu durchziehen!«

»Das wird aber teuer.«

»Ich kann es nicht ändern«, sagte Stefano.

»Tja. Was sein muss, muss sein.«

»Genau«, stimmte ihm Stefano zu. »So ist es mit manchem!«

Der Schlosser warf dem Bauunternehmer einen mitfühlenden Blick zu. Er hatte die Doppelbedeutung der letzten Bemerkung durchaus verstanden. »Dann lass uns jetzt wieder runtersteigen«, drängte er schließlich, als er die ersten Regentropfen verspürte.

»Ich zuerst«, bestimmte Stefano, weil er dachte, dass der Schlosser steifer und unbeweglicher war, als es den Anschein hatte. Wenn er unter ihm war, konnte er ihm notfalls helfen.

Und genauso war es.

»Halt dich oben an den Bügeln fest und warte, bis ich dir die Füße auf die unteren gesetzt habe«, rief Stefano und umfasste den rechten Fuß des Mannes. »Gut so. Tritt fest darauf. Und jetzt den linken!«

Ein erleichtertes Grunzen zeigte Stefano an, dass der Schlosser nun festen Stand hatte.

»Du greifst zuerst mit den Händen nach unten, erst rechts, dann links, und ich setz dich unten einen Bügel weiter!«

»Alles klar«, keuchte Mäder und befolgte Stefanos Anweisungen.

Was dann passierte, konnte niemals verbindlich geklärt werden. Vermutlich hatte sich der Schlosser an einer der beschädigten Dachplatten das Knie angeschlagen und das Bein reflexartig bewegt. Dabei musste er Stefano, der sich seiner Hilfsdienste wegen einen winzigen Moment lang in einer unstabilen Lage befunden hatte, mit dem genagelten Arbeitsschuh voll ins Gesicht gestoßen haben.

Tatsache war, dass Stefano die Balance verlor, nach hinten kippte und an der Feuerleiter vorbei, drei Stockwerke tief nach unten fiel.

Er hätte vielleicht eine Chance gehabt zu überleben, wäre er in einen der kugelförmigen Akazienbäume gefallen, die links und rechts des Schuleingangs standen. Doch er verfehlte diesen schützenden Puffer knapp und stürzte ungebremst auf die fünf steinernen Treppenstufen, die zur Eingangstür des Schulhauses führten. Es dauerte nicht lange, bis sich die ersten Neugierigen um den Toten versammelt hatten. Kurz darauf ertönten schon die Kirchenglocken, gerade so, als sei Feuer ausgebrochen, wodurch noch mehr Schaulustige an den Ort des grauenvollen Unglücks gelockt wurden.

**45** Sofia hatte gerade die letzten Knöpfe ihres Kleids geschlossen, als nach kurzem heftigen Klopfen der Wirt des Gasthauses in ihr Zimmer platzte.

Der Mann schrie aufgeregt Sätze auf sie ein, die sie nicht verstehen konnte. Schließlich packte er sie kurzerhand am Arm und zog sie mit sich.

Sofia bekam es mit der Angst zu tun. Und als sie am Fuß der Treppe der freundlichen jungen Bedienung begegneten, die am Vormittag in der Gaststube gewesen war, begriff Sofia, dass etwas Schreckliches geschehen sein musste. Das Mädchen hatte die Hände vors Gesicht geschlagen, und die Augen zeigten einen Ausdruck hilfloser Verstörung. Zu weiterem Nachdenken kam Sofia nicht. Eine dicke Frau warf ihr ein Wolltuch über die Schultern, und schon drängte man sie zur Hintertür hinaus.

»Platz da«, schrie der Schützenwirt im Freien angekommen und bewegte die Arme wie ein Schwimmer. In seiner Bugwelle trippelte Sofia hinter ihm her, bis sie den Körper wahrnahm, der zerschmettert auf den Steintreppen lag. Sie stieß den massigen Schützenwirt zur Seite, eilte auf Stefano zu, blieb unmittelbar vor ihm stehen und stieß einen hohen, gellenden Schrei aus, den die Wisslinger, die ihn gehört hatten, nie wieder vergessen würden.

Dann kniete sie auf dem nassen Boden und stieß unverständliche Worte und wimmernde Laute aus, wobei sie ihren Oberkörper auf und ab bewegte. Es war ein Bild so großer Verzweiflung, dass keiner der Schaulustigen es wagte, ein Wort zu sagen. Der Regen fiel leise und fein auf die Versammlung, doch niemand war bereit, ihm zu weichen.

Bald kam neue Bewegung in die Szenerie: Die Ehefrau des Verstorbenen eilte mit langen Schritten herbei. Sie benötigte niemanden, der ihr den Weg frei machte. Die Menschen wichen vor ihr zurück wie einst das Meer vor dem Zug des Volkes Israel.

Vor dem Leichnam ihres Mannes blieb Anna stehen. Mit ausdrucksloser Miene musterte sie das erstaunlich entspannt wirkende Gesicht Stefanos. Schließlich wandte sie sich Sofia zu, die so auf den Toten fixiert war, dass sie alles andere gar nicht wahrzunehmen schien.

»Wer sind Sie?«, fragte Anna mit klarer, scharf klingender Stimme. »Und was machen Sie hier?«

In diesem Moment trat der Schützenwirt näher, der das Gefühl hatte, eine Art Beschützerrolle für die fremde Frau übernehmen zu müssen. Immerhin war sie ein Gast seines Hauses.

»Sie versteht kein Wort, Anna. Sie ist eine Ausländerin!« Und weil er als Wirt ein lebenskluger und erfahrener Mann war, der Situationen richtig einzuordnen vermochte, setzte er hinzu: »Eine Verwandte deines Mannes vermutlich. Sie ist erst heute Vormittag hier angekommen!«

Anna bekam ganz schmale Lippen, ihre roten Haare schienen wild aufzulodern, und ihr Gesichtsausdruck machte klar, dass es nichts mehr zu beschönigen gab. Die Wisslinger Klatschmaschine hatte bereits ganze Arbeit geleistet.

»Davon hab ich gehört!«

»Sakrament noch mal«, murmelte der Schützenwirt zwischen den Zähnen und verfluchte einmal im Leben die Gesprächsfreude der Menschen, von der er weitgehend lebte.

Aber es kam noch viel schlimmer.

Aus dem Hintergrund schob sich ein Mann nach vorn. Es war Hanskarl, der Pferdeknecht des Barons, ein Mann, der normalerweise ohne zwingenden Grund keine drei Worte verlor.

»Mein Vater war ein gebürtiger Österreicher und Soldat bei den Habsburgern. Ich habe bis zu meinem dreißigsten Jahr in Venezien gelebt, ich versteh das Italienische!«

Heilige Unschuld, dachte der Schützenwirt, jetzt ist die Katastrophe perfekt!

Ein bisschen holpernd, aber unmissverständlich, übersetzte Hanskarl die erregten Worte der Fremden. Dass dieser tote Mann der Vater ihres Sohnes sei, er nicht hierhergehöre und sie dafür sorgen werde, dass sein Leichnam in seiner Vaterstadt Neapel und seinem wahren Heimatland Italien bestattet werden würde.

Das versammelte Volk hielt den Atem an ob dieser Ungeheuerlichkeiten. Nicht einmal der inzwischen eingetroffene Büttel machte Anstalten, der Sache ein Ende zu setzen.

Alle Augen waren auf die rothaarige Witwe gerichtet. Diese legte, in einer unwillkürlichen Bewegung, je eine Hand auf die Schultern ihrer inzwischen ebenfalls eingetroffenen Zwillingsbuben und sagte, vor Abwehr und Hassgefühlen zu einer sprechenden Statue erstarrt: »Ich glaub, die hat nicht alle Tassen im Schrank!« Und dann, heftiger, schrill und an die Summe der Dorfbewohner gerichtet: »Schafft sie hier weg, oder wollt ihr wirklich dulden, dass mein toter Mann von einer hergelaufenen Person beleidigt wird, noch eh er kalt geworden ist?«

Halblautes Gegrummel begann sich zu erheben, mit dem Resümee, dass Anna vollkommen recht habe.

Inzwischen war auch der Kommerzienrat eingetroffen; gerade noch rechtzeitig, um die unselige Übersetzung mit anhören zu müssen. Sofort bewies er die Geistesgegenwart und Souveränität, die erheblich zu seinem Erfolg und Wohlstand beigetragen hatten.

»Ich werde die italienische Dame in der Stadt unterbringen«, verkündete er, nachdem es ihm gelungen war, nahe genug an den Leichnam und die rivalisierenden Frauen zu gelangen. Er ging zu Sofia, fasste sie beherzt am Arm und half ihr hoch. Dann hakte er sie unter und zog sie – mehr als dass sie ging – zu seinem Automobil. Er öffnete den Schlag des Wagens, drängte Sofia auf einen der Plätze im Fond, schlug rasch die Tür hinter ihr zu und befahl seinem Chauffeur: »Fahr sie in die Stadt, Albert, ins Hotel Drei Könige! Das Gepäck kannst du später noch holen!«

Albert nickte und startete unverzüglich den Wagen. Er bahnte sich eine Gasse durch die Neugierigen, und bald war der Daimler auf der holperigen Straße zur Stadt verschwunden.

In der Menge der Gaffer hatte der Kommerzienrat inzwischen den Schreiner ausgemacht. Er winkte ihn mit einer herrischen Handbewegung näher und rief: »Schau zu, dass du einen Sarg herbringst, und die Leichenbesorger kannst du auch gleich mitbringen, sofern sie nicht schon hier rumstehen!«

Endlich erinnerte sich auch der Büttel an seine Pflichten und schrie mit durchdringender Stentorstimme und ohne jedes Fingerspitzengefühl: »Ab mit euch, Herrschaften, hier gibt's nix mehr zu glotzen, er ischt tot, der Sailer-Italiener, und noch mal wird keiner vom Dach fallen!«

## 46

Das Abschlussduell der beiden Frauen fand am nächsten Morgen im Leichenhaus statt, und es gab nur wenige Zeugen dabei.

Als Anna die Tür zu dem Raum öffnete, in dem Stefano aufgebahrt in seinem Sarg lag, fand sie Sofia vor, die neben ihm stand und halblaut einen Rosenkranz betete.

»Was wollen Sie denn schon wieder?«, fragte Anna, die in der vergangenen Nacht keine Sekunde geschlafen hatte.

»Wenn diese falsche Religion nicht imstande ist, ihm Sterbesakramente angedeihen zu lassen, werde ich ihn wenigstens der Gnade der Muttergottes empfehlen!«

Anna verstand zwar nicht die Worte, wohl aber den Sinn der Botschaft der Frau, die kriegerisch mit ihrem Rosenkranz fuchtelte.

»Sie brauchen gerade hier rumzubeten, nachdem Sie ihn in Ihr Bett gezogen haben, sodass er aus lauter Schuldbewusstsein und Ratlosigkeit vom Dach gefallen ist!«

»Er hat mich geliebt, nur mich allein. Er hat es mir gesagt, gestern noch hat er es mir versichert!«

»Was soll denn das für eine Liebe sein, die einen Menschen geradewegs in den Tod treibt!«, sagte Anna verächtlich. »Und jetzt machen Sie, dass Sie hier rauskommen, bevor ich den Büttel ruf, damit er Sie einsperrt! Und erlauben Sie sich ja nicht, jemals wieder hier aufzutauchen und Ihre Lügengeschichten zu verbreiten. Haben Sie mich verstanden?«

O ja, Sofia hatte verstanden, auch ohne Kenntnis dieser gurgelnden, knarzenden Sprache. Aber sie war noch nicht fertig mit dieser Frau, die es gewagt hatte, ihr Stefano wegnehmen zu wollen. Sie knipste das Schloss ihrer Handtasche auf und holte die Fotografie ihres Sohnes heraus.

In diesem Moment wurde die Tür geöffnet. Ein dunkelhaariger, wuscheliger Kinderkopf wurde sichtbar und dahinter einer, der diesem glich wie ein Ei dem anderen.

»Der Wagen, der den Papa in die Kirche fahren soll, ist jetzt da, Mama«, sagte der Junge und trat herein, um einen letzten Blick auf seinen Vater zu werfen.

Sein Bruder stellte sich neben ihn.

Anna warf einen langen Blick auf das Foto, das die fremde Frau ihr in die Hand gedrückt hatte. Es gab nicht den geringsten Zweifel. Der Junge auf dem Foto und ihre Zwillinge waren kaum voneinander zu unterscheiden.

»So, dann wollen wir mal«, rief ein Leichenträger geschäftig, der mit seinem Gehilfen durch die offen stehende Tür eingetreten war. Die beiden schnappten den in der Ecke liegenden Sargdeckel, stülpten ihn versiert über das Unterteil mit dem Toten und begannen die Schrauben zuzudrehen. Anna erstickte mit der Hand einen qualvollen Schrei, während Sofia sich dramatisch ans Herz griff und aufstöhnte. Doch schon packten die beiden Männer das schwarze Behältnis am Kopf- und am Fußende, trugen es die wenigen Schritte nach draußen und schoben es auf die Pritsche des Leichenwagens.

Anna, die Buben und Sofia folgten ihnen und blieben stehen, bis der von einem Pferd gezogene Wagen das eiserne Friedhofstor passiert hatte.

»Geht nur schon voraus«, forderte Anna ihre Buben auf, die sich erleichtert davontrollten. Friedhof und Leichenhaus waren ihnen unheimlich, und der tote Vater hatte sie völlig verstört. Anna entdeckte jetzt die Lohnkutsche, die draußen auf der Straße wartete, und nickte grimmig. »Das ist recht, dass Sie wenigstens nicht die Geschmacklosigkeit haben, bis *nach* der Beerdigung hierzubleiben!«

Sofia hatte sie genau verstanden. Sie war inzwischen der festen Meinung, dass Sprachen bedeutungslos wurden, wenn Gefühle stark genug waren, um zum Instrument der Mitteilungen zu werden. »Ich werde Sie hassen, bis ich den letzten Atemzug mache«, sagte sie zu der Frau, die Stefano gezwungen hatte, dieser blasphemischen Eheschließung zuzustimmen.

»Verflucht sollen Sie sein, Sie und Ihr unehelicher Kommunikant«, erwiderte Anna darauf – und sie war sicher, dass es die richtige Antwort gewesen war. Dann spuckte sie vor der schwarz gekleideten Italienerin auf den Boden und ging nach Hause, um ein weiteres Mal zu versuchen, ihrem kindisch gewordenen Vater den Tod seines Schwiegersohns mitzuteilen.

Die dreijährige Else hatte es sofort begriffen.

47 In der vierten Nacht nach der Beerdigung drehte sich Anna gegen Morgen auf die rechte Seite ihres Ehebetts und streckte die Hand aus. Als sie nicht wie gewohnt Arm oder Schulter ihres Ehemanns dabei berührte, erwachte sie. Sie setzte sich auf und starrte auf das Leintuch, dessen makellose Glätte selbst im nachlassenden Mondlicht zu erkennen war.

Da passierte es: Die sonderbar emotionslose Umsicht, die sie in den vergangenen Tagen aufrecht gehalten hatte wie ein Korsett aus Eis, fiel von ihr ab, und eine heftige innere Unruhe ergriff Besitz von ihr, fuhr in ihre Muskeln und trieb sie aus dem Bett.

Aus alter Gewohnheit schlüpfte sie in ihre Filzpantoffeln, die auf dem handgewebten Bettvorleger standen, und verließ das Zimmer. Sie tappte durch den dämmrigen Flur und die Treppe hinunter. Energisch durchmaß sie die Diele und drückte die Klinke der Haustür herunter. Als die Tür sich nicht öffnen ließ, warf sie sich dagegen und stieß mehrmals mit der Schulter an die eichenen Bohlen, ohne sich um die Schmerzen zu kümmern, die dies verursachte. Erst nach geraumer Zeit bemerkte sie den Schlüssel, der im Schloss steckte. Sie drehte ihn mit zitternden Fingern um, riss die Tür auf und stürmte hinaus.

Mit ihren langen Schritten eilte sie die Dorfstraße entlang, stapfte durch Pfützen und über den Kot der Kühe hinweg, die man tags zuvor von den Weiden zurück in die Ställe gebracht hatte. Die Filzpantoffeln wurden schwer von Wasser, Schmutz und Schlamm und blieben – erst der eine, bald danach auch der andere – auf der Straße zurück.

Der zähe, beharrliche Herbstregen fiel auf Annas rote Haare, färbte sie dunkel und begann danach den lockeren Zopf aufzulösen, den sie sich für die Nacht zu flechten pflegte. Er durchnässte ihr Leinennachthemd, das bald wie eine zweite, kalte

Haut an ihr klebte, doch Anna bemerkte all dies nicht. Ihr Schritt wurde immer rascher, je näher sie dem Zentrum des Dorfs kam.

Auf dem Platz vor der Schule blieb sie stehen und musterte mit starrem Blick den Eingangsbereich. Die Blätter der von den ersten Herbstwinden gebeutelten Akazien vibrierten unter den Regentropfen und gaben die Nässe schließlich an den zementierten Vorplatz weiter, wo sich bereits eine kleine Überschwemmung gebildet hatte. Das Wasser war glasklar, alles schien normal und wie immer zu sein, und dennoch stieg aus dem Spiegel der Wasserfläche dieses andere, bedrängende Bild. Was war die Wirklichkeit? Der Regen, die Kälte, die klare, im Frühlicht silbern flimmernde Pfütze oder das Bild Stefanos, das sich immer wieder dazwischendrängte, dieses geliebte Gesicht, das sie kannte wie keines zuvor, umgeben von einer zerfließenden Fülle von Blut?

Anna kniete nieder, tauchte die Hände ins Wasser und tastete den Untergrund ab, doch obwohl sie das Gesicht ihres Mannes unverändert sehen konnte, spürte sie nichts anderes als den nassen, kalten Zementboden.

Es war der Fahrer des Milchfuhrwerks, der eine gute halbe Stunde später auf die dürre, weiß gekleidete Gestalt aufmerksam wurde, die auf den Treppen zur Schule stand, vorgebeugt, als ob sie etwas verloren hätte. Als er anhielt und genauer hinsah, bemerkte er die bloßen Füße, danach erst wurde ihm klar, dass es sich um eine Frau im Nachtgewand handelte.

»Anna?«, fragte er erstaunt, als er näher gekommen war und sie erkannte. »Was ist denn los?«

Anna drehte sich um und starrte den jüngsten der Kottmann-Brüder an, den sie seit ihrer Kindheit kannte. Doch sie schaute durch ihn hindurch, als ob er aus Glas wäre, und murmelte: »Hier war er. Ich weiß es genau!«

»Komm, ich bring' dich nach Hause«, sagte er gutmütig. Besser, wenn niemand die Anna in diesem Zustand sah, und er war einer, der den Mund halten konnte. »Ist nicht einfach, in deinem Alter den Mann zu verlieren!«

Anna trat einen Schritt auf ihn zu. Einen Moment lang bekam er es mit der Angst zu tun, denn sie hob mit flammenden Augen beide Arme an und machte ein Gesicht, als ob sie ihn angreifen wolle. Dann aber sank sie plötzlich in sich zusammen, ließ die Schultern hängen und schien ihn gar nicht mehr zu bemerken.

Vorsichtig legte der Mann die Hand auf den Ärmel ihres tropfnassen Nachthemds, um sie zu seinem Wagen zu führen, an dem die Pferde bereits ungeduldig scharrten und schnaubten. Anna folgte ihm einige Schritte, plötzlich aber riss sie sich los und flüchtete den Feldweg entlang, der zum Franzosenwäldchen führte.

Der Milchfahrer lief ihr eine kurze Strecke lang nach, dann aber blieb er stehen und schüttelte resigniert den Kopf. Dennoch beschloss er zu schweigen, vielleicht beruhigte die arme Anna sich ja wieder.

Doch das sollte nicht geschehn.

Nachdem man Anna drei volle Tage lang gesucht hatte, fand man sie schließlich völlig unterkühlt, zerzaust, verwirrt und entkräftet dreiundfünfzig Kilometer nordöstlich von Wisslingen, im Härtsfeld. Ihr Bewegungsdrang war derart ausgeprägt, dass man sie regelrecht einfangen musste, und das einzige Wort, das ihr zu entlocken war, war ein »Nein« in allen emotionalen Schattierungen: heftig, zornig, hysterisch, anklagend, bittend, kläglich, verzweifelt.

Der örtliche Polizeibeamte, der versuchte, mit ihr zu sprechen, gab diese Absicht bald auf. Stattdessen begab er sich zu den Patres von Neresheim, wo der Abt veranlasste, dass Anna ins Hospiz des Klosters gebracht, von einem Arzt versorgt und von einer rasch herbeigerufenen Nonne vom »Schönenberg« nahe Ellwangen gepflegt wurde.

Nach einer guten Woche war das Fieber abgeklungen, und es gelang, Anna immer wieder einige Löffel Suppe einzuflößen. Ihr Geist aber blieb verdunkelt. Sie reagierte weder auf ihre Stiefmutter Konstanze, die herbeigereist war, noch auf ihre drei Kinder, die diese mitgebracht hatte.

Ihr Beitrag zu jedwedem Gesprächsversuch bestand weiterhin aus gestischer oder geäußerter Verneinung, zunehmend begleitet von Anzeichen panischer Angst.

»Sie wird sofort wieder wegrennen, wenn sie die Kraft dazu hat«, diagnostizierte die Nonne, die Erfahrung mit Gemütskranken hatte.

Nach einem langen Gespräch, das Annas Onkel, der Hirschwirt, mit dem Arzt des Ordens geführt hatte, wurde Anna in eine angesehene Privatklinik verbracht, die in Wahrheit nichts anderes war als eine Irrenanstalt für Personen, die es sich leisten konnten, den Preis für ihre komfortable Wegschließung zu bezahlen.

»Der armen Frau ist eben das Herz gebrochen«, fand Konstanze, als der Hirschwirt zurückgekehrt war und Bericht erstattet hatte.

»Halt deinen Mund, das geht dich nichts an«, knurrte Eugen Sailer, aber er wusste genau, dass das Gerede im Ort nicht aufzuhalten war. Zu sehr hatte das »Italiener-Drama«, wie die Wisslinger die Sache getauft hatten, bereits an Eigendynamik gewonnen. Wie er seine Mitbürger kannte, würde auch Annas Flucht und deren böses Ende – mit fantasievollen Ausschmückungen verziert – auf allen Sonn- und Feiertags-Kaffeekränzchen geschildert werden.

»Aber immer noch besser, wenn so über die Anna geredet

wird, als dass ein Geschwätz aufkommt, ihr Zustand hätte was mit der ›Häberles-Krankheit‹ zu tun«, sagte er bedeutungsvoll zu seiner Frau.

»Ich versteh schon, was du meinst, Eugen«, erwiderte die Hirschwirtin und nickte, denn auch sie hatte sich schon ihre Gedanken gemacht. Die Kinder der Anna waren die Großneffen und die Großnichten ihres Mannes, und irgendwann würden sie daran denken, zu heiraten und eine Familie zu gründen. Besser, man hielt die Anna dann für ein Opfer ihres Liebesleids, als dass wieder Erinnerungen an den inzwischen fast vergessenen erblichen Irrsinn in deren Mutterfamilie aufkamen. So etwas konnte ein ernstes Hindernis darstellen, ganz abgesehen von der geschwächten Position für die Aushandlung einer Mitgift.

So gingen die Wirtsleute Sailer ohne weitere Absprache dazu über, sich in ihren jeweiligen Kreisen einige Wochen lang düster und bekümmert über die Macht der Gefühle und deren verheerende Folgen auszulassen.

**48** Sofia war am Tag der Beerdigung Stefanos in den Zug gestiegen, nachdem sie zuvor – diesmal im Schutz der einsetzenden Dunkelheit – am Grab des Geliebten Abschied genommen hatte.

Sie fuhr bis Ulm, wo sie eine Nacht im Hotel König Karl verbrachte, dem besten Haus der Stadt. In der Nacht schlief sie, zu ihrer eigenen Verwunderung, tief und traumlos.

Am nächsten Tag nahm sie den Schnellzug nach Rom. Stunde um Stunde blickte sie aus dem Fenster auf die wechselhafte Landschaft. Sie fuhr durch die bereits schneebedeckten Berge der Alpen, an den oberitalienischen Seen vorbei und durch die weiten Ebenen Norditaliens, immer weiter in Richtung der Ewigen Stadt. Sie sah alles, ohne es wirklich wahrzunehmen. Zwischendurch döste sie vor sich hin. Regelmäßig aß sie im Speisewagen irgendwelche Gerichte, deren Bestandteile sie zwar sättigten, aber in keiner Weise interessierten.

Hin und wieder überlegte sie, dass es das Beste und Schönste wäre, dem Geliebten in den Tod zu folgen. Trotz ihrer seelischen Erschöpfung spürte sie aber, dass das Leben, obwohl es erwiesenermaßen scheußlich war, sie stärker hielt, als der Tod sie locken konnte. Und immer wieder schob sich bei diesen Gedanken das Bild ihres Sohnes Stefano vor ihre Augen. Das Schreckliche daran war, dass sie es nicht schaffte, ihn *ein Mal* zu sehen. Sein Bild in ihrem Kopf verdreifachte sich, was ihr die Tränen der Demütigung in die Augen trieb.

In Rom musste sie erneut den Zug wechseln. Glücklicherweise hatte sie nicht lange zu warten. Im Schein der grellen Vormittagssonne sah sie schließlich die Kuppel des Petersdoms. Bei diesem Anblick packte sie eine so ungeheure Wut, dass sie das Abteil verlassen musste, um die anderen Reisegäste nicht mit ihrem Zorn zu belästigen. Im Gang des Zuges kündigte sie Gott lautstark und mit Blick auf die pompöse steinerne Manifestation seiner Kirche gerichtet die Gefolgschaft auf. Er hatte ihr nicht nur die Mutter vorenthalten, sondern gleich zwei Mal den einzigen Mann weggenommen, den sie geliebt hatte. Gerade jetzt, da sie frei und unabhängig war und die stets aufrechterhaltene Hoffnung auf eine gemeinsame Zukunft erstmals hätte Wirklichkeit werden können, hatte er es endgültig getan.

Sofias Groll war so mächtig, dass sie sich nicht vorstellen konnte, irgendwann einmal den jenseitigen süßen Frieden zu finden oder gar zu genießen. Wenn es ein Leben nach dem Tode gab, das ihr die Nonnen im Franziskanerkloster so farbig geschildert hatten, so würde sie sofort nach dem Eintritt in dieses Gott anklagen und zur Rechenschaft ziehen. Sie spürte schmerzhaft, wie jeder Sinn für Freude, jede Fähigkeit zum Glück in ihr zusammenschrumpfte. Die kläglichen Reste davon verschloss Sofia im Inneren ihres Herzens und erdachte sich eine Kapsel aus Stahl, die es umhüllte.

Mit jeder Stunde, die der Zug sie näher an ihre Heimatstadt brachte, härtete sie dieses Metall mit aufbegehrenden, bösen und hasserfüllten Gedanken, die sich gegen die rothaarige schwäbische Frau und ihre Brut richteten. Als sie Neapel erreicht hatte, wirkte sie so ruhig und gelassen wie niemals zuvor.

Doch Tante Serafina kannte sie zu gut, um sich täuschen zu lassen. »Was ist denn Kind, was um Gottes willen ist denn passiert?«, fragte sie.

»Darüber habe ich im Zug lange nachgedacht«, erwiderte Sofia mit einer Süffisanz, wie Serafina sie noch nie bei ihrer Nichte bemerkt hatte.

»Und worüber hast du nachgedacht?«, erkundigte sich die Tante und versuchte, das rauschende Blut, das ihr in den Kopf schoss, wenn sie Entsetzliches ahnte, mit der Kraft ihres Willens wieder zu besänftigen.

»Ob es Gottes Wille war – und was er sich dabei wohl gedacht hat!«

»Ich habe zwar keine Ahnung, wovon du sprichst, aber versündige dich nicht, Kind!«, mahnte Serafina.

»Wenn es überhaupt eine Sünde gibt, dann liegt diese in *dem* Fall bei Gott«, behauptete Sofia kühl.

Bis zur Villa sprach sie kein weiteres Wort. Dort angekommen begrüßte sie ihren Sohn Stefano, als ob sie ihn seit Jahren nicht mehr gesehen hätte. Sie umarmte und küsste ihn in einer derart besitzergreifenden Weise, dass der Junge vor Erstaunen und Abwehr erstarrte. Sie umfasste sein Gesicht, hielt es zwischen den Händen und musterte Stefano so prüfend wie ein

Arzt, der eine schwierige Diagnose zu stellen hat. Erst mit langem Verzug – und zu Serafinas Missfallen deutlich reservierter – wandte sie sich ihrer fünfjährigen Tochter Angela zu.

Als sie zusammen gegessen und schließlich die Kinder zu Bett gebracht hatten, ließ Sofia die Wirtschafterin rufen. »Bring mir den großen, geflochtenen Korb, in dem du die Wäsche zum Trockenplatz schaffst, Philippa«, befahl sie der erstaunten Matrone. Als diese wieder verschwunden war, begann Sofia in der Halle und danach im Salon, im Speisezimmer, in den Fluren und Schlafzimmern alle religiösen Gegenstände einzusammeln: Wandkreuze, Stehkruzifixe, Marien- und Heiligenfiguren, die darübergehängten Rosenkränze, Gemälde, Weihwasserkessel und sogar ihren samtbezogenen Betschemel.

Serafina folgte ihr schweigend.

Zum Abschluss der Aktion kletterte Sofia auf ihr Bett, hob das Bild mit dem Schutzengel von der Wand und schmetterte es auf den Marmorboden des Zimmers. Danach warf sie sich erschöpft in ihren Polstersessel am Fenster.

Serafina schob mit dem Fuß die Splitter zusammen, setzte sich auf Sofias Bettkante und verlangte ruhig, aber entschieden: »Und jetzt erzähl mir, was geschehen ist, Sofia!«

»Niemals, Tante Serafina«, erwiderte Sofia kalt. »Nur so viel: Ich bin endlich erwachsen geworden!«

»Das glaube ich nicht«, erwiderte ihre kluge Tante traurig, denn sie erinnerte sich ihrer eigenen Verhaltensweisen in den Tagen und Wochen, in denen man den späteren Kardinal von ihr weggezwungen hatte. Es hatte acht lange Jahre gedauert, bis sie mit ihm, mit der verhassten römischen Befehlszentrale, vor allem aber mit Gott wieder inneren Frieden geschlossen hatte. Dies war, nach ihrer eigenen Einschätzung, der Zeitpunkt, an dem sich wirkliches Erwachsensein zeigte: Wenn man fähig war, Unverzeihliches zu verzeihen. Danach erst war man wieder in der Lage, heiter zu sein, Schönes zu bewundern und gute Stunden genießen zu können.

Vergessen allerdings, *vergessen* konnte man nie.

Schon öffnete sie den Mund, um ihrer Nichte davon zu erzählen, dann aber fielen ihr die Schwüre ein, die sie hatte ableisten müssen, gerade so etwas nicht zu tun. »Die Zeit wird dir helfen, Sofia«, sagte sie deshalb nur – und es war die reine Wahrheit.

Sofia stand auf und starrte ihre Tante feindselig an. »Manches steht über der Zeit«, stieß sie hervor – und auch dies war eine Wahrheit, die einzig richtige für Sofia.

»Ich werde Besen und Schaufel holen«, wich Serafina weiteren Erörterungen aus, die, wie sie wusste, ohnehin zu nichts führen würden.

Sofia aber lehnte sich in den Sessel zurück. Sie interessierte sich nunmehr weder für das jenseitige Leben noch für die irdische Liebe. Kühl beschloss sie, sich künftig an das diesseitige Vergnügen und an unverbindliche Liebeleien zu halten. Beides würde sie weder in einen Zustand trügerischer Hoffnung versetzen noch zu Verletzungen und Qualen führen. Wenn ihr derzeitiges Leben das einzige sein sollte, das ihr zur Verfügung stand, dann musste sie es nutzen, solange Gesundheit und Schönheit sie noch begleiteten.

**49** Während man in der teuren Privatklinik Annas pathologische Unruhe, ihre Erinnerungslücken und Angstzustände mit kalten und heißen Wasserbädern sowie Bromgaben zu bekämpfen suchte, ging das Leben in Wisslingen weiter.

Nach einer Einkehr im Hirschen bestellte der Pfarrherr die zweite Frau des alten Sailer in sein Amtszimmer und hielt ihr eine kleine Privatpredigt.

»Wer einheiratet, erbt auch die *Pflichten*, Konstanze!«

Was bedeutete, dass nicht nur er, sondern auch die kleine Kommune erwartete, die Sailerin solle neben der Pflege ihres inzwischen blinden und dementen Ehemanns auch die Betreuung der drei Pasqualini-Kinder übernehmen.

Da die Konstanze gutmütig und weichherzig war, hatte sie dies bereits vor der Forderung des Pfarrers begriffen und in die Tat umgesetzt. Die kleine Else weinte häufig und verlangte nach der Mutter, doch die zehnjährigen Zwillinge nahmen die Dinge so, wie sie waren: Ihr Vater befand sich im Himmel und ihre Mutter in einem Krankenhaus, in welches Kinder keinen Zutritt hatten. Sie besuchten weiter das Gymnasium und halfen am Abend bei der Stallarbeit.

Darüber hinaus fanden die beiden Jungen, obwohl sie es nie voreinander zugaben, den herrschenden Zustand gar nicht so übel, denn sie nutzten das eingetretene Aufsichtsvakuum mit kindlicher List für ihre eigenen Zwecke: Sie bauten sich ein Baumhaus im nahen Franzosenwald, fingen Forellen und Weißfische im »Hohlen Gumpen«, einem kleinen, natürlichen Stausee des Krummbachs, fertigten und beschnitzten Bogen aus Weidenholz und Pfeile aus Buchenästen. In der Kiste, deren Öffnen die Mutter ihnen stets verboten hatte, entdeckten sie die Gitarre ihres Vaters, dessen italienische Zeugnisse und Bestallungen, die sie mit ihren wenigen Lateinkenntnissen zu entziffern suchten, vor allem aber fanden sie die Meerschaumpfeife ihres Urgroßvaters. Sie füllten diese mit den Tabakblättern, die ihr Vater versuchsweise in seinem selbst gebastelten Gewächshaus gezogen und auf dem Dachboden getrocknet hatte, und versuchten sich im Schutz ihres Baumhauses im Rauchen.

Anschließend mussten sie sich so fürchterlich übergeben, dass es der Konstanze angst und bange wurde. Erst die kräuterkundige Agath, die man in Wisslingen holte, bevor man den teuren Doktor in der Stadt konsultierte, kam den beiden auf die Schliche.

»Verrat uns nicht, Agath«, bat Paul sie, dem es eine Spur besser ging als seinem Bruder. »Der Onkel Hirschwirt versohlt uns, wenn er davon erfährt!«

Das zuständige Gericht hatte den Hirschwirt inzwischen zum Vormund und Vermögensverwalter der geschäftsunfähigen Witwe Anna Pasqualini und ihrer unmündigen Kinder bestimmt. Und Konstanze zögerte nicht, diese Respektsperson bei pädagogischen Schwierigkeiten alsbald ins Haus zu zitieren.

»Das hätte ich mir nicht vorgestellt, dass mit der Aufgabe so viel Arbeit verbunden ist«, klagte der Hirschwirt bei seiner Frau. Auf dem Erbwege waren Anna und ihre drei Kinder auch zu Besitzern des Baugeschäfts geworden, und die daraus resultierenden Fragen und Probleme wollten nicht enden.

»Bisher habe ich immer noch gehofft, Anna würde wieder normal und könnte selbst die Entscheidungen treffen. Doch mehr als acht Wochen nach dem Todesfall, da kann man einfach nicht mehr länger zuwarten!«

»Und wie soll es jetzt weitergehen?«, wollte die Hirschwirtin wissen.

»Das weiß im Moment noch kein Mensch«, erwiderte ihr Ehemann bekümmert.

Doch eine kleine, konspirative Gruppe war bereits dabei, das Vakuum, das durch Stefanos Tod im Baugeschäft entstanden war, zum eigenen Vorteil zu nutzen.

**50** Begonnen hatte alles gut sieben Wochen zuvor, an der goldenen Hochzeit, welche die hochbetagten Eltern des Bauunternehmers Hittelmayer feiern durften. Sämtliche Kinder, Kindeskinder und Urenkel waren versammelt, daneben Geschwister, Vettern und Basen, hinab bis in die dritte Generation.

»Wenn ich schon den fünfzigjährigen Ehekrieg überstanden habe, dann soll mich auch die ganze Verwandtschaft dafür bewundern«, verkündete der alte Hittelmayer entschlossen.

Die Städter wunderten sich über den Aufwand, mit dem das Fest begangen wurde, denn der alte Hittelmayer galt allgemein als wenig großzügig.

»Mir doch egal«, brummte der Jubilar genüsslich, als einer der Gäste ihn darauf ansprach. »Das Fest zahlen sowieso meine Erben!«

Illustrer Gast der Veranstaltung war Dr. Franz Hittelmayer, der im nahen Göppingen einst eine Banklehre absolviert, danach in Tübingen Jurisprudenz studiert hatte und nun an höherer Stelle in der Reichsbank in Berlin tätig war. Um seine Meinung zur gegenwärtigen Wirtschaftslage zu erfahren, lockten ihn die Hittelmayer-Männer mit der Verheißung eines exzellenten Quittenschnapses ins Nebenzimmer des Gasthauses.

Die Informationsquelle erwies sich jedoch als unergiebig, denn Franz Hittelmayer war ein überzeugter DDP-Anhänger und wünschte den Reichskanzler und Zentrumspolitiker Wirth mit seiner »Erfüllungspolitik« den Siegermächten des Kriegs gegenüber lieber heute als morgen zur Hölle, auch wenn seine Parteigenossen mit ihm am Kabinettstisch saßen. Seine Prognosen waren so sehr von persönlicher Antipathie geprägt, dass die meisten Disputanten rasch das Interesse verloren. Sie kehrten in den Saal zurück, wo zur Unterhaltung der Gesellschaft ein Bänkelsänger eingetroffen war.

Lediglich Eberhard Hittelmayer, der Bauunternehmer, verharrte an der Seite seines Vetters. Er goss noch ein zweites und auch ein drittes Gläschen Quittenschnaps nach, während er den Franz befragte, wie dieser die anziehende Inflation sehe.

Hier nun erwies sich sein Gesprächspartner aus Berlin als neutraler Fachmann. Er referierte engagiert und schloss seine Rede mit dem düsteren Fazit: »Das ist wie mit einer Kugel auf einer schiefen Ebene, Eberhard. Am Anfang rollt sie noch einigermaßen gemächlich dahin. Je größer aber die Entfernung zum Startpunkt ist, desto schneller wird die Bewegung. Akzeleration, wenn du verstehst, was ich meine!«

Der Bauunternehmer verstand es zwar nur halb, aber er nickte beflissen.

»Und irgendwann, in nicht allzu ferner Zeit führt das ins Loch!«

Wobei der Franz das »Loch« nicht weiter erläutern musste, mit dieser Umschreibung wusste der mit allen Wassern gewaschene Geschäftsmann Eberhard Hittelmayer wohl etwas anzufangen.

Beim vierten Glas begann Franz, unter dem Siegel der Verschwiegenheit versteht sich, davon zu erzählen, wie manche in der Wirtschaft bereits jetzt von dieser inflationären Entwicklung profitierten.

»Moment mal, erklär mir das noch einmal und langsam, damit ich es richtig begreife«, verlangte Eberhard Hittelmayer, denn plötzlich begann sich in seinem Kopf eine Idee zu bilden.

»Das geht folgendermaßen: Die Reichsbank gewährt auf Antrag für wirtschaftliche Zwecke kurzfristige Darlehen!«

»Ja und? Das ist ja nichts Neues!«

»Natürlich ist es nichts Neues. Das Neue daran ist, dass nach meiner festen Überzeugung die Inflationsrate in den nächsten Jahren gewaltig zunehmen wird. Mehr, als sich das heute irgendwer vorstellen kann, der nicht genügend Informationen über die Weltwirtschaft besitzt und die Fäden zusammenlaufen sieht!«

»Und was bedeutet das *speziell*?«

Franz Hittelmayer schenkte sich noch einen Schnaps nach

und klärte seinen provinziellen Vetter dann gönnerhaft auf: »Dass, wenn du heute ein Darlehen aufnimmst und so wenig wie möglich davon zurückzahlst, du mit einiger Wahrscheinlichkeit in zwei, drei Jahren einen beträchtlichen Reibach machen wirst!«

»Ist das dein Ernst?«, fragte Eberhard Hittelmayer beeindruckt.

»Mein voller Ernst. Ich kenne eine ganze Anzahl Leute, die genau darauf spekulieren. Die damit rechnen, dass bis dahin ihre Schulden sich ganz und gar in Luft auflösen werden!«

»Genial«, staunte der Bauunternehmer. »Aber man fragt sich schon, wie es zu so etwas kommen kann, ich meine, falls es tatsächlich eintritt. Man würde doch denken, die Regierung rudert da kräftig dagegen, oder?«

Franz Hittelmayer hob die Schultern und sagte mit kenntnisreicher Nonchalance: »Die Regierung, mein lieber Vetter, die zieht es vor, immer mehr Geld zu drucken und in Umlauf zu bringen. Das Bessere wäre natürlich längst schon gewesen, drastisch die Steuern zu erhöhen, wenn man den Reparationszahlungen tatsächlich nachkommen will. Aber das traut sich ja keiner. So etwas würde jeder bemerken, und das sofort, während die Duldung der Inflation schleichend vonstattengeht und die Schuld dafür allen möglichen Umständen angelastet werden kann!«

»Verstehe.« Eberhard Hittelmayer nickte. Danach schwieg er eine Weile, betrachtete das Muster der Tischdecke und fragte dann unvermittelt: »Sag mal, so einen Kredit, könnte ich den auch bekommen?«

Sein Vetter schmunzelte. »Wenn du es geschickt anstellst und jemanden hast, der gut für dich spricht, dann schon!«

»Es soll dein Schaden nicht sein«, sagte der Bauunternehmer prompt, der auch das verstanden hatte, und anschließend ließ er sich detailliert erklären, wie die Sache mit dem Reichsbankdarlehen eingefädelt werden musste. Wobei er nicht daran vorbeikam, im Gegenzug darzulegen, was er mit dem vielen Geld, das er aufnehmen wollte, anzufangen gedachte.

»Auf den Kopf gefallen bist du ja nicht«, musste Vetter Franz einräumen, als die Fakten schließlich auf dem Tisch lagen.

»Hittelmayer ist Hittelmayer«, erwiderte sein Gegenüber und grinste verschwörerisch.

Der Reichsbanker nickte erheitert und beschloss insgeheim, sich mindestens zehn Prozent an dem geplanten Coup zu sichern.

**51** Gleich drei Umstände begünstigten das Geschäft, das Eberhard Hittelmayer vorschwebte.

Kommerzienrat Cohn, der in einer dringenden Familienangelegenheit nach Polen gereist war, hatte sich dort an Flecktyphus angesteckt, und dies, obwohl er vorgehabt hatte, nur einen einzigen Tag in Warschau zu bleiben. Die Seuche, die bis zu diesem Zeitpunkt bereits mehr als einhundertfünfzigtausend Menschen das Leben gekostet hatte, raffte ihn in wenigen Tagen dahin. Und da sich die Familiengruft der Cohns ohnehin auf ihrem polnischen Stammsitz befand, hatte die Bestattung fernab von Wisslingen stattgefunden.

Cohns einziger Sohn Edmund, ein eher schöngeistig orientierter junger Mann, zog es vor, seine Studien in Heidelberg fortzusetzen, und übertrug die Leitung und Geschäftsführung der Papierfabrik und des Zeitungsverlags dem bisherigen Prokuristen, einem Kaufmann namens Moritz Gruber, der aus Speyer stammte. Schon beim ersten Viertel Wein im Gasthaus Drei Könige, mehr als ein Jahr zuvor, kurz nachdem Gruber seine Stelle angetreten hatte, war dem Bauunternehmer klar geworden, dass dieser Pfälzer ein Mann war, mit dem Geschäfte zu machen wären.

Günstig für den geplanten Coup Eberhard Hittelmayers waren zwei weitere Umstände: Der Oberamtmann, der Stefano Pasqualini in früheren Zeiten die Stange gehalten hatte, hatte einen höheren Posten in Stuttgart bekommen, und der alte Wisslinger Pfarrer war in den Ruhestand getreten. Er würde demnächst in seine Geburtsheimat Schwäbisch Hall zurückziehen.

Man mochte zu diesem Pfarrherren stehen, wie man wollte, und die Anekdoten um seine Person sollten ihn lange überleben, doch niemand konnte ihm mangelndes Gerechtigkeitsgefühl oder ein fehlendes soziales Gewissen nachsagen. In seiner zwar polternden, aber aufrichtigen pietistischen Christlichkeit hätte er ein schweres Hindernis für das Vorhaben des Bauunternehmers Hittelmayer dargestellt – und dies, obwohl er, wie jedermann wusste, kein Freund des Sailer-Italieners gewesen war.

Wie auch immer: Die Zeichen der Zeit standen günstig, und nach einem Besuch in der Reichshauptstadt Berlin begann Eberhard Hittelmayer zu handeln.

Der Tag, an dem die Herren Hittelmayer und Gruber beim Hirschwirt auftauchten, war genau der richtige, was die Gemütsverfassung des Eugen Sailer betraf.

Tags zuvor hatte er die zweite Monatsrechnung der Privatklinik erhalten. Bedrückt und staunend zugleich hatte er zu seiner Frau gesagt: »Ich hätte mir nie vorstellen können, dass das Verrücktsein so teuer sein kann!«

Es war zwar noch einiges von Annas Schwäbisch Gmünder Erbschaft vorhanden, aber es bedurfte nicht vieler Rechenkünste, sich vorzustellen, dass dieses Geld dahinschmelzen würde wie der Schnee in der Sonne, wenn sich der Klinikaufenthalt noch lange hinziehen sollte.

Ein Gespräch mit dem Professor der Privatklinik, das der Hirschwirt einige Tage zuvor geführt hatte, hatte ihm nicht viel Hoffnung auf eine schnelle Genesung gemacht.

»Das für uns vorrangige Problem ist die Fertigstellung der Siedlungshäuser, die – wie ja bekannt ist – an unser Firmenkonsortium vermietet werden sollen«, erklärte der Cohn-Geschäftsführer mit Pathos, das, stark pfälzisch eingefärbt, ein wenig lächerlich klang. Doch der sorgenvolle Hirschwirt hatte keinen Sinn für derartige Komik.

»Die Arbeiter machen ja weiter. Ich habe, gleich nach der Beerdigung, mit dem Kapo gesprochen …«

»Machen wir uns doch nichts vor, Eugen. Die *tun so*, als ob sie weiterarbeiten. In Wahrheit haben sie mit deinem zitierten Kapo eine Verabredung getroffen, dass sie sich pro forma ein bisschen auf den Baustellen rumdrücken. Vorwiegend erledigen sie aber irgendwelche Schwarzarbeiten für Verwandte und Freunde, und das Material klauen sie vorher aus den Beständen ihres verstorbenen Chefs. Und du Kamel bezahlst ihnen noch, was sie auf ihren Rapportzetteln zusammenfantasieren!«

»Hör mal, ich lass mir doch von dir nicht blöd kommen!«, begehrte der Hirschwirt erbittert auf, obwohl er ahnte, dass der Bauunternehmer wusste, wovon er sprach.

»Ich will dir überhaupt nicht blöd kommen«, heuchelte der Hittelmayer freundlich. »Ganz im Gegenteil. Dass du überlastet bist mit der ganzen Nachlassgeschichte, das liegt doch auf der Hand. Schließlich bist du kein Baumensch, sondern Metzger und Gastwirt, und damit hattest du vermutlich schon vor dem Unfall deines angeheirateten Neffen Arbeit genug, oder seh ich das falsch?«

»Du siehst es ganz richtig«, knurrte der Hirschwirt und verwünschte den Tag, an dem er sich hatte überreden lassen, den Vormund und Vermögensverwalter zu spielen.

»Ich habe mir die, na, sagen wir mal zu zwei Dritteln fertigen Häuser neulich mal angeschaut«, mischte sich jetzt der Pfälzer wieder ein. »Und auch den Vertrag zwischen dem Kommerzienrat und Herrn Pasqualini. Darin nun gibt es einen garantierten spätesten Fertigstellungstermin, und das ist der Ultimo des laufenden Jahres!« Seine weiche pfälzische Stimme bekam unterschwellig einen drohenden Ton, als er fortfuhr: »Danach wären, wenn wir das einklagen würden, ab 1. Januar 1922 die Unterbringungskosten für unsere Mitarbeiter in den diversen Gaststätten und Pensionen von der Firma Sailer-Pasqualini zu übernehmen. Auch für die Angehörigen unseres Personals im Übrigen, denn wir haben den Redakteuren und den leitenden technischen Angestellten, für die die Siedlungshäuser ja gedacht sind, vertraglich einen Familiennachzug bis allerspätestens Anfang Januar 1922 zugesagt!«

Der Hirschwirt schnaubte erregt durch die Nase. »Das ist unmöglich. Das würde ja …!«

»Eben«, fiel ihm Hittelmayer ins Wort. »Du musst doch einsehen, das führt so zu nichts, Eugen. Der Kapo mag ja ein guter Maurer sein, aber im Moment geht es doch weitgehend um den Innenausbau, weil dein Schwiegerneffe ja so großmaulig den Generalhersteller markiert hat!«

»Lass die Toten in Ruhe. Der war schon recht, der Stefan!«

»Das kann man sehen, wie man will. Meiner Meinung nach hat er sich eben zu viel aufgebürdet, vor allem aber für das ganze Projekt ausschließlich auf seine ganz persönlichen Fähigkeiten vertraut. Ich habe den verstorbenen Kommerzienrat damals gewarnt und gesagt, eine Bauleitung sei erforderlich, besonders was die Phase nach Fertigstellung der Rohbauten betrifft, aber auf mich wollte ja niemand hören. Konkurrenzneid hat man mir unterstellt, dabei war es nichts anderes als Erfahrung und Umsicht. Und was ist jetzt? Jetzt ist das Debakel perfekt!«

Dieses Resümee stellte nicht einmal der Hirschwirt in Frage. Es lag auf der Hand, dass etwas geschehen musste.

Er hatte sich bereits eine gute Woche nach Stefanos Unfall um einen Termin beim Kommerzienrat bemüht in der Absicht, ihm vorzuschlagen, die Rohbauten zu einem anständigen Preis zu übernehmen und auf eigene Rechnung fertigstellen zu lassen, doch der plötzliche Tod des Kommerzienrats hatte dieser Hoffnung ein jähes Ende gesetzt. Auf den Brief, den er dem jungen Cohn geschrieben hatte, war nur eine kurze Antwort gekommen: Er möge sich doch bitte mit dem Geschäftsführer der Firmen Cohn, Herrn Moritz Gruber, in Verbindung setzen.

Auch dieses war geschehen. Der heutige Termin war also vereinbart gewesen. Dass der Gruber allerdings in Begleitung des Hittelmayer erschienen war, lag jenseits ihrer Abmachung.

»Es gibt zwei Möglichkeiten, Eugen«, sagte Hittelmayer jetzt, nachdem er die Mimik des Hirschwirts aufmerksam studiert hatte. »Ihr verkauft den ganzen Laden an mich, einschließlich der nicht fertiggestellten Häuser, oder es läuft auf eine Zwangsliquidation des Geschäfts hinaus!«

»Das Firmenkonsortium Cohn hat kein Interesse an einer Eigentumsübernahme«, warf Moritz Gruber an dieser Stelle ein, noch bevor der Hirschwirt dazu kam, eine entsprechende Frage zu stellen.

»Was bedeutet, dass sowieso alles an mich fallen wird, oder kannst du dir in diesen Zeiten einen anderen Interessenten vorstellen, der in der Lage ist, die zwölf Häuser zu kaufen und fertigzustellen – und um die geht es doch hauptsächlich. Das ›Baugeschäft‹ als solches ist doch nur ein Papiertiger, wenn kein Meister mehr da ist, der es betreiben kann. Die paar gebrauchten

Betonmischer, Stützen und Gerüststangen sind kein Wert, von dem man in diesem Zusammenhang sprechen müsste!«

Der Hirschwirt nickte schwer. Es *war* so, daran biss keine Maus einen Faden ab. Er hatte nicht die geringsten Sympathien für Eberhard Hittelmayer, aber wo er recht hatte, da hatte er recht. Eugen Sailer dachte an die Rechnungen der Privatklinik und das Schulgeld der Buben. Von irgendetwas würde das bezahlt werden müssen, und zwar länger als, der Notgroschen der Anna noch reichte. Allerdings hatte er doch seine Zweifel. Der Bauunternehmer stammte zwar aus einer betuchten Familie, aber der Wert der zwölf unvollendeten Siedlungshäuser lag nach der festen Überzeugung des Hirschwirts beträchtlich höher, als der Hittelmayer finanziell stemmen konnte.

»Und woher willst du das viele Geld nehmen?«, fragte er.

Hittelmayer lächelte. »Das lass nur meine Sorge sein, Eugen. Reden wir erst einmal über den Preis – und danach werde ich dir schon beweisen, dass ich dafür geradestehen kann!«

Über den sorgenvoll gebeugten Kopf des Hirschwirts hinweg tauschten Hittelmayer und Moritz Gruber befriedigte Blicke aus. Man würde noch etwas hin- und herfeilschen müssen, aber in der Hauptsache war dem Bauunternehmer der Sieg sicher – und Moritz Gruber eine Provision.

»Ich kann das nicht allein bestimmen«, gab der Hirschwirt noch zu bedenken, doch der Hittelmayer winkte nur ab.

Schließlich brauchte der Bauunternehmer für den Coup seinen Kredit nicht einmal voll auszuschöpfen. Für den Rest des Geldes kaufte er seiner Frau eine nette Granatbrosche, seiner heimlichen Geliebten in Göppingen aber einen Nerzmantel mit einem mächtigen Silberwolfkragen, wie er ihn bei seinem Besuch in Berlin an der berühmten Schauspielerin Asta Nielsen gesehen hatte.

Der Kaufvertrag, der den Übergang des Baugeschäfts Sailer-Pasqualini samt allen Beständen und Verbindlichkeiten an die Firma Eberhard Hittelmayer & Co. festlegte, wurde am Mittwoch, dem 2. November 1921, vor dem Notar Christian Nothelfer beurkundet. Die Zustimmung des Nachlass- und Vormundschaftsgerichts wurde noch vor Jahresende erteilt. Niemandem war etwas vorzuwerfen. Denn man konnte die Zustände unmöglich so belassen, wie sie nach dem Tod des Geschäftsinhabers und Baumeisters Pasqualini nun einmal waren. Im Grunde musste man Eberhard Hittelmayer noch dankbar sein, dass er in die Bresche gesprungen war, bevor es zu Prozessen mit den Cohn-Firmen kam. Und auch Anna selbst hätte wohl letztlich so entscheiden müssen, wenn sie dazu in der Lage gewesen wäre.

**52** Im Februar des Jahres 1922 hatte sich die Ärzteschaft der Privatklinik darauf geeinigt, dass man der Patientin Anna Pasqualini ihre Kinder nicht länger vorenthalten könne.

Nach anfänglicher Scheu gewannen vor allem die Zwillinge Interesse am Leben in der psychiatrischen Klinik und besuchten ihre Mutter regelmäßig. Als es Frühling wurde, gestattete man der Patientin Spaziergänge im Park.

»Schau dir mal *das* an«, flüsterte Paul Pasqualini seinem Bruder zu und starrte fasziniert auf das von dickem Maschendraht eingezäunte Gelände, in dem die »gefährlichen Irren« zu bestaunen waren. Einer fletschte die Zähne, als er die beiden Buben bemerkte, ein anderer hakte die Finger in die Drahtmaschen und brach in ein animalisches Geheule aus.

»Meinen Sie, die Mutter muss auch mal da rein?«, erkundigte sich Peter bei der Krankenschwester, die Anna in einem Rollstuhl über die Parkwege schob.

Bei dieser Frage hob Anna Pasqualini den Kopf und schaute lange auf die zotteligen, bleichen Gestalten im Frauengehege. Dann drehte sie sich zu ihren Söhnen um und sagte mit erstaunlich klarer Stimme: »Nein. Das wird nicht notwendig sein!«

Von diesem Tag an besserte sich ihr Zustand sukzessive. Sie, der bisher kaum ein Wort zu entlocken gewesen war, überraschte das Pflegepersonal mit Fragen nach Datum, Wochentag und Jahr, sie erkundigte sich, ob niemals Post für sie gekommen sei. Bald verlangte sie nach der Tageszeitung und erklärte dem Anstaltsgeistlichen, als er sie wieder einmal besuchte, sie wünsche an den hauseigenen Gottesdiensten teilzunehmen. Dazu verließ sie freiwillig ihr Krankenbett, was noch nie geschehen war. Sie lehnte eine Beförderung im Rollstuhl, wie sie bisher vorgenommen worden war, ab und begab sich, noch ein wenig unsicher auf den Beinen, am Arm der Krankenschwester in den Andachtsraum der Klinik.

Fortan stand sie jeden Morgen ohne Aufforderung um sieben Uhr auf, wusch sich ohne fremde Hilfe und kleidete sich daraufhin an. Sie bat Konstanze, ihr Wolle und Stricknadeln mitzubringen, und entdeckte bei den Erkundungsgängen durch die Klinik, die man ihr nun gestattete, die Bibliothek, aus der sie sich danach regelmäßig Bücher entlieh.

Die Ärzte konferierten erneut über ihren Fall und baten schließlich den Vormund der Patientin herbei. Mit Zustimmung und in Anwesenheit des behandelnden Professors erklärte der Hirschwirt seiner Nichte den Stand der häuslichen und beruflichen Dinge.

Anna, die ihre innere Unruhe, die Angst, die Sprachlosigkeit und das Fluchtverlangen überwunden zu haben schien, hörte ihrem Onkel aufmerksam zu. Sie studierte die Dokumente und Belege, die er ihr vorlegte, und kommentierte sie wie ein Mensch mit Vernunft.

Die einzige Erregung, die sie befiel, trat auf, als sie erkannte, welch immense Kosten ihre Krankheit verursacht hatte.

»Ich will hier raus, Onkel Eugen. Und zwar so schnell wie möglich«, sagte sie, als sie sich wieder gefasst hatte.

»Dem steht nichts mehr entgegen«, meinte der Professor freundlich, wenn auch bedauernd – denn er hatte die rothaarige Frau insgeheim ins Herz geschlossen. Unter vielen äußerst unersprießlichen Anomalien der Psyche war die schwere Trauerneurose einer liebenden Frau eine nahezu sympathische Erkrankung. Dass Annas Zustand nämlich mit der Häberle-Krankheit zu tun habe, einer schweren Form erblicher Schizophrenie, wie er den Akten des Hauses entnommen hatte, konnte er inzwischen definitiv ausschließen.

So kehrte die Anna nach Hause zurück, gerade als die Rosen, die Stefano an der Hauswand entlang gesetzt hatte, üppig zu blühen begannen. Erleichtert zogen auch die Kinder wieder um und zur Mutter zurück.

Das Geld aus dem Verkauf der Siedlungshäuser und des Geschäftszubehörs lagerte sicher auf den Sparkonten bei der Sparkasse.

Anna erwarb das neueste Modell einer Nähmaschine und begann, für sich und die Kinder zu nähen. Der Professor hatte ihr ans Herz gelegt, sich einer Beschäftigung über das Hauswesen hinaus zuzuwenden, denn Grübeleien und dunkle Gedanken entstünden vorwiegend in Ruhezeiten, also möge sie solche, mit Ausnahme des nächtlichen Schlafs, möglichst eingrenzen.

Das Nähen machte Anna mehr Freude als das Bedienen in der Gaststube, das ihr der Onkel wieder angeboten hatte. Und als sie eines Sonntags in einem selbst angefertigten schwarzen Leinenkostüm mit weißem Piquetkragen zum Grab ihres Mannes ging, um ihm einen Strauß seiner Lieblingsrosen zu bringen, begriff sie, dass sie wirklich genesen war und sich dem Lauf des Lebens wieder stellen konnte.

Am Abend, der lau war und parfümiert vom Duft des Heus, der aus der nahen Scheune des alten Hauses herüberwehte, kam Konstanze und setzte sich neben die Stieftochter auf die hölzerne Bank auf der Veranda.

»Was macht der Vater?«, erkundigte sich Anna, obwohl sie ihn täglich einmal besuchte. Die Frage war zu einem Ritual zwischen ihr und der Stiefmutter geworden, einem, das alle ihre Unterhaltungen einleitete.

Und auch Konstanzes Antwort war immer dieselbe. »Er hat seine eigene Welt, dein Vater. Eine, in der niemand von uns mehr vorkommt!«

»Aber er lebt noch«, erwiderte Anna. Doch es war eine Feststellung, keine Anklage.

»Irgendwie hat er trotzdem begriffen, dass du fort warst und jetzt wieder da bist!«

»Ja.« Anna nickte. »Das Gefühl habe ich auch!«

Danach duldeten beide das lange Schweigen, das sich einstellte.

Stefanos altersschwacher Hund, der unter der Bank saß, drückte die Schnauze in Annas Kniekehle und gab ein zufriedenes Geräusch von sich.

»Ich hab ein großes Glück gehabt«, sagte Anna dann irgendwann.

»Das kann man wohl sagen«, stimmte Konstanze ihr zu. »Wenn es die Häberle-Krankheit gewesen wäre …«

»Das meine ich nicht«, fiel ihr Anna ins Wort. »Ich meine, *mit meinem Stefan!*«

Sie fühlte den erstaunten und ungläubigen Blick der älteren Frau und wusste natürlich, was er ausdrücken sollte.

»Was *vorher* war, geht mich nichts an«, sagte Anna lauter

und heftiger, als sie es wollte. »Nur, die Unverschämtheit, mit der die sich in unser Leben gedrängt hat, dieses italienische Weibsbild …!« Sie unterbrach sich und biss mit den Zähnen in die Oberlippe, bis sie sich wieder im Griff hatte. Dann aber sagte sie mit einer ruhigen, sonderbar leidenschaftslosen Stimme: »*Sie* hat ihn auf dem Gewissen, sie ganz allein. Und jeden Tag werde ich meinen Herrgott darum bitten, dass er sie straft für ihre Niedertracht, jeden Tag, solang ich noch lebe!«

## 53

Auch Wisslingen blieb von den Auswirkungen der beharrlich zunehmenden Inflation nicht verschont. Die Zahlen auf den immer rascher gedruckten und in Umlauf gebrachten Scheinen wurden von Monat zu Monat mehrstelliger.

Bereits zu Ende des Jahres 1922 forderte die Lateinschule in der Stadt eine Beteiligung der Eltern ihrer Schüler an den Heizkosten. Das Schulgeld konnte in Form von Naturalien entrichtet werden.

Ohne Widerspruch stellte Konstanze das Geforderte bereit; vorwiegend Brennholz aus dem Wald, der von jeher zur Sailerschen Landwirtschaft gehört hatte. Als Gegenleistung dafür halfen die beiden Buben, die inzwischen zu kräftigen Elfjährigen herangewachsen waren, in Feld, Wald, Stall und bei der Obsternte, bei der auch die vierjährige Else kräftig mit anpacken musste.

Anna Pasqualini, die immer geschickter darin wurde, Bekleidung herzustellen, erhielt ihren Arbeitslohn in Form von Kartoffeln, Schweineschmalz, Mehl und Eiern. Es war beinahe wieder wie in den Zeiten kurz vor Beendigung des Kriegs.

Mitte des Jahres 1923 verstarb der alte Sailer. Er hatte die düstere Prognose seines befreundeten Arztes aus der Kreisstadt um knapp zwei Jahre überlebt, was vorwiegend der aufopfernden Pflege seiner zweiten Frau zuzuschreiben war.

Auch Anna war ihrer Stiefmutter dankbar. Das früher eher angespannte Verhältnis der beiden Frauen wandelte sich mehr und mehr in eine Art Schicksalsgemeinschaft, von der beide profitierten. Während Konstanze sich aber, wie die meisten der Dorffrauen, vorwiegend um die Belange des täglichen Lebens kümmerte und das Politisieren den Männern überließ, verfolgte Anna mit Sorge die politische und wirtschaftliche Entwicklung.

Auch ihr war klar, spätestens im Hyperinflationsjahr 1923, dass etwas geschehen müsse, doch was im Spätherbst dieses Jahres schließlich eintrat, überstieg bei Weitem ihr Vorstellungsvermögen. Selbst als die Deutsche Rentenbank am 16. November mit der Ausgabe der neuen Mark begann, nach der der Einheitskurs von einer Billion Papiermark einer Rentenmark entsprach, war ihr die Folge dieser Währungsreform noch nicht in der ganzen Tragweite klar.

Ihr Onkel, der bei den Stammtischen gut aufgepasst hatte, klärte sie schließlich auf. »Die Regierung hat am Geldwert ganz einfach zwölf Nullen weggestrichen, so ist das, Anna!«

»Und was bedeutet das für uns?«, wollte sie wissen.

»Das bedeutet, dass alles, was wir gestern noch besessen haben, wertlos geworden ist. Das Geld im Geldbeutel, aber auch alles, was wir gespart haben!«

»Aber doch nicht etwa auch das auf dem *Sparbuch*, oder?«

»Doch, Anna«, sagte der Hirschwirt, der es selbst kaum fassen konnte. »Das auch!« Und er erwartete nichts anderes als einen neuen Zusammenbruch seiner Nichte. Oder deren Flucht, wie damals, nach dem Tod ihres Mannes. Auf jeden Fall aber fürchtete er Vorwürfe und böse Anschuldigungen, denn schließlich war *er* es gewesen, der die noch fertigzustellenden Siedlungshäuser verkauft hatte.

Nun war Annas Geld nahezu verloren, die Häuser aber hatten ihren Wert behalten.

Vom Baron hatte er erfahren, dass Eberhard Hittelmayer den Kauf und die Fertigstellung der Häuser über einen großen Kredit finanziert hatte, der nun gegenstandslos geworden war.

»Die wahren Gewinner der Währungsreform sind die *Schuldner* – und an vorderster Stelle der Staat«, war das Fazit des Barons gewesen.

Besorgt betrachtete der Hirschwirt seine Nichte, die vor ihm am Stammtisch saß, just auf demselben Stuhl, auf dem ihr späterer Mann damals seine erste Wisslinger Mahlzeit zu sich genommen hatte.

Anna musste das gerade auch eingefallen sein, denn sie fuhr mit den Fingern der linken Hand gedankenverloren über die Stelle, wo damals Stefans Hand gelegen haben mochte. Lange Zeit sagte sie nichts, dann hob sie den Kopf und sah den Hirschwirt mit ihren verhangenen Katzenaugen an. »Der Herr hat's gegeben, der Herr hat's genommen«, sagte sie mit einer derart ruhigen Ergebenheit, dass der weggezogene Pfarrer glücklich gewesen wäre, wenn er es hätte hören können. »Geld ist nicht alles. Ich habe meine Kinder, und unser Haus ist mir auch geblieben. Man kann nicht alles verlangen vom Leben!«

Sprach es und erhob sich, um wieder nach Hause zu gehen.

Der Hirschwirt, der noch nie zu Sentimentalitäten geneigt hatte, machte zwei Schritte auf seine Nichte zu, legte ihr die Arme um die Schultern und drückte sie unbeholfen an sich. »Ich bin stolz auf dich, Mädle. Du bist doch eine von unserem Schlag! Wann immer du etwas brauchst: Solange ich leb, werd ich dir helfen!«

»Danke, Onkel«, erwiderte Anna und schluckte den Kloß, der sich nun doch in ihrer Kehle gebildet hatte, hinunter. Sie wartete, bis sie sich ihrer Stimme wieder sicher sein konnte, und sagte dann abschließend: »Nur *Menschen* hat man endgültig verloren, wenn sie einem in den Tod vorausgehen. Zu einem Vermögen kann man wieder kommen, wenn man es geschickt anstellt!«

»Und Glück dabei hat«, ergänzte der Hirschwirt, der fünfundzwanzig Jahre älter war als seine Nichte.

»Was Glück ist, weiß man erst, wenn es wieder vorbei ist«, erwiderte Anna mit unterschwelliger Trauer. Dann griff sie in ihren Korb und holte die weiße Bluse für die Frau des Hirschwirts heraus, die sie aus einem bestickten Paradeleintuch genäht hatte. Die Tante wollte das Kleidungsstück bei der Taufe ihres jüngsten Enkelkinds tragen.

»Der Arbeitslohn ist umsonst, aber für das Material muss ich was nehmen«, sagte Anna, jetzt wieder sachlich.

Sie einigten sich auf ein Stück Geräuchertes, und in Anbetracht des gewaltigen Vermögensverlusts seiner Nichte legte der Hirschwirt noch vier Knackwürste mit in das Paket.

Niemals wieder in ihrem restlichen Leben konnte Anna eine Knackwurst verzehren, ohne daran denken zu müssen, wie das Geld auf ihren Sparkonten sich in nichts aufgelöst hatte.

Eberhard Hittelmayer aber rechnete sich aus, dass er bei zwölf Hausmieten in der neuen, stabilen Rentenmark nie wieder auch nur eine Hand rühren müsste, sollte er am Müßiggang Gefallen finden. In der Weihnachtszeit fuhr er nach Berlin, stieg im berühmten Hotel Adlon ab und feierte das gemeinsame Glück und die Jahreswende mit seinem Vetter Franz bei Kaviar und Champagner.

# TEIL ZWEI

# WISSLINGEN/WÜRTTEMBERG, 1933

**1** Die Buchen im Franzosenwäldchen hatten vor wenigen Tagen ihre neuen Blätter bekommen. Die Sonnenstrahlen, die durch die Äste fielen, umhüllten die Pasqualini-Zwillinge, die im warmen Moos lagen, mit grüngoldenem Licht.

Sie glichen sich noch immer wie ein Ei dem anderen, und sie waren die stattlichsten und hübschesten jungen Männer im ganzen Umland. Beide hatten die muskulöse, drahtige Statur und die schwarz glänzenden Locken ihres Vaters geerbt, von der Mutter dagegen stammten die grünen Katzenaugen und die beträchtliche Körpergröße.

Peter hielt die Augen geschlossen und genoss die Frühlingswärme. Zwischen seinen Lippen steckte ein Grashalm, den er jetzt als kleine Trompete gebrauchte.

Sein Bruder Paul, der mit aufgestützten Armen auf dem Bauch lag und in einem Buch über das Dessauer Bauhaus las, drehte sich zu ihm und fragte mit einem kleinen Grinsen: »Soll das ein Triumphmarsch sein oder wie?«

Seitdem die Braunhemden in Berlin den neuen Kanzler Adolf Hitler stellten, waren Triumphmärsche modern in Deutschland.

»Irgendwie schon«, erwiderte Peter und grinste zurück. »Ich hab nämlich wieder Arbeit!«

»Und wo?«

»In Kirchheim. Beim Heller. Im Straßenbau!«

»Na, Gott sei Dank!«

Paul war erleichtert. Wobei seine Erleichterung vor allem darin bestand, dass es keine Stelle bei einer der Baufirmen von Eberhard Hittelmayer war. Mit dem Profit, den er seinerzeit gemacht hatte, als es ihm gelungen war, ihren Großonkel Eugen Sailer über den Tisch zu ziehen, war es dem Hittelmayer nämlich gelungen, die meisten Bauunternehmungen der Umgebung aufzukaufen. Inzwischen aber waren elf Jahre ins Land gegangen, und die Zwillingsbrüder waren in der Lage, zwischen Ehrenleuten und Geschäftsganoven zu unterscheiden.

»Und irgendwann fang ich wieder an«, sagte Peter in Pauls Überlegungen hinein.

»Du meinst da, wo unser Vater aufgehört hat?«

»Genau!«

Wirklich überrascht war Paul nicht von der Ankündigung seines Zwillingsbruders. Zwar war es das erste Mal, dass dieser seine Absichten so unverblümt preisgab, aber noch immer konnten sie die Gedanken und Pläne des jeweils anderen erahnen.

Manchmal fragte sich Paul, ob dies so bleiben würde oder sich irgendwann ändern könnte. Wenn eine Frau oder die eigene Familie einmal wichtiger wären als der Bruder beispielsweise.

Peter schien wieder einmal die gleichen Überlegungen angestellt zu haben, denn er fragte unvermittelt: »Wie steht es denn jetzt mit der Margret und dir?«

Ohne sich dessen bewusst zu sein, zog Paul eine Grimasse. »Hör bloß auf damit«, brummte er missmutig.

Ohne Groll, aber noch immer mit innerer Auflehnung dachte Paul Pasqualini an den Tag, an dem ihre Mutter den Zwillingen am Ende der Untersekunda in der ihr eigenen unspektakulären Art erklärt hatte: »Ich denke, ein mittlerer Schulabschluss ist vollkommen ausreichend, um ein gutes Handwerk zu erlernen!«

Peter hatte sofort genickt. Er war der muffigen Schulsäle

schon lange überdrüssig, vor allem aber des Regiments der autoritären Lehrer.

Paul dagegen war anderer Meinung gewesen. »Ich will Baumeister werden, so wie der Vater!«, hatte er erwidert.

»Wir sind nicht in Italien. Hier gibt es keine Baumeister, nur ganz normale *Meister*, und um so einer zu werden, macht man zuerst einmal eine Lehre!«

»So seh ich das auch«, hatte Peter der Mutter eifrig beigepflichtet.

»Ich will die Schule zu Ende machen. Und ich möchte danach Architektur studieren«, hatte Paul auf seinem Standpunkt beharrt.

»Leute wie wir studieren nicht«, hatte Anna daraufhin apodiktisch erklärt.

Es war ihr schon klar gewesen, dass Stefano in diesem Punkt anders gedacht hatte als sie, aber Stefano war tot, und das Schwäbisch Gmünder Erbe war verspielt. Die Zeiten hatten sich geändert, und die Entscheidungen mussten dieser Veränderung angepasst werden.

Während Paul nicht zum ersten Mal über diese Auseinandersetzung nachdachte, machte sich Peter Gedanken über seine Braut, die er in weniger als vier Wochen heiraten würde.

Augusta, seine Verlobte, war die Tochter des Dorfkrämers. Sie würde auch weiterhin als Verkäuferin im Laden ihres Vaters arbeiten und das Geschäft eines Tages übernehmen, denn ihr älterer Bruder hatte in Esslingen eine Schraubenfabrik gegründet und war bereits ausbezahlt worden. So würden sie in der künftigen Ehe zwei voneinander unabhängige Einnahmequellen haben: den Maurerlohn und die Erträge des Ladens.

Ein brauchbares Lebenskonzept, wie Peter fand. Und eines, das die Möglichkeit beinhaltete, irgendwann einmal wieder mit einer Bauunternehmung anzufangen.

Gustel, wie man das junge Mädchen nannte, war keine ausgesprochene Schönheit, aber jugendlich frisch und natürlich. Sie besaß einen trockenen, schlagfertigen Humor und eine schöne Altstimme. Das Brautpaar war sich auf dem Heimweg nach den Gesangsstunden des Kirchenchors nähergekommen. Peter sang einen vollen, kräftigen Bass und war auch im Posaunenchor ein geschätztes Mitglied.

Paul dagegen hatte nie Interesse an der musikalischen Mitgestaltung der dörflichen Gottesdienste gezeigt. Während seiner Zeit an der Lateinschule hatte er leicht und gut das Violinspiel erlernt und war seit Jahren ein versierter erster Geiger im Laienorchester der Stadt.

»Das Musikalische haben sie von ihrem Vater«, hatte die Stiefgroßmutter Konstanze einmal nach einem Konzert im Schloss des Barons gesagt. Dies war aber nicht als Kompliment gedacht, sondern als Entschuldigung zu verstehen. Denn in den Augen der Wisslinger war es kein Verdienst, ein Instrument zu beherrschen, eher ein Anzeichen für unbürgerlichen Leichtsinn. Künste jeder Art hatten sich in den Dienst Gottes zu stellen, oder aber sie waren dazu geeignet, die Sinne zu reizen und die Gedanken hochfliegen zu lassen.

Wie auch immer, Anna hatte sich angetan gezeigt von der Verbindung mit der Kaufmannstochter, als Peter bei ihr vorstellig geworden war. Bei Gustels Eltern aber war die Reaktion eine andere gewesen.

»Das kommt überhaupt nicht in Frage«, hatte sich der Krämer echauffiert. »Der mag sich so schwäbisch geben, wie er will, aber er ist und bleibt ein Sohn von dem verdammten Zitronenschüttler!«

»Der Mann ist doch schon eine halbe Ewigkeit tot, Hubert«, hatte Gustels Mutter versucht zu begütigen.

»Blut ist Blut, und ich hab was dagegen, dass meine Nachfahren einen Teil *italienisches* in sich haben. Oder soll ich das einfach vergessen, dass es die Sau-Italiener waren, die meinen Bruder Hugo erschossen haben?«

»Dafür kann mein Peter aber nichts«, hatte die Gustel schnippisch einzuwerfen gewagt, worauf der Vater ihr um ein Haar eines auf ihr freches Mundwerk gegeben hätte.

»Also, *geschlagen* wird bei uns nicht, das merk dir, Hubert«, hatte Gerda Heinzmann mit schriller Stimme gerufen und sich zwischen Vater und Tochter geworfen. »Wer die Hand gegen sein eigen Fleisch und Blut erhebt, den züchtigt der Herr, hat der alte Pfarrer einmal gesagt!«

»Die Pfaffen sollen sich aus solchen Sachen heraushalten und die Weiber genauso!«

»Und warum bitte? Die Gustel ist auch meine Tochter, und mir gefällt er, der Peter!«

»Ja, eben. Das ist es ja, was ich meine. Der lächelt euch an mit seinen Kulleraugen, seinen weißen Zähnen und seinen schwarzen Schmachtlocken, und schon rutscht der Verstand in den Unterleib!«

Da hatte es der Krämerin die Sprache verschlagen. Ein paarmal hatte sie pfeifend durchgeatmet, danach aber mit überkippender Stimme und wogendem Busen geschrien: »Ich lass mich doch von dir nicht beleidigen! Nicht nach all dem, was ich in diesem Haus schon geleistet habe: Deine Eltern hab ich gepflegt bis ans Grab, deine widerwärtige Patin Sanna ertragen, bis der Schlag sie getroffen hat, und den Laden hab ich geführt, mutterseelenallein, solang du im Krieg warst, gut geführt, wohlgemerkt. Und jetzt muss ich mir *so* kommen lassen! Bloß weil ich meiner Tochter recht gebe, wenn sie einen freundlichen, gut aussehenden jungen Mann mit Manieren, jawohl, mit *Manieren*, dem hölzernen Klotz vorzieht, den du für sie ausgesucht hast!«

Danach hatte sie die Tür hinter sich zugeknallt, war in der

oberen Kammer verschwunden und hatte den Schlüssel im Schloss gedreht. Die Tür war nur dann geöffnet worden, wenn die Gustel sich meldete, um ihr das Tablett mit den Mahlzeiten zu bringen.

Am zweiten Tag nach dieser Auseinandersetzung hatte sogar der Arzt aus der Stadt kommen müssen, denn die Krämerin hatte sich derartig in die Sache hineingesteigert, dass sie es mit der Galle zu tun bekam.

Da sich unglücklicherweise eben zu dieser Zeit die Störnäherin im Haus befunden hatte, um beschädigte Bett- und Tischwäsche zu flicken und neue Vorhänge für die gute Stube zu nähen, war der Konflikt nicht in der Familie geblieben, sondern hatte sich in Windeseile verbreitet.

Das ganze Dorf war schließlich in die Diskussion um die geplante Heirat verstrickt gewesen. Die Meinungen waren gespalten, doch die Stellungnahme des Hirschwirts hatte schließlich den Ausschlag gegeben.

»Der Heinzmann kann seinen Kram in Zukunft verkaufen, an wen er will, aber nicht mehr an mich. Der Peter ist schließlich mein Großneffe, und wir Sailers sind ein altes und angesehenes Geschlecht. *Uns* haben nicht die Gaukler im Vorüberziehen verloren wie damals die Großmutter vom Heinzmann!«

Und plötzlich hatten sich die alten Wisslinger wieder an die Geschichte von der blutjungen, bildhübschen Frau erinnert, die Laurenz Heinzmann damals Hals über Kopf geheiratet hatte, kurz nach dem Gastspiel eines Zirkus in den Auwiesen der Stadt. Nach einer verdächtig kurzen Schwangerschaft hatte die Schöne, deren Name Vilja war, einen Buben geboren, bei dessen Geburt sie verstarb. Der Junge war auf den Namen Franz getauft und wegen seiner pechschwarzen Mähne und seiner dunklen Haut im Dorf »der Csárdás-Prinz« genannt worden.

Wie als Antwort auf diese Sticheleien hatte ihn bereits im frühen Mannesalter ein Verdauungsleiden befallen, das ihm einen fahlen Teint verlieh. Außerdem hatte er noch in jungen Jahren schlohweiße Haare bekommen.

Sein Sohn Hubert jedoch, der Vater der Gustel, ging ins Staudenmaier-Geschlecht. Er war klein, untersetzt und semmelblond, worauf der Zirkushintergrund der Kaufleute bald vergessen war.

»Und genauso wird es beim Peter und seinen Nachkommen auch einmal sein«, hatte Gerda Heinzmann gefolgert, als sie wieder mit ihrem Ehemann sprach.

»Wenn wenigstens das viele Sach noch da wäre, das die Sailer-Anna einmal gehabt hat«, hatte der Krämer gejammert. »*Zwölf Häuser*, stell dir mal vor, Gerda, das gäbe für jedes der Italienerkinder *vier!*«

Gerda Heinzmann, die Realistin war, hatte jedoch nur fatalistisch die Schultern gehoben: »Futsch ist futsch, und hin ist hin. Hauptsache, mein Mädchen wird glücklich. Schließlich haben wir ja nur die eine Tochter!«

Ein einziges Mal hatte der Krämer noch aufbegehrt und wie ehedem der alte Oberamtmann die Eindeutschung des fremdländischen Namens aufs Tapet gebracht.

Hier aber hatte Anna heftig widersprochen. »Niemals«, hatte sie gesagt. »Ich heiße jetzt schon seit fast einem Vierteljahrhundert Pasqualini, und unser Dorf ist deswegen nicht untergegangen. Wenn unser Name den Heinzmanns nicht gut genug ist, dann brauchen sie ihre Tochter ja nur zu behalten!«

Damit war das letzte Wort gesprochen, und die Hochzeit konnte stattfinden.

Während Peter und Paul so ihren Gedanken nachgehangen hatten, war die Sonne hinter dem Mühlesberg verschwunden. Das

Moos wurde kühl, und der Schatten legte sich frisch auf die träge dösenden jungen Männer.

Peter bemerkte es zuerst. Er stand auf und klopfte sich die braunen Krümel der verwelkten Buchenblätter vom vergangenen Jahr, die noch zwischen dem Moos lagen, von seiner Hose. »Wenn du dich bei der Margret beeilst, dann könnten wir eine Doppelhochzeit feiern«, schlug er vor und verschwieg dabei, dass diese Idee von ihrer Mutter stammte, die ihn gebeten hatte, den Zwillingsbruder damit zu locken.

Paul klappte das Architekturbuch zu, in dem er geschmökert hatte, lehnte sich an den Buchenstamm in seinem Rücken und zog wie zur Abwehr die Beine an den Leib. »Also, hör mal, Bruderherz«, sagte er. »Dass du dich in der Sache von der Mutter zum Helfershelfer machen lässt, das find ich schon allerhand!«

Peter errötete ertappt.

»Ich find es auch nicht gut, wenn du dein Geld für ein flüchtiges Vergnügen lieber zur Olga trägst, anstatt die Gelegenheit beim Schopf zu packen und bei deinem Chef einzuheiraten. Bei den Dusslers hast du nicht das Problem wie ich bei den Heinzmanns: *Die wollen dich!* Der alte Dussler weiß, dass du ein hervorragender Fachmann bist, und genauso etwas braucht der, wenn das Geschäft gut weitergeführt werden soll. Außerdem bist du für die ihre ganz fabelhafte Altersversorgung!«

»Da hab ich aber was davon!«

»Jetzt sei doch nicht so störrisch, Paul! Oder stellst du dir's etwa besser vor, wenn die Margret einen anderen nimmt und du, anstatt den Chef zu machen, ein Leben lang der Befehlsempfänger sein musst?!«

Paul presste die Lippen zusammen. Seine Antwort kam schneller, als er denken konnte. »*Müssen* tu ich gar nichts, Peter. Und ob ich ein Leben lang Drucker beim Dussler bleib oder überhaupt hier in Wisslingen, das steht in den Sternen!«

Peter schüttelte verständnislos den Kopf. »Dass du immer gleich alles übertreiben musst, Paul. Was soll denn das für einen Sinn machen? Schau mal: Ein Mensch lebt von dem, was er gelernt hat. Ob du jetzt die Hochzeits-, Trauer- und Visitenkarten oder die Plakate und Schießscheiben in Stuttgart, in Hamburg oder in der Stadt herstellst, das bleibt sich doch ziemlich gleich. Nur, dass du außerhalb von unserem Gäu keine Menschenseele kennst und nie wirklich dazugehörst, das ist der Unterschied. Das hat man doch am Beispiel vom Vater deutlich gesehen, und sogar *ich* hab noch darunter zu leiden!«

Paul zuckte die Achseln und stand auf.

Er hatte keine Lust zu streiten – und darüber schon gar nicht. Doch Peter war noch nicht fertig, und seine Appelle wurden drängender.

»Ich begreif dich wirklich nicht, Paul. Die Margret ist doch ein nettes Mädchen, und sie ist vollkommen verrückt nach dir, dazu braucht man doch wirklich keine Brille ...«

Plötzlich unterbrach Peter seine Moralpredigt und war erstaunt, dass ihm dieser Gedanke niemals zuvor gekommen war. »Oder ... gibt es eine andere?«

»Nein. Gibt es nicht«, brummte Paul unwillig und beschloss entschieden, das leidige Thema zu beenden. Denn eigentlich verstand er sich selbst nicht. Alles, was Peter gesagt hatte, war zweifellos richtig. Zudem war die Margret hübsch, fleißig und kochte vorzüglich. Und noch dazu hatte sie eine eindrucksvolle Oberweite, was ihn bei jeder Frau in Erregung versetzte, seitdem er hin und wieder die Dienste von Olga in Anspruch nahm, aus deren Haus er auch schon mal seinen früheren Lateinlehrer hatte schleichen sehen. Paul hatte keine Mühe, sich eine Ehe mit Margret vorzustellen. Und dennoch: Irgendwie war er noch nicht so weit, um sich entscheiden zu können. Manchmal fragte er sich, ob es richtig war, wenn man mit zweiundzwanzig Jahren sein Leben bereits so schnurgerade vor sich liegen sah wie die neue Autostraße, die Richtung Stuttgart führte. Denn selbstredend würde es keine Kriege mehr geben, schließlich hatten die Leute aus der Vergangenheit gelernt. Somit würde er, wenn kein Unfall oder eine frühe Krankheit dazwischenkam, irgendwann als erfolgreicher Druckereibesitzer auf dem Friedhof landen, nach einer ehrenvollen Beerdigung natürlich.

Damals, nach dem erzwungenen Abbruch der Lateinschule, hatte die Mutter ihm empfohlen, sich ebenso wie sein Bruder Peter um eine Lehrstelle als Maurer zu bewerben.

»Das ist das Handwerk, das bei uns in der Familie liegt«, hatte sie gesagt. »Und es kommt deiner Freude an Bauwerken doch entgegen!«

Womit sie durchaus recht gehabt hatte, wie Paul heute einräumen musste. Dennoch wäre es besser gewesen, sie hätte dies nicht ausgesprochen. Dann nämlich hätte er mit einiger Sicherheit genau diese Wahl getroffen. Da er aber trotzig gewesen war, weil sie ihn daran gehindert hatte, das Abitur zu machen, um danach die Architektenschule oder gar die Universität zu besuchen, hatte er ihren Wunsch ganz bewusst ignoriert und sich bei der Druckerei Dussler vorgestellt, die einen Lehrbuben suchte.

Obwohl sein Interesse an der Baukunst ungebrochen war und die Beschäftigung damit, wenn man vom Geigenspiel einmal absah, seine ganze Freizeit ausfüllte, hatte er nicht nur die Druckereilehre abgeschlossen, sondern darüber hinaus noch eine Ausbildung als »Schweizer Degen« absolviert. Man erlernte dabei das Setzen, das Redigieren und das Umbrechen. Mit dieser Qualifikation könnte er, bei entsprechender Bewährung, sogar Zeitungsredakteur werden. Der einzig geeignete Platz aber, diese Fähigkeiten zum Einsatz zu bringen, waren die Cohnschen Betriebe.

Edmund Cohn wohnte zwar längst nicht mehr in Heidelberg, sondern mit seiner jungen Familie in der Cohnschen Villa, doch er führte ein Leben als Privatgelehrter und Kunstsammler. Das Regiment in Druckhaus und Zeitungsverlag lag noch immer in den Händen des Pfälzers Moritz Gruber. Und dieser war, ebenso wie Eberhard Hittelmayer, ein erklärter Intimfeind von Anna Pasqualini.

Jedem der Pasqualini-Kinder war klar, dass ihre Mutter eine berufliche Verbindung mit einem dieser beiden »Banditen«, wie sie sie bezeichnete, niemals toleriert hätte. Und Anna schätzte die Auflehnungsbereitschaft ihrer Buben geringer ein als die Liebe zur Mutter. Doch genau das machte die Sache mit Margret Dussler zu einem sich zuspitzenden Dilemma, denn andere Arbeitsmöglichkeiten für Paul gab es nicht in der Nähe.

Doch der Sonntagnachmittag war viel zu schön und zu heiter, um sich weiter ernsthaft solchen Gedanken zu widmen.

»Lass uns auf ein Bier in den Hirschen gehen«, schlug Paul deshalb vor, als sie auf dem ausgetretenen Feldweg zurück Richtung Dorf schlenderten.

Peter wusste, dass die Gustel ihn erst nach der Abendandacht erwartete und er deswegen noch ganze zwei Stunden Zeit hätte, Paul beim Kartenspiel ein paar Mark abzunehmen. Paul war zwar intelligenter als er, darüber machte sich Peter längst keine Illusionen mehr, aber er wurde leichtsinnig und unüberlegt, wenn ihn jemand reizte. Und was hatte man schon von der Intelligenz, wenn trotzdem der Gaul mit einem durchging – was in aller Regel Schäden produzierte.

So rechnete sich Peter aus, dass er nur hin und wieder eine kleine Anspielung auf die üppigen Formen von Margret Dussler zu machen brauchte – und schon war das Kartenspiel so gut wie gewonnen.

# NEAPEL 1933

2 Sofia Orlandi stand vor dem großen, goldgerahmten Spiegel, den sie sich in ihrem Schlafzimmer hatte anbringen lassen. Sie war splitternackt, und das Licht, das durch das große Fenster drang, war das eines grellhellen Spätnachmittags Ende Mai in Neapel. Nicht einmal die Spitzengardine duldete Sofia als gnädigen Filter.

Sie musterte sich mit prüfenden Blicken vom Kopf bis zu den Füßen. Ihre braunen Haare fielen dicht und schwer bis über die Schultern. Sie glänzten noch immer wie reife Kastanien. Kein einziges graues Härchen hatte sich zwischen die dunklen gestohlen. Ihr Gesicht war vielleicht ein klein wenig voller als in früheren Jahren, doch außer ein paar Lachfältchen um die Augen und der Kerbe im linken Mundwinkel, die der Ärger über ihre widerspenstige, pubertierende Tochter Angela hinterlassen hatte, war ihre Haut makellos, zartporig und von der hellen Olivenfarbe, welche die Spuren der Zeit am besten verbirgt.

Hals und Dekolleté waren, dank der sorgfältigen Pflege mit Limettenöl, glatt und straff, ihre Brüste so voll und fest wie in früheren Zeiten. Auch ihre Taille war noch schmal, doch Sofia war sich darüber im Klaren, dass sie auf diesen Punkt ihrer Erscheinung in Zukunft mehr würde achten müssen, ebenso auf die Hüftpartie, die ihr bei der heutigen Betrachtung etwas *zu* gerundet erschien. Auch das kleine Bäuchlein, das sich zu bilden begann, würde sie keinesfalls dulden. Mit Schenkeln und Beinen jedoch war sie ausgesprochen zufrieden – und ihre Fesseln waren immer noch zierlich wie die eines jungen Mädchens. Das regelmäßige Reiten, das sie schon vor Jahren begonnen hatte, war eine lohnenswerte Anstrengung: Sofias Fazit über ihr Spiegelbild fiel weitgehend gut aus. Sie hatte sich diese Kontrollen zur Gewohnheit gemacht, nachdem sie an gleichaltrigen Freundinnen bemerkt hatte, dass deren Körperformen auseinandergingen wie schlecht geschlagene Baisers auf dem Backblech – und dies bevor jene Damen das dreißigste Lebensjahr erreicht hatten.

Sofia musste das Klopfen wohl überhört haben, denn plötzlich wurde die Tür geöffnet, und Serafina Mazone erschien, auf ihren Ebenholzstock gestützt, in der Türöffnung. Sie erschrak heftig, als sie ihre Nichte so nackt vor dem Spiegel entdeckte. Noch mehr irritierte sie allerdings, dass diese keinerlei Anstalten machte, die Körperblöße zu verdecken, weder durch ein Kleidungsstück noch durch eine Geste der Scham. Im Gegenteil: Sofia drehte sich vom Spiegel weg und der alten Frau zu, wobei sie ihre Nacktheit wie auch deren Wirkung auf die Tante zu genießen schien.

»Um Gottes willen, Sofia«, keuchte Serafina und fasste den Stock fester. »Das ist eine Sünde der Unkeuschheit. Du wirst es beichten müssen! Hier … zieh dir den Mantel über!«

Während Sofia das Kleidungsstück auffing, das ihre Tante vom Haken an der Tür gerissen hatte, und es überstreifte, sank Serafina Mazone in einen chintzbespannten Sessel.

»Was ist nur in dich gefahren, Kind?«, murmelte sie betrübt und betrachtete mit Abscheu die Parade der Fläschchen, Tiegel und Töpfe, die die intarsiengeschmückte Platte des Frisiertischs ihrer Nichte weitgehend bedeckten.

»Soll ich dir das wirklich erklären, Tante Fina?«, fragte Sofia mit einem maliziösen Lächeln. Sie setzte sich auf den Rand ihres Bettes, wobei sie sich nicht die Mühe machte, den Morgenmantel ordentlich zu schließen.

Serafina bemerkte es auf der Stelle. Sie wuchtete sich wieder aus dem Sessel – leider hatte sie im letzten Jahrzehnt beträchtlich an Umfang und Gewicht zugenommen – und stülpte die Schlingen über die zahlreichen stoffbezogenen Knöpfe am Seidenmantel ihrer Nichte. Dies erledigte sie mit einer derartigen Akribie, dass es deutlicher war als jeder weitere ausgesprochene Tadel.

Sofia ließ sie gewähren und schaute ihr amüsiert zu. Sie ist alt geworden, dachte sie dabei. Alt, unförmig und frömmlerisch. Offenbar vergessen sich die Sünden der Jugend, wenn man diesen Zustand erreicht hat. Sofia wusste inzwischen Bescheid über die skandalösen Verfehlungen ihrer Verwandten. Als sie nach der unseligen Reise zu Stefano begonnen hatte, am gesellschaftlichen Leben der Stadt teilzunehmen, waren die Histörchen über ihre Tante und den Kardinal gerade wieder einmal aus der Kiste der Vergessenheit hervorgeholt worden. Man munkelte, der hohe geistliche Herr arbeite derzeit an einer Zukunft als Papst, was seine Vergangenheit besonders interessant erscheinen ließ.

»Der menschliche Körper ist nicht nur ein absolutes Kunstwerk«, verkündete Sofia deswegen provozierend, »sondern auch eine Quelle fantastischer Freuden!« Danach zog sie die Knie ans Kinn und war jetzt durchaus willens, sich mit Serafina zu kabbeln. Vielleicht waren ihr auf diese Weise noch weitere Details der alten Liebesgeschichte zu entlocken. Es gab nichts Interessanteres als Dramen, an denen selbst man nicht direkt beteiligt war.

Doch Serafina schnaubte nur verachtungsvoll durch die Nase und sagte: »Komm du erst einmal in mein Alter, meine Liebe, dann wirst du vieles neu beurteilen müssen. Der Körper ist das überzeugendste Exempel der Vergänglichkeit. Und je vollkommener er einmal gebildet war, je besser er funktioniert hat, desto schrecklicher erlebt man seinen Zerfall. Die paar Pölsterchen an deinen Hüften, die dir Probleme zu machen scheinen, sind nur der Anfang von allem. Warte, bis dir die Zähne zu faulen beginnen und schließlich herausfallen, bis du ohne Hilfsmittel nicht mehr kauen, sehen oder gehen kannst, bis du am Morgen mit schmerzenden Knochen erwachst und schon müde wirst, wenn du dir die Mühen des Waschens und Ankleidens vorstellst …«

»Hör auf damit!«, schrie Sofia und hielt sich die Ohren zu. »Ich will nichts davon wissen!«

»Das kann ich verstehen«, sagte Serafina sarkastisch. »Nur, *du* warst es, die mich gereizt hat, es auszusprechen!«

»Es ist ja gut, Tante Serafina!«, gab sich Sofia versöhnlich, obwohl die Kommentare der alten Frau ihr die Laune verdorben hatten. Sie stand auf und öffnete die Türen ihres Kleiderschranks. »Ich muss mich anziehen. Zum Abendessen bin ich bei den Prizzis eingeladen!«

Serafina legte ihr schmerzendes Bein auf den gepolsterten Schemel und erkundigte sich mit heuchlerischer Beiläufigkeit: »Und der junge Conte Palieri wird auch mit dabei sein, oder irre ich mich da?«

»Du irrst dich nicht«, schnappte Sofia, denn sie hatte nicht die Absicht, mit ihrer Tante über Massimo Palieri zu diskutieren. Oder gar darüber, ob es sich für eine dreiundvierzigjährige Bürgerswitwe schickte, mit einem zehn Jahre jüngeren Adeligen, der sich für hohe diplomatische Ämter empfohlen hatte, eine Affäre zu haben.

»Sei vorsichtig, Sofia«, mahnte Serafina, jetzt mit sachlicher Stimme. »Der Junge kommt aus einer alten Familie mit vielen Verzweigungen, und die Palieris haben Großes mit ihm vor, wie ich höre. Wenn sich eure … *unpassende Vorliebe füreinander* … herumsprechen sollte, kann es uns allen schaden. Du darfst die Macht seiner Verwandtschaft nicht unterschätzen!«

Ein weiteres Mal fragte sich Sofia, wie die Alte zu ihrem

Wissen gelangt war. Massimo und sie hatten schließlich alle Maßnahmen getroffen, ihre Verbindung geheim bleiben zu lassen.

Serafina warf ihrer Nichte über den riesigen Spiegel einen erheiterten Blick zu. Sofia, die gleichzeitig mit ihrem Unterkleid und den unerwünschten Ratschlägen der Tante zu kämpfen hatte, fing ihn doch noch auf und begann sich nun ernstlich zu ärgern.

»Ich bin erwachsen, Tante Fina!«

»Stimmt. Sogar dein Sohn ist es schon. Und im Alter deiner Tochter war deine liebe verstorbene Mutter bereits mit deinem Vater verlobt! In allen Ehren, natürlich!«

Der Zorn brauste in Sofia hoch wie eine Sturmflut, aber sie erkannte in den Augen der Tante nicht Bosheit, sondern echte Besorgnis. Schnell war sie wieder beschwichtigt und versagte es sich, auf den Kardinal hinzuweisen. Sollte die alte Frau ihre Illusion, niemand wüsste davon, doch behalten. Oder hatte sie diese Überzeugung gar nie gehabt? Egal. Jeder hatte sein eigenes Leben. Sie jedenfalls musste das ihre nutzen. Immerhin hatte sie nicht vor, jemals ein derartiger Fleischkloß zu werden, dass sie sich am Ebenholzstock durch die Räume schleppen müsste. Und nichts konnte derartige Vorsätze mehr bestärken als begehrliche Männerblicke, Flirts und Affären.

Sofia zog den Ausschnitt ihrer Bluse ein wenig tiefer, betrachtete ihr Spiegelbild und war mit ihrer Kleidung zufrieden. Die Haare würde sie gut bürsten und offen tragen, das verlieh ihr ein beinahe mädchenhaftes Aussehen.

Tante Serafina erhob sich und setzte sich nun ihrerseits auf die Bettkante, um Sofia dabei zuzusehen, wie sie mit der Dachshaarbürste ihre Haare zum Glänzen brachte.

»Ich will dir nicht die Lebenslust ausreden, Sofia«, sagte sie schließlich, unvermutet weich. »Und es sind auch nicht moralische Bedenken. Genieße das Leben, solange es schön ist. Nur: Ich hab dich sehr lieb mein Kind, und meine Sorge ist, du könntest dir das Herz dabei brechen! Dieser Massimo ist ein beeindruckender Mann, aber er ist mehr als zehn Jahre jünger als du. Man wird es niemals erlauben, dass er um dich anhält!«

Sofia unterdrückte gerade noch ein lautes Auflachen, und die Kerbe an ihrem schönen Mund wurde dabei tiefer denn je. Ihre Tante hegte absolut falsche Vorstellungen von ihrer Beziehung zu Massimo. »Mit dem *Herzen* hat das überhaupt nichts zu tun, Tante Fina. Es ist ein Spiel, verstehst du, eines, das spannend ist, die Langeweile vertreibt und das Selbstbewusstsein hebt!« Sofia drehte eine einzelne Locke zwischen ihren Fingern und fixierte diese mit einer diamantenbesetzten Haarnadel, wobei sie erklärte: »Es gibt kein besseres Lebenselixier als das Gefühl, Macht über andere zu haben. Mehr ist es nicht, Tante Fina, ich schwöre es dir – und mehr war es auch nie. Weder mit Massimo noch mit dem Reitlehrer und auch nicht mit Antonio Ferrera!«

Sie tupfte Schminke auf die Kerbe und verklopfte sie behutsam. Dann erst beendete sie ihre schockierend direkten Offenbarungen: »Und ein bisschen Spaß zu haben, das habe ich mir wohl verdient, nachdem ich meine Unschuld für das Wohl der Familie geopfert habe!«

»Du bist ziemlich frivol!«

»Die Frivolität ist das Einzige, was mir nach meiner Heirat geblieben ist, Tante Fina«, erwiderte Sofia mit einer galligen Ironie, die sie älter machte als die weggeschminkte Kerbe und die Falten unter dem Puder. »*Diese*, das Geld und die Affären!«

»Und deine Kinder«, ergänzte Serafina und wurde nun ihrerseits ärgerlich.

»Das liegt auf einer anderen Ebene«, sagte Sofia zum Spiegel, der ihr jetzt die perfekte Maske zeigte, auf die sie Wert legte.

»Und außerdem: Kinder sind kein hilfreiches Mittel gegen Einsamkeit und Langeweile! Von dem Moment an, da sie nicht mehr hilfsbedürftig sind, streben sie fort. Unaufhaltsam. Auch solche, die man mehr liebt als sein eigenes Leben!«

Serafina schwieg und dachte über die Worte der Nichte nach, während diese sich in einen zarten Maiglöckchenduft hüllte.

Sie hatte einen ausgeprägten Hang zur Gerechtigkeit, und was Sofia gerade gesagt hatte, war nicht von der Hand zu weisen. Stefano studierte bereits im fünften Jahr Handelswissenschaft und Recht in Triest. Auch zuvor war er selten zu Hause gewesen, nachdem er von der örtlichen Lateinschule ins Jesuitenkolleg nach Rom gewechselt hatte.

Und Angela hatte es freiwillig vorgezogen, den traditionellen Aufenthalt im Kloster der Franziskanerinnen zu absolvieren, um den ständigen Auseinandersetzungen mit ihrer Mutter zu entgehen. Sofia war in Serafinas Augen noch nie eine besonders engagierte Mutter gewesen. Nach dieser verhängnisvollen Reise aber, von der die junge Frau völlig verändert zurückgekehrt war, schien sie in sonderbarer Weise ganz auf sich selbst fixiert. Angela gegenüber zeigte sie keinerlei Nachsicht, was Serafinas Gerechtigkeitssinn manchmal über die Maßen strapazierte. Stefano hingegen behandelte sie höchst wechselhaft. Manchmal vergötterte sie ihn geradezu, dann aber begegnete sie ihm mit einer Aggressivität, die durch kein Verhalten des jungen Mannes zu begründen war.

Serafina hatte den Eindruck gewonnen, dass nicht nur Angela froh über ihre Abwesenheit von zu Hause war, sondern auch Stefano die Tage seiner Anwesenheit im Elternhaus gerne begrenzte.

Die alte Frau betrachtete ihre Nichte, die jetzt in ihre zierlichen neuen Schuhe schlüpfte und probeweise ein paar Schritte damit machte. Zu gerne hätte sie gewusst, was auf jener Reise nach Deutschland eigentlich vorgefallen war, doch Sofia hatte niemals ein Wort darüber verloren.

Serafina dachte daran, wie viele Jahre sie darüber unglücklich gewesen war, dass das Schicksal ihr eigene Kinder vorenthalten hatte. Heute allerdings musste sie sich sagen, dass sie den besseren Teil erhalten hatte: Sie, die alte Großtante, wurde von beiden Orlandikindern geliebt und verehrt, während die eigene Mutter ihnen zur Fremden, wenn nicht gar zur Feindin geworden war.

3 Es war der einzige schwülwarme Tag in dem viel zu kühlen und regenreichen Juni 1933, als Peter Pasqualini entschlossen sein Jawort sprach. Gleich danach warf er seinem Bruder Paul, der als Trauzeuge neben ihm stand, einen vorwurfsvollen Blick zu: Es war keine Doppelhochzeit geworden.

Anna Pasqualini dachte, dass es ihr eigentlich egal sein könnte, denn die Hochzeitsaufwendungen hatte schließlich der jeweilige Brautvater zu bezahlen. Dennoch ärgerte sie sich darüber, dass es Paul gelungen war, sich aus der Sache mit Margret herauszuwinden. Bisher. Denn sie würde nichts von ihrem Geschlecht verstehen, wenn sie den Blick, vor allem aber die Aufmachung der potenziellen Schwiegertochter missverstanden hätte. Die propere Tochter des Druckereibesitzers würde heute aufs Ganze gehen. Und ohne dass ein Wort darüber verloren wurde, hatte Anna schon vor dem Einzug der Hochzeitsgesellschaft in die Kirche begriffen, dass die Eltern Dussler ihre Tochter darin unterstützten. Sie wollten Paul als Nachfolger, was verständlich war, denn an seiner Tüchtigkeit gab es nicht den mindesten Zweifel, und Söhne hatten die Dusslers keine.

Der Posaunenchor stimmte »Ich bete an die Macht der Liebe« an, und Annas Gedanken wanderten in eine andere

Richtung. Ihre Augen hingen an dem kleinen Fries mit stilisierten Lilien, die ihr verstorbener Mann seinerzeit bei der Renovierung der Kirche kunstvoll gelegt hatte, und plötzlich, ohne dass sie das Geringste dagegen unternehmen konnte, rannen die Tränen über ihre Wangen.

Paul schaute zu ihr hinüber und begann, sich heftig zu schämen. Zum ersten Mal wurde ihm bewusst, dass seine Mutter die Jugend längst hinter sich gelassen hatte. Vielleicht lag es auch an der strengen Pflichterfüllung, die sie zur Lebensmaxime erhoben hatte, seitdem sie damals aus der Klinik zurückgekommen war, dass sie über ihre vierundfünfzig Jahre hinaus alt erschien. Ihre früher leuchtend kupferroten Haare hatten den Ton stumpfer Bronze angenommen, ihr schmales Gesicht wirkte ausgemergelt, und ihre Schultern hingen nach vorn durch; eine Haltung, die ihr das unablässige Nähen beigebracht hatte.

Plötzlich wurde Paul klar, wie schwer es gewesen sein musste, drei Kinder allein zu ernähren, zu kleiden, etwas lernen zu lassen und das Haus zu erhalten. Nie hatte er seine Mutter klagen hören, weder über den frühen Verlust des Vaters, noch darüber, dass sie einen beträchtlichen Besitz verloren hatte. Sie hatte die Gabe, dies alles als einen Teil von Gottes Plan mit ihr und ihrer Familie zu begreifen, eine Betrachtungsweise, die Paul keineswegs teilte. Allerdings hatte er, wie er jetzt bedrückt feststellen musste, noch wenig Versuche unternommen, ihr das Leben leichter zu machen. Im Gegenteil. Und das musste sich ändern, wie er einzusehen begann.

In seiner Religion wie auch in den sittlichen-moralischen Kategorien seiner Umgebung war unehelicher Geschlechtsverkehr eine schwere Sünde, respektive eine lästerliche Lebenshaltung. Eine, die seiner Mutter bestimmt schon viele schlaflose Nächte bereitet hatte, denn vermutlich hatte sie seine weiteren Besuche bei Olga doch mitbekommen.

Auch in anderen Belangen hatte er sich egoistisch und gedankenlos benommen, wie ihm jetzt dämmerte. Jeden Samstag hatte er mit der allergrößten Selbstverständlichkeit seine gebrauchten Wäschestücke in der Waschküche abgelegt, um sie Tage darauf sauber, gebügelt und geflickt auf seiner Waschkommode wieder vorzufinden. Ebenso gedankenlos setzte er sich abends, wenn er von der Arbeit nach Hause kam, an den gedeckten Tisch, um das warme Essen zu verzehren, das die Mutter neben ihrer Näherei, den Kundenbesuchen und der Hausarbeit zubereitet hatte. Und sein Bruder hatte sich kein Deut anders benommen. Nie hatte Anna Pasqualini nach dem Ende der jeweiligen Ausbildungen Kostgeld von ihren Söhnen verlangt. Sie hatte sie aufgefordert, das Geld aufzubewahren, »für später«.

War Margret sein »Später«?, schoss es Paul durch den Sinn. Vorsichtig schielte er zu dem jungen Mädchen hinüber, das ihm heute besonders hübsch erschien. Ihre Wangen hatten einen zartrosa Schimmer und wirkten schmaler durch die Festtagsfrisur. Denn ihre blonden Haare waren zur Feier des Tages mit Taftbändern über den Ohren zusammengebunden und mit einem Brenneisen zu sogenannten »Schillerlocken« geformt worden, die ihr wie goldene Korkenzieher weit über die Schultern herabhingen. Die Bänder hatten die gleiche dunkelblaue Farbe wie das Seidenkleid, das ihre volle Brust vorteilhaft betonte und ihr eine reizvoll schlanke Taille verlieh.

Ich bin ein Idiot, dachte Paul, wirklich! Vermutlich war es wie mit seiner Lehrstelle damals: Hätte man es unterlassen, ihm Margret Dussler anzupreisen, er wäre von selbst auf den Gedanken verfallen, sie heiraten zu wollen.

Da war er wieder, sein verdammter Hang, sich nicht fügen zu können. Als »trotzige Auflehnung« hatte sein Vater dies bezeichnet. Paul erinnerte sich an die Worte des Vaters, als er sechs

Jahre alt gewesen war und den ersten Kampf mit seinem Lehrer ausgefochten hatte: »Du wirst dir mit deinem Eigensinn noch gewaltig den Kopf anstoßen, mein Junge – und zwar so, dass es fürchterlich wehtut!«

Nun gut, er würde sich diese längst vergangene Warnung des verstorbenen Vaters hinter die Ohren schreiben – und in der Sache mit Margret nachgeben. Eine Ehe zwischen ihnen lag auf der Hand, war vernünftig und vorteilhaft für alle Seiten.

Als er Margret später beim Tanz an seiner Brust spürte, drall und schlank zugleich, weich und wohlriechend, konnte er es nur noch albern finden, sich all die Zeit so sperrig verhalten zu haben. Sie plapperte unentwegt, kicherte über den kleinsten Anlass und sah ihn mit ihren veilchenblauen Augen so verzückt an, wie er am Vormittag in der Kirche niemanden hatte zum Altar blicken sehen.

Irgendwie gerieten sie aus der Gruppe der Tänzer heraus und fanden sich in der dunkleren Ecke des Saals nahe der Wand wieder. So nahe, dass Margret schließlich stehen bleiben musste, weil die Schleife im Rücken ihres Kleids sich in die Klinke einer Tür verheddert hatte, die unauffällig in der Wandverkleidung verborgen war. Augenblicke später war das Paar plötzlich in dem dunklen Raum, der dem Hirschwirt als Stuhllager diente, allein, und die Tür war wieder geschlossen. Das Zimmer war niedrig und warm, denn es lag unter der Dachschräge und an der Wand zu dem großen Kanonenofen, mit dem der angrenzende Saal beheizt wurde.

»Und jetzt?«, flüsterte Margret, deren Stimme zitterte.

Paul sparte sich alle Worte. Er zog das Mädchen an sich und begann es gierig zu küssen.

Margret machte ein paar vage Bewegungen, die wohl ihre tugendhafte Abwehr ausdrücken sollten, aber nicht ernst zu nehmen waren, denn bald schon seufzte sie glücklich unter seinen

Küssen. Sie *wollte* diesen gut aussehenden Kerl, sie wollte ihn schon seit Jahren, und heute würde sie ihn bekommen.

Natürlich war Margret nicht so erfahren wie Olga, doch sie roch unglaublich gut und frisch. Ihr pralles junges Fleisch pulsierte unter Pauls Liebkosungen, und seine Lust wurde so drängend, dass er glaubte, nicht mehr an sich halten zu können.

Doch Margret schien nichts mehr an der Wahrung ihrer Unschuld zu liegen: Sie ließ ihn gewähren und kam ihm, soweit es in ihrer Unwissenheit möglich war, sogar entgegen.

Zum Äußersten sollte es aber nicht kommen.

Noch ehe etwas passiert war, ging die Tür auf, und Margrets Vater drückte sich in den Raum.

Paul ließ die Röcke fallen, und Margret bedeckte, mit einer unverständlichen Langsamkeit allerdings, ihren prallen Busen wieder mit Stoff.

Als Paul Margrets zufriedene Miene und den Blick ihres Vaters bemerkte, fiel es ihm wie Schuppen von den Augen: Das Ganze war ein abgekartetes Spiel – und er, Paul, saß in der Falle.

»Mein lieber Freund«, sagte Erich Dussler nun mit täuschend echtem Zorn in der Stimme und packte Paul am Revers seines Anzugs. »Wenn der Geschichte hier nicht alsbald das Aufgebot folgt, dann kannst du mal erleben, wozu ein Dussler fähig ist!«

Es war gleich eine zweifache Drohung. Jedermann wusste, dass Margretes Vater in seinen jungen Jahren ein raufwütiger Bursche gewesen war, der wegen schwerer Körperverletzung auch schon mal vor den Kadi gekommen war. Der Mann, mit dem er sich damals angelegt hatte, machte noch immer einen großen Bogen um den gewalttätigen Druckereibesitzer. Zudem gehörte Erich Dussler seit 1929 der SS an, der Elitegruppe des neuen Kanzlers Adolf Hitler. Einige behaupteten sogar, es habe eine Jugendfreundschaft zwischen Heinrich Himmler, dem Reichsführer SS, und Erich Dussler gegeben, was dem Druckereibesitzer einerseits Respekt, andererseits aber das Misstrauen der Dorfbewohner eintrug. Denn mit der Hitler-Partei hatten die Wisslinger nicht viel im Sinn. Allerdings war seit der letzten Wahl klar, dass ein großer Teil ihrer Landsleute anders dachte. Das wurde deutlich, wenn man regelmäßig den *Ostalbboten* las, dessen Leitung noch immer in den Händen von Moritz Gruber lag, der mittlerweile auch zu einem Parteigänger Hitlers geworden war.

»Ich rat dir, Bürschle, sei schlau«, setzte der Dussler jetzt nach. Dann packte er seine Tochter, nachdem er sich mit einem raschen Blick vergewissert hatte, dass diese wieder präsentabel war, und verschwand mit ihr in den Saal.

Dort wurde noch immer getanzt, und niemand schien die kleine Episode bemerkt zu haben.

Paul lehnte sich an die Wand des Stuhllagers, lauschte der Musik, die eben den Operettenohrwurm »Machen wir's den Schwalben nach, bau'n wir uns ein Nest« zu spielen begann, und musste ganz einfach lachen: Das Schicksal schien Humor zu haben. Baute er sich eben ein Nest mit der Margret zusammen, im Dachgeschoss des Druckereigebäudes – auch dies war schon klar. So übel war die Vorstellung wirklich nicht, wenn er noch einmal darüber nachdachte, und der Zeitpunkt erschien ihm auch richtig. Hatte er doch beim letzten Mal, als er bis zum Morgen bei der Olga geblieben war, die Schlaffheit ihrer Haut an Hals und Dekolleté bemerkt, die das diffuse Lampenlicht sonst wegzuzaubern pflegte.

Zum ersten Mal, seitdem er sie kannte, hatte sich Paul in der Nacht Gedanken darüber gemacht, wie alt Olga wohl sein mochte. Gut Mitte dreißig, schätzte er sie jetzt; nachts allerdings war er geneigt, sie für zehn Jahre jünger zu halten. Außerdem war sie, und daran hatte er niemals gezweifelt, keine Frau, die man heiraten konnte.

Seine Mutter und sein Bruder hatten schon recht. Ein Mann in seinem Alter musste sich seiner Verantwortung stellen und dafür sorgen, dass neue Wisslinger nachwuchsen. Ehelich geborene, die des Taufwassers und der Glocke würdig waren und in der Lage, das Vaterland in eine gute, gesicherte Zukunft zu führen.

Gleich am Montag darauf erschien Paul in Erich Dusslers Büro.

»Ich hätt was mit dir zu reden, Chef«, stotterte er, nun doch ein wenig aufgeregt.

»Dann sprich!«

»Ob ich die Margret haben könnt. Ich glaub, es wär besser, wir würden heiraten!«

»Das glaub ich auch«, knurrte der Druckereibesitzer. Doch er verlor kein Wort mehr über die Szene im Stuhllager, sondern holte den Zwetschgenschnaps hervor, wie es Brauch war. »Prost, Kerle. Und mach mir Enkel. Einen Bub zum Erben und zwei, drei Mädchen zum Arbeiten!«

»Ich werd's versuchen!«

»Tu das. Und nicht zu selten, sonst geht es zu langsam. Weil ich hätt schon gerne auch noch was von der Brut, die nach mir kommt!«

Auf diese derbe Weise wurde die Verlobung besiegelt. Die Hochzeit sollte nach den Vorstellungen der Familie Dussler noch in diesem Sommer stattfinden.

»Ist das nicht ein bisschen arg schnell?«, wagte Paul einzuwenden, doch der Brautvater schüttelte entschieden den Kopf. »Es besteht kein Grund, lange zu warten. Ganz im Gegenteil, wenn ich an die Sache in der Stuhlkammer denke.«

So einigte man sich auf Samstag, den 22. Juli, den letzten möglichen Termin vor der Ernte von Getreide, Kartoffeln und Rüben, die sich bis weit in den Oktober hineinziehen würde.

Als Paul an diesem Abend nach Hause kam, tischte Anna sein Lieblingsgericht auf: zarten Kalbsbraten, langsam in Butter angebraten und danach im eigenen Saft geschmort. Dazu gab es Kartoffelbrei und ein Kompott aus den harten, lilafarbenen Äpfeln von dem Baum neben der Scheune beim alten Haus.

Anna pflegte die Apfelschnitze mit saurem Most aufzukochen; danach fügte sie eine Stange Zimt und einige getrocknete Nelken hinzu und würzte das Ganze mit ein paar Spritzern frischem Zitronensaft. Normalerweise gab es diese Speise nur an hohen Feiertagen, schon weil Zitronen schwer zu bekommen und teuer waren.

»Du steckst also mit im Komplott«, folgerte Paul, als seine Mutter ihm eine dicke Scheibe des Kalbsbratens auf seinen Teller legte.

»Was heißt hier ›Komplott‹?«, erwiderte Anna nüchtern. »Wenn der Ochs nicht freiwillig seinen Futtertrog findet, dann wird man ihm doch einen Schubs in die richtige Richtung geben dürfen, oder?!«

Zu gerne hätte Paul ihr entgegnet, als »Ochs« sei er nicht imstande, den Herzenswunsch seines künftigen Schwiegervaters zu erfüllen, doch er unterließ die Anspielung. Es gab Dinge, bei denen seine Mutter keinen Spaß verstand, und ebensolche gehörten dazu.

Stattdessen lud er sich eine gehörige Portion Kartoffelbrei neben das Fleisch und zog dann mit der Löffelkante eine Rinne, in die er genüsslich Bratensoße träufelte.

Anna schaute ihm kopfschüttelnd zu. »Du bist noch immer der gleiche Kindskopf wie früher«, sagte sie, ein bisschen pikiert und gerührt zugleich.

»Stimmt. Und so was zwingt man zum Heiraten«, schoss Paul zurück und grinste über das ganze Gesicht.

Anna lachte und drückte einen Moment lang seinen schwarzen Wuschelkopf an ihren Bauch, aus dem er einst hervorgeschlüpft war. Es war eine liebevolle Geste, eine, die sie sich nur selten gestattete. Niemals würde sie so etwas zugeben, aber insgeheim wusste sie, dass Paul, der ungebärdigere ihrer Zwillinge, ihr immer näher gewesen war als der leichter lenkbare Peter.

»Es wird ruhig werden im Haus, wenn bald auch du ausziehen wirst!«

»Du hast ja noch immer die Else!«

Die wird mir auch bleiben, dachte Anna, die nicht dazu neigte, sich etwas vorzumachen. Denn Else, die jetzt fünfzehn Jahre zählte, war genauso, wie sie selbst einmal gewesen war: groß, knochig, sommersprossig und rothaarig. Und auch sie neigte zur Spitzzüngigkeit.

Anna Pasqualini unterdrückte einen Seufzer. Sie hatte sich längst entschlossen, ihrer Tochter alles beizubringen, was sie selbst gelernt hatte, auch wenn sie mittlerweile beim Schneider in die Lehre ging. Denn eine Frau, die in der Lage war, ihr Brot selbst zu verdienen, war nicht darauf angewiesen, irgendeinen Mann erhören zu müssen und sich ihm zu unterwerfen, nur damit er sie unterhielt. Und ein zweites Wunder, wie Stefano es für sie gewesen war, dürfte mehr sein, als Gott einer einzigen Familie zubilligte.

Ihre Tochter Else, dessen war Anna sich nahezu sicher, würde *das* Schicksal treffen, das eigentlich *ihr* zugedacht gewesen war: eine alte Jungfer zu werden, der nichts anderes blieb als ihre beruflichen Fertigkeiten, die Tröstungen der Religion und hin und wieder ein Gläschen Schlehenlikör.

4 Der Tag des Schreckens war der 19. Juli 1933, und er begann ausgesprochen harmlos mit strahlendem Sonnenschein, ein paar Schäfchenwolken und einem reichhaltigen Frühstück, an dem nur Mutter und Sohn teilnahmen. Else war in die Kreisstadt gefahren, um die Berufsschule zu besuchen, Paul aber war zu Hause geblieben, weil an diesem Tag seine Habseligkeiten umgezogen werden sollten.

Anna briet Eier und Speck und verlor kein tadelndes Wort, als Paul in den kühlen Vorratskeller schlich, wo die Kuchen und Buttercremetorten sich auf dem Regal bereits ein Stelldichein gaben.

Paul schnitt ein dickes Stück von Annas Marmorkuchen ab, den er ganz besonders gern mochte. Eigentlich waren die Kuchen allesamt für die Kaffeestunde am Hochzeitsnachmittag gedacht.

Ist doch egal, dachte Anna wehmütig. Wenn's ihm nur schmeckt. Nur noch drei Tage ist er im Haus!

Konstanze, die am Ende des Frühstücks auch noch erschien, unkte natürlich herum, dass der vorzeitige Verzehr von Hochzeitskuchen nur Unglück bringen könne, was Paul beträchtlich erheiterte.

»Dann nehm ich am besten noch ein weiteres Stück«, frotzelte er. »Damit sich das Unglück rentiert!«

Konstanze schüttelte erschrocken den Kopf und setzte zu einer längeren Rede über den verborgenen Sinn des Aberglaubens an, doch sie kam nicht weit damit, denn der Vater der Braut war mit dem Lieferwagen der Firma eingetroffen und zeigte dies durch lautes Gehupe an.

Man stieg gemeinsam in den oberen Stock, um Schrank und Bettgestell auseinanderzuschrauben und in transportfähige Einzelteile zu zerlegen.

Fürsorglich legte Anna alte Säcke auf die Ladefläche des Lieferwagens, damit nichts beschädigt wurde. Sie hatte sich so viel Mühe gegeben und die Möbelstücke mit ihrer selbst gefertigten Politur derart zum Glänzen gebracht, dass man sie für neu halten konnte.

»Obacht, Obacht!«, schrie sie denn auch, als die beiden Männer die Lasten über die schmale Treppe ins Dachgeschoss des Druckereigebäudes hochwuchteten.

»Das Gemälde kommt hierher, gleich neben den Schrank«, ordnete Margret inzwischen an und wies ihrem Vater die Stelle, an der er den Nagel einschlagen sollte.

»Welches Gemälde?«, erkundigte sich Paul erstaunt.

»Das von der Urgroßmutter aus dem Schwarzwald! Sie hat mir's vermacht, mir ganz persönlich«, erläuterte Margret, und ihre Mutter fügte wichtig hinzu: »Es ist von einem berühmten Maler und soll sehr kostbar sein!«

Paul betrachtete das Porträt, das neben einer Kommode seiner zukünftigen Schwiegereltern auf einem Stuhl stand, und ein heftiges Unbehagen befiel ihn.

Das Ölbild zeigte eine ältere Frau in Schwarzwäldertracht. Auf dem Haupt trug sie den bekannten Bollenhut, doch das war es nicht, was ihn störte. Die Alte hatte ein scharfes, verkniffenes Gesicht, aus dem Sturheit und Arroganz abzulesen waren. Die lauernden Augen stachen wie Waffen daraus hervor.

»Die kommt mir nicht in mein Schlafzimmer!«, entfuhr es Paul, noch bevor er darüber nachdenken konnte.

»Was heißt ›in dein Schlafzimmer‹?! Das ist das Haus von meinem Vater und meiner Mutter, und ob das Bild hier hängt oder nicht, ist demnach *unsere* Sach und nicht die deine!«

Das waren andere Töne als die, die er bisher gehört hatte.

Paul drehte sich um, so langsam, dass es seiner Mutter, die neben der Tür stand, himmelangst wurde.

Er musterte seine Braut mit einem langen Blick, und ein bleiernes Schweigen breitete sich im Raum aus.

»Nimm das zurück, Margret, aber ganz schnell«, sagte Paul dann mit einer unnatürlichen Ruhe.

Margret zog ein unentschlossenes Schnütchen. Sie sah ihre Mutter an, die eben begonnen hatte, die Matratzen mit einem Schonbezug zu überziehen, und sie blickte zu ihrem Vater, der – den Nagel in der einen Hand, den Hammer in der anderen – neben dem umstrittenen Bild wartete.

Margret bemerkte Annas erschrockene Miene, die so aussah, als höre sie das erste Grollen eines drohenden Gewitters.

Sie betrachtete auch ihren künftigen Mann, und ohne jeden Zweifel begriff Margret, dass es bei der blitzschnell entstandenen Auseinandersetzung nicht nur um dieses Bild ging, sondern um ihre künftige Position. Denn Paul erwartete ganz offensichtlich, dass sie nachgab. Sie hatte aber keine Lust dazu, nicht die allergeringste. Schließlich war *er* derjenige, der einheiratete. Der durch sie nicht nur das Wohnrecht im Haus erwarb, sondern auch den Chefsessel im Betrieb bekommen würde. Besser, sie stellte sofort klar, wer das Heft in der Hand haben würde in dieser Ehe. Und ihre Eltern waren derselben Meinung, das wusste sie ganz ohne Worte.

»Das Bild kommt dorthin, wo ich gesagt habe!«, erklärte sie deshalb mit lauter Stimme, hob kämpferisch das Kinn und schaute ihrem Bräutigam in die Augen.

Unglücklicherweise stand Margret direkt vor dem Bild, und plötzlich erkannte Paul, was es gewesen war, das sein Missbehagen ausgelöst hatte. Die Frau auf dem Gemälde und Margret glichen sich auf eine perfide Weise: Die Alte wirkte wie eine bitterböse Karikatur seiner Braut. Mit hellsichtiger Gewissheit wusste Paul in diesem Moment, dass Margret in vierzig Jahren nicht nur so aussehen, sondern auch so *sein* würde.

»Nimm es zurück, Margret«, murmelte er noch einmal, doch es war eine hilflose, kraftlose Forderung. Zu sehr war ihm klar, dass sie vergeblich sein würde.

»Schlag zu, Vater«, befahl Margret.

Erich Dussler nickte befriedigt, setzte den Nagel an und trieb ihn in die Wand. Schon beim dritten Schlag war Paul an ihm vorüber und auf dem Treppenabsatz.

Anna lief wieselflink hinter ihm her. Sie kannte ihre Kinder.

»Das hat sie doch nicht so gemeint, Paul!«, rief sie ihm angstvoll hinterher.

Paul blieb stehen und wandte sich zu ihr um. »Ich denke doch, Mutter«, erwiderte er um Fassung bemüht und ging dann vollends die Treppe hinab.

Anna machte noch Anstalten, ihm zu folgen, doch Margrets Mutter war hinter sie getreten und legte ihr die Hand auf die Schulter. »Wirst ihm doch nicht nachrennen«, sagte sie und drängte Anna zurück in das Schlafzimmer. »Der wird sich schon wieder beruhigen!«

**5** Die Nacht war mild und wolkenlos. Der frühsommerliche Sternenhimmel glitzerte über den schwarzen Wipfeln des Franzosenwalds, Nachtvögel schwebten vorüber, und geheimnisvolle, raschelnde Geräusche drangen vom Boden nach oben.

Paul saß auf dem Vorbau des Baumhauses, das er zusammen mit seinem Bruder in der Kindheit gebaut hatte. Die Hütte war noch erstaunlich stabil. Im Licht des Mondes sah er eine der Schrauben aufblitzen. Sie war neu, ebenso wie verschiedene Bretter, die ausgetauscht worden waren, wie er nach einem prüfenden Blick feststellte.

Ohne dass es ihm bewusst wurde, huschte ein Lächeln über

Pauls Gesicht. Jetzt wusste er, wo sein Bruder und dessen jetzige Frau ihre vorehelichen Zärtlichkeiten ausgetauscht hatten.

Der Zorn und die Entrüstung darüber, wie Margret ihn vorgeführt hatte, waren verflogen und einer sonderbar kühlen, beinahe unwirklichen Lethargie gewichen.

Pauls Herz klopfte ruhig, er fühlte sich körperlos, und seine Gedanken hatten aufgehört, ihn zu quälen.

In dieser Erstarrung saß er viele Stunden, hellwach und dennoch der Wirklichkeit völlig entrückt. Erst der Schlag der Kirchturmuhr zur dritten Morgenstunde drang wieder in sein Bewusstsein.

Paul erhob sich, und das Leben kehrte in ihn zurück. Er reckte sich, um die steifen Glieder aufzuwärmen, dann kletterte er vorsichtig die Leiter hinab.

Er machte sich unverzüglich auf den Weg zur Druckerei. Ohne Mühe fand er im Dämmerlicht des frühen Morgens durch den Gemüsegarten zum Papierlager, das sich in einem Anbau des Druckereigebäudes befand. Er suchte sich einen faustgroßen Stein, und mit einem kurzen, heftigen Schlag stieß er ein Loch in die Fensterscheibe. Klirrend zerbrach diese, doch die Scherben fielen auf einige Kartons, die sich an der Innenseite der Wand direkt unter dem Fenster befanden.

Obwohl die Wahrscheinlichkeit gering war, dass jemand der Dusslers, die zur entgegengesetzten Seite des Hauses hin schliefen, erwachen würde, wartete Paul gut eine Viertelstunde ab. Danach zog er Hemd und Unterhemd aus, wickelte sich beides um die rechte Hand und den rechten Arm, griff durch das Loch in der Scheibe und öffnete den Fensterflügel. Anschließend kletterte er in den Lagerraum.

Dort zog er sich die Schuhe aus und ging mit traumwandlerischer Sicherheit durch die dunklen Gassen zwischen den hoch aufgetürmten Papierkartons. Er öffnete die unverschlossene Tür zur Druckerei, durchquerte diese und gelangte schließlich ins Chefbüro. Auch dort machte sich Erich Dussler nie die Mühe, die Tür abzuschließen. Alles, was von Wert war, befand sich ohnehin im Tresor.

Natürlich kannte Paul längst den Code, mit dem dieses Ungetüm zu öffnen war. Zu oft war er neben oder hinter dem Chef gestanden, als dieser die Zahlenkombination eingegeben hatte.

Dussler war kein Mann, der besondere Vorsicht walten ließ oder so etwas wie Fantasie besaß, denn die Zahlen waren nichts anderes als seine Geburtsdaten.

Paul entnahm dem Tresor eine Stahlkassette und setzte sich damit an den Schreibtisch seines Chefs. Im fahlen Frühlicht des anbrechenden Tages zählte er gewissenhaft das Papiergeld, das sich in der Kassette befand.

Es handelte sich um eintausendvierhundert Mark.

Paul nahm ein leeres Blatt Papier aus dem Schreibtischfach und griff nach Erich Dusslers Füllfederhalter.

»Vollmacht«, schrieb er in sauberen Druckbuchstaben in die Mitte des Blatts, und danach: »Hiermit ermächtige ich Herrn Erich Dussler, Druckereibesitzer in Wisslingen, Stauferstraße 3, von meinem Konto bei der Sparkasse, Zweigstelle Wisslingen, den Betrag von 1400,– Mark abzuheben. Die Zahlung dient zum Ausgleich eines Darlehens.

Wisslingen, den 20. Juli 1933, Paul Pasqualini.«

Geduldig wartete Paul, bis die Tinte getrocknet war. Danach faltete er das Blatt zusammen und legte es anstelle des Geldes in die Kassette.

Er stellte die Kasse zurück in den Tresor und verschloss diesen sorgfältig. Dann knöpfte er sein Hemd wieder zu, das er zuvor nur übergestreift hatte, und steckte das Bündel Scheine in seine Hosentasche. Schließlich ging er den gleichen Weg zurück, den er gekommen war.

Nachdem er aus dem Fenster in den Garten geklettert war, setzte er seine Schritte so vorsichtig wie zuvor. Kein einziger Salatkopf, keine Kohlrabipflanze und kein Ästchen der Staudenbohnen hatten Schaden genommen, als er die hölzerne Gartentür wieder hinter sich zuzog.

Die Überlegung, nach Hause zu gehen, um seine Kennkarte zu holen, hatte er gleich wieder verworfen. Er würde nie bis zum Sekretär seines Vaters gelangen, wo der Ausweis in der oberen Schublade lag, ohne vorher von seiner Mutter gestellt zu werden. Und es dürfte einfacher sein, ohne Papiere zu reisen, als sich von Annas Vorhaltungen und Bitten nicht ganz davon abhalten zu lassen.

An einen Rücktritt von der Hochzeit aber, die übermorgen stattfinden sollte, und gleichzeitig ein Bleiben in Wisslingen war nicht zu denken. Eher hätte der Brautvater ihn mit gezückter Pistole zum Jawort gezwungen, als eine solche Demütigung hinzunehmen.

Zügig, aber ohne Hast marschierte Paul die alte Straße zur Stadt entlang und erreichte den Bahnhof, kurz bevor der Frühzug einfuhr.

Als Anna gegen acht Uhr aus ihrem Bett hochfuhr und feststellen musste, dass sie nach der durchwachten Nacht am Ende doch noch verschlafen hatte, befand sich Paul bereits auf dem Ulmer Hauptbahnhof und wartete auf den Schnellzug, der ihn via Mailand und Rom nach Neapel bringen sollte. Etwas anderes war ihm in der Eile nicht eingefallen, ganz abgesehen davon, dass das »geliehene« Geld nicht ausreichen würde, um nach Amerika oder Kanada auszuwandern.

Er hatte keine Ahnung, was seinen Vater damals wirklich dazu bewogen hatte, seine Heimat zu verlassen; ob es nur die Suche nach Arbeit gewesen war oder ob noch andere Dinge eine Rolle gespielt hatten. Seine eigenen Gründe, die Rückwanderung in das Vater-Land anzutreten, waren jedoch ebenso klar wie berechtigt: Sein langes Zaudern, der Cheftochter einen Antrag zu machen, war nichts anderes gewesen als die Warnung aus dem Unbewussten. Niemals hätte er in einer Ehe mit Margret Dussler sein Glück finden können, dessen war Paul sich inzwischen gewiss. Und Flucht war für ihn die einzige Möglichkeit, um aus der Geschichte herauszukommen.

Er verdrängte energisch jeden Gedanken an seine Mutter, an Peter und Else, auch an Margret, und schaute dem Ungeheuer von Lokomotive entgegen, das sich jetzt näherte.

Gut, er würde ohne Papiere zwei Grenzen überwinden müssen, aber im Moment besaß Paul den Optimismus der Verzweiflung.

Es würde ihm schon etwas einfallen. Um Ideen, die aus Schwierigkeiten herausführten, war er noch nie verlegen gewesen. Und Glück gab es überall für die, die es suchten.

Als der Zug anruckte, konnte er sich ein grimmiges Lächeln nicht verkneifen. Schade, dass er es nicht mit ansehen konnte, wenn Erich Dussler von dem Darlehen erfuhr, das er dem Beinahe-Schwiegersohn »gewährt« hatte.

**6** Das dritte Mal, als Sofia Orlandi und Paul Pasqualini sich begegneten, wurde von beiden nicht registriert.

Sofia saß neben Conte Massimo Palieri in dessen Bugatti mit dem neuen DOHC-Vierventiler-Motor, einem Geschoss mit 225 PS, und führte eine leidenschaftliche Auseinandersetzung.

»Von Heirat war nie die Rede, Massimo. Ganz abgesehen davon, dass deine Karriere einen Knick bekommen und deine Familie kopfstehen würde!«

»Und ich sage dir: Beides ist mir völlig egal. Du bist die schönste Frau, die ich kenne – und ich liebe dich, Sofia!«

Massimo war intelligent, gebildet, charmant, ein fantastischer Liebhaber und ein sturer Hitzkopf. Sofia mochte ihn mehr als irgendeinen anderen Mann, seitdem Stefano tot war. Sie war unvorsichtig gewesen und hatte ihm mehr Gefühle eingeräumt, als ihr klar gewesen war, bemerkte sie jetzt.

Eben in diesem Moment fuhren sie an Stefanos Sohn vorüber, der ganz in Gedanken versunken auf dem Weg zu den Eltern seines Vaters war. Obwohl er sonst ein begeisterter Autofanatiker war, hob Paul diesmal nur kurz den Kopf, so sehr war er von seiner abenteuerlichen Reise nach Italien noch mitgenommen.

Wenige Meter weiter hielt Massimo Palieri am Straßenrand an, ließ Sofia aussteigen und brauste mit seinem schwarzen Fahrzeug davon.

Sofia blickte ihrem Liebhaber nach, der nun zum abgewiesenen Bräutigam geworden war, schüttelte dann nachdenklich den Kopf und wandte sich der Villa zu.

Den jungen Mann auf dem Gehweg bemerkte sie nicht einmal. Stattdessen verzog sie die Lippen zu einer ratlosen Grimasse. Hatte sie vielleicht doch einen Fehler gemacht? Sie dachte noch einen Moment darüber nach, aber sie war sicher, richtig gehandelt zu haben. Nach spätestens zehn weiteren Jahren hätten sowohl Massimo als auch sie eine andere Entscheidung bedauert, vielleicht sogar verflucht.

Massimo hätte sie mit Frauen verglichen, die zwanzig Jahre jünger gewesen wären, und sie selbst hätte die kleinen Aussprachen mit ihrem Spiegel in ganz anderer Weise führen müssen: angstvoll und sich dessen gewiss, dass die Niederlage nicht aufzuhalten war.

Es war gut, wie es gekommen war. Sie hatte die Tür endgültig zugeschlagen, denn kein Mann verkraftete es, wenn man ihm sagte, er sei nichts anderes gewesen als ein Surrogat, ein Ersatz für den einzigen wirklichen Geliebten, den man verloren hatte.

Dabei war es nichts als die Wahrheit.

Tatsache aber war, dass die von ihr selbst herbeigeführte Trennung ihr mehr Schmerzen bereitete, als Sofia es sich hätte vorstellen können. Sie konnte die Tränen gerade noch unterdrücken, bis sie die Haustüre hinter sich geschlossen hatte. Danach hastete sie wie von Furien gejagt durch die Halle zur Treppe und nach oben. Sie wollte nichts anderes mehr, als sich in ihr Zimmer zu begeben, die Läden zu schließen und sich in die Kissen zu vergraben.

Doch noch bevor sie die rettende Zimmertür erreicht hatte, humpelte Tante Serafina um die Ecke. Sie blieb stehen, stützte sich mit beiden Händen auf ihren Stock und warf ihrer Nichte einen einzigen Blick zu.

»Mein armes Kind«, sagte sie dann. »Leg dich ins Bett, Sofia. Ich werde dir eines von meinen Pulvern bringen!«

»Danke. Danke, Tante Serafina«, murmelte Sofia, ohne ihr bleiches Gesicht zu senken. Dann ging sie in ihr Zimmer, warf die Kleider von sich, schloss die Fensterläden und legte sich unter die kühle, damastbezogene Decke.

Sie hoffte, den Migräneanfall, der sich bereits durch spitze Stiche über dem linken Auge ankündigte, noch aufhalten zu können. Halbdunkel, Bettruhe und ein Mokka boten eine kleine Chance. Und Tante Finas Pulver natürlich.

Trotz aller Vorsichtsmaßnahmen drang ein heller Sonnenstrahl durch eine Ritze des hölzernen Ladens. Er sprang Sofia an wie die Kralle eines wilden Tieres, sodass sie einen lauten Schrei ausstieß. Und nicht genug, er brachte den golden genähten Hohlsaum an Sofias Leintuch zum Glitzern. Sofia stöhnte und verwünschte das Hausmädchen, das ausgerechnet zu diesem Laken gegriffen hatte, obwohl sie es ganz unten in die Wäschetruhe gesteckt hatte. Vermutlich hatte das junge Ding ihr sogar eine Freude damit bereiten wollen.

Die Tränen, die bereits versiegt waren, brachen erneut hervor.

Vor Sofias innerem Auge zog, in rascherer Folge, als es in den modernen Kinematografen geschah, ihr Leben vorbei. Ihr armes, verlorenes Leben.

Was immer nach der Begegnung mit Stefano gewesen war – und was noch sein würde –, es würde nie mehr die Dichte und Tiefe der Gefühle erreichen wie damals, in diesen beiden Wochen, in denen sie wirklich geliebt hatte.

Der Schmerz über den Verlust Stefanos war unheilbar.

Der Abschied heute dagegen löste nicht viel mehr in ihr aus als das Ende der Beziehung mit dem Reitlehrer oder mit Antonio Ferrera: eine Gemütsverstimmung, die einer Krankheit der Organe glich, einer Unpässlichkeit des Magens etwa oder einer Darmgrippe. Nach anfänglich krampfartigen Beschwerden halfen eine gewisse Enthaltsamkeit, Ruhe, ein geregeltes Leben und viel frische Luft, um sich davon zu erholen. Was neuerliche Infektionen nicht ausschloss, wie Sofia inzwischen wusste.

Massimo würde ebenfalls leiden, aber er war zehn Jahre jünger als sie und würde rascher genesen.

Wirklich schlimm an alledem war der Umstand, dass sie über diesen Trennungen von Männern, die nur eine unbedeutende und vorübergehende Rolle in ihrem Leben spielten, den großen, endgültigen Abschied von Stefano jedes Mal aufs Neue erleben musste.

Die Tür wurde geöffnet, und Tante Fina schwankte herein. Sie hatte auf den Stock verzichtet und hielt ein Tablett in der Hand, auf dem sich ein winziges Mokkatässchen und ein Glas mit dem aufgelösten Pulver befand.

Sofia hob den Kopf und nahm die Tasse vom Tablett. Der

Mokka war stark, süß und heiß. Tante Serafina nahm die leere Tasse wieder entgegen und reichte ihrer Nichte das Glas mit der Medizin. Die Arznei war milchig wie Alabaster und schmeckte gallenbitter, doch sie würde helfen. Sofia trank bis zum Bodensatz und stellte das Glas auf das Tablett zurück, das Serafina auf dem Nachttisch deponiert hatte. Dann schloss sie die Augen und seufzte.

Serafina Mazone strich sanft über das Haar ihrer Nichte und sagte: »Es wird irgendwann einmal nachlassen, Sofia. Mit jedem Jahr, das du älter wirst, wird die Auflehnung gegen das Schicksal geringer werden. Eines Tages wird dir ein Gläschen Portwein, ein bisschen Handarbeit und die Erinnerung an das, was wesentlich war, genügen!«

»Ich hoffe es, Tante Fina!«, flüsterte Sofia erschöpft und spürte erleichtert, wie das Pulver die Stiche abpolsterte.

»Glaub mir. Ich habe es ausprobiert«, hörte sie Tante Fina noch sagen, bevor das Pulver eine neue Welle der Wohltat über sie hinwegspülte und sie ins Nichts hinüberglitt.

## 7

»Io figlio di Stefan«, sagte Paul überdeutlich und wünschte sich – nicht das erste Mal in den vergangenen zwei Wochen –, am Pfingstwunder teilgenommen zu haben, von dem der alte Pfarrer so anschaulich zu erzählen gewusst hatte. Mit fremder Zunge sprechen, einfach so, ohne eine Sprache erlernen zu müssen.

»Figlio di Stefano«, korrigierte er sich, als er die weit aufgerissenen Augen der dicken alten Frau sah.

»Venire da Germania. Io sono Paul. Paolo«, verbesserte er sich rasch. »Paolo Pasqualini«, erklärte er eindringlich, um alle Unklarheiten zu beseitigen.

»Paolo. Il figlio di Stefano«, kreischte jetzt die Frau, von der Paul annahm, dass sie seine Großmutter sei.

Sie umarmte ihn euphorisch und drückte ihn an ihren ausladenden Busen. Paul roch Olivenöl, Hefe und Thymian; das Kraut hatte auch sein Vater im Hausgarten angebaut.

Dann stemmte sich die Matrone wieder von ihm weg und tastete sein Gesicht mit fragenden Blicken ab. Ihre Augen füllten sich mit Tränen, sie schluchzte laut auf und brabbelte Worte, die Paul nicht verstehen konnte. Schließlich stellte sie sich auf die Zehenspitzen, klemmte seine Wangen zwischen ihre Hände und drückte ihm einen schmatzenden Kuss mitten auf den Mund.

In einem Reflex wischte sich Paul mit dem Handrücken über die Lippen, um gleich danach zu erschrecken: Hoffentlich hielt die Frau dies nicht für eine Geste des Ekels oder der Unhöflichkeit.

Doch Maria Pasqualini hatte bereits anderes im Sinn. Sie rannte zu einer Tür und riss sie auf. »Cesare, Roberto, Rosalia!«, schrie sie mit überkippender Stimme. »Il figlio di Stefano! Che giorno meraviglioso!«

Nacheinander erschienen in der Türöffnung ein Mann Anfang siebzig, ein weiterer um die fünfzig sowie eine Frau, die Mitte vierzig sein mochte.

Die Familienähnlichkeit war so ausgeprägt, dass eine Verwechslung unmöglich war. Der jüngere Mann, dessen Oberkörper unbekleidet und braun gebrannt war, musste ein Bruder seines Vaters sein.

Paul starrte ihn an wie eine Erscheinung.

Der ältere Mann, der eine verstaubte Arbeitshose und ein halbärmeliges Hemd von unbestimmter Farbe trug, wirkte wie ein gealtertes Abzugsbild der Söhne: desjenigen, den Paul hier betrachten konnte, und des anderen, dessen Bild unauslöschlich in seinem Gedächtnis verankert war.

Cesare Pasqualini vergaß auf der Stelle all die zahlreichen Verwünschungen, die er gegen seinen Sohn Stefano ausgestoßen hatte. Er trat auf den fremden und doch so vertrauten jungen Mann zu, schlang seine Arme, die immer noch harte Muskeln aufwiesen, um den Enkel und begann ebenfalls zu schluchzen und zu stammeln.

Roberto Pasqualini hingegen betrachtete die Szene mit gemischten Gefühlen. Was wollte der Junge? War er erschienen, um irgendwelche Ansprüche geltend zu machen? Er tauschte einen raschen Blick mit Rosalia, seiner Frau, und sah, dass sie seine Befürchtungen teilte.

Denn so wenig die Familie auch vom Leben Stefanos nach seiner Flucht erfahren hatte, die Nachricht seines Todes hatte sie erreicht.

Vor mehr als zehn Jahren hatte Cesare ein amtliches Schreiben erhalten, in dem ihm mitgeteilt wurde, sein Sohn Stefano Pasqualini, geboren in Neapel, sei in Deutschland in einem Ort namens Wisslingen verstorben. Die pflichtbewusste schwäbische Administration hatte diese Nachricht dem italienischen Geburtsstandesamt übermittelt und eine Todesurkunde beigelegt, die mit Unterschriften und Stempeln übersät war.

Da niemand die Botschaft lesen konnte, die Insignien der deutschen Bürokratie ihren Eindruck aber nicht verfehlten, hatte man das Dokument übersetzen lassen und eine Kopie dieser Übersetzung dem Vater des Toten zugesandt.

Die Frau, von der Paul annahm, dass sie seine Großmutter sei, stieß nun eine rasche Folge von Befehlen aus, die den überwiegenden Teil der Versammelten dazu brachte, eilig den Raum zu verlassen. Ihn aber packte sie an der Hand, zerrte ihn in die angrenzende Küche, wo sie ihn auf eine Bank nötigte und mit Wasser, Wein und Oliven bewirtete.

Unaufhörlich sprach sie auf ihn ein, lachte und weinte zugleich und unterbrach ihre Tätigkeiten nur dann, wenn sie beschlossen hatte, ihn wieder zu küssen oder zu streicheln.

Der Wein machte den ungewohnten Gefühlsüberschwang erträglicher, und nach dem zweiten Glas begann Paul, die Liebesbezeigungen zu genießen. In seinem bisherigen Leben hatte sich ihm noch niemand mit einer solchen Herzlichkeit zugewandt. Nicht seine Mutter, auch nicht Konstanze, die spröde Else schon gar nicht, und selbst seine Braut Margret hatte, abgesehen von dem Vorfall in der Stuhlkammer, keine derartigen Zärtlichkeiten gewährt.

Dem Aperitif in der Küche schloss sich ein üppiges Mahl im Freien an, unter einem duftenden Blätterdach aus Rosen und wildem Wein. Immer neue Variationen von Nudeln, Fisch und Fleisch wurden zusammen mit beträchtlichen Mengen roten Weins in den Magen geschaufelt und gespült, begleitet von unablässigem Geschnatter, Gelächter und immer neuen Umarmungen und Küssen.

Sogar der etwas düster blickende Onkel Roberto taute dabei sichtlich auf, obwohl er von seiner kleinen, offensichtlich aber bärbeißigen Frau Rosalia immer wieder zurechtgewiesen wurde.

Paul gab irgendwelche Ereignisse oder Episoden von seinem Vater, von Anna und seinen Geschwistern zum Besten. Und es gelang ihm trotz der Sprachbarrieren, die Quintessenz dieser Geschichten zu vermitteln, sodass seine Verwandten immer wieder Tränen lachten.

Als Paul sich weit nach Mitternacht in ein Bett begab, wusste er mit Sicherheit, dass einstmals sein Vater hier geschlafen hatte. Er wusste, dass nichts seit dessen Weggang hier verändert worden war. Und er war überzeugt davon, ein geliebter Enkel, Neffe und »Onkel« zu sein, denn es hatte sich herausgestellt, dass Roberto und Rosalia vier Kinder unterschiedlichen Alters besaßen.

Er wusste auch, dass Roberto befürchtet hatte, das ihm inzwischen überschriebene Geschäft mit dem neuen Neffen teilen zu müssen, und er war überzeugt davon, dass er dem Onkel hatte beibringen können, wie unnötig solche Überlegungen waren. Jedenfalls hatte ihn Roberto auch mehrmals umarmt und geküsst.

Paul war ein wenig betrunken, aber es war weniger ein Rausch, der dem Wein entsprang, als die Berauschung durch so vielfältige Gefühle. In einiger Entfernung hörte er das Geräusch des Meeres, und er empfand dies als letzten Akt der freudigen Begrüßungen. In gewisser Weise hatte er das Gefühl, angekommen zu sein – bei sich und den Seinen. Vielleicht war das Heimatgefühl doch nicht ausschließlich eine Frage der geographischen Lage, sondern hatte mehr mit Personen und gemeinsamen Eigenschaften zu tun, als er bisher gedacht hatte.

Zum ersten Mal seit langer Zeit schlief er in dieser Nacht tief und zufrieden.

**8** Anna lag schlaflos in ihrem Bett. Noch immer ging ihr die geplatzte Hochzeit nicht aus dem Kopf. Das ganze Dorf hatte sich an den unnötig hergestellten Kuchen gütlich getan, und niemand hatte sich dabei die Kommentare versagt. Was Anna dabei besonders getroffen hatte, war der Vorwurf des angeblichen Diebstahls ihres Sohnes. Nachdem sie Erich Dussler deswegen zur Rede gestellt hatte, hatten sich die Wogen zwar wieder einigermaßen geglättet, doch die Geschichte war nun einmal in der Welt und nicht wieder einzufangen, weder durch Annas Beteuerungen noch durch die Richtigstellungen des Hirschwirts oder der Familie Dussler.

Die Wisslinger und Städter hatten schlichtweg Freude daran,

das Drama um die »italienische Hochzeit« immer weiter auszuschmücken und so erst zu einem richtigen Skandal zu machen. Und Anna kannte ihre Wisslinger gut genug, um zu wissen, dass diese die Beinahe-Hochzeit mit der sitzen gelassenen Druckerei-Braut niemals vergessen würden.

Paul. Mein armer Paul, dachte sie gequält und spürte das Zucken ihres bisher gesunden Herzens, die Säure in ihrem Magen und die Eiseskälte in ihren Beinen, obwohl die Sommernacht freundlich und warm war. Dann drehte sie sich auf die andere Seite und verwünschte Erich Dusslers Tochter. Warum hatte das dumme Ding auch den Mund nicht halten können? Anna hatte es gewusst, dass es Ärger geben würde, als sie das Gesicht ihres Sohnes gesehen hatte. Einen heftigen Streit hatte sie erwartet, ja, dies ganz bestimmt. Aber am Ende doch eine Versöhnung. Schließlich waren es ja nur zwei Tage bis zur Trauung gewesen.

Wo er nur war? Nachdem inzwischen mehr als zwei Wochen vergangen waren, schloss Anna es aus, dass Paul in absehbarer Zeit wieder zurückkehren würde. Wohin aber mochte die Halsstarrigkeit der drei Mal verdammten Margret ihn wohl getrieben haben?

Auch Peter war voller Sorge, obwohl er sich schon vorstellen konnte, wohin sein Bruder gegangen war. »Womöglich ist er ja nach Italien, in die Heimat vom Vater«, hatte er nach einigen Tagen vergeblichen Wartens zu seiner Mutter gesagt.

Dies aber hielt Anna für äußerst unwahrscheinlich. Wovon, um Gottes willen, sollte er dort denn leben? Paul war ein »Schweizer Degen«. Zum Drucken und Setzen aber war die Kenntnis der Sprache das wichtigste Rüstzeug.

In diesem Moment sah Anna die Maus, die unter dem Schrank hervortrappelte, und kalte Wut packte sie. Seitdem sie vor fast zweieinhalb Jahrzehnten ins neue Haus gezogen waren, hatte sie noch nie ein derartiges Getier in den Innenräumen bemerken müssen.

Anna griff nach dem *Ostalbboten*, der auf ihrem Nachttisch lag, rollte ihn zusammen und schlich auf bloßen Zehenspitzen in die Nähe des Schranks. Dort ging sie in die Hocke, holte aus und erlegte die Maus mit einem einzigen zornigen Schlag. Dann faltete sie die Zeitung wieder auf, schob den verkrümmten kleinen Leichnam darauf, öffnete das Fenster und warf das Nagetier schwungvoll hinab in den Blumengarten. Anschließend ging sie hinunter in die Küche und wusch sich ausgiebig die Hände. Als sie endlich wieder oben in ihrem Bett lag, stieg ihr plötzlich das Wasser in die Augen. Es war nicht zu fassen: Sie, eine Bauerstochter und penible schwäbische Hausfrau beweinte den selbst herbeigeführten Tod einer Maus!

Es dauerte bis zum Morgengrauen, ehe Anna sich eingestand, dass es die Sorgentränen um ihren verschwundenen Sohn Paul waren, die sie bisher mit eiserner Selbstbeherrschung zurückgedrängt hatte.

**9** In Neapel war Paul nur wenige Wochen geblieben.

Hauptsächlich war Robertos Frau daran schuld, die verschlossen wie eine Auster blieb und es den ungebetenen Gast spüren ließ, wie sehr sie darauf wartete, dass er sich wieder auf den Weg machte.

»Wir brauchen jetzt unbedingt das Zimmer deines Bruders«, hatte sie ihrem Mann vorgehalten. »Die Mädchen beginnen sich zu entwickeln, wir müssen sie von den beiden Buben trennen!«

Roberto hatte genickt. Dieses Thema war nicht zum ersten Mal zwischen ihnen besprochen worden. Und auch er konnte weder einsehen, dass man Stefanos Zimmer, wie es in der Vergangenheit geschehen war, zu einer Art Gedächtniskapelle erhob, noch dass sein Neffe sich darin dauerhaft einnistete und sich möglicherweise doch zu einer Gefahr fürs Geschäft entwickelte.

Maria Pasqualini spürte die feindseligen Unterströmungen und begann sich um den Familienfrieden zu sorgen. Schon war sie versucht, wieder einmal einen ihrer taktischen Herzanfälle zu bekommen, als sich eine unerwartete Lösung des Problems aufzeigte: Gina, die jüngste der Pasqualinigeschwister, machte, noch bevor zu Hause mit der Olivenernte begonnen werden musste, einen Besuch bei den Eltern. Sie war entzückt, ihren Neffen Paolo kennenzulernen, dessen Vater immer ihr Lieblingsbruder gewesen war.

»Komm doch mit mir«, schlug sie Paul bereits am dritten Tag ihres Besuchs vor. Gina wohnte mit ihrem Mann, der bei einer der reichen Familien Neapels als Pferdeknecht gearbeitet hatte, bevor er den elterlichen Bauernhof übernahm, in Pesciotta a Mare, einem kleinen Ort am Tyrrhenischen Meer in der Nähe des Capo Palinuro. Die Pivatos lebten vom Fischfang und ihren Olivenhainen.

»Bei uns gibt es immer Arbeit – und dich kriegen wir auch noch satt«, versicherte Gina unbeschwert.

»Und was wird dein Mann dazu sagen?«, fragte Paul, der die missfälligen Reaktionen seiner Tante Rosalia auf sein unerwartetes Erscheinen tagtäglich aufs Neue beobachten konnte.

»Mein Mann respektiert es, wenn ich etwas entscheide«, erwiderte Gina und lachte. Sie war eine hübsche Frau von achtunddreißig Jahren, wirkte unkompliziert und schien ein glückliches Eheleben zu führen. »Du wirst Giulio gern haben und dich bei uns wohlfühlen«, setzte sie nach, denn auch sie kannte ihre Schwägerin Rosalia.

So kam es, dass Paul zusammen mit seiner Tante Gina aufbrach, um auf dem Postschiff nach Pesciotta zu reisen.

Jeder der Verwandten hatte ihm noch etwas Geld zugesteckt – und jeder hatte dafür sein ganz persönliches Motiv: Cesare Pasqualini tat es, um die Vergangenheit auszugleichen, denn inzwischen hatte er längst begriffen, dass Stefano damals den Löwenanteil der Arbeit im Familienbetrieb geschultert hatte. Maria Pasqualini investierte in die Zukunft ihres deutschen Enkels. Roberto zahlte Paul für die geleistete Arbeit. Und Rosalia, die am Fischkutter ihres Vaters und dessen Erträgen beteiligt war, gab ihm das Geld aus Erleichterung darüber, dass er aus ihrem Leben verschwand.

Paul bedankte sich artig bei allen. Er hatte inzwischen gelernt, dass es übel aufgenommen würde, solche Gaben zurückzuweisen. Und er wusste, dass sie von Herzen kamen, sogar bei Roberto. Rosalias Scherflein allerdings wollte er nicht. Als er mit Gina zum Anlegesteg des Postschiffs marschierte, kamen sie an einer kleinen Kirche vorbei, die links und rechts von einer Mauer begrenzt war, hinter der sich ein Friedhof befand.

»Warte einen Moment, bitte«, bat er Gina und schlüpfte durch einen Torbogen, der in einen schattigen Kreuzgang führte. Dort öffnete Paul die schwere Tür der Kirche und betrat den Innenraum, der kühl und dämmrig war.

Er war noch nie in einer katholischen Kirche gewesen. Im ersten Moment empfand er die vielen geschnitzten und steinernen Heiligenfiguren, die in lebhaften Farben bemalt waren, die Stuckelemente an Decken, Wänden und Säulen, die reich bestickten Altartücher, die Samtportieren, Kerzen und Wandbilder, die zahlreichen Blumensträuße auf dem Altar und vor dem Abbild der Gottesmutter Maria als bedrängend und kitschig. Allmählich jedoch gewöhnte sich sein Auge an den ungewohnten Prunk und die Fülle, und er konnte geschmackvolle

Darstellungen von Heiligen und liebevoll gearbeitete Kunstwerke ausmachen. Schließlich sah Paul auch das, wonach er gesucht hatte: einen Eisenkasten für die Gaben der Gläubigen.

Er holte das Geld aus der Tasche, das er von Tante Rosalia erhalten hatte, und steckte es in den Öffnungsschlitz des Opferkastens. »Lass es gut mit mir weitergehen, Gott«, betete er in einem Anfall von Besorgnis und mit dem Blick auf das Kreuz, das vertraute Symbol seiner eigenen Religion. Dann nickte er den vielen Heiligen, deren Verehrung sein Glaube verbot, einen höflichen Abschiedsgruß zu und kehrte zu Gina zurück, die ihn im Schatten des Torbogens erwartete.

»Warum bist du eigentlich nach Italien gekommen, Paolo?«, erkundigte sich Gina, während der schwere Postdampfer sich durch die stahlblauen Wellen des Meeres südwärts kämpfte.

Erst in diesem Moment wurde Paul klar, dass keiner der Verwandten, die er soeben verlassen hatte, ihm diese Frage zu stellen gewagt hatte.

»Ich bin vor einer Ehe ausgerissen, die ich für falsch hielt«, bekannte er jetzt.

Gina lachte laut auf. »Es scheint sich nichts zu ändern auf der Welt!«

»Was bringt dich zu dieser Auffassung?«, fragte Paul etwas erstaunt.

»Na ja. Hast du dich denn nie gefragt, weshalb dein Vater nach Deutschland ausgewandert ist?«

»Doch. Natürlich. Er sagte, er war auf der Suche nach Arbeit!«

»Das sicher auch«, erwiderte Gina und zerkrümelte das letzte Stück des Weißbrots, das ihre Mutter als Wegzehrung eingepackt hatte. »Etwas Genaues weiß ich auch nicht«, gab Gina dann zu und warf die Brotreste über die Reling.

Die Möwen fingen sie noch in der Luft.

»Ich war ja damals fast noch ein Kind. Aber mein Eindruck war, dass es da wohl eine Liebesgeschichte gegeben hatte, eine verbotene Liebesgeschichte, verstehst du?«

Paul nickte mehrmals. »Was weiß man schon von seinen Eltern«, sagte er nachdenklich. »Man erlebt sie als … Einrichtung. Dass auch sie Menschen sind mit Sehnsüchten und Hoffnungen, dass sie Enttäuschungen erleben, die sie verändern und formen, die vielleicht sogar ihre Wege bestimmen, das begreift man, glaube ich, erst dann, wenn man ähnliche Erfahrungen gemacht hat!«

»Vermutlich«, stimmte Gina ihm zu und sagte sich, wie froh sie sein konnte, dass ihre Liebe zu Giulio noch nie mit ernsthaften Problemen behaftet gewesen war.

Paul aber ließ es zum ersten Mal seit seiner Flucht zu, dass er sich wirklich Gedanken über seine Mutter und seine Geschwister machte.

Am Verhalten seiner Großeltern hatte er gesehen, wie schwer es gewesen sein musste, mit der Ungewissheit zu leben. Wie wichtig es für einen Vater oder eine Mutter war, den Aufenthaltsort ihrer Kinder zu kennen, ihre Gedanken und Gefühle an klar umrissene Plätze schicken zu können.

Wie eine Strafe für seine bisherige Rücksichtslosigkeit klatschte ihm kalte Gischt ins Gesicht. Er grinste beschämt und beschloss, Anna zu schreiben.

**10** Gianni und Giacomo, die beiden Söhne Ginas, rannten ihnen entgegen und hängten sich fröhlich plappernd an die Röcke ihrer Mutter, als Pesciotta endlich erreicht war.

»Das ist ein Verwandter von euch, ein Sohn meines Bruders Stefano«, klärte Gina die beiden zehnjährigen Jungen auf, die kaum voneinander zu unterscheiden waren. »Paolo hat auch einen Zwillingsbruder!«

»Und wo ist der andere?«, erkundigte Gianni sich interessiert.

»Er ist in Deutschland geblieben«, sagte seine Mutter an Pauls Stelle.

»Geht so etwas denn?«, fragte Giacomo, der nur Giac genannt wurde, erstaunt. Er konnte sich nicht vorstellen, ohne Gianni irgendwohin zu reisen.

»Wenn man älter ist, schon«, erwiderte Gina diplomatisch.

Sie liefen durch die Weinberge und Olivenhaine, die unmittelbar nach dem Strandgürtel begannen, zu dem kleinen Bauernhaus, in dem die Pivatos wohnten.

Ein korpulenter, mittelgroßer Mann kam ihnen aus dem soliden Steinhaus entgegen. Er trug lediglich eine kurze Baumwollhose und war vom Kopf bis zu den Zehenspitzen mit gekräuselten schwarzen Haaren bewachsen. Nur ganz wenige Hautpartien waren davon ausgenommen: die Stirn, die Nase und zwei handtellergroße Stellen zwischen Brust und Taille.

»Das ist Paolo, Stefanos Sohn«, stellte Gina den eigenmächtig eingeladenen Gast vor.

Ein wenig beklommen betrachtete Paul den neuen Onkel, der ihn an die Abbildung eines Gorillas erinnerte, die er auf einem der Sammelbildchen gesehen hatte, die den schwäbischen Haferflockenpackungen beigelegt waren. Er konnte wegen der büschelhaft vorstehenden Brauen keinen Ausdruck in den verschatteten Augen feststellen.

Doch schon fühlte er sich haarig umarmt und an eine erstaunlich feste, muskulöse Brust gedrückt. Das Küssen versagte sich der Mann glücklicherweise, aber er rief Sätze aus, die Paul inzwischen mühelos als freundliche Begrüßung verstehen konnte.

Der junge Deutsche brauchte nicht einmal bis zum Ende des Abendessens, das aus vielen Oliven, Tomaten, frisch gebackenem Brot und einem gewaltigen, über offenem Feuer gegarten Fisch bestand, um zu wissen, dass er hier ohne Einschränkung willkommen war. Der Platz allerdings war etwas beschränkt, denn Giulios betagte Eltern und eine uralte Schwester der Großmutter, die pflegebedürftig war, sowie zwei weibliche Hilfskräfte wohnten ebenfalls mit im Haus.

»Wenn es dir nichts ausmacht, würden wir dich im ehemaligen Haus der Großtante einquartieren«, schlug Gina ihm vor. »Dort hast du mehr Ruhe, und wir wären froh, wenn das Haus nicht länger leer stünde!«

So wurde Paul der einzige Bewohner des kleinen Hauses, zu dem eine Remise gehörte, die als Vorratsschuppen und Werkstatt benutzt worden war. Gina und eine der Mägde halfen bei einem gründlichen Hausputz und dabei, einen Großteil der unsäglich vielen Möbel zu entrümpeln, die die ehemaligen Bewohner mindestens dreier Generationen angesammelt hatten.

»Der Remise zu ist das Dach nicht ganz dicht, und der größte Teil der Fenster ist schadhaft«, teilte Gina ihm mit. »Ich werde Giulio herüberschicken. Es wird noch mindestens zwei Wochen dauern, bis die Oliven reif genug für die Ernte sind, bis dahin hat er Zeit!«

Tatsächlich erschien ihr haariger Mann schon am nächsten Vormittag.

Paul hatte bereits die Remise besichtigt und Bretter gefunden, die er für geeignet hielt, um damit das schadhafte Dach zu reparieren.

»Bravo«, rief Giulio, als Paul ihm seine Absicht, untermalt von Gesten und ein paar neu erlernten Vokabeln, erklärte.

Zwei Wochen später waren das Dach winterfest gemacht, die zerbrochenen Fensterscheiben durch neue ersetzt und der Kitt in allen Rahmen erneuert worden. Und Paul lernte Tag für Tag, vor allem unterstützt durch die Zwillinge Gianni und Giac, die ihrem jugendlichen »Onkel« unnachsichtige Lehrer waren, neue Wörter in der Landessprache.

»Ein heller Kopf ist das, dein kleiner Neffe«, sagte Giulio, der fast dreißig Zentimeter kleiner war als Paul, eines Nachmittags zu seiner Frau, als sie zusammen die Olivenpresse reinigten.

»Das liegt bei uns in der Familie«, erwiderte Gina kokett.

»Dann hoffe ich, dass du es unseren Söhnen vererbt hast«, konterte Giulio, der nicht auf den Mund gefallen war. »Denn in unserer Familie gibt es leider nur Dummköpfe!«

»Und ich habe den Dümmsten von allen«, spottete Gina. Dann aber ging sie zu ihm und küsste ihn dort auf sein bärtiges Gesicht, wo sie den Mund vermutete.

Giulio lachte schallend, was seinen Brustkorb ebenso zum Schwingen brachte wie ein guter Spieler den Resonanzboden eines Klaviers. Dann packte er Gina und schleppte sie in die Ecke der Scheune, wo die Jutesäcke gelagert waren, die zum Transport der Oliven während der bevorstehenden Ernte dienen sollten.

»Du bist ja verrückt«, keuchte Gina, als sie zwischendurch wieder zu Luft kam.

Doch Giulio lachte erneut und erklärte ihr, dass dieses eben bei ihm in der Familie läge und sie nicht versuchen solle, ihm vorzumachen, sein Handeln gefalle ihr nicht.

Gina schlang ihre Arme um seinen haarigen Nacken und dachte dankbar, wie einfach das Glück bisweilen doch herzustellen war – und dass ein einfaches Glück das Beste von allem Denkbaren sei.

**11** Die Olivenernte war ein Ereignis, das sich bei manchen Bauern monatelang hinziehen konnte.

Nicht aber bei Giulio. »Am besten, das Öl kommt so schnell wie möglich in die Behältnisse. Je länger man die Früchte lagert, desto mehr leidet die Qualität darunter«, wurde Paul belehrt.

Zuerst ging es darum, die etwa haselnussgroßen Früchte aufzusammeln, und Paul packte kräftig mit an. In den ersten Tagen spürte er vom vielen Bücken und Tragen der Körbe und Säcke am Abend schmerzhaft den Rücken, doch im Prinzip war es nichts anderes als die Obsternte in der Heimat – nur wesentlich unterhaltsamer.

Giulio war ein lustiger Geselle und pflegte bei der Arbeit immer wieder zu singen, lauthals, mit vielsagenden Gesten und großem Pathos, so als ob er auf einer Opernbühne stünde. Gina und die Mägde lachten dazu oder stimmten manchmal mit ein. In den »Vesperpausen«, während derer es zu Hause in Wisslingen sauren Most und dunkles Brot gegeben hatte, höchst selten einmal ein Stückchen Speck oder ein paar Scheiben Blut- oder Leberwurst dazu, wurde man hier mit weißem Brot, Wein, Schinken und Oliven belohnt. Über all dem stand ein ungetrübt blauer Himmel, und obwohl es bereits Anfang November war, war die Luft immer noch mild. Nach gut fünf Wochen war die Lese beendet. Parallel dazu hatten Giulio und Gina bereits damit begonnen, die Früchte zu zermahlen. Anschließend wurde der Olivenbrei ausgepresst, zentrifugiert und gefiltert.

Die beiden Mägde Laura und Cecilia kochten in großen Kesseln die zuvor gut gesäuberten Glasflaschen aus, in die das frische Öl dann gefüllt wurde. Erst wenn alle Glasflaschen aufgebraucht waren, kamen die Holzfässchen an die Reihe und ganz am Ende die für Großabnehmer bestimmten Metallkanister.

»Schon die Phönizier und die Griechen trugen zur Verbreitung der Olivenfrucht bei«, erklärte Giulio wichtig, und Paul sah ihm an, dass er sein Geschäft liebte. »Aber die *Römer* waren es, die das Olivenöl in ihrem großen Reich bekannt machten. Sie nannten es das flüssige Gold, und es wurde sogar als Zahlungsmittel für Steuerschulden akzeptiert!«

»Unglaublich«, murmelte Paul, aber er meinte nicht in erster Linie die Wertschätzung des Öls durch die Römer damit, sondern den Umstand, dass er ohne Probleme alles verstehen konnte, was Giulio ihm über seinen Betrieb erzählte.

»Macht es euch etwas aus, wenn ich die alten Zeitungen mit hinübernehme?«, fragte er eines Tages. Denn Giulio war kein armer Bauer, wie Paul inzwischen begriffen hatte. Er hielt sich sogar eine Zeitung, die das Postschiff zwei Mal pro Monat aus Neapel mitbrachte.

Der Geruch von Druckerschwärze war ihm wie ein geliebtes Parfüm in die Nase gestiegen, und endlich fand seine Sehnsucht nach gedruckten Buchstaben eine Erfüllung.

Im Licht einer Öllampe las Paul gierig jede Zeile dieser Gazetten, er las sie immer wieder, obwohl der ungewohnt flackernde Lichtschein seine Augen irritierte. In Wisslingen hatte man bereits vor dem Tod seines Vaters das elektrische Licht eingeführt.

Noch vor dem ersten Advent bestach Paul mit einem der Geldscheine seiner Großmutter Pasqualini den Schaffner des Postschiffs, ihm aus Neapel ein italienisch-deutsches Wörterbuch mitzubringen. Er musste jedoch bis zum neuen Jahr darauf warten, denn der Kauf erwies sich als problematisch.

»Was machst du nur immer am Abend allein in dem Haus?«, wollte Cecilia, die hübschere der beiden Mägde, bald wissen.

»Ich lerne«, gab ihr Paul bereitwillig Auskunft, aber er machte keinerlei Anstalten, sie herüberzubitten, obwohl unübersehbar war, dass sie genau dieses wünschte.

Sonderbarerweise hatte er kein Verlangen nach einer Frau. Er hatte sich ein Ziel gesetzt, dem er alle Kraft widmete, die ihm nach der anstrengenden Arbeit des Tages noch verblieb. Und dabei hatte er sich einem Satz verschrieben, den sein Vater einmal gesagt hatte: »Ohne Herr über die Sprache zu sein ist man verloren!«

Paul war entschlossen, diese Herrschaft zu erringen.

Er war zweiundzwanzig Jahre alt; sein ganzes Leben lag noch vor ihm. Er würde nicht nur versuchen, etwas daraus zu machen, nein: Das Beste und höchste Erreichbare sollte es sein.

Das Vater-Land, das ihm fremd war, hatte einen bisher noch nie verspürten Ehrgeiz in ihm erweckt.

## PESCIOTTA A MARE – 1935

**12** Es war April.

Der Macchia-Ginster blühte so üppig, dass die Hänge der Küstenberge aussahen, als ob sie mit gelben Tüchern bedeckt wären.

Paul Pasqualini hockte im warmen Sand der Bucht, die südlich vom Capo Palinuro und weit nördlich von ihm von Ascea begrenzt wurde. Seemöwen flogen, spitze Schreie ausstoßend, über ihn hinweg und verloren sich im wolkenlos blauen Himmel.

Das Meer lag an diesem Frühlingstag wie ein Spiegel vor ihm; nur hin und wieder klatschte eher träge ein kleiner Brecher an den ockerfarbenen Strand.

Fast zwei Jahre waren vergangen, seitdem er die Heimat verlassen hatte. Er hatte die neue Sprache erlernt, so fehlerlos, dass er für einen Einheimischen durchgehen konnte. Gianni und Giac hatten ihm das Schwimmen und Fischen beigebracht, er ihnen, im Gegenzug dafür, lesen, schreiben und rechnen. Und nicht nur ihnen. Den ersten und den zweiten Winter über hatte er insgesamt zehn Kinder aus der näheren Umgebung unterrichtet.

Anfangs war Paul entsetzt darüber gewesen, feststellen zu müssen, dass die Pivato-Zwillinge Analphabeten waren. »Gibt es denn hier keine Schulpflicht?«, hatte er Gina gefragt.

»Doch. Schon seit dem letzten Jahrhundert!«

»Und warum können die Jungen nicht lesen und schreiben?«

»Du kennst doch den Weg nach Menoza, oder?«

Paul hatte genickt. Den Weg über die Küstenberge hatte er schon ein paarmal zurückgelegt, seitdem er sich in Pesciotta aufhielt. Der Pfad führte in schwindelerregenden Kehren über felsige und teilweise ausgesetzte Hänge hinweg. Mehr als hundert Meter darunter donnerten die Brecher an die Steilküste; an einigen Stellen kreiste die Gischt in gefährlichen Wirbeln über den Untiefen.

»Keine Eltern, die einen Funken Vernunft in sich haben, schicken ihre Kinder allein über die Berge. Und eine andere Schule als die in Menoza gibt es hier nicht!«

»Gut, aber du oder Giulio, ihr könntet die Kinder doch selbst unterrichten!«

Doch Gina hatte nur gelacht.

»Du bist nicht in Deutschland, Paolo. Die Bauern und Fischer haben den ganzen Frühling, Sommer und Herbst schwer zu arbeiten. Und sie sind darauf angewiesen, dass ihr Nachwuchs mit anpackt. Selbst im Flachland gehen die Kinder nur im Winter zur Schule. Von den Leuten aber, die *hier* wohnen, hat keiner die Schule besucht!«

»Gut, aber für dich und deinen Mann trifft das doch sicher nicht zu«, hatte Paul einzuwenden gewagt. »Immerhin haltet ihr euch eine Zeitung!«

»Die lese ich Giulio am Abend vor, vor allem die Berichte über die Landwirtschaft und die Anzeigen. Lesen macht mir keine Probleme, das habe ich in Neapel gelernt. Doch mit dem Schreiben hapert es auch bei mir. Meine Hand ist schwer und ungeübt, auch wenn ich, sofern es unbedingt sein muss, ein paar Sätze zusammenstoppeln kann. Giulio dagegen kann nur seinen Namen schreiben!«

Paul hatte versucht, seine Fassungslosigkeit zu verbergen, doch losgelassen hatte die Sache ihn nicht.

Eines Tages hatte er einen Vorschlag gemacht.

»Wenn ihr nichts dagegen habt, dann würde ich es übernehmen, die Buben zu unterrichten. Im Winter könnte ich es jeden Morgen tun, während der Arbeitsmonate dann am Abend, wenigstens ein, zwei Stunden, damit sie das Gelernte nicht wieder vergessen!«

Freudig erteilten Gina und Giulio ihre Zustimmung.

Die zwei »G's«, wie Paul die Zwillinge in Anlehnung an die Wisslinger Gepflogenheiten nannte, hatten zuerst zwar über die Einschränkung ihrer winterlichen Freiheit gegrollt, doch sie fanden bald Gefallen an Pauls Unterricht. Er ließ sich allerlei einfallen, um ihre Aufmerksamkeit zu binden, und Gelächter und Späße verkürzten die Unterweisungen. Die Erzählungen der Zwillinge darüber waren so ansteckend gewesen, dass die Schülerzahl bald auf das Fünffache anwuchs.

Obwohl Pauls Vorschlag altruistisch gewesen war, begriff er bald die Vorteile des Unternehmens für sich selbst. Niemals hätte er ohne diese Unterrichtsstunden die italienische Sprache so rasch und gründlich erlernt. Und er hatte ausgesprochene Freude am Unterrichten.

»Paolo, Paolo!«, hörte er plötzlich seinen Namen aus mehreren jugendlichen Kehlen, und schon kamen vier Jungen angerannt. Neben den beiden »G's« waren es Salvatore Pavese und Enrico Presti. Und alle vier waren sie nackt.

»Wir probieren das Meer aus!«, rief Giac unternehmungslustig.

»Salvatore behauptet, man kann es riskieren!«

Paul erhob sich und ging barfüßig die wenigen Meter bis zum Wassersaum. Er krempelte die Hosenbeine hoch und watete ein Stückchen in das schaumige Nass. »Es hat sicher nicht mehr als sechzehn Grad!«, warnte er, aber die Jungen hörten gar nicht mehr zu.

Sie rannten mit staksigen Schritten über die seichteren Stellen, warfen sich dann mit gellenden Schreien in die Fluten und ließen sich von der Strömung zurück an den Strand spülen.

Immer aufs Neue wiederholten sie diesen Vorgang, so lange, bis auch Paul – von ihrer Lebensfreude angesteckt – seine Kleider abstreifte und sich das eiskalte erste Bad des Jahres 1935 erlaubte.

Als er erfrischt und mit pulsierendem Kreislauf mit Gian und Giac zum Sonntagsmahl eintraf, spürte er den verlangenden, auffordernden Blick Cecilias wie eine körperliche Berührung.

Nach der Pasta und zwei Gläsern Wein war er entschlossen, sie einzuladen, die sonntägliche Siesta mit ihm zu teilen.

Doch Gina kam ihm zuvor.

Sie forderte die beiden Mägde energisch auf, sie zu einem Wallfahrtskirchlein zu begleiten, das sich auf einem Grat der Küstenberge befand.

Dort sollte zur Ehre des heiligen Bischofs Zeno, dessen Todestag am 12. April gefeiert wurde, eine Gedenkandacht stattfinden.

Der Heilige wurde von den Fischern und Bauern der Gegend besonders verehrt. Er war in Pontifikalkleidung dargestellt und hielt einen Bischofsstab in der Hand, an dem ein silberner Fisch hing.

»Er versuchte, die heidnischen Sitten zu überwinden. Außerdem kämpfte er gegen Irrlehren und für die christlichen Tugenden«, erklärte Gina ihrem Neffen, und dass sie bei diesem Wallfahrtsgang vorzugsweise um *seine* Bekehrung bitten würde.

Paul suchte noch nach einer angemessenen Erwiderung, als sich Gina bereits der koketten Cecilia zuwandte: »Außerdem hat er sich für die Wahrung der Jungfräulichkeit eingesetzt!«

Die Süffisanz in Ginas Stimme war für niemanden zu überhören: »Ich glaube, du solltest ganz besonders eifrig zu ihm beten, Cecilia!«

Das Gesicht der jungen Magd überzog sich mit einer scharlachfarbenen Röte, Paul dagegen versuchte, sich so schnell wie möglich aus dem Staub zu machen.

Kurz vor dem Gartentor erwischte seine Tante ihn dennoch am Ärmel.

»Nicht auf unserem Grund und Boden, Neffe«, erklärte sie ohne die geringste Spur des Humors, der sie sonst auszeichnete. »Und nur mit dem Segen der Kirche!«

Mehr sagte sie nicht mehr, aber Paul war sich des latenten Ultimatums in dieser Angelegenheit gewiss. Langsam ging er durch die explodierende Natur hinüber in sein Holzhaus. An diesem Nachmittag entdeckte er in der Zeitung eine hochinteressante Annonce. Sie zeigte über dem Text das italienische Staatswappen und rief Architekten und fachkundige Interessenten auf, das »Schönste Dorf Italiens« zu konzipieren. Unterzeichnet war die Aufforderung vom italienischen Staatschef Benito Mussolini.

Paul, der nie das Interesse an der Architektur verloren hatte, fühlte sich wie elektrisiert. Bereits am nächsten Tag erbat er sich von Giulio einen freien Tag und marschierte über den Bergpfad hinweg nach Menoza. Dort erstand er einen Packen Zeichenpapier, ein Zeichenbrett, Bleistifte, Lineale, Zirkel, Tusche und Federn.

In den nächsten Wochen arbeitete er in jeder freien Minute an seinen Entwürfen. Sofort nach dem Abendessen entschwand er in sein Holzhaus und verbrachte halbe Nächte am Zeichenbrett.

Gina, die Cecilia nicht aus den Augen ließ, betrachtete Pauls Rückzug als Folge ihrer frommen Gebete.

»Warum sprichst du nicht mit ihm und ermunterst ihn, um das Mädchen anzuhalten?«, fragte Giulio Gina eines Abends. »Du wirst ihn mit all deiner Beterei nicht zu einem Mönch machen können!«

»Das nicht. Aber er wird nicht hierbleiben, Giulio!«

»Wie kommst du darauf? Ich habe den Eindruck, er fühlt sich ausgesprochen wohl bei uns?!«

»Im Moment ganz bestimmt. Nur, ein Mensch, der seine Heimat verlässt, ist wie ein Stein, den der Fluss aus der Uferböschung herausgerissen hat: Er rollt hierhin und dorthin, und wenn er wirklich irgendwo liegen bleibt, ist es eine Sache des Zufalls!«

»Es ist eine Sache des Wasserstands«, widersprach ihr Giulio, aber er wusste genau, was sie meinte.

»Cecilia ist fleißig und brav, wenn man davon absieht, dass ihre Natur jetzt nach Kindern verlangt«, konstatierte Gina mit überraschender Milde. »Du solltest mit dem mittleren Pavesesohn sprechen. Der würde gut zu ihr passen. Und er wird einen Arbeitsplatz benötigen, wenn sein Bruder irgendwann in den nächsten Jahren den Hof übernimmt! Wir aber brauchen einen Knecht, wenn Paolo uns eines Tages wieder verlässt, und man darf nicht erwarten, dass beides zeitlich zusammenfällt!«

»Du bist die Beste und Klügste«, sagte Giulio grinsend und dachte, dass er mit dieser Frau tatsächlich einen Glücksgriff gemacht hatte. Wenn aber der Neffe Ginas tatsächlich wieder weggehen sollte, würde er dies aufrichtig bedauern, schon seiner Jungen wegen. Denn Giulio war tief beeindruckt von den Künsten, die Paolo seinen Zwillingen beigebracht hatte. Sie vermochten die Zeitung so flüssig zu lesen, als ob sie ihre eigenen Gedanken aussprächen. Und Giac, der eine ausgesprochene Freude an Zahlen entwickelte, hatte vor einiger Zeit die Quittung eines Großabnehmers des väterlichen Olivenöls in die Hand bekommen, dem Giulio einen Rabatt eingeräumt hatte. Der Kleine hatte errechnet, der Rabatt sei wesentlich höher angesetzt worden, als es dem abgesprochenen Prozentsatz entsprach.

Paolo, der als Schiedsrichter hinzugezogen worden war, hatte die Behauptung des Jungen bestätigt. Worauf Giulio sich mächtig darüber ärgerte, von seinem Vater nur simple Addition und Subtraktion erlernt zu haben – während die Ermittlung von Prozenten und weitere Rechenkünste für ihn ein Buch mit sieben Siegeln geblieben war.

Schon erwog er, sich ebenfalls vom deutschen Neffen unterrichten zu lassen, doch sein Stolz erlaubte diesen Schritt letztlich nicht. Außerdem wuchsen ihm ja bereits tüchtige Helfer zu.

**13** Anna hatte nach einigem Nachdenken beschlossen, den Aufenthaltsort ihres Sohnes Paul nur seinem Bruder Peter mitzuteilen. Sie hatte längst bemerkt, wie sehr der Junge darunter litt, nichts über sein »anderes Ich« und dessen Verbleib zu wissen.

»Aber sag der Else nichts davon, Peter. Auch nicht deiner Frau!«

»Und warum nicht?«, fragte Peter ein wenig überrascht.

»Die Else kann den Mund nicht halten, und deine Frau wollen wir besser nicht damit belasten«, erwiderte Anna diplomatisch, denn ihre Schwiegertochter erwartete ein Kind.

Peter wollte einwenden, was daran denn »belastend« sei, aber er sah das Gesicht seiner Mutter und beschloss, nicht auf der Sache herumzureiten. »Es ist in diesen Zeiten gefährlich genug, wenn man *einen* Sohn in hiesigen Landen hat!«, begründete Anna dann doch ihre Aufforderung.

Jetzt erst begriff Peter, worum es ihr ging.

Der Onkel nämlich behauptete beharrlich, Hitler »arbeite auf einen Krieg hin«. Natürlich war dies nicht seine eigene Erkenntnis, sondern das Fazit, das er aus den Unterhaltungen zog, die an seinen Stammtischen stattfanden. Und dann war da noch der Postbote, der nicht nur die Briefpost zustellte, sondern auch als lebendige Zeitung fungierte. Obwohl Paul es vermieden hatte, einen Absender anzugeben, sah der Mann sofort die ausländische Marke und den Stempel der italienischen Post.

»Wo steckt er denn jetzt, dein Paul?«, fragte er neugierig.

»Ich hab gehört, ein deutscher Briefträger ist zur Verschwiegenheit verpflichtet«, erwiderte Anna und lächelte tückisch. »Denn von niemand anderem als von dir könnten die Leute hier wissen, dass ich Briefe aus Italien bekomme!«

»Du bist wirklich eine alte Hexe«, brummte der Postbote, aber er nahm sich vor, den Mund zu halten. Anna hatte schließlich den Ruf, Amtsautoritäten gegenüber unerschrocken zu sein, und er hatte erst neulich, wenn auch in anderer Sache, einen Rüffel seines Vorgesetzten hinnehmen müssen.

Am Mittag desselben Tages traf Anna, als sie bei ihrer Schwiegertochter Augusta Salz, Soda und Seife einkaufte, auf Erika Dussler. Das Zusammentreffen erstaunte sie, denn Margrets

Mutter hatte seit Pauls Verschwinden keinen Fuß mehr in den örtlichen Laden gesetzt, sondern ihre Besorgungen in der Stadt erledigt.

»Ich werde mich hüten, diese Italiener-Bagage auch noch durch Einkäufe zu unterstützen«, hatte sie diese Haltung begründet und es jedem gesagt, dessen sie habhaft werden konnte.

Bald war das Rätsel geklärt, weshalb Erika Dussler gerade an diesem Tag von ihren Gepflogenheiten abgewichen war.

»Unsere Margret wird sich ja *so gut* verheiraten«, sagte sie so laut zur Frau Pfarrer, die sich eine Flasche Essig abfüllen ließ, dass Anna es auch noch hören konnte.

»Geld über Geld ist da vorhanden beim Bräutigam und Sach noch dazu: zwei Mietshäuser in Freudenstadt und eines in Stuttgart. Dabei sind seine zwei Schwestern bereits schon ausbezahlt!«

»Was Sie nicht sagen«, gab sich Augusta beeindruckt und verkorkte die Essigflasche. »Wann heiratet sie denn, die Margret?«

»In zwei Wochen. Natürlich im Schwarzwald, ich meine, das wird ja jeder verstehen, dass man ihr die bösen Erinnerungen ersparen will, nach allem, was sie mit deinem Schwager hat durchmachen müssen!«

Gustel Pasqualini zog es vor, zu dem unterschwelligen Vorwurf zu schweigen, aber die Frau Pfarrer, die von keiner »Sippenschuld« betroffen war, wollte es genau wissen: »Und wo wird es dann leben, das junge Paar?«

»Na, hier natürlich«, erklärte Erika Dussler. »Der soll ja bei uns mit ins Geschäft einsteigen, der Traugott!«

Obwohl noch niemand in Wisslingen die bissige Frau des Druckereibesitzers hatte lobend von jemand anderem sprechen hören, der künftige Schwiegersohn wurde geradezu schwärmerisch vorgestellt.

»Er ist ja so ein tüchtiger und vielseitig begabter Mensch, unser Traugott. Gebildet und ein astreiner Kavalier. Die hängen aneinander wie die Kletten, die beiden! Eine wahre Liebesheirat ist das, und dabei stimmt's ja auch sonst: Das Finanzielle, wie schon gesagt, und alles sind aufrechte und gute Protestanten, die ganze Familie, da ist nichts Papistisches und auch nichts Fremdländisches dazwischen!«

»Das ist doch wunderbar, wenn sich das alles so fügt, für deine Margret«, mischte sich Anna da ins Gespräch, mit einer winzigen Spur von Ironie in der Stimme. »Da ist es ja geradezu ein Glücksfall für euch, dass das mit unserem Paul nicht zustande gekommen ist!«

»Ein ausgesprochener Glücksfall«, schnaubte Erika Dussler und bekam lilafarbene Ohrläppchen vor Zorn, dass diese Person es wagte, in ihrer Gegenwart das Wort zu ergreifen. »Jeden Tag danke ich meinem Herrgott dafür, dass er es uns erspart hat, mit euch verwandt zu werden!«

»*Den* Dank wird der Herrgott sicher zu schätzen wissen«, erwiderte Anna trocken, nickte dann in die Runde und strebte der Tür zu.

»Wenn es nicht deine Schwiegermutter wär, Gustel, würde ich jetzt deutlich werden«, zischte Erika Dussler und packte die wenigen Waren, die sie erstanden hatte, in ihren Korb.

»Mir waren Sie eigentlich deutlich genug, Frau Dussler«, erwiderte die Gustel und dachte, dass sie sich wegen zwei Päckchen Linsen und drei Würfeln Hefe nicht dumm anreden lassen musste.

Außerdem war sie im Bilde über den »Hochzeitshandel« der Margret.

Ein Vertreter nämlich, der regelmäßig Tannenhonig aus dem Schwarzwald lieferte, war aus dem gleichen Ort wie der künftige Gatte der Margret.

»Das ist ein ausgesprochener Grasdackel, der Traugott«, hatte dieser unter dem Siegel der Verschwiegenheit berichtet. »Den Gesellenbrief als Kaufmann, den hat ihm sein Vater ›besorgt‹, sagen die Leute bei uns in der Gegend, weil der Traugott so blöd ist, dass er, wenn ihm ein Brett aufs Hirn fällt, noch fragt: ›Hoppla, es wird doch nicht irgendwo was passiert sein, ich hab es doch krachen hören!‹«

»Na ja, zu blöd, um eine Frau zu finden, war er ja ganz offensichtlich nicht!«, hatte die Gustel erwidert.

»Doch. Weil, die Sach' mit der Margret Dussler, die ist doch über eine Kupplerin gelaufen!«

»Was denn für eine *Kupplerin*?«

Augusta war ehrlich erstaunt gewesen. So etwas gab es in Wisslingen nicht; auch nicht in der Stadt, da war sie ganz sicher.

»Über eine *berufliche* Kupplerin halt. Eine, die Anzeigen in den Zeitungen aufgibt, wie fürs Sach oder das Vieh, wenn man's verkaufen will. Dann melden die Entsprechenden sich, und dann bringt die Kupplerin sie zusammen!«

»Was Sie nicht sagen!«

**14** Gina Pivato brachte den Brief persönlich. Sie war von flatternder Nervosität, als sie das wappengeschmückte Kuvert auf den großen Holztisch legte. »Du wirst doch nichts ausgefressen haben, Paolo, oder?«, fragte sie.

»Nicht, dass ich wüsste«, erwiderte Paul, aber die Nervosität sprang jetzt auch auf ihn über, denn plötzlich begann er zu befürchten, sich selbst geschadet zu haben. Schließlich war er nicht offiziell gemeldet; ein Umstand, den sowohl er wie auch seine Verwandten großzügig vergessen hatten. Er aber hatte die Kühnheit besessen, seine Pläne an den mächtigen Diktator in

Rom zu schicken. Was, wenn die Behörden Nachforschungen über seine Person angestellt hatten?

Hastig riss er den Umschlag auf und überflog den maschinengeschriebenen Text.

Ein breites Lächeln ihres Neffen wischte Ginas Unruhe beiseite, obwohl sie das pompöse Staatswappen auf dem Briefbogen noch immer befremdlich fand.

»Ich bin eingeladen worden, nach Rom zu kommen«, klärte Paul sie jetzt auf.

»Du?«, staunte Gina. »Und von wem bitte?«

»Von Mussolini persönlich«, erwiderte Paul und versuchte, seine Stimme nicht allzu eitel klingen zu lassen.

»Du bist ja verrückt!«, sagte Gina ungläubig, doch Paul deutete auf die Unterschrift unter dem Text und forderte sie auf: »Überzeug dich doch selbst!«

Tatsächlich.

Ein ziemlich großes, mit schwarzer Tinte gekritzeltes Signum war zu erkennen: das oft schon in der Zeitung abgedruckte »Markenzeichen« des Staatschefs. Darunter stand, zum besseren Verständnis wohl, noch einmal in Maschinenschrift: »Benito Mussolini, Ministerpräsident«.

»Was, um Himmels willen, hast du mit dem Duce zu tun?«, fragte Gina, und ihre Nervosität kehrte zurück.

»Ich habe ›Das schönste Dorf Italiens‹ entworfen. Und offenbar hat mein Entwurf der Jury gefallen!«

»Ich glaube, ich träume!«, murmelte Gina fassungslos.

Immerhin konnte sie jetzt Giulio von der erstaunlichen Postsendung erzählen, was sie bisher vorsichtshalber unterlassen hatte. Falls der Neffe doch etwas auf dem Kerbholz gehabt hätte – und sie ihm zu einer neuerlichen Flucht hätte verhelfen müssen. Ihre beiden Söhne waren außer sich, als die Sache beim Nachtmahl besprochen wurde.

»Wir wollen auch mit nach Rom«, schrien sie unisono.

Doch ihre Mutter schüttelte nachdrücklich den Kopf und sprach ihr »No« in einem solchen Ton, dass beiden auf der Stelle klar war, kein Jammern und Bitten würde etwas daran ändern können.

Gina begründete ihre harsche Entscheidung mit einem italienischen Sprichwort, das Paul auf der Stelle das entsprechende schwäbische in Erinnerung rief: »Gehe nie zu deinem Fürst, wenn du nicht gerufen würst!«

Ihn aber hatte er gerufen, der mächtigste Mann Italiens.

»Was habe ich dir gesagt«, sagte Gina an diesem Abend zu ihrem Mann, als die beiden Jungen im Bett waren und das Personal sich zurückgezogen hatte. »Ich habe gewusst, dass er nicht hierbleiben wird!«

»Rede doch keinen Unsinn. Wenn er nach Rom fährt, heißt das noch lange nicht, dass er dort auch bleiben wird«, sagte Giulio unwirsch, denn er hatte den Neffen aufrichtig lieb gewonnen – und nicht nur wegen seiner Bemühungen um die Bildung ihrer Söhne. Vielleicht hatte Gina doch einen Fehler gemacht. Eine Ehe mit Cecilia hätte Paolo gebunden.

»Du wirst schon sehen«, beharrte Gina, und Giulio begann zu befürchten, dass sie wieder einmal recht behalten würde.

**15** Die Rückkehr Margret Dusslers, die sich nunmehr »Klinger« schrieb, glich dem Einzug einer Königin. Als Vorhut erschien ein großer, geschlossener Lastwagen, der die Mitbringsel des Bräutigams aus seiner Schwarzwälder Heimat transportierte. Von schweren, geschnitzten Schränken aus dunklem Holz, von ledergepolsterten Sesseln mit Metallknöpfen und einem geheimnisvollen »Musikschrank« war die Rede. Auch orientalische Teppiche behaupteten manche der Gaffer gesehen zu haben.

Tags darauf kam das junge Paar in Wisslingen an.

Margret und ihr Gatte Traugott saßen im Fond eines pompösen Wagens, der von einem Chauffeur gesteuert wurde.

Sofort wurde registriert, dass die Frischvermählte beträchtlich zugenommen hatte. Sie steckte in einem eng anliegenden Kleid und sah darin aus wie eine geblümte Blutwurst. Ihr Ehemann, der erheblich älter war und seine Frau an Umfang noch deutlich übertraf, trug einen grünen Lodenanzug und einen dazu passenden Hut über seinem vollen, teigigen Gesicht.

»Der sieht aus wie der Göring«, befand Augusta, die vor den Laden geeilt war, zu ihrem Mann.

»Aber nur von Weitem«, korrigierte Peter seine Frau. »Gegen den ist der Göring der reinste Adonis! Außerdem sieht er nicht aus, als ob er das Arbeiten erfunden hätte. Da bin ich mal gespannt, wie er sich im Geschäft seines Schwiegervaters anstellen wird!«

Gustel hob fatalistisch die Achseln: »Wenn er das Arbeiten nicht nötig hat, dann muss er ja nicht!«

»Das Leben ist lang – und ein Vermögen kann sich ganz schnell in Luft auflösen, wenn man nicht geschickt damit umgeht, wie die Erfahrung gezeigt hat!«

»Na ja. Uns kann es egal sein«, fand Peters Frau. »Es sei denn, sie tragen einen Teil von dem Geld in meinen Laden. Was ich bezweifle, ehrlich gesagt!«

Die taktische Rast, während der das Brautpaar im Hirschen ein ganz normales Vesper zu sich nahm, sollte der Wisslinger Bevölkerung Gelegenheit geben, das Automobil, das die beiden hergebracht hatte, ausführlich zu bestaunen.

Es handelte sich um einen Maybach W 6 DSG, wobei Letzteres »Doppel-Schnellgang-Getriebe« bedeutete. Das Fahrzeug war glänzend schwarz lackiert und hatte silberne Kotflügel. Noch nie zuvor war ein derart elegantes Gefährt in Wisslingen aufgetaucht.

Der kleine David Cohn, der mit dem Bahnbus vom Gymnasium in der Stadt gekommen war, blieb – wie viele Wisslinger – vor dem Hirschen stehen, um das utopisch anmutende Auto zu besichtigen.

»So eines wollte ich auch!«, erklärte der Zwölfjährige sehnsüchtig.

»Dann sag das doch zu deinem Alten«, rief der Rathausbüttel, der auf der anderen Seite des Autos stand. »Der hat Geld genug, um so was zu kaufen!«

Dann aber wandte er sich an seinen Nachbarn, den Schuhmacher Spinnagel: »Und *woher* er's hat, das wissen wir auch: Unserem armen Volk abgepresst hat er es, er und seine ganze Sippe, wie es so üblich ist, bei denen vom Stamme Zion!«

Doch da war er an den Falschen geraten.

Der alte Spinnagel drehte den Kopf, hob seine Brauen bis beinahe zum Haaransatz und erwiderte dann ebenso laut und grobschlächtig: »Halt du deine Waffel, Büttel, und spar dir dein Geschrei für die amtlichen Verlautbarungen auf. Und das will ich dir auch gleich noch sagen: Wenn du mal wieder mit dem Dussler im Wald rumknallen willst und hinterher saufen wie das Vieh, dann ist das deine Sache. Nur, falls du auf dem Heimweg wieder in meinen Vorgarten brunzt, wie beim letzten Mal, dann zeig ich dich an, und zwar wegen Sachbeschädigung! Bei dir kommt schon *oben* nichts Gescheites heraus aus deinem Loch …« Demonstrativ deutete er mit dem Zeigefinger auf den Mund: »… aber das, was du aus deinem Bieberle hast rausrinnen lassen, hat uns alle Astern verätzt!«

Die Leute lachten laut, und manche setzten noch eines darauf, denn der Büttel war alles andere als beliebt. Früher war er ein rechter Duckmäuser gewesen, doch im Dunstkreis des Druckereieigners und seiner SS-Männer war ihm der Kamm gewaltig geschwollen.

Während die Neugierigsten unter den Wisslingern bereits in Richtung Druckerei abzogen, um die Fortsetzung der »Einzugsfeierlichkeiten« zu beobachten, bugsierte der Baron den kleinen Cohn zu seinem Auto – einem ganz »gewöhnlichen« Daimler – und fuhr den Buben nach Hause.

»Haben Sie noch einen Moment Zeit, Baron?«, fragte Edmund Cohn, als seine Frau Daisy, eine Engländerin, David ins Kinderzimmer gebracht hatte und bei ihm blieb, um seine Hausaufgaben zu überwachen.

»Für Sie immer«, erklärte der Baron, und er meinte es aufrichtig. Er schätzte den Sachverstand Edmund Cohns in Sachen Kunst und Musik. Und er mochte die Gespräche darüber.

Das Mädchen servierte Kaffee, und Cohn ging zum Schreibtisch, wo er eine Flasche sehr guten, alten Cognac verwahrte.

»Die Anpöbelungen sind nicht das Schlimmste«, sagte er als verspätete Antwort auf den Bericht des Barons. »In den Großstädten ist es, vereinzelt zwar, aber immerhin, schon zu Tätlichkeiten gekommen!«

Der Baron, der auch davon gehört hatte, nickte. »Schlimm«, fand er und nahm das geschliffene Glas mit der bernsteinfarbenen Flüssigkeit entgegen. »Trinken wir auf eine … *Klimaberuhigung*«, schlug er dann vor, denn er wollte die sorgenvollen Bedenken des jungen Herrn Cohn nicht noch verstärken.

»Tun wir das«, stimmte ihm dieser mit einem kleinen, unfrohen Lächeln zu. »Obwohl ich, ehrlich gesagt, nicht wirklich daran glaube. Ich fürchte, wir haben von diesem Herrn Hitler nichts Gutes zu erwarten. Ich habe das Buch gelesen, das er geschrieben hat. Wenn man ernst nehmen will, was darin steht, dann spricht er uns Juden das Lebensrecht ab!«

Der Baron wiegte den Kopf und nahm noch einen Schluck. Es war der beste Cognac, den er je gekostet hatte. »Ich denke, das war der jugendliche Überschwang. Oder die Verbitterung, weil man ihn eingesperrt hat, diesen … *Herrn Gefreiten*. Aber Papier ist geduldig – und keine Suppe wird so heiß gegessen, wie sie gekocht wird!«

»Ich hoffe es, Baron«, erwiderte Edmund Cohn. Doch innerlich beschloss er, gleich in den nächsten Tagen die notwendigen juristischen Schritte einzuleiten und so unauffällig wie möglich den Transfer des beweglichen Vermögens ins Ausland zu veranlassen. Vielleicht war er ja übervorsichtig, doch die Geschichte seines leidgeprüften Volks lehrte jeden, der sehenden Auges sein wollte, die Zeichen zu erkennen und danach zu handeln. Sogar hier, in diesem kleinen Dorf, konnte er verfolgen, wie unter der »Sonne« des viel gelobten »Dritten Reichs« vorwiegend die minderen menschlichen Eigenschaften gediehen, wie die Bemerkungen des Amtsboten und das Verhalten manch anderer bewiesen. Besser, man war gerüstet und konnte mit leichtem Gepäck verschwinden, wenn man in diesem Land nicht mehr gelitten war.

Am Abend, als David und seine zwei Jahre ältere Schwester Rachel schon schliefen, sprach Edmund lange mit seiner Frau.

Daisy versprach ihm schließlich, in den nächsten Wochen zu ihrer Familie nach London zu reisen, um zusammen mit ihrem Vater Edmunds Anweisungen durchzuführen.

**16** Paul hatte überlegt, das Schiff zu nehmen, doch schließlich entschied er sich, mit dem Zug nach Rom zu reisen.

In Caporio, der nächstgelegenen Bahnstation, stieg er ein.

Ein Stück weit verlief die Bahnlinie in der Nähe des Meeres, danach sah Paul links und rechts der Fenster nur noch Macchia und karges Land.

Er nickte ein, so tief, dass er beinahe Salerno verpasst hätte, wo er eine Zwischenstation einlegen wollte.

Als Erstes kaufte er sich von dem Verdienst, den Giulio ihm regelmäßig ausbezahlte, eine lederne Aktentasche, eine Brieftasche und einen neuen Anzug. Dann suchte er sich ein Hotel, in dem er übernachten konnte, denn der Duce hatte ihn am Vormittag um elf Uhr in den Palazzo Venezia bestellt, wo sich seine Arbeitsräume befanden. Und Paul wollte sich auf keinen Fall verspäten.

Bereits um acht Uhr morgens erreichte er am nächsten Tag die italienische Hauptstadt. Paul, der noch nie in einer so großen Stadt gewesen war, tappte verwirrt durch das Chaos und staunte über die vielen mehrgeschossigen, wuchtigen Gebäude, über denen beinahe das Blau des Himmels nicht mehr auszumachen war. Unglaublich viele Passanten hasteten an ihm vorüber. Vor kleinen Bars und Cafés, deren es unzählige zu geben schien, saßen laut redende und gestikulierende Menschen. Andere schwiegen, lasen Zeitung und tranken aus kleinen Tässchen ihren Mokka. Händler priesen Waren an; aus dreirädrigen Kleintransportern und Lastwagen wurden Körbe mit Früchten und Gemüse, riesige Schinken, Würste, Pappkartons, Flaschen in geflochtenen Behältnissen, Textilien aller Art und anderes mehr ausgeladen. Blumenstände, die umgeben waren von Vasen, die riesige Sträuße von Rosen, Lilien, Gladiolen und anderen Blumen enthielten, blockierten die Gehwege – und die Verkäuferinnen und Verkäufer führten sich auf wie Straßenräuber, die versuchen, den Passanten einen Wegzoll abzuverlangen.

Die Gassen öffneten sich auf große Plätze, auf denen sich riesige Brunnen oder Skulpturen – oder beides – befanden. Und es gab Kirchen über Kirchen jedweden Baustils, so viele, wie Paul noch nie in einer einzigen Stadt gesehen hatte.

Automobile verschiedenster Art schossen über die Straßen, hupten, gaben röhrend Gas und bremsten mit quietschenden Reifen ab, um nicht mit den breiten, leicht schwankenden Bahnen zusammenzuprallen, die hier – mitten in der Stadt – auf Schienen verkehrten. Immer wieder einmal hielten die eisernen Ungetüme an, um neue Menschenmassen auszuspeien und aufzunehmen.

Paul hatte den Eindruck, in einen Bienenkorb geraten zu sein. Er kam aus dem Schauen und Staunen nicht mehr heraus und hatte schließlich zu tun, pünktlich den Palazzo Venezia zu erreichen. Vor der schweren Eingangstür standen zwei bewaffnete Gardisten, die ihm den Eintritt verwehrten.

»Ich bin zum Ministerpräsidenten bestellt«, erklärte Paul und zückte das Schreiben, das er vom Duce erhalten hatte.

»Ausweis?«, fragte einer der Gardisten mit amtlicher Strenge.

Das war es, was Paul befürchtet hatte.

»Den hab ich leider vergessen!«

»Dann kommen Sie mit!«

Offenbar hatte der Gardist keine Lust, sich in Diskussionen zu verwickeln. Er öffnete die Tür, winkte Paul durch und stapfte zügig durch eine geräumige Halle. Sie stiegen über eine breite Steintreppe nach oben und durchquerten einen langen Flur, der von weiteren Gardisten bewacht war.

Schließlich blieb der Soldat stehen, klopfte an eine Tür und öffnete sie dann, ohne weiter abzuwarten.

In dem von hohen Fenstern belichteten Zimmer saß ein Herr mittleren Alters hinter einem Schreibtisch; an der Wand seitlich davon standen einige Stühle.

Der Gardist salutierte: »Ein Signor Pasqualini, mit einem Termin für elf Uhr, Dottore Segretario«, meldete der Soldat, um sofort mit unüberhörbarem Vorwurf in der Stimme nachzuschieben: »Hat keine Personalpapiere dabei!«

Noch bevor der Sekretär etwas sagen konnte, meldete sich Paul zu Wort. »Entschuldigen Sie bitte, Signor Dottore, aber ich war so aufgeregt, dass ich nicht an einen Pass gedacht habe. Darf ich Ihnen …« Schon hatte er die Aktenmappe geöffnet und dem Sekretär mehrere gefaltete Bogen gereicht. »Das sind die Skizzen der Pläne, die die Jury für gut befunden hat. Vielleicht kann ich mich damit ja ausweisen?«

Der Sekretär warf einen kurzen Blick auf die Papiere und einen langen auf Paul. Er hatte seine Erfahrungen mit Menschen.

Der Mann, der vor ihm stand, war zwar sehr nervös, aber das war beinahe jeder, der beim mächtigsten Mann Italiens vorzusprechen hatte. Ein Anarchist aber war er gewiss nicht. Außerdem war er im Besitz einer vom Duce persönlich unterzeichneten Einladung.

Der Herr Sekretär hatte auch seine Erfahrungen mit dem Diktator und dessen sprunghaften Launen. Es war nicht zu empfehlen, diesen Pasqualini eines fehlenden Ausweises wegen wegzuschicken, wo der Duce seine Entwürfe geradezu enthusiastisch gelobt hatte.

»Nehmen Sie Platz, Signore«, sagte er deswegen höflich und wandte sich seinen Akten zu.

Langsam beruhigte sich Pauls Herzschlag wieder.

Mein verdammter Leichtsinn, schalt er sich selbst. Die Schwäche, sich von Menschen, Situationen – oder auch *Aufgaben*, wie er jetzt wusste – herausfordern zu lassen, ohne sich vorher die möglichen Konsequenzen zu überlegen, würde ihn noch in Teufels Küche bringen, genau wie sein Vater dies immer behauptet hatte.

Niemals hatte er ernsthaft damit gerechnet, den Wettbewerb

zu gewinnen. Und nie hätte er sich vorstellen können, von Benito Mussolini persönlich empfangen zu werden.

Dass er keine andere Wahl hatte, als sich der Sache zu stellen, jetzt, wo beides eingetreten war, war ihm erst nach Erhalt des Briefes klar geworden.

Sein einziges Sinnen und Trachten war es, nach Erhalt des Preisgelds so schnell wie möglich wieder zurück ins sichere Pesciotta zu reisen.

»Ah – da ist er ja, unser Maestro«, tönte da eine volle Stimme.

Paul sprang auf wie von der Tarantel gestochen.

Der Diktator war ein mittelgroßer Mann mit kahlem Schädel und athletischem Körperbau. Er trug einen dunkelgrauen Anzug, ein weißes Hemd und eine schwarze Krawatte.

Obwohl auf seinem kräftigen Gesicht ein freundliches Lächeln lag, wirkte er wie ein Tier kurz vor dem Sprung. Der Eindruck geballter Kraft war so stark, dass Paul einen kleinen Schritt rückwärts machte.

Der Duce aber kam auf ihn zu, packte ihn jovial am Arm und führte ihn durch die offen stehende Tür in sein Arbeitszimmer.

Der Raum war ein überhoher Saal, ganz und gar mit Marmorplatten verkleidet, der von einem mächtigen Kamin dominiert wurde. Von einem umlaufenden Vorbau aus strebten mehrere Säulen zur Decke, der Schreibtisch war groß, dunkel und schmucklos. Riesige Perserteppiche verdeckten weitgehend das edle Parkett.

»Setzen Sie sich bitte, zieren Sie sich nicht, Maestro«, forderte der Duce seinen Gast auf.

Paul presste ein schwaches »Danke« hervor und befolgte die Aufforderung.

Die gewaltigen Ausmaße des Raums schürten seine Ängste mehr als die Person des Diktators: Gemauerte und in Stein gehauene Demonstrationen der Macht verstand der Sohn des

Baumeisters Pasqualini besser als alles andere. Er musste den Verstand verloren haben, sich in eine solche Situation zu manövrieren!

»Ich bin sehr angetan, nein, das ist zu wenig: Ich bin begeistert von Ihrem Entwurf«, sagte Mussolini jetzt und nahm den Plan, den Paul eingeschickt hatte, aus einer Schublade seines Schreibtischs. Er entrollte ihn und beschwerte das eine Ende mit einem Aschenbecher aus Alabaster, das andere mit dem Bronzefuß seiner Schreibtischlampe. »Sie müssen mir erklären, wie Sie sich dieses Zentrum hier vorgestellt haben!«

Stockend begann Paul zu sprechen, doch über der Erläuterung seiner Überlegungen verlor er die Hemmung. Er redete flüssig, und je länger er fortfuhr – durch Gesten und aufforderndes Nicken des Diktators ermuntert –, überkam ihn dieselbe Begeisterung wie beim nächtlichen Entwerfen und Zeichnen in Pesciotta.

Von Funktionalität sprach er und dass dies durchaus vereinbar sei mit Schönheit und Klarheit der Formen. Von der Notwendigkeit, die kulturellen Stätten zu bündeln und zu verbinden, von der Erfordernis, große Plätze für sportliche Ertüchtigungen vorzusehen, und davon, in den kleinen Kommunen, in denen kein Arzt praktizierte, die Erstversorgung von ernsthaft Erkrankten durch die Einrichtung von Ambulatorien zu gewährleisten, in denen sich medizinisches Hilfspersonal befand – wie er es in seinem Entwurf vorgesehen hatte.

Der Duce lauschte so andächtig, als ob er zum ersten Mal solche Gedanken vorgetragen bekäme.

Vielleicht ist es ja so, dachte Paul insgeheim. Vielleicht interessiert er sich nur dann für derartige Dinge, wenn er – aufgrund seiner eigenen Einfälle – damit bekannt gemacht wird.

Inzwischen hatte der Diktator ihm mitgeteilt, dass sowohl an der Ausschreibung für den Wettbewerb als auch an der Prämierung keine weiteren Personen beteiligt waren. Es war eine Benito-Mussolini-Idee gewesen, und Paul würde einen Benito-Mussolini-Preis erhalten.

Als der Duce gerade Anstalten machte, ihm ein Papier zu überreichen, das die Staatsbank anwies, Paul einen stolzen Betrag auszubezahlen, klingelte der schwarze Telefonapparat auf dem Schreibtisch des Staatsmanns.

»Was gibt es?«, knurrte der Duce unwillig. Mit missmutigem Gesicht lauschte er eine kurze Zeit in den Telefonhörer, aus dem quakende Laute zu Paul herüberdrangen, dann legte er den Hörer wieder auf die Gabel zurück. »Ich muss unsere interessante Unterhaltung leider unterbrechen«, sagte er verdrießlich. »Aber ich möchte das noch persönlich zu Ende bringen. Warten Sie hier, Maestro, allzu lange wird es nicht dauern!«

Paul erhob sich höflich, als der Duce aufstand und durch den Saal eilte.

An der Tür blieb Mussolini noch einmal stehen und machte eine raumgreifende Handbewegung.

»Sehen Sie sich um, mein Guter. Die meisten unserer Landsleute haben nie die Gelegenheit dazu!«

Paul reckte ein wenig die Schultern. Diese Audienz hatte ihn völlig verspannt. Dann begann er, die Marmorsäulen zu betrachten, die steinerne Girlandenverzierung, die den Kamin überkränzte, und schließlich die Muster der Teppiche. Gemälde gab es keine in diesem Raum, nur Marmor, Stuck und einen riesigen Kandelaber. An die Wand geschoben, links von einem der Fenster aber stand ein kleines Tischchen mit schräg gestellter Platte, auf dem sich Noten, eine Violine und der dazugehörige Bogen befanden.

Paul trat näher und besah sich das Instrument genauer.

Es war alt und vermutlich auch kostbar.

Vorsichtig fuhr er über die perfekt geformte Schnecke und

legte dann zögernd den Zeigefinger auf die a-Saite. Wie selbstverständlich zupfte er daran. Und ebenso selbstverständlich nahm er das Instrument in die Hand, griff zum Bogen und stimmte es nach. Der Direktor des Gymnasiums hatte einmal behauptet, Paul verfüge über das »absolute Gehör«. Paul hatte dies als Kompliment genommen, aber nicht weiter darüber nachgedacht. Als Drucker – oder vielmehr als »Schweizer Degen« – war es völlig unwesentlich, ob sein Gehör absolut war oder nur gut.

Er trimmte die g-Saite noch ein kleines, ein ganz winziges bisschen höher, probierte danach den Vierklang und war zufrieden.

Mussolini war es auch. Ohne dass Paul seine Rückkehr bemerkt hatte, war er näher gekommen und hatte sich hinter ihn gestellt.

»Bravo, Maestro«, rief er belustigt. »Sie scheinen ja noch mehr Qualitäten zu haben!«

Paul stieg heiß das Blut ins Gesicht.

»Entschuldigen Sie bitte«, stammelte er. »Aber ich konnte einfach nicht widerstehen. Ich habe schon so lange keine Violine mehr in der Hand gehabt!«

»Dann, bitte: Spielen Sie!«, forderte der Diktator ihn auf. »Ich werde lauschen!«

Mussolini ging zu seinem Schreibtischsessel, ließ sich nieder und sah Paul erwartungsvoll an.

Paul wusste, dass er nicht Nein sagen konnte, nicht bei diesem Mann. »Haben Sie einen besonderen Wunsch?«, fragte er mit belegter Stimme.

»Nein, nein. Spielen Sie einfach das, was Ihnen in den Sinn kommt!«

Pauls Gedanken überschlugen sich, während er die Wölbung des Instruments unter sein Kinn schob. Doch seine Entscheidung war keine des Kopfs. Er spielte einfach das, was er sicher konnte, auch nach einer Pause von mehr als zwei Jahren. Es war das Lieblingsstück seines Lehrers, des Direktors des Gymnasiums gewesen. Er hatte es Paul immer wieder spielen lassen, auch wenn Anna zu Hause beim Üben reklamiert hatte, es handle sich um ein »katholisches Stück«.

»Falsch«, hatte der Lehrer sofort protestiert, als Paul versucht hatte, mit dem Argument seiner Mutter dem lästigen Feilen an seiner Spielweise zu entgehen. »Ursprünglich war es das Präludium aus dem Wohltemperierten Klavier von Johann Sebastian Bach, und dieser nun war zweifelsohne ein Protestant. Charles Gounod hat es lediglich bearbeitet; auf jeden Fall aber ist das Stück *wunderbar*. Und ›wunderbar‹ steht über allen Konfessionen!«

Also spielte Paul das »Ave Maria«. Dutzende von Malen hatte er es in der Vergangenheit getan, und heute vor Benito Mussolini.

Bei den ersten Tönen war er befangen, danach aber nur noch berauscht von der Klangschönheit des Instruments, das in den hohen Partien so jubilierende Tonfolgen hervorbrachte, wie er sie noch nie vernommen hatte.

Mussolini hatte den Kopf weit zurückgelegt und rief, als der letzte Ton verklungen war: »Da capo, da capo!«

Erneut begann Paul zu spielen, diesmal noch freier und gelöster. Er fügte sogar eine kleine persönliche Interpretation hinzu, die er vor langer Zeit einmal »erfunden« hatte, um den langweiligen Wiederholungen entgegenzuwirken.

Mussolini nahm dies mit beifälligem Kopfnicken auf. Als Paul geendet hatte, klatschte er in die Hände und rief: »Bravo, mein Junge!« und wischte sich eine kleine Träne aus dem Auge, die er damit begründete, dass er mit dem Stück sehr persönliche Erinnerungen verbinde. »Sie haben mir eine Freude gemacht,

Paolo, eine große Freude«, sagte er schließlich, stand auf und reichte Paul mit einer spontanen Geste die Hand.

Paul schüttelte sie und begann zu befürchten, der Diktator werde über all seiner Rührung vergessen, das Preisgeld zu überreichen, doch es kam noch ganz anders.

»Eine Hand wäscht die andere. Nun sind *Sie* an der Reihe, sich etwas zu wünschen!«, rief der Duce gönnerhaft und sah Paul auffordernd an.

»Ein Musikstück?«, fragte Paul ein wenig schwerfällig.

»Nein, nein«, lachte der Präsident. »Irgendetwas. Das Ihnen Freude macht!«

»Aber mein Wunsch ist schon erfüllt. Ich habe den Preis gewonnen«, erklärte Paul und hoffte, dass Mussolini das Papier mit der Geldanweisung wieder einfallen würde.

»Das ist das eine. Dafür haben Sie ja gearbeitet, Paolo – ich darf Sie doch so nennen, oder?«

Paul nickte benommen.

»Wünschen Sie sich etwas! Sie haben es verdient! Sie haben mir Glück gebracht. Die Unterbrechung vorhin, dabei ging es um eine sehr heikle Sache, die ich schon verloren glaubte, und nun: Ich habe überraschend gewonnen!« Er lachte erneut und breitete die Arme aus, als ob er vorhabe, einen Segen zu erteilen: »Und danach diese schöne Erinnerung … ein Tag der freudigen Emotionen! Nur zu, mein Lieber, es wird doch etwas geben, das Sie sich von Herzen wünschen!«

»Neue Papiere«, entfuhr es Paul. »Ich habe meine nämlich … *verloren*, Signor Präsident!«

Der Duce warf sich gegen die Lehne seines Schreibtischstuhls, dass dieser ächzte, und lachte dröhnend, bis ihm – diesmal aus anderem Grunde – erneut die Tränen in die Augen traten. »Das ist doch kein Wunsch«, erklärte er dann, vor Belustigung keuchend. »Das ist eine bürokratische Kleinigkeit. Regeln Sie die mit meinem Sekretär! Und jetzt los … ich habe leider nicht länger die Zeit, mit Ihnen zu plaudern!«

In Pauls Kopf kreisten fieberhaft die Gedanken. Der Mann meinte es ernst, so viel hatte er inzwischen begriffen. »Ich würde gerne als Lehrer arbeiten«, hörte er sich plötzlich sagen und war selbst erstaunt über das Ungeheuerliche, das da aus seinem Mund herausgesprudelt war. »Ich meine, ich habe nicht die passende Ausbildung, aber die Kinder auf dem Land, dort wo ich lebe …«

»Ein guter Gedanke«, unterbrach ihn Mussolini, bevor Paul den Satz beenden konnte. »Ein sehr guter Gedanke. Ich selbst war früher als Lehrer tätig, in Gualtieri bei Reggio Emilia!« Er beugte sich vor, presste die Unterarme auf die Schreibtischplatte und starrte Paul nachdenklich an.

Paul spürte, wie seine Handflächen schweißnass wurden. Irgendwie hatte der Blick dieses Mannes etwas Irres, und die Angst fuhr erneut in ihm hoch. »Sie sind ein begabter Mensch«, murmelte der Duce jetzt, offenbar in tiefe Gedanken versunken. »Begabte muss man fördern … aber auch *fordern*!«

Paul wurde ganz flau im Magen.

»Von Architektur verstehen Sie ganz offensichtlich etwas«, überlegte der Präsident inzwischen laut. »Was können Sie noch?«

»Deutsch«, erwiderte Paul, noch ehe er zum Denken gekommen war.

»Deutsch?«, wiederholte der Duce erstaunt. Dann aber zog ein breites Grinsen über sein Gesicht. »Das ist gut. Das ist sogar sehr gut. Ich habe Hitler getroffen, im Juni vergangenen Jahres. Der Mann gefällt mir. Hat Visionen, solche, die meinen verblüffend ähnlich sind. Ich glaube, wir werden uns in Zukunft noch öfter austauschen!«

Will er mich etwa zum Dolmetscher machen?, fragte sich

Paul, und seine Panik stieg ins Uferlose. Für solche Zwecke ist mein Italienisch nicht differenziert genug …

Der Duce aber war zu einer Entscheidung gekommen.

»Sie kommen aus Süditalien, also werde ich Sie nach Neapel schicken. Es gibt dort eine Universität, und Sie, mein Junge, werden dort Architektur und Deutsch lehren!«

»Aber ich …«, stammelte Paul, der nicht glauben konnte, was er da hörte.

»Sie haben nicht die notwendige Qualifikation, Sie haben es mir gesagt, und ich habe es verstanden. Nur bin ich der Auffassung, dass der Mensch an den Aufgaben wächst, die ihm gestellt werden. Sehen Sie mich an: Ich war ein Grundschullehrer – und was bin ich heute?« Seine Stimme bekam einen sonderbar provozierenden Klang. »Beweisen Sie mir, dass mein Instinkt funktioniert, Paolo Pasqualini, dass ich in der Lage bin zu erkennen, was in jemandem steckt und darauf wartet, gelebt zu werden! Ich *wette* darauf, dass Sie sich bewähren werden, und ich versichere Ihnen, ich bin ein Mann, der seine Wettergebnisse zu überprüfen pflegt!«

»Aber …«, setzte Paul erneut an, doch auch dieses Mal kam er nicht weit.

»Ich habe mich entschlossen. Basta! Die Universität von Neapel, das ist die Chance, die ich Ihnen gewähre. Ich, Benito Mussolini, der Präsident!«

Endlich nahm er das Papier mit der Geldanweisung in die Hand und reichte es Paul.

»Danke«, krächzte Paul, dem vor Verblüffung noch immer die Stimme fehlte.

Mussolini aber stand auf und ging Richtung Tür.

Paul folgte ihm mit steifen Schritten.

»Machen Sie sich keine Gedanken, mein Lieber«, sagte der Duce so beiläufig, als ob er über die Entwicklung des Wetters plaudere. »Niemand wird Sie nach Abschlüssen oder Diplomen fragen. Mein Sekretär wird Anweisung erhalten zu schreiben, Ihre Personalakten befänden sich in meinem persönlichen Gewahrsam. Zur wohlwollenden Beobachtung Ihrer künftigen Karriere!« Der Duce zwinkerte verschwörerisch mit dem rechten Auge. Dann fasste er nach der Klinke und schob Paul ins Nebenzimmer.

»Francesco«, wies Mussolini den Sekretär an. »Sie kümmern sich persönlich darum, dass Signor Pasqualini neue Papiere bekommt!« Er nickte Paul noch einmal zu und ging dann zurück in sein Arbeitszimmer.

Da die Lichtbilder, die der Dottore Segretario verlangt hatte, erst am nächsten Tag abzuholen waren, musste Paul nun auch in Rom übernachten. In der Kinderzeit hatte die Mutter einmal auf einer Familienfotografie bestanden. Paul erinnerte sich an das quälende Gefühl, das ihn die Nacht zuvor geplagt hatte, die Befürchtung, nach dieser »Ablichtung« seiner Person könne etwas Wesentliches von ihm fehlen, aufs Bild gefesselt sein und nie wieder zu ihm zurückkehren. Im Morgengrauen hatte sein Bruder Peter ihn geweckt und ihm mit Tränen in den Augen dieselben Ängste offenbart. Doch nichts war geschehen. Beide hatten sie die Prozedur unversehrt und ohne etwas von ihrem Ich gestohlen bekommen zu haben überstanden.

Inzwischen waren mehr als fünfzehn Jahre vergangen. Als Paul sein Bildnis in dem Pass betrachtete, den der Segretario ihm überreichte, hatte er das Gefühl dieser Nacht vor dem allerersten Foto erneut – und dieses Mal zu Recht. Etwas ganz Entscheidendes war ihm über dem »Erwerb« dieses Dokuments abhandengekommen: die Aufrichtigkeit und Ehrlichkeit, die bisher sein Leben begleitet hatte.

In der Zeile »Ort der Geburt«, die sich auf dem Antragsformular befand, das er zur Erlangung des dringend benötigten Personenpapiers auszufüllen gezwungen war, hatte er nämlich nicht »Wisslingen/Germania« geschrieben, sondern kurzerhand seinen derzeitigen Wohnort: »Pesciotta a Mare«.

Damit, vom Moment der Unterzeichnung des Passes an, war Paul Pasqualini zum italienischen Staatsbürger geworden. Es war ein Betrug, aber es würde sein Leben vereinfachen. Über eine Entdeckung der falschen Angabe jedenfalls brauchte er sich keine Gedanken zu machen, denn er erinnerte sich sehr genau an die Erzählungen Giulios, wie lasch die amtlichen Formalitäten von den Bewohnern der abgeschiedenen süditalienischen Küstenstriche gehandhabt wurden.

Energisch schob Paul alles, was ihm von seiner Mutter an pietistischen Skrupeln vererbt worden war, beiseite, bedankte sich mit ausgesuchter Höflichkeit beim Dottore Segretario, steckte den Pass in seine neu gekaufte Brieftasche und begab sich eilig zur Staatsbank.

Er reichte dem Beamten die Preisgeldanweisung und erhielt gegen eine entsprechende Quittierung einen Betrag in Lira, der – wie Paul rasch errechnete – etwa viertausend Mark entsprach. In Deutschland war dies der Zweijahresverdienst eines gut verdienenden Angestellten.

Sorgfältig verstaute er die gebündelten Scheine in seiner Aktentasche und suchte danach ein Restaurant im angenehmen Schatten einer alten Gasse auf. Dort setzte er sich an einen der Holztische, bestellte sich eine Pasta mit Meeresfrüchten sowie Wasser und einen Krug weißen Hausweins. Erst jetzt gestattete er sich, seine Erlebnisse im Palazzo Venezia in aller Ruhe zu analysieren.

Der Duce hatte sich einen Scherz erlaubt, anders konnte er die Sache nicht sehen. Niemand konnte bewirken, dass ein Mensch, der keine Studien absolviert und Abschlüsse errungen hatte, Studenten an einer Universität unterrichten durfte, auch nicht Benito Mussolini. Diese Farce hatte ihm wohl zeigen sollen, wie ungebührlich es gewesen war, sich zu wünschen, als Landschullehrer arbeiten zu dürfen. Der Ministerpräsident würde sich hinterher, in geselliger Runde vermutlich, über den naiven jungen Mann aus dem Süden lustig machen, der sich doch tatsächlich einbildete, bald einen »Ruf« aus Neapel zu erhalten.

Und alle würden über ihn lachen.

Nun gut. Angenehm war es zwar nicht, derart zur Zielscheibe des Spotts zu werden, und dies vom mächtigsten Mann des Staates, doch es war geschehen. Immerhin aber hatte er, Paul Pasqualini, und zwar ohne dass der Diktator dies wusste, auch einen Gewinn aus dessen Posse ziehen können: Er besaß nun einen Pass, der ihm einen Status verschaffte. Er konnte, was zuvor nicht möglich gewesen war, an eine Existenzgründung denken.

Mussolini selbst hatte ihm mitgeteilt, dass keine Absicht bestünde, das »Schönste Dorf Italiens« tatsächlich zu bauen. Vermutlich war das Projekt nur eine Art Zeitvertreib für den Diktator gewesen oder ein Späßchen wie die Sache mit der Universität von Neapel. Jedenfalls würden die prämierten Pläne demnächst in irgendeiner Registratur verschwinden und auch seine Person in kürzester Zeit vergessen sein, dessen war Paul sich ganz sicher.

Er bestellte einen Espresso und, nach kurzer Überlegung, auch einen Grappa. Man musste die Feste feiern, wie sie fielen.

Als Paul schließlich im Schnellzug nach Salerno saß, erwog er einen kurzen Moment die Rückkehr nach Deutschland, denn die Sehnsucht danach hatte ihn nie gänzlich verlassen. Immerhin besaß er jetzt ein Grundkapital, mit dem er sich auch dort etwas aufbauen konnte.

Nach Wisslingen oder in die Kreisstadt konnte er verständlicherweise nicht zurück, nicht vor Ablauf von vielen Jahrzehnten. Paul versuchte sich deshalb vorzustellen, wie er allein in einer fremden deutschen Stadt leben würde, ohne jemanden zu kennen oder eine Beziehung zu irgendetwas zu haben. Vermutlich wäre Ähnliches zu erwarten wie das, was seinem Vater widerfahren war. Denn er würde ein Mann mit ausländischem Namen bleiben, über dessen Herkunft man sofort misstrauisch zu reflektieren begänne, der nie richtig dazugehören würde. Zwar war die Sprache dort seine Muttersprache, aber in einer unbekannten deutschen Umgebung wäre er mit Sicherheit fremder als hier. In Italien war er Paolo Pasqualini, ein geliebter Enkel, ein Neffe, ein »Onkel«, ein geschätzter Helfer, ein Mann mit einem italienischen Namen und seit heute auch ein Bürger des Landes.

Der Zug verschwand in einem Tunnel. Als er das andere Ende erreichte, sah Paul das Meer, das wie ein hellblauer, seidener Teppich vor ihm lag. Er nahm jetzt ganz bewusst den strahlenden Sonnenschein des Julitags wahr, das satte Grün der Hügel über Salerno, gesprenkelt mit dem Rot, Weiß und Orange der blühenden Büsche in den Gärten der Villen. Er betrachtete das Ocker und Weiß der Kirchen und Häuser und hörte entfernt das Tuten eines Schiffes, das den Hafen verließ. Durch das geöffnete Fenster drang die salzige Meerluft, vermischt mit den Düften des südlichen Sommers.

In diesem Moment beschloss er, den Betrug wahr zu machen und ein Italiener zu sein.

**17** Als Stefano Orlandi, inzwischen sechsundzwanzig Jahre alt, nach Hause kam, um seiner Mutter das Ingenieurdiplom zu präsentieren, das er an der Hochschule in Triest errungen hatte, war Sofia stolz und glücklich, Serafina Mazone aber besorgt.

»Was ist mit dir los?«, fragte sie den Jungen leise, als Sofia die Köchin suchen ging, um sie dazu zu bewegen, dem jungen Herrn einen Imbiss zu servieren.

»Nichts, wieso?«, erwiderte Stefano und lächelte die geliebte Großtante beruhigend an.

Serafina war alt, aber sie hatte noch gute Augen.

»Du trägst etwas in dir, das du verschweigst. Und ich befürchte, es ist nichts Gutes, Stefano!«

»Du fantasierst, Tante Fina«, sagte der junge Mann und lachte auf, aber es war ein künstliches Lachen und eines ohne jede Heiterkeit.

Serafina musterte ihren Liebling erneut. »Es brennt ein Feuer in dir, mein Junge, ich sehe es an deinen Augen. Es vergiftet deine Gedanken und versengt deine Seele. Was ist es, Stefano, bitte, sag es mir. Du weißt doch, dass ich Geheimnisse bewahren kann, oder?«

»Ich habe es nicht vergessen, Tante Fina«, erwiderte Stefano. »Aber ich darf nicht darüber sprechen. Ich habe es geschworen!«

Der Schreck traf Serafina wie die Spitze eines Dolchs. Sie hatte sich also nicht geirrt. Ein Geheimnis aber, dessentwegen man Schwüre ableistete, war eine schwere Bürde für einen jungen Mann von der Sensibilität ihres Großneffen. Kein Wunder, dass er so abgemagert war, dass er hohle Wangen und scharfe Gesichtszüge bekommen hatte, was von den übermäßig kurz geschnittenen Haaren noch betont wurde. Der Junge glich nicht mehr sich selbst, nicht mehr dem fröhlichen jungen Mann, der er noch vor wenigen Monaten gewesen war, als er seinen letzten Besuch gemacht hatte.

»Stefano«, ertönte da Angelas erfreute Stimme, und schon stürzte das junge Mädchen die Treppe herab und nahm temperamentvoll den Bruder in die Arme. »Ich freue mich ja so, dass du wieder da bist!« Angela drückte ihr weiches Gesicht an Stefanos Hals, sodass er in der Fülle ihrer honigblonden Locken versank und niesen musste.

»Gesundheit«, sagten Serafina und ihre Großnichte gleichzeitig.

Angela hob wieder den Kopf, warf ihrem Bruder einen langen Blick zu und fragte erstaunt: »Weshalb bist du so dürr, Stefo?« Dann aber fand sie selbst eine mögliche Erklärung: »Bist du verliebt?«

Erneut lachte Stefano, und dieses Mal klang es ehrlich und tatsächlich belustigt. »Nein, Engelchen, dazu war keine Zeit in Triest!«

Angela war enttäuscht. Die Liebe war das Thema, das sie – ihrem Alter entsprechend – ganz besonders beschäftigte, obwohl sie selbst noch keine Gelegenheit gehabt hatte, damit Bekanntschaft zu machen. Was erstaunlich war, denn sie hatte sich zu einer ausgesprochenen Schönheit entwickelt. Sie glich ihrer Mutter sehr, doch ihre Haare waren heller und lockig, und ihr Gemüt war jetzt, nachdem sie die Stürme der Entwicklung hinter sich gelassen hatte, heiter und ausgeglichen.

»Und ich habe gehofft, du könntest mir davon erzählen, wie es ist, wenn Amor ins Herz trifft!«, sagte sie.

Inzwischen war Sofia zurückgekehrt. Vom oberen Stockwerk aus hatte sie heimlich die abendliche Verabredung mit einem Anwalt der Kanzlei Mastrovelli, der ihr neuester Verehrer war, abgesagt. Jetzt, nachdem ihre Nervosität wegen der unerwartet frühen Rückkehr Stefanos sich gelegt hatte, bemerkte sie ebenfalls den Gewichtsverlust ihres Sohnes und sein hager und kantig gewordenes Gesicht.

Es waren sicher die Prüfungsanspannungen, überlegte sie. Denn Stefano hatte nicht nur ein Diplom als Schiffsbauingenieur errungen, sondern, wie sie mit Erstaunen festgestellt hatte, auch die juristische Staatsprüfung bestanden.

Von Studien in Jurisprudenz hatte er nie gesprochen, zumindest nie zu ihr. Er ist mir irgendwie entglitten, dachte Sofia bekümmert und schob weitere Reflexionen darüber, wie groß ihr eigener Anteil an dieser Entwicklung wohl gewesen war, rasch von sich. »Jetzt iss erst einmal etwas«, forderte sie Stefano auf, denn eben erschien die Köchin mit einem Tablett, das mit kalten und warmen Speisen beladen war.

Als Stefano sich von ihr abwendete, um sich an den Esstisch zu setzen, bemerkte Sofia, dass seine Körpermitte nicht viel stärker war als die Angelas. »Um deine Taille würden dich die meisten Offiziere beneiden«, stellte sie ein wenig amüsiert fest.

Stefano fuhr zu ihr herum und fragte mit einem sonderbaren Klang in der Stimme: »Wie kommst du jetzt *darauf*, Mutter?«

»Nun ja, weil die überwiegende Zahl aller Männer, die ich auf Gesellschaften in Uniform treffe, einfach zu beleibt sind für derartige Kleidungsstücke!«, meinte Sofia und legte Stefano einige Stücke mariniertes Gemüse auf seinen Teller.

Tante Fina aber war erbleicht, als sie die Reaktion ihres Neffen beobachtet hatte. Sie holte aus der Tiefe ihrer Röcke ihr spitzenverziertes Taschentuch hervor und schnäuzte sich umständlich, um ihren Schock zu verbergen.

In der Nacht aber, als alle schlafen gegangen waren, humpelte Serafina Mazone mit Hilfe ihres Ebenholzstocks, dessen unteres Ende sie mit Filztuch umwickelt hatte, in den zweiten Stock und klopfte leise an die Zimmertür ihres Großneffen.

Er meldete sich nicht, sondern öffnete die Tür einen Spalt

und linste hinaus. Als er sah, wer ihn um diese späte Nachtzeit noch zu sprechen wünschte, seufzte er innerlich, aber er half Serafina ins Zimmer.

Die alte Frau setzte sich in den Sessel vor dem Schreibtisch und verlor keine Minute mit Plaudereien. »Warum willst du zum Militär, Stefano?«, fragte sie mit bestechender Direktheit.

Der junge Mann presste die Lippen zusammen und zögerte. Er wusste, dass er seiner Großtante nichts mehr vormachen konnte, aber ein Gelöbnis war ein Gelöbnis.

»Ich habe dich aufgezogen wie mein eigenes Kind«, hielt ihm Serafina jetzt mit einer Schärfe vor, wie Stefano sie noch nie von ihr gehört hatte. »Ich habe dich getröstet, wenn du traurig warst, um dich gebangt bei jeder deiner Krankheiten, und ich bete täglich für dich. Wenn du beabsichtigst, das Leben wegzuwerfen, mit dem ich mir so viel Mühe gegeben habe, dann habe ich ein Recht zu erfahren, warum!«

Stefano wog das eine gegen das andere ab und entschloss sich dann, ganz offen zu sein.

»Ich habe mich einer Gruppe angeschlossen, die Emilio De Bono nahesteht, einem Helden des vergangenen Weltkriegs. Diese Leute sind, ebenso wie der Duce selbst, davon überzeugt, dass es unsere Aufgabe sein muss, das *Imperium Romanum* wieder aufleben zu lassen. Seit Dezember des vergangenen Jahres, seit dem Zwischenfall von Wal-Wal, bei dem dreißig in italienischen Diensten stehende somalische Askaris getötet wurden, ist es beschlossene Sache, Äthiopien endlich und vollständig zu unterwerfen!«

Stefano hatte sich in Rage geredet. Serafina betrachtete ihn und schüttelte dann fassungslos den Kopf. »Das Heilige Römische Reich«, stieß sie schließlich hervor. »Was für ein absurdes Vorhaben! Die Vergangenheit ist vergangen, mein Junge, und lässt sich nicht wieder zurückholen. Solches zu denken und zu wünschen ist nichts anderes als eine Frucht des Wahnsinns. Und genau das ist er, dieser … *Plebejer* Mussolini, der die Herrschaft in Rom an sich gerissen hat. Wahnsinnig. Größenwahnsinnig, und wohin solches führt, hat sich gezeigt. Genau daran ist es damals zerbrochen, das *Imperium Romanum*. An Verrückten, wie dieser Mussolini es ist! Die es nicht wahrhaben wollen, dass kein Krieg sich rentiert, in welcher Zeit er auch geführt werden mag!«

Stefano fuhr hoch. »Tante Serafina«, rief er warnend. Seine dunklen Augen brannten, und auf seinen Wangen hatten sich hektische rote Flecken gebildet. »Du weißt nicht, wovon du redest!«

»O doch, Stefano«, erwiderte die alte Frau düster. »Du solltest dich mehr um die Familienhistorie kümmern. Du hast ihn nie kennengelernt, deinen Urgroßvater Mazone, meinen Großvater. Er war nicht nur ein idealistischer, er war auch ein besonders liebenswürdiger und vielseitig begabter Mann! Ich kann mich noch sehr gut an ihn erinnern!« Sie lächelte einen Moment lang versonnen, konnte dann aber die bittere Ironie nicht unterdrücken, als sie fortfuhr: »Er war ein engagierter Streiter für die Interessen seines Vaterlands, ein so eifriger, wie du offenbar einer zu werden gedenkst. Er kämpfte bei Assab und Massaua und fiel, kurz vor der Niederlage bei Dogali, 1887!«

»Er hat getan, was getan werden musste«, fand Stefano mit der naiven Arroganz seiner sechsundzwanzig Jahre.

»Vielleicht, aber er hinterließ eine Witwe und drei unmündige Kinder. Und die Reederei, die die Lebensgrundlage der ganzen Großsippe war. Es wäre seines Patriotismus wegen damals um ein Haar alles untergegangen, was unsere Vorfahren mühsam aufgebaut hatten, hätte nicht sein Bruder Benno sich entschlossen, eigene Pläne aufzugeben und in die Bresche zu springen. Er führte kommissarisch die Geschäfte, so lange, bis dein Großvater Archangelo in der Lage war zu übernehmen!«

Stefanos Gesicht blieb unbewegt; es zeigte keinerlei Einsicht, was Serafina erbitterte. Sie hob den Zeigefinger und auch die Stimme.

»Du aber hast keinen Bruder, du bist der *Erbe*, Stefano, und deine Pflicht ist es, für den Fortbestand der Reederei zu sorgen!«

»Du siehst das falsch, Tante Fina!«, rief Stefano leidenschaftlich. »Ich bin kein Pfeffersack, der die Handelsgeschäfte zu seinem Credo erklärt! Ich habe begriffen, dass die Expansionen, von denen der Duce spricht, erforderlich sind für unser Land!«

»Tatsächlich?«

»Ja, tatsächlich!«, äffte der Junge sie nach. »Du kannst dir deine Ironie sparen, Tante Fina. Benito Mussolini ist nicht nur ein überaus scharfer Denker, er ist ein Visionär!«

»Aha. Und du bist gewillt, diese Visionen zu realisieren?«

»Absolut. Mit Waffengewalt und notfalls unter Einsatz des Lebens!«

Die Ironie war Serafina nun tatsächlich vergangen. Diese verblendeten, ehrgeizigen Männer, nicht Führer waren sie, sondern Verführer, demagogisch begabte Dämonen! Aber noch war es vielleicht möglich, den Jungen abzuhalten, wenn sie ihn nicht zu sehr aufbrachte. Sie bemühte sich, sachlich und ruhig weiterzusprechen.

»Das klingt heroisch, Stefano, nur: Der Tod ist etwas sehr Individuelles und etwas sehr Endgültiges. Und in aller Regel bewirkt ein Heldentod nichts, wenn man aufmerksam die Geschichte verfolgt. Seitdem dein Urgroßvater gefallen ist, sind fast fünf Jahrzehnte vergangen, und der nordafrikanische Konflikt ist keinesfalls aus der Welt!«

»Das ist es ja, Tante Fina!«, ereiferte sich Stefano weiter. »Nur, dieses Mal, *dieses Mal* werden wir ihn lösen, für immer. Und es wird erst ein Anfang sein, glaube mir!«

Serafina sah, dass Stefanos gefährlicher Begeisterung mit Worten nicht beizukommen war. Nicht mit *ihren* Worten, und sie wurde zornig darüber.

Sie stieß ihren Stock auf den Boden, sodass trotz des Filzpolsters ein dumpfes Pochen zu hören war, und sagte, jetzt ebenfalls aufgebracht: »Was, zum Teufel, scheren uns diese Länder in Nordafrika? – Schau mich nicht so an, Junge, ich habe darüber gelesen. Es sind keine ›Wilden‹, die dort in Äthiopien leben, auch wenn sie eine dunkle Hautfarbe haben, sondern Menschen mit einer eigenen, und ich möchte behaupten, wertvollen Kultur. Sie brauchen uns nicht, und selbst wenn wir sie erobern sollten: Wir werden sie nicht halten können, denn sie sind stolz und werden sich der Sklaverei und Ausbeutung widersetzen. Dieser Krieg wird ausgehen wie alle Kriege zuvor, und das Fazit wird auch dieses Mal nichts anderes sein als Schutt, Asche und unendliches menschliches Leid!«

»Du sprichst wie eine alte Frau, Tante Fina«, schnaubte Stefano verächtlich. »Ich bitte dich, hör auf damit, unverzüglich. Du zerstörst damit alles, was zwischen uns ist!«

Serafina schaute ihn lange an. Sie kannte ihn, kannte ihn hinreichend.

»Ich werde für dich beten«, sagte sie schließlich und erhob sich schwerfällig.

Es war keine Floskel; es würde notwendig sein.

**18** Bald nach Pauls Rückkehr aus Rom hatte Giulio begonnen, Pläne zu schmieden. Denn der Neffe hatte mit der freudigen Nachricht nicht zurückgehalten, vom Gewinn des Wettbewerbs berichtet und sogar die Höhe des Preisgelds genannt.

Nördlich des Anwesens der Pivatos lagen Ländereien, die von Giulios Vetter Luigi bewirtschaftet wurden. Er tat dies mehr schlecht als recht, denn der kauzige Sonderling, inzwischen Ende sechzig, hatte nie geheiratet und musste demnach auf die helfenden Hände von Nachkommen verzichten.

»Ich habe mit Luigi gesprochen«, teilte Giulio seiner Frau mit, während sie über die Berge nach Menoza wanderten, um sich auf dem Kleinviehmarkt umzusehen. »Er wäre bereit, Paolo seinen Hof zu verkaufen!«

Gina jedoch war alles andere als begeistert von dieser Idee.

»Den alten, verlotterten Hof? Das wäre aber ein schlechtes Geschäft!«

»Du siehst das falsch, Gina«, versuchte Giulio sie zu überzeugen. »Du hast keine Ahnung, wie viel Land dazugehört. Der Alte lässt das meiste ja brachliegen, was eine Schande ist, denn der Boden ist ausgezeichnet!«

»Das mag ja sein, aber Paolo ist kein Bauer!«

»Dies nicht, aber er lernt sehr gut und schnell. Er ist auch handwerklich geschickt, wie ich gesehen habe, als wir zusammen die Remise in Ordnung gebracht haben. Ich könnte ihm zwei, drei Winter über beim Renovieren des Hofs zur Hand gehen, und er kann sich revanchieren, indem er weiter die Jungen unterrichtet!«

Gina wurde nachdenklich, was Giulio bemerkte.

Rasch setzte er nach: »Es wäre ein Geschäft, das allen nur Vorteile bringen würde: Paolo fände eine Heimat auf eigenem Boden, Luigi eine Versorgung im Alter, denn irgendwann wird Paolo schließlich heiraten. Und wir, wir hätten eine Nachbarfamilie, auf die wir zählen könnten. Du weißt ja selbst, Gina, wie notwendig gute Nachbarschaft ist, gerade in so abgelegenen Regionen wie der unseren, wo einer auf den anderen angewiesen ist!«

»Das stimmt«, räumte Gina ein und erinnerte sich, wie lästig es im vergangenen Jahr gewesen war, als der Alte sich das Bein verstaucht hatte und auf ihre Küche und Giulios Hilfe angewiesen war. Sie hatten es klaglos geleistet, denn beide hatten sie nie die selbstverständliche Hilfsbereitschaft vergessen, die Luigi bewiesen hatte, als Giulio während der Schwangerschaft Ginas wochenlang von einer schweren Lungenentzündung ans Bett gefesselt gewesen war. Jetzt aber war Luigi alt, und die Hilfeleistungen könnten sich mehren.

»Wir müssen Paolo nur dazu bringen, heiraten zu müssen, dann wird alles andere sich ganz schnell fügen«, resümierte Giulio listig und grinste, denn dies nun erschien ihm als der leichteste Part seines Plans.

»Pass auf, wohin du den Fuß setzt«, sagte Gina säuerlich, denn sie wusste natürlich, worauf er anspielte. Es war ihr nun klar, warum er so sehr darauf bestanden hatte, sie solle ihn heute begleiten.

Allerdings, überlegte sie, hatte auch die Moral ihre Grenzen, und diese lagen dort, wo die Vernunft ihren Tribut forderte. Und vernünftig wäre eine Entwicklung, wie sie Giulio vorschwebte, ganz zweifellos.

Genau an diesem Tag, Gina und Giulio hatten die Kapelle des heiligen Zeno noch nicht passiert, traf der zweite Brief an Paolo Pasqualini ein, der das italienische Staatswappen trug.

Verwundert und ein wenig unbehaglich betrachtete Paul ihn von allen Seiten, und er wurde nervös. War sein Schwindel bezüglich des Geburtsorts doch aufgeflogen?

Er ignorierte den neugierigen Blick Lauras, der älteren Magd, die eben den Hof kehrte, als der Briefbote eintraf, und steckte das Schreiben in die Tasche seiner Arbeitshose. Mit eiligen Schritten ging er in sein Haus, um unbeobachtet zu sein, wenn er den Brief öffnete.

Hastig überflog er die wenigen Zeilen, um sich dann dem Durchschlag eines beigefügten Schreibens zu widmen, das an den Rektor der Universität Neapel gerichtet war.

Paul las den Text ein zweites und auch ein drittes Mal, doch es gab nicht den geringsten Zweifel. Der Scherz des Diktators war keiner gewesen, ebenso wenig wie dieser Brief eine Mitteilung war. Es handelte sich um einen »Einberufungsbescheid«, als ob er selbst ein Soldat, der Rektor in Neapel aber sein künftiger Kommandeur sei.

Ohne dass ihm dies bewusst war, schüttelte Paul während der ganzen Lektüre den Kopf. Dann setzte er sich in den abgeschabten Ohrensessel am Fenster und starrte hinaus auf die Weinreben, an denen bereits die kleinen, lederhäutigen Trauben hingen, die hier in der Gegend gediehen.

In wenigen Wochen, wenn sie geerntet wurden, würde er nicht mehr dabei sein. Denn jetzt war Paul auch klar, wie die Bemerkung Mussolinis zu werten war, er sei ein Mann, der seine Wettergebnisse zu überprüfen pflege. Er käme aus dieser Geschichte nur dann wieder heraus, wenn er erneut die Flucht antreten würde, was zweifellos den Zorn des Duce auf ihn lenken würde. Eines Mannes, der Anstalten machte, sich als neuer Imperator zu gebärden. Der mit dem politischen Führer seines Heimatlands befreundet war und gewillt, sich weiter mit ihm zu verbünden.

Lange saß Paul unbeweglich da und starrte hinaus auf die ledernen Trauben. Als er ein leichtes Klopfen an der Tür vernahm, fuhr er erschrocken hoch.

Es war Cecilia, die ihm einen Korb mit Brot, Schinken, Oliven und einen Krug Wein brachte.

Sie wartete sichtlich darauf, dass er sie einlud, den Imbiss mit ihr zu teilen. Darüber hinaus gab sie auch klare Signale, weiteren gemeinsamen Freuden nicht abgeneigt zu sein, denn die Arbeit des Vormittags war getan und der Mittag zu heiß, um auf die Felder zu gehen. Außerdem war der Bauer auf dem Markt in Menoza, und er hatte ausnahmsweise auch die Bäuerin mitgenommen.

Paul lächelte. Noch einen Tag zuvor hätte er diese Situation bedenkenlos ausgenutzt und mögliche Folgen auf sich genommen, denn Cecilia war hübsch und fröhlich. Er spürte Lebenslust und Wärme, wenn sie um ihn war, und er stellte es sich wunderbar vor, mit ihr die Dinge zu tun, die er sich so lange versagt hatte.

In den vergangenen Wochen hatte er mehr als ein Mal darüber nachgedacht, sich mit ihr zusammen und unter Einsatz seines römischen Kapitals eine Existenz aufzubauen; in Menoza zum Beispiel. Jetzt aber komplimentierte er Cecilia brüsk wieder hinaus, ohne darauf zu achten, dass er sie damit beleidigte. Es war nicht ratsam für eine junge Frau, sich mit einem Mann einzulassen, der im Begriff war, die Reiseschuhe abzustauben.

**19** »Nein, *neiiiin*«, schrie Sofia gellend, als Stefano ihr in seiner neuen Offiziersuniform entgegentrat. Tage zuvor hatte er Familie und Freunden mitgeteilt, er habe vor, am neuen äthiopischen Feldzug der italienischen Armee teilzunehmen.

»Ich verbiete es dir, Stefano!«

Der Anflug eines Lächelns huschte über Stefanos Gesicht,

so typisch war das Benehmen seiner Mutter. Je älter sie wurde, desto egozentrischer erschien sie ihm, und als sie sich jetzt mit flackernden Augen umsah, wusste er ganz genau, was nun kommen würde.

Tatsächlich griff Sofia nach einer Vase, die als Zierrat auf der Anrichte aus poliertem Olivenholz stand. Sie stemmte das schwere Tongefäß mit einer theatralischen Geste hoch in die Luft und schmetterte es dann mit aller Kraft, die sie aufbringen konnte, auf den Marmorboden, wo es in tausend Splitter zerbrach.

Serafina Mazone, die nichts anderes erwartet hatte als einen derartigen Ausbruch, dachte bei sich: Es hätte ja nicht unbedingt das teuerste Stück des Hauses sein müssen, aber im Prinzip billigte sie ausnahmsweise das Verhalten ihrer Nichte.

Stefano begann, mit den Spitzen seiner blank geputzten Stiefel die Scherben zusammenzuschieben. Dabei sagte er mit der kühlen Gelassenheit, die – seitdem er erwachsen geworden war – jede Unterhaltung mit seiner Mutter bestimmte: »Schade um das schöne Stück, aber dein … *kostspieliger* … Protest wird nichts an meinem Entschluss ändern, Mama!«

Sofia ließ die Arme sinken und schaute ihn hilflos an. »Warum liebst du mich nicht, Stefano?«, fragte sie schließlich mit der kläglichen Stimme eines enttäuschten Kleinkinds.

Stefano lächelte – und dieses Mal verbarg er es nicht. Was, fragte er sich, verstand diese Frau schon von der Liebe? Zwischen seinem Vater und ihr hatte es keine gegeben; in diesem Punkt waren die Aussagen seiner Großmutter Orlandi eindeutig. Und was ihn und seine Schwester betraf … nun ja …

Stefano erinnerte sich an Sofias Zuwendung in seinen jungen Jahren, die den Anfällen eines seelenkranken Patienten glichen, von denen ihm ein Studienfreund der medizinischen Fakultät einmal erzählt hatte. Wochenlang hatte seine Mutter ihn damals mit Aufmerksamkeit und Zärtlichkeiten überschüttet, um sich dann, wie die Nacht dem Tag folgt, von ihm abzuwenden und ihn Wochen, manchmal Monate kaum zu beachten. So lange, bis diese Phase der Schwermut, während der sie sich vorwiegend in ihren Räumen aufgehalten hatte, von einer weiteren Periode überschwänglicher Fürsorge abgelöst wurde. Und so war es fortgegangen, Jahr für Jahr, bis diese rätselhafte Reise nach Deutschland sie erneut und völlig verändert hatte. »Natürlich liebe ich dich, Mama. Meine Gefühle für dich und meine Entscheidung, mich für unser Land einzusetzen, haben nicht das Geringste miteinander zu tun!«

Sofia schaute ihn mit zweifelnder Hoffnung an, sofort bereit, sich von ihrem Schmerz ablenken zu lassen. Außerdem bemerkte sie jetzt, wie sehr die Uniform Stefano kleidete. Er würde die Zierde eines jeden Festes sein, dessen war sie gewiss.

Das Hausmädchen, das inzwischen erschienen war, kehrte die Reste der Vase auf eine Schaufel, und von der Eingangstür her hörte man die leichten, beschwingten Schritte Angelas, die von ihrer Klavierstunde zurückkam.

»Stefo«, rief sie erfreut und küsste ihren Bruder auf seine straffen, glatt rasierten Wangen. »Wie schön, dass ich dich noch einmal sehe, bevor du aufs Schiff gehst!«

»Ich bin auch froh darüber!« Stefano schloss sie herzlich in die Arme. Angela war das einzige Familienmitglied, das ihn nicht mit Vorwürfen, Forderungen und Ultimaten bedachte, seitdem er seinen Entschluss bekannt gegeben hatte. Vermutlich deswegen, weil sie sich unter einem Feldzug nichts vorstellen konnte, räumte Stefano vor sich selbst ein, und weil weder Mutter noch Großtante die Rohheit besaßen, sie über den gefährlichen Ernst dieser Angelegenheit aufzuklären. Jedenfalls war es erleichternd, wenigstens in *ein* Gesicht schauen zu können, aus dem ihm nicht Sorge, Angst und Unverständnis entgegensah.

»Passt mir gut auf sie auf«, sagte Stefano mit gespielter Leichtigkeit zu den beiden älteren Frauen. »Sie ist so schön geworden, dass man sich Sorgen machen muss!«

»So ist es«, schnarrte Tante Fina. Die ohnmächtige Tatenlosigkeit, zu der sie verdammt war, raubte ihr jeden Humor. So setzte sie noch eines drauf und sagte mit galliger Stimme zu dem geliebten Jungen, der zusammen mit seiner Schwester zu ihrem Lebensinhalt geworden war: »Du hättest besser daran getan, hierzubleiben und sie vor ihren dreisten Verehrern zu beschützen, als zu versuchen, arme Neger zu unterjochen!«

Stefano schwankte zwischen neuerlichem Ärger und Mitleid mit der Großtante. Ihre Liebe zu ihm war ganz offensichtlich größer als der Patriotismus, den man – gerade von einer Mazone – hätte verlangen dürfen. Doch er nahm sich zusammen, überging ihre Bemerkung und legte den Arm um die Schultern der alten Frau.

»Lasst uns doch einfach so tun, als ob ich nur wieder nach Triest zum Studium ginge«, bat er mit dem verschmitzten, jungenhaften Charme, der ihn bisweilen auszeichnete.

Auf dem Weg zur Terrasse plünderte er den Stock mit den Kamelien. Er steckte eine der vollen, stark duftenden weißen Blüten in den gewagten Ausschnitt seiner Mutter, eine ins Knopfloch von Tante Finas leichter Chintzjacke und die dritte seiner Schwester in den Gürtel, der ihre schmale Taille umschloss. Dann nahm er dem Diener den Silberkübel ab, in dem eine Flasche edlen Perlweins aus Asti steckte, und goss jeder der Damen ein Glas davon ein.

»Auf die Zukunft«, sagte er, als er sein eigenes Glas erhob.

Sofia öffnete die Lippen, doch Fina ahnte, was herauskommen wollte. Sie packte mit der Linken den Arm ihrer Nichte, hob mit der Rechten ebenfalls ihr Glas und erwiderte, ohne ihre zärtlichen Gefühle dabei zu verbergen: »Auf das Leben, mein Junge. Dass es ein langes, gutes und freudvolles für dich werde!«

»Salute«, murmelte Sofia und löste die Klaue der Tante aus ihrem Fleisch. Erneut klappte sie den Mund auf, doch dieses Mal war es Angela, die schneller war.

»Ich bin so wahnsinnig stolz auf dich, Stefo«, rief sie. Doch es gab der Stimmung eine Wende, als sie ihr Glas abstellte, kaum dass sie daran genippt hatte, ihren Bruder durch die weit geöffneten Türen hinaus auf die Terrasse nötigte und zu einem Tango zwang, den sie laut vorsang.

Stefano lachte, schwenkte sie ein paarmal im Kreis, und danach landeten sie beide, einer losen Platte auf der Terrasse wegen, in den dichten Zweigen der Lorbeerhecke.

Sofia, die das Knacken der Heckenäste an etwas erinnerte, das lange in der Vergangenheit lag, lächelte still in sich hinein.

Tante Fina aber, die an den Narben der Stauden erkannte, dass es genau diese Stelle gewesen war, die einstmals das Tor für Sofias Wahnsinnstat gebildet hatte, verzog grimmig den Mund. Sie hatte schon sehr lange nicht mehr daran gedacht, aber jetzt, ausgerechnet heute, dachte sie an den Brief jenes Mannes, der Stefanos Vater war, und sie sah seine Handschrift auf dem Kuvert so deutlich vor sich wie die gedeckte Abendbrottafel im Hintergrund. Ein Kind, daran bestand kein Zweifel, selbst bei einer Mutter, wie Sofia es war, mochte ein stärkeres Bindeglied zur Vergangenheit sein als nur die bloße Erinnerung an verbotene Zweisamkeit wie ihre eigene an den mittlerweile verstorbenen Kardinal beispielsweise. Wie also mochte Sofia empfinden? Waren ihre Oberflächlichkeit, ihre Exzentrik und Launenhaftigkeit vielleicht nur ein Schutzschild; ihr wechselhaftes Verhalten Stefano gegenüber nichts anderes als eine Art Überlebenstaktik?

Serafina betrachtete das Gesicht ihrer Nichte, das im bläulichen Schein des Vollmonds, der jetzt den Garten erfüllte, sonderbar hart erschien. Sie sah, wie der Blick Sofias an Stefano klebte, und erstmals sah sie darin einen Ausdruck von blankem Hass.

Erschrocken leerte die alte Frau den Rest ihres Glases in einem Zug.

Eine kleine, einzelne Wolke schob sich über das Rund des Mondes, milderte das Licht und verwandelte den Garten auf wundersame Weise: Er sah jetzt aus wie ein japanisches Aquarell. Die Konturen von Sofias Gesicht wurden silbern verwischt, und ihre Augen zeigten nichts anderes als ein befriedigtes Funkeln beim Anblick ihrer beiden schönen Kinder, die sich einander zugeneigt unterhielten.

Serafina entspannte sich wieder und schalt sich eine dumme, alte Gans.

Der Diener schenkte ihr noch einmal nach, während das Hausmädchen die greise Odilia Orlandi hereinbegleitete, die es sich nicht hatte nehmen lassen, den ehrenvollen Aufbruch ihres Enkels an die nordafrikanische Front mitzufeiern.

## 20

»Ich *will es aber*, Mutter, und selbst du wirst mich nicht davon abhalten können!«, schrie Else Pasqualini trotzig und warf ihrer Mutter einen vernichtenden Blick zu.

»Das werden wir ja sehen«, konterte Anna und krampfte unter dem Tisch ihre Rechte zu einer Faust zusammen, um ihrer widerspenstigen Tochter nicht eine Ohrfeige zu versetzen.

»*Alle* sind dort Mitglied, alle jungen Leute vom ganzen Dorf«, behauptete Else erregt. »Sogar der Onkel hat nichts dagegen!«

»Das ist sein Problem. Ich jedenfalls sage Nein!«

»Und warum bitte? Kannst du mir das mal erklären?«, rief

Else wütend und stieß den Teller mit dem Sonntagsbrot von sich. Sie wollte ihre Mutter endlich davon überzeugen, wie rückständig es war, nicht mit der neuen Zeit zu gehen. Nirgendwo sonst hatte ein junges Mädchen heutzutage solche Möglichkeiten wie im BDM, im Bund Deutscher Mädel, dem Gegenstück zur HJ, der Hitlerjugend, in der die jungen Männer organisiert waren.

Dass sie schon seit mehr als einem Jahr in die Gruppenstunden gegangen war, hatte sie ihrer Mutter verheimlicht. Sehr schwer war dies nicht gewesen, denn sie hatte einfach behauptet, zu ihrer Freundin zu gehen. Oder ins Kino in die Kreisstadt. Oder zu Sondersingstunden des Kirchenchors. Oder zu einem Treffen ihrer ehemaligen Berufsschulkameradinnen.

Die Mutter zu täuschen war nicht sehr schwierig gewesen: Sie war weder misstrauisch noch besonders besorgt. Und dass Else gerade heute so sehr auf dem Thema beharrte, hatte einen besonderen Grund: Man hatte ihr angetragen, die Mädelschaft von Wisslingen zu leiten. Moritz Gruber, der Ortsgruppenleiter selbst, hatte ihr dieses ehrenvolle Angebot gemacht. Und natürlich hatte sie Ja gesagt.

Anna und ihre Abneigung, was den Führer und seine Partei betraf, waren ihr erst später eingefallen. Allerdings sah Else wenig Chancen, ihre »Beförderung« in der Organisation vor ihrer Mutter ebenso geheim zu halten wie ihre Mitgliedschaft. Das neue Amt war verbunden mit vielen Schulungen, die, wie Moritz Gruber berichtet hatte, an den Wochenenden stattfinden sollten.

»Mal in der Kreisstadt, aber auch in Kirchheim, in Geislingen, Ulm und in Schwäbisch Gmünd. Vielleicht sogar in Stuttgart«, hatte der Ortsgruppenleiter ihr in Aussicht gestellt. »Die Übernachtungen finden den Sommer über in Zeltlagern, im Winter in Jugendherbergen oder Barackenheimen statt. Es gibt dort eine gute Kameradschaft und viel zu erleben, Else, auch jede Menge zu lernen. Und man kann sich qualifizieren. Wenn du positiv auffällst und mit der Zeit aufrückst als Führerin einer Mädelschar, einer Mädelgruppe oder eines Mädelrings, in dem immerhin vier Gruppen mit über fünfhundert Mädels beisammen sind, wenn du in den Gau oder gar in den Gauverband aufrückst, dann *ist das schon was!* Da kommst du raus aus dem engen Dorf und kannst junge Leute aus ganz Deutschland treffen. Und wir hier, wir werden stolz auf dich sein, wenn eine der unseren ganz vorn an der Jugendfront unseres Führers mitmischen wird. Denk doch nur an die Olympischen Spiele im nächsten Jahr. Ich verspreche dir, du darfst als Ordnungskraft mit dabei sein, selbst wenn du's noch nicht weiter gebracht hast als bis zur Chefin der Mädelschaft von Wisslingen!«

Und so etwas wollte ihr die Mutter vermiesen. Aus schnöden Rachegefühlen. Der ging es doch gar nicht um die Ideen des Führers und seiner Partei, die Deutschland endlich aus dem Dreck und der Franzosenfron herausbrachten, es ging ihr nur um ihre kleinlichen, uralten Dorffehden. Sie hatte einfach nicht die Größe, über ihren beschränkten Wisslinger Tellerrand hinauszudenken.

Else beschloss, die Sache nun richtig anzugehen. »Du hast nur einen Hass auf den Gruber«, sagte sie anklagend. »Weil der uns in grauer Vorzeit angeblich mal geschadet hat – wobei man da ja nie was Genaues drüber erfahren hat. Vielleicht war alles ganz anders, als du dir das einbildest, Mutter, schließlich warst du ja damals … *krank!*«

»Verrückt« hatte sie eigentlich sagen wollen, sich aber im letzten Moment noch korrigiert. Anna allerdings hörte den Ton und verstand durchaus die Melodie.

»Was weißt denn du schon davon«, knurrte sie und versuchte die Wut, die langsam in ihr aufkeimte, niederzuhalten. Dieses verblendete Kind hier war nicht nur ihre Tochter, sie war auch fünfzig Prozent ihres Geschäfts, seitdem sie die Gesellenprüfung gemacht hatte. Außerdem hasste Anna häuslichen Unfrieden. »Ich fände es einfach besser, du würdest wieder zur Evangelischen Jugend gehen«, sagte sie deswegen im Ton eines Kompromissvorschlags.

»Wo lebst du eigentlich, Mutter?«, fragte Else, jetzt voller Ironie. Ihr besserwisserischer Ton brachte Anna derart in Rage, dass sie um ein Haar ihre gerade gefassten guten Vorsätze vergessen hätte. »Die Evangelische Jugend ist aufgelöst worden. Und zwar im gesamten Reich!«

Das hatte Elses Mutter tatsächlich noch nicht registriert. Im *Ostalbboten* hatte nichts davon gestanden, zumindest nicht *so.*

»Aha«, sagte Anna nach einer kurzen, betretenen Pause. »Und den lieben Gott, haben sie den auch gleich mit ›aufgelöst‹?«

»Das müssen sie gar nicht. Den gibt es sowieso nicht! Das sind alles die Ammenmärchen der Pfaffen, um über die Leute bestimmen zu können«, erklärte Else großspurig, womit die Duldungsgrenze ihrer Mutter endgültig erreicht war.

Ihre verkrampfte Rechte löste sich auf wie von selbst, fuhr unter der Tischplatte hervor und landete hart auf der knochigen Wange ihrer Tochter. »So viel dazu!«, schnaubte sie zornig. »Und jetzt räum endlich den Tisch ab. Jeden Moment wird die Konstanze kommen. Ich hab ihr versprochen, einen Wintermantel zu nähen!«

Else stand auf. Ein einzelnes Apfelbäckchen glühte auf der weißlichen Gesichtshaut. »Erlaub dir das nicht noch einmal, Mutter«, sagte sie mit einer schrillen und bösen Stimme. »Sonst kannst du nicht mehr mit meiner Solidarität rechnen!«

Anna verschlug es beinahe die Sprache. »Mit deiner … *was*???«

Else lächelte, aber es war ein Lächeln ohne jeden Charme.

»Der Gruber hat mir einen Erhebungsbogen gegeben, nachdem ich das Amt als Führerin der Mädelschaft angenommen habe. Da gibt es auch ein paar Fragen zum ›Familienhintergrund‹. Vielleicht bin ich ja *ehrlich* bei der Beantwortung, wenn du mir weiterhin Schwierigkeiten machst, Mutter!«

»Die Ehrlichkeit ist eine hervorragende Tugend«, sagte Anna sarkastisch. »Oder ist die auch schon … *abgeschafft* … worden?«

»Ich würde dir raten, Mutter, das nicht auf die leichte Schulter zu nehmen!«

»Weshalb? Wir sind so arisch, wie es nur möglich ist: Zweihundertfünfzig belegbare Jahre nichts als Schwaben in unserer Familie, mit Ausnahme deines Vaters, und der war *Italiener* – nicht etwa Jude!«

»Das weiß ich auch«, erwiderte Else und lächelte tückisch. »Nur, dass du dem Peter ausgeredet hast, in die Partei einzutreten, dass du dem Onkel Vorwürfe machst, wenn er findet, dass es besser geworden ist in unserem Land, seitdem der Führer an der Regierung ist, und dass du nach dem Besuch der Lehrerin, die dich für die Frauenschaft anwerben wollte, gesagt hast, die Jüdin Daisy Cohn sei dir am Hintern lieber als die Lehrerin und ihre pharisäischen Naziweiber im Gesicht, das könnt ich ja auch schreiben, oder?«

Vorsichtshalber wich Else nach dieser Rede ein wenig zurück, denn die Handschrift der Mutter war eine kräftige. Doch Anna machte keine Anstalten, sie noch einmal zu züchtigen. Sie schaute an ihrer Tochter vorbei aus dem Fenster über der Nähmaschine. Es war ihr Arbeitsplatz und der einzige Standort im ganzen Haus, von dem aus man die Dächer der Hittelmayer-Siedlung sehen konnte.

Else betrachtete ihre Mutter, die hinter dem Tisch saß, vor der noch halb gefüllten Kaffeetasse und dem Teller mit den Krümeln des Sonntagsbrots. Den Mund zu halten war nicht die hervorstechende Eigenschaft Annas, und ein so andauerndes Schweigen hatte Else noch nie erlebt. Ein wenig wurde ihr nun doch unbehaglich; obwohl sie ganz und gar sicher war, sich im Recht zu befinden. Es war an der Zeit, dass die Mutter ihre politische Fehlhaltung korrigierte, bevor sie sich selbst oder auch ihre Kinder in Schwierigkeiten brachte. Fast tat ihr die Alte leid. Dennoch: Derart unflexibel an ihrer störrischen Ablehnung festzuhalten durfte sich selbst Anna nicht erlauben, angesichts der erfreulichen Wirklichkeit, von der täglich im *Ostalbboten* zu lesen war. Gerade wollte Else darauf hinweisen, als ihre Mutter aufstand, um das Zimmer zu verlassen.

Von mir aus. Ich mache das, was ich für richtig halte, dachte Else trotzig und zog das Anmeldeformular aus ihrem Beutel, um sich für das erste Fortbildungsseminar in der Kreisstadt anzumelden, das gleich am nächsten Wochenende stattfinden sollte.

Als Else am Sonntagabend zurückkehrte, glücklich über die Stunden der Gemeinsamkeit, erfüllt vom Zauber des nächtlichen Lagerfeuers und erfrischt von der langen Wanderung durch den Oberen Wald bis hin zum Gipfel des Staufens, fand sie die Aufteilung des Hauses verändert. In der breiten Diele verwehrte ihr eine provisorische Barriere aus Holzlatten den Zugang zu den Räumen der Erdgeschosswohnung.

An der Wand seitlich der Treppe befand sich ein Pappschild, das mit einer Reißzwecke befestigt war. »Else Pasqualini« hatte Anna mit schwarzer Farbe darauf gepinselt, und ein Pfeil wies hoch ins erste Geschoss.

Verwirrt stieg das Mädchen nach oben. Die Tür, die rechts vom Treppenpodest abging, war verschlossen. Dahinter befanden sich das ehemalige elterliche Schlafzimmer, das Anna noch immer benutzte, sowie das frühere »Herrenzimmer« ihres Vaters. Linker Hand lag das geräumige ehemalige Bubenzimmer, das seit dem Auszug der Zwillinge als Abstell- und Vorratskammer diente, sowie Elses eigener Schlafraum, der unverändert war.

Als sie jedoch die Tür zum Bubenzimmer öffnete, sah sie dort ihre Nähmaschine, die bisher im gemeinsamen Arbeitszimmer im Erdgeschoss gestanden hatte. Auch den neueren der beiden Zuschneidetische hatte ihre Mutter nach oben befördert sowie einen Regalschrank, den sie irgendwo aufgetrieben haben mochte. In der daneben befindlichen Kammer, die gelegentlich als Gästezimmer gedient hatte, standen ein Küchentisch und zwei Stühle, die vom Großvater Sailer stammten, ebenso wie die zweiflammige Gaskochplatte, die von Konstanze ausrangiert worden war, als sie vor Jahren einen Elektroherd angeschafft hatte. Neben das Waschbecken war ein Teewagen gerückt, den noch ihr Vater gekauft hatte, wie Else sich jetzt erinnerte. Darauf befanden sich einige Töpfe, Küchengeräte, Geschirr, Gläser und Besteck.

Die Botschaft der Bretterwand und der Möblierung war unmissverständlich: Anna hatte ihre Tochter hinausgeworfen, auch wenn sie ihr zugestanden hatte, weiter das Elternhaus zu bewohnen und dort arbeiten zu dürfen.

Verblüfft und ein wenig ratlos sank Else auf den Küchenstuhl ihres Großvaters. Einen kleinen Moment lang tat es ihr leid. Sie begann sich zu schämen und einzugestehen, dass *sie* es gewesen war, die diese Situation herbeigeführt hatte. Dann aber schob sie diese Gedanken beiseite. Es waren Sentimentalitäten, sonst nichts.

Moritz Gruber hatte recht behalten mit dem, was er ihr und den anderen Mädels am Lagerfeuer erzählt hatte: Viele Menschen waren einfach nicht in der Lage, die neue Zeit und ihre riesigen Chancen zu verstehen.

Das sei bedauerlich, aber nur mit Druck zu verändern, hatte der Ortsgruppenleiter gesagt. Und dass es vereinzelt zu Ablöseschwierigkeiten kommen könne. Denn nicht die biologische Familie, wie es in der Vergangenheit gewesen war, sei die wahre Heimstatt der neuen Generation, sondern einzig und allein die Partei.

**21** Die letzten Septembertage waren, wie oft in Neapel, in mattes Gold getaucht. Die nachlassende Sonne, die nur noch Wärme anstelle brütender Hitze spendete, schien tief durch die wassergeschwängerte Luft und verlieh der Landschaft eine Patina, die an alte flämische Bilder erinnerte.

Stefano Orlandi hatte es sich verbeten, von Mitgliedern seiner Familie zum Schiff begleitet zu werden. Er hasste gefühlvolle Szenen, und er war sicher, dass keine der drei Frauen, die als Begleitung in Frage kamen, in der Lage war, die Contenance zu bewahren; selbst Angela nicht, wenn der Abschied real wurde.

Von seiner Großmutter Orlandi hatte sich Stefano bereits verabschiedet. Die alte Frau wäre im Übrigen ohnehin nicht in der Lage gewesen, zum Hafen zu kommen. Ihr Nierenleiden hatte sich wieder gemeldet und sie ins Bett gezwungen. Als Stefano sie am Ende seiner Visite küsste, war ihnen beiden klar, dass dies das letzte Zusammentreffen gewesen war.

»Nimm *mich*, Gott, ich bin eine alte Frau, und mein Leben ist vollendet«, hatte Odilia dabei gefleht. »Ihn aber lass gesund zurückkommen, das bist du mir schuldig, Gott, nachdem du meinen Sandro allzu früh zu dir gerufen hast!«

Natürlich sagte sie dem Jungen nichts von diesen Gebeten, denn er war stolz und so voller Tatendurst. Stattdessen wünschte sie ihm und der Sache Erfolg, denn das war es, was er hören wollte. *Sie* jedenfalls würde den Ausgang nicht mehr verfolgen müssen, worüber sie unendlich erleichtert war. Sie hatte den Blick von Serafina Mazone nicht vergessen, in dem etwas wie Neid gelegen hatte, als sie am Krankenlager erschienen war.

So ist die Welt, dachte Odilia und war versucht zu kichern. Niemals hätte sie geglaubt, eines Tages den eigenen Tod für die beste aller Optionen halten zu müssen, und Serafina schien derselben Meinung zu sein. Allerdings hatte die Gute in ihrem eigenen Fall Pech: Von ihrer Gehbehinderung abgesehen verfügte die letzte Mazone noch über eine passable Gesundheit. Würde Stefano etwas zustoßen, Serafina würde gezwungen sein, es zu erleiden und zu erdulden.

Obwohl er einen anderen Anschein erweckte, war Stefano Orlandi erregt und aufgewühlt, als er sein Elternhaus an diesem Morgen verließ. Die Dramatik des häuslichen Abschieds lag hinter ihm. Sofia war, wie er schon vermutet hatte, nach einem letzten verbalen Widerstand in eine Pseudo-Ohnmacht verfallen, die mangels gebührender Aufmerksamkeit der anderen Anwesenden rasch ein Ende fand. Tante Fina hatte wortlos und so steif wie ihr Ebenholzstock in seinen Armen gelegen, als er ihr Stirn und Wangen küsste, und die Reste von Angelas heißen Tränen klebten noch feucht auf seinem Gesicht.

Es war unmöglich, diese Fülle von Verzweiflung zu ertragen, ohne selbst infiziert zu werden. Er mochte patriotisch sein, vielleicht sogar fanatisiert von De Bono, wie seine Mutter ihm unterstellte, aber er war sechsundzwanzig Jahre alt und damit eindeutig zu jung, um zu sterben. Denn selbstverständlich war ihm bewusst, dass ein derartiger Ausgang des Unternehmens nicht auszuschließen war.

Auf dem Weg zum Hafen ließ Stefano den Chauffeur am Friedhof anhalten. »Ich möchte noch das Grab meines Vaters besuchen!«, erklärte er.

»Das ist eine gute Idee, Signor Orlandi«, fand der Fahrer. »Die Toten der Familie sind die Schutzengel der Lebenden.«

Stefano war nicht dieser Auffassung, aber er versagte sich eine Antwort. Erklären können hätte er seine Laune, am Friedhof zu stoppen, ohnehin nicht. Er passierte die schattige Pforte neben der kleinen Friedhofskirche und schritt an riesigen Thujabüschen vorbei zum Grabmal der Orlandis. Zu seinem Erstaunen wirkte es nicht sehr gepflegt, was ihn verwunderte, wenn er an die häufigen Friedhofsbesuche seiner Mutter dachte.

Er verweilte eine kurze Zeit vor dem Monument, das sich über dem Grab seines Vaters erhob. Es handelte sich um zwei seltsam verschlungene Jünglinge, die Darstellungen aus der griechischen Antike nachempfunden waren. Stefano, der die Skulptur noch nie gesehen hatte, seitdem sie angebracht worden war, fand den Geschmack seiner Mutter, die diese Auswahl getroffen hatte, ein wenig befremdlich.

Aber darum ging es an diesem Tag nicht. Er wandte sich ab und ging zurück Richtung Straße.

Als er die kleine Kirche erreicht hatte, öffnete er nach kurzem Zögern die schwere Eingangstür. Im Inneren verharrte er einige Augenblicke, dann verbeugte er sich vor dem Kruzifix und kehrte nach draußen zurück. Noch ehe er den Wagen erreicht hatte, sah er eine füllige Frau die Straße entlanghasten.

»Erkennen Sie mich noch, Signor Orlandi?«, rief sie ihm zu.

Stefano blickte sie erstaunt an und wollte die Frage schon verneinen, als er ihre Erinnerung urplötzlich mit einem Geruch und einem Geschmack verband. Es hatte mit Anis zu tun, mit Anis und Vanille und …

Jetzt fiel es ihm ein.

»Sie sind die Eierfrau«, sagte er und lächelte. »Sie haben mir manchmal Kekse geschenkt, ganz *köstliche* Kekse, als ich noch zur Lateinschule ging!«

Die Frau strahlte. »Ich habe Sie von meinem Haus aus gesehen«, verkündete sie. Stefano begann sich zu wundern, doch die Alte plapperte munter weiter: »Sie waren sehr lange fort!«

»Ich war in Rom und in Triest. Ich habe dort studiert!«

»Ja. Das ist mir bekannt. Ich spreche manchmal mit Pedro, Ihrem alten Pferdeknecht! Er sagte mir, Sie seien sehr fleißig und hätten die besten Examina gemacht!«

»Na ja«, schränkte Stefano ein. »Die *besten* waren es nicht, aber es waren ausreichend gute!«

»Das freut mich«, sagte die Alte mit großem Ernst. »Und was machen Sie jetzt? Sie tragen Uniform, sind Sie in der Armee?«

»Ja. Ich schließe mich dem äthiopischen Feldzug an. In knapp zwei Stunden wird mein Schiff auslaufen. Entschuldigen Sie, aber ich bin etwas in Eile!«

Die Alte starrte ihn fassungslos an. »Nach Äthiopien?«, stammelte sie. »Aber das ist gefährlich! Sie sollten hierbleiben, mein Junge!«

Fast hätte Stefano aufgelacht, wären der Frau nicht tatsächlich zwei Tränen über die vollen Wangen gerollt. Das hatte ihm gerade noch gefehlt! Nach all dem Theater zu Hause, den Szenen, den Ohnmachtsanfällen, den ständig geäußerten Befürchtungen und Weltuntergangsbeschwörungen auch noch eine alte Eierfrau, die ihn unverständlicherweise zu »ihrem Jungen« ernannte und seinen Mut ebenfalls mit Tränen quittierte!

Stefano zwang sich zu einem höflichen Lächeln und setzte den linken Fuß in den Wagen.

»Warten Sie, warten Sie einen Moment, Signor Stefano«, rief die Alte und begann hektisch in ihren Röcken zu wühlen. Schließlich brachte sie ein Döschen zutage und drückte ihm dies in die Hand, bevor der Wagen anfuhr.

Erst als sie in die Straße zum Hafen eingebogen waren, besann Stefano sich auf das Präsent, das er neben sich auf den Ledersitz gelegt hatte.

Die kleine Dose war aus Silber. Auf dem Deckel war das in lebhaften Farben emaillierte Bild der Gottesmutter Maria zu sehen.

Stefano klappte das Döschen auf. Es enthielt einen Rosenkranz aus Perlmutt, dem man ansehen konnte, dass er sehr oft benutzt worden war. Schon wollte er das kleine Behältnis wieder schließen, als er bemerkte, dass sich seitlich des Marienbilds eine winzige Feder befand. Er drückte darauf und sah in der ausgesparten Öffnung des Silberdeckels, der nun wirkte wie der Rahmen eines Medaillons, ein Bild von sich selbst. Es war etwas verblasst, aber es zeigte eindeutig seine Züge. Er mochte bei der Aufnahme, an die er sich nicht erinnern konnte, vielleicht zwölf Jahre alt gewesen sein.

Stefano fingerte so lange herum, bis er das Bild aus dem Deckel herausschieben konnte. Anschließend betrachtete er es erneut und mit verständnislosem Kopfschütteln, bis er auf die Idee kam, die Fotografie umzudrehen. Zuerst sah er den Stempel eines ihm unbekannten Fotografen aus Neapel, danach las er die etwas verblasste kindliche Schrift. »Meiner lieben Mama, von meinem ersten Lohn. Stefano Pasqualini, im September 1896«.

## 22

Am Nachmittag desselben Tages erreichte Paul Pasqualini das Gebäude der Universität Neapel auf dem Corso Umberto I.

Es handelte sich um ein lang gestrecktes, dreistockiges Bauwerk in neoklassizistischem Stil. Kleinwüchsige Platanenbäume begrenzten den schmalen Vorgarten zu Gehweg und Straße, nur unterbrochen von der säulengestützten Außentreppe zum Haupteingang.

Ein letztes Mal fragte sich Paul, ob er sich wirklich in die Posse begeben wolle, die der römische Diktator ausgerufen hatte, und ein weiteres Mal sagte er sich, dass es dazu keine Alternative gebe. Keine *bessere* zumindest.

In Pesciotta war ihm das Husarenstück noch möglich erschienen, doch als er jetzt das ehrwürdige Gebäude betrat, raubte seine eigene Dreistigkeit ihm beinahe den Atem.

Vermutlich wäre er zu diesem Zeitpunkt panikartig geflüchtet, hätte der Pedell in seinem Portierhäuschen ihn nicht bereits gesehen. Er kam heraus und trat auf ihn zu. »Kann ich Ihnen helfen, Signore?«, fragte er höflich.

Paul nickte und reichte ihm die beiden Schreiben des Duce, die der Mann mit raschen Blicken musterte.

»Moment«, sagte er dann und verständigte sich mit dem zweiten Mann hinter der Glasscheibe. »Bitte, folgen Sie mir!«

Sie gingen einen langen Flur entlang. Vor einer der letzten Türen blieb der Pedell stehen und klopfte.

»Si?!«, ertönte eine sonore Stimme. Der Pedell öffnete die Tür, sodass Paul in den Raum treten konnte. Er selbst blieb draußen und schloss wieder die Tür hinter sich.

Der Mann hinter dem Schreibtisch mochte Ende vierzig sein. Er hatte dichtes graues Haar, das wie eine stachelige Krone von seinem eiförmigen Kopf abstand. In seinem Mundwinkel klebte ein kaltes Zigarillo, und seine Augen, grau wie die Haare, zeigten den lebhaft funkelnden Ausdruck des chronischen Spötters.

»Mein Name ist Pasqualini, Paolo Pasqualini«, sagte Paul befangen und zückte erneut die beiden Schreiben des Duce.

Der Mann hinter dem Schreibtisch nahm das Zigarillo aus dem Mund, erhob sich und musterte Paul mit unverhüllter Neugierde. »Ich habe Sie schon erwartet«, sagte er. »Sie sind jünger, als ich dachte!«

Paul nickte mit einem angestrengten Lächeln. Er spürte sofort, dass der Mann ihm nicht wohlgesonnen war.

»Mein Name ist Germano Gisberti. Ich lehre hier Philosophie und bin der Vertreter des Vertreters des Rektors, die beide leider nicht abkömmlich sind. Man hat mich … beauftragt … Sie zu begrüßen und einzuweisen!«

»Vielen Dank, Signor Professore!«, murmelte Paul und wünschte, der Boden würde sich auftun und ihn verschlingen.

»Ich nehme an, Sie sind ein Verwandter des Herrn Präsidenten?«

Paul schüttelte wortlos den Kopf, was Signor Gisberti zu der Feststellung veranlasste: »Dann sicher ein guter Bekannter!«

Paul unterließ es, auch dies zu verneinen. Der Mann würde ihm ohnehin keinen Glauben schenken.

Signor Gisberti schien seine erste Musterung nun abgeschlossen zu haben. Er machte eine wenig einladende Geste hin zu seinem Besucherstuhl und hob ein wenig die Stimme, während Paul sich setzte.

»Wissen Sie, wir waren noch nie mit einer derartigen … Zuweisung … befasst«, erklärte der Professor, und der Spott, den Paul in seinen Augen gesehen hatte, war nun deutlich zu hören. Auch seine Verachtung. Sein Gegenüber hatte ihm eben zu verstehen gegeben, dass der Rektor und sein Vertreter sich elegant aus der Schlinge gezogen hatten und sich zu gut dafür waren, einen Günstling dieses römischen Machtmenschen zu empfangen. Nur, irgendjemand musste es tun – und dieser Jemand war der Philosophieprofessor. Denn egal wie alle empfanden, niemand von ihnen hatte Lust darauf, sich mit dem Diktator anzulegen und seinen Zorn auf sich zu ziehen. Das konnte nicht nur beruflich verheerend sein.

Paul hatte sich keinerlei Strategie für diese Situation zurechtgelegt; schon deswegen nicht, weil ihm einfach die Fantasie abgegangen war, sich das Verhalten der »Gegenseite« vorzustellen. Außerdem hatte er längst begriffen, dass er Schwierigkeiten am besten begegnen konnte, wenn er sie eintreten ließ, um dann ganz aus dem Instinkt heraus zu agieren. Blitzartig erkannte er, dass es seine einzige Chance war, die Wahrheit zu sagen. Wenn es ihm gelang, diesem Mann klarzumachen, dass er nicht wirklich ein Begünstigter, sondern ebenfalls ein Opfer der Launenhaftigkeit des Duce war, würde dieser vielleicht Mitleid mit ihm bekommen und ihm helfen, einen Ausweg zu finden.

»Signor Professore«, sagte er deshalb mit ernster Stimme und schaute dem Mann direkt in die Augen. »Lassen Sie mich meine Geschichte erzählen!«

Er tat es, doch natürlich war er nicht *vollkommen* ehrlich dabei, denn als versierter Kartenspieler wusste Paul Pasqualini, dass ein bisschen Täuschen, Tricksen und Fälschen notwendig waren, um zu gewinnen. Seine schulische Karriere schilderte er so geschickt, dass er, ohne direkt lügen zu müssen, das Einjährige an der Lateinschule zum Abitur verlängerte; seine Ausbildung war die eines Zeitungsvolontärs gewesen und seine letzte Arbeitsstelle in Deutschland der Posten eines Redakteurs in einem großen Verlagshaus. Dass seine Mutter Deutsche war und sein Vater die deutsche Staatsangehörigkeit angenommen hatte, verschwieg er, erweckte dagegen den Anschein, die Auswanderung von Italien nach Deutschland habe erst *nach* seiner Geburt stattgefunden. Sein bereits in jungen Jahren vorhandenes Interesse an der Baukunst und seine ausführliche Beschäftigung damit stilisierte er zu einer Art Privatstudium, und was das Deutsche betreffe, sei er nun wirklich ein Experte. Leider, und dies in beiden Fällen, ohne die entsprechenden Examina.

Als Grund für die Rückwanderung nannte Paul die unstillbare Sehnsucht nach dem Vaterland, das er wahrhaft liebe. Er schilderte in glühenden Farben sein Architektengeschick, das den Duce veranlasst habe, seinen Entwurf zu prämieren, und erzählte schließlich von seinem Wunsch, als Dorflehrer arbeiten zu dürfen – und der Antwort des Duce darauf.

Als er geendet hatte, entstand eine lange Pause.

Schließlich hob Professore Gisberti, der während Pauls Schilderung unentwegt auf seine Schreibtischplatte geschaut hatte, den Kopf und sagte, diesmal ohne jede Ironie: »Das ist schlimmer als alles, was wir uns vorgestellt hatten!«

Paul erwiderte nichts. Dem war nicht zu widersprechen, nicht vom Standpunkt seines Gegenübers aus.

»Und wie, schlagen Sie vor, sollen wir uns jetzt verhalten?«, fragte Paul nach weiterem Schweigen.

Signor Gisberti hob seine knochigen Schultern. »Ich weiß es nicht, Signor Pasqualini. Ich werde … *berichten*, obwohl Sie sich darüber im Klaren sein sollten, dass offiziell niemand hier im Hause, mich eingeschlossen, jemals zugeben wird, die Hintergründe Ihrer Berufung zu kennen oder von Ihrer mangelnden Qualifikation Kenntnis gehabt zu haben!«

Paul dachte, dass diese Versicherung nur nützlich sein konnte, und gratulierte sich innerlich zum eingeschlagenen Weg. Denn jetzt, nach seinen »Geständnissen«, erkannte er hinter der Fassade seines Gesprächspartners dessen Nervosität, mit dieser dubiosen Geschichte und dem unerwünschten Auftrag richtig zu verfahren. Er spürte sogar die Angst der nicht Anwesenden, sich und ihrer akademischen Heimat mit ihren Reaktionen zu schaden, was sowohl durch stillschweigende Billigung als auch durch lautstarke Ablehnung geschehen konnte. Sie waren in der gleichen Klemme wie er und hatten sich zwischen Teufel und Beelzebub zu entscheiden.

Diese Erkenntnis brachte Paul Erleichterung, sogar etwas wie Hoffnung. Jedenfalls war es nun nicht mehr an ihm, das Problem zu lösen, sondern Sache der anderen.

Sie kamen schließlich überein, sich am übernächsten Tage ein weiteres Mal zu treffen, zur selben Zeit am selben Ort.

In wesentlich besserer Stimmung, als er es betreten hatte, schickte sich Paul an, das Gebäude zu verlassen. Als er die Halle erreichte, wurde die große Eingangstür aufgestoßen. Eine Gruppe lebhafter junger Leute quoll herein. Sie ignorierten die Rufe des Chefpedells, der sie zur Ruhe ermahnte, und stürmten die Treppe hoch.

Paul blieb stehen und sah ihnen nach. Die meisten von ihnen waren etwa fünf Jahre jünger als er, doch sie hatten – dies war schnell erkennbar – noch nie mit dem Ernst des Lebens Bekanntschaft gemacht. Ihre Eltern waren reich oder zumindest vermögend, ihre Kindheit war behütet und sorgenfrei gewesen, und die Zukunft lag vor den meisten wie ein roter Teppich zum Glück.

Paul Pasqualini war vierundzwanzig Jahre alt, aber er fühlte sich mehr als zehn Jahre älter. Er sah auch so aus, wie er von seinem Anblick im Rasierspiegel wusste. Wie um seine Gedanken zu bestätigen, grüßte jetzt ein Nachzügler, der ihn bemerkt hatte und wohl für einen der Dozenten hielt, mit ehrerbietiger Freundlichkeit in seine Richtung.

Paul grüßte zurück, lächelte und beschloss, dies als gutes Omen zu nehmen, für was auch immer.

**23** »Ich habe nicht die geringste Lust, dort hinzugehen, Tante Fina«, sagte Angela Orlandi widerstrebend und zupfte unschlüssig am Rock des Kleids herum. Es war sommerlich leicht und aus feinstem weißem Organdy, der mit hellroten Kirschen bedruckt war. In der Taille wurde es von einem Gürtel aus Sämischleder zusammengehalten, der die rote Farbe der Kirschen hatte. Während das Oberteil stark auf Figur gearbeitet war, schwang der weite Rock bei jeder Bewegung Angelas grazil um Hüfte und Beine.

Sie sieht ganz reizend darin aus, dachte Tante Fina mit beinahe mütterlichem Stolz. Nur dass sie sich dessen nicht im Geringsten bewusst ist!

Angela machte sich weiter keine Gedanken über ihr Aussehen. Sie war einfach sie selbst, was ihr einen so natürlichen, liebenswürdigen Charme verlieh, dass nahezu alle, die sie kennenlernten, von ihr eingenommen waren. Dennoch schien ihr eine Eigenschaft zu fehlen, die ihre Mutter selbst noch im jetzigen Alter im Übermaß hatte: Angela verfügte über keinerlei erotische Ausstrahlung. Serafina konnte sich dies nicht erklären, doch Angela erzeugte bei der Männerwelt dieselbe Reaktion wie das perfekt gelungene Bild eines großen Meisters: Man betrachtet es voller Bewunderung, doch man hütet sich davor, es zu berühren, um es ja nicht zu beschädigen.

Vielleicht lag es auch an den vielen Flirts und Affären ihrer Mutter, die dem Mädchen natürlich nicht verborgen geblieben waren. Womöglich hatte sie eine Abscheu gegen dergleichen entwickelt. Die Beschäftigung mit der Liebe jedenfalls war bei Angela bisher rein theoretischer Natur: Bücher, Opern und romantische Fantasien schienen ihr zu genügen. Es war schlichtweg so, dass Angela unter den heiratsfähigen jungen Männern als asexuelle Ikone gehandelt wurde, was Sofia instinktiv fühlte und zu ihren Gunsten nutzte. Sie tat alles, was in ihrer Macht stand, um das Mädchen möglichst lange als »Kind« zu deklarieren – vor sich selbst und vor anderen.

»Du wirst gehen und dich amüsieren, und zwar mit Leuten deines Alters. Es ist nicht gut, wenn du immer nur hinter Büchern oder deinem Klavier hockst«, erklärte Tante Fina deshalb entschieden, denn sie hatte beschlossen, dass man dies alles nicht widerstandslos hinnehmen durfte. Wenn Angela lernte, sich ein wenig versierter in der Gesellschaft zu bewegen, und zwar ohne immer nur ein Anhängsel ihrer Mutter zu sein, würde sich bald auch »das andere« verflüchtigen, dessen war Serafina sich sicher.

Sie wünschte ihrer Großnichte von Herzen ein glückliches, erfülltes und legitimes Liebesleben. Es genügte, wenn Mutter und Tante sich an verbotenen Früchten das Leben verdorben hatten. »Meinst du nicht, dass es unschicklich ist auszugehen, gerade heute, wo Stefano in den Krieg gezogen ist, Tante Fina?«, setzte sich Angela ein letztes Mal zur Wehr.

Sie hasste diese Abendgesellschaften mit ihrem oberflächlichen Geplauder und all den Leuten, die einander ihre Wichtigkeit beweisen wollten. Sie wäre sehr viel lieber in die Oper gegangen, doch ausnahmsweise war es diesmal ihre Mutter gewesen, die darauf bestanden hatte, das Abonnement zu beanspruchen. Wer wohl die zweite Karte erhalten hatte, überlegte Angela flüchtig, aber sie hatte es längst aufgegeben, solchen Fragen ernstlich nachzuspüren. Vermutlich der neue Anwalt in Mastrovellis Kanzlei, aber es interessierte sie nicht wirklich. Nur um den Opernbesuch war es schade. Ausgerechnet *Ein Maskenball*, *die* Oper Verdis, die er im Auftrag der Bühne von Neapel für das Jahr 1858 geschrieben hatte; die einen politischen Skandal ausgelöst hatte und deretwegen Verdi die Stadt verlassen musste, mit der Drohung auf den Lippen, nie wieder etwas für die Neapolitaner zu schreiben.

Aber egal.

Nun saß ihre Mutter im Theater, und so würde Angela sich heute ausnahmsweise den Bitten ihrer Tante fügen und zum Namenstag der Contessa Vibaldi gehen. Der Abend war zu schön, um ihn im Haus zu verbringen, und der Park der Vibaldis war der schönste in ganz Neapel. Sie hatte ja noch immer die Möglichkeit, das Fest früh zu verlassen, wenn es ihr nicht gefiel.

Angela nahm ihre Tasche und eine Stola, küsste Tante Fina, die zufrieden lächelte, und schlenderte dann durch den Garten, um vor dem Tor den Lohnfahrer zu erwarten. Die Straße, die in südlicher Richtung in die höher gelegenen Regionen der Stadt führte, nordwärts aber durch das Villenviertel sowie am Friedhof Santo Michele vorbei und dabei einen großen Bogen zum Hafen zog, war um diese Tageszeit menschenleer. Eine Limousine näherte sich, aber es war nicht der bestellte Lohnwagen. Von der Stadt her waren jetzt auf dem gepflasterten Weg Schritte zu hören. Angela wandte erstaunt den Kopf, denn abendliche Spaziergänger waren hier selten.

Plötzlich schoss freudige Erregung in ihr hoch. Wie war das möglich? Was mochte diesen Entschluss ausgelöst haben?

Sie begann zu rennen und warf sich der vertrauten Gestalt in die Arme. »Ich bin ja so glücklich«, rief sie und drückte ihren Mund an seinen Hals, wie sie es immer gemacht hatte: zwei Fingerbreit unter seinem linken Ohr, wo der Herzschlag besonders fühlbar war. Tränen stiegen ihr in die Augen, doch dieses Mal waren es Freudentränen. Wieder und wieder murmelte sie: »Du musst es mir nicht erklären, Hauptsache, du bist wieder zurück!«

Paul war wie benommen. Die Frau in seinen Armen war mittelgroß und ausgesprochen zierlich, doch am Druck ihrer Brüste spürte er, dass sie gut gewachsen sein musste. Sie roch nach Jasmin und Lavendel, und ihre lockigen Haare, die an seiner Nase kitzelten, hatten in der Abendsonne die Farbe von gesponnenem Altgold.

Er ließ sie kurz gewähren, dann aber umfasste er ihre Handgelenke und lockerte sanft die Umarmung.

»Entschuldigen Sie, aber ich glaube, es liegt eine Verwechslung vor!«

Die junge Dame machte einen Schritt zurück und musterte ihn verblüfft. Suchend tastete ihr Blick seine ganze Gestalt ab.

Der Mann hatte eine Ähnlichkeit mit Stefano, doch er war es nicht. Im ersten Moment der Freude hatte sie die Unterschiede nicht bemerkt. Der Fremde war größer und muskulöser. Seine Augen waren, wie sie jetzt sah, auffallend grün wie die einer Katze, während Stefanos Augen dunkelbraun waren wie die seiner Mutter. Auch das Gesicht war kantiger geschnitten als das Stefanos; die Nase war nicht so spitz wie die ihres Bruders. Die Haare, die schwarz und wellig waren, trug er, im Gegensatz zu Stefanos militärisch kurzem Schnitt, ein wenig zu lang für die derzeitige Mode.

Angela begann einzusehen, dass sie sich geirrt hatte. Ihre Wunschvorstellung hatte ihr einen Streich gespielt.

»Entschuldigen Sie«, flüsterte sie und wurde so rot wie die Kirschen auf ihrem Kleid.

»Aber ich bitte Sie! Es gibt nichts zu entschuldigen«, erwiderte Paul so leichthin, als ob es des Öfteren vorkäme, dass er von fremden Damen auf der Straße umarmt und geküsst wurde, denn er sah, wie verlegen sie war.

»Sie sehen jemandem ähnlich, der mir sehr nahe steht«, versuchte Angela, ihr Verhalten zu erklären.

Paul zuckte mit den Schultern und sagte: »Ich hab es bemerkt. Und ich bedaure zutiefst, dass ich Sie auf den Irrtum aufmerksam gemacht habe. Es war *sehr hübsch*, von Ihnen geküsst zu werden!«

Die Frau vor ihm wurde nun noch verlegener, und Paul schämte sich beinahe für seine letzte Bemerkung.

»Ich wünsche Ihnen einen schönen Abend, Signorina«, sagte er deswegen jetzt bewusst förmlich, verneigte sich ein wenig, machte einen Schritt zur Seite und setzte seinen Weg fort. Zu gern hätte er sich noch einmal nach ihr umgedreht, aber der Anstand verbot es ihm.

Mit langen Schritten ging er weiter in Richtung des Friedhofs und des am anderen Ende liegenden Hauses seiner Großeltern.

Tags zuvor schon hatte er dort vorgesprochen und um einige Tage Obdach gebeten, unbeeindruckt von der anhaltenden Ungnädigkeit seiner Tante Rosalia. Er habe in Neapel etwas zu erledigen, war er den Fragen der Verwandtschaft ausgewichen, ohne diese Anliegen zu präzisieren.

Auf Dauer zu bleiben gedenke er jedenfalls nicht, hatte er schließlich erklärt, um Onkel Roberto Tage und Nächte zu ersparen, die angefüllt waren mit bösen Forderungen seiner Ehefrau, der Sache auf den Grund zu gehen.

Die Großmutter hatte ihn bereits von Weitem gesehen und kam ihm entgegen. Sie schien erregt und packte ihn mit beiden Händen knapp über den Ellbogen.

»Du wirst doch nicht auch in den Krieg wollen?«, rief sie, und ihrer Stimme war die Angst anzuhören.

Paul war ziemlich verblüfft. »Beruhige dich, Nonna«, sagte er und zog sie in seine Arme. »Wer auch immer so verrückt ist, das zu tun, ich ganz bestimmt nicht!«

»Na Gott sei Dank.« Maria Pasqualini schnaufte erleichtert. Dann aber begann sie zu weinen.

Paul, der sich fragte, wem diese Tränen wohl galten, streichelte ihre zuckenden Schultern.

Maria schniefte noch einige Male, dann hatte sie sich wieder beruhigt. »Du bist ein guter Junge«, sagte sie schließlich, stellte sich auf die Zehenspitzen und begann ihn abzuküssen. Dabei traf sie genau dieselbe Stelle wie die unbekannte Schöne.

Unvermittelt fasste Paul sie um ihre dralle Taille und schwenkte sie zweimal im Kreis herum, sodass sie kreischte. Dann setzte er sie behutsam wieder zu Boden und erklärte: »Und jetzt brauche ich ganz dringend einen großen Teller deiner herrlichen Pasta!«

**24** Als Paul am nächsten Tag wieder auf dem Corso Umberto I. erschien, erwartete Professore Gisberti ihn bereits und führte ihn in einen der Querflügel des Gebäudes, in dem die Facoltà di Architettura untergebracht war.

Gisberti öffnete die Tür zu einem kleinen Büro, das zu ebener Erde lag. Durch ein bis zum Fußboden reichendes Fenster konnte sogar der Garten betreten werden, der nach englischer Art angelegt war.

»Das hier ist Ihr zukünftiges Reich«, verkündete der Professore, und sein Zynismus schimmerte durch. »Ihr Vorlesungsraum liegt gleich gegenüber. Den Deutschkursus – wir haben uns entschlossen, das Kind so zu taufen – können Sie ausnahmsweise auch dort abhalten. Und dies …«, er deutete auf eine turmartige Ansammlung von Ordnern und Heftern, die sich in der Mitte des sonst leeren Schreibtischs befand, »… sind alle Unterlagen, die wir auftreiben konnten: schriftliche Aufzeichnungen von Kollegen, Notizen einiger vergangener Semester, Literaturverzeichnisse, Vorlesungspläne, Prüfungsunterlagen et cetera et cetera!« Gisbertis dichte eisgraue Augenbrauen zuckten hoch, und seine Stimme nahm einen beinahe drohenden Klang an: »Mehr Starthilfe zu geben ist uns nicht möglich. Schwimmen, mein Lieber, müssen Sie selbst!«

»Danke«, murmelte Paul überwältigt. Das war mehr, als er erwartet hatte, auch wenn ihm klar war, dass diese Geste vorwiegend eine Selbstschutzmaßnahme seiner »Kollegen« war.

»Bitte sehr«, sagte Gisberti mit kühlem Hochmut. »Allerdings stellt das Haus ein paar Bedingungen an Sie!«

»Und die wären?«

»Sie versuchen, Ihr Bestes respektive Ihr *Allerbestes* zu geben, um diese … *Inszenierung* … nicht zur größten Blamage seit unserer Gründung im Jahre 1224 geraten zu lassen!«

»Das ist leicht zu versprechen. Es liegt auch in meinem Interesse!«

»So ist es. Trotzdem. Vergessen Sie nie: Hier haben schon Leute wie Thomas von Aquin gelehrt, um nur den Prominentesten zu nennen! Wir haben mehr zu verlieren als Sie, *Professore* Pasqualini!«, sagte der Hochschullehrer mit beißendem Sarkasmus.

»Ich bin mir dessen bewusst«, murmelte Paul und verwünschte ein weiteres Mal den Größenwahn Mussolinis, der ihn an diesen Ort geführt hatte.

»Das ist noch nicht alles«, sagte Gisberti. »Wir erwarten, dass Sie sich, so gut es möglich ist, zurückhalten im Verkehr mit Professoren und Studenten. Ihre Redakteurstätigkeit in allen Ehren, aber wir sind uns nicht sicher, ob Ihre deutsche Allgemeinbildung ausreicht, um sich mit italienischen Spitzenakademikern angemessen unterhalten zu können!«

Das nun war eine gezielte Ohrfeige und eine absolut überflüssige Demütigung, wie Paul fand. Er schluckte trocken, doch er beschloss, auf eine Widerrede zu verzichten. Mussolini gegenüber hätte dieser Mann nicht einen Bruchteil davon zu sagen gewagt, dachte er bitter, und die Allgemeinbildung eines ehemaligen Dorfschullehrers lag sicher nicht erheblich über der seinen.

»Das Dritte wäre«, fuhr Gisberti fort, »wir erwarten, dass Sie die nächste, und ich meine damit die allernächste, akzeptable Möglichkeit ergreifen werden, wieder von hier zu verschwinden!«

»Mit größtem Vergnügen«, sagte Paul und beschloss im selben Moment, diesem arroganten Kerl samt seinen Kollegen, die den Weg der taktischen Feigheit gewählt hatten, zu zeigen, dass er in der Lage war, ihnen Paroli zu bieten.

»Dann verlasse ich Sie jetzt«, sagte der Professore und schloss den Knopf an seinem Leinenjackett.

»Ich danke Ihnen. Ich werde mir erlauben, den Duce von Ihnen zu grüßen«, erwiderte Paul mit heuchlerischer Freundlichkeit, denn er hatte begriffen, dass dies die wirksamste Art und Weise war, sich für die Verachtung zu revanchieren, die dieser Mann so unverhüllt zeigte.

Einen Moment lang hatte es den Anschein, als ob Gisberti noch etwas sagen wolle, dann aber nickte er nur und verschwand.

Paul setzte sich hinter den Schreibtisch und besah sich den akademischen Turm. Dann begann er ihn in drei kleinere Türme umzusortieren, denen er die Bezeichnungen »Sehr wichtig«, »Kann warten« und »Kann ich noch nichts damit anfangen« verlieh.

Mitten in der konzentrierten Arbeit tauchte vor seinem geistigen Auge das Bild der schönen Unbekannten auf, die ihn so begeistert umarmt und geküsst hatte. Er fühlte ihre weichen Lippen an seinem Hals, und eine süße Wärme hüllte ihn ein.

Er lächelte zum ersten Mal an diesem Tag.

## 25

Sonntag, der 13. Oktober 1935, war zum ersten »Eintopfsonntag« ausgerufen worden. Der *Ostalbbote* hatte der Aktion eine ganze Seite eingeräumt und mit glühenden Worten für die Sache geworben. Die deutsche Bevölkerung wurde aufgerufen und angehalten, auf bessere Sonntagskost zu verzichten und den dadurch ersparten Geldbetrag an das Winterhilfswerk abzuführen.

Anna, die das Hitlerregime hasste, und zwar vorwiegend deswegen, weil all ihre Feinde – die Hittelmayer-Sippe, Moritz Gruber und die Familien Dussler und Klinger – davon zu profitieren schienen, beschloss deshalb am Samstagmittag, ein

Hähnchen zu schlachten und dieses am Eintopfsonntag ganz allein zu verspeisen.

Sie ging zum Hühnerstall, der samt einem großen Freilaufgehege zwischen dem alten und dem neuen Haus lag und der von jeher ihr ganz persönliches »Reich« war. Derzeit hatte sie mehr als fünfzig Legehühner, etwa noch einmal so viele Jungtiere und einige stolze ausgewachsene Hähne. Im alten Stall hielt sie zudem etliche Mastgänse und Enten, deren Verkaufserträge sie an Martini und zum Weihnachtsfest mit Konstanze teilte.

Vor dem Maschendraht blieb sie stehen, um sich ein geeignetes Hähnchen auszuspähen, als ihre Tochter Else aus dem Haus trat.

»Mama?«, rief Else und näherte sich mit ihren langen Schritten.

»Was gibt es?«, fragte Anna ungnädig, denn der Streit zwischen ihnen war keineswegs bereinigt.

Sie redeten zwar miteinander, doch nur das Allernötigste, und über Elses Aussperrung und Umquartierung hatte es noch keine Aussprache gegeben. Anna hatte auf eine Begründung dieser Entscheidung verzichtet und auf Rückfragen etwas brüsk erklärt, das sei eben so.

Den Kunden erzählte Else, die Trennung sei deswegen notwendig geworden, weil sie ja eigentlich eine »ausgelagerte Nebenstelle« des Schneiders Bader in der Stadt sei, bei dem sie gelernt habe. Dieser bestehe aber seit Neuestem auf einer »sauberen Trennung« zwischen Fachkräften und »Laiennäherinnen«, denn ihre Mutter habe das Handwerk ja nicht erlernt, sondern sich das Nähen selbst beigebracht. Deshalb dürfe sie eigentlich nur Flick- und Änderungsarbeiten ausführen, nicht aber Neukleidung anfertigen. Dies hatte Annas Zorn nur noch mehr angefacht. Immer wieder während der ganzen Jahre, als die Kinder herangewachsen waren, hatte sie Sorge gehabt, die Innung könne auf sie aufmerksam werden und ihr die lebensnotwendige Heimarbeit einschränken. Während der Lehre Elses war diese Angst erstmals von ihr gewichen, denn von da an gab es eine »schützende Vereinbarung« mit Harald Bader, dem Schneidermeister in der Kreisstadt. Anna hatte einen kleinen Prozentsatz ihres Gewinns an Bader abgeführt, wofür dieser den Anschein erweckte, sie nähe die neuen Kleidungsstücke, die sie hin und wieder fertigte, unter seiner Meisteraufsicht. Und nun stellte gerade ihre Tochter das Arrangement, von dem alle nur profitiert hatten, durch unüberlegte Äußerungen in Frage! Erst am Tag zuvor hatte Anna davon erfahren, und es war ihr bewusst, dass sie diesem gefährlichen Unsinn, den Else so unbedacht verbreitete, ein schnelles Ende machen musste.

Doch ihre Tochter kam ihr zuvor. Trotzig drückte sie das Kreuz durch und sagte dann in ihrem besserwisserischen Ton: »Es ist wegen der Arbeit. Ich schlage dir vor, jeder von uns behält seine bisherigen Kunden, nur du schickst in Zukunft die Leute, die Neuanfertigungen haben wollen, zu mir. Ich habe auch schon mit dem Bader darüber gesprochen, und der ist damit einverstanden!«

Anna verschlug es beinahe die Sprache. »Kannst du mir mal sagen, wie du dazu kommst, mit dem Bader Dinge auszuhandeln, die mich genauso betreffen?«

»Das hast du früher doch auch so gemacht, oder? Außerdem finde ich, wir sollten endlich darauf achten, dass die Dinge ordentlich geregelt sind!«

»So. Findest du!«, schnaubte Anna und konnte sich vor Wut kaum beherrschen. »Wenn ich mich erinnere, waren dir meine Absprachen mehr als recht, damals, als ich den Bader nach langem Zureden dazu bringen konnte, dich trotz deines sehr mittelmäßigen Zeugnisses als Lehrling anzunehmen. Was er nur deswegen gemacht hat, weil ich ihm versprochen habe, er brauche sich nicht mit dir zu belasten. Der Mann arbeitet schließlich als Herrenschneider. Du aber warst und bist aufs Damenfach aus, und alles, was du diesbezüglich in der Praxis gelernt hast, das hast du von *mir,* Fräulein, oder willst du das in Abrede stellen?«

»Nein. Aber jetzt sind andere Zeiten«, beharrte Else. »Moritz Gruber sagt, alles müsse seine Ordnung haben und es dürfe kein Wischiwaschi mehr geben, in keinem Bereich unserer Gesellschaft, weil wir das unserem Führer schuldig sind.«

»Und mir, mir bist du nichts ›schuldig‹, oder wie?«

»Nicht dass ich wüsste«, erwiderte Else kalt. »Es ist die Pflicht einer Mutter, für ihre Kinder zu sorgen, bis sie flügge geworden sind. Und niemand hat jemals behauptet, du hättest deine Pflicht nicht erfüllt!«

Anna schwieg erst einmal und musterte ihre Tochter so gründlich, wie sie es seit ihrer Geburt nie wieder getan hatte. Und was sie sah, machte ihr das Herz schwer.

Diese verdammten Naziparolen hatten in dem rothaarigen Mauerblümchen Else das Gleiche bewirkt wie eine große Portion Hefe in einem Teig: Das Selbstbewusstsein war über alle Maßen aufgequollen, und die damit verbundene Rücksichtslosigkeit und mangelnde Dankbarkeit waren kaum zu verzeihen.

Anna dachte an die Zeiten nach Stefanos Tod, wo sie tage-, abende- und manchmal nächtelang geschuftet hatte, um das Haus halten und ihre Kinder ernähren zu können. Wenn sie jetzt etwas sagte, würde es etwas Fürchterliches sein, etwas, das nie mehr auszulöschen war.

So ignorierte sie ihre Tochter ganz einfach, öffnete das Gatter und betrat den Freilauf. Schnell hatte sie das ausgewählte Hähnchen gefunden, packte es mit einem versierten Griff am Hals und trug es hinaus.

»Du hast doch nicht etwa vor, den Eintopfsonntag zu boykottieren?«, fragte Else ungläubig und vergaß vorübergehend den aktuellen Streit.

»Ich zahle dem Staat meine Steuern, aber ich esse das, was mir schmeckt, und zwar an *dem* Tag, an dem ich es will«, erklärte Anna kühl.

»Aber der Gruber sagt … und der Führer selbst hat dazu aufgerufen!«

»Was dabei herauskommt, wenn man auf die hört, das seh ich an dir. Woraus ich den Schluss ziehe, dass es weniger schädlich ist, am Eintopfsonntag ein Hähnchen zu braten, als sich nach solchen Parolen zu richten!«

Elses spitze Nase wurde weiß vor Entrüstung. Sie blieb eine Weile stehen und starrte ihrer unbelehrbaren Mutter nach. Als Anna den angewiderten Blick ihrer Tochter bemerkte, nachdem sie dem Hähnchen den Kopf abgeschlagen hatte, vergaß sie ihren guten Vorsatz, sich mit Else auf keine weiteren Diskussionen einzulassen, auf der Stelle.

»Du brauchst dich nicht so zu haben!«, rief sie und ließ dabei den noch zuckenden Leib des Hähnchens versehentlich los. »Wenn wir die Hühner nicht gehabt hätten in der schlechten Zeit, nachdem der Vater verunglückt ist, ihre Eier und auch ihr Fleisch, wozu man die Tiere leider schlachten muss, dann hättest du wenig Chancen gehabt, so gesund und großmäulig zu werden!«

Der Hahn ohne Kopf hatte sich während Annas zorniger Rede aufgerappelt und mit blutig tropfendem Hals noch eine halbe Runde gedreht, bevor er wie ein Stein nach unten fiel, direkt vor Elses Füße.

Diese stieß das Tier mit der Fußspitze beiseite und stapfte zurück zum Haus.

Anna bückte sich nach dem Hähnchen und trug es in die Waschküche, wo sie es rupfte, ausnahm und aufhängte. Danach wusch sie sich gründlich die Hände, ging nach oben und zog sich um.

Weniger als eine Stunde später war Anna beim Schreiner Schäufele. Sie beauftragte ihn, den provisorischen Bretterverschlag, den sie selbst zusammengenagelt hatte, zu entfernen und eine stabile Holzwand mit einem hoch liegenden Oberlicht aus Milchglas anzubringen, welche die untere Wohnung vom Eingangsbereich und dem Treppenhaus zum Obergeschoss trennen sollte.

»Eine Tür soll doch sicher auch in die Wand, oder?«, fragte der Schäufele, aber Anna schüttelte den Kopf und holte den Plan des Hauses aus ihrer Tasche, den sie in Stefanos Hinterlassenschaften gefunden hatte.

»Eine Tür ist nicht notwendig. Diejenigen, die unten wohnen …«, erläuterte sie, obwohl der Schäufele natürlich genau wusste, dass dies niemand anderes war als sie selbst, »… werden in Zukunft den Hintereingang benutzen und den Ausgang durch den Garten zur Bachgasse!«

Der Schreiner, der wie alle Wisslinger über den Streit zwischen den beiden Pasqualini-Frauen informiert war, schaute Anna abwägend an, aber sie wirkte derart grimmig, dass er sich die Frage verkniff, ob sie darüber schon mit ihrem Sohn Peter oder dem Hirschwirt, der ja noch immer der Vormund der Else war, gesprochen hatte. Aber es waren schließlich nicht seine Angelegenheiten, und Anna war noch nie jemandem etwas schuldig geblieben.

Als ob sie seine Gedanken lesen könne, fasste Anna erneut in ihren Beutel, zog fünfzig Mark aus der Brieftasche und legte den Schein auf die Werkbank.

»Hier ist eine Anzahlung. Ich hätte es gern *schnell*, Otto«, erklärte sie dabei. »Weißt du, heutzutage muss alles seine Ordnung haben!«

Das Letztere sagte sie derart gallenbitter ironisch, dass der Schreiner sich zu wundern begann und es nicht dabei belassen wollte.

»Die Ordnung ist doch nicht schlecht, oder bist du da anderer Meinung, Anna?«, fragte er.

»Keineswegs«, versicherte sie, steckte Pläne und Brieftasche wieder ein und beschloss, vorsichtig zu sein. Es war ihr nicht entgangen, wie viele Wisslinger inzwischen mit den Nationalsozialisten sympathisierten.

Ihre Tochter war durchaus kein Einzelfall.

»Ich bin sogar *sehr* für die Ordnung, sonst wäre ich gar nicht hier«, sagte Anna, und dann bestellte sie doch eine Tür. Und zwar eine neue Tür für den Hintereingang. Mit einem soliden Schloss nebst passendem Schlüssel.

Der Schreiner notierte alles sorgfältig und dachte dabei, dass der Zwist zwischen den Pasqualini-Frauen noch schlimmer sein musste, als man sich im Dorf erzählte.

**26** Eine Woche war vergangen, seitdem Paul von Professore Gisberti erfahren hatte, dass er fortan als »außerordentlicher Professor für Architektur« an der Universität von Neapel lehren würde.

Er hatte ein möbliertes Zimmer gefunden, das nicht allzu weit von seiner künftigen Wirkungsstätte entfernt war.

Das geräumige, mehrstöckige Haus, in dem Paul nun wohnte, gehörte der Witwe eines ehemaligen Professors. Die alte Dame befand sich bei einer Tochter auf dem Land und hatte die früher von ihr selbst genutzte, großzügig geschnittene Etagenwohnung an insgesamt drei Herren vermietet, mit denen Paul die Küche, das Badezimmer und die Toilette teilte. Die beiden Mitbewohner waren ein Anwaltsassessor, der sich etwa in Pauls Alter befand, sowie ein Herr um die fünfzig, der in einem Privatgymnasium Mathematik unterrichtete.

Den Anwalt, einen leicht untersetzten Mann mit dünnen schwarzen Haaren, die sich an den Schläfen bereits zu einer Denkerstirn lichteten, fand Paul sehr sympathisch; ein Gefühl, das offensichtlich auf Gegenseitigkeit beruhte, während der Lehrer sich als ein introvertierter, sonderbarer Kauz herausstellte.

Es gab einen Hausmeister namens Bobo, der das Treppenhaus und den Garten in Ordnung hielt und auch als Bote für Besorgungen zur Verfügung stand. Außerdem fungierte Bobo als Inkassobevollmächtigter der alten Dame und kassierte die Miete an jedem Ersten des Monats im Voraus in bar gegen eine entsprechende Quittung. Seine Frau, ein altersloses, knochiges und schweigsames Wesen, war für die Reinigung der Wohnung zuständig. Sie sei gesondert zu bezahlen, werde sich aber auch Pauls Wäsche annehmen, wenn er dies wünsche, sagte Anwalt Rigotti.

Vier Tage und halbe Nächte lang fraß Paul sich in seinem neuen Zimmer durch die Informationstürme, die er mit nach Hause genommen hatte. Die restliche Zeit der Woche verwendete er darauf, sich auf seine erste Vorlesung vorzubereiten. Er machte sich auf den Weg zur Universitätsbibliothek, um die Werke auszuleihen, die er notiert hatte, danach vergrub er sich erneut in seinem Zimmer, um ein schriftliches Manuskript auszuarbeiten.

Erstaunlicherweise fühlte er sich nicht erschöpft, sondern geradezu euphorisiert. Noch nie im Leben hatte ihm etwas einen derartigen Spaß gemacht. Spät am Samstagabend war er endlich fertig und zufrieden.

Gerade als er die Manuskriptblätter in seiner Aktentasche

verstaut hatte, klopfte es zaghaft an der Zimmertür. Paul öffnete und fand den Anwalt Rigotti vor, der eine Flasche Wein in der Hand hielt.

»Ich habe gerade einen langen und komplizierten Schriftsatz beendet, und ich dachte, vielleicht helfen Sie mir, den Sonntag einzuläuten!«

Der Anwalt klopfte dabei mit einem der beiden Gläser, die er ebenfalls mitgebracht hatte, gegen den Bauch der Weinflasche, sodass ein glockengleicher Ton entstand.

Paul lachte und machte eine einladende Geste.

Sie öffneten weit das Fenster, denn die Herbstluft war samtig und mild, und ließen sich in den beiden geblümten Polstersesseln nieder, die neben einem runden Holztischchen standen.

Rigotti goss aus der bereits entkorkten Flasche vorsichtig Wein in die Gläser und reichte Paul eines davon.

»Salute, compagno«, sagte er und grinste fröhlich. »Wir sollten einen unkomplizierten Verkehr pflegen, finde ich. Mein Name ist Emilio!«

»Paolo«, sagte Paul und erwiderte das Lächeln.

Unvermittelt fiel ihm ein, dass er noch nie einen Freund gehabt hatte. Sein Zwillingsbruder Peter war schließlich immer vorhanden gewesen: als Spielkamerad und als Vertrauter, was Freundschaften entbehrlich gemacht hatte. Sie waren sich stets genug gewesen; ein ideales Duo. Er erzählte Emilio davon.

»Darum beneide ich dich«, sagte der Anwalt und nahm einen großen Schluck von dem schweren roten Wein, der herrlich nach Johannisbeeren duftete. »Obwohl auch ich einen Bruder habe, war ich immer allein. Carlo ist zwölf Jahre älter als ich, und so waren wir im Grunde immer Einzelkinder. Was zwangsläufig dazu führt, dass sich zu viel elterliche Sorge auf einen konzentriert!«

Sie tranken einen weiteren Schluck, wonach Emilio versicherte: »Wenn ich heirate, was im nächsten Sommer geschehen wird, dann werde ich mich bemühen, so viele Kinder zu zeugen wie möglich, denn ich bin für die Freiheit des Individuums. Und im kindlichen Alter ist sie nur dann herstellbar, wenn man sich in einer größeren Gruppe verstecken kann!«

Danach begann er von einer Frau namens Editha zu schwärmen, die seine Braut war und nach der er sich sehnte. Diese Sehnsucht war umso schlimmer, als die Angebetete keine Viertelstunde entfernt wohnte, doch Emilio durfte sie nur am Sonntagabend zum Essen aufsuchen, unter den argwöhnisch beobachtenden Augen ihrer zahlreichen Verwandtschaft.

Am frühen Sonntagmorgen war die zweite Flasche, die Emilio noch in Reserve gehabt hatte, ausgetrunken, und die beiden beschlossen, diesen angenehmen Abschluss der Woche in Zukunft so oft wie möglich zu wiederholen.

Der Mond erhellte das Zimmer in sanften silbernen Tönen, doch Paul hatte keine Lust, die Läden zu schließen und ihn auszusperren. Jetzt, wo sein Kopf frei war, erinnerte er sich wieder an die schöne Unbekannte. Er fühlte, bevor der Schlaf ihn umfing, ihre weichen Lippen an seinem Hals und das lockige honiggoldene Haar an seinem Gesicht. Er roch ihren Duft nach Jasmin und Lavendel und fühlte sich dieser fremden Frau so nah wie noch keiner anderen zuvor.

Er schlief fast zehn Stunden lang und erwachte erst gegen Sonntagmittag. Rasch stand er auf, wusch sich und machte sich dann auf den Weg in die Vorstadt, um sich von seinen Verwandten zu verabschieden.

»Hast du vor, nach Deutschland zurückzugehen, Paolo?«, erkundigte sich Tante Rosalia, der deutlich anzusehen war, dass sie froh war, Paul so schnell wieder los zu sein.

»Man wird sehen«, erwiderte Paul ausweichend.

Natürlich hatte er niemandem ein Wort von seinem möblierten Zimmer oder gar von seiner Stellung an der Universität erzählt; dies wäre viel zu gefährlich gewesen. Die Stadt war groß – und die Wahrscheinlichkeit, sich zu begegnen, gering. Falls es aber dennoch geschehen sollte, würde er sich schon eine passende Geschichte einfallen lassen.

Als er am späten Nachmittag seine Großmutter allein in der Küche antraf, wo sie das Abendessen zubereitete, sagte er, dass er versuchen werde, Kontakt mit ihr zu halten.

Maria Pasqualini verstand ihn ganz ohne weitere Worte. Sie nickte und schlug vor: »Wir können uns in der Stadt treffen, Paolo. Ich bin jeden Freitag auf dem Gemüsemarkt. Ich werde immer um ein Uhr am Brunnen sein, das ist ganz am Ende des Markts. Wenn du da bist, ist es gut, wenn nicht, dann eben ein anderes Mal!«

Paul nickte und küsste sie. Die Nonna, die an ihm hing, drückte ihn an ihr großes Herz und wünschte ihm alles Gute. Einen Augenblick lang hatte Paul den Eindruck, als ob sie ihm noch etwas mitteilen wolle. Dann aber betrat die argwöhnische Rosalia die Küche, um zu verhindern, dass ihre Schwiegermutter dem »deutschen Enkel« wieder einmal Geld zusteckte, und Paul machte sich bald darauf auf den Heimweg. Schließlich lag ein anstrengender Tag vor ihm.

## 27

Die Vorlesung war für elf Uhr angesetzt.

Kurz nach zehn Uhr machte sich Paul auf den Weg. Das Wetter hatte sich in der Nacht verändert. Tiefe Wolken hingen über der Stadt und verdeckten den Blick auf den Vesuv. Kurz bevor Paul den Corso Umberto I. erreichte, kam ein Wind auf, der vom Meer Richtung Land wehte. Er fegte durch die

Straßen, riss die ersten Blätter von den Bäumen und pflückte den Passanten die Hüte von den Köpfen. Als die ersten Regentropfen dick zu Boden fielen, erreichte Paul das Universitätsgebäude.

Er legte seinen Hut und den leichten Staubmantel in seinem Zimmer ab, holte das Manuskript aus der Tasche und überflog es noch einmal. Er war so nervös, dass seine Hände zitterten und sein Magen rebellierte. Doch er riss sich zusammen und ging wenige Minuten vor elf Uhr in den Vorlesungssaal. Die gewaltige Anzahl der Studenten raubte ihm beinahe den Atem. Irgendetwas musste durchgesickert sein, und dass es der Wahrheit entsprach, war mehr als zweifelhaft. Immerhin: Es gab ein Geheimnis um diesen sehr jungen Professor, so viel wusste inzwischen jeder interessierte Student. Und als ob es noch eines weiteren Beweises der Außerordentlichkeit bedurft hätte, betraten im letzten Moment vor Beginn der Vorlesung Professore Gisberti und ein weiterer Mann den Vorlesungsraum, um sich ganz hinten in die letzte Stuhlreihe zu setzen, auf Plätze, die von den erstaunten Studenten, die sie belegt hatten, rasch geräumt worden waren.

Schlag elf Uhr räusperte sich Paul und begann sein Debüt als Professor.

Er hielt sich nicht mit langen Vorreden auf, sondern stieg sofort in sein Thema ein, das sich mit der Veränderung des Architekturbegriffs zu Beginn des 20. Jahrhunderts beschäftigte. Er zitierte eingangs einen Satz seines Landsmanns Hermann Muthesius, der in seinem Buch *Die Einheit der Architektur* im Jahre 1908 geschrieben hatte: »Dabei ist meist angenommen worden, dass ein Bauwerk erst anfange, ein Kunstwerk zu werden, wenn es mehr tue, als dem bloßen Bedürfnis zu genügen«, und widmete sich dann ausführlich und kritisch dem sogenannten Funktionalismus des 20. Jahrhunderts mit seinen Schlagworten »Modernität«, »Fortschrittlichkeit« und »Ausdruck unserer Zeit«.

Selbst fasziniert von seinem Thema vergaß Paul nach kürzester Zeit die Kuriosität der Situation. Er sprach flüssig und engagiert, und er erlebte ein kleines Wunder. Während er sich in seiner deutschen Muttersprache befangen gefühlt hätte, bot ihm die Vatersprache den Vorteil einer Theaterrolle, in die er schlüpfen konnte. Unbekümmert von dem, was er war, spielte er in dieser leichten und melodischen Sprache den, der er sein wollte, und er tat dies mit großem Erfolg, wie der Beifall am Ende seines Vortrags bewies.

Wie aus einer Trance erwacht erkannte Paul jetzt in den Gesichtern der jungen Leute Anerkennung, ja Respekt, und er entdeckte einen, wenn auch schwächeren Widerschein dieser Reaktionen auf den Mienen Gisbertis und des Mannes, der sich ein wenig später als Dekan der Fakultät zu erkennen geben sollte.

Während die Studenten lärmend den Saal verließen, sammelte Paul die Blätter seines Manuskripts wieder zusammen und steckte sie in seine Tasche. Professore Gisberti und sein Begleiter kamen von ihren Beobachtungsposten nach vorn und traten zu dem Podest.

Gisberti bedachte ihn mit einem anerkennenden Blick seiner eisgrauen Augen und sagte mit dem üblichen Zynismus: »Nicht schlecht, Herr Kollege!«

Dann machte er eine lässige Handbewegung auf den Mann an seiner Seite: »Darf ich Ihnen Ihren Dekan vorstellen? Professore Dottore Dottore Servanti!«

Der Mann war groß und fleischig, im Gesicht wie am Körper. Er trug ein schwarzes, zerknittertes Leinenhemd und eine ebensolche Hose. Um seinen Hals hing eine schwere silberne Kette, an der sich ein Kunstgegenstand befand, der verdächtig an ein männliches Geschlechtsteil erinnerte. Es war aus einem hellen Material gefertigt, Elfenbein vermutlich. Während Pauls Blick noch immer an diesem unerhörten Schmuckstück klebte, sagte der Dekan mit einer vollen, tönenden Stimme: »Mein Name ist Salvatore, aber man nennt mich Salvo. Ich bin erklärter Nonkonformist, und ich duze mich mit all meinen Kollegen. Demnach werde ich dich Paolo nennen, und im Übrigen war ich wirklich verreist. Ich begrüße dich im Namen der Fakultät als weiteren und, nach meinem heutigen Eindruck, unseren ›Club‹ durchaus bereichernden Exoten!« Er streckte seine schaufelartigen Hände aus, packte Paul an den Schultern, zog ihn näher und küsste ihn feucht und ein wenig schmatzend auf beide Wangen.

Gisberti verdrehte angewidert die Augen, doch er verkniff sich weitere Spötteleien.

»Wir sehen uns am Freitag bei der Fakultätssitzung«, dröhnte Salvo und hob zum Abschied die rechte Schaufelhand. Dann marschierte er zur Tür, wo er sich noch einmal umdrehte und Gisberti mit einer ungeduldigen Gebärde mahnte, ihm zu folgen.

Paul packte seine Aktentasche, schloss den Vorlesungssaal hinter sich ab und begab sich in sein Amtszimmer.

Dort sank er auf den Stuhl hinter dem Schreibtisch. Die unterschwellige Anspannung wich von ihm wie die Luft aus einem beschädigten Ballon. »Heiliger Gott«, murmelte er erschüttert.

Niemals, nicht in seinen bösesten Träumen hätte er ein Ereignis, wie es hinter ihm lag, für möglich gehalten.

Doch er war jung, gesund und ehrgeizig. Schon nach wenigen Minuten wurde ihm bewusst, dass er zumindest den ersten Akt des Abenteuers bestanden hatte. Und ein nahezu wütender Appetit befiel ihn.

Er stand auf, zog sich an, schnappte seine Aktentasche und

machte sich auf, um in einem der nahe gelegenen Restaurants eine ordentliche Mahlzeit zu sich zu nehmen.

28 »Was hörst du denn von Paul?«, fragte Peter Pasqualini seine Mutter, als er seinen kleinen Sohn Anton bei ihr abholte.

»Nichts«, erwiderte Anna und bemühte sich, ihre Enttäuschung zu verbergen.

»Er wird schon wieder schreiben«, versuchte Peter, sie zu trösten. Doch auch er machte sich Sorgen um den Bruder, und er vermisste ihn. Gerade jetzt hätte er Pauls Ratschläge und Einschätzungen gebraucht, wo er darüber nachdachte, seinen Vorsatz wahr zu machen und wieder ins Baugeschäft einzusteigen.

»Und was ist mit dir und Else?«, erkundigte sich Peter, während er den Kleinen in seinen Kinderwagen packte.

Anna zuckte mit den Schultern und erwiderte nichts.

»Mach es dir doch nicht selbst schwer, Mutter«, redete Peter begütigend auf sie ein. »Du kennst sie doch: Die Else war immer schon eigen!«

»Das bin ich auch. Aber es ist ein Unterschied, ob man nur einen Dickkopf hat oder ob man einem droht, Dinge, die in der Familie gesprochen worden sind, der Partei zuzutragen. Ganz zu schweigen von der Sache mit dem Bader. Ich hab mit ihm gesprochen, dem armen Kerl. Er hat sich gewunden vor lauter Verlegenheit, aber auch da hat ihr ein Hinweis auf den Gruber geholfen!«

Peter schüttelte nur den Kopf.

Seine Mutter seufzte bedrückt. Die Sache mit ihrer Tochter ging ihr tief unter die Haut, was allerdings kein Grund war, derart wesentliche Dinge zu übergehen und um des Familienfriedens willen einfach zu verzeihen. Anna hatte nur wenige Prinzipien, aber genau gegen diese hatte Else verstoßen.

Peter schaukelte Anton in den Schlaf, aber er machte noch keine Anstalten zu gehen. Seine Frau war in der Kreisstadt beim Arzt und würde die nächste Stunde noch nicht zurück sein. Sie erwarteten ihr zweites Kind, und der Beginn der Schwangerschaft machte ihr beträchtlich zu schaffen.

Peter zögerte ein wenig; eigentlich wusste er bereits, was seine Mutter dazu sagen würde, aber er war gewohnt, wichtige Dinge mit ihr zu besprechen, und wollte es auch dieses Mal tun.

»Mein Schwiegervater meint, wenn ich im neuen Jahr wirklich ein Geschäft anfangen will, sollte ich so schnell wie möglich in die Partei eintreten!«

Erstaunlicherweise trat nicht ein, was er erwartet hatte: eine böse Tirade gegen »dieses österreichische Großmaul«, Schmähreden gegen Eberhard Hittelmayer und Moritz Gruber oder dergleichen.

Anna rührte in ihrer Kaffeetasse und runzelte nachdenklich die Stirn. »Du solltest das tun, Peter«, sagte sie schließlich.

»Mutter?! Ist das dein Ernst?«

Peter konnte kaum fassen, was er gehört hatte. War es Else doch gelungen, ihre Mutter zu missionieren?

»Es ist nicht so, wie du denkst!« Anna lächelte dünn. Noch immer konnte sie die Gedanken ihrer Kinder lesen, auch wenn ihr diese manchmal nicht gefielen. »Du gehst doch noch immer zum Angeln, oder?«

Peter nickte und fragte sich, was wohl seine Gelegenheitsfischerei mit dem Thema zu tun hätte, das er angeschnitten hatte. Doch seine Mutter klärte ihn auf.

»Wenn ein junger, schwacher Fisch versucht, gegen die Strömung zu schwimmen, dann wird er bald aufgeben müssen. Das schafft er erst, wenn er ausgewachsen und kräftig genug ist!«

Peter hörte auf, das Kind zu schaukeln, denn der Kleine war eingeschlafen. Er schob den Kinderwagen in eine Ecke des Zimmers, kam dann zurück und setzte sich auf Anna Pasqualinis Kundenstuhl.

Er dachte ein paar Herzschläge lang über das Beispiel nach, das seine Mutter genannt hatte, und nickte dann.

»Außerdem sind sie so mächtig geworden, dass ein Widerstand von außen bereits gefährlich geworden ist. Man muss sich mit ihnen gemein machen, Peter, um von innen her etwas bewirken zu können. Deshalb denke ich, es ist gut, wenn du und noch möglichst viele von den eigenständig denkenden Leuten hier in der Gegend Parteimitglieder werden. Vielleicht gelingt es der … *Summe der Vernunft* … Opportunisten wie den Hittelmayer und den Gruber oder sogar Fanatiker wie den Dussler im Zaum zu halten. Denn die in Berlin sind in Berlin; wir aber hier in Wisslingen und in der Kreisstadt, wir müssen ja nicht zwangsläufig so singen, wie die dort pfeifen!«

Peter griff nach der Tasse seiner Mutter und nahm einen Schluck daraus. Der Kaffee war wie immer fabelhaft, wesentlich stärker, als seine Frau ihn je gebraut hatte.

Wieder einmal zog er in Gedanken den Hut vor seiner Mutter. Man durfte sie nicht unterschätzen. Sie war schlau und in der Lage, über den Tellerrand hinwegzusehen.

»Ich glaube, du hast recht, Mutter«, sagte er schließlich und trank den Rest des Kaffees vollends aus.

»Wer recht gehabt hat, weiß man leider immer erst hinterher«, erwiderte Anna vieldeutig.

**29** Die ersten Briefe Stefanos von der äthiopischen Front klangen, als ob sie für die Werbeoffiziere der Armee bestimmt wären.

»Er scheint die richtige Entscheidung getroffen zu haben«, fand Sofia und wirkte erleichtert, nachdem sie die neueste Post ihres Sohnes gelesen hatte.

Tante Fina jedoch schnaubte verächtlich durch die Nase und reichte den Brief an Angela weiter.

Diese überflog den Text und sagte dann enttäuscht: »Er schreibt kein Wort darüber, wie er sich *fühlt!*«

»Das ist der springende Punkt«, erwiderte Tante Fina und freute sich über den klaren Verstand ihrer Großnichte.

Sofia aber, die als stolze Offiziersmutter in der Gesellschaft neuartige Triumphe feierte, hatte die Miesmacherei ihrer Tante satt. »Niemand hat so gelitten wie ich, als Stefano uns verlassen hat«, behauptete sie – und glaubte es sogar. »Dennoch kann und darf man sein eigenes Bangen nicht dauerhaft über die Interessen des Staates stellen!«

»Wer hat dir denn das eingeredet?«, erkundigte sich Tante Fina und fragte sich ein weiteres Mal, ob Sofia tatsächlich ein so oberflächliches Geschöpf geworden war, wie man bei täglichem Umgang mit ihr vermuten musste, oder ob es doch verborgene Tiefen in ihrem Wesen gab. Manchmal, in wenigen dramatischen Phasen von Sofias Entwicklung, hatte sie diese vermutet. Doch stets hatten neue Allüren, Affären oder versponnene Ideen, die man einem Backfisch nachsehen könnte, diese Eindrücke wieder verwischt.

Zwei Wochen später traf ein weiterer Brief von Stefano ein, der an seine Schwester adressiert war.

Angela war außer sich vor Freude. Sie riss das Kuvert auf,

begleitet von erwartungsvollen und argwöhnischen Blicken der Mutter und Großtante. Doch es handelte sich nur um Phrasen, die sie bereits aus den früheren Briefen kannten. Verändert schien aber die Schrift Stefanos, größer, ungelenker und teilweise verwischt, als ob Regentropfen darauf gefallen seien.

Am erstaunlichsten aber war ein Postskriptum, in dem Stefano seine Schwester bat, dem ehemaligen Kutscher Pedro Grüße von ihm zu bestellen. Er bedanke sich bei »der Frau« für das bewusste Geschenk, das ihm in diesen Zeiten sehr nützlich und wertvoll sei.

Alle drei Damen waren gleichermaßen erstaunt.

»Ich habe keine Ahnung, wo Pedro wohnt«, überlegte Angela laut, denn der alte Kutscher kam nur noch zwei Mal im Jahr, um die Hecke zu schneiden.

»Was das wohl für ein Geschenk war?«, fragte Sofia.

Tante Fina aber überhörte die letzte Frage und wandte sich an ihre Großnichte: »Er wohnt im Fischerviertel, Angela, in der Nähe des Hafens. Die Köchin wird dir den Weg beschreiben, aber du kannst auf keinen Fall alleine dort hingehen. Nimm den Wagen und lass dich von Alessandro begleiten, wenn du das Auto verlässt!« Irritierend war der sonderbare Gruß allemal, denn sie kannte Pedro seit Jahrzehnten. Er war nicht nur knauserig, sondern ein eingefleischter Geizhals, der niemandem etwas schenken würde. Außerdem, und dessen war sie gewiss, gab es keine Frau in Pedros Leben, seitdem seine Ehefrau vor fünf Jahren verstorben war. Es musste eine Nachricht geben, die hinter dieser Bitte verborgen war, und dass sie ausgerechnet an die arglose Angela gerichtet war, war eine Botschaft für sich. Zu gerne hätte sie die Großnichte zu Pedro begleitet, doch die Einschränkung ihrer Beweglichkeit schritt leider ebenso fort wie die Zeit. Sogar an Sofia war sie langsam bemerkbar. Die Kerbe am Mundwinkel war tiefer geworden und kaum mehr zu überschminken. Gerade als Serafina dies dachte, erschien der Hausdiener, um Sofia ans Telefon zu bitten.

Als sie zurückkam, wirkte sie erleichtert. Offenbar hatte sich ihr derzeitiger Verehrer endlich wieder einmal gemeldet. Serafina Mazone verzog kurz und spöttisch den Mund, aber so, dass Sofia es nicht sehen konnte.

**30** Paul Pasqualini erlebte in diesen Wochen einen erstaunlichen Prozess. Er erfuhr, dass aus Irrsinn Alltag, sogar Routine werden konnte.

Aufmerksam studierte er in den Papieren die Verfahrensweise seines Vorgängers, arbeitete Vorlesungskonzepte aus und setzte Seminare an. Bienenfleißig bereitete er seine Manuskripte vor. Irritierenden Einwürfen seiner Studenten wich er dadurch aus, dass er die Fragen sammelte und sie in einer gesonderten wöchentlichen Veranstaltung beantwortete.

Der Vorteil dieser Idee war, dass er sich selbst vorher ausführlich informieren konnte.

Der »Deutschkursus« war die kleinere Schwierigkeit und fast eine Erholung für Paul. Seine fundierten Kenntnisse in der Grammatik – geschult durch einen strengen Deutschlehrer im Gymnasium und während seiner Ausbildung zum »Schweizer Degen« gefestigt – kamen ihm dabei sehr zu Hilfe. Erstaunt bemerkte er, dass er offenbar ein didaktisches Naturtalent war, denn immer wieder wurde ihm bestätigt, wie frisch und motivierend seine Unterrichtsweise war. Auch der trockene Humor und sein Sinn für Witz, beides »Erbstücke« seiner Mutter, konnten hier zum Einsatz kommen.

In kurzer Zeit war der Zuspruch zu seinem Deutschkursus so groß geworden, dass er die Studentenschar teilen musste.

Über die Hürden der Verwaltungsarbeit, die beträchtlich waren, half ihm Ophelia, die mütterliche Sekretärin des Dekans, hinweg. Sie entwickelte eine ausgesprochene Schwäche für den jungen Professore und brachte ihm regelmäßig Naschwerk mit.

»Nicht doch, Ophelia, Sie dürfen mich nicht so verwöhnen«, versuchte Paul ein weiteres Mal, ihre gebackenen Liebeserklärungen abzuwehren.

»Essen Sie nur, Professore Paolo, Sie sind viel zu dünn für Ihre Größe.«

»Also gut, Ihnen zuliebe«, gab Paul nach, aber es war das süßeste aller denkbaren Opfer, Ophelias Mandelkuchen zu verschlingen.

»Sie sollten regelmäßig in der Mensa essen«, schlug sie ihm vor. Doch Paul hatte bei Mutter, Großmutter und Tante Gina zu schmackhafte Kost genossen, um an der Massenverpflegung Genuss zu finden. Meistens begnügte er sich mit kalten Speisen, doch zwei- oder dreimal in der Woche kaufte er ein und kochte in der sonst kaum benutzten Küche seiner Wohnung ein einfaches Essen.

Gleich beim ersten Mal war Emilio wie ein hungriger Wolf neben dem Herd erschienen.

»Das duftet ja köstlich«, rief er und holte einen Löffel, um die Sauce zu probieren. »Außerdem ist es viel zu viel für einen einzigen Magen«, fand er, als der Geschmackstest zu seiner Zufriedenheit ausgefallen war.

Paul schmunzelte. »Es ist ja gut. Du bist natürlich eingeladen. Es dauert aber noch eine Stunde!«

»Kein Problem«, erklärte Emilio zufrieden und zog sich wieder hinter seine Bücher und Gesetzestexte zurück.

Erstaunlicherweise tauchte auch der Lehrer in der Küche auf. Paul schätzte den Inhalt seiner Töpfe ab und lud schließlich auch den Mathematiker cin, an der Mahlzeit teilzunehmen.

Der Abend erwies sich als voller Erfolg. Paul hatte den Kalbsbraten seiner Mutter kopiert, mit Kartoffelpüree und in Weißwein geschmorten Äpfeln.

»Das ist ein deutsches Rezept«, sagte er, während er den Braten in Scheiben schnitt. »Ich habe einen Teil meiner Kindheit in Deutschland verbracht!«

Diese Bemerkung ist typisch für alles, was in diesen Tagen geschicht, dachte Paul, kaum dass er den Satz beendet hatte: Ein Körnchen Wahrheit in einem großen Sandhaufen geschickt servierter Fantasiegeschichten.

»Es schmeckt köstlich. Kein bisschen teutonisch«, versicherte Emilio und ließ sich von Paul zeigen, wie man mit dem Löffel eine Saucenrille in das Püree zog.

Sie tranken den Rest des Kochweins, erfuhren, dass der Mathematiker auf den Namen Aldo Manganello hörte, ein Cousin der Hausbesitzerin war und seit dem Tod seiner Frau vor drei Jahren die eheliche Wohnung geflohen hatte, in der zu viele schmerzliche Erinnerungen auf ihn lauerten.

»Ich weiß nicht, ob Sie beide jemals geliebt haben. Ich meine, *Liebe,* nicht Verliebtheit oder gar Leidenschaft. Vermutlich gibt es wenige Männer meines Alters, die solch eine Aussage machen würden, aber ich kann Ihnen versichern, die glücklichste Ehe geführt zu haben, die man sich vorstellen kann. Leider ist meine Frau viel zu jung verstorben, sie war erst knapp über vierzig. Eines Morgens lag sie tot neben mir im Bett, und ich kann es bis heute nicht richtig begreifen. Ich lebe weiter, ich gehe meinem Beruf nach, aber alles erscheint mir ohne Sinn und Bedeutung. Das erste … *Ereignis …* seit langer Zeit, das mich wirklich erfreut, ist Ihr köstliches Mahl, Herr Nachbar, und Ihrer beider so angenehme Gesellschaft!«

Während sich Aldo Manganello erneut mit Püree und Sauce bediente, tauschten Paul und Emilio rasch einen Blick.

Nahezu jeden Tag hatten sie über den kauzigen »Alten« gewitzelt, über die Kargheit seines Zimmers, dem jede persönliche Note fehlte, über seine Gepflogenheit, mit sich selbst Schach zu spielen, was offenbar sein einziges Freizeitvergnügen war.

Nun kannten sie die Hintergründe der Schrullen und waren beschämt.

Als der Lehrer sich nach dem Kaffee zurückzog, sprachen sie darüber, vor allem aber über das verblüffende Eingeständnis der großen Liebe.

»Liebst du deine Editha genauso?«, fragte Paul, nachdem er sich lange überlegt hatte, ob diese Frage nicht zu persönlich sei.

»Ich weiß es nicht«, gestand Emilio ehrlich. »Vermutlich ist es unmöglich, dies in dem Zustand, in dem ich mich befinde, zu behaupten. Die Gewissheit in einer solchen Angelegenheit, glaube ich, ist erst zu erlangen, wenn man die Sache vom Ende her betrachten kann!«

»Du bist ein Philosoph, kein Jurist«, fand Paul und goss dem Freund einen weiteren Grappa ein.

»Ich denke, das ist je eine Seite der Medaille«, erwiderte Emilio nachdenklich. »Und vermutlich sollte man zusätzlich noch Psychologe sein, um in meinem Metier das Optimale erreichen zu können!«

»Ich will es nicht hoffen, dass ich jemals mit Justitia zu tun bekomme, aber falls doch, wird niemand anderer meine Interessen vertreten dürfen als du. Ich glaube, du hast eine blendende Zukunft vor dir, mein Lieber!«

»Das hoffe ich auch«, erwiderte Emilio ohne falsche Bescheidenheit. Er griff in die Tasche seiner Jacke, die er über den Stuhl gelegt hatte, und zog eine längliche Zedernholzschachtel daraus hervor.

»Virginia?«, fragte er und bot Paul eine der langen, dünnen und leicht gekrümmten Zigarren an.

»Das habe ich noch nie probiert«, gestand Paul und dachte an seine frühen Rauchversuche im Baumhaus.

»Dann fange doch heute damit an«, forderte Emilio ihn gut gelaunt auf.

Sie vernebelten den Raum mit würzigem Tabakduft, erheiterten sich daran, wie die Frau des Hausdieners dies wohl am nächsten Morgen kommentieren würde, und tranken noch einen Schluck Rotwein dazu. Die Flasche stammte aus dem Kistchen, das Tante Gina und Onkel Giulio Paul zum Abschied mitgegeben hatten.

»Der ist ja grandios«, schwärmte Emilio gleich nach dem ersten Schluck. »Genau wie ein guter Roter sein sollte: samtig, aber nicht süß, fruchtig und ehrlich. Man spürt das Land, auf dem er gewachsen ist. Südlich von Salerno, würde ich sagen, oder irre ich mich?«

»Du hast richtig geraten«, bestätigte Paul und setzte ein wenig großspurig hinzu: »Verwandte von mir haben dort in der Gegend ein Weingut!«

»Die Quelle solltest du dir warmhalten«, fand Emilio und rieb seine Zunge am Gaumen, um dem leichten Zimtgeschmack des Weins nachzuschmecken.

Paul nickte und dachte an die Traubenlese und die Olivenernte, seinen Schweiß und den schmerzenden Rücken, an die Unterrichtsstunden mit Gianni, Giac und ihren Freunden. Und es kam ihm vor, als ob Jahrzehnte zwischen dieser Zeit und der jetzigen lägen, als ob die Tage in Pesciotta das wahre Leben, sein jetziges aber ein Traum sei, aus dem er am Morgen erwachen würde.

31 Wenige Tage vor der weihnachtlichen Semesterpause bemerkte Paul unter den Reihen der Studenten einen Mann, der ihm vage bekannt vorkam, den er aber in dieser Umgebung nicht gleich einordnen konnte. Während er den Philosophen Friedrich Wilhelm Joseph Schelling zitierte, der im Jahr 1859 bereits erkannt hatte: »Architektur ist erstarrte Musik«, und dann auf Schopenhauer verwies, der Ähnliches gesagt hatte, dämmerte ihm, um wen es sich bei dem Besucher handelte.

Es war Francesco, der Sekretär Mussolinis.

Paul, der sich nach beinahe einem Vierteljahr in seiner neuen Position eingerichtet hatte und immer erfolgreicher selbstkritische Gedanken gegen sein Hochstaplerleben verdrängte, fühlte eine heiße Erregung in sich hochsteigen.

Der Duce hatte ihn also nicht vergessen.

Natürlich nicht. Er war ein Mann, der »seine Wettergebnisse zu überprüfen pflegte«, genauso, wie er es angekündigt hatte, auch wenn er nicht persönlich erschienen war.

Francesco, der an Pauls Blick sah, dass dieser ihn erkannt hatte, verzog sein Gesicht zu einem anerkennenden Lächeln, was den Professore von Mussolinis Gnaden – nach einem kurzen Stocken – dazu veranlasste fortzufahren.

Am Ende der Vorlesung, noch ehe die Studenten den Raum verlassen hatten, bahnte der Segretario sich einen Weg zum Pult, reichte Paul mit einer pathetischen Geste die Hand und sagte mit so lauter Stimme, dass er von allen noch Anwesenden zu hören war: »Bravo, Professore Pasqualini. Meine Anerkennung. Ich werde an höchster Stelle von Ihnen berichten!«

Paul errötete. »Danke, Signor Segretario«, stotterte er schließlich.

Dieser jedoch hatte es eilig. Er hob zum Abschied die Hand und versicherte: »Sie hören von uns!«

Am Heiligen Abend saß Paul allein in der Wohnung und starrte hinaus ins regnerische Dunkel.

Emilio war zu seinen Eltern nach Bari gefahren, und Aldo hatte sich, wie immer seit dem Tod seiner Frau, nach Capri in ein Hotel begeben, um ein paar Tage zu kuren, denn diese Insel hatte er während der Jahre seiner glücklichen Ehe niemals betreten.

Paul dachte an die Weihnachtsfeste in Wisslingen, als er noch ein Junge gewesen war. Der Vater war mit Peter und ihm zusammen am frühen Morgen des Heiligen Abends in Großvaters Wald gegangen, um einen Christbaum zu schlagen. Später hatten alle Kinder im alten Haus warten müssen, bis die Mutter und der Vater den Baum geschmückt und die gute Stube weihnachtlich hergerichtet hatten. Erst wenn der helle Ton der Weihnachtsglocke herübergedrungen war, durften sie kommen. Die Mutter mit ihrer kräftigen Stimme hatte die Weihnachtsgeschichte verlesen, und danach hatten sie alle zusammen gesungen, vom Vater auf der Gitarre begleitet.

Würstchen und Kartoffelsalat hatte es dann gegeben, und erst nach diesem Heiligabend-Mahl durften sie die hübsch verpackten Geschenke öffnen.

Paul musste wehmütig lächeln, als ihm einfiel, dass auch der Hund jedes Mal ein Päckchen bekommen hatte: eine Knackwurst, die er freudig aus dem Papier riss.

Er sah sie alle genau vor sich: seinen Vater, der stets Wert darauf gelegt hatte, am Heiligen Abend den Gehrock mit steifem Kragen zu tragen, auch dann, als dies längst aus der Mode gekommen war. Seine Mutter in ihrem »Festhäs«, einem schwarzen Taftrock mit weißer, gerüschter Bluse. Seinen Bruder Peter, der genauso erwartungsvoll gewesen war wie er selbst, endlich die ersehnte Eisenbahn zu bekommen. Else, die jedes Mal zum Weihnachtsfest erkältet war und sich durch die Festtage schniefte. Den Großvater Sailer, der ihnen heimlich immer noch etwas Besonderes zusteckte, was nicht den Beifall der Mutter erregt hätte. Und Konstanze, die jedem der Kinder eine Zellophantüte überreichte, die gefüllt war mit ihren wunderbaren Weihnachtsplätzchen, von denen Anna sagte, sie seien sündhaft fettig und süß.

Eine große Traurigkeit erfasste Paul, denn noch nie hatte er so deutlich begriffen wie an diesem einsamen Heiligen Abend, dass nichts im Leben Bestand hatte.

Nichts anderes als die Veränderung.

Er bekämpfte sein Heimweh mit der letzten Flasche aus der Pesciotta-Kiste, aber es half nicht besonders. Er wurde einfach nicht müde. Erst gegen Morgen fand er den ersehnten Schlaf.

Am Weihnachtstag herrschte strahlender Sonnenschein, und die Temperaturen machten weder einen Mantel noch ein Jackett erforderlich.

Paul erwachte mit besserer Laune und beschloss, endlich das zu tun, wozu er bisher kaum Zeit gefunden hatte: Er erkundete Neapel, den Dom, das Castel Capuano, die Katakomben des heiligen Januarius und anderes mehr. Jeden Abend sank er todmüde ins Bett, und als am Tag vor Silvester endlich Emilio zurückkam, waren auch die Tage der Einsamkeit überwunden.

**32** Am Silvestertag 1935 wurde Stefano Orlandi in einem Lazarett in der Nähe der Stadt Aksum nach einem wochenlangen Kampf mit dem Gasbrand der rechte Arm oberhalb des Ellbogens amputiert. Die Verletzung seiner rechten Gesichtsseite war zu diesem Zeitpunkt bereits verheilt. Das Auge, das ebenfalls in Mitleidenschaft gezogen war, hatte glücklicherweise erhalten werden können, doch vom Jochbein bis kurz unter das

Kinn erstreckte sich eine breite Narbe. Die Haut über dem beschädigten Muskel schimmerte bläulich und war unnatürlich straff gespannt, sodass Stefanos Gesicht halbseitig einen maskenhaften Ausdruck bekommen hatte.

Als er aus der Narkose erwachte, sah er in das besorgte Gesicht der jungen Krankenschwester Olivia, die aus Civitavéccia stammte.

»Wie geht es Ihnen, Sottotenente?«

»Das ist doch egal!«

»Wie können Sie so etwas sagen! Sie sind noch so jung!«

Stefano verzog das Gesicht zu einer Grimasse. Es sah aus, als ob er lächelte, aber dies war nur der Effekt seiner Narbe.

»Genau das ist es, Schwester Olivia: Wenn ich nicht das Glück habe, doch noch zu sterben, werde ich Jahrzehnte als Krüppel vor mir haben. Ganz zu schweigen davon, dass die Menschen sich von mir abwenden werden, wenn sie mir ins Gesicht sehen!«

»Das ist nicht wahr. Ich finde es gar nicht so schlimm!«

»Sie haben sich nur daran gewöhnt,… *Lamien*… um sich zu haben!«

An ihrem verständnislosen Gesichtsausdruck erkannte er, dass sie keine Kenntnis von den Gruselgestalten der griechischen Antike hatte. Sie wirkte so bedrückt, dass er sein brüskes Verhalten bedauerte.

»Es ist schon gut, Olivia. Ich glaube, ich werde noch einmal schlafen!«

»Tun Sie das, Sottotenente.«

Stefano schloss die Augen, dennoch spürte er ihren mitleidigen Blick auf seinem Gesicht. Die Schwäche seines Zustands verhinderte, dass er die beiden Tränen zurückhalten konnte, die ihm jetzt über die Wangen liefen. Sanft wie der Hauch eines Sommerwinds tupfte Olivia diese mit einem Mulltuch von seiner Haut. In diesem Moment beschloss Stefano, sie zu heiraten.

Sie liebte ihn, wie er in den langen Wochen ihrer Pflege erkannt hatte, und sie liebte ihn so, wie er war. Er wusste, dass sie Ja sagen würde.

Sie war die Tochter eines Seemanns, und ihre Mutter verdiente ihr Geld als Lohnwäscherin. Olivia war alles andere als eine gute Partie für einen Mann, der die Mazone-Reederei und andere Besitztümer erben würde, aber das war ohne Bedeutung. Auch dass sie hübsch war, war bedeutungslos.

Sie hatte einen aufrechten, festen Charakter, ein mildes Wesen, und sie war es, seitdem sie die Krankenpflege erlernt hatte, gewohnt, auch Männern Hilfsdienste zu leisten, selbst solche, die ihm anfangs sehr peinlich gewesen waren.

Einen Moment lang dachte er an die Reaktion seiner Mutter auf derartige Heiratsabsichten, und schon lief Sofias Verhalten vor seinem geistigen Auge ab wie ein Film. Seine Mutter war so berechenbar.

Doch auch das war ohne Bedeutung. Niemand von seiner Familie würde ihm in seiner Behinderung beistehen. Seine Mutter konnte es nicht, dessen war er gewiss, Angela würde heiraten und ihre eigenen Probleme haben. Tante Fina war alt, und seine Großmutter Orlandi war vor wenigen Wochen verstorben, wie man ihm mitgeteilt hatte.

Er aber war ein Mann, der in Zukunft auf Hilfe angewiesen sein würde.

Stefano stöhnte ein wenig, denn er spürte starke Schmerzen an einer Stelle, an der sich kein Arm mehr befand. Dann fiel ihm ein, wie das ganze Elend begonnen hatte, und er schickte seinem »Freund« De Bono einen aus tiefstem Herzen kommenden Fluch hinterher. Obwohl De Bono seine Strafe ja bereits bekommen hatte, als Mussolini ihn nach gerade einmal fünfundvierzig Tagen seines Amtes enthoben und Pietro Badoglio mit der Führung der Truppen betraut hatte. Den aber verfluchte Stefano gleich mit und Mussolini dazu. Denn beide zusammen, der Duce samt seinem neuen Feldmarschall, waren sich einig, zur Entscheidung des Kriegs auch nicht vor dem Einsatz von Giftgas zurückzuschrecken. Dies aber dürfte die Gräuel, die dieser irrsinnige Krieg bereits verursacht hatte, noch weit übertreffen.

Sollen sie doch zusammen zur Hölle fahren, dachte Stefano erbittert, denn jedes Mal, wenn er die Augen schloss, sah er die »Soldaten«, gegen die er gekämpft und von denen er einige getötet hatte: Barfüßig waren sie durch den Wüstensand gerannt, halbe Kinder noch, um ihre Heimat gegen die Eindringlinge zu verteidigen. Ihre entseelten Gesichter waren zwar dunkel, aber von edlem, fast aristokratischem Schnitt gewesen. Ihr Tod war, Stefano hatte es inzwischen begriffen, so sinnlos wie das Sterben seiner Regimentskameraden – oder seine eigene Verstümmelung.

Ganz am Ende, bevor er dank der opiumhaltigen Tropfen, die Olivia in sein Wasserglas geträufelt hatte, wieder einschlief, verfluchte er sich selbst. Seine Begeisterung, die naive Gläubigkeit, mit der er De Bonos Tiraden gelauscht hatte, und die Überheblichkeit, mit denen er den Vorhaltungen und Warnungen seiner Großtante begegnet war. Doch es war zu spät. Er hatte sein Leben verspielt, noch ehe es richtig begonnen hatte.

**33** »Zu viel Einsamkeit ist nicht gesund, mein Lieber«, sagte Emilio energisch. »Du hast schon das Weihnachtsfest allein in dieser Wohnung verbracht, den Jahreswechsel wirst du mit mir und noch ein paar anderen Leuten feiern – und es gibt keine Begründung dafür, mir diese Bitte abzuschlagen!«

Paul zögerte, aber dieses Mal ließ er sich überreden. Wie immer sich Signor Gisberti die von ihm geforderte gesellschaftliche Zurückhaltung vorstellte, Emilio hatte recht. Niemand konnte nur arbeiten und sich in seine Wohnung zurückziehen. Es war eine Bedingung, die unangemessen, geradezu unmenschlich gewesen war, schließlich war er kein Gefangener. Und wenn er an das Verhalten seiner Kollegen auf dem vorweihnachtlichen Empfang der Universität dachte, war die Anfangsphase des Misstrauens wohl überwunden. Niemand würde sich daran stoßen, ihn auf einer Gesellschaft zu treffen.

»Editha und ihre Geschwister werden auch mit dabei sein, und das Haus der Forlis ist bekannt für gutes Essen und einen exzellenten Weinkeller. Ich habe Editha schon so viel von dir erzählt, sie freut sich, dich endlich kennenzulernen!«

»Aber ich habe nichts Passendes anzuziehen. Du weißt doch, ich gehe normalerweise nicht aus!«

»Papperlapapp«, schnaubte Emilio und half Paul beim Suchen. Sie fanden eine passable schwarze Hose, und Emilio spendierte sein altes Smokingjackett, das ihm um den Leib herum etwas zu eng geworden war, samt passendem Kummerbund. Noch am Silvestermorgen eilten sie in die Stadt, um ihre Garderobe zu ergänzen: Paul kaufte sich ein Hemd und eine modische Smokingschleife sowie Lackschuhe. Emilio erstand ein neues Abendjackett und eine passende seidene Weste, die er bequemer fand als den verhassten Kummerbund.

Danach eilten sie nach Hause und zogen sich um.

»Du siehst fabelhaft aus«, versicherte Emilio, der Paul im ehemaligen Wohnzimmer ihrer Wirtin erwartete, das den Untermietern als Aufenthaltsraum diente. »Wie ein römischer Prinz!«

»Du sprichst, als ob du ein Politiker wärst«, parierte Paul die Komplimente des Freundes, doch dieser grinste nur und hob die wattierten Schultern seines neuen Jacketts. »Was nicht ist, kann ja noch werden. Ich habe tatsächlich schon darüber nachgedacht, ob dies nicht die richtige Karriere für mich wäre!«

Vor der Villa Forli herrschte reger Verkehr.

Noble Automobile der unterschiedlichsten Marken fuhren die Auffahrt hoch.

Chauffeure mit und ohne Livree halfen den Herrschaften aus den Wagen. Die Herren trugen – wie Paul und Emilio selbst – Smoking oder dunkle Anzüge, nicht wenige sogar einen Frack. Die Damen waren in Abendkleidung.

Hier gab es ganz gegensätzliche Stilrichtungen. Manche der Kleider waren so weit ausgestellt, als ob sich Krinolinen darunter befänden. Sie waren mit aufgenähten Fabelreihen im Stil des Biedermeier verziert, andere dagegen hatten schmale Konturen und waren nach griechischem Vorbild geschnitten, mit tiefen, drapierten Dekolletés.

Trotz der verhältnismäßig milden Temperaturen trugen viele der Damen Stolen aus Pelzen verschiedenster Art.

Paul stolperte beinahe, so sehr war er fasziniert, als sie die Außentreppe zur Villa Forli hinaufschritten, die eher als Palast bezeichnet werden konnte. Die Halle des großen Hauses gleißte im Schimmer riesiger Lüster und Wandkerzen. Auf den Steinböden lagen orientalische Teppiche, und verschwenderisch üppiger Blumenschmuck zierte die Räume.

»Seien Sie uns willkommen«, sagte der Hausherr, ein feister Mann um die fünfzig, als er Emilio Rigotti begrüßte, den künftigen Ehemann seiner Nichte Editha.

Emilio machte eine Verbeugung und küsste Signora Forli die Hand. Paul ließ keinen Blick von dem Freund, der ihn jetzt vorstellte: »Paolo Pasqualini, Professore an der hiesigen Universität, mein Freund und Wohnungsgenosse!«

»Sehr erfreut«, behauptete der Hausherr und nahm Pauls korrekte Verbeugung mit Wohlwollen entgegen.

Paul küsste die Hand der ebenfalls korpulenten Dame des Hauses und achtete darauf, den Kuss in das Luftpolster zwischen der Hand der Dame und seinen Lippen zu setzen, wie er es bei Emilio beobachtet hatte.

»Wie schön, dass Signor Rigotti Sie mitgebracht hat«, säuselte Signora Forli erfreut, und sie war es tatsächlich. Dieser Professore sah blendend aus, und eine Stellung als Lehrkraft an der Universität garantierte ein sicheres Einkommen. Sie hatte noch vier Töchter zu verheiraten und nahm sich vor, diese auf Emilios Freund aufmerksam zu machen.

Paul atmete auf, als die erste Hürde überstanden schien. Im Übrigen entdeckte er im Gewühl der mindestens hundert Gäste kein einziges Gesicht, das er kannte. Die Kreise der Forlis und der Universität von Neapel schienen sich nicht zu überschneiden.

Auch Emilio hatte sich inzwischen umgesehen, doch er konnte Editha und ihre Geschwister noch nicht entdecken.

»Lass uns etwas trinken«, schlug er Paul vor. »Das Essen wird hier sehr spät serviert!«

Sie nahmen jeder ein Glas Schaumwein vom Silbertablett eines Dieners und zogen sich in eine Fensternische zurück, von der aus sie die neu Eintreffenden beobachten konnten.

Pauls Blick fiel auf eine nicht mehr ganz junge Frau, die ein sariartiges pfirsichfarbenes Kleid aus glitzerndem, fließendem Stoff trug, das seitlich geschlitzt war. Während vorn ein tiefer Ausschnitt den Ansatz ihrer Brüste zeigte, ging der rückwärtige Teil des Gewands in eine goldbestickte Kapuze über. Diese trug die Dame einem Schleier gleich über den glatten pechschwarzen Haaren.

Die Extravaganz dieser Aufmachung erregte allgemein Aufsehen, wie man am Tuscheln der Frauen und an den Reaktionen der Männer deutlich erkennen konnte.

»Das Kleid ist aus Paris, die neueste Creation von Elsa Schiaparelli«, vernahm Paul eine Frauenstimme hinter sich, und Emilio erklärte flüsternd: »Die Contessa Vibaldi, eine große Förderin der Künste!«

In ihrer Gesellschaft befand sich eine andere etwas größere und schlankere Dame, die eben die Gastgeber begrüßte. Als sie sich umdrehte, um der Contessa zu folgen, sah Paul ihr Gesicht, und es schien ihm, als ob sich alles andere im Raum plötzlich verkleinere und ganz an den Rand seines Gesichtsfelds rücke.

In der Mitte seiner Wahrnehmung war ganz allein sie: die schöne Unbekannte.

Auch Angela hatte ihn jetzt erkannt. Sie lächelte und kam auf ihn zu, wie magisch angezogen von seinem Blick. »Ich wusste, dass wir uns wiedersehen werden«, sagte sie anstelle einer Begrüßung.

Paul, der die Augen nicht abwenden konnte, hörte Emilios Stimme, die erstaunt klang: »Ich wusste nicht, dass ihr euch kennt!«

Endlich erwachte Paul aus seiner Verzückung, doch die junge Frau kam ihm zuvor.

Sie lachte ein wenig und sagte mit einer Spur Koketterie: »Kennen wäre wirklich zu viel gesagt. Wir sind einmal… gegeneinander gerannt!«

Emilio schmunzelte und sagte: »Wenn es so ist, dann darf ich das Vorstellen übernehmen. – Das ist mein Freund Professore Paolo Pasqualini, und Angela Orlandi ist eine Freundin Edithas!«

»Wir waren zusammen in einer Klosterschule, im Internat«, fügte Angela erklärend hinzu.

»Angela wird bei unserer Hochzeit eine der Brautjungfern

sein«, ergänzte Emilio und grinste. »Wenn du dich gut führst, Paolo, wirst du die Chance haben, ihr dabei zu assistieren!«

Doch Paul hörte schon gar nicht mehr zu. Er sog den Anblick der jungen Frau in sich ein und wünschte, er könne bewirken, sie wären allein.

Angela war ebenfalls tief berührt. Natürlich hatte auch sie die Begegnung nicht vergessen, schon deswegen, weil dieser Professore tatsächlich eine beträchtliche Ähnlichkeit mit ihrem Bruder Stefano hatte, obwohl ihr die Unterschiede heute noch stärker ins Auge fielen als bei der ersten Begegnung. Vielleicht der festlichen Kleidung wegen, die die Größe dieses Professore, seine breiten Schultern und seinen muskulösen Körperbau noch betonten.

Plötzlich murmelte Emilio eine Entschuldigung und verließ sie abrupt.

Angela entdeckte ihre Freundin Editha, die sich – eingerahmt von ihren beiden älteren Brüdern – eben in die Reihe der Neuankömmlinge eingeordnet hatte.

»Ich habe drei Monate lang von Ihnen geträumt«, bekannte Paul, in Fortsetzung von Angelas erster Bemerkung, als ob das andere Geplänkel dazwischen gar nicht stattgefunden hätte.

Sie lächelte und schien ihn zu verstehen.

Paul sah, dass ihre Begleiterin, die Frau mit dem indisch anmutenden Kleid, auf sie zukam, und sagte schnell: »Ich muss Sie unbedingt wiedersehen, Signorina. Bitte!«

»Schreiben Sie mir. Emilio kennt meine Adresse!«

Beide waren sie ein wenig atemlos, als ob sie sehr rasch gegangen wären, als Contessa Vibaldi zu ihnen trat.

Auch ihr wurde Paul vorgestellt, und endlich erschien die viel beschriebene Editha, ein hübsches, junges Mädchen mit einem freundlichen Puttengesicht, das beim kleinsten Anlass erheitert kicherte.

Angela folgte widerwillig, als die Contessa sich nach einigen unverbindlichen Sätzen bei ihr einhakte und einer anderen Gruppe zustrebte, doch das Lächeln, mit dem sie Paul zurückließ, war voller Versprechungen.

Trotzdem dauerte es drei volle Stunden, in denen Paul sich ohne Genuss durch die opulente Speisenfolge aß, bis er sie wieder traf. Sie stand im Garten, hatte eine Pelerine aus Straußenfedern um den Ausschnitt ihres eng anliegenden, lachsfarbenen Seidenkleids gelegt und schaute zum Himmel empor, an dem die natürlichen Sterne mit den künstlich erzeugten des Feuerwerks konkurrierten.

»Ein gutes Jahr 1936«, rief Paul ihr zu, aber er war nicht sicher, ob seine Stimme gegen das Knallen der Feuerwerkskörper und das Geläute aller Kirchenglocken Neapels bis zu ihr durchdrang.

Sie drehte den Kopf und erwiderte etwas, das Paul nicht hören konnte, denn die Gäste der Forlis hatten begonnen, sich ebenfalls am Feuerwerk zu beteiligen, was das Getöse ins Ohrenbetäubende anwachsen ließ.

Doch Worte waren entbehrlich. In Angelas Augen sah Paul das, was er sehen wollte.

»Es wird unser Jahr werden«, sagten ihm diese Augen, und er nickte, mehrmals und tiefernst.

Danach drängte sich ein Pulk angetrunkener Gäste zwischen sie und schob Angela zurück in den Saal, wo sie von der Contessa ungeduldig erwartet wurde.

Umgeben von ihrem Gefolge verschwand die Contessa mit Angela durch eine der weit geöffneten Seitentüren.

Paul wartete noch ein paar Minuten. Dann verabschiedete er sich höflich von Emilio und dessen zukünftigem Clan. Er nahm einen der wartenden Mietwagen, um nach Hause zu fahren. Und während der Chauffeur ihn durch die Straßen Neapels kutschierte, dachte Paul, dass Emilio sich geirrt hatte, was die Liebe betraf.

Nicht erst im Nachhinein wie bei dem Mathematiklehrer konnte die Intensität eines solchen Gefühls festgestellt werden. Wenn es sich um eine wirkliche *große* Liebe handelte, so wusste man es sofort. Ein zweites Zusammentreffen diente allenfalls dazu, den ersten Eindruck zu bestätigen.

Zu Hause angekommen ging er nicht zu Bett. Stattdessen suchte er sein allerbestes Briefpapier und schrieb den ersten Liebesbrief seines Lebens – auf handgeschöpftem Bütten. Er schrieb flüssig, denn sein Stil war geschult, und er war wieder in Übung, seitdem er an der Universität lehrte. Er hielt sich nicht mit Belanglosem auf, sondern gestand Angela Orlandi mit glühenden Worten seine Gefühle und deren Ausschließlichkeit.

Er würde den Brief selbst zustellen, gleich wenn Emilio ihm Angelas Adresse genannt hatte, denn dann bestand die Möglichkeit, sie noch am selben Abend zu sehen.

Mehr nutzlos verstreichende Zeit auszuhalten erschien ihm unmöglich.

**34** Anna hatte das Weihnachtsfest bei der Familie ihres Sohnes Peter verbracht. Der kleine Anton hatte die roten Glaskugeln am Weihnachtsbaum bestaunt, sie für Äpfel gehalten und versucht, mit seinen Zähnchen hineinzubeißen, was gerade noch verhindert werden konnte.

Ihre Tochter Else war mit der »Gruber-Clique«, wie Anna die Ortsgruppe der NSDAP titulierte, zum Julfest auf den Staufen gewandert und verbrachte die Tage danach zusammen mit ihrer Mädelschar in einem Schulhaus in der Nähe von Göppingen.

»Lass sie doch«, versuchte Peter Pasqualini seine Mutter zu beschwichtigen, als sie am Neujahrstag eine Gans verspeisten, die Anna und Konstanze zu Weihnachten nicht hatten verkaufen können. »Es scheint ihr doch zu gefallen. Und vielleicht ist es gut für sie, in eine Gruppe eingebunden zu sein. Besonders anpassungsfähig war sie schließlich bisher nicht, und viele Freundinnen hat sie auch nie gehabt!«

»Ich bin ja gar nicht dagegen«, behauptete Anna, obwohl das so auch nicht stimmte, aber sie wollte am ersten Tag des neuen Jahres nicht gleich Debatten lostreten. Obwohl sie natürlich wusste, was der wahre Grund für die Begeisterung ihrer Tochter war: Die ihr als Gruppe anvertrauten Mädchen waren allesamt jünger als sie, und als »Führerin« stand ihr so etwas wie Befehlsgewalt zu. Das imponierte Else und entsprach zutiefst ihrem Naturell.

Peter nickte nur, denn eigentlich ging ihm etwas anderes durch den Kopf.

»Mutter«, begann er endlich, als Konstanze den Tisch abräumte und Gustel den kleinen Anton zum Mittagsschlaf niederlegte. »Wir haben doch damals, nach dem Tod vom Vater alle geerbt, oder?«

»So ist es«, bestätigte Anna und wusste sofort, was kommen würde.

»Dann gehört mir doch eigentlich ein Teil unseres Hauses!«

Seine Mutter nickte. Zu lange war sie Geschäftsfrau gewesen, um nicht zu wissen, was Peters Fragen bezweckten.

»Und volljährig sind wir inzwischen ja auch, die Else mal ausgenommen!«

»Sag doch gleich, dass du deinen Anteil am Haus beleihen möchtest«, schlug Anna vor, um die Sache abzukürzen.

Erstaunt betrachtete Peter seine Mutter, die gelassen auf ihrem Stuhl saß, und dachte ein weiteres Mal, dass man sie nicht unterschätzen dürfe. Ihre weiteren Worte verstärkten diesen Eindruck noch.

»Ich habe schon mit dem Onkel darüber gesprochen, und der mit dem Notar!«

»Ja und?«

»Der Notar hat gesagt, wir seien eine Erbengemeinschaft, die nur gemeinsam handeln könne. Da aber dein Bruder Paul... *unbekannt verzogen*... ist, kommt eine Beleihung des Hauses nicht infrage, selbst wenn der Onkel als Vormund der Else zustimmen würde!«

Peter Pasqualini sah seine hochfliegenden Pläne in sich zusammensinken. Er hatte zusammen mit dem Vertreter der Bank alles bis ins Kleinste durchgerechnet. Selbst wenn er die meisten der notwendigen Maschinen gebraucht einkaufen konnte und sein Gespartes zusammen mit dem Gewinn aus dem Laden der Gustel dafür ausreichte: Für die Materialien, die er benötigte, musste er Vorkasse leisten, und deshalb brauchte er unbedingt weitere Gelder.

Sie hatten nie im Einzelnen darüber gesprochen, doch nachdem die Mutter sein Vorhaben gutgeheißen hatte, war er davon ausgegangen, dass sie ihn auch finanziell unterstützen würde.

»Wenn es so ist, dann hättest du mir das gleich sagen können«, knurrte er und machte keinen Hehl aus seiner Enttäuschung. »Bevor ich mich für den Meisterkurs gemeldet habe. Den zu bestehen nicht gerade ein Kinderspiel war!«

»Sei doch nicht gleich so patzig«, wies Anna ihn zurecht und zwinkerte Konstanze zu, die eben aus der Küche zurückkehrte. »Konstanze und ich, wir haben das für dich geregelt!«

Und dann erklärten sie ihm, Konstanze habe zur Vermeidung späterer Erbschaftssteuern Anna den väterlichen Bauernhof zurückgeschenkt. Am Montag nach dem zweiten Advent und gegen die Eintragung eines Wohnrechts auf Lebenszeit sowie der

Zusicherung von Pflegediensten, falls solche erforderlich würden. Anna aber würde eine Hypothek auf den Sailer-Hof und den dazugehörigen Grund eintragen lassen in Höhe des Kapitals, das Peter benötige.

»Der Hof und der Grund aber bleiben mein Eigentum. Das hat den Vorteil, dass ich später, wenn notwendig, deinen Geschwistern ihren Anteil daran vererben kann. Außerdem bleiben das neue Haus sowie der Hof bei einem eventuellen Bankrott deiner neuen Firma außen vor. Was nicht heißt, dass du die Scheune und das Gelände nicht nutzen darfst. Das hat dein Großvater so gemacht und dein Vater auch, warum also nicht du?«

»Und das hast du dir alles selbst ausgedacht?«, staunte Peter und holte zur Feier des Tages den Himbeergeist, der kostbarer war als der Zwetschgenschnaps und deshalb dem Anlass des Anstoßens mehr entsprach.

»Ja, sicher«, erklärte Anna, ohne auch nur einen Hauch zu erröten, obwohl es eine dicke Lüge war. Sie hatte dies alles mit dem Baron besprochen, der ein brillanter Jurist war, obwohl dies die wenigsten Wisslinger wussten.

Der Baron konnte es sich nämlich leisten, die Rechtsprechung vom Polsterstuhl am Fenster seines Studierzimmers aus genau zu verfolgen und Trends zu beobachten, die sich in der Jurisprudenz genauso einstellten wie in der Mode. Gegen das Herstellen einer Jagdweste aus feinstem Rehleder, gefüttert mit edler Seide, die ein eingewebtes Paisleymuster aufwies, hatte er Anna einen »wasserfesten« Vertragsentwurf ausgearbeitet, den der Notar nur zu übernehmen brauchte.

»Es war mir ein Vergnügen, gnädige Frau«, hatte er schmunzelnd versichert, als Anna das mehrseitige Papier betrachtete und nicht zu Unrecht wähnte, dass es ein Haufen Arbeit gewesen sein musste, dies alles zu produzieren.

»Das wird sich mit der Weste genauso verhalten haben«, hatte der Baron ihre Bedenken pariert, denn es war ihm tatsächlich ein Vergnügen gewesen, wieder einmal auf der ganzen Klaviatur seiner juristischen Kenntnisse zu spielen und das Optimale für diese vom Schicksal gebeutelte Familie dabei herauszuholen.

Noch immer betrachtete er mit Freude die kunstvollen Stuckarbeiten des verblichenen Sailer-Italieners in seinem Salon. Und oftmals dachte er mit Anerkennung daran, wie dieser Mann es geschafft hatte, sich entgegen aller Widerstände in einer feindlichen Umgebung eine von vielen respektierte Position zu erarbeiten.

Hin und wieder kam ihm auch die geheimnisvolle italienische Frau in den Sinn, die den Ärmsten ganz offensichtlich das Leben gekostet hatte.

Die Welt war verrückt, schon die kleine, private war es, doch die große, deutsche, würde bald alles an Verrücktheiten übertreffen, was seit Napoleons Zeiten passiert war, dessen war er gewiss. Denn Baron von Breitenfeld studierte in seinem Polstersessel, ledig jeder Notwendigkeit zu weiterem Vermögenserwerb, nicht nur die Entwicklung der Rechtsprechung, sondern auch die nationale und die Weltpolitik.

»Dann werde ich gleich morgen alles in die Wege leiten«, kündigte Peter an, der die gedankenvolle Pause seiner Mutter während des Himbeergeists für eigene Überlegungen genutzt hatte.

»Tu das, Junge«, sagte Konstanze und nahm es gerne entgegen, dass Peter mit einer kurzen, liebevollen Geste die Wange an ihre streng gescheitelten weißen Haare legte, als er ihr noch einmal nachschenkte.

Mehr als wohnen kann ich sowieso nicht mehr, dachte die alte Frau. Und Anna mag sein, wie sie will, aber sie wird mich pflegen bis zum letzten Atemzug. So wie ich es bei ihrem Vater getan habe! Dann aber fiel ihr auf, dass Anna an diesem

Tag einen sehr schönen grünen Ring trug, der umgeben war von glitzernden weißen Steinchen. Sie hatte ihn noch nie an ihr bemerkt, aber dies war eher normal. Denn bei den pietistischen Frauen der Gegend war es üblich, sich am Besitz schöner Schmuckstücke durch heimliches Betrachten zu erfreuen. Es kam höchst selten einmal vor, dass sie diese auch trugen. Wenn Anna den Ring heute also angelegt hatte, musste dies etwas bedeuten, was sich auch an dem befriedigten Lächeln zeigte, mit dem sie das sicher sündhaft teure Schmuckstück betrachtete.

»Was erheitert dich denn so?«, fragte Konstanze, die ihre Neugier kaum bändigen konnte.

»Schwer zu erklären«, brummte Anna und dachte an die Nacht, in der Stefano ihr mit dem Ring den Verlust des väterlichen Erbes hatte versüßen wollen.

Es war zwar nicht immer so auf der Welt, aber manchmal liefen die Dinge am Ende doch noch den richtigen, natürlichen Gang, und die Güter kehrten dorthin zurück, wo sie von Rechts wegen ohnehin sein sollten.

**35** Serafina Mazone hatte ihre Großnichte im Verlauf des Neujahrstags 1936 gleich drei Mal zum Briefkasten eilen sehen. Sie war deshalb nicht verwundert, als Angela am frühen Abend des nächsten Tages um die Dienste des Chauffeurs Alessandro bat, der sie zur Contessa Vibaldi fahren sollte.

Sofia war, wie meistens, zu sehr mit sich selbst beschäftigt, um etwas zu bemerken. Sie hatte auf der Silvestergesellschaft der Marceses, der reichsten und einflussreichsten Familie der Stadt, den Conte Palieri wiedergetroffen, an der Seite der jungen Frau, die er im Sommer des vergangenen Jahres in deren römischer Heimat geheiratet hatte.

»Eine naive Person, aber aus einer alten Adelsfamilie, du kennst ja die Palieris!«

Serafina nickte. An der kleinen, pochenden Ader an Sofias Schläfe erkannte sie, dass die Begegnung ihre Nichte mehr mitgenommen hatte, als sie zugeben wollte. Sie wusste, dass die junge Contessa Palieri erst neunzehn Jahre alt war und wie schmerzlich es für eine Frau von fünfundvierzig sein musste, sich einem solchen Vergleich zu stellen.

Sofia sah immer noch blendend aus, aber sie war eine Frau, die den Zenit ihrer Schönheit hinter sich hatte, während die kleine Palieri noch weit davon entfernt war.

Gebe Gott, dass die beiden nach Rom zurückkehren, dachte Serafina mitleidig, denn sie kannte Sofia und wusste, dass der Anblick des Paares ein ständiger Dorn in ihrem Gemüt sein würde. Selbst dann, wenn sie Palieri als Liebhaber längst abgelegt hatte.

Angela streckte den Kopf herein und rief: »Ich gehe jetzt!« Danach schloss sie so rasch wieder die Tür hinter sich, dass sie später ohne Weiteres hätte behaupten können, die Stimme von Großtante oder Mutter nicht mehr gehört zu haben. Doch niemand machte Anstalten, sie zu befragen oder gar zurückzuhalten.

Sofia, die sich mit geschlossenen Augen auf ihrem Sofa ausruhte, hob nicht einmal den Kopf. Serafina dagegen lächelte ein wenig und wünschte der Kleinen einen möglichst schönen Abend. Sie hatte die glänzenden Augen und den neuen, freudigerwartungsvollen Ausdruck im Gesicht des jungen Mädchens bereits am Morgen bemerkt, als die Großnichte ihr ein gutes neues Jahr gewünscht hatte. Das ist der Lauf der Welt, dachte sich die alte Frau gelassen. Bei Sofia weicht bald der Spätsommer dem Herbst, ich selbst befinde mich tief im November, die Kleine aber lebt Ende April. Die Blüten sind noch Knospen, doch man sieht sie an und weiß sofort: Der Mai steht bereits vor der Tür.

Serafina Mazone war sehr neugierig darauf zu erfahren, welchem Mann es gelingen würde, die spröde Kleine wachzuküssen.

Angela fieberte inzwischen ihrem ersten echten Rendezvous entgegen. Endlich stoppte Alessandro den Wagen vor dem schmiedeeisernen Eingangstor des Palazzo Vibaldi.

»Sie brauchen mich nicht abzuholen, Alessandro«, verfügte Angela und imitierte dabei unwillkürlich den Tonfall ihrer Mutter.

Tatsächlich widersprach Alessandro nicht, sondern nickte nur.

Erleichtert sah Angela ihm nach, bis er um die Ecke gebogen war. Erst dann setzte sie sich in Bewegung, um den ganz in der Nähe befindlichen Aussichtspunkt zu erreichen, den sie Paul in ihrem Antwortbrief beschrieben hatte.

Sie trafen vor einem großen Kamelienbaum zusammen.

Während Angelas Wangen vom Laufen gerötet waren, war Pauls Gesicht aschfahl. Er hatte, seitdem er seinen Brief in den Briefkasten der Orlandis gesteckt hatte, das Gefühl, ein Attentat verübt zu haben, dessen Folgen er noch nicht kannte. Wie würde Angela, die er erst zwei Mal flüchtig gesehen hatte, auf seine überschwänglichen Liebesbekenntnisse reagieren? Hatte er, noch bevor sich eine Beziehung entwickeln konnte, bereits alles verpatzt?

Er starrte sie an und war nicht in der Lage, etwas zu sagen.

Auch Angela musterte ihn lange. Sie war ganz ernst, als sie schließlich sagte: »Ein bisschen komisch ist das schon mit uns … Paolo …«

»Ein bisschen mehr als komisch«, erwiderte Paul.

Dann aber zuckte es um ihren Mund. Sie konnte nicht mehr an sich halten und lachte fröhlich auf.

Paul fragte sich keine Sekunde lang, ob sie ihn etwa auslache. Er stimmte in ihr Lachen mit ein, und beide lachten, bis sie sich bogen und ihnen die Tränen über die Wangen liefen.

Dann aber verstummten sie plötzlich und sahen sich erneut in die Augen. Die Wärme des Lachens und das Salz ihrer Tränen waren noch auf ihren Gesichtern und mischten sich, als ihre Lippen sich zum ersten Kuss trafen. Und sie küssten sich weiter, während der süße Duft der Kamelien, die gerade zu blühen begannen, sie einhüllte.

Irgendwann, als es ihnen gelang, sich voneinander zu lösen, und nur ihre Hände verbunden blieben, begannen sie zu sprechen.

Als Angela drei Stunden später in ihrem Bett lag, hätte sie nicht mehr zu sagen gewusst, worüber. Dennoch war sie ganz sicher, dass alles ungeheuer bedeutsam gewesen war. Bedeutsamer als alle anderen Gespräche zuvor.

**36** Am 17. Januar gegen ein Uhr am Mittag zerriss der Gong der Eingangstür die mittägliche Stille im Hause Orlandi-Mazone.

Sofia, die sich niedergelegt hatte, fuhr verärgert auf und fragte sich, wer sich erlaubte, in der Zeit der Siesta zu stören.

Auch Tante Serafina war aufgeschreckt worden, und Angela, die die Gepflogenheiten der beiden älteren Familienmitglieder kannte, schob den begonnenen Brief an Paul ins Geheimfach ihres Schreibtischs und stand auf, um nachzusehen, wen der Hausdiener melden würde.

Sie durchquerte eben die Diele, als ein Mann hereinstürmte,

der einen schwarzen Hut und einen dunklen, glockigen Umhang militärischen Zuschnitts trug. Hinter ihm folgte eine schwarzhaarige junge Frau.

Der Mann griff mit der Linken nach seinem Hut und legte ihn auf die Ablage. Jetzt erst erkannte Angela ihn.

»Stefo! Stefo, das kann doch nicht wahr sein!«

Im ersten Impuls wollte Angela auf ihn zurennen, die Arme um seinen Hals schlingen und ihn küssen, genauso wie damals, als sie Paul für ihren Bruder gehalten hatte. Doch irgendetwas hielt sie zurück. Vielleicht ebenjene damalige Verwechslung, dachte sie noch, aber dann wandte er sich zu ihr um, und sie sah, was sie mehr erahnt als gewusst hatte.

Sein Gesicht, mein Gott: sein Gesicht!

Angela machte ein paar Schritte auf ihn zu und stammelte: »Stefo … was ist passiert?«

»Nichts Besonderes, nicht im Krieg«, erwiderte Stefano mit einer kühlen, unbeteiligten Stimme, und sein Gesicht verzog sich zu einer halbseitigen Grimasse. »Aber das ist noch nicht alles. Warte nur ab, bevor du mir dein Mitleid versicherst!«

Er streifte mit dem linken Arm den Umhang von seinen Schultern, und jetzt sah sie es. Der rechte Ärmel seines Jacketts hing von halber Höhe des Oberarms an schlaff herunter und war mit einer silberfarbenen Klammer oberhalb der Taille festgesteckt.

»Man hat mir den rechten Arm abgenommen«, erklärte Stefano, als ob sie nicht in der Lage sei, die richtigen Schlüsse zu ziehen.

»O mein Gott«, flüsterte Angela, obwohl sie genauso etwas nicht sagen wollte.

Stefano nickte und erwiderte mit beißendem Zynismus: »Das habe ich auch gesagt. Ich habe es geschrien und sogar gebetet, vorher, als ich die Verletzungen der anderen anschauen musste.

Aber wie du siehst, es hat nichts geholfen. Wo ist unsere Mutter?«

»Oben! Sie hat sich hingelegt!« Angela versuchte sich zusammenzunehmen und das zu tun, was am notwendigsten war. Ihr Blick fiel auf die junge Frau, die sich bescheiden im Hintergrund hielt. »Bitte, legen Sie doch ab«, forderte Angela sie auf und half ihr dabei, den Mantel auszuziehen.

»Darf ich dir meine Frau Olivia vorstellen, Angela?«, sagte Stefano mit einer etwas unbeholfenen Geste.

Angela klappte den Mund auf, doch sie kam nicht mehr dazu, etwas zu sagen.

Von der Treppe her gellte ein lauter Schrei.

Mit weit aufgerissenen Augen stürzte Sofia auf ihren Sohn zu, hob die Hände und blieb dann wie angewurzelt stehen. »Stefano! Wie siehst du aus? Mein Gott, wie schrecklich! Das ist … Und was ist mit deinem Arm?«

»Es ist alles so, wie du es siehst, Mutter. Es ist kein böser Traum, es ist Realität. Und bitte: Heute keine Ohnmachten! Ich bin nicht sicher, ob ich dir dabei noch beistehen kann.«

»Wie kannst du so reden?! Entschuldige, aber das ist mehr, als ich ertragen kann!«

Sofia sank auf einen der Holzstühle, die für Besucher gedacht waren, die warten mussten, stützte die Arme auf die Platte des kleinen Tischs und vergrub das Gesicht in den Händen.

Gleich wird sie einen Weinkrampf bekommen, dachten Stefano und Angela gleichzeitig und schauten sich an wie auf Kommando.

Stefano lächelte erneut, und Angela entnahm dem Ausdruck seiner gesunden Gesichtshälfte, dass er nichts anderes erwartet hatte als dieses.

Keiner hatte die alte Frau bemerkt, die auf der obersten Treppenstufe stand.

»Komm zu mir herauf, Stefano«, rief sie jetzt, und die Zärtlichkeit in ihrer Stimme trieb dem jungen Mann die Tränen in die Augen. »Ich kann ohne Hilfe nicht herunter zu dir. Schau mich an, wie *behindert* ich bin!«

Stefano ging an seiner Mutter vorbei zur Treppe und stieg dann ohne Mühe die Stufen hinauf.

Tante Serafina umklammerte den Knauf ihres Stocks und wartete, bis er bei ihr war. Sie schaute ihn lange und aufmerksam an, dann hob sie den Kopf und küsste ihn auf die breite, hässliche Narbe an seiner Wange.

»Danken wir Gott, dass du lebst«, sagte sie mit einer erstaunlich normalen Stimme. Dann aber rief sie im Herrschaftston der vergangenen Zeiten: »Luciano, bitte sieh nach der Köchin und sage ihr, sie soll sich um etwas zu essen kümmern. Und bring eine Flasche Champagner, von dem französischen ganz hinten im letzten Kellerregal!«

Dann hakte sie sich in den linken Arm ihres Großneffen ein und befahl: »Und du, Stefano, führ deine alte Tante nach unten in den Salon. Aber langsam, meine Knochen sind spröde und steif, und ich kann es mir nicht leisten, sie auch noch zu brechen!«

Vorsichtig geleitete Stefano die alte Frau die Stufen hinab und brachte sie in den Salon.

Angela nötigte die überraschend gewonnene Schwägerin mit freundlichen Worten ebenfalls zu den beiden ins Esszimmer.

Sofia blieb allein in der Diele zurück.

Sie war wie benommen. Mit einem bitteren Lächeln dachte sie an all die Jahre, in denen sie den Anblick ihres Sohnes Stefano als süßen Trost empfunden hatte, als Reinkarnation seines geliebten Vaters. Und sie dachte an andere Zeiten, in denen seine Anwesenheit ihr aus denselben Gründen unerträgliche Qualen bereitet hatte.

Diese Probleme waren nun gegenstandslos. Gott, den sie schmähte, seitdem er ihr den Geliebten Stefano wiedergeschenkt und gleich danach endgültig weggenommen hatte, Gott hatte die Hand erhoben und sich an ihr gerächt. Er hatte das Kostbarste, das sie besaß, in eine Teufelsfratze verwandelt.

Sofia erhob sich. Sie ging nach oben in ihr Zimmer, wo sie sich einschloss und die nächsten drei Tage für niemand zu sprechen war.

**37** Emilio klopfte mit der flachen Hand an die Tür seines Wohnungsgenossen.

»Bist du tot, oder hast du nur verschlafen?«

Paul fuhr hoch und warf einen Blick auf die Zeiger des Weckers.

»Um Himmels willen!«, rief er, während er bereits hochfuhr und nach seinen Schuhen angelte.

Emilio stand, rasiert, gekämmt und bereits zum Ausgehen gekleidet im Aufenthaltsraum, als Paul aus dem Badezimmer kam, wo er sich einer Blitzprozedur unterzogen hatte.

»Das sind die süßen Träume der Liebe«, frotzelte Emilio und reichte Paul die zweite Tasse Espresso, die er gekocht hatte.

»Meine Vorlesung«, stöhnte Paul und war sich darüber im Klaren, dass er heute erstmals eine Stegreifveranstaltung absolvieren musste, denn für eine ordentliche Vorbereitung war einfach keine Zeit mehr gewesen.

Am Abend zuvor hatte er mit Angela ein Konzert besucht; danach hatten sie noch ausgiebig gegessen und bei vielen Espressi so lange geredet, bis das Personal begonnen hatte, die Fenster zu öffnen und Stühle auf die Tische zu stellen.

»Du bist gerettet«, verkündete Emilio und grinste. »Ich habe heute einen Auswärtstermin und werde in zehn Minuten vom Chauffeur der Kanzlei abgeholt. Ich werde ihn beschwatzen, einen kleinen Abstecher über den Corso Umberto zu machen!«

»Du bist wirklich ein Freund«, sagte Paul, gleich doppelt erleichtert, denn es war ihm eingefallen, dass er heute lediglich seinen Deutschkursus hatte. Hier zu improvisieren war leichter als im Bereich der Architektur.

Die Zeit war noch nie in solcher Windeseile verstrichen wie eben jetzt, fand Paul. Und dennoch schien sie sich bisweilen wie Gummi in die Länge zu ziehen, besonders an Tagen, an denen er Angela nicht sehen konnte. Seine Verpflichtungen an der Universität verlangten eine strenge und konsequente Vorbereitung. Paul erlaubte es sich nicht, diese zu vernachlässigen, auch wenn er deswegen manchmal Angelas Bitte um ein früheres Zusammentreffen abschlagen musste.

Die Liebe hatte seinen Eifer noch verstärkt. Er stand früher auf und ging später zu Bett als in der Zeit, in der er Angela noch nicht gekannt hatte. Er brannte vor Ehrgeiz, Anerkennung zu finden, und seine Anstrengungen trugen allmählich Früchte.

Germano Gisberti hatte es sich zur Gewohnheit gemacht, mit einer gewissen Regelmäßigkeit Pauls Vorlesungen zu besuchen. Vor einigen Wochen war er danach in einen lebhaften Diskurs mit Paul verfallen, bis ihm plötzlich bewusst geworden war, dass sein Gegner eigentlich »unwürdig« sei. Betroffen hatte er innegehalten und etwas gemurmelt, das Paul nicht verstehen konnte. Dann hatte er sich umgedreht und war verschwunden.

Paul hatte diese Reaktion als großen Sieg empfunden, zumal Gisberti von da an nie mehr erschienen war, um ihn zu überwachen.

Auch anderweitig hatte sich die Situation verändert.

»Sie würden meiner Frau und mir eine Freude machen, wenn

Sie am Samstag zu uns zum Essen kämen«, hatte der Dekan den Anfang gemacht, und andere Kollegen waren dieser Geste gefolgt und hatten ihn ebenfalls eingeladen.

Es wären überaus nette und interessante Abende gewesen, hätte Angela mit dabei sein können. Aber eigentlich war alles nur mäßig schön, wo Angela fehlte.

Mitte Februar begannen die Semesterferien, die bis Ende April andauern würden. Pauls Verpflichtungen waren dadurch nicht mehr so drängend. Er hatte wesentlich mehr Zeit als während des Semesters, sich seiner Verliebtheit hinzugeben. Jetzt war *er* es, der Angela drängte, mehr Zeit für ihn aufzubringen. Von den Schwierigkeiten, die ihr dies bereitete, hatte er keine Ahnung, und Angela bemühte sich, den Anschein zu erwecken, niemand zu Hause kontrolliere ihre Unternehmungen.

Bald wussten sie alles voneinander: alles, woran Angela sich erinnerte, und alles, was Paul ohne Gefahr preisgeben konnte.

Manchmal ertappte er sich dabei, seine Legenden selbst für die Wahrheit zu halten. Zunehmend bauten sich jedoch auch Spannungen zwischen ihnen auf.

Während Angela anscheinend mit gemeinsamen Spaziergängen, Museumsgängen oder dem Besuch von Kulturveranstaltungen zufrieden war, wurde Paul mehr und mehr von einer drängenden Unruhe befallen.

»Unsere Liebe hat einfach keinen Platz«, klagte er an einem regnerischen Spätnachmittag, als sie, um dem hartnäckigen Regen zu entfliehen, in einem kleinen Café Zuflucht suchten.

»Es ist im Moment nicht der richtige Zeitpunkt, dich bei mir zu Hause vorzustellen«, erklärte Angela darauf bekümmert.

»Und warum nicht?«, wollte Paul wissen, und eine quälerische Aggression stieg in ihm auf, obwohl er sich sagen musste, dass es besser war, wenn er Angelas Familie erst später begegnete. Wenn er Gewissheiten hatte, was seine Zukunft betraf.

Er würde nach Rom fahren, um sich von Mussolini bestätigen zu lassen, dass er an der Universität Neapel bleiben konnte, in einer Anstellung als ordentlicher Professor. Der Duce hatte ihn herausgefordert, und er, Paul Pasqualini, hatte sich bewährt. Mussolini konnte ihm die Bitte nicht abschlagen, nein, das war unvorstellbar.

Denn was sollte dann aus Angela und ihm werden?

Nächtelang hatte er darüber nachgegrübelt.

Angela Orlandi stammte aus bestem Hause, und wenn geschehen sollte, wonach Paul sich inzwischen sehnend verzehrte, so war nur der Weg über den Traualtar möglich.

Angela missverstand sein grüblerisches Schweigen.

»Bitte, Paolo, mach es mir nicht schwerer, als es ohnehin ist!«, sagte sie mit einer so klagenden Stimme, dass Paul sich zu schämen begann. »Es ist … wegen meines Bruders. Ich hab dir doch von seiner Rückkehr aus dem Krieg und seinen Verletzungen erzählt. Mutter wird einfach nicht fertig damit!« Angela seufzte bekümmert. »Sie wird ihn noch aus dem Haus treiben, wenn sie sich weiter so aufführt. Und dann die Sache mit seiner Heirat: Sie kann es einfach nicht fassen, dass er Olivia geheiratet hat. ›Eine Krankenschwester, die nur deshalb in den Krieg gezogen ist, um sich einen reichen Krüppel zu angeln‹, hat sie neulich gesagt, und ich bin nicht einmal sicher, ob Olivia das nicht gehört hat. Du kennst meine Mutter noch nicht, Paolo, aber sie ist … *unberechenbar* … und irgendwie betrachtet sie uns Kinder als ihren Besitz. Lass uns noch ein bisschen warten, bis sie sich wieder gefangen hat, bitte, Paolo!«

Sie streichelte seine Hand und schickte ihm zärtliche Luftküsse.

Paul ergriff ihre Rechte und drückte ihr einen langen Kuss in den Handteller. »Ich liebe dich«, sagte er dann und war sich der Qual nicht bewusst, die in seiner Stimme mitklang.

»Ich liebe dich auch«, sagte Angela zärtlich. Sie dachte daran, wie schrecklich die ständigen Auseinandersetzungen in ihrer Familie waren und wie sehr sie darunter litt. Andererseits war ihr vollkommen klar, dass genau diese Situation es ermöglichte, Paolo so häufig sehen zu können. Niemand von ihren Angehörigen hatte im Moment Zeit, sich um sie zu kümmern.

Ihre Mutter lebte entweder hinter verschlossenen Türen und pflegte ihre diversen Migräneanfälle, oder aber sie saß mit Stefano und den Anwälten der Kanzlei Mastrovelli in streitigen Gesprächen zusammen. Denn Stefano hatte beschlossen, die Geschäfte der Reederei selbst zu übernehmen, wie es das Testament seines Großvaters Mazone nach Erreichen seines fünfundzwanzigsten Lebensjahrs gestattete.

Tante Serafina aber fiel, zu Angelas großer Verwunderung, als Kontrollorgan vollständig aus. Die alte Dame erweckte den Anschein, als ob sie Angelas durchsichtigen Ausreden arglos Glauben schenkte und ihre langen abendlichen Abwesenheiten überhaupt nicht bemerkte.

»Lass uns jede Minute genießen, die wir zusammen sind«, sagte Angela deshalb und rieb ihre Schuhspitze zärtlich an Paolos Hosenbein.

»Ja, tun wir das«, stimmte Paul ihr zu.

Er liebte sie, er liebte sie vollständig und umfassend. Er würde sie niemals aufgeben, egal was der Diktator in Rom ihm sagen würde.

38 »Ich verstehe dich nicht, Sofia. Wirklich nicht. Dein Sohn nimmt nur die Rechte wahr, die dein Vater für ihn vorgesehen hat. Was nach meiner unmaßgeblichen Meinung wesentlich vernünftiger ist, als eine Karriere beim Militär oder in der Politik anzustreben, wie er sich das in seiner Sturm- und Drangzeit offenbar einmal vorgestellt hat!«

»Das verstehst du nicht, Guido«, wies Sofia Orlandi ihren ehemaligen Liebhaber zurecht, einen der jüngeren Partner in der Kanzlei Mastrovelli.

»Warum fragst du mich dann?«, erkundigte sich Dottore Guido Paletto folgerichtig.

Sofia schwieg. Nicht einmal diesem Mann, mit dem sie immer noch Freundschaft verband, obwohl ihre erotische Beziehung längst abgekühlt war, konnte sie die Gründe dafür nennen, weshalb sie ihren entstellten Sohn nicht an ihres Vaters Schreibtisch sehen wollte. Auch nicht in ihrem Haus. Es würde bedeuten, ihn Tag für Tag sehen zu müssen. Die Mahlzeiten mit ihm zu teilen. Diese gewöhnliche Krankenschwester im Haus zu dulden, eine Seemannstochter aus einer Hafenstadt nördlich von Rom. Die ihm womöglich einen Sohn gebar, der im schlimmsten Fall seinem Vater und seinem Großvater ähnlich sein würde; Stefano Pasqualini, ihrem toten Geliebten.

Einen Sohn, dessen Anblick erneut ihr Herz erfreuen und sie tief verletzen würde.

Sie aber wollte weder weiteres Entzücken noch weitere Verletzungen. Sie wollte Vergessen.

»Du könntest ihm anbieten, seinen Wohnsitz in die Villa seiner Großmutter Orlandi zu verlegen«, fiel ihr plötzlich ein, und sie fühlte eine unendliche Erleichterung über diese Idee.

Das Haus war größer, wenn auch nicht so schön wie die Villa Mazone-Orlandi.

»Und warum schlägst du ihm das nicht selbst vor, Sofia?«

»*Du* hast mit ihm verhandelt und ihn in die geschäftlichen Angelegenheiten eingeführt. Und du verwaltest das Haus, seitdem meine Schwiegermutter verstorben ist. Es bietet sich demnach an, dass *dir* so etwas einfällt. Außerdem: Wenn ich ihm den Vorschlag mache, wird er es vielleicht als Affront empfinden. Als … Rausschmiss … aus seinem Elternhaus!«

»Genau das ist es doch, oder?«, stellte Paletto ein wenig süffisant fest und dachte, dass diese Frau, so leidenschaftlich sie als Geliebte war, als Mutter schwer zu ertragen sein musste.

»Es wäre auch denkbar, dass *du* in die Villa Orlandi zurückziehst«, schlug er vor, um sie zu testen. »Du hast während deiner Ehe ja schon einmal dort gewohnt!«

Doch Sofia entzog sich schlau seiner Falle. »Schon. Aber ich muss auch an Tante Serafina denken. Einen alten Baum kann man nicht mehr verpflanzen. Stefano aber ist jung, da wäre es doch ein Vorteil, in anderer Umgebung ganz neu anzufangen, ohne den Ballast von Mutter, Großtante und Schwester!«

»Gut. Ich werde mit ihm darüber sprechen!«

»Tu das, Guido, bitte. Ich bin einfach zu schwach, um weitere Diskussionen zu führen. Die Sache mit Stefanos Blessuren hat mich mehr mitgenommen als alles andere zuvor!«

Dies nun glaubte Paletto ihr wirklich. Er selbst hatte sich nur mühsam an das versehrte, maskenhafte Gesicht des jungen Orlandi gewöhnen können. Er legte seine Hand auf die Sofias und spürte dabei zu seinem Ärger noch immer die magische Wirkung der weichen weißen Haut, das kribbelnde Gefühl in der Magengrube und das Ziehen in seinen Lenden.

Sofia schien darum zu wissen, denn sie lächelte jetzt – und er kannte die Palette ihrer Mimik genau.

So verzweifelt, dass sie ihre Wirkung auf einen Mann übersähe, wird sie nie sein, dachte Guido Paletto und entschloss sich, die Sache mit Humor zu nehmen und sein Honorar ein wenig zu erhöhen. Um einen Schmerzensgeldzuschlag gewissermaßen. Oder um eine Verzichtsgebühr, um präzise zu sein.

»Es wird sich schon regeln lassen«, sagte er tröstend, stand auf und half Sofia in ihren Mantel. Wie unabsichtlich streifte sie dabei mit dem Oberkörper seinen Arm. Die Berührung und der leichte Duft nach Maiglöckchen, der an ihr hing, erweckten sofort sehr lebendige Erinnerungen an ihre Beziehung.

Sie war sehr schön, schöner noch, als er sie in Erinnerung hatte. Vielleicht sollte er das Honorar ganz vergessen, ebenso wie die Trennung, die sie vor einigen Monaten vereinbart hatten, und ihr den Trost gewähren, den sie so sichtlich brauchte.

**39** Die Hochzeit von Editha und Emilio Rigotti war auf Samstag, den 18. April 1936 anberaumt worden. Die kirchliche Trauung sollte in der Kirche San Domenico Maggiore stattfinden. Emilios Eltern und eine weitere kleine Zahl seiner Verwandten aus Bari würden in dem Hotel einquartiert werden, in dem auch die Hochzeitsfeier geplant war.

Das Brautpaar hatte die berühmte Hochzeitssuite des Hauses gebucht. Sie würden dort die Hochzeitsnacht verbringen und danach als Passagiere eines Luxusliners zur Hochzeitsreise nach Korfu aufbrechen.

Am Vorabend der Trauung trübte ein schrecklicher Unglücksfall die Festfreude Emilios. Der alte Lehrer, Signor Manganello, war gestürzt und dabei äußerst unglücklich auf den Hinterkopf gefallen.

»Er liegt mit schweren Verletzungen im Ospedale Incurabili«, erklärte der Polizist, der bei Emilio aufgetaucht war. »Da er nicht bei Bewusstsein ist, haben wir die Adresse aufgesucht, die in seinen Papieren vermerkt war. Man muss leider befürchten, dass der Signore den Unfall nicht überleben wird. Sind Sie ein Verwandter?«

»Bedaure, nein«, erwiderte Emilio. »Es sind mir auch keine solchen bekannt. Signor Manganello ist verwitwet und wohnt, ebenso wie ich selbst, hier zur Untermiete!«

Der Polizeibeamte nickte und ließ sich dann von Emilio die Anschrift der Schule aufschreiben, an der Aldo Manganello unterrichtete.

Als der Polizist wieder gegangen war, kämpfte Emilio einen schweren Kampf mit sich selbst, ob er sich einen Tag vor der Hochzeit mit dem Anblick eines Schwerverletzten belasten solle. Er hatte sich noch nicht entschieden, als Paul von der Universität zurückkam.

»Irgendjemand sollte den armen Kerl doch besuchen«, fand Emilio, und sein Blick machte klar, wen er damit meinte.

»Gut, ich werde nach ihm sehen«, versprach Paul.

»Dann tu es gleich, bitte. Es würde mich sehr erleichtern, von einer Besserung zu erfahren!«

Emilio war, wie viele seiner Landsleute, ausgesprochen abergläubisch. Ein toter Wohnungsgenosse an der Schwelle zu seiner Eheschließung konnte nicht als gutes Omen betrachtet werden.

»Der Signore ist aufgewacht, aber er ist noch sehr schwach«, erklärte eine Krankenschwester mit großer weißer Flügelhaube Paul ein wenig später, und ein Arzt, der ihn für einen Angehörigen des Patienten hielt, erläuterte ausführlich seine Diagnose.

»Der Schädelbasisknochen ist verletzt und das Schlüsselbein gebrochen, zudem einige Rippen. Dennoch sind wir der Meinung, dass der Herr den Unglücksfall überleben wird. Leider aber wird er längere Zeit in unserer Klinik bleiben müssen.«

Paul bedankte sich höflich und machte sich auf den Rückweg, um Emilio die gute Botschaft zu übermitteln.

»Gott sei Dank«, rief dieser erleichtert. »Ich wünsche ihm eine baldige und vollständige Genesung!«

Die Hochzeit war ein rauschendes Fest und Editha eine reizende Braut. Noch entzückender allerdings, wie Paul fand, sah Angela aus. Sie war wie die beiden anderen Brautjungfrauen auch in rosa Seide gekleidet. Ihr Haar trug sie offen und mit rosafarbenen Röschen verziert.

Emilio strahlte. »Zögere nicht zu lange«, raunte er Paul zu, als sie eine Minute allein waren. »Die Liebe ist schöner als alles andere auf der Welt!«

Paul lachte, denn er wusste, dass Emilio und Editha mittels eines Plans, der jedem Geheimdienst Ehre gemacht hätte, die Hochzeitsnacht um einige Wochen vorverlegt hatten.

Angela wusste es auch. So war sie wenig verwundert, als Paul nach der Hochzeitsfeier dem Mietwagenfahrer befahl, in die Via Maresa zu fahren, in der seine Wohnung lag, und nicht zur Villa Mazone-Orlandi.

Ohne den geringsten Einwand stieg sie die Treppen zum ersten Geschoss hoch, wo Paul die Tür zu der großen Wohnung öffnete, die nun ganz ihnen allein gehörte.

Ihre körperliche Vereinigung war nichts anderes als eine natürliche Reaktion auf die in den vergangenen Monaten gewachsene Vertrautheit.

Kurz und voller Dankbarkeit dachte Paul an Olga, die ihn vieles gelehrt hatte; so viel, dass es ihm gelang, trotz der lange zurückgehaltenen Leidenschaft die unerfahrene Angela nicht zu erschrecken.

Sanft und behutsam führte er sie in die Freuden der Liebe ein, und lustvoll und ohne Verkrampfung gab sie sich hin.

Sie lagen wach und eng umschlungen, bis – lange vor Eintritt des Tages – die Vögel im Garten zu zwitschern begannen.

»Ich werde dich einfach nicht loslassen«, flüsterte Angela und seufzte glücklich. »Und ich möchte nie wieder aus diesem Zimmer weggehen!«

Paul lachte und fuhr mit gespreizten Fingern zwischen ihre honigblonden Locken. »Das ist eine sehr hübsche Vorstellung«, sagte er, ohne auch nur ein bisschen die Stimme zu dämpfen. »Aber ich glaube, es würde dich sehr bald langweilen!«

Angela drückte sich noch enger an ihn und lächelte verschmitzt.

»Bald auf gar keinen Fall«, widersprach sie kokett. »Aber da ich ja wiederkommen möchte, werde ich jetzt aufstehen und mich in unser Haus schleichen, bevor jemand bemerkt, dass ich die ganze Nacht weg war!«

Sie zogen sich an und unternahmen quer über die Hügel eine ausgedehnte Morgenwanderung.

Im Osten färbte der Himmel sich pfirsichfarben, als sie in der Nähe der Villa Mazone-Orlandi ankamen.

Paul umarmte Angela ein letztes Mal, nachdem sie übereingekommen waren, sich am Abend desselben Tages wieder zu treffen.

Mit beschwingten Schritten lief die junge Frau anschließend die Straße entlang. Im letzten Moment bemerkte sie, dass sie leise vor sich hingesummt hatte, und unterließ die verräterische Fröhlichkeit. Sie zückte ihren Schlüssel und schloss so leise wie möglich die Gartentür auf. Vorsichtig huschte sie an der Frontseite der Villa vorbei und öffnete die Tür am Hintereingang. Dann zog sie ihre Schuhe aus, nahm sie in die Hand und eilte leichtfüßig über die Treppe nach oben.

Auch ihre Zimmertür ließ sich leicht und geräuschlos öffnen.

Angela schloss sie kaum hörbar wieder und ging zu ihrem Bett.

Sie machte sich nicht einmal die Mühe, das Festkleid abzustreifen, sondern rollte sich zusammen wie ein gesättigtes Kätzchen.

Müde und hellwach zugleich schloss sie die Augen und durchlebte die vergangenen Stunden noch einmal.

Im übernächsten Zimmer aber drehte sich Serafina Mazone auf die andere Seite ihres Betts und lächelte still. Sie spürte die üblichen Schmerzen in ihrer linken Hüfte und hatte die ganze Nacht kein Auge zugetan. Vermutlich wird es bald *noch* eine Hochzeit geben, dachte sie ein wenig wehmütig, weil nun auch ihre Kleine zur Frau geworden war.

Sie betete, dass Angela die richtige Wahl getroffen hatte, eine bessere als Großtante und Mutter. Eine, die es ihr ermöglichte, ihre Liebe zu leben.

Paul aber kehrte, noch bevor die kräftige Aprilsonne warm wurde, in seine Wohnung in der Via Maresa zurück. Dort kochte er eine Kanne Espresso und setzte sich damit in den Sessel beim Fenster.

In kleinen Schlucken trank er die heiße, erfrischende Brühe, die er stark gezuckert hatte.

Die Palmen, die das Haus umgaben, fächelten in der Morgenbrise, die vom Meer heraufdrang. Langsam erwachte die große Stadt aus der trägen Ruhe des Sonntagmorgens.

Federwölkchen trieben am Himmel, und auf dem kleinen Ausschnitt des Meeres, den Paul von seinem Fenster aus sehen konnte, schwebte ein weißes Segel über das Wasser. Er schaute ihm nach, so lange er es erkennen konnte.

Dann holte er seine Mappe mit dem Briefpapier. Er wählte ein schneeweißes, sachlich wirkendes Blatt aus – nicht das sahnefarbene Bütten, auf dem er Angela zu schreiben pflegte – und begann einen Brief an den Diktator in Rom, in dem er darum bat, ihm eine kurze Audienz zu gewähren.

**40** Auch Angela machte sich ihre Gedanken, als sie gegen zehn Uhr ein spätes Frühstück zu sich nahm.

Tante Fina befand sich in ihrem Zimmer, in dem sie sonntags eine kleine, private Andacht abhielt, seitdem ihr schadhaftes Gelenk einen Kirchgang nicht mehr erlaubte.

Sofia Orlandi schlief wie beinahe jeden Tag bis fast zur Mittagsstunde.

Angela tauchte den Biskuitkeks in ihren Milchkaffee und ließ das aufgeweichte Stück auf der Zunge zergehen. Es war ihr vollkommen klar, dass nur Glück und günstige Umstände verhindert hatten, dass ihre Verwandten nicht längst auf ihr geheimes Leben gekommen waren. Doch Stefano und seine Frau waren inzwischen in Großmutter Orlandis verwaistes Haus gezogen, und das Gemüt ihrer Mutter hatte sich wieder beruhigt, wie es schien.

Angela schälte eine Orange und entwarf dabei einen Plan. Er sollte der erste Schritt auf dem Weg sein, der ihre Zukunft in geordnete Bahnen lenken würde. Dann ging sie zum Telefon, ließ sich mit dem Palazzo Vibaldi verbinden und verlangte nach ihrer mütterlichen Freundin Claudia.

Sie verabredete sich mit ihr zum Tee, bevor sie zur vereinbarten Zeit in die Via Maresa gehen wollte.

»Was kann ich für dich tun, mein Kindchen?«, erkundigte sich Claudia Vibaldi, mit der die Mazones entfernt verwandt waren.

Die Contessa hatte eine Schwäche für Angela, die sie musikalisch für außerordentlich begabt hielt. Seit Angelas sechstem

Lebensjahr hatte sie der »kleinen Cousine« Klavierunterricht gegeben und sich später bemüht, deren erlesen schöne Sopranstimme zu schulen. Als ihre eigenen Kenntnisse dafür nicht mehr ausreichten, hatte sie Sofia Orlandi mehr als einmal vorgeschlagen, Angela an professionelle Gesangslehrer zu vermitteln, doch Sofia hatte stets entschieden abgelehnt.

»Für häusliche, kirchliche und karitative Zwecke singt sie schön genug, und anderes kommt ohnehin nicht in Frage für die Enkeltochter eines Archangelo Mazone!«, hatte Sofia erklärt.

Wobei es denn auch geblieben war.

Angela hätte alle Anlagen dazu gehabt, ein zweiter, ein »weiblicher Caruso« Neapels zu werden, doch für eine Mazone-Orlandi war dies undenkbar, darin hatte Sofia zweifellos recht. All die Jahre, die seit der Jugend ihrer Mütter und Großmütter vergangen waren, hatten in Neapel nichts verändern können; nicht bei der Klasse der Wohlhabenden und Einflussreichen. Mochte es im Bürgertum bereits vereinzelt Frauen geben, die ihren Lebensunterhalt verdienten, indem sie einen Beruf ausübten – in der Oberklasse war dies verpönt. Den Frauen der Unterschicht hingegen blieb gar nichts anderes übrig. Diese konnten froh sein, wenn sie eine Arbeit bekamen, um ihre Familien mit unterhalten zu können.

Manchmal überlegte Claudia, ob dies alles wirklich so gottgewollt war, wie die Männer, vor allem auch die Männer der Kirche, ihnen hier in Italien glauben machen wollten, aber sie fand sich zu schwach, sich in Süditalien als Frauenrechtlerin zu engagieren. So begnügte sie sich damit, die Künste zu fördern, auch wenn dies bei Angela nur bis zu einem bestimmten Punkt gelungen war.

Nun aber wollte dieses Kind etwas von ihr, und sie war es ihr schuldig, den Wunsch zu erfüllen – sofern er erfüllbar war.

»Es handelt sich um eine Gesellschaft, die ich dich bitte zu geben, Tante Claudia. Ich selbst kann es nicht tun, und meine Mutter möchte ich aus Gründen, die hier ungenannt bleiben sollen, nicht damit belasten!«

»Eine Gesellschaft?«, rief die Contessa erleichtert. »Nichts ist einfacher als das, mein Kind!«

Die Contessa hatte davon gehört, man habe die kleine Orlandi bereits einige Male in Gesellschaft eines gut aussehenden Herrn gesehen, sogar in öffentlichen Lokalen und ohne die Anwesenheit einer weiteren Person. So etwas kam heutzutage selbst in den besten Kreisen vor. Natürlich durfte es nicht zur Regel werden, nicht bei einer unverheirateten Frau, selbst wenn sie eine Mutter hatte wie die freizügige Sofia Orlandi. Die allerdings Witwe war, eine außerordentlich vermögende Witwe, was ihr skandalöses Verhalten in eine ganz andere Dimension rückte.

»Du hast dir doch sicher auch eine Liste der Personen ausgedacht, die du gerne um dich haben möchtest, mein Kind, oder täusche ich mich da?!«

»Du täuschst dich nicht, Tante Claudia«, beteuerte Angela, die sicher war, dass die Contessa längst von ihren Exkursionen mit Paolo erfahren hatte. Claudia war eine Person mit sehr viel Zeit, sehr viel Geld und sehr viel Interesse an Menschen. »Ich habe dir alle aufgeschrieben!«

Angela zückte den Zettel mit ihren Notizen und legte ihn der älteren Freundin neben die Teetasse.

»Wichtig ist nur, dass es eine größere Gesellschaft ist. Also all deine üblichen Freunde und Protegés … Du verstehst, was ich meine?!«

»Vollkommen.« Die Contessa unterdrückte ein Lächeln. Dann überflog sie die notierten Namen. Einige wenige glaubte sie noch nie gesehen zu haben, darunter ein Ehepaar namens Rigotti, einen Maggiore Santana, Professore Mario De Renzi, der, wie Claudia Vibaldi wusste, einen Lehrstuhl für Innenarchitektur und Einrichtung an der hiesigen Universität innehatte, einen weiteren Professore namens Paolo Pasqualini sowie einen Dottore Guido Paletto.

Unter all den Aufgeführten befanden sich mehrere unverheiratete Herren, sodass eine Zuordnung nicht möglich war.

Sieh an, das raffinierte kleine Stück. Man hätte ihr ein so listiges Vorgehen kaum zugetraut, aber: Sie ist eben doch eine Tochter Sofias, dachte die Contessa, während sie lächelte.

»Es wird mir eine Freude sein, dir diesen Gefallen zu tun«, versicherte Claudia schließlich. Sie einigten sich auf einen Termin Anfang Mai, denn früher, erklärte Angela, würde das soeben frisch verheiratete Ehepaar Rigotti nicht von der Hochzeitsreise zurück sein.

»Ich kann unser Glück kaum fassen«, murmelte Angela, bevor sie ermüdet von der Liebe und den aufregenden Entdeckungen, die sie nun nahezu täglich aneinander machten, einschlief.

Das grelle Licht der Nachmittagssonne fiel durch die Fensterläden. Der über dem Bett angebrachte Messingventilator kämpfte aussichtslos gegen die Schwüle des Maitags.

Paul konnte keinen Schlaf finden. Als er von der Universität zurückgekommen war, hatte er den lange erwarteten Brief aus Rom vorgefunden. Sein Herz hatte zu rasen begonnen, als er ihn in der Hand hielt und ein Messer suchte, um ihn zu öffnen.

Was, wenn sein Schreiben gar nicht bis zum Duce vorgedrungen war, wenn er abgewiesen wurde? In der Situation, in der er sich derzeit befand, konnte er es unmöglich wagen, Angela einen Antrag zu machen, und er wusste, dass sie dies bald erwartete.

Mit zitternden Fingern schlitzte er das Schreiben auf, überflog hastig den kurzen Text und musste sich danach setzen, so groß war seine Erleichterung.

Mussolini schrieb freundlich und nannte ihm einen Termin am 16. Juni. Paul hatte nun keine Zweifel mehr, dass der Duce seine Stellung festigen würde und damit eine Heirat möglich machte.

»Was ist denn heute mit dir?«, hatte Angela gefragt, denn noch nie hatte er ihr seine Liebe so innig und leidenschaftlich bewiesen.

Beinahe hätte Paul die Gelegenheit benutzt, um ihr die erwünschte Frage zu stellen, doch im letzten Moment beschloss er, das Schicksal nicht herauszufordern. Er würde es nach der Visite in Rom tun und dann darauf bestehen, endlich ihre Familie kennenzulernen.

Er konnte den Zeitpunkt, an dem ihre Verbindung öffentlich sein würde, kaum mehr erwarten, zumal sich beim letzten Besuch im Ospedale Incurabili herausgestellt hatte, dass Aldo Manganellos Gesundung wesentlich schneller als erwartet fortschritt und damit ihre Schäferstündchen ein Ende finden würden, denn in einer gemeinsam genutzten Etagenwohnung ließen sich Damenbesuche nicht lange verbergen.

## 41

Als Angela in der Diele erschien, verschlug es ihrer Mutter beinahe die Sprache. Die junge Frau hatte ein rotes Chiffonkleid mit einem herzförmigen Ausschnitt gewählt, der den Schimmer ihrer makellosen, hellen Haut zeigte und den Ansatz ihrer jungen, runden Brüste sehen ließ. Der Rock war eng, knöchellang und betonte die untadelig schlanke, aber dennoch weibliche Figur. Über dem rechten Arm trug Angela ein passendes Jäckchen und eine bestickte Tasche. Ihre Lippen waren in der Farbe des Kleides geschminkt und glänzten verführerisch. Ein Collier mit kleinen, tropfenförmigen Diamanten, zu dem ein gleichartiges Armband gehörte, vervollständigte ihre Erscheinung.

Halskette und Armband hatte Tante Serafina beigesteuert, und sie hatte auch den mühevollen Weg ins Erdgeschoss nicht gescheut, um Angela gebührend zu würdigen.

Sofia betrachtete ihre Tochter, als ob sie eine Fremde wäre. Dies war nicht mehr das süße, naive junge Ding, mit dem sie vor Stefanos Verletzung noch ausgegangen war. Es hatte sich etwas verändert, und sie, die Mutter, hatte dies übersehen.

Serafina hockte gekrümmt und mit anhaltenden Schmerzen auf einem der Stühle, aber sie lächelte entzückt und auch wissend, wie Sofia nun klar wurde.

Na warte, du alte Kröte, dachte Sofia wütend. »Mit dir werde ich Tacheles reden, wenn wir zurück sind!«

»Alessandro!«, rief sie fürs Erste den Chauffeur. »Wir können fahren!«

»Dann wünsche ich euch allen viel Spaß«, sagte Tante Serafina und bedauerte zutiefst, dass sie nicht mitkommen konnte.

Irgendetwas musste hinter dieser Einladung stecken, so viel war ihr klar, seitdem die Einladungskarte eingetroffen war. Die Alte winkte, bis der Hausdiener die Tür wieder schloss. Dann nahm sie sich vor, Angela bei der Rückgabe des Schmucks ein wenig auszuhorchen, wer alles das Fest besucht hatte. Es würde bestimmt jemand dabei sein, den sie kannte und der ihr *die* Details mitteilen würde, die Angela und Sofia ihr verschwiegen.

Im Wagen überlegte Sofia, ob sie Angela fragen sollte, welche Freundschaften es gab, von denen sie nichts wusste, aber sie hielt dann doch an sich. Sie war nicht sicher, ob Alessandro ebenso diskret wie neugierig war.

Es war ohnehin nur eine Frage der Zeit. Jetzt, wo es nachgerade mit Händen zu greifen war, würde sie auch dahinterkommen, wer sich erlaubt hatte, ihrer Tochter die Unschuld zu rauben.

Denn dass es so war, bezweifelte sie keine Sekunde.

Vor dem Palazzo Vibaldi herrschte reger Verkehr, dennoch sah Sofia ihren Sohn und seine Frau aus einem der Wagen steigen.

Dies trübte Sofias Festfreude beinahe noch mehr als die Entdeckung von Angelas neuer Weiblichkeit. Noch immer hatte sie sich nicht an die Entstellung Stefanos gewöhnt, und der Anblick seines leeren Frackärmels stach ihr so heftig ins Herz wie der Stoß eines Stiletts. Hoffentlich besaß Claudia Vibaldi den Takt, ihn weit entfernt von ihr zu platzieren.

»Guten Abend, Mutter«, begrüßte sie da ihre Schwiegertochter, was Sofia erneut in Rage brachte. Sie fand es entsetzlich, von dieser Person als »Mutter« bezeichnet zu werden. Wozu hatte Stefano sie auch heiraten müssen?! Pflegen hätte sie ihn auch ohne Trauung gekonnt, und wenn er hin und wieder ein natürliches Bedürfnis gehabt hätte … Aber es war geschehen und nicht mehr rückgängig zu machen.

»Ich werde mich aus deinem Blickfeld heraushalten«, raunte Stefano ihr ironisch zu, als sie ihre Röcke raffte, um sie nicht mit dem Staub des Gartenwegs zu beschmutzen. »Es wird nicht schwer sein, Tante Claudia hat viele runde Tische im Park decken lassen. Man muss sich nicht ständig in die Augen sehen oder über den Weg laufen, wenn man nicht will!«

»Du solltest dir nicht erlauben, so mit deiner Mutter zu sprechen!«, gab sich Sofia beleidigt, doch sie war erstaunt, mit welch feinem Instinkt ihr Sohn ausgestattet war.

»Man kann es niemandem vorwerfen, einen Sinn für Ästhetik zu haben, nur Arroganz nehme ich übel!«, sagte Stefano und legte demonstrativ den gesunden Arm um die schmalen Schultern seiner Frau. »Sonst könnte es dazu kommen, dass ich so deutlich werde, wie Söhne besser nicht sein sollten!«, fügte er noch hinzu.

Sofia biss sich auf die Lippen, aber sie schwieg.

Es war entwürdigend, vom eigenen Sohn so zurechtgewiesen zu werden.

Wenn mein Leben anders verlaufen wäre, wenn es damals gelungen wäre, nach Sandros Tod ein Leben mit Stefano Pasqualini zu führen, dann wäre alles ganz anders. *Ich* wäre anders. Ich wäre glücklich geworden und hätte ein erfülltes Leben gehabt!

Nie hatte sie sich gestattet, über diesen Satz hinauszudenken, zu reflektieren, ob dieses Leben tatsächlich eine Chance gehabt hätte zu gelingen. Fest stand nur, dass diese schwäbische Hexe es verhindert hatte. Kein Tag war vergangen, all die vielen Jahre lang, an dem sie diese Frau nicht tief hinab ins Höllenfeuer gewünscht hätte – so es ein solches tatsächlich gab.

## 42

»Ich habe euch eine Mitteilung zu machen«, rief Moritz Gruber, und die schnatternde Gruppe der Mädelschar verstummte. »Eure Führerin, Else Pasqualini, wird als Ordnungskraft zu den Olympischen Spielen nach Berlin reisen.«

Überraschte »Oh's …« und viel Beifall wurden laut.

Ortsgruppenleiter Gruber reichte Else den Brief aus Berlin und warf ihr dabei einen Blick zu, in dem der satte Triumph eines Mannes lag, der über Macht verfügte und dies gerade bewiesen hatte.

»Danke, Ortsgruppenleiter«, hauchte Else und wurde rot vor Stolz.

»Versprochen ist versprochen«, raunte ihr Moritz Gruber zu, bevor er das Liederbuch aufschlagen ließ.

Man sang zum Abschluss der Gruppenstunde: »Ich hab mich ergeben mit Herz und mit Hand«, und Else dachte, dass es, was sie betraf, nichts anderes war als die Wahrheit.

Die Partei war ihr zur Heimat und zur Familie geworden.

Als sie am frühen Abend nach der Gruppenstunde von der Stadt nach Hause lief, bewunderte sie von Herzen die deutsche Landschaft, in der sie leben durfte. Die Obstblüte hatte sich in diesem Jahr des kühlen Aprils wegen lange verzögert. Nun aber blühte alles zusammen: die Apfel-, Birnen- und Zwetschgenbäume, die Kirschen, und sogar die Schlehenbüsche, die sonst viel früher dran waren, standen noch als duftige, weiße Blütenberge an Hängen und Wiesen. Der Laubwald hatte feine, hellgrüne Blättchen ausgebildet, und das junge Gras leuchtete in einem gelblichen Grün, so viele darin verstreute Schlüsselblumen gab es in diesem Jahr.

Else fühlte sich zufrieden und glücklich. Noch immer glühten ihre Wangen. Alle Mädels hatten sie beglückwünscht, sogar beneidet, aber der Ortsgruppenleiter hatte gesagt, wenn jemand aus dem Kreis die Ehre verdiene, die internationalen Gäste in Berlin betreuen zu dürfen, so doch Else, die zu den Gründungsmitgliedern der Wisslinger Mädelschaft gehöre.

Als Else am alten Haus und dann an der Scheuer vorbeiging, fingen die Gänse wieder einmal zu schnattern an. Sie schienen sie am Schritt zu erkennen. Else holte aus und stieß unwillig mit dem Schuh gegen die hölzerne Stalltür, was das Geschrei und Gegackere der Tiere noch verstärkte.

Sie hasste das Federvieh – und dieses Gefühl schien auf Gegenseitigkeit zu beruhen. Schon als Else noch ein Kind gewesen war, hatte sich dies so verhalten. Es war die Aufgabe der Jüngsten in der Familie gewesen, dem Federvieh Salat- oder

Gemüseabfälle zu bringen und Körner ins Hühnergehege zu streuen. Doch jedes Mal, als ob es eine geheime Absprache dafür gäbe, hatten sich Gänse und Enten, sogar die sonst so friedlichen Hühner auf Else gestürzt, wenn sie sich ihnen genähert hatte. Und Else hatte sich gewehrt; am Anfang nur mit den Händen, später mit einem Stock oder gar mit einer Mistgabel, was die Feindseligkeit der Tiere nur noch verstärkte.

Oft hatte sie deswegen den Tadel der Mutter oder den Spott der beiden Brüder hinnehmen müssen, bevor diese ihr die verhasste Aufgabe abgenommen hatten.

»Lass doch die Viecher in Ruhe!«, rief Anna, die die Aktion ihrer Tochter vom Garten aus beobachtet hatte.

»Sollen die *mich* in Ruhe lassen!«, erwiderte Else aufgebracht. Sie stapfte zu ihrer Hauseingangsseite, doch im letzten Moment besann sie sich und kehrte noch einmal um.

»Sieh dir das an, Mutter«, sagte sie, darum bemüht, ihre Genugtuung nicht zu heftig durchklingen zu lassen. »Und ich bin die Einzige weitum, die dafür eingeteilt worden ist.«

»Gratuliere«, sagte Anna, und diesmal meinte sie es auch so. »Für Sport war ich immer, aber in meiner Jugend war das vorwiegend eine Sache für Buben.«

»Das ist jetzt nicht mehr so. Der Führer möchte, dass sich auch die Mädchen ertüchtigen.«

»Na ja. Wenn der *Führer* das will«, sagte Anna sarkastisch und brachte Else damit sofort auf die Palme.

»Es ist alles besser geworden, seitdem der Führer an der Regierung ist. Und die allermeisten sehen das auch. Ich möchte nur wissen, warum *du* dich so anstellst. Die Gustel zum Beispiel, die ist jetzt auch in der Frauenschaft, und sogar die Hirschwirtin ist letzten Monat beigetreten!«

»Das dürfen alle halten, wie sie wollen. Nur, mit Verlaub, ich mach das genauso!«

»Du bist einfach von gestern«, maulte Else und beschloss, ihre Mutter ein für alle Mal als unbelehrbar abzuhaken.

Anna lächelte still. Von gestern zu sein erschien ihr gar nicht so übel angesichts dessen, was sie in der Gegenwart sah und hörte und wie sie sich deswegen die Zukunft vorstellte.

»Das bleib ich am besten auch«, erwiderte sie deshalb mit ein wenig Verzug.

Else verzog ihren Mund, aber sie verzichtete auf weitere Kommentare.

Anna, die sich schon vor einiger Zeit vorgenommen hatte, mit Else wieder Frieden zu schließen, schloss die Gartentür ab und sagte: »Ich geh noch schnell auf den Friedhof, zum Vater. Ich glaube, man könnte jetzt anpflanzen, nachdem die Eisheiligen vorbei sind. Magst du mich begleiten?«

»Wenn dir das recht ist«, sagte Else ein wenig verblüfft. Irgendetwas steckt wohl hinter dieser Bitte, dachte sie sich und war auf der Hut. Doch ihre Mutter erzählte nur von einem Kuchen, der ihr besonders gut gelungen war, und von einem Rezept dafür, das von Gustels Mutter stammte.

»Ich habe neulich in der Stadt einen netten Stoff gesehen«, sagte Anna, nachdem sie zusammen das rostfarbene Heidekraut, das noch vom letzten Herbst stammte, von Stefanos Grab gerissen hatten, um am nächsten Tag Stiefmütterchen einpflanzen zu können. »Das gäbe ein schönes Sommerkleid für dich, wenn du nach Berlin reist!«

»Aber Mutter«, erwiderte Else in einem Ton, den man einem unverständigen Kind gegenüber anschlägt. »Da werde ich vorher doch eingekleidet. Da braucht man keine Privatklamotten, da tragen alle nur ihre Kluft!«

»Ach so«, murmelte Anna und dachte, dass es vielleicht der bessere Weg war, ihre Versöhnungsbereitschaft zu zeigen, wenn sie ihrer Tochter ein paar Stückchen des so gelungenen

Kuchens brachte. Damit kam sie der Partei wohl nicht in die Quere.

Obwohl, ganz sicher konnte man auch dabei nicht sein.

## 43

Claudia Vibaldis Fest war ein voller Erfolg.

Das Essen war wie gewohnt köstlich, doch besonders erwähnenswert war das Unterhaltungsprogramm.

Einer von Claudias Zöglingen, ein zarter junger Mann, fast noch ein Knabe, spielte meisterlich auf einer goldenen Harfe, begleitet von einem Flötisten des Opernorchesters.

Wie Stefano Pasqualini bemerkt hatte, standen die Tische im Park verteilt. Erst nach dem Dessert mischten sich die Gäste zu neuen Gruppen.

Auf diesen Moment hatte Angela nur gewartet. »Komm bitte mit, ich möchte dich meiner Mutter vorstellen«, bat sie Paul, der sich sofort erhob und sie begleitete.

Sofia stand umgeben von einer Schar ihrer Bekannten. Angela drängte sich nach vorn und sagte so laut, dass sie damit die schwatzende Gesellschaft übertönte: »Mama, darf ich dir Professore Paolo Pasqualini vorstellen? Er ist ein Freund von Edithas Mann!«

Sofia reagierte wie jemand, der schwer angeschossen wurde: Sie hörte den Knall, doch sie verspürte noch keinen Schmerz.

Sehr langsam wandte sie den Kopf und starrte Paul mit weit aufgerissenen Augen ins Gesicht. Danach verlor sie jeden Hauch von Farbe.

Paul schien es, als ob sie einen Moment lang schwanke, aber er musste sich das eingebildet haben, denn sie machte keine Anstalten, sich am Arm ihrer Tochter zu halten.

Sofia Orlandi schwieg und nickte schließlich fast unmerklich, als ob sie sich selbst etwas bestätigen müsse. Dann sagte sie mit einer sonderbar kalten, ironischen Stimme: »Wir haben uns schon einmal gesehen!«

Paul war verblüfft und schüttelte reflexartig den Kopf. »Das ist unmöglich. Ich bin erst seit acht Monaten in Neapel, und ich würde mich daran erinnern, Signora!«

Die Frau hatte ihn inzwischen gemustert, als ob sie ihn malen wolle. Jetzt lächelte sie, aber es war ein böses Lächeln, und in ihrer Stimme lag eine eigenartige Drohung. »Sie waren damals zehn Jahre alt, und der Anlass war der Tod Ihres Vaters!«

Blitzartig lief in Pauls Kopf ein Film ab. Er sah eine dunkel gekleidete Frau, die sich in die Pfütze neben der Leiche seines Vaters warf, unverständliche Worte ausrief, wimmerte und jammerte. Er sah das versteinerte Gesicht seiner Mutter, die nach dem Büttel rief, und den Baron, der durch die gaffende Menge pflügte, der Frau aufhalf und sie zu seinem Auto brachte.

Es war eine Szene, die vollkommen im Unbewussten verschwunden gewesen war. Trauer, Erregung, die Beerdigung, das rätselhafte Verschwinden der Mutter und all die vergangene Zeit hatten sie mit vielen Schichten überlagert.

Bis auf den heutigen Tag.

Jetzt aber war jedes Detail wieder präsent. Angelas Mutter war die Frau, mit der sein Vater mal »etwas gehabt hatte«, damals, bevor er nach Deutschland ausgewandert war. Der Sailer-Großvater hatte das einmal erwähnt, natürlich nicht den Kindern gegenüber, aber Paul hatte es aufgeschnappt.

Paul sah in die verständnislos aufgerissenen Augen Angelas und in die erstaunten Gesichter der Umstehenden. Schlagartig kam ihm die Erkenntnis, wie gefährlich das Eingeständnis dieser damaligen Begegnung wäre. Er riss sich zusammen und lächelte bedauernd. »Es tut mir leid, Signora, aber ich bin ganz sicher, dass es sich hier um eine Verwechslung handelt!«

»Vermutlich«, räumte Sofia ein, denn auch ihr war inzwischen bewusst geworden, wie sehr sie das Interesse auf sich gezogen hatte. Und dass es alles andere als klug wäre, diese Unterhaltung weiterzuführen. Und ihr wurde auch klar, was nun das Dringendste war: Sie musste unbedingt verhindern, dass ihr Sohn Stefano und dieser Professore zusammentrafen. Zwar hatte Stefanos Entstellung dazu beigetragen, dass bisher noch niemandem die Ähnlichkeit der Halbbrüder aufgefallen war, doch konnte sich das rasch ändern, wenn man die beiden nebeneinander sah.

Sofia begann zu hüsteln, öffnete ihr Beutelchen und holte ihr spitzenbesetztes Taschentuch heraus. Kunstvoll steigerte sie den Husten, während sie das Tuch auf ihren Mund presste.

»Entschuldigen Sie bitte«, murmelte sie, wandte sich ab und entfernte sich einige Schritte.

Angela folgte ihr und fragte: »Soll ich dir ein Glas Wasser holen, Mama?«

Sofia schüttelte den Kopf und verlangte mit erstaunlich normaler Stimme: »Bring mich nach Hause, Angela!«

»Aber …«

»Nichts ›aber‹. Wir gehen. Und zwar unverzüglich!«

Der Klang ihrer Stimme war schneidend und scharf. Angela begriff, dass nichts ihre Mutter hier halten konnte und dass sie ihr niemals verzeihen würde, wenn sie sich jetzt widersetzte. Schon fasste Sofia Angelas Arm und zog die junge Frau energisch in Richtung des Ausgangs. Im letzten Moment, bevor sie im Schatten eines großen Baums verschwanden, gelang es Angela, eine bedauernde Geste in Pauls Richtung zu machen. Der Ärmste stand da wie ein begossener Pudel.

Alessandro, der sich in der Nähe der Auffahrt mit einem seiner Kollegen unterhielt, erschrak, als er seine Herrschaft erkannte. Noch nie hatte Sofia ein Fest so früh verlassen. Schon während der Herfahrt hatte er bemerkt, wie angespannt die Stimmung zwischen Mutter und Tochter gewesen war, aber es musste erneut etwas vorgefallen sein, denn Sofia war von auffallender Blässe, während die Signorina gleichermaßen besorgt und enttäuscht wirkte.

»Geht es dir besser?«, fragte Angela, nachdem der Wagen sich in Bewegung gesetzt hatte.

»Es geht mir so schlecht wie seit vielen Jahren nicht mehr«, erklärte Sofia wahrheitsgemäß.

Die meiste Zeit der Fahrt verlief in Schweigen, doch als sie am Palazzo Cellamare vorüberfuhren, drehte Sofia den Kopf und verlangte unmissverständlich: »Du wirst diesen Professore nicht wiedersehen, Angela. *Nie mehr*, hast du verstanden?«

Angela war erst einmal sprachlos. Sie brauchte eine ganze Weile, bis ihr eine angemessene Antwort einfiel: »Ich schlage vor, du kümmerst dich um deine Angelegenheiten, Mutter, und ich mich um die meinen. Ich kann mich nicht erinnern, dir jemals nahegelegt zu haben, irgendeinen … *Umgang* … einzustellen, obwohl mir durchaus schon danach zumute gewesen wäre, wenn ich an Dottore Paletto denke oder an den Conte Palieri … oder …«

»Halt den Mund«, fuhr Sofia dazwischen und funkelte Angela so aufgebracht an, dass diese aus reiner Gewohnheit verstummte.

Sofia dagegen stöhnte auf und presste die Finger an ihre Schläfen. Es war eine Geste, die jeder im Hause Orlandi hinreichend kannte. Eine, die mehr als alle verbalen Ankündigungen klarmachte, dass Sofia Orlandi einen ihrer Migräneanfälle erlitt.

Alessandro verbiss sich ein Lächeln und dachte, dass die Reichen und Vornehmen auch nicht anders waren als die gewöhnlichen Menschen. Streit gab es überall, auch wenn er bei den Orlandis normalerweise geschickter verborgen wurde.

In der Villa angekommen, lief Sofia die Treppen nach oben, ohne Angela auch nur mehr einen Blick zu schenken.

Diese stand in der Halle und schaute ihr nach. Auch sie war jetzt blass, aber es war eine Blässe des Zorns.

Sie kannte ihre Mutter – und zur Genüge auch ihre Migräneanfälle; die echten wie die vorgetäuschten, mit denen Sofia die Familie terrorisierte, wenn etwas nicht nach ihrem Willen ging oder wenn sie etwas erzwingen wollte. Den heutigen Anfall zählte sie ganz eindeutig zu den Letzteren. Irgendetwas an Paolo hatte sie gestört, das war ganz offensichtlich gewesen, auch wenn die Geschichte vom Tod seines Vaters, bei dem sie dabei gewesen sein wollte, ausgesprochen absurd war.

Angela wartete nicht einmal auf das Türklappen von oben. Sie ging, ohne ihre Schritte zu dämpfen, durch die Halle und über den Plattenweg zur Garage hinüber.

Alessandro, der eben dabei war, den kleinen Anbau abzuschließen, drehte sich erstaunt um.

»Ich fahre zurück, Alessandro«, sagte Angela und hatte keine Ahnung, wie trotzig ihre Stimme dabei klang.

»Wie Sie wünschen, Signorina«, erwiderte der Chauffeur und dachte, dass die Kleine sich langsam entwickelte.

Zu Angelas großer Enttäuschung hatte Paolo das Fest allerdings verlassen, was sie jedoch nicht daran hinderte, sich bis in die Morgendämmerung hinein zu vergnügen. Die notwendige Auseinandersetzung mit ihrer Mutter stand ihr so oder so bevor.

**44** Paul hatte in dieser Nacht kaum ein Auge zugetan.

Nach dem plötzlichen Verschwinden Angelas und ihrer Mutter hatte er sich gezwungen, noch eine halbe Stunde zu bleiben. Als sich aber die ersten Gäste verabschiedeten, hatte er sich rasch angeschlossen. Es war ein günstiger Zeitpunkt gewesen, denn die Contessa, der die Neugierde geradezu aus den Augen sprang, war nicht in der Lage, ihn aufzuhalten, da sie ständig neue Komplimente entgegennehmen musste.

Zu Hause war er in der leeren Wohnung umhergegangen wie ein gefangener Löwe im Käfig. Was war das für ein sonderbarer Zufall, der ihn mit der ehemaligen Geliebten seines Vaters zusammentreffen ließ? Und wie konnte es geschehen, dass er sich ausgerechnet in die Tochter dieser Frau verliebt hatte?

Eines war jedenfalls sicher: Niemals durfte er zugeben, dass die von Angelas Mutter geschilderte Szene tatsächlich stattgefunden hatte. »Vielleicht gibt es ja eine bisher unbekannte verwandtschaftliche Verbindung mit diesen *anderen* Pasqualinis«, würde er sagen, denn der Name blieb, als vermeintliches Indiz, auf jeden Fall ein Problem. »Der Vetter eines Vetters vielleicht, wer kennt schon alle Verästelungen seines Stammbaums?!«

Ja, genauso würde er argumentieren. Er musste listig und vorsichtig sein, wenn er Angela nicht verlieren wollte.

Als das Morgenrot bereits wie eine Lunte am Himmel stand, schlief er endlich ein.

Er schlief bis am späten Nachmittag, als das Schrillen der Türglocke ihn aus den Träumen riss. Hastig fuhr er in seine Kleider und schaffte es gerade noch, einigermaßen präsentabel zu sein, als der Hauswart eine Dame meldete, die ihn zu sprechen wünsche.

»Ich lasse bitten«, sagte Paul mit kratziger Stimme, denn ihm war klar, dass es sich nicht um Angela handeln konnte. Dieser nämlich hatte er bereits vor geraumer Zeit seinen Ersatzschlüssel gegeben. Und da betrat auch schon Sofia Orlandi das Aufenthaltszimmer.

Ihre Miene versprach nichts Gutes.

»Bitte, nehmen Sie Platz«, forderte Paul sie auf.

Sofia schien zu überlegen, ob sie dieser Bitte nachgeben solle, doch schließlich setzte sie sich.

Paul dagegen blieb stehen. »Darf ich Ihnen etwas anbieten, Signora Orlandi?«, fragte er mit angestrengter Höflichkeit.

»Nein danke. Ich bin nicht hierhergekommen, um etwas zu konsumieren. Ich habe mit Ihnen zu sprechen!«

»Ja, bitte?«, sagte Paul ergeben und setzte sich nun doch.

Sofia hob den Kopf und begann mit kühler Stimme aufzuzählen:

»Sie sind der Sohn von Stefano Pasqualini und der Enkel von Cesare Pasqualini, dem Steinmetz am Friedhof Santo Michele. Ihre Mutter ist eine Frau namens Anna, mit dem Geburtsnamen Sailer. Sie sind in Wisslingen in Württemberg geboren. Sie haben einen Zwillingsbruder, der auf den Namen Pedro hört, und eine jüngere Schwester, Else.«

Angelas Mutter sprach dies als »Älsee« aus, was lächerlich klang, doch Paul war alles andere als lustig zumute.

Woher, um Gottes willen, wusste die Frau so genau über ihn Bescheid? Aber es kam noch viel schlimmer.

»Ihr Vater verunglückte im Oktober 1921, und er hat mir zuvor erzählt, dass er die deutsche Staatsangehörigkeit angenommen habe. Sie sind also auf jeden Fall ein Deutscher. Durch Ihren Geburtsort und bestätigt durch die Entscheidung Ihres Vaters.«

Paul schluckte trocken und erwiderte nichts. Das war auch nicht nötig, denn Sofia war noch lange nicht fertig.

»Ich bin im Bilde über Sie, *Professore* Pasqualini.«

Ihre Stimme klang stark ironisch, und Paul schwante, dass seine Profession der Punkt war, an dem sie jetzt einhaken würde.

»Wo, bitte, haben Sie Ihre Qualifikation denn erworben? In Deutschland oder hier in Italien?«

Das war es, was er befürchtet hatte. Er musste jetzt handeln. Den Vetter des Vetters ins Spiel bringen. Es war höchste Zeit!

»Signora«, sagte Paul, so ruhig es ihm in dieser Situation möglich war. »Ich versichere Ihnen, das alles ist nichts anderes als ein Irrtum.«

»Ah ja? Tatsächlich?«, höhnte Sofia. »Bemühen Sie sich nicht, Signor Pasqualini. Ich bin eine Frau, die in der Lage ist, zwei und zwei zusammenzuzählen. Und ich habe meine Verbindungen. Professore Gisberti zum Beispiel ist ein entfernter Verwandter meines verstorbenen Mannes. Ich habe ihn heute angerufen und mich nach seinem Kollegen Pasqualini erkundigt, den ich gestern auf einer Einladung kennengelernt habe. Ich habe ihm sogar berichtet, dass Sie sich für meine Tochter Angela zu interessieren scheinen …« Sie brach ab und betrachtete Paul mit einem tückischen Lächeln.

Ausgerechnet Gisberti, dachte Paul, aber eigentlich war es egal, wer den Zuträger gespielt hatte.

»Ein Günstling Mussolinis«, würde Gisberti gesagt haben, »mit diffusem Hintergrund«, oder etwas in dieser Art. »Seien Sie vorsichtig, liebe Sofia, wenn ich Ihnen einen guten Rat geben darf!«

Beinahe hätte er laut aufgestöhnt.

»Sie brauchen sich nicht zu beunruhigen«, sagte Sofia, nachdem sie sah, dass alle ihre Geschosse ins Schwarze getroffen hatten. »Ich habe nicht vor, Sie als Betrüger zu entlarven – und ein solcher müssen Sie sein, denn an der Universität hält man Sie für einen Mann, der aus Süditalien stammt, was zweifelsohne unrichtig ist. Vermutlich sind Ihre Diplome, oder was auch immer Sie vorgeben zu besitzen, ebenso falsch.« Ihre Stimme klang beinahe heiter, als sie hinzufügte: »Vielleicht haben Sie ja sogar Mussolini angelogen?«

Nicht direkt, dachte Paul, dem nur noch der Sarkasmus blieb.

Nein. Mussolini selbst hatte ihn zum Italiener gemacht, auch wenn ihm das nicht klar gewesen war.

Inzwischen hatte Sofia einen neuen Anlauf genommen: »Von Ihrer … *wahren Identität* …, auch von Ihrer deutschen Staatsangehörigkeit habe ich Professore Gisberti gegenüber nichts erwähnt. Das wäre unklug gewesen, denn mit einem Mann, der nichts zu verlieren hat, ist nicht zu verhandeln.«

Paul war verzweifelt, aber er war nicht begriffsstutzig, nicht einmal in dieser Situation.

»Ich verstehe. Sie … *verschonen* … mich gnädig, sofern ich die Finger von Angela lasse.«

Nun war er es, der sich mit Hohn behalf.

»Genauso ist es. Sie haben es richtig erkannt«, sagte Sofia und lehnte sich in den Sessel zurück.

Paul tat das Gleiche.

Sie maßen sich mit prüfenden Blicken.

»Und wenn ich mich weigere?«, fragte Paul nach endlos scheinender Zeit.

»Dann werde ich Sie in Neapel so unmöglich machen, dass Sie sich wünschen würden, anders entschieden zu haben. Außerdem werde ich um ein Gespräch mit Signor Mussolini nachsuchen, und, glauben Sie mir, ich werde es führen! Danach, Signore, sind Sie vernünftigerweise schon geflüchtet, so weit wie möglich, wenn ich Ihnen raten darf, oder aber Sie werden einige Jahre in einem römischen Gefängnis verbringen. Der Duce verfügt über eine ganze Anzahl von Talenten; das zum Humor besitzt er bestimmt nicht, wenn er bemerken muss, dass man ihn … *benutzt* … hat. Denn bei all seiner Begeisterung für Hitler, ich nehme nicht an, dass es ihm ein Anliegen war, einen *Deutschen* zu protegieren und zu einem italienischen Hochschullehrer zu machen.«

Dem war nicht zu widersprechen.

Erneut trat eine Pause ein.

»Ich habe auch eine … *ganze Anzahl von Talenten* …«, sagte

Paul schließlich. »Was zu beweisen wäre. Ich fühle mich durchaus in der Lage, Angela auch dann ein angemessenes Leben zu bieten, wenn ich nicht mehr an der Universität von Neapel unterrichte.«

Es war etwas übertrieben, aber es war möglich. Er liebte Angela, und es gab keinen stärkeren Antriebsmotor als dieses Gefühl.

Sofia allerdings schien unbeeindruckt von seiner Versicherung. »Das mag durchaus sein«, sagte sie kühl. »Allerdings ändert es nichts an meinem Entschluss. Ich bin *gegen* eine solche Verbindung, und zwar ganz entschieden und unabhängig von Ihren beruflichen … *Entwicklungen.*«

»Und warum, bitte?«

Er sah es an ihren Augen, noch bevor sie ihm antwortete.

»Ihrer Mutter wegen«, erklärte Sofia.

Sie sagte dies so bar jedes Pathos, dass Paul erkannte, wie ernst es ihr war.

»Sie hat mir das weggenommen, was mir am wichtigsten war, und jetzt werde ich ihrem Sohn das Gleiche antun.«

»Finden Sie das denn gerecht?«, fragte Paul, betroffen von der Fülle des Hasses, die er in Sofias Gesicht und Stimme erkannte.

»Ja. Absolut! Bisher hatte ich den Eindruck, das Leben ist ein Spiel ohne Regeln. Jetzt aber sehe ich, es bietet sich doch die Chance der Revanche, und das, verehrter *Professore*, lässt mich fast wieder gläubig werden. Womöglich gibt es doch einen Gott.«

»Was für eine perverse Art zu denken«, entfuhr es Paul.

»Was versteht ein Junge wie Sie vom Verzicht und vom Leiden«, sagte Sofia müde, denn sie sah, dass sie gewonnen hatte. »Ich jedoch war betroffen davon und habe es bitter erlebt. Und ich finde, auch die *andere Seite* darf es verspüren!«

»Ich darf Sie daran erinnern, dass meine Mutter ihren Mann verloren hat.«

Sofia lächelte. »Das mag sein«, sagte sie. »Nur, sie hat ihn niemals so sehr geliebt wie ich. Er sie übrigens auch nicht!«

Ihre Überheblichkeit ließ Paul seine eigenen Interessen vergessen. Er sprang auf und stieß hervor: »Was wissen Sie denn von meinen Eltern, ihren Gefühlen und von unserem Leben in Deutschland, nachdem wir unseren Vater verloren hatten? Nichts! Ich bezweifle sogar, dass Sie sich das vorstellen können.«

»Ich habe nicht die Absicht, es zu versuchen«, erklärte Sofia kalt. »Es interessiert mich nicht, Signor Pasqualini.«

»Ja, ja. Ganz offensichtlich nicht.«

Paul versuchte, an sich zu halten, doch es misslang. Das bornierte Gehabe der Frau machte ihn rasend.

»Was war es denn, das Sie so betroffen hat, dass Sie sich erlauben dürfen, von ›Verzicht und vom Leiden‹ zu sprechen? *Sie* waren es doch, die sich anderweitig verheiratet hat – noch während mein Vater in Neapel war, wenn ich die Daten, die mir bekannt sind, vergleiche. Demnach wollten Sie ihn damals doch gar nicht haben, Signora, und wenn sich das später geändert haben sollte, dürfen Sie nicht andere dafür verantwortlich machen. Sie leben hier ohne Sorgen in Reichtum, lassen andere für sich arbeiten und tun sich trotzdem so schrecklich leid, nach so vielen Jahren noch, dass Sie aus unverständlicher Rachsucht das Glück Ihrer Tochter verhindern wollen. Was ist das für ein Egoismus, und was ist das für eine *Mutter?* Das muss erlaubt sein zu fragen, nach allem, was hier zur Sprache gekommen ist.«

Sofia stand auf. Sie hatte nicht die Absicht, sich weiter beleidigen zu lassen. »Angela ist heute Nachmittag, zusammen mit ihrem Bruder und seiner Frau, verreist«, verkündete sie mit unbewegtem Gesicht. »Ich gebe Ihnen die Zeit, das Semester zu beenden und Ihre Zelte hier abzubrechen. Wenn Sie allerdings nicht bis spätestens Ferragosto aus Neapel verschwunden sein sollten, wird all das eintreten, was ich in Aussicht gestellt habe!«

Damit drehte sie sich um und ging.

**45** Angela saß im Schnellzug nach Livorno und starrte aus dem Fenster. Die Schwüle im Abteil, mehr aber noch ihr unbändiger Zorn raubten ihr beinahe den Atem.

Ihr Bruder stand draußen im Gang, um ein Zigarillo zu rauchen. Olivia, ihre Schwägerin, saß Angela gegenüber und strickte mit dünnen Nadeln ein weißes Baumwolljäckchen. Sie war guter Hoffnung und würde im Herbst ihr erstes Kind zur Welt bringen.

»Wie kann Stefano sich auf so etwas einlassen?«, stieß Angela hervor und spürte die Entrüstung über den Entschluss ihres Bruders wie Galle auf ihrer Zunge.

»Du weißt, wie sehr er an dir hängt, Angela«, sagte Olivia begütigend. »Aber er ist ein Mann – und ein Neapolitaner. Du wirst keinen darunter finden, der nicht heftig reagiert, wenn er erfährt, dass seine kleine Schwester von einem verheirateten Mann missbraucht worden ist!«

»Paolo ist nicht verheiratet, und ich bin auch nicht missbraucht worden. Ich habe mich ihm freiwillig hingegeben, und es tut mir nicht im Geringsten leid. Stefo kennt doch Mama, ihren Eigensinn, ihr egozentrisches Verhalten und ihre … Fabuliersucht! Sie macht sich die Fakten passend, und wenn das nicht ausreicht, so dichtet sie ein bisschen dazu, so lange, bis sie ihren Willen durchgesetzt hat. Wir haben das beide zur Genüge erlebt, Stefano und ich. Warum also glaubt er in diesem Fall ihr und nicht mir?«

»Ich denke, das spielt nicht die entscheidende Rolle.«

»Was dann, zum Teufel noch mal?«

»Du hast dich ins Unrecht gesetzt, Angela, schon damit, dass du, ohne verheiratet zu sein, seit Wochen mit diesem Mann zusammen warst. Du weißt genau, was für ein Skandal es wäre, wenn dies jemand herausfände. Oder wenn sich gar Folgen einstellen würden.«

»Genau das wünsche ich mir«, sagte Angela heftig. »Denn spätestens dann müssten sie noch einmal darüber nachdenken, ob sie sich richtig verhalten, wenn man mich einfach von ihm ... *wegzwingt.*«

»Versündige dich nicht, Angela«, mahnte Olivia, doch sie fachte die Wut Angelas dadurch nur noch mehr an.

»Sprich du mir nicht von Skandal und von Sünde! Du und Stefano, ihr habt einfach geheiratet, im Ausland, habt keinen Menschen vorher gefragt, ob dies passend und im Sinne der Familie ist. Nur bei mir stellt man sich kapriziös, als ob ein Professor der Universität Neapel eine Mesalliance wäre!«

In ihrer Erregung hatte Angela nicht bemerkt, dass ihr Bruder zurückgekehrt war und in der offenen Abteiltür stand.

»Ich rate dir, dich zu beruhigen«, warnte Stefano. Sein Gesicht war hochrot, so sehr hatte die Geschichte um Angela sein Blut in Wallung gebracht. »Du kannst von Glück sagen, dass Mama darauf bestanden hat, dass wir dich begleiten. Wäre ich noch in Neapel, ich hätte mir diesen Professore vorgeknöpft, und glaube mir, selbst wenn ich leider nur noch mit einem Arm gegen ihn hätte antreten können, er hätte dieses Zusammentreffen niemals vergessen.«

»Er ist nicht im Ausland verheiratet, Stefano, ich bin ganz sicher. Du kennst Paolo nicht. Er hätte mir davon erzählt.«

»Das glauben alle dummen Mädchen, wenn sie sich verliebt haben!«, erwiderte Stefano grob. »Ich hätte nur nie gedacht, dass du genauso blauäugig und … *geil* … bist wie ein Dienstmädchen aus dem Spanischen Viertel!«

Angela sprang auf. Sie drängte an ihrem Bruder vorbei in den Gang, doch dieser packte sie unsanft am Ärmel ihres Reisekostüms.

»Du bleibst hier, wo ich dich sehen kann, Angela!«

»Ich werde den Teufel tun! Es war ein Fehler, mich von euch … *überwältigen* … und in diesen Zug nötigen zu lassen. Spätestens in Rom werde ich aussteigen und zurückfahren.«

Stefano lächelte ein schmales, böses Lächeln. »Womit?«, fragte er lakonisch. »Du bist eine unmündige höhere Tochter ohne eigenes Einkommen, und das Taschengeld, das Mama für dich vorgesehen hat, verwahre *ich*. Ich mache das so lange, bis ich dich auf dem Schiff abgeliefert habe. Dort wird der Zahlmeister dein Geld verwalten und nach deiner Ankunft der italienische Konsul, der auch unsere Handelsgeschäfte führt und dessen Gast du sein wirst. Madeira aber ist eine Insel, von der du nur auf dem Schiffswege wieder wegkommen wirst, und zwar zu dem Zeitpunkt, den Mutter und ich für richtig befinden.«

»Das ist eine Erpressung«, zischte Angela. »Glaubt nicht, dass ich mich der beugen werde! Eher springe ich aus dem Zug oder ins Meer.«

»Wenn du das unbedingt tun möchtest«, erwiderte Stefano, der in keiner Weise mehr dem liebevollen großen Bruder glich, als den ihn Angela bisher gekannt hatte. Und die Arroganz ganzer Generationen von Mazone-Männern klang aus seinen Worten, als er hinzufügte: »Du würdest damit wenigstens die Schande von der Familie abwenden, falls zu allem anderen Unglück, das eingetreten ist, sich auch noch herausstellen sollte, dass in deinem ehrlosen Bauch ein Kuckucksei steckt.«

Danach ging er erneut hinaus auf den Gang, um ein weiteres Zigarillo zu rauchen. Erst nach dem dritten Zug wurde ihm klar, wie sich die Sache in Wahrheit verhielt. Er, das Kuckucksei, das einstmals im »ehrlosen Bauch« seiner Mutter gesteckt hatte, blies sich auf und beklagte die Moral seiner Schwester. Die Erkenntnis stimmte ihn allerdings nicht milder, sondern steigerte seine Wut und seine Entrüstung nur noch. Mit einer zornigen Geste warf er das Zigarillo auf den Boden und zertrat es mit der Schuhspitze so gründlich, als ob er alle leichtfertigen Frauen der Welt damit vernichten könnte. Dann fiel ihm ein, dass seine Mutter vergessen hatte, ihm mitzuteilen, wie dieser Professore eigentlich hieß. Vermutlich hat sie es absichtlich unterlassen, dachte er, um Racheakte auszuschließen. Er nahm sich vor, mit Editha Rigotti zu sprechen, die den Mann offenbar kannte. Gut, er würde sich wieder beruhigen, aber ungeschoren sollte der Schuft nicht davonkommen!

**46** Immer wieder, so weit es seine Verpflichtungen erlaubten, streifte Paul die Straße entlang, in der die Orlandi-Mazone-Villa lag. Seine Hoffnung war stärker als die Vernunft, denn Paul hatte wenig Zweifel daran, dass Sofia Orlandi es fertiggebracht hatte, Angela aus der Stadt zu schaffen.

Einmal wäre er um ein Haar Onkel Roberto und Tante Rosalia in die Arme gelaufen. Im letzten Moment gelang es Paul, sich in einem Hauseingang zu verbergen.

Die Tage bis zu dem vereinbarten Besuch bei Mussolini in Rom vergingen quälend langsam. Jede Nacht fragte sich Paul, worum er den Diktator eigentlich bitten sollte, so wie die Dinge nun lagen. Angelas Mutter würde Ernst mit ihrer Drohung machen, wenn er nach Ferragosto, dem allgemeinen Ferienbeginn, weiter in Neapel blieb.

Anfang Juni wurde Aldo Manganello nach Hause entlassen.

Noch ziemlich geschwächt schlurfte er durch die Wohnung.

»Ich hätte nie gedacht, dass es so gute Menschen gibt«, sagte er eines Abends mit Tränen in den Augen zu Paul, der täglich ein warmes Abendessen für sie beide bereitete.

»Ich bitte Sie, Aldo, das macht doch keine Mühe«, versicherte Paul und schämte sich, denn die Kocherei war nichts anderes als ein Ventil für seine innere Nervosität.

Täglich hoffte er auf Post von Angela, doch kein Brief wollte eintreffen.

So gut es ihm möglich war, verstärkte Paul seine Anstrengungen in der Universität. Er wollte, wenn schon, einen guten Abgang.

Endlich rückte der 16. Juni näher – und damit die Reise nach Rom. Paul hatte sich die beiden dafür geplanten Tage vorlesungsfrei gehalten.

Dieses Mal gab es kein Problem mit den Papieren; ansonsten lief die Prozedur genauso ab wie beim letzten Besuch.

»Wie geht es Ihnen, Signor Pasqualini?«, erkundigte sich Francesco, der Sekretär, und machte ihm noch einmal Komplimente über die gelungene Vorlesung, die er im vergangenen Jahr gehört hatte.

Sie redeten über den Jubel und die Genugtuung, die der Sieg Feldmarschall Badoglios in Äthiopien in der Bevölkerung erzeugt hatte, und darüber, ob der Völkerbund seine Sanktionen gegen Italien nun aufheben würde. Währenddessen stürzte der Duce gut gelaunt ins Zimmer, bekam den letzten Satz des Gesprächs noch mit und verkündete bester Laune: »Ich habe gerade gehört, die Verhandlungen laufen sehr positiv. Es kann sich allenfalls noch um vier Wochen handeln, dann wird der Völkerbund offiziell nachgeben.«

Er streckte Paul seine breite Hand entgegen und lachte. »Ihre Visiten, mein lieber Pasqualini, und mein Glück scheinen in einem engen Zusammenhang zu stehen. Es gibt nämlich noch weitere gute Neuigkeiten, die aber sind Staatsgeheimnisse.«

Er packte Paul nahezu freundschaftlich am Ärmel seines Jacketts und schob ihn in das riesige Arbeitszimmer. Dort ließ er sich in seinen lederbezogenen Sessel nieder, schenkte Paul ein wohlwollendes Lächeln und deutete auf den Besucherstuhl.

»Was gibt es denn, Professore?«, erkundigte er sich in gönnerhaftem Ton. »Ich habe gehört, Sie machen Ihre Sache in Neapel ganz ausgezeichnet!« Er goss aus der Kristallkaraffe, die auf dem Schreibtisch stand, Wasser in ein Glas und nahm einen kräftigen Schluck daraus. Dann besann er sich auf seinen Gast, holte ein zweites Glas aus dem Seitenfach seines Schreibtischs, füllte auch dieses und schob es Paul zu. »Nun, Signor Pasqualini? Was führt Sie diesmal zu mir?«

Paul zog tief die Luft durch die Nase, so, als ob er diesen Sauerstoff unbedingt benötige, um eine Antwort geben zu können.

»Ich wollte Sie bitten, Signor Präsident …« Er zögerte einen Moment und suchte nach der richtigen Formulierung, dann stieß er aus: »Bitte geben Sie mir mein Leben zurück!«

Mussolini starrte ihn so fassungslos an, als ob er gebeten hätte, ihm den Mond zu schenken.

Paul sah sich genötigt, die Bitte zu präzisieren. »Ich möchte nicht länger an der Universität Neapel unterrichten. Ich möchte *überhaupt* keine Lehrtätigkeit mehr ausüben«, fügte er rasch hinzu, um keine Missverständnisse aufkommen zu lassen.

Mussolinis Augen verengten sich. Er betrachtete Paul jetzt kühl und abwägend. »Und warum nicht?«, fragte er schließlich, wobei alles Freundliche und Gönnerhafte aus seiner Stimme verschwunden war.

Paul bekam es mit der Angst zu tun. Was sollte er sagen, was konnte dienlich sein, dem Zorn des Duce zu entkommen, der ganz offensichtlich der Auffassung war, eine gewährte Gnade auszuschlagen, komme einer Majestätsbeleidigung gleich.

Dieses Mal erwies sich Pauls Begabung, erst zu sprechen und dann zu denken, als Rettung.

»Es handelt sich um eine private Angelegenheit. Um … eine Frau … die … unerreichbar … für mich ist.«

Mussolini runzelte die Stirn. Nachdenklich verzog er den Mund zu einer Grimasse. Er glaubte zu verstehen und nickte schwer.

»Verheiratet, nehme ich an!«

Paul erwiderte nichts darauf, was Mussolini als Zustimmung wertete.

»Nun ja«, sagte er schließlich. »Da ist nichts zu machen. Und es ist vernünftig, das Heil in der Flucht zu suchen, bevor eine Ehe oder gar eine Familie zerstört wird.«

Paul sah auf seine Knie und schwieg erneut.

»Sie haben mich jedenfalls nicht enttäuscht«, erklärte Mussolini nach einem kurzen Moment der Stille. »Meine Intuition war richtig. Ich kann es erkennen, wenn … *verborgene Potenziale* … in einem Menschen schlummern.«

Paul begriff, was der Duce erwartete, und sagte rasch und devoter, als er eigentlich wollte: »Ich danke Ihnen noch einmal für die Chance, die Sie mir gewährt haben, Signor Präsident. Ich habe sehr viel dabei gelernt.«

»Dann hat sich mein Experiment ja gelohnt«, resümierte der Duce und war sich nicht darüber im Klaren, ob er ärgerlich oder belustigt sein sollte. Er entschloss sich zur Ironie.

»Kann ich sonst noch etwas für Sie tun, Professore?«

Paul schüttelte den Kopf und beeilte sich zu versichern: »Sie waren über alle Maßen gütig und großzügig zu mir.«

Der Duce nickte und beschloss, die Sache nun zu beenden, ein für alle Mal. Er hielt es mit der heiligen Theresia von Avila:

Es gab Zeiten für alles Mögliche; Zeiten um zu essen, zu trinken, zu tanzen und zu scherzen. Der Scherz hatte stattgefunden, war erfolgreich gewesen, und nun war es an der Zeit für anderes.

Großes wartete auf ihn, Benito Mussolini, und Wichtiges.

Es stand eine Zeit an, die Welt zu verändern, um bei der Metapher der heiligen Theresia zu bleiben. Sollte dieser Pasqualini »sein Leben zurückerhalten«, denn ganz offenbar war er an weiterer Förderung nicht interessiert.

»Sie waren immer offen und ehrlich. Das hat mir gefallen«, sagte Mussolini, stand auf und reichte Paul Pasqualini die Hand.

Beschämt erhob sich Paul ebenfalls.

»Tante cose per il futuro«, wünschte ihm der Diktator.

»Viel Glück auch für Sie«, bedankte sich Paul artig und erlebte die Erleichterung wie einen Schwindelanfall. Er verbeugte sich noch einmal und wollte gerade gehen, als dem Diktator noch etwas einfiel.

Er zog die Schublade seines Schreibtischs auf, wühlte kurz in den dort befindlichen Papieren und reichte Paul danach einen Umschlag. »Ein kleines Geschenk«, sagte er schmunzelnd. »Damit Sie mich in guter Erinnerung behalten. Und jetzt hinaus mit Ihnen. Ich habe zu tun.«

Als Paul den Palazzo Venezia wieder verlassen hatte, öffnete er den Umschlag, der eine Anzahl gedruckter Papiere enthielt.

Es handelte sich um eine Fahrkarte für einen Sonderzug sowie Übernachtungs- und Verzehrgutscheine für die Teilnahme an einer Exkursion italienischer Beamter und Abgeordneter zu den Olympischen Spielen in Berlin.

47 Anfang Juli wurde das Ende des Semesters mit einem kleinen Fest begangen.

»Ich habe Sie in den vergangenen Wochen beobachtet und mir die schriftlichen Unterlagen angesehen, die Sie gefertigt haben«, sagte Professore Mario de Renzi zu Paul, als sie sich mit einem Teller Pasta und einem Glas Rotwein in die Stille eines Arkadengangs zurückgezogen hatten, während die studentische Jugend sich im Innenhof des Universitätsgebäudes amüsierte.

»Wir könnten ein gemeinsames Seminar planen, wie stehen Sie dazu, Herr Kollege?«

Paul, der diesen Professor für Innenarchitektur bewunderte, der sich bereits in ganz Italien, sogar im europäischen Ausland einen Namen gemacht hatte, erwiderte blutenden Herzens: »Das halte ich für eine ganz ausgezeichnete Idee.«

»Dann lassen Sie uns gleich Anfang Oktober, zu Beginn des Wintersemesters zusammentreffen, um Nägel mit Köpfen zu machen. Und benutzen wir die Sommerpause, um über geeignete Themen nachzudenken!«

Alles wäre so wunderbar, wenn nicht … Warum nur musste ausgerechnet diese verbitterte, rachsüchtige Frau Angelas Mutter sein? Unter anderen Umständen wäre er jetzt ein gemachter Mann gewesen. Allerdings nur so lange Mussolini seine schützende Hand über ihn gehalten hätte.

»Auf einen schönen Sommer und auf unser Vorhaben«, prostete de Renzi ihm zu.

»Auf das Leben«, erwiderte Paul, denn das war vielleicht das Einzige, was er nach Ferragosto noch haben würde.

Die drei Briefe, die er Angela geschrieben hatte, waren allesamt – in einen größeren Umschlag gepackt – eines Tages wieder in seinem Briefkasten gelandet.

»Sie haben zu viel gearbeitet. Sie brauchen Ferien, Paolo«,

stellte Aldo Manganello eines Morgens in der ersten Juliwoche fest, als er seinen Wohnungsgenossen im Licht des hellen Sommermorgens betrachtete.

Paul, der sich in Sehnsucht nach Angela verzehrte und unaufhörlich darüber nachbrütete, wie alles weitergehen solle, hatte an Gewicht verloren und dunkle Schatten unter den Augen.

»Kommen Sie mit mir nach Capri. Ich habe dort für zehn Tage ein Zimmer in einer ruhigen Pension angemietet. Es ist groß genug für zwei. Gönnen Sie sich eine Pause, Paolo, damit Sie wieder frisch und leistungsfähig sind, bis das neue Semester beginnt. Sie haben es nötig, glauben Sie mir. Nichts ist so anstrengend wie zu unterrichten, und die Jugend wird immer lebhafter und aufmüpfiger!«

Paul dachte, dass dies schon sein ehemaliger Schulleiter in der Kreisstadt behauptet hatte und dass künftige Lehrergenerationen wohl dieselben Aussagen machen würden.

Es war unvernünftig, sogar leichtsinnig, in seiner derzeitigen Situation einen Teil des gesparten Geldes für eine Sommerfrische zu verschwenden, aber vielleicht würde der Ortswechsel ihm doch Erleichterung bringen oder gar eine Idee, wie er seine Zukunft gestalten könnte.

So ließ er sich überreden, packte einen kleinen Koffer und setzte zusammen mit Aldo auf dem Fährschiff nach Capri über.

»Ist es nicht der schönste Platz, den man sich vorstellen kann?«, fragte der Mathematiklehrer begeistert, als sie beim ersten Abendessen hoch über dem Meer saßen, das um diese Tageszeit eine zartlila Farbe angenommen hatte.

»Es ist ein Traum«, gab Paul zu, verschwieg aber, dass gerade diese einmalige Schönheit seinen Schmerz noch verstärkte.

Wenn nur Angela mit dabei sein könnte, dachte er bei jeder der Naturschönheiten und Sehenswürdigkeiten, die sein eifriger Führer Aldo ihm präsentierte.

Nur in der Blauen Grotte verhielt es sich anders. Dort hatte Paul das Gefühl, ganz und gar von blauem, fluoreszierendem Licht durchdrungen zu werden, und eine große Ruhe überkam ihn. Die eigenen Probleme schienen mit einem Mal weit weg und viel weniger wichtig.

»Hier bin ich meiner verstorbenen Frau sehr nahe«, sagte Aldo nach einer langen Weile des Schweigens.

Sie blieben über eine Stunde in der blauen Entrücktheit, und niemand störte sie dabei.

Das Erlebnis und die dabei gewonnene Ruhe hielten erstaunlicherweise an bis zum Ende des Urlaubs.

»Ich danke Ihnen, Aldo«, sagte Paul, als sie mit der Fähre wieder zurück nach Neapel fuhren. »Ich fühle mich tatsächlich erfrischt und gestärkt.«

»Sehen Sie? Es ist ein ganz besonderer Ort. Ich habe übrigens bei meinem Aufenthalt in der Grotte einen Entschluss gefasst. Ich werde mich wieder verheiraten, Paolo.«

»Tatsächlich?«, entfuhr es Paul. Er war sehr überrascht, nachdem er wusste, dass der Lehrer die letzten Wochen, ja Monate, ausschließlich im Krankenhaus verbracht hatte. Sollte er …?

»Sie denken richtig, Paolo«, sagte Aldo Manganello, der Pauls Mimik beobachtet hatte. »Es ist die Krankenschwester vom Ospedale Incurabili!«

»Ist sie denn nicht eine Nonne?«

»Doch. Aber sie hat ein zeitliches Gelübde abgelegt; keines, das sie auf Lebenszeit bindet. Sie kann den Bischof um Dispenz bitten, was sie inzwischen getan hat. Gestern schrieb sie mir, dass die Eheerlaubnis erteilt wurde, und so werden wir noch in diesem Monat heiraten können.«

»Ich gratuliere Ihnen, Aldo, und wünsche viel Glück.«

»Danke, Paolo. Glück ist notwendig. Es ist die *Tür* für die Liebe, aber es ist kein Raum, in dem man sich ständig aufhalten kann. Man darf das nur nie vergessen, sonst ist man enttäuscht.«

»Ich werde es mir merken, Aldo. Nun habe ich bereits den zweiten Kameraden an die Liebe verloren, vielleicht gibt es die Glückstür ja auch für mich«, scherzte Paul, doch er war mehr denn je davon entfernt zu glauben, dass es so sein würde.

Auch beim Nachhausekommen fand er keinen Brief von Angela vor.

Aldo Manganello aber packte gleich am übernächsten Morgen seine Habseligkeiten zusammen und wurde vom Bruder der Krankenschwester abgeholt, der ein dreirädriges Lastfahrzeug besaß.

»Raffaela und ich werden am Anfang bei ihrer Familie wohnen, aber wir haben die Absicht, ein kleines Häuschen zu kaufen. Sobald dies geschehen ist, werde ich mich bei Ihnen melden, Paolo. Es ist mir ein Anliegen, Kontakt mit Ihnen zu halten. Sie waren so überaus freundlich zu mir. Ich danke Ihnen noch einmal!«

Nachdem Aldo Manganello ihn verlassen hatte, las Paul die Papiere noch einmal durch, die Mussolini ihm überreicht hatte. Ein Sonderzug sollte am Morgen des 28. Juli in Rom starten und direkt nach Berlin fahren. Dort würden die Teilnehmer der Exkursion an den Eröffnungsfeierlichkeiten teilnehmen, eine Stadtrundfahrt machen und verschiedene Sport- und Kulturveranstaltungen besuchen. Die Rückkehr nach Rom war für Mittwoch, den 12. August geplant.

Drei Tage vor Ferragosto, dachte Paul ironisch und erwog erstmals, Gebrauch von dem Geschenk des Duce zu machen.

So bliebe nach seiner Rückkehr noch ausreichend Zeit, um sich von seinen Freunden in Neapel zu verabschieden.

In einer der vergangenen heißen Nächte hatte er nämlich beschlossen, nach Pesciotta oder Menoza zurückzukehren. Er hatte sich daran erinnert, was ihm dort – bevor Mussolini sich seines Lebens bemächtigt hatte – erstrebenswert erschienen war: Land zu kaufen, dort ansässig zu werden und sich eine Existenz aufzubauen. Dies alles konnte doch durch das elf Monate währende Intermezzo in Neapel nicht vollkommen falsch geworden sein, zumal sein Kapital sich inzwischen weiter vermehrt hatte.

48 Am Nachmittag, etwa zur gleichen Zeit, als Paul den Liegewagen bestieg, der ihn nach Berlin bringen sollte, traf seine Schwester Else am Hauptbahnhof in Stuttgart ein, um dort in einen Sonderzug nach Berlin zu wechseln.

Sie fühlte sich wie im Rausch.

Mit jedem Eintreffen der Zubringerzüge stieg die allgemeine Begeisterung. Alle trugen ihre Kluft oder Uniform und waren daher sofort einer der Gruppen zuzuordnen.

Immer wieder schallte das Lied ihrer Bewegung durch die hohe Bahnhofshalle: »Wir sind die Hitlerjugend …«

»Ich bin noch nie verreist«, gestand Else dem Mädel, das neben ihr im Abteil saß.

»Ich schon. Ich war schon zur Kinderlandverschickung, an der Ostsee«, erklärte ihr diese stolz. »Weil meine Bronchien angegriffen waren und man fürchten musste, dass es auf die Lunge übergreift. Meine Mutter hat sich mit der NS-Frauenschaft in Verbindung gesetzt, und die haben alles in die Wege geleitet. War ganz toll in dem Heim, und ich bin gesund wieder nach Hause gekommen.«

»Wie schön für dich«, sagte Else und dachte, dass Anna schwache Bronchien eher mit Zwiebelsaft und Kräuterwickeln bekämpft hätte, als sich an Erika Dussler zu wenden, um dieser abzuringen, eines ihrer Kinder auf Staatskosten an die Ostsee verschicken zu lassen. Das waren dann die praktischen Folgen der Unbelehrbarkeit!

Gudrun, eines der anderen Mädel im Abteil, hatte ihre Gitarre dabei. Sie packte das Instrument aus und schlug ein paar Akkorde an, bevor sie zu singen begannen, was alle kannten: »Deutschland, heiliges Wort, du voll Unendlichkeit! Über die Zeiten fort seist du gebenedeit!«

Der Zug ratterte durch die deutschen Gaue. Sie sangen dabei dieses und jenes weitere Lied und schließlich, bevor sie ihren mitgebrachten Imbiss verzehrten, »Flamme empor, steige mit loderndem Scheine …«

Natürlich dachten sie dabei alle an die olympische Flamme, die jetzt im Staffellauf von Griechenland nach Berlin gebracht wurde.

Fünfhunderttausend Besucher aus aller Welt wurden dort erwartet, wusste Gudrun zu berichten.

Und ich, die Damenschneiderin Else Pasqualini aus Wisslingen, habe das Glück, mit dabei zu sein, dachte Else, und um ein Haar wären ihr die Tränen dabei gekommen.

Der Sonderzug erreichte Berlin am späten Abend. Nach einer Begrüßung durch den Vertreter des Reichsjugendführers wurden sie zu ihrer Unterkunft gefahren, einer Turnhalle im Norden der Stadt.

Obwohl es fast Mitternacht war, als sie mit dem Bus die Reichshauptstadt durchquerten, spürte man überall bereits die olympische Euphorie. Immer wieder trafen sie auf Gruppen, die Fahnen schwenkend und singend durch die Straßen liefen, um ihre Quartiere zu suchen.

Keiner der Anwohner protestierte. Manche winkten den jungen Leuten aus den Fenstern heraus sogar zu und feuerten sie durch Zurufe an.

So etwas wäre undenkbar bei uns zu Hause, in der Kreisstadt, dachte Else. Hier ist eben alles ganz anders und großzügiger. Wisslingen war ein verschlafenes, rückständiges Nest, jetzt wusste Else es sicher!

**49** Die Nacht im Liegewagen verlief erstaunlich angenehm. Keiner der anderen drei anwesenden Herren – es handelte sich um zwei Ministerialbeamte und einen Parlamentarier – schnarchte, und das Dahingleiten des Zugs, von regelmäßigem Rattern unterbrochen, lullte die Reisenden bald ein.

Am Morgen nahmen alle, einem von der Reiseleitung ausgeklügelten System folgend, im Speisewagen ein Frühstück ein. Mit angeregtem Plaudern, meist auf die Landschaften bezogen, die sie vom Zugfenster aus betrachten konnten, verging die Zeit rasch. Nachdem sie die deutsche Staatsgrenze überschritten hatten, wechselten die Unterhaltungen ins Politische.

»Was halten Sie von Adolf Hitler, Professore?«, fragte einer der Herren. Paul, dem durchaus bewusst war, mit wem er reiste, erwiderte nach kurzem Nachdenken: »Er interessiert sich sehr für die Architektur.«

Seine drei Reisegenossen starrten ihn verblüfft an und brachen dann in schallendes Gelächter aus.

»Der Professore spricht als Künstler von einem anderen Künstler.«

»Man hat den Mann ja leider daran gehindert, einer zu werden.«

»Vielleicht porträtiert er eines Tages seinen Freund Mussolini?«

»Hoffen wir's nicht. Sie würden das Gemälde vermutlich in der Halle vom Palazzo Venezia aufhängen, und jeder, der hereinkommt, hätte den Hut zu ziehen und militärisch zu grüßen.«

»Und am Nationalfeiertag würde das Bild dann durch Rom getragen, während gleichzeitig sämtliche katholische Prozessionen abgeschafft wären.«

Erneut lachten die Herren auf, und Paul wunderte sich über ihre ironische Offenheit. Dennoch beschloss er, auf der Hut zu bleiben. Ein Diktator war ein Diktator, und, zumindest in diesem Punkt musste er Sofia Orlandi beipflichten, die wenigsten, die er aus der Geschichte kannte, hatten die Größe gehabt, Kritik oder Spott zu ertragen. Und die Vasallen dieser Herren waren nicht selten Kolporteure oder Spione.

Am besten war es, brisante Themen zu meiden.

Da sie nun deutsche Landschaften erblickten – das »schwäbische Meer«, den Bodensee, der sich ihnen in freundlicher Bläue präsentierte, danach das lieblich gewellte schwäbische Oberland –, begann Paul, seinen Reisegenossen zu erzählen, was er noch aus dem Heimatkunde- und Geschichtsunterricht wusste.

»Sie sind ein gebildeter Herr, Professore«, sagte der jüngere Ministerialbeamte beeindruckt. »Haben Sie sich wissenschaftlich mit diesen Regionen beschäftigt, oder sind Sie so weit gereist?«

»Beides«, erwiderte Paul spontan, was die Hochachtung der Herren noch steigerte.

Es gefiel ihm, bewundert zu werden, und so erzählte Paul auch die Geschichte vom Ulmer Spatz, als das Münster mit dem großen Kirchturm sichtbar wurde.

»Als in alter Zeit, vor vielen, vielen Jahren, in Ulm allerlei Bauten gefertigt werden sollten, benötigte man Rüst- und Bauholz dazu. Doch wollte es den Leuten nicht gelingen, die Balken durch das Stadttor zu bringen, das Holz war nämlich quer auf den Wagen gelegt. So war das Tor zu eng und die Balken zu lang. Man überlegte hin und her, was man tun könne, und auch der hohe Magistrat hatte keine Lösung für das Problem. Da sah einer der Ratsherren einen Spatz, der oben am Turm sein Nest gebaut hatte. Ein quer gelegter Halm versperrte dem Vogel den Eingang ins Nest, worauf er ihn mit dem Schnabel herauszog und längs wieder ablegte. Da begriff der Ratsherr, dass man mit den Balken am Tor auf dieselbe Weise verfahren müsse. So konnte schließlich alles Holz in die Stadt geschafft werden. Zum Dank und zur Erinnerung hat man das Bild des Spatzen am Turm in Stein gehauen. Außerdem wurde eine Mehlspeise erfunden, die an den Halm erinnern sollte, die Spätzle, die inzwischen zur Lieblingsspeise der Schwaben geworden sind.«

»Wie reizend«, fand der Abgeordnete, »und wie bedauerlich, dass wir keine Kostprobe davon zu uns nehmen können.«

»Oh, ich denke, die werden Sie bekommen, Dottore. Ich habe vorhin im Speisewagen gehört, der Zug werde diese Nacht in Stuttgart stehen, um gereinigt zu werden. Wir könnten also aussteigen und in der Stadt zu Abend essen.«

»Eine sehr gute Idee.«

»Und eine gelungene Planung. Es ist ja sehr bequem, so zu reisen, aber etwas frische Luft zu schnappen und sich die Füße dabei vertreten zu können wird sehr angenehm sein!«

Und genauso machten sie es.

Paul zog mit den drei italienischen Herren los und führte sie, nachdem er sich nach einem gepflegten Restaurant mit hiesiger Küche erkundigt hatte, ins Ratsstüble, wo sie einen vorzüglichen Rehrücken mit Blaukraut, in Rotwein geschmorter Birne, Preiselbeeren und Spätzle bekamen.

»Fantastico«, rief der Ministerialbeamte, der ein Feinschmecker war und sich aufrichtig vor der germanischen Küche gefürchtet hatte.

Paul lächelte in sich hinein, als ihm einfiel, dass er, als er noch ein Deutscher gewesen war, nie Gelegenheit gehabt hatte, die Landeshauptstadt zu besuchen oder gar in einem so eleganten Restaurant zu speisen. Nur der schwäbische Trollinger, den der Ober auf Pauls Frage als passendes Getränk empfohlen hatte, wollte den römischen Herren nicht richtig munden. Beim zweiten Viertele allerdings fanden sie ihn schon recht passabel, und ab dem dritten begannen sie, ihn zu loben.

Während des ausgedehnten Mahls, das sie mit einer Schwarzwälder Kirschtorte und einem dazu passenden Kirschwasser abschlossen, bemerkte Paul immer wieder die interessierten Blicke eines Herren Mitte der sechzig, der mit zwei jüngeren Männern am gegenüberliegenden Tisch saß.

Schließlich stand der Mann auf und kam an ihren Tisch. Er war klein, gedrungen, hatte eine Glatze, die aussah wie eine polierte Kugel, und trug eine Hornbrille sowie einen dichten grauen Schnauzbart.

»Entschuldigen Sie bitte«, wandte er sich ein wenig schwerfällig, aber durchaus nicht gehemmt, an Paul. »Ich habe gehört, Sie sprechen sehr gut Deutsch.«

»Danke schön«, sagte Paul und konnte ein kleines Lächeln nicht verbergen. Das wäre ja noch schöner, dachte er, wenn ich das nicht mehr gekonnt hätte.

»Sie sind aber Italiener?«

»Allerdings«, erwiderte Paul und wurde sowohl vorsichtig als auch misstrauisch. »Darf ich fragen, weshalb Sie das interessiert?«

»Ich würde es Ihnen gerne erklären. Darf ich einen Moment Platz nehmen?«

»Ja, bitte«, sagte Paul und spürte unvermittelt einen Kloß im Magen. Man hörte so viel von den neuen deutschen Überwachungsmethoden, sogar in Italien. War er etwa in ein derartiges

Netz geraten? Handelte es sich um seine vorgegebene Staatsangehörigkeit?

Der kleine Herr, der einen etwas schwermütigen Eindruck machte, hatte sich inzwischen in ein kariertes Taschentuch geschnäuzt. »Mein Name ist Rapp. Sagt Ihnen das etwas?«, fragte er schließlich.

Paul kannte einen Pferdehändler dieses Namens aus Kirchheim an der Teck, aber um diesen konnte es sich kaum handeln.

»Tut mir leid, nein.«

»Suppen, Saucen, Pudding, Konserven?«

Mit einem Mal hatte Paul Annas Vorratsregal vor Augen. Er lächelte und sagte unbedacht: »Die blau-gelben Würfel und Dosen mit dem lustigen, gelben Koch darauf, der einen gelben Kochlöffel schwenkt.« Dann fiel ihm ein, dass er vorsichtig sein musste, und er fügte rasch hinzu: »Ich habe das aus einer früheren Reise in Erinnerung.«

Der kleine Mann strahlte auf und schien fünf Zentimeter größer zu werden: »Das Blau und Gelb für die Verpackung war meine Idee. Ich habe meinen Leuten immer gesagt, man muss für Auffälligkeit sorgen, für Unverwechselbarkeit und dafür, dass die Produkte den Kunden anlachen, im Sinne des Wortes. Es freut mich, dass das gelungen zu sein scheint, wenn es sogar einem Reisenden aus Italien im Gedächtnis geblieben ist.«

Paul betrachtete die Mienen seiner Reisekollegen, die der Unterhaltung lauschten, ohne ein Wort zu verstehen. Er wollte nicht unhöflich sein und fragte deshalb mit einem verbindlichen Lächeln: »Und … weshalb, bitte, wollten Sie mit mir sprechen?«

»O ja. Entschuldigen Sie«, erwiderte Herr Rapp. »Ich neige zu Abschweifungen. Die Sache ist folgendermaßen: Ich habe derzeit eine Gruppe potenzieller italienischer Kunden zu Gast. Die Verhandlungen sind erst für übermorgen angesetzt; ich wollte den Herren zuerst ein kleines Begleitprogramm bieten.

Nun ist leider der von mir engagierte Dolmetscher erkrankt, was mich in ziemliche Bedrängnis bringt. So schnell einen Ersatz aufzutreiben ist nahezu unmöglich. Als ich Sie nun vorhin beobachtet habe, wie versiert Sie sowohl mit dem Ober als auch mit Ihren Freunden gesprochen haben, da dachte ich eben, ich meine, ich habe ja keine Ahnung, was Sie in Stuttgart für Verpflichtungen haben, aber … fragen kostet ja nichts.« Etwas verlegen verschränkte Herr Rapp seine erstaunlich schlanken weißen Finger ineinander und schaute Paul durch die dicken Gläser seiner Hornbrille an.

»Was will denn der Herr, Professore?«, fragte in diesem Moment der Dottore aus dem italienischen Finanzministerium.

»Einen Augenblick bitte, ich werde es Ihnen sofort erklären«, erwiderte Paul und wandte sich dann wieder seinem deutschen Gesprächspartner zu. »Sie möchten sagen, Sie brauchen so eine Art … Fremdenführer … oder habe ich das falsch verstanden?«

»Nein, nein. Genau das. Man sollte die Leute eben irgendwie unterhalten, sodass sie das Gefühl haben, wenn sie nach Hause kommen, nicht nur schnöde Geschäfte gemacht, sondern auch etwas gesehen zu haben von Land und Leuten … und von unserer Kultur.«

»Das ist sehr löblich, dass Sie sich darum bemühen«, sagte Paul höflich. »Aber die Herren hier und ich befinden uns auf einer Fahrt zu den Olympischen Spielen in Berlin; mittels eines Sonderzugs, der heute über Nacht gereinigt wird und morgen früh weiterfährt. Tut mir leid, Herr Rapp, ansonsten hätte ich Ihnen sehr gerne geholfen.«

Es war nichts anderes als eine freundliche Redewendung, doch Herr Rapp gab sich nicht damit zufrieden. Er nahm seine Hornbrille ab, kniff die kurzsichtigen Augen zusammen und putzte die Sehhilfe mit dem Seidentuch, das die Brusttasche seines Anzugs verzierte. Dann setzte er die Brille wieder auf und war zu einem Entschluss gekommen.

»Ich mache Ihnen ein Angebot: Unterbrechen Sie Ihre Reise und stehen Sie mir zwei Tage zur Verfügung. Ich bin in einer Notlage, es handelt sich, wenn es zustande kommt, um ein großes Geschäft. Ich werde Sie fürstlich für den Gefallen vergüten und danach von meinem Chauffeur mit dem Firmenwagen nach Berlin bringen lassen.«

Paul nahm rasch einen Schluck aus seinem Weinglas, um einen Moment lang darüber nachzudenken, aber das Angebot war zu verlockend. Sein Gegenüber, der ein gewiefter Geschäftsmann war, sah das Zögern und nannte die Summe, die er als fürstlich bezeichnete. Und sie war es, ganz fraglos.

»Wenn ich Ihnen damit helfen kann«, stimmte Paul daraufhin zu.

Der kleine dicke Mann griff in die Tasche seines Jacketts und holte eine Visitenkarte hervor, die er Paul überreichte.

»Mein Auto steht vor der Tür«, erklärte er dann. »Und es kommt natürlich nicht in Frage, dass Sie, so wie die Dinge stehen, in diesem Zug übernachten. Ich schlage Ihnen vor, dass ich Sie alle zusammen zum Bahnhof zurückbringen lasse. Der Fahrer wird auf Sie warten, bis Sie Ihr Gepäck geholt haben, und Sie dann direkt zum Zeppelin-Hotel bringen. Ich werde inzwischen dafür sorgen, dass dort ein Zimmer bereitgestellt wird. Geht das so in Ordnung für Sie?«

Paul nickte. Er bedankte sich für das Arrangement, worauf der Fabrikant sie verließ, um im Hintergrund mit dem Ober zu verhandeln.

So kam es, dass Paul in dieser Nacht nicht im Liegewagenabteil schlief, sondern in einem Luxuszimmer im berühmten Hotel Zeppelin.

Er schlief wunderbar und träumte von Angela, die nach Jasmin und Lavendel roch. Er spürte, wie ihre honiggoldenen Locken sein Ohr kitzelten, und hörte den hohen Schrei des Entzückens, den sie jedes Mal ausstieß, wenn er in sie eindrang.

Den Schrei noch im Ohr, erwachte er und musste feststellen, dass es sich lediglich um das Bremsgeräusch einer Straßenbahn gehandelt hatte, die unterhalb seines weit geöffneten Fensters vorübergefahren war. Unsanft schlug er das Fenster zu und ging in das feudale Badezimmer, um sich für seine Premiere als »Fremdenführer« zu präparieren. Er badete genüsslich in der großen, marmorverkleideten Wanne, wusch sich die Haare und rasierte sich sorgfältig. Dann schlüpfte er in einen passablen dreiteiligen Anzug, ein weißes Hemd, legte eine dezent gestreifte Krawatte um den Hals und zog ein Paar schwarze Schuhe an.

Anschließend begab er sich zum Concierge und bat um einen gedruckten Reiseführer für den Raum Württemberg. In der Halle des Hotels durchblätterte Paul das kleine Büchlein und stellte fest, dass für die Route, die er sich ausgedacht hatte, genügend Informationen darin enthalten waren.

Beruhigt begab er sich nun in den Frühstückssaal und nahm sein erstes deutsches Frühstück nach mehr als drei Jahren zu sich: Bohnenkaffee, der selbst seine Mutter zufriedengestellt hätte, in einem schwer silbernen Kännchen serviert, frische Brötchen mit Butter und Marmelade, dünn geschnittenes Rauchfleisch der besten Art sowie ein dotterweich gekochtes Ei.

Nobel geht die Welt zugrunde, dachte er ironisch, aber er war gewillt, die fürstliche Behandlung des Herrn Rapp zu genießen, so gut es ging.

50 Der Fabrikant hatte einen Bus mit Chauffeur geordert, der ihn, seine beiden Prokuristen, die fünf potenziellen italienischen Geschäftspartner sowie Paul an diesem Tag durch die schwäbische Landschaft fahren sollte. »Unser Fremdenführer«, stellte er Paul vor. Er war sichtlich stolz auf seine Gelegenheitsentdeckung, geriet dann aber etwas in Verlegenheit, als er sich erkundigen musste: »Wie war doch gleich der Name?«

»Pasqualini«, erwiderte Paul und setzte gedankenlos hinzu: »Professore Pasqualini!«

Richard Rapps Stolz auf sich selbst wuchs beinahe ins Unermessliche. Hatte er da sogar einen Professor aufgetan!

Man schüttelte sich die Hände, und Paul begann, an die Firmengäste gewandt, locker zu plaudern: »Die Staufer, ein deutsches Adelsgeschlecht, die hier in der Gegend beheimatet waren, haben sich bei ihren Italienzügen im Mittelalter aufgemacht, uns Italienern die Restaurationspolitik nahezubringen. Nun, wir werden sehen, was uns heute bei unserem gemeinsamen ›Deutschlandzug‹ nahegebracht werden soll. Und ob wir es an uns heranlassen möchten!«

Die Italiener lachten amüsiert auf, was der Fabrikant als ein gutes Zeichen wertete.

Danach bestieg die kleine Reisegesellschaft den Bus.

»Bitte fahren Sie über Göppingen nach Hohenstaufen«, wies Paul den Fahrer an. Dieser nickte, warf den starken Motor des Gefährts an, und die Reise begann.

Paul saß in der ersten Reihe gleich hinter dem Fahrer, während Herr Rapp und seine Gäste sich jenseits der Mitte des Busses niedergelassen hatten.

In kürzester Zeit hatte Paul begriffen, wie er sich verhalten musste. Dinge, die er präzise wusste, erklärte er zuerst den Italienern und danach in deutscher Sprache seinen Auftraggebern. Sehenswürdigkeiten, die er nicht kannte, weil sie weder in seinem Fremdenführer verzeichnet waren noch in ehemaligen Schulbüchern oder Zeitungen, benannte er einfach nach Gutdünken und erzählte kleine, erfundene Anekdoten dazu.

Beide Parteien waren beeindruckt von seinem umfangreichen Wissen. Und je näher die Reisegruppe Pauls Heimatregion kam, desto sicherer fühlte er sich als Fremdenführer.

Schon von Weitem konnte man den hoch über dem Filstal liegenden Hohenstaufen erkennen.

»Der Name ›Stauf‹ war der eines Trinkgefäßes und bezieht sich auf die Kegelform des Bergs, der bereits in der späten Hallstattzeit eine Höhensiedlung trug«, referierte Paul, der dies bereits in der dritten Klasse der Volksschule gelernt hatte. »Der Berg ist sechshundertvierundachtzig Meter hoch und war die ehemalige Stammburg der Staufer, die im 12. und 13. Jahrhundert mehrere deutsche Könige und Kaiser stellten.«

Nachdem der Bus sich die schmale, waldgesäumte Straße bis zum Ort Hohenstaufen hochgewunden hatte, bat Paul den Fahrer zu stoppen.

»Wir werden nun eine kleine Wanderung unternehmen. Keine Sorge, es wird weder zu weit noch zu steil für Sie sein, aber der Ausblick von oben ist wunderschön.«

Die Italiener musterten besorgt ihre feinen Lederschuhe, doch der Aufstieg erwies sich tatsächlich als einfach und die Aussicht vom Gipfel des Kegels als phänomenal.

»Gigantisch«, murmelte Richard Rapp beeindruckt.

Er stammte aus der Nähe von Heilbronn und war noch nie auf diesem Berggipfel gewesen.

»Hier trifft sich auch unsere Geschichte«, erklärte Paul den Italienern. »Hier oben lebte Friedrich Barbarossa, der nach Italien zog und sich mit den italienischen Städten, vor allem aber mit dem Papst in Streitigkeiten verwickelte. Seinen Beinamen

›Barbarossa‹ bekam er, wie Ihnen der Name schon sagt, von seinem roten Vollbart. Außenpolitisch agierte er nicht allzu glücklich, auf dem Feld der Hausmachtpolitik gelangen ihm aber einige Erfolge. Wichtiger war sein Nachfahre Friedrich II. – Federico Secondo, den Sie natürlich kennen. Von seinen Zeitgenossen wurde er ›stupor mundi‹ genannt, ›das Erstaunen der Welt‹. Er gilt als Wunderwesen unter den römisch-deutschen Kaisern des Mittelalters. Er war hoch gebildet und sprach mehrere Sprachen. Aufgewachsen im Königreich Sizilien, zog er 1212 nach Deutschland und wurde 1220 zum Kaiser gekrönt. Deutschland aber überließ er seinem Sohn Heinrich. Er selbst kümmerte sich um die Belange seines sizilianischen Reiches. Auch sein Leben war gekennzeichnet von schweren Differenzen mit dem Papst, der die Italienpolitik des Staufers als gefährlich für das Papsttum einschätzte. Als sein Sohn Heinrich gegen ihn rebellierte, setzte Kaiser Federico ihn ab und ließ Konrad IV., seinen zweitältesten Sohn, zum König wählen.«

»Eine traurige Sache, wenn die Söhne gegen die Väter opponieren«, fiel Fabrikant Rapp Paul hier ins Wort.

Ein Satz, dessen tieferen Sinn Paul erst später begreifen sollte. Jetzt aber beeilte er sich, zum Ende zu kommen, denn die frische Luft hatte ihn hungrig gemacht.

»Im Jahr 1250 verstarb Federico II. als Gebannter, und bald nach seinem Tod brach die staufische Macht zusammen, zuerst in Deutschland und später auch in Italien.«

»Das ist dann das Ende der Rebellion: Das, was Generationen zuvor aufgebaut haben, geht zugrunde. Und was entsteht, ist zwar neu, aber es hat andere Fehler. Grundsätzlich besser ist es nur selten«, resümierte Richard Rapp mit einer sonderbaren Aggression in der Stimme.

»Habe ich irgendetwas Falsches gesagt?«, fragte Paul beim Abstieg ein wenig erschrocken einen der beiden Prokuristen.

»Nein, nein, Professor«, erwiderte dieser. »Das hat mit dem … Privatleben … von unserem Chef zu tun. Er hat sich mit seinem einzigen Sohn zerstritten. Wie es eben so ist: Der Junge hatte eigene Ideen und wollte mit der Umsetzung nicht warten, bis der Vater zur Übergabe der Betriebe bereit war. Er wollte sofort mitmischen, was der Alte … ich meine, was Herr Rapp sich verbeten hat.«

»Worauf Herr Rapp junior beschlossen hat, Künstler zu werden«, ergänzte der zweite Prokurist mit unüberhörbarer Süffisanz. »Er lebt jetzt irgendwo auf der Schwäbischen Alb und malt Landschaften. Und der Alte … also Herr Rapp, kann sich alleine abzappeln, obwohl er inzwischen schon Mitte sechzig ist.«

»Da darf er sich glücklich schätzen, so gute Mitarbeiter zu haben«, sagte Paul, der in Italien gelernt hatte, dass Komplimente das Schmieröl der Konversation und der menschlichen Beziehungen sind.

In Schwäbisch Gmünd ließ Paul den Fahrer anhalten und erkundigte sich nach einem größeren Kaufladen.

Erneut bat er seine Mitreisenden zu einem kleinen Spaziergang.

Rasch erreichten sie das Geschäft. Die stattliche Gruppe gut gekleideter Herren erregte sofort die Aufmerksamkeit des Ladenbesitzers, der herbeieilte und sich nach ihren Wünschen erkundigte.

»Haben Sie hier auch Erzeugnisse der Firma Rapp?«, erkundigte sich Paul und hoffte inständig, dass sein Schachzug nicht erfolglos verpuffen würde.

»Natürlich«, versicherte der Ladenbesitzer und führte sie an eine Regalwand, die von oben bis unten mit blau-gelben Produkten bestückt war, von denen ihnen der gelbe Koch mit seinem gelben Kochlöffel freundlich entgegenwinkte.

Beeindruckt betrachteten die Italiener das Sortiment.

Paul aber musterte das Angebot genauer. Er wählte sorgfältig eine Anzahl Päckchen, Schachteln und Konserven aus und ließ sie in eine große Papptüte packen.

»Das ist doch nicht notwendig«, flüsterte einer der Prokuristen ihm zu. »Wir lassen Ihnen in Stuttgart gerne eine Kiste mit unseren Produkten einpacken, wenn Sie daran interessiert sind.«

Doch Paul winkte ab und nahm seine Tüte in Empfang: »Ich habe damit eine kleine … Attacke … vor. Sie werden schon sehen.«

Die Laune des Fabrikanten hatte sich angesichts der Verbreitung seiner Produkte wieder verbessert. »Gute Idee, Professor«, raunte er Paul zu. »Das hat mehr Eindruck gemacht, als wenn ich die Leute durch meinen Ausstellungsraum geführt hätte.«

»Gute Ideen sind meine Spezialität«, erklärte Paul und grinste. Denn während der Fahrt war ihm sein ehemaliger Schulfreund Sebastian Gabler eingefallen. Dieser hatte nach der Schule eine Lehre als Koch absolviert. Und kurz bevor Paul Wisslingen verlassen hatte, hatte er in den Goldenen Hasen in Schwäbisch Gmünd eingeheiratet. Mit einiger Wahrscheinlichkeit war er noch dort und konnte Paul helfen, seinen Plan umzusetzen.

Nachdem die Reisegruppe das Gasthaus betreten hatte, wandte sich Paul an die adrette Frau hinter dem Tresen und fragte: »Könnte ich bitte Herrn Gabler sprechen?«

»Moment. Ich hol Ihnen meinen Mann«, sagte die Frau und drehte den Zapfhahn zu.

»Ich warte draußen auf ihn«, sagte Paul. »Es ist vertraulich, was ich ihm sagen möchte.«

Die Frau warf ihm einen erstaunten Blick zu, aber sie sparte sich weitere Worte und verschwand hinter einer Tür, die vermutlich in die Küche führte.

Paul begab sich in den Flur, wo er die diversen ausgestopften Hasenköpfe bewunderte, die an der Wand hingen.

»Was kann ich für Sie …?«, ertönte da die Stimme des Wirts. »Moment mal: Du bist doch der ›Itaker-Paul‹, oder irre ich mich?«

»Du irrst dich nicht, Baste«, erwiderte Paul mit einem Lächeln. So lange schon war er nicht mehr mit seinem Schüler-Spitznamen benannt worden, dass er ihn beinahe vergessen hatte.

Baste Gabler war zwar etwas in die Breite gegangen, aber er war so fröhlich und kumpelhaft wie eh und je.

»Du könntest mir einen Gefallen tun, Baste«, schlug Paul ihm vor. »Es handelt sich um einen kleinen Spaß oder vielmehr um eine Demonstration.«

Nachdem Paul ihm erläutert hatte, wie er sich die Sache vorstellte, grinste Baste über sein ganzes pausbackiges Gesicht. »Es wird mir eine Freude sein – und auch eine Ehre«, sagte er vergnügt.

»Gut. Dann leg los, Baste. Nur vergiss nicht: Du und ich, wir kennen uns nicht. Ich bleibe der Fremdenführer und du der Wirt. Sonst sieht das abgesprochen aus und macht nur den halben Eindruck.«

Baste nickte. Schon früher hatte er gerne jeden Scherz mitgemacht.

»Ich habe mir erlaubt, ein gemeinschaftliches Menü zu bestellen«, erklärte Paul zweisprachig, als er an den Tisch in der Gaststube zurückkehrte.

Als Gruß des Hauses schickte Baste einen Korb frisch gebackener Laugenbrezeln, die zu dem Bier, das die Italiener geordert hatten, ausgezeichnet schmeckten.

Bald darauf trug die Dame des Hauses, unterstützt von einer hübschen jungen Bedienung, den ersten Gang auf: eine Steinpilzsuppe, welche die Italiener misstrauisch kosteten und danach unter lauten Lobpreisungen verschlangen.

Auch Richard Rapp und seine Prokuristen zeigten sich angetan.

Zum Hauptgang kam eine große, fantasievoll dekorierte Silberschale auf den Tisch, auf der sich aufgeschnittene Fasanenbrust befand, umgeben von einem dampfenden Ring Weißkraut.

Dazu gab es eine große Platte goldbraun gebratener Kartoffelröllchen.

Paul übersetzte den Italienern alles genauestens und wörtlich auch den Namen der Kartoffelröllchen, die im Schwäbischen »Bubenspitzle« genannt wurden – in Anspielung auf das Geschlechtsteil sehr junger Männer.

Die Italiener lachten laut darüber, griffen tüchtig zu und lobten auch diese Speisen enthusiastisch.

Paul kostete das Kraut und begriff, dass der Baste fein geschnittenes Obst darunter gemischt und alles in Wein hatte noch einmal gut durchdünsten lassen.

»Bravissimo«, urteilte Dottore Molla, der Chef der italienischen Delegation. »Eccellente!«

Sie tranken einen Remstäler Riesling dazu, und hier nun war Richard Rapp der Spezialist, der souverän auswählte.

Das herb-fruchtige Getränk schmeckte köstlich und unterstrich den feinen Geschmack des gedünsteten Krauts.

Zum Nachtisch gab es himmlisch zarten, köstlich schmeckenden Vanillepudding mit Rumfrüchten nach einem Rezept des Hauses.

Nachdem alle noch einen Kaffee und einen Birnenschnaps genossen hatten, nahte der Höhepunkt von Pauls Inszenierung.

Sebastian Gabler kam aus der Küche. Er trug seine weiße Koch-Kleidung und seine hohe Koch-Mütze auf dem Kopf, in der Rechten aber die Papptüte, in die man Pauls Einkäufe verpackt hatte.

Baste begrüßte die Gäste in bestem Honoratioren-Schwäbisch und packte dann die Reste der gekauften Lebensmittel aus. Einige waren nicht benötigt worden, aber von drei Päckchen mit »Rapps Steinpilzsuppe« war nur noch das Verpackungsmaterial übrig. Zwei Dosen »Rapps feines Filder-Sauerkraut« waren geöffnet und leer, ebenso drei Päckchen »Rapps Sonntagspudding – Vanille«.

»Das ist es, was Sie gegessen haben«, verkündete Baste, durchaus mit einer Begabung zur Dramatik, und zeigte auf die blau-gelben Verpackungsreste mit dem gelben Koch und seinem gelben Kochlöffel.

»Ich habe die Produkte nur ein wenig veredelt: die Suppe mit frischen Steinpilzen, das Filderkraut mit eingelegten Quitten und frischen Birnen und den Pudding mit Sahne und echtem Bourbon-Vanillemark. Das kann jede Hausfrau genauso, und ruck, zuck, blitzschnell hat sie ein festliches Mahl. Sie haben es ja genossen, und ich versichere Ihnen: Ich hatte keine Ahnung, dass ich für Sie kochen sollte. Nichts davon war vorher abgesprochen!« Zur Bekräftigung seiner Aussage erhob er sogar die Schwurfinger.

Der Effekt war beträchtlich. Die Italiener bemächtigten sich der leeren Suppenschächtelchen und schnupperten hinein. Sie fuhren mit den Zeigfingern in die Puddingpäckchen und leckten versuchsweise an den Resten des Puddingpulvers, das im Falz der Verpackung zurückgeblieben war.

Alle fünf waren sie beeindruckt und äußerten dies auch in langen Sätzen und mit lebhaften Gesten.

Das größte aller Komplimente jedoch kam von Richard Rapp und galt Paul.

»Ha, Sie sind mir einer, Professor!«, sagte der Fabrikant, und

Paul wusste, dass dies – von einem Schwaben, in einem derartigen Ton ausgesprochen – höchste Anerkennung bedeutete.

Als die Herren schließlich zum Bus vorausgegangen waren, schüttelte Baste Paul die Hand und sagte grinsend: »Solche Gäste kannst du mir noch öfter vorbeibringen, Paul.«

Paul lachte und erwiderte: »Das glaub ich kaum, Baste.«

Der Baste aber wiegte zweifelnd das Haupt und winkte, bis der Bus um die Ecke gebogen war. Dann sagte er zu seiner Frau: »Der Paul, das ist ein Hansdampf in allen Gassen. Einer, der gleichzeitig Kraut hacken, dem Herrn Pfarrer die Hand geben und die Treppen hinunterrennen kann. Das hab ich schon gewusst, als wir noch zusammen zur Schule gegangen sind.«

»Auf jeden Fall sieht er gut aus!«, fand die Wirtin fast ein wenig schwärmerisch. »Benehmen kann er sich auch. Und schwätzen wie ein Buch, und das gleich in zwei Sprachen.«

»Stimmt«, sagte Baste. »Aber kannst trotzdem froh sein, dass du mich hast, Rese!«

»Das bin ich ja auch.«

Die Verhandlungen mit den Italienern verliefen nach dem gelungenen Ausflug rasch und erfolgreich.

Paul übersetzte die Gespräche flüssig und glättete manch herbe schwäbische Formulierung und Forderung so elegant, dass sie den stolzen Herren aus Italien unter der Leitung des Dottore Molla nicht ungut aufstießen.

Am Nachmittag waren die Verträge bereits unter Dach und Fach, und man labte sich an Kaffee und schwäbischem Apfelkuchen mit Schlagsahne.

Als die kleine Reisegruppe spät am Abend mit dem Bus am Zeppelin-Hotel vorfuhr, gab es eine sentimentale Verabschiedung. Die Italiener umarmten ihre neuen Geschäftspartner und küssten sie auf die Wangen, was die Schwaben steif und eisern lächelnd über sich ergehen ließen. Sie ihrerseits klopften den italienischen Kunden freundschaftlich auf die Schultern, was diese ebenso mannhaft ertrugen.

Schließlich bat der Fabrikant Paul, ihn in die Bar zu begleiten, wo sie sich in einer dämmrigen Nische niederließen. Nachdem Richard Rapp Champagner bestellt hatte, griff er in seine Brusttasche und zog einen dicken Umschlag hervor.

»Das haben Sie sich redlich verdient, Professor«, sagte er, während er Paul das Kuvert überreichte. »Ich hätte mir nicht träumen lassen, dass die Sache so günstig für unsere Firma ausgehen könnte. Die Italiener haben sehr viel umfänglicher bestellt und zu besseren Konditionen, als wir erwarten durften. Was weitgehend Ihr Verdienst war. Ich habe mir deshalb erlaubt, Ihnen außer dem vereinbarten Honorar noch eine tüchtige Provision auszubezahlen!«

»Ich danke Ihnen, Herr Rapp«, erklärte Paul und bemühte sich, seine Freude darüber nicht allzu deutlich zu zeigen.

Der Fabrikant lehnte sich zurück und wollte endlich das wissen, was ihn schon die ganze Zeit über beschäftigt hatte: »Was lehren Sie eigentlich an dieser Universität?«

»Architektur«, antwortete Paul, und plötzlich befiel ihn eine unsägliche Traurigkeit.

»Aha. Dann prost. Auf unseren Abschluss!«

»Auf das weitere Gedeihen Ihrer Firma«, parierte Paul höflich.

»Darauf hoffe ich«, sagte Richard Rapp energisch, um dann nahezu übergangslos zu fragen: »Was verdient man eigentlich so als italienischer Hochschullehrer?«

Paul war erstaunt über diese Direktheit, aber er bemerkte die interessiert flackernden Äuglein des Fabrikanten und sah keinen Grund, ihm die Summe vorzuenthalten.

»Aha«, sagte Herr Rapp daraufhin erneut.

Paul kostete den Champagner und fand ihn schlechter als alles, was er im Hause der Contessa Vibaldi getrunken hatte, aber das behielt er natürlich für sich.

Er sah sich beim Souper in diesem Park, sah Angela vor sich, mit ihrer schimmernden Haut, den rot geschminkten Lippen und dem verwegenen roten Kleid, er sah die Diamanten an ihrem Hals im Mondschein glänzen, nur noch von ihren strahlenden Augen übertroffen, und die Traurigkeit, die er zuvor schon verspürt hatte, hüllte ihn ein wie eine dunkle Wolke, die ihm den Atem nahm und die Tränen in die Augen treiben wollte.

»Ich zahle Ihnen das Dreifache, wenn Sie hierbleiben und mein Chefverkäufer werden, Professor«, unterbrach der Fabrikant in diesem Moment seine Gedanken.

»Wie bitte?«, fragte Paul und beugte sich vor, da er glaubte, sich verhört zu haben.

»Das Dreifache. Zuzüglich einer angemessenen Dienstwohnung und einem Dienstwagen mit Fahrer.«

»Das ist…, entschuldigen Sie, aber darauf war ich nicht gefasst«, stammelte Paul. Er hatte für das fürstliche Entgelt nur seine Arbeit so gut wie möglich machen wollen. Mit einer derartigen Offerte hatte er nicht gerechnet.

Richard Rapp, der sah, dass sein Angebot Wirkung zeigte, lächelte zufrieden. »Sie brauchen sich nicht sofort zu entscheiden, Professor. Schlafen Sie eine Nacht darüber. Und falls Sie Nein sagen, bleibt alles wie abgemacht. Willi, mein Fahrer, ist vorbereitet und fährt Sie morgen Vormittag nach Berlin, wenn Sie dies wünschen. Wenn nicht, erwarte ich Sie um neun Uhr in meinem Büro.«

Der Fabrikant nahm noch einen kleinen Abschiedsschluck, erhob sich dann, machte eine freundliche Verbeugung und strebte dem Ausgang zu.

Paul blieb benommen in der Nische zurück. Er trank die ganze Flasche Champagner aus, wobei er bemerkte, dass das herbe Getränk mit jedem Schluck besser schmeckte. Es versetzte ihn allerdings in einen Zustand, wie er ihn noch nie zuvor erlebt hatte. Er war hellwach, und sein gesamtes Leben stand in absoluter Klarheit vor ihm. Das Unwesentliche verschwamm wie zu dünn gesetzte Lettern in einem Buch, das Wesentliche aber erschien ihm wie fett gedruckt und ergab, zusammengesetzt, einen völlig neuen Text.

Er blieb, bis die Musiker im Hintergrund ihre Instrumente einpackten und der Ober zu gähnen begann. Dann fuhr er mit dem Aufzug zu einem mit Blech verkleideten Dachgarten auf dem obersten Stockwerk des Hotels.

Er stand an den Stäben der schmiedeeisernen Brüstung und schaute auf die Dächer der Stadt, bis die pfirsichfarbene Morgendämmerung sich auf ihnen zu spiegeln begann.

Schließlich ging er hinab in sein Zimmer. Er stellte sich unter die eiskalte Dusche und blieb dort, solange er es aushalten konnte. Nass warf er sich aufs Bett und wartete, bis er getrocknet war. Danach kleidete er sich rasch an und verließ unter dem erstaunten Blick des Nachtportiers das Hotel.

Der Hauptbahnhof lag schräg gegenüber, und rechts davon erstreckte sich ein großer Park. Mit langen Schritten durchquerte Paul die morgendlich stille Anlage. Er begegnete keinem Menschen dabei und erreichte schließlich einen Fluss, von dem er annahm, dass es der Neckar war.

Von der aufgegangenen Sonne gerötet strömte das Wasser dem fernen Rhein zu.

Es würde ein schöner Tag werden.

Paul wandte sich um und trat den Rückweg an. Noch immer hatte er keine Ahnung, wie er sich entscheiden sollte.

Als er im Park an der Skulptur eines Pferdes vorüberkam, deretwegen der Künstler sich das Leben genommen hatte, kam Paul ein Gedicht in den Sinn, das die ehemalige Nonne Raffaela, die jetzt Frau Manganello war, ihm im Ospedale Incurabili einmal aufgesagt hatte. Es stammte von dem Arzt Joseph Moscati, der später heiliggesprochen worden war, und trug den Titel »Sehnsucht«. Darin sprach der Heilige von seinem Heimweh, als er in den Jahren 1923 und 1924 Frankreich und England bereist hatte.

Paul setzte sich auf eine nahe Bank und versuchte sich die zentralen Verse des Gedichts in Erinnerung zu rufen: »Ich sehne mich, o geliebter Geburtsort! Ich sehne mich nach der Erinnerung des grünen Abhangs. Ich sehe dich von Weitem, aber traurig, weit wandernd. Der süße Friede meiner zärtlichen Jahre, in deinem fürsorglichen Schoß glücklich gelebt, ist die süße Erinnerung, die ich von dir aufbewahre …«

Unvermittelt und wie die Wasser eines Stausees brach das Heimweh über Paul herein: Zwei Tage nur in heimatlichen Gefilden hatten genügt, um eine Bresche in die Staumauer zu schlagen.

Im stillen Grün des Rosensteinparks, der jetzt an diesem späten Julitag, der heiß werden würde, dampfend zum Leben erwachte, ließ Paul endlich den Tränen freien Lauf, die er drei Jahre lang zurückgehalten hatte. Er weinte tonlos und mit starrem Gesichtsausdruck, weinte um seine verlorene Heimat, seine verlorene Liebe, sein verlorenes italienisches Professorenleben.

Erst ein im Hintergrund vorüberratternder Zug brachte ihn wieder zurück ins Hier und Jetzt. Mit einem Taschentuch wischte er sein Gesicht trocken, dann ging er langsam zum Hotel zurück.

Er bestellte eine große Kanne Kaffee, zwei Spiegeleier und ein Glas Kirschsaft.

Als er mit dem Frühstück fertig war, machte er sich zu Fuß

auf den Weg zu den Rapp-Werken, die er wenige Minuten vor der verabredeten Zeit erreichte.

»Ich habe mir Ihr Angebot gründlich durch den Kopf gehen lassen«, sagte er zum Firmenchef, als dieser – pünktlich um neun Uhr – in seinem Büro erschien, in dem Paul ihn bereits erwartete.

»Und wie haben Sie sich entschieden, Professor?«

»Ich nehme es an«, erwiderte Paul, so ruhig und selbstverständlich, als ob es das Normalste auf der Welt wäre. »Ich werde hierbleiben.«

**51** Am 17. August 1936 erreichte der Sonderzug der Olympiaordner den Hauptbahnhof Stuttgart gegen siebzehn Uhr. Die jungen Leute quollen, noch begeisterter als auf der Hinfahrt, aus ihren Abteilen, um sich auf die Regionalzüge zu verteilen.

»Dreiunddreißig Gold-, sechsundzwanzig Silber- und dreißig Bronzemedaillen, und die erfolgreichste Mannschaft aller teilnehmenden Nationen, wenn das kein Triumph ist«, sagte das Mädel aus Göppingen, das sich, zusammen mit Else Pasqualini, durch die Menschenmassen drängte, die nun alle nach Hause wollten. Jeder und jede Einzelne von ihnen hatte diesen Satz so oder so ähnlich während der langen Fahrt mindestens ein dutzend Mal ausgesprochen.

Es war unglaublich, es war einfach fantastisch!

»Und so wird alles sein, was noch kommt: Heute sind wir die Sieger von Berlin – und morgen gehört uns die ganze Welt«, sagte Else, und es kamen ihr beinahe die Tränen des Stolzes dabei.

Dass der zweite Teil des Satzes wortgenau das war, was

Moritz Gruber und all seine Freunde und Freundinnen ihr und ihren Kameradinnen bei vielen Treffen und in ihren Gruppenstunden eingebläut hatten, war ihr nicht bewusst. Sie schwamm auf einer Woge des Entzückens, eines »Wir-Gefühls«, wie sie es noch nie zuvor erlebt hatte. Sie dachte an das riesige Reichssportfeld, an die Darbietungen dort, mit denen die deutsche Jugend die Gäste und Teilnehmer aus aller Welt beeindruckt hatte, an die Schale, in der das olympische Feuer gebrannt und an die olympische Glocke, die Walter Lemcke entworfen hatte. Sechzehneinhalb Tonnen schwer und drei Meter hoch war diese, und alle bisher entwickelten olympischen Leitgedanken waren darauf verewigt worden.

Das Grandioseste von allem aber war gewesen, dass sie den Führer gesehen hatte und seinen Ansprachen lauschen durfte. Else erinnerte sich der Gänsehaut, die ihren ganzen Körper überzogen hatte, als sie seine raue, kehlige Stimme gehört und seine – leider so weit entfernte Gestalt – bewundert hatte.

»Nur die deutschen Fußballer waren enttäuschend«, sagte das Mädchen neben ihr, mitten in dieses wieder erlebte Entzücken hinein.

Else nickte erbittert. »Das war wirklich beschämend. Und das, wo Fußball der deutsche Lieblingssport ist.«

»Und ausgerechnet da müssen die Italiener gewinnen! Der Teufel soll sie holen«, grollte ihre Begleiterin.

»Und in der Hölle sollen sie braten dafür«, stimmte ihr Else Pasqualini zu, deren Vater ein gebürtiger Italiener gewesen war; ein Gedanke, der so fern von ihr war wie Schanghai oder Timbuktu.

In diesem Moment entdeckte sie in der Menge einen Mann, der sie an jemanden erinnerte. Er trug einen eleganten grauen Sommeranzug, ein weißes Hemd mit einer gestreiften Krawatte, hatte einen hellen Strohhut auf dem Kopf und einen hellgrauen

Staubmantel über dem Arm hängen. In der anderen Hand hielt er einen modischen Koffer.

Else blieb stehen und rief, noch ehe sie denken konnte: »Paul?«

Doch der Lärm der vielen Olympia-Rückkehrer übertönte ihren Ruf, und der Fremde, von dem sie einen Moment lang gedacht hatte, er sei ihr Bruder Paul, kletterte in ein Abteil erster Klasse.

Mehr als alles andere bewies Else Letzteres, dass sie sich geirrt haben musste. Ein Paul Pasqualini, wo immer er sein mochte, hätte sich niemals die Nobelklasse der Eisenbahn geleistet. Erstens, weil er sie kaum hätte bezahlen können, und zweitens schon aus Prinzip nicht.

»Die erste Klasse ist etwas für bessere Leute«, hatte ihre Mutter ihnen beigebracht. Und »bessere Leute« waren sie noch nie gewesen, noch nicht einmal, als sie noch Geld gehabt hatten.

Endlich hatten sie Gleis sieben erreicht, wo der Regionalzug Richtung Ulm auf sie wartete.

Else ließ sich auf eine der Holzbänke sinken, ignorierte ihre schwatzende Begleiterin und stellte sich geistig eine Liste der Berliner Sensationen zusammen, mit denen sie die Wisslinger beeindrucken würde. Schon an diesem Abend, denn da hatte Moritz Gruber bereits vor ihrer Abreise zur Ortsvereinsversammlung im Hirschen eingeladen.

Paul Pasqualini lehnte sich in die kardinalrote Plüschbank des Zugabteils zurück und dachte über die wundersame Veränderung seines Lebens nach. In den vergangenen zwei Wochen war er dank der Beziehungen des rührigen Fabrikanten Rapp in den Besitz einer unbefristeten Aufenthalts- und Arbeitserlaubnis gekommen. Er besaß einen Führerschein, nachdem er einige Einweisungs- und Übungsstunden im Firmenhof absolviert und danach die Fahrprüfung bestanden hatte. Er hatte einen Arbeitsvertrag sowie den Mietvertrag für eine Dienstwohnung unterzeichnet. Seit drei Tagen war er Inhaber eines Kontos bei der Sparkasse Stuttgart, auf dem nun sein fürstliches Entgelt samt der Provision lagerte und sich bei einem guten Zinssatz langsam vermehren würde. Und er besaß eine gut gefüllte Brieftasche, denn er hatte einen stattlichen Vorschuss auf seine künftigen Arbeitsleistungen erhalten. Mit einem Teil davon hatte er zwei neue Anzüge, einen Mantel, ein Paar schwarze und ein Paar braune Schuhe sowie einen nagelneuen Koffer gekauft. Seine elegante schwarze Aktenmappe, die neben ihm auf dem Sitz lag, hatte er von Richard Rapp zum Firmeneinstand geschenkt bekommen.

Sein Chef war es auch gewesen, der ihm großzügig eine Woche Zeit zugebilligt hatte, um seine Angelegenheiten in Italien zu regeln.

Emilio Rigotti würde einen Weg finden, wie er Angela treffen konnte, ohne mit ihrer giftigen Mutter zusammenstoßen zu müssen. Er würde mit Angela sprechen und ihr seine neue, fabelhafte Situation erläutern. Selbst wenn es ihr nicht gelänge, die Mutter umzustimmen, bis zu Angelas Volljährigkeit waren es noch sieben Monate. Es wäre schlimm, so lange getrennt voneinander zu sein, doch die Zeit ließe sich überstehen. Spätestens dann aber würde Angela ihm folgen können, und sie wären ein Paar – vor der Welt und vor Gott.

**52** Als Paul am Morgen des übernächsten Tages die Straße entlangging, die zur Villa Mazone-Orlandi, zum Friedhof St. Michele und weiter zum Hafen führte, erschien es ihm einen Moment lang, als ob er die Reise nach Deutschland geträumt habe.

Die Hitze war die eines Augustmorgens in Neapel, und vom Hafen her hörte er schwach das Tuten eines Schiffs. Er hatte Emilio Rigotti nicht angetroffen. Der Freund war mit seiner jungen Frau zu deren Eltern gereist, gleich nach Ferragosto, hatte die Haushaltshilfe berichtet.

Ferragosto.

Natürlich. Er hatte während der zwei Wochen in Deutschlands gemäßigtem Klima völlig den glutheißen italienischen Sommer vergessen.

Endlich hatte Paul die Pforte der Villa erreicht. Er betätigte die Türglocke und wartete angespannt. Nichts rührte sich hinter den hölzernen Bohlen. Er läutete erneut und packte, von plötzlicher Angst getrieben, den schweren Türklopfer aus Messing, um noch deutlicher seinen Besuch zu vermelden.

Dies schien Wirkung zu erzielen, denn endlich wurde die Tür geöffnet.

Eine alte, weißhaarige Hausbedienstete in der Kleidung einer Köchin stand Paul gegenüber.

»Kann ich bitte Signora Orlandi sprechen?«, verlangte Paul und fühlte plötzlich sein rasendes Herz.

»Tut mir leid, Signore«, erwiderte die Alte. »Es ist niemand hier. Die Herrschaften sind am Tag vor Ferragosto auf das Landgut gefahren zur Sommerfrische.«

Am Tag vor Ferragosto, dachte Paul mit jäh aufwallendem Zorn. So sicher war die Frau sich gewesen, ihn endgültig in die Flucht geschlagen zu haben, dass sie es nicht einmal für nötig befunden hatte, die Sommerfrische zu verschieben.

»Ich bin ein guter Freund von Signorina Angela«, sagte er so unbefangen wie möglich. »Ich muss in einer dringenden Angelegenheit mit ihr sprechen. Ich bitte Sie deshalb, mir die Adresse des Landguts zu nennen, die Sache duldet keinen Aufschub.«

»Signorina Angela ist nicht mit dabei. Sie ist … im Ausland!«

In Pauls Kopf machte sich urplötzlich eine schreckliche Leere breit. Nur mit größter Mühe konnte er die nächste Frage stellen: »Und wann wird sie zurückkommen?«

»Das weiß niemand«, sagte die alte Frau vorschnell und erinnerte sich dann, was der junge Herr seiner Mutter zu diesem Thema berichtet hatte. »Vielleicht nie. Jedenfalls nicht, solange sie nicht volljährig ist.«

Paul nickte und drehte sich ohne ein Wort des Danks oder des Abschieds um. Ungeachtet der inzwischen stark angestiegenen Hitze ging er die Straße zurück und nahm an der Piazza Estrada die nächste Funicolare in Richtung der Via Marese. Dort kramte er seine italienischen Ersparnisse aus ihrem Versteck hervor und steckte sie in die neue Aktentasche. Er sichtete seine wenigen Habseligkeiten, packte das Wichtigste davon in seinen alten Koffer und schenkte den Rest dem erfreuten Hauswärterpaar. Er hinterließ die Miete für den Monat August und bat, der Eigentümerin seinen Auszug zu melden.

Zum Schluss schrieb Paul einen Brief an den Rektor der Universität, um ihm sein Ausscheiden mitzuteilen, das er mit dem Ministerpräsidenten abgestimmt habe. Er lächelte ein wenig, als er die hochtrabend erscheinende Passage noch einmal las, aber sie entsprach schließlich den Tatsachen.

Als der Nachtzug nach Mailand sich in Bewegung setzte, brach ein gewaltiges abendliches Sommergewitter über die Stadt herein. Sturzbäche von Regen klatschten gegen die Fensterscheiben des Zugs, weißblau flirrende Blitze fuhren hernieder, und der Donner dröhnte so mächtig, als ob er den Jüngsten Tag ankündigen wolle. Noch nie hatte eine Wetterlage so sehr Pauls Empfindungen entsprochen. Er öffnete den oberen Fensterflügel, um eine nasse Ohrfeige des Regens abzubekommen.

Nur zu, dachte er grimmig.

Dann aber besann er sich auf das Glück, das ihm immer wieder zugeflogen war, und er beruhigte sich allmählich. Er hatte eine Schlacht verloren, doch Sofia Orlandi brauchte sich nicht einzubilden, sie hätte den Krieg um Angela bereits gewonnen.

**53** Da die alte Villa der Orlandis nicht allzu weit von der Piazza entfernt lag, auf der der wöchentliche Obst- und Gemüsemarkt der ländlichen Kleinbauern stattfand, erklärte Stefano Orlandi sich bereit nachzusehen, ob dort bereits Erdbeeren der zweiten Ernte zu kaufen seien, nach denen seine hochschwangere Frau verlangte.

Geschützt von einem breitrandigen Hut schlenderte er an diesem Freitag im frühen September des Jahres 1936 durch die Reihen der Marktstände. Erdbeeren konnte er nirgendwo ausmachen, aber vor einem Stand in der Nähe des Marktbrunnens, an dem es Eier zu kaufen gab, blieb er stehen. Ein luftiges Omelett war eine seiner Lieblingsspeisen, und die Markteier waren, wie Olivia und die Köchin in seltener Einigkeit versicherten, die frischesten in der Stadt.

»Ich nehme ein Dutzend von diesen«, verlangte Stefano und deutete auf eine Sorte, die schneeweiß und größer war als die anderen angebotenen.

Doch die Eierfrau rührte sich nicht. Sie starrte ihn an wie einen Geist und rief dann mit hoher, erschrockener Stimme: »Jesusmaria!« Danach legte sie die Hand auf den Mund, als ob sie damit weiteren Äußerungen des Entsetzens den Weg versperren wolle. Ihre Augen aber blieben aufgerissen, und Stefano erkannte darin im Übermaß den vertrauten Ausdruck des Mitleids.

Er reagierte trotzig, wie meistens in solchen Situationen.

Rasch griff er nach dem Rand seines Huts und nahm ihn

vom Kopf. Kein gnädiger Schatten verdeckte nun mehr die volle Hässlichkeit der lilafarbenen Narbe an seiner Wange, und er drehte sich so, dass die leere untere Hälfte am Ärmel seines Leinenhemds deutlich sichtbar wurde.

Maria Pasqualinis Augen füllten sich mit Tränen, und ihre Unterlippe begann zu zittern. Als sie ihrer Stimme wieder sicher sein konnte, sagte sie, als ob es sich um eine Antwort handle: »Aber Sie sind zurückgekommen, Signore. Ich habe so viel dafür gebetet! Der Jungfrau sei Dank!«

Jetzt erst erkannte Stefano die Frau, die Gewicht verloren und zur Abwehr der Hitze ein großes Kopftuch in dunklen Farben um Kopf und Schulter geschlungen hatte.

Er verzog den Mund zu einem bitteren Lächeln. »Ich weiß nicht, ob ich es *so* sehen kann.«

»Sie müssen es, Signore!«, sagte die alte Frau mit großem Ernst. »Wir sind nicht der Herr unseres Lebens, und wenn es andauert, so hält es auch Aufgaben für uns bereit.«

Stefano dachte über diese Erwiderung nach und nickte schließlich. Immerhin hatte er sich in den vergangenen Monaten die Geschäftsführung der Werft ertrotzt, so, wie sein Großvater Archangelo es gewünscht hatte, und dies gegen den Widerstand der bisherigen Führungskräfte. Und da war ja auch noch das Private.

»Vielleicht haben Sie recht«, sagte er deshalb. »Meine Frau erwartet ein Kind. Es wird im nächsten Monat geboren werden.«

Die Alte strahlte und wirkte auf sonderbare Weise verjüngt.

»Ich gratuliere Ihnen«, sagte sie herzlich. Sie schien noch etwas hinzufügen zu wollen, schwieg dann aber doch und legte die zwölf verlangten Eier mit großer Behutsamkeit in eine Pappschachtel.

»Wenn das Kind größer ist, werde ich es einmal mitbringen«,

erklärte Stefano und wunderte sich gleich darauf über seine Worte.

Die Augen der Frau leuchteten auf. »Ich danke Ihnen. Ich danke Ihnen von ganzem Herzen.«

Stefano setzte den Hut wieder auf und nahm die Eier an sich. Er nickte, fast ein wenig abweisend jetzt, und setzte seinen Weg fort. Als er schon beinahe außer Hörweite war, rief ihm die Frau hinterher: »Ich bin an jedem Freitag hier auf dem Markt, Signore, immer am selben Platz!«

Stefano drehte sich halb wieder um, sah unter dem Rahmen des dunklen Kopftuchs die hohe, gewölbte Stirn der Frau, die Zeichnung ihrer starken schwarzen Augenbrauen und den Schwung ihrer Lippen. Erstmals erkannte er deutlich Gemeinsamkeiten mit seiner eigenen Physiognomie.

Er nickte der Frau noch einmal zu und ging dann weiter. Nachdem er am anderen Ende des Markts bei einer Bäuerin aus den Bergen doch noch die verlangten Erdbeeren gefunden hatte, trat Stefano in den Schatten einer Taverne, deren Vordach mit dichtem Knöterich überwachsen war. Er setzte sich an einen der kleinen Tische und bestellte einen Krug Weißwein und Wasser.

Natürlich hatte er nie die Botschaft vergessen, die in dem Rosenkranzdöschen versteckt gewesen war. Während seiner Verletzung und seines langen Krankenlagers war viel Zeit gewesen, darüber nachzusinnen, Vermutungen und Berechnungen anzustellen. Danach aber hatte er solche Gedanken meist rasch beiseitegeschoben. Seine Mutter mit solchem Wissen zu konfrontieren war undenkbar. Sein Stand und seine Erziehung schlossen derartige Gespräche aus, und andernorts schufen sie nur Peinlichkeit und Verwirrung. Auch die alte Frau, die seine Großmutter war, schien dies begriffen zu haben, was sie ihm noch sympathischer machte.

Doch zum ersten Mal, seit ihn die Geschichte mit Angela aufs

Heftigste erregt und zu überstürztem Handeln veranlasst hatte, fragte er sich leidenschaftslos, ob es die richtigen Reaktionen gewesen waren. Mit Unbehagen wurde ihm jetzt Sofias ambivalentes Verhältnis zur Wahrheit wieder bewusst. Und er erinnerte sich der intuitiven Menschenkenntnis seiner Schwester, deren Urteil über jemanden selten einmal gefehlt hatte.

War er, wie oft schon zuvor, ein weiteres Mal von seiner Mutter manipuliert worden?

Ein Professor der Universität von Neapel war ein Mann in einer beachtlichen Stellung. Er war auch dann, wenn er wenig Geld hatte, eine akzeptable Partie für eine Orlandi, die selbst ein Vermögen besaß. Was nun, wenn dieser Mann tatsächlich, wie Angela versichert hatte, weder hier noch im Ausland verheiratet war, wenn er einfach ihrer kapriziösen Mutter aus unerfindlichen Gründen als unpassend erschien?

Er liebte seine Schwester mehr als alles andere auf der Welt, und er wünschte ihr von Herzen Glück und eheliche Erfüllung.

Das unangenehme Gefühl, das ihn befallen hatte, verstärkte sich, und er schalt sich voreilig, hitzköpfig und ehrpusselig. Wilde Rachegelüste wie die, die er bisher gehegt hatte, gehörten zur Gefühlspalette des Pöbels. Er aber war ein zivilisierter, gebildeter Mann und hätte die Pflicht gehabt, sich auch als solcher zu verhalten.

Er nahm sich vor, mit diesem Professore zu sprechen, sobald Editha und ihr Ehemann aus den Ferien zurück wären und er den Namen des Mannes erfahren konnte.

Stefano warf einen Schein auf das rot karierte Tischtuch, nahm die Tüte mit den Erdbeeren, klemmte vorsichtig die Schachtel mit den Eiern unter den oberen Teil des amputierten Arms und trat den Rückweg in die Orlandi-Villa an, in der Olivia im Schatten der Veranda auf einer Ottomane lag und das Ende ihrer Schwangerschaft herbeisehnte.

54 Angela Orlandi hasste Madeira von ganzem Herzen. Zwar war das Areal der schönen Blumeninsel im Atlantik mit knapp achthundert Quadratkilometern ein relativ großes Gefängnis für sie, doch es blieb immer noch ein Gefängnis, und ihr Aufenthalt hier dauerte nun schon beinahe ein halbes Jahr. Sosehr der italienische Konsul, ein fröhlicher, hünenhafter Mann um die sechzig, der den starken Wein des Landes und Zigarren aus Sumatra liebte, und seine Frau, die ihm nicht nur an Körpergröße, sondern auch an Heiterkeit und Temperament beträchtlich unterlegen war, sich um sie zu kümmern versuchten: Angela vegetierte mehr dahin, als dass sie lebte. Was ein schrecklicher Zustand für eine junge Frau ihres Alters war.

Zu Angelas Zorn hatten die leidenschaftlichen Stunden mit Paolo Pasqualini nichts als quälende Sehnsucht in ihrem Leib hinterlassen; kein Kind, mit dem Sofia Orlandi zu erpressen gewesen wäre.

Die Briefe ihrer Mutter las Angela nur, um vielleicht doch zu erfahren, ob ihr Liebster sich nach ihr erkundigt habe. Der Illusion, Sofia würde Briefe von ihm, sofern solche eingetroffen waren, an sie weiterleiten, erlag Angela nicht.

Sie kannte ihre Mutter, deren egozentrische Art und ihre Sturheit, wenn sie sich etwas in den Kopf gesetzt hatte. Das Einzige, was Angela immer wieder beschäftigte, waren die Gründe für die Abneigung ihrer Mutter gegen Paolo Pasqualini. Solche Gründe musste es geben, dessen war sich Angela sicher.

Eines Tages, und auch dies wurde ihr hier auf Madeira zur Gewissheit, würde sie Sofia zwingen, ihr diese zu nennen.

Tante Serafina konnte ihr nichts anderes schreiben als krakelige Grüße als Postskriptum unter Sofias Zeilen. Die familiär verbreitete Gicht hatte inzwischen auch sie befallen und nahezu hilflos gemacht. Sofia hatte, wie sie Angela mitteilte, eine Pflegerin einstellen müssen, da die alte Frau meist bettlägerig war.

Manchmal, wenn Angela in dem schönen, über dem Hafen gelegenen Park spazieren ging – das Haus der Konsulfamilie war nicht weit davon entfernt – und die Schiffe sah, die aus aller Welt eintrafen und wieder ausliefen, fürchtete sie, den Verstand zu verlieren. Allerdings war sie zu sehr Realistin, als dass sie versucht hätte, sich als blinde Passagierin davonzumachen.

Ihre Waffe musste das Durchhalten sein. In etwas mehr als einem Vierteljahr würde sie volljährig werden. Ab diesem Zeitpunkt stand ihr zumindest das Erbteil ihrer Großmutter Orlandi zu, und sie unterließ es keinen Tag, für Odilia zu beten. Als Dank dafür, dass sie Angela – wenn auch in völliger Unkenntnis – durch ihr großes Vermächtnis den Schlüssel aus diesem blumenbewachsenen Getto geschmiedet hatte. Denn Angela kannte ihren Bruder Stefano, und *Stefano* war inzwischen der Chef der Familie und Herr über Gelder und Werft.

Stefo mochte heißblütig sein, aber er war ein Ehrenmann. Er würde ihr ein rechtmäßig zustehendes Erbe nicht vorenthalten; auch nicht bei größten Bedenken, was die Verwendung betraf.

Ein Brief, in dem sie ihn bat, ihr Vermächtnis liquide zu machen, war bereits auf einem der Mazone-Orlandi-Schiffe in Richtung Neapel unterwegs, und Angelas Arretierung hatte ein absehbares Ende: Am 21. März 1937 würde sie einundzwanzig Jahre alt und damit volljährig werden. Das Aufenthaltsbestimmungsrecht ihrer Mutter war damit beendet, und Angela konnte tun und lassen, was sie wollte.

Gleich in den ersten Wochen ihres Daseins auf dieser Insel hatte sie – unabhängig von allen Liebesgefühlen – Pläne für ihre Zukunft gefasst. Sie hatte sich der anspornenden Worte der Contessa Vibaldi und ihrer diversen Musiklehrer entsonnen und nach Noten verlangt, denn in der Villa des Konsuls gab es einen Konzertflügel.

Täglich übte sie mehrere Stunden; morgens alleine, und an zwei Nachmittagen in der Woche kam, nach einer Vermittlung durch den Konsul, der auch als Dolmetscher fungierte, der Kantor der Bischofskirche in Funchal, um sie in Gesang zu unterrichten.

Der freundliche, alte Geistliche hatte Angelas Begabung sofort erkannt und gab sich die größte Mühe mit ihr. Er hatte sie auch aufgefordert, im Domchor mitzusingen.

Es waren Angelas schönste Stunden auf dieser Insel, während der Sonn- und Feiertage am Kirchengesang mitzuwirken; zuerst als Chormitglied, später sogar einige Male als Solistin. Alle Gesänge erfolgten ausschließlich in lateinischer Sprache, was Angela keinerlei Mühe bereitete.

Bei den verschiedenen Gesellschaften, die die Konsulfamilie und ihre Freunde zu Angelas Ehren gaben, lächelte sie jedes Mal dankbar und setzte sich dann, mit gespielter Schüchternheit und unter dem Vorwand nicht vorhandener Sprachkenntnisse, zu den älteren Damen.

Sie hatte nicht die geringste Lust, irgendwelche heiratsfähigen Männer kennenzulernen. Diese Haltung strahlte sie so eindeutig ab, dass sich auch keiner um sie bemühte.

Selbst die portugiesische Sprache interessierte sie nicht. Angela wollte nichts anderes, als diese Insel wieder verlassen. Sie konnte den Tag, an dem dies möglich sein würde, kaum mehr erwarten.

Editha Rigotti hatte ihr gleich in den ersten Wochen ihres Aufenthalts geschrieben, und *diesen* Brief hatte Sofia Orlandi weiterbefördert. Er enthielt die Schilderung des Todes von Edithas Schwiegervater, der an Ferragosto beim Abendessen erstickt war, nachdem sich eine Fischgräte in seine Luftröhre verirrt hatte. Emilio hatte sich nach langen Diskussionen mit seinem älteren Bruder, der ebenfalls Jurist war, darauf geeinigt, die väterliche Kanzlei in Bari allein zu übernehmen. Der erstgeborene Rigotti nämlich wollte nach Amerika auswandern, was zu Lebzeiten des Vaters undurchführbar gewesen wäre.

So lebten die Rigottis jetzt in Bari, und Editha konnte, was Professore Paolo Pasqualini betraf, nichts anderes berichten, als dass er der Universität in Neapel ein Schreiben gesandt hatte, in dem er seine Demissionierung vermeldete.

Egal, hatte sich Angela im Stillen gesagt. Eine Liebe wie die ihre würde nicht einfach verloren gehen oder sich mit der Zeit auflösen, wie ihre Mutter dies hoffte. Paolo und sie würden sich wiederfinden, so sicher wie die Nacht dem Tag weichen musste.

Von jedem ihrer langen Spaziergänge brachte Angela etwas mit: einen glitzernden Stein, eine Muschel, die verlorene Feder eines Vogels, eine besonders schöne Blüte, die sie zwischen Löschpapier legte und in einem der Gesetzbücher des Konsuls presste. Sie verwahrte diese Dinge in einem Holzkasten, und immer wieder stellte sie sich vor, wie Paolo und sie diese Gegenstände eines Tages ihren gemeinsamen Kindern zeigen würden. Als Erinnerungsstücke an die Zeit, in der sie während ihrer jungen Liebe getrennt gewesen waren und so sehr darunter gelitten hatten.

## 55

**55** Jeder Tag, der Angelas Rückkehr näher brachte, erfüllte Sofia Orlandi mit größerer Nervosität. Es war völlig klar, was danach geschehen würde: Angela würde sich zuerst das Erbe der alten Odilia auszahlen lassen und sich danach auf die Suche nach ihrem Liebhaber machen.

Oft schon hatte Sofia über ihre spontanen Handlungen nach

dem Zusammentreffen mit diesem »Paolo« Pasqualini nachgedacht. Sie konnte es drehen und wenden, wie sie wollte: Sie hatte absolut richtig gehandelt – es konnte und durfte nicht sein, dass der Sohn der schwäbischen Hexe und ihre Tochter ein Paar wurden.

Natürlich waren sie nicht miteinander verwandt; Angelas Vater war eindeutig Sandro, das war nicht der Punkt. Es gab zwei andere wichtige Gründe. Und der erste betraf sie selbst, Sofia Orlandi.

Sofia stellte sich ein familiäres Zusammentreffen vor, anlässlich einer Hochzeit womöglich: dieser Paul, Stefanos »schwäbischer Sohn«, sein Zwillingsbruder Peter, der ihm glich wie ein Ei dem anderen, und Stefanos »italienischer Sohn«, *ihr* Stefano, alle vereint in einem einzigen Raum!

Jedem der Anwesenden würde die starke Ähnlichkeit dieser drei Männer sofort ins Auge springen. Und die Lüge ihres Lebens wäre entdeckt. Nichts könnte mehr verhindern, dass sie die Sünde dieser vorehelichen Nacht und allen nachfolgenden Betrug würde gestehen müssen.

Ihre Reise als junge Witwe ins Schwäbische käme ebenso zur Sprache wie der Nachmittag in dieser Gastwirtschaft. Sie und diese Anna, die beiden Frauen Stefanos, würden es nicht unterlassen können, sich gegenseitig die Schuld für seinen Tod in die Schuhe zu schieben. Lauthals, mit Geschrei und Beschimpfungen, im Angesicht der gesamten Verwandtschaft würde dies geschehen, darüber machte Sofia sich nicht die geringsten Illusionen.

Allein die Vorstellung dieser Szene war so grässlich, dass Sofia jedes Mal der Schweiß ausbrach, wenn sie daran dachte. Sie hatte noch nie als Mutter geglänzt, das war ihr bewusst. Nach einem derartigen Skandal aber wäre sie abgestempelt als Sünderin, als Betrügerin, als Ehebrecherin.

Die Gesellschaft der oberen Zehntausend Süditaliens duldete viel, solange sich alles hinter intakten Fassaden abspielte. Wurde es aber öffentlich, so setzte der bewährte Mechanismus der Scheinheiligkeit und des Pharisäertums ein. Sie würde verlacht und verachtet. Ihre Kinder und Enkel würden sich ihrer schämen, ihre Freunde würden sie verleugnen und ignorieren, alle würden sich von ihr abwenden.

Sie wäre ausgegrenzt, erledigt, ein für alle Mal.

Deshalb war vollkommen klar, was ihr Ziel sein musste: Die alten Geschichten durften niemals ans Tageslicht kommen, und schließlich ging es ja auch nicht nur um sie allein. Der Ruf der Familien Mazone und Orlandi stand auf dem Spiel, und dies waren höhere Güter als Angelas Glück.

Was war es denn schon, dieses sogenannte Glück, wenn sie jetzt, mit sechsundvierzig Jahren, zurückblickte? Ein kurzer Traum, der wie ein alterndes Tuch immer dünner, löchriger und bleicher zu werden schien.

Zu wenig Glück jedenfalls, um nach einem Zeitraum von nahezu dreißig Jahren eine so mächtige Zeche dafür zu zahlen.

Sofia dachte an ihren Vater Archangelo und dass auch dieser, obwohl er sie geliebt hatte, damals dynastische Erwägungen über ihre Bitten gestellt hatte, und sie sah sich dadurch in all ihren bisherigen Handlungen bestätigt.

Der zweite Grund aber, und vor sich selbst konnte Sofia sich dies eingestehen, waren immer noch wild wuchernde Eifersucht und glühender Hass auf diese rothaarige Frau, die Stefano dazu gebracht hatte, mit ihr die Ehe einzugehen. Der Gedanke, diese Hexe könne über sie triumphieren, weil es nun auch noch ihrem Sohn gelungen wäre, sich ihrer, Sofias Tochter zu bemächtigen, brachte ihr Blut mehr in Wallung als alles andere.

Die negativen Gefühle, so schien es Sofia manchmal, waren stärker und andauernder als die positiven. Vielleicht hing es auch damit zusammen, dass sie, die beiden Frauen Stefanos, sich noch in dieser Welt befanden, er aber bereits seit Langem im jenseitigen Leben war.

Wie immer es sein mochte, jedenfalls war sie, Sofia Orlandi, gewillt, alles, aber auch alles zu tun, um die Ehe, die ihrer Tochter Angela vorschwebte, nicht zustande kommen zu lassen.

Viele Nächte lang grübelte Sofia darüber nach, wie dies zu bewirken sei. Was Angela dazu bringen könne, sich von diesem Mann abzuwenden, und zwar endgültig. Denn die rasch erfundene Geschichte, ihr Liebhaber sei im Ausland verheiratet, glaubte sie ihr natürlich nicht, verliebt wie Angela war.

Sofias Erleuchtung kam aber nicht in der Nacht, sondern während eines Einkaufsbummels in der Stadt, an einem sonnigen, kühlen Tag Ende Dezember.

Wie vom Blitz getroffen blieb Sofia vor dem Schaufenster stehen, das ihr zu ihrer Idee verholfen hatte.

Und gleich am folgenden Tag begann sie zu handeln.

Noch war der Plan auf eine Hoffnung gestützt, doch wenn er gelingen sollte, und es *musste* ganz einfach so sein, wäre er das probate Mittel, diesen »Professore« Pasqualini ein für alle Mal aus Angelas Herz und Kopf zu vertreiben …

**56** Der Abschied Serafina Mazones aus dieser Welt verlief undramatisch und unspektakulär. Eines Morgens war sie ganz einfach nicht mehr erwacht.

Ihre Miene zeigte einen friedlichen Ausdruck; ein leicht ironisches Lächeln umspielte ihr altes Gesicht.

Während der Geistliche die Totengebete sprach und die rasch aufgestellten Kerzen auf dem Nachttisch vom Schall seiner kräftigen Stimme zu flackern begannen, überlegte Sofia, ob es in der jenseitigen Welt wohl ein Wiedersehen mit dem Kardinal geben würde und wie ein solches vonstattengehen könnte.

Alsbald fiel ihr Stefano ein und wie dieser sich wohl verhalten würde, wenn ihm eines Tages im Jenseits sowohl die italienische Sofia als auch die deutsche Anna begegnete.

Dann erinnerte sie sich daran, dass sie selbst Gott nach Stefanos Unglück verdammt und ihm abgeschworen hatte; dass er sich daran wohl erinnern würde und ihr womöglich den Eintritt ins Paradies verweigern werde.

Sie überlegte entsetzt, dass diese rothaarige deutsche Person womöglich frömmer war als sie selbst und deswegen an ihr vorüber in die Arme des Ehemanns ziehen würde; ein Gedanke, der Sofia so erschreckte, dass sie vorübergehend die Trauer um ihre Tante vergaß.

Nun gut, noch lebte sie und war handlungsfähig.

Sie würde die Sache mit Angela in die richtigen Bahnen lenken, danach hatte sie ausreichend Zeit, die Sünden ihres Lebens zu bereuen und Buße zu tun. Schließlich war sie erst sechsundvierzig Jahre alt, während die verstorbene Serafina im siebenundsiebzigsten Lebensjahr gestanden hatte.

Wann eigentlich hatte die Tante begonnen, sich mit Gott wieder auszusöhnen und die Religion neu zu entdecken? Vor etwa fünfunddreißig Jahren musste das gewesen sein, rechnete Sofia sich aus, mit Anfang vierzig demnach.

Ach was, es wird auch später noch reichen, dachte Sofia, obwohl sie eigentlich genug hatte von den Liebschaften, seitdem Guido Paletto sie einer Jüngeren wegen verlassen hatte.

Sie schreckte aus diesen Gedanken auf, als sie den vorwurfsvollen Blick des Geistlichen bemerkte. Sie hatte es unterlassen, die notwendigen Responsorien auf seine Litaneien von sich zu geben.

»Bitte für sie«, sagte Sofia daher rasch und bemühte sich, keine weiteren Fehler zu machen.

Endlich war der Kaplan fertig mit seinem Singsang.

Sofia wies die alte Köchin an, ihm einen Imbiss zu reichen, und blieb mit der Toten allein. Sie wusste, wie sehr Serafina sie und ihre Kinder geliebt hatte. So gut es ihr möglich war, hatte Sofia auch versucht, dieses Gefühl zurückzugeben. Sie dankte der Verstorbenen in einem stummen Monolog für alle Mühe und Zuwendung. Dann drückte sie, ohne Scheu zu verspüren, noch einen Abschiedskuss auf die Wangen der Tante und streifte, wie die Alte es viele Male von ihr verlangt hatte, die Ringe von ihren Fingern. Sie nahm den Brillantring und den mit der großen Südseeperle an sich. Den Ring mit dem Sternrubin aber legte sie in eine Schatulle, um ihn für Angela aufzubewahren, der er zugedacht war.

Ohne je fragen zu müssen, hatte sie immer gewusst, dass dieses Schmuckstück ein Geschenk des Kardinals gewesen war. Er war ein Symbol für unerfüllbare Liebe, dachte Sofia.

Und würde erneut eines werden.

Denn ihre Tochter würde alles zusammen erhalten, wenn sie zurückkehrte: das wertvolle Schmuckstück wie auch den Beweis dafür, dass Paul Pasqualini in Deutschland die Ehe geschlossen hatte, und zwar lange bevor er Angela Orlandi kennengelernt hatte.

# TEIL DREI

1 Am 22. April 1937 kehrte Angela nach Neapel zurück. Es war ein Donnerstag, und da sie niemandem den Zeitpunkt ihrer Ankunft mitgeteilt hatte, wurde sie auch nicht erwartet.

Angela nahm einen Lohnwagen und wurde von der alten Köchin Gloria empfangen wie eine Königin, die aus dem Exil zurückkehrt.

»Ihre Mutter ist oben und macht eine Siesta, Signorina«, berichtete die Alte und watschelte zur Treppe. »Ich werde sie sofort aufwecken!«

»Lass nur, Gloria«, hielt Angela sie davon ab. »Ich mache das selbst!«

Langsam ging Angela die Treppe nach oben.

Das Haus kam ihr fremd vor, fremd, kalt und seelenlos. Beinahe wünschte sie sich in ihr Blumengarten-Gefängnis zurück, wo wenigstens die dröhnende Fröhlichkeit des Hausherrn die Räume erfüllt hatte.

An der Tür des Schlafzimmers ihrer Mutter blieb sie stehen und klopfte.

»Komm herein, Angela«, rief Sofia sofort.

Sie schien die Siesta bereits beendet zu haben.

Angela öffnete die Tür und sah sich ihrer Mutter gegenüber. Sofia Orlandi saß, in ein bequemes Hausgewand gekleidet, in ihrem Polstersessel und hielt ein rotes Kästchen in der Hand.

»Ich habe dich schon gehört, als du vor dem Haus mit dem Fahrer gesprochen hast«, verkündete sie, ohne dem einen Willkommensgruß vorauszuschicken. So, als ob Angela gerade einmal zwei Stunden in der Stadt gewesen sei.

»Guten Tag, Mutter«, sagte Angela daraufhin betont steif.

»Ich weiß nicht, ob das ein guter Tag für uns alle sein wird«, erwiderte Sofia. Dann stand sie auf und reichte ihrer Tochter das Kästchen. »Ein Souvenir für dich von Tante Fina«, erklärte sie.

Angela hatte einiges erwartet, doch nicht diese brüske Art der Begrüßung. Die Monate der Trennung schienen, was sie selbst betraf, die Stimmung ihrer Mutter in keiner Weise verändert zu haben.

Sofia Orlandi machte den Eindruck, als ob sie eine lästige Szene möglichst rasch beenden wolle, die das Wiedersehen mit Angela für sie offenbar bedeutete.

Ein wenig verwirrt klappte Angela den Deckel des Kästchens auf.

Auf einem weißen Samtpolster lag der Sternrubin Serafina Mazones, den diese, solange sich Angela erinnern konnte, stets am Ringfinger der linken Hand, dem sogenannten Herzfinger getragen hatte.

»Schade, dass ich ihr nicht mehr dafür danken kann«, sagte Angela. Ein Kloß der Traurigkeit bildete sich in ihrem Hals. Sie hatte Mühe, ihn und die Tränen hinunterzuschlucken.

»Du wirst *mir* danken dürfen«, tönte Sofia Orlandi mitten hinein in diese Bemühungen. »Denn auch ich habe dir etwas zu geben.«

Sie ging zu ihrer Kommode und zog eine der Schubladen heraus. Als sie zurückkam, hielt sie ein Bild in der Hand. Es war auf einen steifen Karton aufgezogen und zeigte ein Hochzeitspaar.

Die Braut war jung und frisch, wenn auch nicht besonders hübsch. Der Bräutigam aber …

Alles Blut wich aus Angelas Gesicht. Unvermittelt hatte sie das Gefühl, als ob sie keine Knochen mehr besäße.

Sie sank auf die Bettkante ihrer Mutter und starrte lange und wortlos auf die Fotografie, sog jedes Detail in sich ein.

Danach drehte sie das Bild um und betrachtete die Rückseite.

Sie erkannte einen Geschäftsstempel, auf dem zu lesen war: »Fotogeschäft Reinhold Müller, Wisslingen-Halberhof«.

Darunter war in einer steilen und sehr ordentlich wirkenden Handschrift notiert: »Hochzeit P. Pasqualini und A. Heinzmann, Juni 1933, Nr. 067«.

»Woher hast du das, Mutter?«, fragte Angela schließlich.

»Ich habe jemanden beauftragt, Nachforschungen anzustellen, nachdem du dich ja geweigert hattest, mir Glauben zu schenken.«

Guido Paletto mochte flatterhaft sein, was das weibliche Geschlecht anbetraf, in diskreten Angelegenheiten aber war er ein Mann, auf den man sich verlassen konnte.

Nachdem ihr vor dem Schaufenster des Fotografen die Idee gekommen war, der Zwillingsbruder des Professore könne ja womöglich verheiratet sein, und sie sich an die frappierende Ähnlichkeit der beiden deutschen Söhne Stefanos lebhaft erinnerte, hatte sie den Versuch gewagt, ihre falsche Behauptung doch noch zu »beweisen«.

Geld dafür einzusetzen war für sie kein Problem, und tatsächlich war der Student der Germanistik, den Guido aufgetan hatte, erfolgreich aus Württemberg zurückgekehrt.

Es war ein Kinderspiel gewesen, hatte er berichtet, denn im ganzen Bereich dieser Ortschaft Wisslingen gab es nur einen einzigen Fotografen, und dieser führte gewissenhaft sein Archiv.

Sofia hatte trotz aller Hoffnung kaum fassen können, wie einfach sich ihre Intrige gestaltete.

Jetzt konnte sie die verheerende Wirkung des Bildes auf ihre Tochter betrachten.

Angela tat ihr leid, aber es gab keinen anderen Ausweg.

Lange schwiegen sie beide.

»Kann ich das Bild behalten?«, fragte Angela endlich.

Sofia zögerte einen kleinen Moment, danach aber nickte sie.

Sie kannte ihre Tochter.

Angela war viel zu stolz, um diesen Mann zu stellen und ihm Vorwürfe zu machen. Außerdem wusste sie vermutlich genauso wenig wie sie selbst, wo er sich derzeit befand.

Angela behielt das Bild in der Hand und erhob sich.

»Was wirst du jetzt machen?«, erkundigte sich Sofia, obwohl sie sicher war, dass sich Angela nach dieser vermeintlichen Enthüllung gerne in die Vertrautheit ihres Elternhauses zurückziehen würde.

Der Schmerz und die Enttäuschung würden sie eine Weile quälen – vielleicht auch eine längere Weile. Dann aber würde die Kraft der Jugend sich wieder behaupten. In einem, spätestens in zwei Jahren würde sich dann ein Mann finden, der Angela auf andere Gedanken brachte und in ihre Welt passte.

Der nicht alles durcheinanderbringen würde, was die Mazones und die Orlandis in vielen Generationen aufgebaut hatten.

Und der auch ihr, Sofia Orlandis Leben nicht zerbrechen und in den Schmutz ziehen würde. Stattdessen würde sie mit der jungen Familie ihrer Tochter zusammenwohnen und jetzt, wo die Leidenschaften ihrer frühen Jahre sie verlassen hatten, eine gute Mutter, Schwiegermutter und Großmutter werden.

Und auch ihren Frieden mit Gott würde sie machen. Gleich nachdem alles zufriedenstellend geregelt wäre.

»Ich werde nach Rom ziehen und dort meine Gesangsstudien fortsetzen«, sagte Angela da in ihre Gedanken hinein.

»Das kann doch nicht dein Ernst sein, Angela«, rief Sofia, jetzt ihrerseits schockiert. »Ich bin dagegen – und dein Bruder sicherlich auch!«

»Das mag sein, Mutter«, erwiderte Angela erstaunlich ruhig. »Aber ich muss niemanden fragen. Ich werde das tun, was mir richtig erscheint.«

Danach stand sie auf und ging, die Fotografie in der einen, das Kästchen mit dem Sternrubin in der anderen Hand, aus dem Zimmer. Sie stieg die Treppe hinab und dachte sehr bewusst dabei, dass dies das letzte Mal sein würde.

Angela Orlandi hatte nicht die Absicht, jemals wieder hierher zurückzukehren.

In der Halle, wo noch ihr Gepäck stand, blieb sie an dem Schränkchen stehen, auf dem der Telefonapparat stand. Sie nahm den Hörer ab und ließ sich mit dem Taxidienst verbinden.

Kaum eine halbe Stunde später hatte sie die Villa wieder verlassen.

Sofia hatte Angelas Abgang vom Flur der Galerie aus betrachtet. Es wäre vergebliche Liebesmühe, sie jetzt aufhalten zu wollen, dachte sie. Und dass der Trotz ihrer Tochter eine solche Reaktion wohl verlange. In ein paar Wochen, wenn sie wieder ruhiger geworden war, würde sie zurückkommen.

Es erschien ihr dies als zwingende Konsequenz, denn Angela hatte bisher ja stets ein Leben geführt, das behütet gewesen war. Von ihrer Familie und in den vergangenen Monaten durch die fürsorgliche Gastfreundschaft des Konsuls.

In Rom aber hatte sie für sich selbst zu sorgen, und sie kannte dort keinen einzigen Menschen. Angela war ein unerfahrenes, unselbstständiges junges Mädchen. Die Einsamkeit in einer großen Stadt und die Abweisung der römischen Gesellschaft, die sich selbst genügte, wie Sofia wusste, würde sie rasch in den gewohnten Lebenskreis zurücktreiben.

Sie, Sofia Orlandi, hatte nichts anderes zu tun, als zu warten, bis die Dinge sich wieder einrenkten.

2 Natürlich war Angela voller Befürchtungen, als sie wenige Wochen später in Rom eintraf.

Bald aber konnte sie feststellen, dass ein gut gefüllter Geldbeutel und ein beruhigend hoher Kontostand das Abenteuer ihres neuen Lebens beträchtlich abpolsterten. Zumal ihr Stefano, ohne weitere Vorwürfe zu machen, eine beträchtliche Hilfe gewesen war.

»Um eine angemessene Wohnung werde *ich* mich kümmern«, hatte er ihr versichert – und sein Wort auch gehalten.

Im Mietshaus seines Geschäftsfreundes bewohnte sie nun eine halbe Etage: drei große, lichtdurchflutete Zimmer mit hohen Stuckdecken im zweiten Obergeschoss des Gebäudes. Das Mobiliar hatte sie erst einmal von der verstorbenen Vormieterin, einer entfernten Verwandten des Hausbesitzers, übernommen. Es besaß einen morbiden Charme und vermittelte Angela den Eindruck, in einem Museum zu wohnen. Sie nahm sich vor, mit der Zeit den größeren Anteil der Möbel auszutauschen, nicht aber das Klavier. Es stammte vom spanischen Hoflieferanten und hatte, wie Angela bereits beim ersten Ausprobieren festgestellt hatte, einen bemerkenswert schönen Klang.

Angela putzte, kaufte und räumte.

Wenn sie am Abend müde war, legte sie sich ins Bett und las.

Sie las wahllos alles, was ihr gerade in die Hände fiel.

Die Bestände der verstorbenen Vormieterin waren beträchtlich.

Romane allerdings legte Angela rasch wieder beiseite; sie floh die fremden Gefühlswelten genauso wie ihre eigene.

Sie las Reiseerzählungen, Geschichtsbücher, verstaubte Biografien, Pflanzenbestimmungsbüchlein, Gedichte und nordische Sagen, pädagogische Werke und religiöse Traktätchen, deren es unzählige gab. Sie verfuhr mit diesen Druckwerken wie ein Schwerkranker mit seiner Medizin: Bei einsetzenden Schmerzen konsumierte sie eine große Menge davon.

Sie durfte nicht nachdenken, denn würde sie sich dieses erlauben, verlöre sie wohl den Verstand!

Dennoch sah Angela, wohin sie auch schaute, wie in balkengroßen Lettern immer und überall das eine Wort: »Warum«.

Warum hatte Paolo sie belogen?

Warum hatte er nie diese Ehe erwähnt?

Warum hatte er überhaupt seine deutsche Familie verlassen und war nach Italien gekommen?

Warum hatte er ihr Hoffnungen gemacht?

Warum hatte er erlaubt, dass sie gemeinsame Zukunftspläne entwarfen?

Warum hatte er ihr die Ehe angetragen, wenn er doch schon verheiratet war?

Warum hatte sie nie auch nur ansatzweise Verdacht geschöpft?

Warum und wie war es Paolo gelungen, sich nie, auch nur mit einer noch so winzigen Bemerkung, zu verraten, sich zu versprechen?

Es gab noch unzählige weitere »Warums«, und für keines von all diesen hatte sie eine andere Antwort, als dass er ein Lügner und ein Betrüger war.

Erneut griff sie nach dem Buch, um ihre Gedanken im Meer der Worte zu ertränken.

Morgen würde sie Ludovica Agnelli aufsuchen, um sich bei

ihr um Gesangsstunden zu bewerben. Was bisher die Buchstaben in den Büchern verhindert hatten, würden künftig die Noten und die Musik übernehmen müssen.

Die Liebe ihres Lebens war zerbrochen.

Nun musste sie zusehen, dass ihre Begabung sie trug.

Sie wollte und sie würde Sängerin werden. Eine Sängerin, von der man sprach und der man Bewunderung zollte.

Warum sonst, fragte Angela sich, und diesmal versagte die gedruckte Arznei, *warum* sollte sie sich andernfalls überhaupt noch die Mühe machen zu leben?

**3** Ludovica Agnelli war eine Walküre. Sie glich einer bekleideten Tonne, doch ihr volles Gesicht mit den dunklen, lebhaften Augen war immer noch erstaunlich hübsch. Ihre langen, pechschwarzen Haare, die sie offen trug, reichten weit über die Schultern. Obwohl die Frau bereits Anfang sechzig sein musste – so genau wusste es niemand –, wiesen sie keine einzige graue Strähne auf.

»Was nicht die Kunst eines Figaros ist, sondern eine Gnade der Natur«, betonte Ludovica, als sie Angelas bewundernden Blick fühlte. »Nun, meine Liebe, dann lassen Sie mich einmal hören. Was haben Sie sich vorgenommen zu singen?«

»Das ›Jubilate‹ aus der ›Marienvesper‹ von Mozart?«, schlug Angela ein wenig verlegen vor, denn ihr geringes Repertoire bestand, des Kantors von Funchal wegen, hauptsächlich aus *geistlichen* Gesängen.

Ein ironisches Lächeln kräuselte die Lippen der alternden Diva.

»Nur nicht bescheiden, aber so ist die Jugend«, kommentierte sie Angelas Absicht, schlug aber, ohne nach Noten suchen zu müssen, auf ihrem Flügel sofort die richtigen Akkorde für die Begleitung an.

Sie improvisierte ein kurzes Vorspiel, um Angela ein wenig von ihrer Nervosität zu nehmen, und gab ihr dann ein Zeichen zum Einsatz.

Zu Beginn sang Angela schüchtern und eher verhalten, doch ein aufmunternder Blick Ludovicas spornte sie an. Sie überwand die kritische Stelle, die der Kantor immer wieder mit ihr geübt hatte, ohne Probleme und traf das hohe C, das in der Vergangenheit manchmal etwas dünn ausgefallen war, mit voller Stimme.

Als sie geendet hatte, spielte Ludovica eine kleine Sequenz lang weiter, als ob sie einen musikalischen Kommentar abgeben wolle.

Dann schaute sie Angela an. »Wie lange singst du schon?«, fragte sie, wobei sie unvermittelt zum Du wechselte.

»Seit ich zwölf Jahre alt bin«, erwiderte Angela, die jetzt, als es vorüber war, von heftiger Angst ergriffen wurde.

»Du hattest keine guten Lehrer«, befand die berühmte Sängerin ungnädig. »Man sollte die Verantwortlichen dafür bestrafen.« Sie stand auf und begann plötzlich zu schreien: »Ins Gefängnis stecken sollte man sie dafür. Wie alt bist du jetzt?«

»Einundzwanzig«, stammelte Angela verwirrt.

Die Diva wogte durch den Raum, wobei ihre Gewänder wild flatterten. Sie murmelte zornige Sätze in einer Sprache, die Angela nicht verstand, worauf sie sich erinnerte, dass Ludovica im rätoromanischen Raum aufgewachsen war.

»Du hast eine sehr schöne Stimme«, sagte sie dann, blieb vor Angela stehen und musterte sie mit stechendem Blick. »Das ist die Voraussetzung für eine Karriere, allerdings nur die Hälfte der Sache!« Ihr Blick wurde noch intensiver. »Du bist sehr hübsch. Hast du einen Bräutigam?«

»Nein«, erwiderte Angela reserviert.

»Aber die Männer steigen dir nach, vermute ich mal, oder irre ich mich da?«

Angela presste die Lippen zusammen. Was hatte diese Frau ihr Privatleben zu kümmern? Sie schien ziemlich taktlos zu sein!

Ein grimmiges Lächeln erschien um den Mund der Diva.

»Ich weiß, was du denkst, meine Liebe. Aber ich frage dich das nicht aus Neugier, sondern weil ich es ablehne, meine Kräfte in ein Unterfangen zu investieren, wenn es von Anfang an zum Scheitern verurteilt ist. Die Kunst ist sehr eifersüchtig. Sie duldet keine Konkurrenten. Das musst du dir klarmachen, bevor wir beginnen. Du musst dich entscheiden: Entweder du stellst den Gesang vor alles – auch vor eine Partnerschaft, selbst vor eine Ehe –, oder du hast keine Chance, aus dem Mittelfeld herauszukommen. Viele haben schon versucht …«

Die Stimme der Lehrerin bekam einen ironischen, fast einen höhnischen Klang, als sie fortfuhr zu sprechen: »… zweigleisig zu fahren, doch sie sind gescheitert. Alle. Also, wie steht es, mein Kind?«

Angela hob den Kopf und sah in die glitzernden schwarzen Augen der Alten, die sang wie ein Engel.

»*Gut* steht es, Donna Ludovica«, stieß sie trotzig hervor. »Ich hab genug von den Männern. Genug für ein ganzes Leben!«

Plötzlich begann das Fass zu beben.

Wie die Wellen im Tyrrhenischen Meer wogten die Stoffschichten um sie herum, und ihr Lachen war schallend und perlend zugleich. Sie warf den Kopf hin und her, worauf die glatte schwarze Haarfülle durch die Luft flog wie Gräser im Sturm.

Über die faltenlose Haut ihrer Wangen liefen die Lachtränen. Es dauerte eine ganze Weile, bis der Lachkrampf wieder verebbt war.

Dann hob Ludovica ihre Hand, die erstaunlich schmal war, und strich mit ihren weißen Fingern über Angelas Haar.

»Du bist herrlich naiv, mein Kindchen, aber ich glaube, wir werden uns gut verstehen.«

»Das würde mich freuen, Donna Ludovica.«

Als Angela wieder gegangen war, setzte sich die Sängerin an den Flügel zurück.

Die Kleine hat Talent, so viel ist sicher, dachte sie. Aber sie war, wenn der Anschein nicht trog, mit einem goldenen Löffel im Munde geboren worden. Solche Menschen waren in aller Regel weich und brachten nicht die notwendige Selbstdisziplin auf. Nun ja, dachte die alternde Frau hoffnungsvoll, vielleicht hat der Trottel, der der armen Kleinen das Herz gebrochen hat, und dass so etwas geschehen war, daran bestand keinerlei Zweifel, unabsichtlich ein gutes Werk getan und ihren Ehrgeiz geweckt.

Ihr, Ludovica Agnelli sollte es recht sein. Sie hatte ihre aktive Laufbahn beendet, und als Lehrerin lebte sie vom Triumph ihrer Schüler.

Es mochte zehn Jahre her sein, seitdem sie zuletzt eine vergleichbare Stimme gehört hatte. Sie glich, und das rührte Ludovica, ihrer eigenen in den Tagen, als sie noch jung gewesen war. Dieser Kantor auf der Insel Madeira musste dies ebenfalls erkannt haben, warum sonst hätte er die Kleine so entschieden zu *ihr* geschickt!

Ludovica wuchtete sich hoch und ging zum Sekretär, wo noch das Empfehlungsschreiben lag, das Angela Orlandi mitgebracht hatte. Sie las es erst jetzt und sah ihre Gedanken bestätigt.

»Ich habe Sie nur ein einziges Mal singen gehört, Signora, damals vor vielen Jahren, als ich in Rom studiert habe«, schrieb ihr der Kleriker. »Doch heute noch denke ich oft an dieses Erlebnis. Ich schicke deshalb Signorina Orlandi zu Ihnen. Wenn Sie ihre Stimme gehört haben, werden Sie wissen, warum!«

Ich werde diese Kleine zurechtfeilen, bis ihre Stimme ein Stilett ist, das in der Lage ist, jedes Herz aufzureißen, schwor sich die Diva. Mit jauchzender Kraft und betörender Süße soll sie die Welt erobern, nahm sie sich vor.

Denn anders als in ihren eigenen Zeiten konnte man das heutzutage, nachdem es einem Mann namens Emil Berliner bereits 1887 gelungen war, Musik und Stimmen zu konservieren. Man war nicht mehr nur auf Zuhörer angewiesen, die Opernsäle und Kirchen besuchten. Man konnte die schwarzen Scheiben aus Schellack auf Reisen schicken, an die abgelegensten Plätze der Welt, und Interessierte konnten sie dort in ihren Wohnräumen hören.

Ludovica Agnelli allerdings hatte nur einen einzigen derartigen Versuch gestattet. Als sie das Ergebnis ihrer Platte zu Gehör bekommen hatte, hatte sie verboten, das Produkt zu verbreiten.

Bis Angela Orlandi aber reif genug war, hatten sie sicher die Technik dieser Konservierung verbessert; Menschen verbesserten immerfort alles, was einmal erfunden war.

Und im Gefolge der Stimme Angelas würde man sich auch wieder der Lehrerin, der großen Sopranistin Ludovica Agnelli, erinnern.

Sie war nicht dazu verurteilt, vergessen zu werden, frohlockte die ehemals so Gefeierte und beschloss, ihr ganzes Können auf Angela zu übertragen.

4 »Do, re, mi, fa, so, la, ti, do – do, ti, la, so, fa, mi, re, do…«

»Gut, Angela!«, rief Ludovica. »Und jetzt eine Terz höher!«

Angela nickte und hangelte sich durch die lästigen Stimmübungen, mit denen jede ihrer Gesangsstunden begann.

»Da, da, di, da, da! In Moll jetzt: Da, da, di, da, da! Und auf ›la‹: La, la, li, la, la! B-dur bitte …«

Angela folgte den Befehlen der Lehrerin, die bei der Arbeit kein Pardon kannte und keinen Funken Humor aufzubringen imstande war.

»La, la, li, la, la!«, sang Angela und versuchte, die Verdrossenheit aus ihrer Stimme herauszufiltern, doch das Gehör Ludovicas war unbestechlich.

Sie drehte sich auf ihrem Klavierstuhl zur Seite, und Angela musste unwillkürlich an eine der Litfasssäulen denken, die sie in Rom erstmals gesehen hatte.

»Du magst das nicht, natürlich nicht. Kein Mensch kann solchen Gesängen etwas Lustvolles abgewinnen, aber es ist notwendig, mein Kind. Nur durch ständiges Üben und die Wiederholungen der Wiederholung wirst du eines Tages deine Stimme so einsetzen können und beherrschen wie ein Solist sein Instrument. Noch einmal, mein Liebes, nur Mut, du machst das sehr gut!«

Noch einmal von vorn.

Und wieder und wieder.

Das Wiederholen des Banalen fraß Angelas Zeit; dies und die Atem- und Sprechübungen, die Ludovica ihr verordnet hatte.

Jeder einzelne Tag begann damit, schon in aller Herrgottsfrühe.

»Du brauchst dich erst gar nicht anzuziehen«, hatte die Diva verlangt. »Das Nachthemd ist eine ideale Bekleidung dafür: Es engt dich nicht ein und schützt genügend vor der frischen Morgenluft. Du öffnest das Fenster und beginnst deinen Arbeitstag: Sechs Stunden täglich, das ist das Minimum!«

Erst die zweite Hälfte dieser sechs Stunden war dem Singen von Musikstücken vorbehalten.

Angela sang Volkslieder und Choräle, geistliche und weltliche Arien, Auszüge aus Opern und Operetten, französische Chansons, sie sang Lautmalereien, die aller Texte entbehrten, sie summte, brummte, schnalzte und jodelte.

Es gab nichts, aber auch gar nichts, das sich in Noten ausdrücken ließ, was Ludovica ihr nicht abverlangte.

»Du wirst das arme Kind zu Tode quälen«, schimpfte Benedetto Lacardo, ein früherer Partner der Starsopranistin, als er eines Tages unverhofft hereinschneite.

Ludovica schnaubte und sagte dann grob: »Verschwinde oder mach dich nützlich!«

Benedetto grinste und hob die Hände in einer dramatischen Pilatus-Geste, womit er andeuten wollte, dass er am drohenden Tod des »armen Kindes« unschuldig sei. Er verließ die Wohnung und stellte sich eine gute Stunde später mit einer größeren Anzahl Tüten wieder ein, um in der großen, unordentlichen Küche der Diva ein köstlich duftendes Mahl zuzubereiten.

Kurz bevor Angela, die den ganzen Tag über noch nichts zu sich genommen hatte, in die Küche laufen wollte, streckte er seinen imposanten Kopf durch die Tür und befahl: »Schluss jetzt, es wird gegessen!«

Ludovica, die mit nichts anderem gerechnet hatte, wuchtete sich augenblicklich hoch und wogte zur Küche. Sie schnappte eines der Weißweingläser, die Benedetto bereits gefüllt hatte, und nahm einen tüchtigen Schluck daraus. Ihre Zunge machte schmatzende Geräusche, während sie dem edlen Wein nachschmeckte.

»Fantastico«, rief sie danach zufrieden. »Wo hast du *den* denn aufgetrieben, mein Schatz?«

»Ich habe meine Quellen für solche Flüssigkeiten«, erwiderte Bene, wie der berühmte Tenor allgemein gerufen wurde. Auch er griff nach einem Glas, aber nur, um es an Angelas Mund zu führen.

»Trinke, mein Kind. Wenn man die Blume des Gesangs damit benässt, gedeiht sie prächtig. Ja, ja: Lächle nicht, sondern glaube einem alten Mann, wenn er seine Erfahrungen preisgibt.«

Angela lachte laut auf. Alles an Benedetto war eine Koketterie der Natur. Er war nicht nur groß, er war massig und muskulös wie eine Figur Michelangelos. Sein frisches, jugendlich wirkendes Gesicht strafte sein Lebensalter von fünfundvierzig Jahren Lügen. Das volle schwarze Haar war von grauen Strähnen durchzogen und stand igelartig von seinem Kopf ab. Im ersten Moment hatte man den Eindruck, der Mann habe eine gewaltige Pelzmütze übergestülpt.

Das Beste an Bene aber war sein Humor. Er nahm nichts und niemanden so richtig ernst, noch nicht einmal sich selbst.

Seitdem er einmal den Wladimir in Borodins *Fürst Igor* gesungen hatte, trug er nur noch »Russenhemden«: weit geschnittene Leinenkittel mit Stehkrägen, was ihm den Beinamen »der Kosak« beschert hatte.

Er hatte die Kittel in den Farben Schwarz, Weiß und Grau anfertigen lassen.

»Schwarz für nahezu jeden Anlass. Weiß unter dem Frack und grau für die schlechte Laune«, hatte er Angela einmal erklärt.

Sie hatte ihn inzwischen einige wenige Male in Weiß gesehen, seit Monaten aber dreimal die Woche in Schwarz. Grau gewandet war er ihr noch nie entgegengetreten.

Angela liebte Benes Auftritte; die auf der Opern- oder Konzertbühne, genauso aber jene in Ludovicas Küche.

Es waren die Tage, an denen sie, gut gefüttert und vom Wein erheitert, keine Zeit fand, an Paolo Pasqualini zu denken.

Benedetto Lacardo war es auch, der fand, Angela habe Ludovicas Tapeten nun genügend angesungen.

»Unser kleiner Engel braucht Publikum, eine nörgelnde Elster wie du reicht ihr nicht mehr als Stimulanz«, erklärte er, um Ludovica dann gleich vor vollendete Tatsachen zu stellen: »Ich gebe zum Jahresende eine kleine Gesellschaft, und dabei wird sie Mozarts ›Zerlina‹ singen. Zusammen mit mir natürlich!«

Er griff in Angelas honigblonde Locken. »Das beste aller Sprungbretter ist für dich aufgestellt, meine Süße. Was sagst du dazu?«

»Das ist völlig unerheblich. *Ich* nämlich äußere mich dazu, Benedetto Lacardo! Und das Einzige, was ich zu sagen habe, ist: Nein. Niemals! Es ist zu früh, viel zu früh für eine öffentliche Präsentation.«

»Was heißt hier Präsentation? Es handelt sich um einen geselligen Abend. Und außerdem: Sie singt prachtvoll, unsere Kleine. Sie wird erblühen unter der Sonne der Aufmerksamkeit.«

»Sie ist noch nicht reif genug, Bene.«

»Sie hat den Charme einer singenden Jungfrau. Die Reife kommt mit der Erfahrung, oder willst du mir da widersprechen?«

»O ja!«

Ludovica wollte ihm in Bezug auf Angela in allem widersprechen, doch es half nichts.

»Ich habe die Einladungen bereits verschickt«, erklärte er, wobei er breit grinste und sich hinter einem Messerblock verschanzte, um gewalttätigen Affekthandlungen Ludovicas zuvorzukommen.

Flüche ohne Ende quollen aus dem Munde der Diva, nur gemildert durch die Melodie ihrer immer noch herrlichen Stimme. Alles klang ein wenig nach Verdi und Donizetti, mehr pathetisch als wirklich drohend.

Ludovica war verärgert, aber sie nahm den Fehdehandschuh Benes auf und setzte alles daran, die Schlacht für ihr Mündel zu gewinnen.

*Don Giovanni ossia: Il Dissoluto Punito, Don Juan oder Der bestrafte Wüstling*, Mozarts Dramma giocoso, das heitere Drama um den wollüstigen Adeligen Don Giovanni, begann, Angelas Tage zu beherrschen.

Obwohl Bene schwor, nur das Duett vorgesehen zu haben, zwang Ludovica ihre Schülerin, sämtliche Frauenrollen des Stücks zu studieren – zum besseren Verständnis der Charaktere, wie sie erklärte.

Also sang Angela nicht nur die vollständige Partie der Zerlina, sondern auch die der Donna Anna und Donna Elvira.

Als sie sich eines Tages Ende Oktober an der berühmten Briefarie versuchte, briet Bene in der Küche gerade Kalbsmedaillons an.

Angela versuchte, nicht nur zu singen, sondern diese Donna Anna *zu sein*, um deren Zerrissenheit glaubhaft ausdrücken zu können. Schließlich war auch sie, Angela Orlandi, missbraucht worden, ebenso wie die Frau, der sie jetzt ihre Stimme lieh. Sie sah die Hochzeitsfotografie vor sich, die den Beweis für Paolos Tücke, seine Verlogenheit und seinen Betrug darstellte, und war durchdrungen vom Verlangen nach Rache: Auch *er* sollte weinen und leiden müssen, verachten und sich dennoch in Sehnsucht verzehren!

Nach den ersten Tönen verließ Benedetto Lacardo die Bratpfanne und stellte sich in die Türöffnung zum Salon.

Angela sah ihn, und die Bewunderung in seinen Augen stachelte sie nicht nur an, sie reizte sie zur völligen Offenbarung.

Als sie geendet hatte, entstand ein langes Schweigen.

»Das war sehr gut«, sagte Benedetto schließlich mit einer ungewohnt sachlichen Stimme, ohne jeden Anflug seiner üblichen Frotzeleien.

»Wir können uns erlauben, für heute Schluss zu machen,

mein Kind«, befand Ludovica, zum ersten Mal aus eigenem Antrieb.

Mehr Lob zu spenden war sie nicht bereit. Nichts war verhängnisvoller als Hochmut.

Während sie aber die Kalbsmedaillons verspeisten, zu dem Bene ein Risotto mit Trüffeln servierte, dachte Ludovica Agnelli darüber nach, wie hilfreich und fördernd ein mächtiger Liebeskummer den Künsten doch sein konnte.

Angela war, und dies in verblüffend kurzer Zeit, so gut geworden, dass einem das Herz davon aufgehen konnte.

5 Der gesellige Abend des Startenors Benedetto Lacardo war auf den 27. Dezember 1937 angesetzt worden. Nicht etwa in seiner Etagenwohnung in der Nähe der Piazza di Popolo, nein: Eine Verehrerin hatte sich bereit erklärt, die Räume ihres Palais zur Verfügung zu stellen.

Angela hatte eigens ein neues Kleid dafür anfertigen lassen. Lange hatte sie unter den Stoffmustern der Schneiderin gewählt. Bald liebäugelte sie mit einem Seidenbrokat in sattem Königsblau, um sich dann, einem unerklärlichen Gefühl folgend, für weiße Brüsseler Spitze zu entscheiden.

»Das taugt doch allenfalls für ein Brautkleid«, hatte Ludovica eingewendet, die ihren Zögling natürlich begleitete, und schob einen froschgrünen Satin in Angelas Blickfeld.

»So lass sie doch, Luda«, hatte Benedetto sich eingemischt, denn auch er war bei dieser wichtigen Entscheidung an Angelas Seite gewesen. »Sie hat Instinkt, unsere Kleine. Es ist der Tag, an dem sie sich öffentlich mit ihrem künftigen Publikum vermählt, also ist die Kleidung einer Braut absolut die richtige.«

Angela hatte dem Freund einen verblüfften Blick zugeworfen.

Genau das war es, was sie zu dieser Wahl verleitet hatte, denn eine andere Vermählung als diese kam nicht in Betracht – und einmal, *einmal* wenigstens wollte sie sich dennoch als Braut fühlen.

Wie kam es, dass Bene ihre Beweggründe besser durchschaute als sie selbst?

Benedetto jedoch hatte nur gelächelt, hintergründig, charmant und ein wenig diabolisch.

Das Kleid war weit ausgeschnitten und verlangte nach einem Halsschmuck.

»Du kannst mein Collier tragen«, schlug Ludovica vor, als die Schneiderin das Gewand gebracht hatte und Angela es probierte.

Die alternde Diva ging zu ihrem Sekretär, öffnete das Geheimfach, holte ein Etui hervor und legte Angela das Collier aus brillantengefassten, haselnussgroßen Aquamarinen um den Hals.

Bene kniff die Augen zusammen. Er musterte Angela lange, dann schüttelte er entschieden den Kopf:

»Das ist es nicht. Das ist ganz und gar falsch …« Sein Blick wurde nachdenklich und verlor sich an der Seidentapete.

Plötzlich lächelte er und rief strahlend: »Lasst mich nur machen! Ich habe da eine Idee …«

Am Abend des denkwürdigen Tages, gleich nachdem Angela – in Ludovicas Begleitung, versteht sich – in dem Palais eingetroffen war, nahm Bene die junge Freundin beiseite und holte aus der Tiefe seines Zylinders den Halsschmuck, den er Angela zugedacht hatte. Es war eine erstaunliche Kreation; ein S-förmiges Gebilde aus feinsten Federchen, an dessen beiden Enden sich jeweils eine zartrosafarbene Perle befand. Eine kleine am oberen Ende und eine große, tropfenförmige an der unteren Biegung des »S«. Sie pendelte genau über Angelas Brustansatz.

Der Halsschmuck war nicht nur das Tüpfelchen auf dem i; er bewirkte genau das, was der listige Bene bezweckt hatte.

Er wurde ein Markenzeichen.

Als Benedetto Lacardo und die Sängerinnen-Novizin nämlich das berühmte Mozartsche Duett »Reich mir die Hand, mein Leben …« miteinander sangen, widmete niemand im Saal dem bekannten Sänger auch nur einen Blick.

Die Augen aller ruhten auf der bezaubernden jungen Frau.

Das unschuldige Weiß der Brüsseler Spitzen und der Federkranz um ihren langen, schlanken Hals ließen an einen Vogel denken, der gerade die Hülle des Eis abgestreift hatte.

»Usignolo bianco«, raunte eine männliche Stimme – und der Begriff war geboren.

Es war der beste Freund des Gastgebers und Solisten gewesen, der dies gesagt hatte, und er war von Bene um diesen Gefallen gebeten worden.

»Die weiße Nachtigall« war somit, gleich zu Beginn ihrer Karriere, Angelas berufliches Attribut geworden und blieb derart mit ihr verbunden wie der Beiname »der Kosak« mit Benedetto Lacardo.

Das Duett war ein rauschender Erfolg, und wie Ludovica es vorausgesehen hatte, verlangte das fachkundige Publikum nach einer Zugabe.

Benedetto sang, seinem Image entsprechend, ein russisches Volkslied, Angela aber die »Briefarie« der Donna Anna.

Danach nahm sie die Ovationen der Versammelten entgegen und trank allein eine ganze Flasche Champagner. Es wurde ihr so schwindelig davon, dass sie die Gesellschaft vorzeitig verlassen musste.

Die Angebote der beiden Opernintendanten, die anwesend

gewesen waren, mussten ihr am nächsten Morgen von Ludovica und Bene übermittelt werden, mit Wahrheitsschwüren verbunden.

»Usignolo bianco« erregte sich derart darüber, dass sie die Reste des Festmenüs erbrach und gezwungen war, den Tag nach dem Triumph im Bett liegend mit Kamillentee und Biskuits zu verbringen.

**6** Der fünfte Januar 1938 war ein klarer und kalter Tag. Immer wieder kamen Windböen auf und trieben dicke Wolkenhaufen über den Himmel; die Wetterwarten hatten baldigen Schneefall verkündet.

Edmund Cohn saß in einem Café gegenüber dem Ulmer Münster, trank Kaffee und aß einen köstlich schmeckenden Käsekuchen dazu. Nebenbei las er den *Daily Telegraph*, den er zwei Tage zuvor in Wien gekauft hatte. Ein Interview des österreichischen Bundeskanzlers Kurt Schuschnigg zur Zukunft seines Landes war darin abgedruckt.

»In Österreich kann es keine Diktatur geben, sie ist zu unösterreichisch«, stand da geschrieben. »Aber wir können auch keine parlamentarische Demokratie wie England haben. Wir können nie zum Parteiensystem zurückkehren, niemals alles wieder aufgeben, was wir unter so großen Opfern erreicht haben, und wir können nicht wieder solche Extreme wie den Kommunismus oder die nationalsozialistische Partei erlauben, deren eingestandenes Ziel es war, Österreich zu zerstören!«

Bravo, dachte Edmund Cohn, so ist es recht.

Er nippte an dem heißen Kaffee und las mit Freude die Quintessenz des Artikels: »Ein unüberbrückbarer Abgrund trennt Österreich vom Nationalsozialismus. Wir wollen nicht

Willkürherrschaft, wir wollen, dass Recht unsere Freiheit regiert!«

Er nickte ein paarmal zustimmend. Es beruhigte ihn außerordentlich, was er da gelesen hatte.

»Was freut dich denn so, Papa?«, fragte David Cohn und grinste über sein ganzes schmales, bleiches Gesicht, auf dem sich vereinzelte erste Barthaare zeigten. Er war ein helles Bürschchen, wenn auch immer noch etwas schwächlich für seine fünfzehn Jahre, aber das würde sich regeln, wie Edmund Cohn aus seiner eigenen Entwicklungszeit wusste. Damals war er genauso gewesen wie David heute: klein, dünn, mit einem schwarzen Krauskopf und abstehenden Ohren. Heute war er eins achtundsiebzig und von normaler Statur, nur der Krauskopf und die abstehenden Ohren waren ihm geblieben.

»Dass der Schuschnigg Flagge zeigt«, erwiderte er jetzt auf die Frage seines Sohnes. »Das ist gut für uns.«

»Aber ich denke …«, erwiderte David, doch dann begann er zu hüsteln, zu husten, und urplötzlich rang er dramatisch um Atem. Seine Gesichtsfarbe wechselte ohne Übergang ins Puterrote. Schon begann sich die Partie um die Ohren lila zu färben. Unter den mitleidigen Blicken der anderen Gäste sprang David auf, rannte zu einem der Fenster und riss es auf. Der kalte Luftstrom schien diesmal zu helfen, und langsam sackte der Asthmaanfall in sich zusammen.

»Von wem hab ich das nur?«, wollte David wütend wissen, als er wieder zu Luft gekommen war.

»Ich weiß es nicht, David, ich habe tatsächlich nicht die geringste Ahnung«, erwiderte Edmund bekümmert. Er war dem Jungen zum Fenster gefolgt und geleitete ihn jetzt fürsorglich wieder zurück an den Tisch, wo noch das halb aufgegessene Baiser wartete.

David schob den Teller mit dem Schaumgebäck von sich und

sagte missmutig: »Lass uns bezahlen, Papa. Ich mag es nicht, wenn die Leute mich so anstarren!«

Edmund nickte und winkte der Bedienung. Er beglich den Rechnungsbetrag, legte die Zeitung säuberlich zusammen und schob sie in seine Aktentasche. Dann verließen sie das Café und gingen in eine der Seitengassen, in der Edmunds Wagen stand, ein Maybach Zeppelin DS 8. Er hatte das Auto bereits 1935 gekauft, und sein Herz hing daran.

Franzl Kofler, der Fahrer, hatte es sich bequem gemacht. Er aß eine Semmel mit Belag und trank eine Flasche Ulmer Goldochsen dazu. Er nahm einen langen Schluck und musste zugeben, dass das Bier hierzulande nicht übel war.

Erstaunt blickte er auf, als seine Herrschaft so früh zurückkam. Doch als er den Jungen sah, wusste er, was vorgefallen war: David hatte wieder einen seiner Anfälle gehabt.

Wortlos griff der Fahrer ins Handschuhfach, wo sich ein kleines Riechfläschchen mit Kampferöl befand, das die Atemwege entkrampfen sollte, wie der Wiener Professor, bei dem der Junge zu Hause in Behandlung war, behauptete.

»Ist schon vorbei«, brummte David unwillig und ignorierte das Fläschchen.

Armer Teufel, dachte Franzl und steckte die Flasche wieder zurück.

Armer kleiner Kerl, dachte auch Edmund Cohn, während sie aus Ulm hinaus die Landstraße Richtung Stuttgart entlangfuhren. Kein Mensch in der ganzen Familie ist mit so etwas geplagt.

Wieder einmal rekapitulierte Edmund sein Leben, überlegte, wo er einen so schweren Fehler gemacht haben könnte, dass Gott seinen Sohn derart bestrafte, aber er konnte einen solchen Fehler nicht finden. Er war ein sanfter Ehemann, ein milder Vater, er liebte die Musik und die Kunst, und er hatte noch nie jemanden übervorteilt, wenn man von den notwendigen Schachzügen einmal absah, zu denen einen das derzeitige politische System in Deutschland nötigte.

Immerhin hatte er das drohende Unheil rechtzeitig erkannt und seit dem Jahr 1935 sukzessive seine Figuren verschoben.

Zu Recht, dachte er befriedigt, als sie die Höhe der Schwäbischen Alb erreicht hatten. Denn über seine Verbindungen wusste er, dass Attacken auf jüdische Vermögen noch in diesem Jahr geplant waren. Er aber hatte vorgesorgt; er hatte keine offiziellen Besitztümer mehr in Deutschland; außerdem waren seine Familie und er seit gut einem Jahr Inhaber österreichischer Pässe. Seine angeborene Vorsicht ließ ihn seitdem das Reichsgebiet meiden, von nur wenigen, zwingenden Ausnahmen abgesehen. Der heutige Ausflug war eine solche, und es war eine Regelbrechung aus Liebe gewissermaßen.

Denn obwohl Edmund Cohn viel Geld dafür aufgewendet hatte, konnten die österreichischen Mediziner seinem Sohn wenig helfen, die Asthmaanfälle, von denen er geplagt wurde, seitdem er drei Jahre alt war, zu lindern oder gar zu heilen.

Dass David immer wieder lange beschwerdefreie Phasen hatte, verdankte er der Arznei und den sonderbaren Beschwörungen der alten Agathe, einer kräuterkundigen Gesundbeterin im ehemaligen Wohngebiet der Cohns.

Die Agath, wie die Leute sie nannten, wohnte in einem kleinen Weiler – zwischen der Kreisstadt und Wisslingen gelegen –, der nur aus drei Bauernhöfen bestand. Man munkelte allerlei über sie, von angeborenen Heilkräften über familiär bedingte Hellsichtigkeit bis hin zu angeblichen Teufelskontakten, was hauptsächlich bigotte Pietisten behaupteten, denn die Agath gehörte zur katholischen Minderheit in der Gegend. Ihre Konsultation war Edmund Cohn zu jeder Zeit peinlich gewesen, denn er war ein aufgeklärter Mensch, der von Rechts wegen die Therapie der alten, ungepflegt wirkenden Frau als reine Scharlatanerie hätte abtun müssen. Doch Daisy, seine Frau, schwor auf die Künste der Agath, die ihr einmal, auf Anraten Anna Pasqualinis, bei einer schweren Stirnhöhlenvereiterung geholfen hatte.

»Ist doch egal, *wie* – Hauptsache, es funktioniert«, hatte seine Frau ihm damals entgegengehalten, als er ihr Vorhaltungen wegen dieses Besuchs gemacht hatte.

Und genauso hatte sie sich auch verhalten, als die Schulmedizin bei Davids Asthmaerkrankung kläglich versagte. Was dazu geführt hatte, dass David etwa jedes halbe Jahr einmal bei der Agath erschien – was früher kein Problem gewesen war.

Jetzt aber hatten sie schon zum zweiten Mal die lange Fahrt von Wien ins Schwäbische zurücklegen müssen.

Auf der Geislinger Steige verschwand die Sonne hinter den Wolken, und eine viel zu frühe, fahlgraue Dämmerung stellte sich ein. Edmund legte den Kopf in den Nacken und beschloss, ein wenig zu schlafen.

Gerade als der Wagen durch Wisslingen rollte, kam er wieder zu sich. Aus dem Hirschen tappte ein ungeheuer dickes Paar. Erst auf den zweiten Blick erkannte Edmund Cohn Margret, die Tochter des Druckereibesitzers Dussler. Der mürrisch blickende Mann in Gehpelz und Trachtenhut an ihrer Seite war wohl der Ehemann.

Vor dem Lebensmittelgeschäft des Kramers Heinzmann schippte einer der Pasqualini-Zwillinge Schnee beiseite. Ein kleiner Junge, der Sohn vermutlich, formte Schneebälle und warf sie vergnügt auf die Fensterläden.

»Eigentlich war es hier doch sehr schön«, stellte David Cohn fest, und in seiner Stimme klang so viel unbewusstes Heimweh mit, dass es seinem Vater einen Stich ins Herz versetzte.

»Nicht nur eigentlich«, erwiderte Edmund ehrlich. »Es war *wirklich* schön.«

Und vielleicht sind wir eines Tages ja auch wieder hier, setzte er in Gedanken hinzu, aber es war zu gefährlich, so etwas laut auszusprechen.

»Das Schlimmste von allem ist, unerfüllbare Hoffnungen zu erwecken«, hatte sein Vater immer gesagt, und der nun hatte gewusst, wovon er sprach. Alle einundzwanzig Generationen seiner jüdischen Familie, die erforscht und dokumentiert waren, hätten dasselbe sagen können in Bezug auf ihre Wohnsitze und die Länder, in denen diese lagen. Manchmal hatte die Verweildauer der Sippe ein- oder zweihundert Jahre an einem Platz gewährt, manchmal aber nur wenige Jahrzehnte.

Als Jüngling hatte sich Edmund einmal die Mühe gemacht, diese Orte aufzufinden, auf der Landkarte zu markieren und miteinander zu verbinden. Er war erstaunt gewesen, dass sie am Ende mit nur kleinen Abweichungen in der Länge der Seitenbalken den Buchstaben »M« ergeben hatten.

Oder auch »W«, wenn man die Karte auf den Kopf stellte.

Früher hatte er oft überlegt, ob dies eine mystische Bedeutung habe, doch nach dem Ende der Pubertät hatte er sich für derartige Dinge nicht mehr interessiert.

»Man ist immer dort zu Hause, wo sich die Familie befindet«, sagte er deshalb zu David und betrachtete damit das Thema als abgeschlossen.

Für seinen Sohn war das nicht so. Eben sah er im Vorbeifahren Rudi, den Sohn des Sparkassen-Filialleiters, der mit einer Reitpeitsche ein Muster in den frisch gefallenen Schnee vor dem Sparkassengebäude schlug. Er erinnerte sich an die fröhlichen Spielstunden, die er mit Rudi verbracht hatte, und sein Heimweh verstärkte sich.

Natürlich hatte sein Vater mit ihm über die Gründe für die Umsiedlung gesprochen, aber in der Internatsschule in der Wachau, die er besuchte, fühlte er sich unwohl und fremd.

Die meisten der Jungen kamen aus ländlichen Gebieten und sprachen so stark ihren regionalen Dialekt, dass David sie nur schwer verstehen konnte. Außerdem waren sie alle katholisch und ließen ihn spüren, dass er ein Jude war. »Einer von denen, deren Vorfahren Jesus Christus ans Kreuz geschlagen haben«, wie ihm einmal ein Mitschüler vorgehalten hatte – und diesmal sogar in bemühtem Hochdeutsch.

»Hier geht es links und dann den Feldweg am Wald entlang«, wies Edmund Cohn den Fahrer an.

»Weiß schon noch, Herr Cohn«, sagte der. Schließlich war er schon einmal hier gewesen.

Das Häuschen der Agath war eine Miniaturausgabe des Hauptgebäudes, an das es angebaut war. Früher hatte es als Ausdinghaus gedient, in dem die alten Eltern oder ein übrig gebliebenes Elternteil des jungen Bauernpaars untergebracht waren. In der winzigen Wohnstube betrieb die Agath ihre gut florierende Praxis als Kräutersachverständige und Gesundbeterin.

»Sie brauchen nicht zu warten, Franzl«, beschied Cohn den Fahrer. »Es wird, wie immer, etwa eineinhalb Stunden dauern. Seien Sie bis dahin wieder zurück!«

»Ist gut, Chef«, sagte der Chauffeur. »Ich geh in dem Dorf dort hinten in eine Wirtschaft und wärm mich ein bisschen auf!«

Edmund Cohn nickte und folgte seinem Sohn, der bereits an der Haustür stand, aus der gerade ein Kunde der Agath herauskam, auf das Wetter schimpfte, die Jacke enger um den Leib zog und sich dann auf dem Fußpfad in Richtung Kreisstadt davonmachte.

Edmund Cohn hatte schriftlich und mit präziser Angabe von Datum und Stunde ihren Besuch angekündigt. Sein Sohn und er durften deshalb ohne Aufenthalt an einer anderen Patientin, die wartend in der niedrigen Küche saß, vorübergehen und sofort das Sprechzimmer betreten.

»Geldleut' brät sogar die Agath ein Extrawürstle«, giftete die Frau, die Edmund Cohn und seinen Jungen natürlich erkannt hatte, und vergaß dabei, dass sie selbst einfach auf gut Glück hergekommen war.

David, in seinem bleichen, kleinen Kopf noch mehr ein Kind als ein Mann, fürchtete sich noch immer vor der Agath, obwohl er inzwischen längst begriffen hatte, dass die Frau ihm besser helfen konnte als alle medizinischen Kapazitäten in Deutschland und Österreich zusammen.

Die Agath war nie wirklich jung gewesen, dafür schien sie nicht älter zu werden. Sie war klein, zierlich und hatte erstaunlich kräftige Haare, deren Farbe irgendwo zwischen braun, blond und grau lag. Wie zementiert waren sie in einer Art Krone um ihren hageren Kopf geschlungen; kein einziges Härchen wagte es, aus diesem Arrangement herauszuragen.

Sie hatte eine nahezu faltenlose Haut mit einem fast puppenartig rosafarbenen Teint, so gut wie keine Augenbrauen und sehr helle, wasserblaue Augen.

Die Augen waren es, die David am meisten fürchtete. Sie schienen durch ihn hindurchzusehen und jede auch noch so geringe Veränderung zu bemerken; an seinem Körper mit all seinen Organen, in seinem Geist und selbst in seiner Seele, sofern es so etwas gab. Die Agath machte einen nackter, als jede körperliche Entblößung dies hätte tun können.

Während Edmund Cohn in einem Sessel am Fenster Platz nahm, winkte die alte Frau David zu sich an den Esstisch.

»Setz dich, Bub, und lass dich ansehen«, sagte sie, stand auf und packte den Jungen am Kinn.

David spürte, wie ihm kalter Schweiß ausbrach, während sie ihn mit diesen sonderbaren Augen betrachtete.

Dann lächelte sie ein wenig und tippte mit ihrem dürren Zeigefinger auf eines der dunklen Haare an seinem Kinn.

»Wächst ja schon was«, brummte sie beifällig. »Dann wirst du's bald hinter dir haben.« Womit sie das wiederholte, was niemand der Cohns ihr richtig glauben wollte. Die Agath nämlich hatte von Anfang an behauptet, mit Abschluss der Pubertät werde das Asthma »erledigt« sein.

Die Musterung schien diesmal kein Ende nehmen zu wollen. Agath schob David das Haar aus der Stirn, legte zwei Finger auf jede Schläfe und hinterher lange die rechte Hand auf seine Stirn, als ob sie prüfen wolle, ob er fiebrig sei. Danach wirkte sie verunsichert, fast konnte man glauben erschrocken.

Davids Nervosität steigerte sich, und er war froh, als sie ihre Augen endlich von ihm wandte.

Sie drehte sich jetzt zu Edmund Cohn um und musterte auch ihn lange. Dabei klappte sie den Mund auf, als ob sie etwas sagen wolle, schüttelte dann aber den Kopf, brummelte etwas und ging zu ihrem Medizinschrank, den sie im oberen Teil eines hölzernen Küchenbüfetts untergebracht hatte. Sie kramte darin herum, schien endlich gefunden zu haben, was sie gesucht hatte, und steckte es in ihre Schürzentasche.

»Wir machen heute etwas anderes«, verkündete sie und holte sich einen hölzernen Hocker, der neben dem Ofen stand und früher wohl einmal als Melkschemel gedient hatte. Sie rückte den Hocker vor Davids Stuhl und nahm darauf Platz.

»Leg deine Hände aufs Knie, Bub! Nein, nicht so, mit der Handfläche nach oben!«

David, der keinen anderen Wunsch hatte, als die Sache so schnell wie möglich hinter sich zu bringen, gehorchte ihr wortlos.

Agath griff in die Tasche ihrer Schürze und zog ein Döschen heraus. Edmund, der gerade jetzt einen prüfenden Blick auf die beiden warf, bemerkte beschämt, dass sich ehemals braune Schuhcreme darin befunden hatte. Jetzt aber war eine kleisterartige Paste mit einem faden Grünstich darin enthalten. Die Agath stach mit ihrem Zeigefinger hinein und verteilte die eklige Masse auf den Handtellern des jungen Mannes.

»Versuch jetzt, gar nichts zu denken«, befahl die Alte, worauf sofort eine Fülle von Gedanken auf David einstürzte wie die Balken eines zusammenbrechenden Hauses.

Die Alte murmelte etwas Unverständliches, während sie ihre Hände auf die des Jungen legte und dort beließ.

Kurze Zeit spürte David nichts außer den knochigen Fingern der Alten. Dann aber wurde ihm unerträglich heiß, nicht nur dort, wo er die Hand der Agath fühlte, sondern am ganzen Leib.

In seinem Kopf begann sich ein Kaleidoskop von Bildern zu drehen, irgendwelche banalen Ereignisse, quer durch alle Phasen seines kurzen Lebens. Manchmal allerdings erschien das Gesicht seines Großvaters Samuel dazwischen, den er nur von dem Gemälde kannte, das bis zum Auszug in der Cohn-Villa gehangen hatte.

Plötzlich wurde es David übel.

Er zog seine Hände unter denen der Alten hervor, sprang auf, schaute wild um sich, riss die Tür auf und rannte hinaus in die Küche. Dort erbrach er sich unter dem erstaunten und missbilligenden Blick der wartenden Frau ins steinerne Spülbecken.

Während David versuchte, seines Brechreizes Herr zu werden, war Edmund drinnen in der Stube aufgestanden.

»Meinen Sie nicht, das war des Guten zu viel?«, fragte er beinahe feindselig. Erst jetzt bemerkte er den strengen, ranzigen Gestank, der von der Salbe ausging und sich durch die Wärme der Haut noch verstärkt hatte.

»Es war notwendig. Der Bub wird sehr viel Kraft brauchen«, erwiderte die Alte, die manchmal sehr spitz werden konnte, erstaunlich friedfertig.

Der Junge war zurückgekommen und sagte heftig: »Ich will, dass wir jetzt gehen, Papa!«

»Sind Sie fertig?«, fragte Edmund die Agath. Schließlich waren sie Hunderte von Kilometern gefahren, nur deren Hokuspokus wegen.

»Ganz und gar.«

Die alte Frau griff nach dem dunklen Wolltuch mit den zottigen Fransen, das ihr als Wetterschutz diente, und sagte mit einer seltenen Freundlichkeit, die wohl Davids Unwohlsein zu verdanken war: »Moment. Ich bring Sie hinaus.«

»Wir werden warten müssen. Ich habe das Auto für später bestellt«, fiel Edmund ein, als sie bereits in der Küche waren.

In diesem Augenblick erkannte er den Mann, der inzwischen eingetroffen war.

Moritz Gruber, der Geschäftsführer seiner ehemaligen Betriebe, sah ihm entgegen. Es war Edmund sofort klar, dass Gruber nicht etwa auch ein Kunde der Agath war, sondern seine Anwesenheit etwas mit ihm zu tun hatte.

»Ich muss mit Ihnen sprechen, Herr Doktor Cohn«, sagte er. »Ich habe meinen Wagen draußen, ich nehme Sie mit in den Verlag.«

»Das wird nicht möglich sein, Herr Gruber«, widersprach Edmund Cohn verwundert. »Ich habe mein eigenes Auto dabei. Mein Fahrer wird bald hier sein.«

Moritz Gruber, der ein dunkelblonder, athletischer Mann Ende vierzig war und sich – dem Geschmack der Zeit entsprechend – seit ihrer letzten Begegnung ein »Hitlerbärtchen« auf der Oberlippe hatte stehen lassen, lächelte ein wenig und sagte: »Ihr Chauffeur sitzt in Wisslingen im Hirschen, ich habe ihn dort gesehen. Ich werde von meinem Büro aus anrufen und ihm Bescheid geben lassen. Er kann Sie und den Jungen ja dann an der Verlagspforte abholen.«

Edmund Cohn fragte sich insgeheim, was das alles solle, aber die Höflichkeit gebot es, das Ersuchen des Mannes anzunehmen, der lange in seinen Diensten gestanden und seine Arbeit stets ausgezeichnet erledigt hatte.

»Der Bub kann ja so lange hierbleiben«, mischte sich Agath jetzt ein.

Sowohl Cohn als auch Gruber warfen ihr einen erstaunten Blick zu.

Gruber kam Cohn zuvor und deutete auf die wartende Frau. »Was soll er denn hier? Du hast doch noch Kundschaft, Agath.«

David drückte sich rasch an den beiden Männern vorbei nach draußen. Das fehlte gerade noch, sich hier die Zeit um die Ohren schlagen zu müssen!

Gruber folgte ihm, nur Edmund Cohn blieb noch einen Moment lang stehen. Er fasste in die Tasche seines Mantels, den er die ganze Zeit über anbehalten hatte, und brachte ein ebensolches Fläschchen zutage, wie der Chauffeur es im Handschuhfach des Wagens mit sich führte. »Der Wiener Professor hat ihm das hier verordnet. Zur Entkrampfung der Atemwege.«

Die Agath nahm das Fläschchen in die Hände und schraubte den Verschlussdeckel auf. Sie hob die Öffnung des Arzneiglases an die Nase und schnupperte kurz.

»Es ist nicht falsch«, urteilte sie, schraubte das Gefäß wieder zu und reichte es Edmund zurück. »Es lindert ein bisschen.«

»Er sagte, das Asthma sei chronisch und David wird es behalten.«

»Dann irrt er sich eben«, erwiderte die Agath und lächelte ein wenig abfällig. »Ich weiß, was ich weiß.«

»Wir werden ja sehen«, sagte Edmund Cohn und nahm sich vor, mit diesem Zirkus ein für alle Mal ein Ende zu machen, egal wie sehr Daisy ihn bitten würde.

Tief in Gedanken ging er über den inzwischen schneegeräumten Plattenweg und bemerkte erst an der Gartentür, dass die Agath ihm immer noch folgte.

Jetzt hielt sie mit der Linken die beiden Enden ihres Wollschals am Hals zusammen und streckte die Rechte aus, um ihn zu verabschieden. Das hatte sie noch nie getan.

Edmund war so verblüfft, dass er die Hand schüttelte, ungeachtet des Umstands, dass daran noch ein Teil des ekligen Balsams kleben musste.

»Leben Sie wohl, Herr Doktor Cohn«, sagte Agath und fügte hinzu, wobei diese Feststellung ausgesprochen bedauernd klang: »Sie werden nicht mehr herkommen müssen.«

Dein Selbstbewusstsein und deine Zuversicht möchte ich haben, dachte Edmund und fühlte sich wider Willen erheitert.

Er war schon in den Fond des Gruberschen Wagens geklettert, in dem David bereits Platz genommen hatte, als er sie rufen hörte: »Und bitte grüßen Sie Ihren Herrn Vater von mir! Ich habe ihn immer sehr geschätzt.«

Moritz Gruber fuhr los, bevor Edmund Cohn Agath daran erinnern konnte, dass sein Vater vor siebzehn Jahren in Warschau am Flecktyphus verstorben war, was sie eigentlich hätte wissen müssen.

Außerdem, fiel Edmund ein, als sie bereits die Auffahrt zur ehemaligen Villa Cohn hinauffuhren, hatte er versäumt, der Agath ihr Honorar zu überreichen. Und Agath hatte, was verwunderlich war, vergessen, ihn daran zu erinnern. Die Preise der Heilerin waren keineswegs unverschämt, sondern lächerlich niedrig. Auch verlangte sie, was Edmund erstaunte, von allen Leuten dasselbe. Allerdings war sie erklärterweise der Meinung, eine Dienstleistung müsse vergütet werden. Sie unterließ es nie und bei niemandem zu kassieren. Ihre rote Stahlkassette, die sie demonstrativ herbeiholte, wenn die Behandlung zu Ende war, war genauso berühmt wie ihre heilenden Künste und Visionen.

Vermutlich war die Alte inzwischen nicht mehr bei völliger geistiger Gesundheit, was eine Erklärung für ihr ganzes heutiges Verhalten wäre.

In diesem Moment stoppte der Wagen vor dem Haus, in dem Edmund Cohn geboren worden war.

Bevor er dazu kam, Fragen zu stellen, war Moritz Gruber ausgestiegen und hatte die Tür des Wagenfonds geöffnet.

»Kommen Sie doch bitte einen Moment mit«, sagte er an Edmund Cohn gewandt und mit einer seltsamen Befangenheit in der Stimme. »Ich möchte Ihnen etwas zeigen.«

Edmund, der auf ein Gespräch im Büro des Zeitungsverlags eingestellt gewesen war, begann sich zu wundern.

»Du wartest am besten hier im Auto, David«, verfügte Gruber, drehte sich um und stapfte durch den Schnee auf den Eingang der Villa zu.

Cohn schüttelte etwas den Kopf, folgte ihm aber.

An der Eingangstür blieb Moritz Gruber stehen und schaute seinen ehemaligen Chef mit einem zögernden, abwartenden Gesichtsausdruck an. Edmund hob etwas ungeduldig die Schultern und sagte: »Sie wissen doch, Herr Gruber: Ich habe das Haus verkauft. Ich habe keinen Schlüssel mehr, tut mir leid!«

Gruber nickte. Seine Rechte fuhr in die Manteltasche, und als er sie wieder herausholte, hielt er einen Schlüssel in der Hand. »Aber ich habe einen. Und auch die Genehmigung des neuen Besitzers, ihn heute einzusetzen!« Er hielt Edmund Cohn den Schlüssel entgegen. »Bitte. Sie waren der Hausherr. Ich finde es angebracht, wenn *Sie* hier aufschließen.«

Er sagte dies mit einer unterschwelligen Dramatik, als ob es sich um ein Ultimatum handle.

Vermutlich ist das der Parteiton, dachte Edmund ironisch, denn natürlich wusste er, dass Gruber das Amt des Ortsgruppenleiters bekleidete. Er fand das ganze Theater höchst sonderbar, aber er wollte die Sache rasch hinter sich bringen. So nahm er Gruber den Schlüssel ab, steckte ihn ins Schloss und drehte ihn zwei Mal um. Dann griff er zur Klinke und öffnete die Tür.

Sofort ging Gruber an ihm vorüber. Automatisch und ohne Überlegung fasste Edmund Cohn zum Lichtschalter, worauf die elektrische Beleuchtung in Diele und Salon aufflammte.

In der Diele war es nur eine elektrische Birne, doch im Salon brannte taghell der Kronleuchter seines Großvaters, den sie nicht mitgenommen hatten, weil Daisy stets der Ansicht gewesen war, er sei geschmacklos.

Die Räume waren genauso, wie die Familie Cohn sie beim Auszug verlassen hatten. Die hellen Flecken auf der Seidentapete im Salon, an denen sich einstmals die Gemälde des Sammlers Edmund Cohn befunden hatten, waren ebenso deutlich erkennbar wie die Beschädigungen des Parketts, die vom Auszug herrührten.

Auch der Tresor, den sie des hohen Gewichts wegen zurückgelassen hatten, war jetzt sichtbar, nachdem der Gobelin, der ihn bis vor einem Jahr verdeckt hatte, sich inzwischen in ihrem Esszimmer in Wien befand.

Die Tür dieses eisernen Monstrums stand weit geöffnet, und der Tresorschlüssel steckte im Schloss, wie Edmund unbewusst registrierte.

»Was soll das alles?«, fragte er seinen ehemaligen Geschäftsführer und begriff noch immer nicht.

Edmund war hochintelligent, aber er war ein Schöngeist und Komponist, auch wenn er die bisher von ihm gefertigten Kompositionen sogar vor Daisy versteckte. Die Welt, in der Moritz Gruber sich bewegte, kannte er nicht, und er war unfähig, dessen Gedanken und die seiner Genossen nachzuvollziehen, selbst wenn ihm inzwischen klar geworden war, dass hier etwas nicht stimmte.

Gruber antwortete nicht, sondern ging auf den Tresor zu.

»Bitte, kommen Sie doch, Herr Cohn«, forderte er seinen ehemaligen Arbeitgeber auf.

Zögernd setzte sich Edmund in Bewegung. Als er neben Gruber angelangt war, konnte er den Inhalt des Tresors erkennen. Es handelte sich um viele säuberlich gebündelte Geldscheine und einige flache, samtbezogene Kästchen.

Von draußen waren jetzt die Geräusche von vorfahrenden Autos zu hören, Türen schlugen, und ein paar befehlsartige Rufe erklangen.

Die Angst war so unvermittelt da, dass Edmund sie physisch, nicht psychisch verspürte.

Eine eiserne Klaue umfasste sein rasendes Herz, und obwohl er plötzlich fror, empfand er gleichzeitig heftige Hitze.

Er stand so starr wie Lots Weib, als Moritz Gruber in den Tresor fasste und mit einem einzigen Schwung eine ganze Lage Geldscheinbündel herausstreifte.

Die Scheinbündel fielen auf den schmutzigen Boden. Eines der Kästchen sprang auf und zeigte unter einer schützenden Glasscheibe, die beim Aufprall zersprungen war, eine Reihe geschliffener Diamanten verschiedener Größe.

Jetzt verstand Edmund Cohn alles.

Sein Instinkt riet ihm hektisch zur Flucht, doch gleichzeitig wusste er, dass die Leute, die mit den Wagen gekommen waren, diese verhindern würden. Schon betrat ein groß gewachsener Mann in einer schwarzen Uniform, über der er einen offenen schwarzen Ledermantel trug, den Raum. Hinter ihm folgten drei ähnlich gekleidete Herren.

Der Anführer der Gruppe warf Cohn einen kurzen Blick zu und wandte sich dann nahezu heiter an Moritz Gruber: »Wie ich sehe, ist es Ihnen gelungen, den Dieb zu stellen, Herr Ortsgruppenleiter.«

Gruber nickte wortlos.

Cohn hatte den Eindruck, dass die Szene seinem ehemaligen Geschäftsführer peinlich war und ihn verlegen machte, aber dies war bedeutungslos. »Warum machen Sie das?«, fragte er stattdessen den schwarz gewandeten Offizier, der ihn aufmerksam beobachtete.

Der Mann lehnte sich an die Seidentapete, steckte die Hände in die Tasche seines schwarzen Ledermantels und sagte: »Wir haben schon vor geraumer Zeit den deutschen, arischen, aber leider landesverräterischen ... *Strohmann* ... verhaftet, dem Sie, verehrter Herr Cohn, Ihren Verlag, Ihre Kunstsammlung und Ihre Villa verkauft haben. Bei einer Sichtung der Unterlagen dieses Herrn Britsch haben wir auch die Vereinbarungen und die Durchschläge der Schuldscheine gefunden, die er Ihnen ausgestellt hat, als Garantie für eine ...«, die Stimme des Gestapomannes wurde jetzt ätzend ironisch, »... *spätere Wiedererlangung* dieser Bilder, Firmen und Immobilien, nach Rückzahlung des ehemaligen Verkaufserlöses samt Zinsen, versteht sich.« Der Mann machte ein paar Schritte auf Edmund Cohn zu, bis er dicht vor ihm stand. »Sie scheinen nicht sehr von der Dauer des Dritten Reichs überzeugt zu sein, Herr Doktor Doktor Cohn!«

»Das ist zutreffend«, erwiderte Edmund, dem die Aussichtslosigkeit seiner Lage bewusst war.

Die Ohrfeige des Schwarzgekleideten allerdings traf ihn unvorbereitet. Der Mann hatte fälschlicherweise den Eindruck eines zivilisierten Menschen auf ihn gemacht.

»Die Gemälde sind kein Problem«, sagte der Offizier danach, als ob nichts geschehen wäre. »Seit Dritten des Monats gibt es ein Gesetz zur entschädigungslosen Enteignung von Werken entarteter Kunst, und darum handelt es sich, ganz zweifellos. Was allerdings den Verlag und die Villa betrifft, so sind Sie uns etwas zuvorgekommen, doch das wird sich reparieren lassen. Die Verträge werden annulliert werden, und zwar *dann*, wenn sie gegen geltende Gesetze verstoßen, was derzeit leider noch nicht der Fall ist. Aber es wird bestimmt nicht mehr sehr lange dauern.«

Edmund Cohn nickte mehrmals, aber er fand die Vermögensfragen derzeit unerheblich. »Und wie haben Sie vorgesehen, mit mir zu verfahren?«, erkundigte er sich stattdessen.

»So, wie Sie es verdienen«, erklärte der Schwarzuniformierte kühl. »Sie und bereits schon Ihr Vater und Großvater haben sich am deutschen Volksvermögen bereichert. Leute Ihres … *Stammes Juda* … waren es, die am deutschen Elend der Vergangenheit verdient, die jede Schwäche ausgenutzt haben und schuld daran sind, dass unser Vaterland fremdbestimmt und *ausgeblutet* wurde.«

Es war nicht die Wahrheit, aber es hatte keinen Sinn, dies zu erwähnen. Edmund sah es am Gesicht und an den Augen dieses Mannes, der jetzt fortfuhr zu sprechen.

»Auge um Auge, Zahn um Zahn, das ist doch das jüdische Credo, oder? Nun aber werden es Sie und Ihresgleichen sein, die mit Blut ihre Schulden begleichen werden.«

»Darf ich daraus schließen, dass Sie mich umbringen werden?«

»Nicht im Moment, aber später ganz sicher, Herr Dr. Cohn.«

»Ich bin österreichischer Staatsangehöriger.«

»Auch das wird sich regeln, und zwar sehr bald. Bis dahin aber sind Sie ein Krimineller, den der Herr Ortsgruppenleiter Gruber des Diebstahls überführt hat und der deshalb von mir ins Gefängnis gebracht werden wird. Weil Sie sich, verschlagen wie Juden nun einmal sind«, sagte der Schwarze voller Ironie, »sowohl einen Hausschlüssel als auch einen Tresorschlüssel zurückbehalten haben, den Sie zum Einsatz brachten, als Sie erfuhren, dass der Käufer Ihres Hauses hier erhebliche Werte deponiert hat. Was er Ihnen bei Ihrem letzten Treffen in Salzburg unglücklicherweise erzählt hatte. Verstanden?«

»Voll und ganz«, sagte Edmund Cohn, und ihm war klar, dass sein Freund Dr. Walter Britsch die Hilfsbereitschaft ihm gegenüber wohl schmerzhaft hatte bezahlen müssen. Er warf einen abschließenden Blick auf das Geld und die Diamanten am Boden und fragte sich, ob die Requisiten für diese Inszenierung zur Ausstattung der Dienststelle des Schwarzen gehörten oder ob er das Zeug hatte ausleihen müssen. Von einer Abteilung des Reichsschatzmeisters der NSDAP oder einer ähnlichen Einrichtung. Dann sagte er sich, dass er einen Fehler gemacht hatte, dieses verbrecherische System zu unterschätzen. Es musste jemanden auf der Poststelle der Kreisstadt geben, der verdächtige Briefe aussortierte und die Inhalte las, bevor sie zugestellt wurden. Eine Mitwirkung der Agath schloss er intuitiv aus.

Nach seinem Brief an sie aber hatte die Gestapo drei Wochen lang Zeit gehabt, diese Szene hier vorzubereiten und »Gründe« dafür zu schaffen, ihn verhaften zu können. Denn wie der Schwarze ja selbst erwähnt hatte, gab es derzeit noch kein Gesetz, das ihnen dies erlaubt hätte. Sie mussten ihm also kriminelle Handlungen unterstellen, um ihn ins Gefängnis zu bringen. Dort würden sie ihn so lange festhalten, bis die Gesetze angepasst waren, der NS-Staat sein Vermögen konfiszieren und ihn beseitigen konnte.

Das Lächerlichste an allem war – wenn einem denn zum Lachen zumute gewesen wäre –, wie viel Mühe sie sich gegeben hatten, diesem Schmierentheater den Anschein der Rechtmäßigkeit zu verleihen. Es war eine kaum zu überbietende Perversion der deutschen Ordnungssucht; vielleicht aber auch eine Vorsichtsmaßnahme, weil er ja Ausländer war. Noch war Österreich ein eigenständiger, souveräner Staat und er ein Bürger dieses Landes.

Plötzlich fiel Cohn sein Sohn David ein, der draußen im Auto wartete, und eine neue Welle der Angst stieg in ihm auf. Es war doch nicht denkbar, dass sie auch *unschuldige Kinder* …?

»Was ist mit David?«, fragte er mit gepresster Stimme, diesmal an Gruber gewandt. Gruber kannte den Jungen, seitdem er ein Baby gewesen war. Sabine Gruber, seine vor Kurzem verstorbene Frau, hatte ihm zeitweilig sogar Klavierunterricht erteilt.

Gruber schaute zu Boden und erwiderte nichts.

Die Antwort übernahm der Häuptling in Schwarz: »Er ist fünfzehn und demnach strafmündig.« Seine Stimme klang immer noch höflich, doch der Hohn darin war jetzt deutlich herauszuhören. »Er war dabei, um Ihnen *behilflich zu sein*. ›Schmiere stehen‹, dieser Ausdruck müsste doch selbst Ihnen geläufig sein, Herr Komponist.«

Edmund begriff jetzt, dass sie ihn bereits früher bespitzelt haben mussten. Sie wussten alles von ihm, sogar seine verborgensten Geheimnisse. Es musste Helfer aus seinem privaten Umfeld gegeben haben. Die Erinnerung an die »eigentlich doch sehr schöne Zeit« in dieser schwäbischen Landidylle zerbrach in diesem Moment zusammen mit allen Hoffnungen seines Lebens.

Wieder nickte Edmund Cohn, ernsthaft und nachdenklich; so, wie es seine Art war. Dann schaute er zu dem schwarzen Ledermenschen und sagte mit kühler Gelassenheit: »Dann schlage ich vor: Gehen wir doch, nachdem alle Dinge geklärt sind.«

Einen Moment lang blitzte in den Augen des Offiziers so etwas wie Bewunderung auf, doch dann nickte auch er und machte eine ironische Handbewegung zur Tür. »Nach Ihnen, Herr Doktor!«

Damit verließ Edmund Cohn sein Elternhaus ein weiteres und diesmal ein letztes Mal.

In der Holzverkleidung der Diele entdeckte er das mit gefärbtem Gips zugeschmierte Loch, das er einmal verursacht hatte, als er in Davids Alter dort einen Haken eingedreht und ein Netz daran befestigt hatte, um mit einem der Dienstmädchen Tennis zu spielen. Sein Vater hatte getobt deswegen.

Edmund öffnete die Haustür und sah seinen Sohn als dunklen Schattenriss gegen den hellen Schnee. Der Junge war aus dem Auto geklettert, weil ihm zu langweilig geworden war.

Die weiteren Begleiter des Gestapomanns hatten sich in die Fahrzeuge zurückgezogen, um sich vor dem erneut einsetzenden Schneetreiben zu schützen. Sie trugen nur ihre Uniformen, und der Januarabend war inzwischen eisig kalt und windig geworden.

Edmund sah eine letzte, eine winzige Chance.

»Hau ab, David!«, schrie er mit überschlagender Stimme und lief gleichzeitig los, in die entgegengesetzte Richtung, in der David stand.

Er kam bis zu dem Azaleenstrauch, der im Frühjahr so märchenhaft schön blühte, als die erste Kugel ihn traf und in den Schnee warf.

Gleichzeitig wurden die Türen der beiden Gestapowagen aufgerissen, und die Uniformierten stürmten heraus.

David Cohn stand auf der Fahrerseite von Grubers Auto. Die ganze Wagenbreite war zwischen ihm und den Männern.

Der Junge sah seinen Vater stürzen, sah im Hintergrund die schwarze Gestalt in der Türöffnung, die in der ausgestreckten Hand eine Pistole hielt, und daneben Moritz Gruber. Er ließ sich, ohne jede Überlegung, im selben Moment fallen, in dem der Schrei seines Vaters verhallt war, und rollte über den abschüssigen kleinen Wall hinab, der hier die Straße begrenzte. Weitere Schüsse fielen; eine der Kugeln fuhr unweit von Davids Kopf in einen abgebrochenen Ast, doch da hatte er bereits das schützende Dunkel der Parkbäume erreicht.

Er stand auf und hastete, ohne auch nur einmal anzustoßen, durch das kleine Wäldchen, welches das Paradies seiner Kindheit gewesen war. David kannte hier jeden Quadratmeter. Es war ihm auch klar, dass unter dem Dach der ausladenden Tannen kaum Schnee auf dem Boden lag, auf dem er verräterische Spuren hätte hinterlassen können. Am Ende des großen Parks floss der Krummbach vorbei, der von einer dicken Eisschicht bedeckt war. David hatte diese gefrorene »Wasserstraße« in früheren Wintern manchmal benutzt. Es war gegenüber dem Fahrweg eine beträchtliche Abkürzung ins Dorf Wisslingen, und durch die steile Uferböschung, an deren Trauf Krüppelweiden wuchsen, konnte er von der Straße aus nicht gesehen werden. Der Schnee fiel so dicht wie ein wehender Vorhang, und ein eiskalter Wind in Sturmstärke fegte über die Landschaft.

David rannte, stolperte und fiel, richtete sich wieder auf und lauschte nach rückwärts. Er hoffte, seine Verfolger würden davon ausgehen, dass er die andere Richtung, den Fußweg in die Kreisstadt gewählt habe.

Als er in Wisslingen angelangt war, kletterte er vorsichtig die Böschung hoch, wobei das Ufergestrüpp ihm sowohl Steighilfe als auch Sichtschutz bot. Vorsichtig linste er über die Kante hinweg, um sich zu orientieren. Sofort erkannte er das »Italienerhaus«, in dem die beiden Schneiderinnen wohnten.

David schaute prüfend nach links und rechts, doch niemand war bei diesem Wetter auf der Straße zu sehen. Vorsichtig zog er sich vollends hoch und überquerte den Fahrweg. Er öffnete die Gartenpforte und ging bis zur Haustür, die neu zu sein schien und anstelle einer Klinke nur einen runden Metallknopf aufwies.

Davids Nerven, die bisher vom Schock gelähmt gewesen waren, erwachten. Der Junge spürte, wie sein Kinn und seine Lippen zu zittern begannen. Er vergaß alle Vorsicht und schlug mit der flachen Hand mehrmals und heftig auf das Holz der Haustür.

Plötzlich wurde die Tür von innen geöffnet, und David torkelte auf die große, rothaarige Frau zu, die er noch als die ältere der beiden Schneiderinnen erkannte. Dann wurde er ohnmächtig.

7 »Es wird bald wieder gut sein, David«, sagte Anna, als sie sich über den fiebernden Jungen beugte, der mit hochrotem Gesicht im Bett lag. Es war eine Lüge, aber es war eine barmherzige Lüge, denn der Kleine war schwer erkrankt.

David stöhnte und verlangte nach seiner Mutter.

Anna griff nach der Schüssel, die auf einer Kommode in der Nähe des Betts stand, drückte den Lappen, der im kalten Wasser schwamm, wieder einmal aus und legte ihn auf die Stirn des Jungen.

Dann griff sie mit der Linken unter Davids Kopf, hob ihn hoch und versuchte, ihm aus der Tasse, die sie in ihrer rechten Hand hielt, etwas Tee einzuflößen.

»Du musst trinken, David, so viel du kannst, sonst wirst du nicht wieder gesund«, sagte Anna streng, und David gehorchte, mehr dem Stimmklang als ihren Worten.

Seit dem Abend seines Eintreffens hatte er so hohes Fieber, dass er wieder und wieder ins Delirium verfiel; in eine Traumwelt, die offenbar grauenvoll war, denn immer wieder rief er kurze Sätze aus oder schrie panisch auf, was Anna ebenfalls in Ängste versetzte. Denn ihr war bewusst, dass sie die Anwesenheit des Judenbuben verbergen musste. Das Wenige, was er erzählt hatte, bruchstückweise und immer wieder von Schüttelfrösten unterbrochen, hatte genügt, um klarzumachen, worum es hier ging.

Noch nie, seitdem sie Elses und ihre Wohnung getrennt hatte, war sie auf den Gedanken verfallen, ob das Haus wohl hellhörig sei oder nicht. Tagsüber waren sie beide mit ihrer Arbeit beschäftigt – und in der Nacht hatte Anna einen gesegneten Schlaf. Glücklicherweise lag Elses Schlafstube am anderen Ende des Hauses, was hoffen ließ, dass sie zumindest in der Nacht nichts hören würde. Am Tag, überlegte Anna, konnte sie sich, falls es notwendig werden würde, immer noch auf das Radio hinausreden, das sie vor einiger Zeit angeschafft hatte.

Gefährlicher waren da die Besuche von Angehörigen oder auch Kunden, denn das Verhalten des jungen Kranken war derzeit nicht einzuschätzen.

So hatte Anna gleich am Tag nach Davids Erscheinen ein Schild an ihre Haustür gehängt mit der Aufschrift: »Wegen Krankheit vorübergehend geschlossen.«

Dies allerdings hatte bewirkt, dass bereits die erste Kundin in den Laden der Schwiegertochter geeilt war.

»Was ist denn mit eurer Oma los?«, hatte sie sich erkundigt, und Gustel und Peter Pasqualini hatten nach Schilderung der Umstände begonnen, sich Sorgen zu machen. Die Erkrankung musste eine ernsthafte sein, wenn eine Person wie Anna deswegen die Arbeit niederlegte. Seit der Nervengeschichte nach Stefans Tod war Anna Pasqualini nie wieder krank gewesen. Ganz im Gegenteil: Ihre unverwüstliche gesundheitliche Verfassung war ortsbekannt. Wenn sie hin und wieder die Agath aufgesucht hatte, dann nur wegen Beschwerden ihrer Kinder oder der Enkel.

Peter hatte daraufhin beinahe die neue Haustür eingeschlagen, so lange hatte es gedauert, bis seine Mutter endlich erschien.

Sie trug ihren abgewetzten roten Bademantel, hatte ein Wolltuch über den Kopf gebunden und um den Hals einen dicken Schal geschlungen.

»Macht euch keine Gedanken, das wird schon wieder«, krächzte sie ihrem Sohn zu. »Und komm nicht so nahe. Ich war in der Stadt, beim Doktor. Der sagt, das ist eine Grippe, und so was kann ansteckend sein.«

Unwillkürlich machte Peter Pasqualini einen Schritt rückwärts. Er erinnerte sich, gelesen zu haben, die Spanische Grippe, die nach dem Weltkrieg gewütet hatte, habe beinahe dreißig Millionen Todesopfer gefordert. Er war sonst kein Hasenfuß, aber er hatte zu Hause zwei Kinder, den vierjährigen Anton und die eineinhalbjährige Irmgard. Und kleine Kinder waren anfällig für Infektionskrankheiten, das war hinreichend bekannt.

»Sollen wir dir was aus dem Laden herüberschicken, Mutter?«, fragte Peter bereitwillig.

Anna überlegte kurz und erwiderte dann gedankenlos mit völlig normaler Stimme: »Schwarzen Tee, Zitronen, wenn ihr habt, und eine große Flasche Essig.« Dann bemerkte sie ihren Leichtsinn und machte ihn mit einem vorgetäuschten Hustenanfall wieder wett.

»Ich bring dir die Sachen so schnell wie möglich«, versprach Peter und machte sich rasch auf den Weg.

Auch ihrer Tochter Else spielte sie an der Haustür die Grippekranke vor, als diese zur Mittagszeit erschien, um ihr mitzuteilen, sie werde wieder einmal ein paar Tage in eines ihrer Lager verschwinden.

»Und du brauchst mich wirklich nicht, Mutter?«, erkundigte sich Else und hoffte inständig, die Mutter würde verneinen.

»Nein, nein. Geh nur, Else«, forderte Anna sie auf, lauschte nervös in den Hintergrund und war froh, als ihre Tochter wieder verschwand.

Erneut setzte sich Anna an Davids Bett. Sie machte Wadenwickel mit Essigwasser und zwang dem Jungen immer wieder eine Tasse warmen Tee in den Leib.

Trotz aller Bemühungen verschlimmerte sich sein Zustand aber bedrohlich. Er schien sich bei der Flucht eine Lungenentzündung zugezogen zu haben. Kein Wunder, nachdem er ihr berichtet hatte, er habe seinen Mantel in Grubers Auto zurückgelassen.

Anna erwog, den Doktor zu holen, doch sie verwarf den Gedanken bald wieder. Der Arzt in der Kreisstadt war zwar ein ausgezeichneter Mediziner, doch er war ein eifriges Parteimitglied und ein erklärter Judenfeind. Sie war ganz sicher, dass er den Jungen nicht decken würde, auch nicht unter dem Schutzmantel der ärztlichen Schweigepflicht. Andererseits, wenn sie nichts unternahm, würde er sterben. Schon jetzt sah man, dass sein Kreislauf von dem seit Tagen anhaltenden Fieber geschwächt war und nicht mehr lange mitmachen würde.

So schleppte Anna seufzend die beiden großen Holzwannen, in denen sie die Wäsche einzuweichen pflegte, aus der Waschküche herauf, schürte den Herd in der Küche, bis er fast glühte, und erhitzte Wasser in großen Töpfen.

Eine der Holzwannen füllte sie mit kaltem, die andere mit so heißem Wasser, dass es gerade noch darin auszuhalten sein würde. Dann schüttelte sie den Kranken so lange, bis er ansprechbar war, und befahl ihm, sich auf einen Stuhl zu setzen. Dort entkleidete sie ihn völlig, was David apathisch über sich ergehen ließ.

Der Junge war ein dünnes Klappergestell, aber dennoch zu schwer, als dass Anna ihn hätte tragen können. Also packte sie ihn unter den Armen und herrschte ihn an wie einstmals ihre Zwillinge, wenn diese etwas ausgefressen hatten.

»Du steigst jetzt hier in die Wanne, David. Sofort! Und mach mir ja keine Sperenzchen!«

David, der viel zu müde war, um zu widersprechen, ergab sich diesem Befehl. Mit Annas Hilfe lag er schließlich in der Wanne mit heißem Wasser, was ihm ausgesprochen gefiel. Es wurde ihm ganz leicht zumute, und er hatte keinen anderen Wunsch, als sich in diesem heißen See aufzulösen. Dann würden sicher auch der wahnsinnige Kopfschmerz und die Enge in seiner Brust verschwinden.

Doch Anna kannte kein Erbarmen. Nach kurzer Zeit zwang sie ihn in die andere, die kalte Wanne, und David erwachte vorübergehend aus seiner Entrückung.

Schon aber verlangte die Frau die Rückkehr in den heißen Bottich; ein Ansinnen, das David nur allzu gern erfüllte.

Hier ließ sie ihn kurz in Ruhe, um ihn dann mit rüden Worten wieder zurück ins Kalte zu treiben.

Insgesamt wiederholte sie dieses Spiel ganze fünf Mal, wobei David sich beim letzten Umstieg in die Kälte widerspenstig zeigte und zu wehren begann.

Anna lachte und sagte: »Ich seh schon, die Kur fängt an zu wirken.«

Sie gestattete David, aus dem kalten Kübel zu steigen, und begann, ihn mit einem Frotteetuch abzurubbeln. Danach steckte sie ihn in ein viel zu großes Herrennachthemd aus Flanell und nötigte ihn zurück ins Bett.

»Das kriegen wir schon wieder hin«, versicherte sie, als sie David – zusätzlich zur Zudecke – noch ein pralles Daunendeckbett auflegte und die Zipfel unter die Matratze stopfte.

Es war das Letzte, was David an diesem Tag hörte.

Als er am nächsten Morgen um elf Uhr erwachte, hatte er beide Plumeaus durchgeschwitzt. Er war schwach, aber fieberfrei.

Anna hatte einen Junghahn geschlachtet, gerupft und gekocht.

»Iss nur, Bub«, sprach sie David zu, als dieser mit zunehmendem Appetit einen großen Teller Hühnersuppe mit Nudeln verschlang.

Danach schlief er weitere vier Stunden, während Anna in der Küche die Federbetten und die Matratze trocknete.

Als David danach wieder zu sich kam, fühlte er sich kräftig genug, seine Erlebnisse genauer zu schildern. Und diese Erzählung unterschied sich in einigen wesentlichen Punkten von dem, was Anna inzwischen im *Ostalbboten* gelesen hatte.

Nachdem er geendet hatte, entstand eine lange Pause.

»Ist mein Vater tot?«, fragte der Junge schließlich.

Anna zögerte, doch sie sah in seinen Augen, dass er es wusste. Er suchte nur noch die Bestätigung, um krankheitsbedingte Traumgespinste sicher ausschließen zu können.

»Ja«, sagte sie deshalb. »Er ist tot, David. In der Zeitung stand, er habe einen schweren Diebstahl begangen. Moritz Gruber habe ihn dabei ertappt und angekündigt, die Polizei zu rufen. Da habe er sich gewehrt und versucht, sich davonzumachen, sei aber auf der Flucht erschossen worden. Von zufällig anwesenden Parteigenossen des Ortsgruppenleiters, die diesen zu einer Veranstaltung hätten abholen wollen.«

»Das ist ja lächerlich«, stieß der Junge hervor. »Mein Vater hat es nicht nötig, irgendwen zu bestehlen, wir haben Geld genug, und mein Opa in England ist ein sehr reicher Mann.«

»In den Zeitungen steht vieles… *heutzutage*… und nicht alles ist zutreffend«, sinnierte Anna laut und dachte dabei, dass Moritz Gruber schlimmer sei als jemals vermutet, wenn er Edmund Cohn derart in eine Falle gelockt hatte.

»Es ist, weil wir Juden sind und die Nazis uns hier nicht dulden wollen.«

Es ist noch viel schlimmer, mein Junge, hätte Anna dem Buben jetzt antworten können, denn nach dem Streit mit Else hatte sie sich die Mühe gemacht, Hitlers *Mein Kampf* zu lesen.

Es war sowohl langweilig als auch bedrückend gewesen. Denn Hitlers Worte, die Hunderte von Seiten füllten, hatten

Anna klargemacht, dass dieser Mann nicht nur an Selbstüberschätzung, sondern an Größenwahn litt. Es waren auch Passagen dabei gewesen, die sich mit den Juden beschäftigten. Und leider war es so, dass Adolf Hitler die Juden nicht nur nicht dulden, sondern sie *ausrotten* wollte.

Es war, als ob der Junge ihre Gedanken erraten hätte.

»Mein Opa Wolffsohn hat Papa schon vor Jahren gebeten, wir sollen nach England kommen, dort sei es besser für Leute wie uns. Aber Papa hat ihm erwidert, er habe seine Wurzeln *hier.* Er liebe die Deutschen, ihre Musik, ihre Sprache und ihre Kultur, und der ganze Nazi-Spuk werde eines Tages wieder vorbei sein, das hat er gesagt.«

»David, sei ehrlich zu mir: Hast du in eurem ehemaligen Haus irgendetwas gestohlen? Oder hat dein Vater dich gebeten aufzupassen, ob … *Leute kommen?*«

»Nein. Der Gruber hat gesagt, ich soll draußen warten, er muss meinem Vater etwas zeigen. Dann hat er ihm den Hausschlüssel gegeben und ist mit ihm hineingegangen. Und dann kamen die Männer in den schwarzen Uniformen und dann …«

Ein würgendes Schluchzen verhinderte, dass David weitersprechen konnte.

»Es ist schon gut, David«, sagte Anna begütigend. So oder so ähnlich hatte sie sich die Sache vorgestellt, aber sie brauchte Gewissheit.

Was ist das nur für eine verdammte Welt, dachte sie traurig, wo Charakterlumpen wie der Gruber und seine Genossen halbwüchsigen Kindern den Vater ermorden und hinterher noch zum Kriminellen machen dürfen.

»Du solltest jetzt wieder schlafen, David. Du bist noch sehr schwach!«

Dass in der Zeitung, die der alte Samuel Cohn gegründet und die Moritz Gruber das Brot bezahlte, seitdem er die Pfalz verlassen hatte, ein Aufruf an alle Leser gestanden hatte, den flüchtigen Judenjungen, der am Diebstahl beteiligt gewesen sei, zu stellen und den Behörden zu überantworten, sagte sie nicht. Auch dass die Bürger unter Androhung von empfindlichen Konsequenzen vor »falschem Mitleid mit dem straffälligen Heranwachsenden« gewarnt worden waren, behielt sie für sich.

Erst einmal musste David wieder gesund werden. Dann würde man sehen, wie es gelingen könnte, ihn über die österreichische Grenze nach Wien zu bringen, wo seine Mutter sicher in höchster Angst um ihn war.

**8** Am Spätnachmittag eines Samstags Mitte Januar war eine sogenannte »Verdunkelungsübung« angesetzt, wie sie seit dem Winter 1936 regelmäßig stattfanden.

Als Else Pasqualini ihrer Mutter zum ersten Mal davon berichtet hatte, hatte Anna sich sofort in ihrem Verdacht bestätigt gesehen.

»Na bitte! Hab ich es nicht immer gesagt: Der Hitler hat nichts anderes im Sinn als einen weiteren Krieg.«

»Schwätz doch keinen Quatsch, Mutter«, hatte Else erwidert. »Wenn du dir die Mühe machen würdest, die Reden vom Führer zu lesen oder im Radio anzuhören, dann wüsstest du, dass alles, was er macht, darauf abzielt, uns Deutschen den Frieden zu erhalten.«

»Wer's glaubt«, hatte Anna gebrummt. Und gedacht hatte sie, dass ihre Tochter leider nicht die Intelligenz ihrer Brüder besaß. Denn mit Peter, der jetzt regelmäßig in die Parteiversammlungen ging und demnach ganz gut unterrichtet war, konnte sie sich offen austauschen. Zumindest dann, wenn diese Gespräche unter vier Augen bei ihr zu Hause stattfanden. In Peters Haushalt war dies nicht möglich, denn Gustel und ihre Eltern waren ebenfalls der Faszination des schnauzbärtigen Gefreiten erlegen, der – neben anderem Unsinn – den Luftschutz als »nationale Aufgabe« propagierte. Um den *Frieden zu erhalten*, natürlich.

Und Paul … mein Gott, Paul!

Urplötzlich hatte Anna eine heiße Sehnsucht nach diesem Sohn überfallen, der ihr immer am nächsten gestanden hatte.

Seit zwei Jahren hatte sie nichts mehr von ihm gehört.

»Warum, warum nur meldet er sich nicht mehr?«, hatte sie verzweifelt gehadert und zum ersten Mal seit langer Zeit wieder geweint.

Jetzt sah sie ihrer Tochter Else nach, die sich so freudig zu dieser Verdunkelungsübung aufmachte, als ob es sich um eine Lustreise handle.

Mein dummes, naives Mädele, dachte Anna bekümmert, aber eigentlich war sie doch froh, dass Else verschwand, schon ihres heimlichen Hausgastes wegen.

Ortsgruppenleiter Moritz Gruber erschien erst am Samstagnachmittag zu der Übung, die während einer Wochenendtagung stattfand und zu der sich Vertreter aller NS-Organisationen des Kreises in einer ehemaligen Albvereinshütte trafen.

Ein bisschen bleich und übernächtigt sah er aus, und er wirkte ziemlich nervös. Einige munkelten, er habe Probleme »mit oben« wegen des noch immer nicht aufgegriffenen Judenbuben, aber lange konnte niemand darüber reflektieren. Denn als Abschluss des »Verdunkelungstags« machte man sich daran, die Möglichkeiten der Brandbekämpfung nach einem Luftangriff zu demonstrieren. Zu diesem Zweck wurde eine alte, verfallene Hütte angezündet. Die anwesenden Funktionäre wiesen die Buben der Hitlerjugend und die Mädelschaft an, wie mittels Wasser in Eimern, Handpumpen und Feuerpatschen der Brand souverän wieder gelöscht werden konnte.

Nachdem dies geschehen war, schickte man die Jugendlichen nach Hause, während die Funktionäre in der gemütlichen Hütte eine deftige Abendmahlzeit zu sich nahmen. Bier und Wein flossen in Strömen.

Schorsch Ketterer, der seine Quetschkommode dabeihatte, spielte den »Schneewalzer« und andere flotte Weisen auf, und bald fanden sich die ersten Tanzpaare.

Moritz Gruber hatte während des Essens fast zwanghaft schnell einen großen Krug Bier geleert, was seinem Gesicht wieder etwas Farbe verliehen hatte. Auch seine Laune schien sich gebessert zu haben, denn zum ersten Mal seit dem Tod seiner Frau interessierte er sich wieder für gesellige Vergnügungen.

Er packte Else Pasqualini, die neben ihm saß, am Arm und zog sie auf die freie Fläche vor der Theke, die als Tanzboden benutzt wurde.

»Hoppla«, sagte er nach einigen Schritten, »du tanzt ja so leicht wie eine Feder, Else!«

»Ich *bin* so leicht wie eine Feder«, erwiderte Else in einem seltenen Anfall von Koketterie.

»Aber ganz so flach, wie ich immer gedacht habe, bist du ja gar nicht«, sagte der Gruber anerkennend, nachdem er sie näher gezogen hatte und ihre festen kleinen Brüste spürte. Seine Hand, die bisher auf Elses Rücken gelegen hatte, rutschte ein bisschen tiefer und umfasste ihre Hinterbacke, die von den vielen Wanderungen und anderen Ertüchtigungen mit den Mädchen muskulös und stramm geworden war.

»Gar nicht schlecht«, murmelte er und zog sie noch näher.

Else wurde warm, teils aus Verlegenheit, teils aufgrund eines Gefühls, das ihr bisher fremd gewesen war. Sie wusste nicht, wie sie sich verhalten sollte, doch Moritz Gruber half ihr dabei.

Als eine Pause eintrat, führte er sie nicht zurück an den Tisch, sondern blieb an der Theke stehen und sagte: »Die Else und ich trinken einen Wein. Von dem, den ich neulich aus der Pfalz mitgebracht habe.«

»Ich mag doch keinen Alkohol«, wagte Else einzuwenden, doch der Ortsgruppenleiter winkte ab und sagte apodiktisch: »Heute schon, Else.«

Else, die es inzwischen gewohnt war, Befehlen Folge zu leisten, ergab sich in den höheren Willen.

Erst erschien ihr der Wein als ziemlich saures Getränk, doch Moritz Gruber prostete ihr laufend zu. Nachdem das erste Glas leer war, schmeckte ihr das Getränk bereits besser, und der Ortsgruppenleiter schenkte sofort und eilfertig nach.

»Trink nur. Der Wein macht helle Augen und rote Wangen. Du siehst schon netter aus als jemals zuvor.«

Und genauso fühlte sie sich auch.

Bei einem weiteren Tanz, zu dem alle sangen: »Fliege mit mir in den Himmel hinein, mein Mädel, ich lade dich ein …«, zog Moritz Gruber die Metallhaarnadeln aus Elses Haarknoten und löste den streng geflochtenen Zopf, den sie mit Zuckerwasser gebändigt hatte. In kleinen, engen Wellen umstanden die roten Haare jetzt Elses schmalen Kopf, was ihr ein verblüffendes, beinahe verruchtes Aussehen verlieh.

Mit anerkennendem Geraune wurde diese erstaunliche Verwandlung von der schon ziemlich betrunkenen Gesellschaft kommentiert.

Schorsch spielte jetzt eine Polka, und Moritz Gruber, der nun nicht mehr nur gut gelaunt, sondern ausgelassen war, schwenkte Else derart umher, dass einer der Ärmel ihrer Uniformbluse unter der Achselhöhle zerriss.

»Schaut euch mal das an!«, rief ihr Tanzpartner amüsiert, fasste mit zwei Fingern in das Loch und riss dabei nach unten, sodass die Nahtöffnung sich noch vergrößerte.

Alle lachten und fingerten an Else herum, die das – nach

einem weiteren Glas Wein – kein bisschen peinlich, sondern sehr lustig fand. Als Else schließlich kurz einmal das Örtchen mit Herz aufsuchen musste, machte Moritz Gruber mit dem Hüttenwirt ein kleines Geschäft. Er reichte einen Schein über den Tresen und erhielt dafür einen klobigen Schlüssel. Und als die betrunkene Gesellschaft sich wenig später auflöste, um in den geschlechtergetrennten Schlafsälen ihr Nachtlager aufzusuchen, fand sich Else gemeinsam mit ihrem Ortsgruppenleiter im Zimmer des Hüttenwirts wieder, in dem ein bequemes Doppelbett stand.

»Jetzt stell dich nicht so an«, murrte Moritz Gruber, als er sie aus ihrer Mädeluniform schälte, denn wie ein kurzer Blitz ein dunkles Zimmer erleuchtet, so hatten vorübergehend die pietistischen Bedenken Elses den Weinpegel durchbrochen.

»Das ist doch was ganz Normales«, sagte er und machte, dass er aus seinen Klamotten kam, bevor Else noch mehr Skrupel bekam.

Doch auch Else erschien es so, dass alles »normal« war. Jedenfalls verspürte sie keinen Widerwillen, als Moritz Grubers tastende Hand all die Stellen fand, die sie selbst nur von verschämten Blicken im Spiegel kannte. Als er sein Ding in sie steckte, fühlte sie einen stechenden Schmerz. Sie schrie kurz auf und schreckte vorübergehend aus ihrer Weinseligkeit auf. Doch alles, was Moritz Gruber in dieser Nacht mit ihr veranstaltete, war so neu und aufregend, dass sie nicht mehr dazu kam, sich ernstlich dagegen zu wehren.

*So* ist das also, wenn Männer und Frauen zusammenkommen, dachte sie noch, bevor beide in ein längeres Schläfchen verfielen.

Als Else wieder erwachte, fand sie Moritz Gruber ohne Decke liegend splitternackt und leise brabbelnd an ihrer Seite.

»Neeein! Nicht schießen!«, rief er plötzlich, richtete sich auf und starrte mit dem hohlen Blick eines Schlafwandlers das

Fenster an, hinter dem sich gerade das erste Licht der Morgendämmerung zeigte. Dann fiel er zurück wie ein Sack, starrte auf die Holzdecke und murmelte im Ton blanker Verzweiflung: »Hat alles gesehen. *Hat alles gesehen*, der kleine Scheißer. Muss weg … *weg*!!!«

Else, die Mitleid mit ihrem nagelneuen Liebhaber bekam, legte die Hand auf seinen nackten, behaarten Arm und sagte zärtlich: »Du träumst, Moritzle. Wach auf, dann ist es vorbei!«

Tatsächlich schlug Moritz Gruber die Augen auf und schaute sich gehetzt um. Doch als er niemand anderen sah als die rothaarige Italienertochter, wichen die Nachtgespenster aus seinem Gemüt.

Er lächelte befriedigt, da ihm die vergangene Nacht zumindest in Bruchstücken einfiel, und fasste nach der nackten Else. Er hatte das Zimmer teuer bezahlt, und er wollte für diese Ausgabe so viel Gegenwert bekommen wie möglich.

9 »Was ist eigentlich mit dir los, Mutter?«, fragte Else, als sie Anna eines Tages Anfang Februar beim Füttern der Gänse antraf. Ihre Mutter scheuchte das Federvieh beiseite, das schnatternd wieder einmal auf Else losging, als ob sie der Erbfeind wäre, und fragte dabei zurück: »Wieso? Was soll mit mir sein?«

»Seitdem du die Grippe hattest, rennst du ständig aufs Klo. Sogar nachts. Und streit es nicht ab, ich hör es ja, wenn du rumtrappelst!«

»Seit wann muss ich dir erklären, wie meine Blase arbeitet?«, parierte Anna scharf und dachte dabei, dass sie es jetzt wisse. Dass das Haus doch hellhörig war. Sie musste dem Buben unbedingt sagen, dass er in seinem Zimmer bleiben und den Nachttopf benutzen solle. Als nachträgliche Komplikation von Davids

Erkrankung war nämlich eine Reizblase oder etwas dergleichen zurückgeblieben, die dem Jungen einen ständigen Harndrang verursachte.

»Ich würd auf jeden Fall einmal zum Doktor gehen«, riet Else, jetzt wirklich töchterlich besorgt.

»Ja, freilich, zum Doktor, wegen jedem Zipperlein«, knurrte Anna. »Die Agath tut es da auch!«

Die Heilerin hatte sie ohnehin aufsuchen wollen, ihrer zunehmenden Schlafstörungen wegen. Denn seitdem der kleine Cohn bei ihr war, konnte sie nachts kein Auge mehr zutun. Selbst wenn sie schlief, lauschte sie noch auf Schritte, die auf das Haus zukommen, Fäuste, die an Türen poltern und den armen Jungen schließlich aus dem Bett ziehen und an Stätten bringen könnten, von denen man nichts Gutes hörte. Genaues wusste Anna auch nicht, aber die Vermutungen, die am Stammtisch des Hirschen manchmal geäußert wurden, meist unter dem Einfluss einiger Gläser Bier und wenn die weniger hartnäckigen Zecher bereits gegangen waren, klangen alles andere als vertrauenerweckend. So hatte Anna, während sie wieder einmal als Bedienung bei ihrem Onkel aushalf, erfahren, dass Moritz Gruber gleich nach dem »Vorfall« nicht nur die Überwachung der Wisslinger Busstation, sondern auch die des Bahnhofs in der Kreisstadt angeordnet hatte. Ebenso ließ er noch immer alle von Wisslingen und der Kreisstadt wegführenden Straßen kontrollieren, einschließlich der Fußwege, wofür er sogar die Förster und Jäger mit eingespannt hatte. Denn der Schnee, der in diesem Jahr beharrlich fiel und liegen blieb, hätte jede Spur offenbart.

Was für ein enormer Aufwand, um ein fünfzehnjähriges Kind aufzufinden, hatte Anna zuerst gedacht. Doch anhand der Erzählungen ihrer Tochter und ihres Sohnes Peter begriff sie, was wohl Grubers Gründe waren. Wobei die Einschätzungen ihrer beiden Kinder sich gänzlich unterschieden.

»Der Moritz sagt, es sei ganz besonders gemein von dem Cohn gewesen, jemanden zu bestehlen, der ihm einen Gefallen getan und seinen ganzen Krempel abgekauft hat«, meinte Else, »und dass einer, der bereits mit fünfzehn seinem Vater beim Klauen hilft, dringend dorthin gehört, wo man ihm Zucht und Ordnung beibringen wird.«

»Der David wird gesehen haben, wie sie Edmund Cohn erschossen haben«, vermutete Peter dagegen. »Und dafür werden die Herren von der Gestapo oder der SS, was ja meistens sowieso dasselbe ist, eben keinen Zeugen haben wollen. Ich schätze mal, *die* sind es, die dem Gruber Dampf machen. Immerhin sind die Cohns inzwischen Österreicher, und der alte Wolffsohn in England ist ein bekannter Wissenschaftler und hat weitreichende Beziehungen.«

»Wie auch immer: Dass sie den Edmund erschossen haben, war eine Sauerei, und zwar eine ganz schreckliche«, sagte Anna erbittert.

Nach diesen Worten hatte Peter die Ellbogen auf den Wohnzimmertisch gestemmt und sich gequält die Schläfen gerieben. »Ich hätte nie in die Partei eintreten dürfen!«, sagte er. »Das ist nichts anderes als eine … politisch angestrichene … *Verbrecherbande*.«

Er lachte selbstironisch, bevor er weitersprach: »Was für ein unglaublicher Irrtum, sich einzubilden, da von innen heraus etwas verändern zu können. Das Einzige, was sich verändert, bin *ich*. Ich kann kaum noch schlafen, wenn ich darüber nachdenke, Mutter.«

Anna nickte. »Ich werde dir etwas mitbringen, wenn ich demnächst zur Agath gehe«, versprach sie ihm.

Die anderen Dinge ließen sich nicht mehr verändern. Ein Austritt aus der Partei und ein Rückzug ins Privatleben wäre das Ende von Gustels Laden gewesen, und dies wäre vermutlich noch die harmloseste aller Folgen. Dennoch konnte sie sich Peter gegenüber nicht offenbaren, was David Cohn betraf. Je weniger ihr Sohn wusste, desto besser für ihn und seine Familie.

Immerhin war Anna inzwischen längst klar geworden, dass es derzeit unmöglich war, den Jungen wegzuschicken, ohne dass er in die Fänge der Mörder seines Vaters geriet. Sie musste warten, bis Moritz Grubers Eifer und der seiner Kumpane nachzulassen begann.

Ein Glück, dass sie wenigstens die Wurstpakete des Onkels hatte, die Hühner und Gänse und einen Keller voll Eingewecktem, sodass ihr gestiegener Nahrungsbedarf nicht auffallen konnte.

Denn seitdem David wieder leidlich gesund war, entwickelte der Fünfzehnjährige den Appetit eines jungen Löwen.

Mitten in diesen Überlegungen fiel Anna ein, dass Else den Ortsgruppenleiter »Moritz« genannt hatte, und sie spürte, wie etwas in ihr aufbegehrte, als sie sich vorstellte …

Dann aber bezichtigte sie sich selbst der Hysterie: So etwas war undenkbar bei der spröden Art ihrer Tochter. Und die Kameradschaftsduselei bei den Nazis war ja allseits bekannt.

Außerdem: Der Mann könnte ihr Vater sein, überlegte Anna, um dann schnell den Schluss zu ziehen: Aber nur mit einer anderen Mutter!

Moritz Gruber und der durchtriebene Eberhard Hittelmayer waren die Totengräber ihres Wohlstands gewesen, und nie, niemals würde Anna dies vergessen!

Es gab nur noch *eine* Person, die sie mehr hasste als diese beiden: die italienische Frau, die erschienen war wie die böse Fee in einem Märchen, Angst, Blut, Tod und Elend hinter sich lassend.

Wenn ich der je noch mal begegne, dachte Anna und spürte den gallenbitteren Bodensatz der Enttäuschung, Wut und Hilflosigkeit, den sie mit ihrem starken Willen immer wieder nach unten drückte, dorthin, wo die guten Erinnerungen ihn überlagerten.

»*Dann aber!*«

**10** »Etwas für Schlafstörungen also. Für Erwachsene oder für Kinder?«, wollte die Agath wissen, als Anna ihr am nächsten Tag gegenübersaß.

»Für Erwachsene natürlich. Meine Kinder sind groß.«

»Schon, schon. Aber du hast ja auch Enkel, Anna.«

»Die schlafen gut.«

»Ein gutes Gewissen …«, begann die Agath mit spitzer Zunge, doch Anna fiel ihr ins Wort: »Meine Sünden sind *meine* Sache. Und ganz allein meine!«

»Ist ja gut. Reg dich nicht auf. Ein altes Weib wie ich will manchmal eben auch ein paar Sprüche machen!«, sagte die Heilerin beschwichtigend und suchte in ihrer Holzkiste umher, in der sie die gängigen Medikamente aufbewahrte.

Schließlich reichte sie Anna ein Stoffsäckchen mit getrockneten Blättern und wies sie an, wie diese zu verwenden seien: »Du musst einen halben Liter Wasser aufkochen, zwei Teelöffel davon hineingeben und das Ganze gut eine halbe Stunde ziehen lassen. Den Tee dann unmittelbar vor dem Schlafengehen trinken!«

»Danke«, sagte Anna und überlegte, ob der Inhalt des Säckchens für sie und Peter genügen würde.

»Es reicht schon«, versicherte die Agath, als ob sie Gedanken lesen könne, und fragte dann ohne Übergang: »Was hörst du denn in letzter Zeit von deinem *Paul*?«

Anna starrte die alte Frau misstrauisch an. Sie hatte außer ihrem Sohn Peter niemandem mitgeteilt, dass sie Nachricht von Paul habe, seitdem er weggegangen war. Und Peter war verschwiegen, dessen war sie ganz sicher.

»Nichts«, erwiderte sie deshalb vorsichtig, und irgendwie stimmte das ja. Seit zwei Jahren hatte er sich nicht mehr gemeldet.

»Ich könnte zum Judas Thaddäus beten«, schlug die Agath jetzt vor. »Das ist der Heilige, an den man sich in schwierigen Anliegen wenden muss. Auf den ist Verlass. Der löst jedes Problem.«

»Na prima. Da könnte ich ihm allerlei Vorschläge machen«, spottete Anna, die vom alten Pfarrherrn gelernt hatte, wie falsch es war, irgendwelche Heiligen um Hilfe zu bitten. »Selbst ist der Mensch«, hatte der immer gesagt. Und dass jeder in direkter Verantwortung vor seinem Gott stehe, ohne irgendwelche heiligen Vermittler.

Agath lächelte. »Manchmal verschwinden Probleme auf eine Weise, wie wir's uns nicht hätten ausdenken können. Aber lassen wir das. Ich will dich nicht missionieren, Anna.«

Da würdest du auch auf Granit beißen, dachte Anna. Sie war eine aufrechte Lutherische. Auch wenn sie auf die Kräutermittel der Agath schwor: Ein Grund, an jeden Hokuspokus zu glauben, den diese veranstaltete, war das noch lange nicht.

»Nimm doch noch ein Fläschchen von den Tropfen hier mit. Es kostet das gleiche Geld, und du *brauchst* es. Das ist für die Nieren. Zwei Tropfen pro zehn Kilo Gewicht, drei Mal am Tag.«

»Aber ich hab keine Nierenbeschwerden«, sagte Anna schnell und unbedacht.

Die Agath verzog ein wenig die Lippen. »Ich weiß, was ich weiß«, erklärte sie eigensinnig. Es war ihr Lieblingssatz, und einer, mit dem sie jeder überflüssigen Erörterung ein Ende bereitete. »Und lies den Zettel, der an der Flasche klebt!«

Anna nickte gottergeben und dachte, dass die Alte immer wunderlicher wurde.

»Das macht zwei Mark«, verlangte Agath und rückte mit ihrer berühmten roten Stahlkassette an.

»Du wirst auch nicht billiger«, mäkelte Anna und kramte das Geld aus ihrer Geldbörse.

»Ich richte mich nach dem Preis von einem Kilogramm Butter. Seit eh und je! Und jeder muss selbst wissen, ob ihm seine Gesundheit das wert ist.«

»Es ist ja gut, Agath«, sagte Anna versöhnlich, denn im Grunde ihres Herzens mochte und schätzte sie die alte Frau.

Diese verabschiedete sie mit einem Kopfnicken und trippelte dann hinaus in die Küche, wo sie eine Kanne Hagebuttentee warm gestellt hatte.

Als ihre Nichte Ella hereinkam, füllte sie auch dieser eine Tasse mit heißem Tee, wobei sie nahezu mechanisch ihr viel geäußertes Sätzchen aufsagte: »Es ist wichtig, im Winter Hagebutte zu sich zu nehmen, als Tee oder als Hägemark, der mangelnden Sonne und der damit abnehmenden Lebenskräfte wegen.«

»Ja, ja, Agath, ich weiß«, sagte die jüngere Frau gutmütig, um dann zu fragen: »Was wollte denn die Anna von dir?«

»Tee für die Nieren.«

»Seit wann hat's die auf den Nieren?«, fragte Ella erstaunt, »die war bisher doch immer kerngesund?!«

»Es währt nichts ewig auf der Welt. Weder die Gesundheit noch das Glück, und Gott sei Dank auch nicht das Unglück. Alles geht wieder vorbei. Kommt nur darauf an, dass man es übersteht.«

»Ich glaub, du hast heute mal wieder deinen grüblerischen Tag.«

»Den kann man gar nicht oft genug haben, wenn man das

alles *sehen muss!*«, erwiderte Agath, und in ihrer Stimme war eine solche Betrübnis, dass Ella aufmerksam wurde.

Sie begriff, dass ihre Tante nicht etwas meinte, das sie *beobachtet* hatte, sondern von den Dingen sprach, die sich in ihrem Kopf abspielten. Die mit ihrer besonderen Begabung zu tun hatten, der Gabe der Hellsichtigkeit, die vor der Agath schon verschiedene ihrer Vorfahren besessen hatten, Frauen wie Männer.

Ella wusste auch, dass die Agath nur wenig davon preisgab – vielleicht weil sie's nicht durfte. Womöglich gab es dort, wo diese Einsichten ermöglicht wurden, ja auch Verbote.

»Es ist eine schwere Sache«, murmelte die Alte bekümmert. »Eine sehr schwere Sache. Und noch ist es nicht entschieden, wie sie ausgehen wird. Vieles ist unabänderlich, Ella. Das spürt man sofort. Aber manches ist zu beeinflussen. Und das hier, das ist so etwas, das weiß ich inzwischen.«

Ella nickte, obwohl sie eigentlich gar nichts verstand. Nur dass die Agath sich jetzt wieder einmal zurückziehen und für niemand ansprechbar sein würde. So lange, bis erreicht war, was sie sich vorgenommen hatte. »Darüber arbeiten«, nannte die Tante solche Bemühungen.

»Das ist, als ob man jemand gerade noch mal zur Seite ziehen kann, wenn der Felsbrocken schon einen Meter über dem Kopf ist«, hatte sie Ella einmal erklärt.

»Ich muss darüber arbeiten«, sagte die Alte jetzt tatsächlich, und Ella verstand das Signal.

Sie trank ihren Tee aus und wies auf den Teller mit den Rohrnudeln, den sie mitgebracht hatte: »Iss auch etwas, Tante Agath!«

»Erst wenn ich fertig bin, Ella.«

Ella schaute besorgt hinter der Alten her, als diese in ihrem Praxiszimmer verschwand.

Im Wohnzimmer zog Agath aus der Schublade unter dem

Esstisch eine dicke Bienenwachskerze heraus und trug sie zu dem kleinen Altar, der in einer Ecke des Zimmers aufgebaut war. Eine Gipsfigur der Jungfrau und Gottesmutter Maria befand sich dort sowie eine Statue der heiligen Barbara, der Patronin der Sterbenden, denen die Agath ihre Patienten mit hoffnungslosen Leiden anvertraute. Zur Linken der Madonna aber befand sich eine holzgeschnitzte Darstellung des heiligen Judas Thaddäus. Er trug eine schwere, fast mannshohe Keule in der Hand, die gordische Knoten auf menschlichen Lebenswegen zu zerschlagen imstande war.

Diesem opferte Agath die heutige Kerze. Sie zog den Docht gerade und zündete das Wachslicht an. Dann kniete sie auf ihren Betschemel und versenkte sich in eine tiefe Andacht. Lange, sehr lange führte sie eine intensive Zwiesprache mit dem Patron für schwere, nahezu aussichtslose Fälle.

**11** Der Brief von Paul Pasqualini erreichte Anna am 17. Februar 1938.

Er war Bestandteil eines größeren Päckchens. Paul hatte Proben sämtlicher Produkte geschickt, von denen der lustige gelbe Koch winkte, und geschrieben, dass er seit geraumer Zeit eine gute Stellung in der Firma Rapp in Stuttgart bekleide. Er bat sie jedoch, niemandem von der Familie darüber zu berichten.

Anna war hoch erleichtert, obwohl andere, schwere Sorgen auf ihr lasteten. Noch immer lag eine geschlossene Schneedecke auf der Landschaft um Wisslingen. Von ihrer Tochter wusste sie, dass Moritz Gruber zu der Meinung gelangt sei, irgendjemand müsse den jungen Cohn versteckt halten. Sein Netz sei dicht geknüpft, und ohne Hilfe sei es unmöglich, sich derart lange in der freien Natur aufzuhalten. Mögliche Unterschlupfe wie Scheunen, Hütten oder die Schrebergartenhäuschen am Rande der Stadt seien längst alle und mehrmals durchsucht worden, doch der Ortsgruppenleiter sei nicht gewillt aufzugeben.

»Wenn Paul in der Nähe ist, wird sich ein Ausweg finden«, dachte Anna, die den Jungen nach sechs Wochen Stubenarrest kaum mehr in Zaum halten konnte.

David Cohn hatte Heimweh, Angst und litt unter Bewegungsmangel. Er wollte zu seiner Mutter, was allzu verständlich war. Jeden Tag einmal musste Anna ihm klarmachen, dass jeder Schritt aus dem Haus derzeit noch immer direkt »ins Loch« führe, wie sie das ausdrückte. Eine ganze Nacht lang grübelte sie über die weitere Vorgehensweise.

Am Tag darauf sagte sie gleich am Morgen beim gemeinsamen Frühstück zu dem Jungen: »Ich muss in die Stadt, David. Bitte, sei vorsichtig. Schließ dich von innen in deiner Kammer ein und rühr dich nicht heraus, bis ich wieder zurück bin! Ist das klar?«

»Ja, geht in Ordnung«, brummte der Junge verdrossen.

Anna konnte es ihm nicht verdenken, aber es gab keine Alternative. Sie marschierte zur Bushaltestelle und wartete auf den Linienbus in die Kreisstadt. Dort begab sie sich aufs Postamt und meldete ein Gespräch nach Stuttgart an. Die Telefonnummer stand auf dem Briefbogen der Firma, den Paul verwendet hatte.

In einem engen, kleinen Raum wartete Anna ungeduldig, bis ein Klingelzeichen ertönte. Vorsichtig, weil irgendwie ja Elektrizität mit im Spiel war, nahm sie den schwarzen Hörer ab, wie die Postbedienstete es ihr gezeigt hatte, und war tief beeindruckt, alsbald die Stimme ihres »verlorenen Sohnes« zu hören.

»Hier spricht deine Mutter, Paul«, sagte sie mit einer strengen Feierlichkeit, die halb dem beeindruckenden Kommunikationsapparat, halb ihrem Sohn galt. »Ich habe deinen Brief und das Päckchen bekommen, vielen Dank auch dafür. Und ...« Ihre Stimme bekam einen drängenden Klang. »Ich muss mit dir sprechen, Paul. So schnell wie möglich!«

Paul war verblüfft. Er hätte nicht gedacht, dass seine Mutter so schnell reagierte oder gar zum *Telefonhörer* griff.

»Es ist dringend, Paul«, sagte Anna jetzt, und erst da begriff er, dass etwas geschehen sein musste, das sie sogar an ein Telefon getrieben hatte.

»In Ordnung«, sagte er deshalb. »Soll ich nach Wisslingen kommen?«

Ihre Antwort ließ so lange auf sich warten, dass er dachte, die Verbindung wäre unterbrochen. Dann aber sagte sie: »Eigentlich wäre es mir lieber, ich könnte zu dir fahren.«

Von diesem Moment an wusste Paul sicher, dass etwas nicht stimmte. Seine Mutter war in ihrem ganzen Leben noch nie in der schwäbischen Landeshauptstadt gewesen. Ein flaues Gefühl machte sich in seinem Magen breit. Ein Gefühl, das sich immer wieder mal einstellte, seitdem sein Chef ihm erzählt hatte, Hitler habe bereits im Jahr 1935 die allgemeine Wehrpflicht eingeführt. »Was aber«, wie sein Arbeitgeber fand, »für einen Italiener wie Sie natürlich keine Bedeutung hat.«

Was immer seine Mutter beunruhigte: Paul wollte es so schnell wie möglich erfahren. Ungewissheiten hatte er noch nie leiden mögen; in seiner Lage aber waren sie Gift für sein Lebensgefühl.

»Gut, Mutter«, sagte er deshalb. »Dann kauf dir am Sonntagmorgen eine Fahrkarte und komm mich besuchen. Ich wohne in der Weinsteige, Haus Nummer 48. Nimm einfach am Hauptbahnhof ein Taxi und nenn diese Anschrift. Wenn du da bist, dann klingle, ich werde herunterkommen und den Fahrer bezahlen!«

»Ich dank dir schön, Paul«, erwiderte Anna. »Du kannst mit

mir rechnen.« Danach legte sie den schwarzen Hörer wieder zurück auf die Vorrichtung an der Wand, beglich am Schalter die Kosten und verließ das Postamt.

**12** Steif wie ein Stock saß Anna auf der Holzbank und schaute hinaus auf den Neckar, der wie ein graues Band nur einen Steinwurf entfernt den Lauf des Zuges begleitete. Stuttgart konnte nicht mehr allzu weit entfernt sein, dachte sie, die noch nie dieses Beförderungsmittel benutzt hatte, erleichtert. Doch plötzlich verdunkelte sich das Abteil, und unmittelbar danach herrschte völlige Finsternis.

»Das ist nur ein Tunnel, es wird gleich wieder hell werden«, sagte der Mann, der ihr gegenübersaß, mit beruhigender Stimme.

»Gott sei Dank«, murmelte Anna, als endlich eintrat, was ihr Gegenüber angekündigt hatte. »Kommt jetzt Stuttgart?«

Der Mann nickte. »In einer guten Minute sind wir da!«

»Ich war noch nie in der Landeshauptstadt«, gestand Anna ein wenig verlegen.

Vor der riesigen Bahnhofshalle ging sie zögernd auf eine Reihe von Fahrzeugen zu, die als Taxis ausgewiesen waren.

»Ich möchte gerne in die Weinsteige fahren«, sagte Anna schüchtern zu einem Mann, der am Kotflügel seines Gefährts lehnte und eine Laugenbrezel verspeiste.

»Na, dann kommen Sie«, erwiderte der Taxifahrer, schob den Rest der Brezel in seine Jackentasche und öffnete die hintere Tür.

»Kostet es mehr, wenn ich vorn sitze?«, fragte Anna.

Der Taxifahrer lachte. »Ausnahmsweise nicht heute«, sagte er dann, schlug die Fondtür wieder zu und öffnete die vordere.

Ihr Gepäck nahm er ihr ab, was Anna nicht sehr gefiel, aber sie sah, dass der Platz tatsächlich nicht ausreichte für sie und ihre Tasche.

»Passen Sie auf, da sind Einmachgläser drin«, wies sie den Mann an, als er die Tasche zum hinteren Ende des Wagens trug.

»Gut, dass Sie's sagen«, erwiderte der Taxifahrer, schob die Tasche in eine Nische des Gepäckraums und legte sogar noch eine Webdecke darüber.

Als sie durch die Stadt fuhren, entdeckte Anna unzählige große, vielstöckige und prachtvolle Gebäude. Manche davon sahen aus, wie sie sich immer ein wirkliches Schloss vorgestellt hatte. Jetzt erst begriff sie, was ihren Stefan damals veranlasst hatte, nach Stuttgart reisen zu wollen. *So etwas* war es, was er vorgehabt hatte zu bauen. Und ihretwegen hatte er von diesen Plänen Abstand genommen!

Anna traten die Tränen in die Augen. Jetzt erst, nach so vielen Jahren, begriff sie die Größe von Stefans Verzicht!

Sie bestaunte die Autos, Lastwagen und Busse sowie die Straßenbahnen, die sich hier in der Hauptstadt die Verkehrswege teilen mussten, und schaute verblüfft auf die vielen Leute, die, bepackt mit Taschen, Tüten und Körben, so emsig und zahlreich wie die Ameisen über die Gehwege hasteten.

Dann waren sie da.

»Moment, ich werde meinen Sohn holen«, verkündete Anna und kletterte aus dem Auto. Sie ging auf ein großes Haus zu, das über einer hohen Mauer am Hang thronte und mit einer weithin sichtbaren »48« aus Messing geschmückt war.

Auf dem Namensschild über der Klingel stand nur ein einziger Name: »Prok. Paul Pasqualini«.

Was ist denn »Prok.«?, fragte sich Anna erstaunt, aber dann erinnerte sie sich des wartenden Fahrers, drückte energisch auf den Klingelknopf, und wenig später stand Paul vor ihr.

Er war älter geworden und irgendwie anders. Woran das lag, hätte Anna nicht sagen können.

»Mein Bub«, krächzte sie, und plötzlich liefen ihr Tränen über die Wangen.

»Jetzt heul doch nicht, Mutter«, sagte Paul, breitete die Arme aus und drückte sie an sich. Anna tat diese Nähe zwar gut, gleichzeitig aber war sie ihr peinlich. Schließlich befanden sie sich noch vor dem Haus und konnten vom Taxifahrer oder Passanten beobachtet werden.

So etwas war einfach nicht schicklich, nicht hier im Schwabenland. Der Junge musste das in der Ferne vergessen haben. Vermutlich war das eine *italienische* Form der Begrüßung. Kein Wunder, dass die Frauen dort so leichtlebig waren wie diese Sofia.

Anna griff nach ihrem Taschentuch, das in der Manteltasche steckte, und Paul entließ sie wieder aus der Umarmung. Er ging den Fahrer bezahlen und nahm die Tasche entgegen, die dieser aus dem Kofferraum hob.

»Mein Gott, was hast du denn da drin?«, erkundigte sich Paul und lachte, als er das altmodische Lederstück, in dem die Birnengläser klirrend aneinanderstießen, die Treppe hochtrug.

»Einmachbirnen. Die magst du doch so«, klärte Anna ihn auf.

Einmachbirnen.

Das Wort öffnete die Tür der Erinnerung in Pauls Kopf. Er roch die Meishalderbirnen vom Baum neben der alten Scheuer, er spürte ihren Geschmack auf der Zunge, frisch oder auch eingeweckt, in Zucker- und Zimtsirup schwimmend, den er, wenn Peter nicht schneller gewesen war, direkt aus dem Einmachglas getrunken hatte. Was ihm jedes Mal eine heftige Rüge seiner Mutter eingetragen hatte, gefolgt von ihrem berühmten Satz: »Wir sind hier nicht bei den Wilden!«

Die eingemachten Birnen waren mehr als alles andere ein

Synonym für den unbeschwerten Teil seiner Kindheit, und plötzlich wurde auch ihm rührselig zumute.

»Du wohnst nicht übel«, kommentierte Anna den Salon, in den Paul sie führte. Er war mit kostbaren antiken Möbeln ausgestattet, ein großer, mehrarmiger Leuchter hing über dem ovalen Tisch aus poliertem Wurzelholz, und auf dem Boden lagen orientalische Teppiche; an einigen Stellen sogar übereinander, wie sie erstaunt feststellte.

»Es ist eine Dienstwohnung«, erklärte ihr Paul, »und die Möbel waren alle schon drin.«

»Nobel geht die Welt zugrunde«, sagte Anna, der man beigebracht hatte, dass Bescheidenheit die wahre Tugend in den Augen des Herrn sei.

Paul lachte, aber es klang ein wenig gequält. »Das wollen wir dann doch nicht hoffen. Dass die Welt so schnell untergeht.«

»Meine vielleicht schon«, gab Anna zu bedenken und setzte sich vorsichtig auf einen creme-gelb gestreiften Sessel mit arg dünnen Beinen.

Das ist typisch Mutter, dachte Paul und musste wider Willen grinsen, direkt auf eine Sache zu, ohne unnötiges Brimborium.

Paul betrachtete sie jetzt genauer und sah eine Anzahl scharfer Linien in ihrem Gesicht, die bei seinem Weggang noch nicht vorhanden gewesen waren. Sie zogen sich von der Nase seitlich zum Kinn und standen wie ein Kranz von Ausrufezeichen auf ihrer Oberlippe. Auch auf der Nasenwurzel entdeckte er eine tiefe Kerbe, die er noch nie beobachtet hatte. Möchte mal wissen, wie viele dieser Falten auf *mein* Konto gehen, dachte er mit plötzlicher Reue.

Auch die kupferfarbenen Haare der Mutter hatten den Glanz verloren und lagen matt um ihren schmalen Kopf.

»Was gibt es denn, Mama?«, fragte er jetzt, und die Zärtlichkeit in seiner Stimme, die ihm gar nicht bewusst war, trieb Anna erneut die Tränen in die Augen.

»Ich bin in einer furchtbaren Klemme«, gestand sie. Und dann erzählte sie ihm, wie alles gekommen war.

Und dass sie keinen Ausweg mehr wusste.

»Mein lieber Scholli«, murmelte Paul, als sie geendet hatte. Danach sagte er längere Zeit überhaupt nichts und dachte nach.

Er hatte mehr als drei Jahre in Italien verbracht und war die vergangenen eineinhalb Jahre zu sehr beschäftigt gewesen, um sich ausführlich mit politischen Dingen zu beschäftigen, aber natürlich hatte er von der zunehmenden Härte des deutschen Staats gegen Regimegegner und Juden gehört und gelesen. Dass Letztere die Hochschulen nicht mehr besuchen, keine Beamten mehr werden durften, keinen Zugang zu Kinos und Schwimmbädern mehr hatten. Von vielen anderen Beschränkungen und der angeblich unersättlichen Gier dieser Rasse, mit der sie das deutsche Volk aussaugten, war die Rede gewesen.

Kein Wunder, wenn Leute wie die Cohns ihren Besitz verkauft, sich ins Ausland begeben hatten und außerhalb der Reichweite des NS-Staates leben wollten. Dass Edmund Cohn aber zurückgekehrt war, um in seiner ehemaligen Villa einen schweren Diebstahl zu begehen, hielt Paul für ausgeschlossen; dass der fünfzehnjährige David ebenfalls daran beteiligt gewesen sein sollte, für absoluten Unsinn. Irgendetwas war gewaltig faul an der Sache. Außerdem wurde niemand erschossen, nur weil er bei einem Diebstahl ertappt worden war. Und die Angabe, dass es auf der Flucht passiert sei, war vermutlich eine Schutzbehauptung.

Edmund Cohn war kein Mann gewesen, der davonlief. Und der Junge, dem man irgendwelche kriminelle Taten anhängen wollte, tat ihm leid. Dass seine Mutter aber recht hatte und Hitler alle Juden vernichten wollte, das hielt Paul denn doch für undenkbar.

Vermutlich hatte der Führer in seinen jungen Jahren, in denen ein Mensch noch unsortiert ist, Äußerungen von sich gegeben, die missverstanden werden konnten. Es konnte sich demnach nur um eine ganz persönliche Fehde des Ortsgruppenleiters mit seinem ehemaligen Chef handeln, bei der Gruber seine Parteifreunde mit eingespannt hatte.

Wie immer es aber gewesen sein mochte, überlegte Paul, seine Mutter war mächtig in die Geschichte verwickelt und musste daraus befreit werden. Dies zu erreichen, rechtfertigte das Risiko, mit dem die Hilfsaktion verbunden sein würde. Denn zweifellos wartete auch auf sie das Gefängnis, wenn der Flüchtling entdeckt werden sollte.

In Pauls Gesicht arbeitete es, und ohne dass er es wusste, zog er Grimassen.

Wie früher, dachte Anna, und diese mimische Vorführung machte ihr mehr klar als alles andere, wie vertrackt ihre Lage tatsächlich war.

Unvermittelt stand Paul auf, worauf seine Mutter dasselbe tat. Er nahm sie erneut in die Arme und drückte sie, was ihr jetzt in der Abgeschiedenheit des Salons sehr angenehm war.

»Mach dir keine Gedanken mehr, Mama. Ich werde mir was einfallen lassen, wie ich David unauffällig zu seiner Mutter nach Wien schaffen kann!«

Anna kannte die Töne ihrer Söhne und wusste, dass es nicht nur eine tröstliche Floskel war, was er ihr sagte. Er würde eine Idee haben, und seine Ideen hatte dieser Sohn noch immer durchzusetzen gewusst.

»Jetzt zieh deinen Mantel wieder an, Mutter«, sagte er nun. »Ich führ dich aus. Und du, du wirst deine Sorgen vergessen und das genießen!«

Sie speisten in einem Restaurant, das so vornehm war, dass Anna aus dem Staunen nicht mehr herauskam.

Das Tischtuch war aus blütenweißem Damast, der so gestärkt war, dass die Ecken waagrecht abstanden, anstatt einfach nach unten zu hängen. Die Servietten waren aus demselben Material und steckten in schweren, silbernen Ringen. Mitten auf dem Tisch prangte ein Blumenarrangement aus rosafarbenen Lilien. Woher haben die Lilien, im *Februar*?, fragte sich Anna verwundert.

Das Geschirr war aus feinstem Porzellan und hatte einen goldenen Rand, die Gläser waren aus Bleikristall und geschliffen wie Schmuckdiamanten.

Ein befrackter Mann brachte die Suppe mit Klößchen aus bestem Ulmer Mutschelmehl. Sie waren von einer derart sattgelben Farbe, dass Anna schätzte, der Koch müsse wohl ein halbes Ei pro Kloß verwendet und außerdem Safran beigemengt haben, was beides eine ungeheure Verschwendung war.

Sie plauderten über dies und das, bis der Ober den Hauptgang brachte und die größere Gesellschaft, die sich außer ihnen noch im Speiseraum befunden hatte, gegangen war.

Danach waren sie allein, und Paul erzählte seiner Mutter, wie sein Leben in den vergangenen fünf Jahren verlaufen war. Er berichtete von seinen italienischen Großeltern, von Roberto und Rosalia und ihren Kindern, von Gina, Giulio und den beiden »G's«, was Anna besonders interessierte. Auch seine Begegnung mit Mussolini schilderte er und seine Lehrtätigkeit, wobei er den Begriff »Universität« vermied und seine Mutter im Glauben beließ, es habe sich um die Stelle eines Volksschullehrers gehandelt, so wie er es ursprünglich ja auch gewollt hatte.

»Und was bedeutet das ›Prok.‹ auf deinem Klingelschild?«, wollte Anna schließlich wissen.

»Dass ich Prokurist bin«, erwiderte Paul so bescheiden wie

möglich. »Bei der Firma Rapp hier in Stuttgart, die Suppen, Saucen, Puddings und Konserven herstellt.«

»Und wie kommt man vom Lehrerpult in Italien zu den Suppen nach Deutschland?«

Auch das erklärte er, der Wahrheit entsprechend.

»Und das hat geklappt?«, fragte Anna erstaunt. »Wie hast du dich denn da behaupten können, in einem Bereich, von dem du so gar nichts verstehst?«

»Ich bin ein Chamäleon«, erwiderte Paul vergnügt, selbst überrascht von dem zutreffenden Vergleich.

»Was ist das?«, wollte seine Mutter wissen, die das Wort noch nie gehört hatte.

»Ein Tier, das es schafft, immer die Farbe seiner Umgebung anzunehmen.«

»Und warum macht dieses Tier so etwas?«

»Um zu überleben, Mama. Und genau das versuche ich auch.«

Er hätte ihr lange berichten können, dass dies nicht so einfach war, wie es sich anhörte. Von seinen kurzen Nächten hätte er ihr erzählen können, in denen er die Produktpalette der Firma Rapp studiert, sich mit den Rezepturen beschäftigt hatte, mit Lebensmittelgesetzen, mit Steuerverordnungen, mit betriebswirtschaftlichen Büchern, mit Marktanalysen, Handels- und Vertreternetzen, mit Außenhandelsvorschriften, Auslieferungslogistik und Werbemaßnahmen, mit Buchhaltungs- und Bilanzfragen und vielem mehr. Er hatte hart gearbeitet, härter noch als in Neapel, und er hatte sich die Wertschätzung des Herrn Rapp, die am Anfang nur ein Geschenk gewesen war, redlich verdient.

Allerdings hatte er sich auch den Neid derer zugezogen, die vor ihm in der Firma gewesen waren. Die den Mann, der erstaunliche neue Ideen entwickelte und damit auch noch erfolgreich war, aufrichtig hassten, zumal ihm das alles gelungen war, obwohl er ein Ausländer war – wenn auch aus dem befreundeten Italien.

Dies aber behielt er lieber für sich.

Ebenso erwähnte er Angela und seine quälende, hoffnungslose Liebe zu ihr mit keinem Wort. Die Mutter hatte Sorgen genug; er wollte sie nicht weiter belasten.

»Erzähl mir von Peter und Gustel, von den Kindern und von Else. Erzähl mir *alles* aus Wisslingen, Mutter«, forderte er sie stattdessen auf.

Anna tat ihm den Gefallen und berichtete, mit Ausnahme ihres Verdachts, Else könne etwas mit Moritz Gruber haben. Auch dass Peter in die Hitler-Partei eingetreten war, erwähnte sie vorsichtshalber nicht, genauso wenig wie den Umstand, dass der Hirschwirt sehr krank und nur noch ein Schatten seiner selbst war. Paul würde das nur erregen – an den *Dingen* aber würde die Kenntnis ja nichts verändern.

Nach einem Nachtisch, der aus Halbgefrorenem und Sahne bestand – Anna hatte noch nie etwas so Köstliches zu sich genommen –, waren Mutter und Sohn gegenseitig wieder auf dem Laufenden, mit Ausnahme der Dinge, die sie verbergen wollten.

Sie vereinbarten bei der abschließenden Tasse Kaffee, Stillschweigen über die jeweiligen Offenbarungen zu wahren. Paul forderte zudem, dass Anna seine Anwesenheit in Stuttgart nicht publik machen solle, auch nicht in der Familie.

Gründe dafür nannte er nicht. Dass es solche aber geben musste, war ihr natürlich klar.

»Was den Jungen betrifft, der bei dir … *auf Besuch* … ist, so muss ich erst etwas organisieren. Es wird noch ein bisschen dauern, aber ich komme bestimmt auf dich zu. Du kannst dich darauf verlassen, Mama.« Paul beugte sich etwas vor und sprach leiser, obwohl weit und breit niemand zu sehen war: »Und bis dahin sei so vorsichtig wie nur irgend möglich. Es wäre auch besser, du würdest dich nicht mehr melden und mir nicht schreiben. In nächster Zeit bin ich viel unterwegs, und ich mag es nicht, wenn die Kollegen mit meinen privaten Dingen befasst werden.«

Anna hörte die Warnung in seiner Stimme und verstand ihn vollkommen. Die Sache mit Edmund Cohn hatte ihr klargemacht, dass man in der heutigen Zeit nicht vorsichtig genug sein konnte. Denn irgendwer musste Moritz Gruber und seinen SS-Freunden ja verraten haben, dass Cohn einen Besuch in der alten Heimat machen werde, und die Agath war das gewiss nicht gewesen.

»Ich werde dir noch ein bisschen was von Stuttgart zeigen, so weit das vom Auto aus möglich ist«, sagte Paul, als sie das Restaurant verlassen hatten. »Und nach der kleinen Besichtigungstour werde ich dich heimfahren, Mutter.«

»Nach *Wisslingen?*«

Paul lächelte. »Es sind nur knapp fünfzig Kilometer, und die Straße ist inzwischen recht gut.«

Anna kletterte in das Automobil ihres Sohnes, das noch schöner und größer war als das Taxi, und betrachtete von ihrem bequemen Sitz aus die Attraktionen der Hauptstadt. Wenn mein Stefan das alles sehen könnte, dachte sie genüsslich, als ihr das schöne Haus wieder einfiel, das Paul offensichtlich ganz alleine bewohnte.

Als sie schließlich Wisslingen erreichten, war es schon dunkel geworden. Paul fuhr von der Hauptstraße ab in den Weg bis zur Schule, um diese herum und stoppte den Wagen schließlich im Schatten des Schulhofs.

Er ist wirklich ein schlauer Kerl, dachte Anna erheitert, denn hier war am Sonntag um diese Tageszeit kein Mensch unterwegs, der sie hätte beobachten können.

»Ich meld mich bei dir«, versicherte Paul ein weiteres Mal,

als er die jetzt noch schwerere Tasche aus dem Kofferraum hob. Diese nämlich hatte er, nachdem Anna ihre Birnen und die Wurstdosen ausgepackt hatte, mit vielen nützlichen Produkten der Firma Rapp aufgefüllt.

Dann reichten sie sich die Hand, doch es war ein leichter Abschied. Sie würden sich nicht wieder lange Jahre verlieren, das wussten sie beide.

**13** »Wo warst du eigentlich?«, fragte Else vorwurfsvoll, noch ehe ihre Mutter den Schlüssel ins Schloss der Haustür gesteckt hatte.

Anna drehte sich um.

Ihre Tochter trug einen gestrickten Rock mit passendem Pullover und hatte nur einen Wollschal über die Schultern gelegt. Dies und das rasche Umrunden des Hauses sprachen dafür, dass Else die Rückkehr der Mutter abgepasst hatte.

»Und wo warst du?«, fragte Anna zurück und versuchte, das unangenehme Gefühl zu unterdrücken, das sie beschlich.

»Zu Hause«, erwiderte Else zur Überraschung ihrer Mutter.

»Ich denke, du wolltest heute nach Geislingen, zu deiner Untergautagung?«

»Die musste ausfallen«, sagte Else und erwartete ganz offensichtlich, dass ihre Mutter sie in die Wohnung hereinbat.

Eine Abweisung wäre kaum zu begründen gewesen.

Anna schickte ein Stoßgebet gen Himmel, dass der Junge ihre Befehle beherzigt hatte, und sagte auffordernd: »Jetzt komm halt herein, Else, du wirst ja krank werden, wenn wir noch länger in der Kälte herumstehen!«

Sofort ging Else an ihr vorüber. Sie hob die Nase wie ein Fuchs, der eine Fährte aufnimmt, und ging voraus in die Küche.

Sie muss etwas gehört haben, dachte Anna und versuchte, keine Panik aufkommen zu lassen. Sie stellte ihre Tasche im Flur ab und folgte der Tochter.

Else stand mitten im Raum und sah sich um, als ob sie noch nie hier gewesen wäre.

Anna beschloss, den Stier bei den Hörnern zu packen. »Suchst du irgendwas, Else?«, fragte sie.

Else war entschlossen, der Sache heute auf den Grund zu gehen. »Ich habe manchmal den Eindruck, du bist nicht allein in deiner Wohnung. Gibt es etwas, das du mir sagen willst, Mutter?«

»Das gibt es, Else.«

»Und was wäre das?«

»Dass ich den Eindruck habe, du versuchst, den Spieß umzudrehen. *Du* bist manchmal nicht allein in den letzten paar Wochen, und vorzugsweise nicht in der Nacht.«

Obwohl es nur ein ganz vager Verdacht Annas gewesen war, den sie immer wieder als unmöglich verworfen hatte, lief Else jetzt puterrot an.

»Das geht dich überhaupt nichts an, Mutter«, empörte sie sich.

»Findest du?«, fragte Anna jetzt süffisant.

»Das finde ich, allerdings!«, blaffte Else. »Schließlich verdien ich mein eigenes Geld, und in einem Jahr bin ich auch volljährig!«

»Du lenkst von der Hauptsache ab. Ich nämlich habe *überhaupt* keine Lust, mich mit dir über den Marder zu unterhalten, der sich den Winter über unten im Keller eingenistet hat, meine Gummistiefel anfrisst und den Gartenschlauch ebenfalls, solange ich mich fragen muss, warum du seit über sechs Wochen keine Monatswäsche mehr aufhängen musst.«

Erneut errötete Else, und dieses Mal verschlug es ihr sogar vorübergehend die Sprache.

»Ich hab sie oben getrocknet, neben dem Ofen«, behauptete sie dann mit einem solchen Verzug, dass die Lüge klar auf der Hand lag.

»Dann ist es ja gut«, sagte Anna und zwang sich zur Ruhe. »Dann nehme ich an, du hast in letzter Zeit hin und wieder was Schlechtes gegessen. Ein paar von deinen Mädels haben nämlich zu Hause erzählt, dir sei bei den letzten beiden Wochenenden im Barackenlager so schlecht gewesen, dass du am frühen Morgen, noch vor dem Frühstück, ins Freie gerannt seiest und dich übergeben hättest!«

Jetzt wurde Else schneeweiß. Sie setzte sich auf den nächststehenden Stuhl und war plötzlich wieder das gehemmte, mit Komplexen beladene Mädchen, das sie einmal gewesen war.

»Ich glaub, es ist wirklich so, Mutter«, sagte sie schließlich so leise, dass Anna sie kaum verstehen konnte. »Ich fürchte, ich krieg ein Kind!«

Jetzt musste auch Anna sich setzen. Noch immer hatte sie die Hoffnung gehabt, sie habe sich getäuscht, doch die Gewissheit entzog ihr den Boden unter den Füßen.

»Doch nicht etwa vom Gruber?«, fragte sie, obwohl sie die Antwort schon kannte.

»Doch«, bekannte Else.

In Annas Kopf überstürzten sich die Gedanken.

»Dass ausgerechnet mir das passieren muss«, haderte Else mit sich und dem Schicksal.

Wer sät, muss auch mit einer Ernte rechnen, dachte Anna, aber sie sagte es nicht. Sie sah die Sorge ihrer Tochter, die nun auch ihre war, und über Sorgen hatte sie noch niemals gewitzelt.

Vielleicht handelte es sich ja nur um eine Störung des monatlichen Rhythmus, wie es bei Else gelegentlich schon vorgekommen war, hoffte sie.

»Jedenfalls solltest du dich um *deine* Angelegenheiten kümmern«, sagte Anna schließlich brüsker, als ihr zumute war. »Den Marder darfst du ruhig mir überlassen.«

**14** Als Paul Pasqualini am Morgen des 10. März 1938 die Tageszeitung las – stehend und mit einem Tässchen Mokka in der Hand, eine Gewohnheit, die er aus seinen italienischen Jahren beibehalten hatte –, verspürte er Erleichterung.

Seit Wochen schon geisterten allerlei Vermutungen und Gerüchte durch die Korridore der Rappschen Werke; Andeutungen, die Außenvertreter oder Händler gemacht hatten und die von den offiziellen Verlautbarungen in Rundfunk und Presse abwichen.

Tags zuvor nun hatte der österreichische Bundeskanzler Kurt Schuschnigg in einer Rede vor den Amtswaltern der Vaterländischen Front in Innsbruck eine Volksbefragung für ein unabhängiges Österreich für den 13. März angekündigt.

Es würde also noch reichen.

Seine sorgfältigen Planungen würden nicht vergebens gewesen sein, und er konnte das Wort halten, das er seiner Mutter gegeben hatte.

Für Samstag, den 12. März, hatte Paul nämlich wie angekündigt »etwas organisiert«, um David Cohn über die deutsch-österreichische Grenze hinweg zu Mutter und Schwester zu bringen. Wenige Tage nach Annas Besuch hatte Paul deswegen eine Reise nach Wien unternommen.

Dort hatte er Daisy Cohn aufgesucht und ihr den Stand der Dinge erklärt.

Daisy war fassungslos gewesen. Sie verstand nun endgültig die Welt nicht mehr. Ihr Mann und ihr Sohn sollten eine Diebestour gemacht haben? Niemals! Sie hatten genügend Geld, sie mussten nichts stehlen.

»Hinter dieser Sache muss Moritz Gruber stecken, der, was uns Cohns betrifft, schon immer vom Neid zerfressen war«, mutmaßte sie.

Paul, der derselben Meinung war, hatte ihr dennoch geraten, nach England zu ihren Eltern zu gehen, und zwar unverzüglich nach dem Eintreffen Davids.

»Ich habe keinen Zweifel daran, dass Österreich in irgendeiner Form dem Deutschen Reich eingegliedert wird. Und ich vermute, dass dies sehr bald geschieht. Bei Ihren Eltern in England aber sind Sie und David sicher vor Aktionen der Nazis, Frau Cohn.«

»Ich bin Ihnen und Ihrer Mutter so dankbar«, hatte Daisy Cohn geschluchzt. Wieder und wieder hatte sie Paul die Hände gedrückt und versichert: »Nie, niemals werde ich Ihnen und Ihrer Familie diese Hilfe vergessen.«

»Es ist ja noch nicht überstanden«, hatte Paul ihre Euphorie zu dämpfen versucht, doch Daisy hatte sich geweigert, weitere Unwägbarkeiten zur Kenntnis zu nehmen: Ihr David lebte, und es würde nur noch wenige Tage dauern, bis sie ihn in die Arme schließen konnte.

»Sie sollten mir auf jeden Fall den Wohnsitz Ihrer Eltern in England aufschreiben, falls doch irgendetwas dazwischenkommt«, hatte Paul ihr geraten.

Rasch war Daisy seiner Bitte nachgekommen und hatte versucht, ihm zusammen mit der gewünschten Adresse auch einige Geldscheine zuzustecken, die Paul jedoch nicht annahm.

»Ich bin kein käuflicher Fluchthelfer«, hatte er gesagt.

Auf dem Rückweg hatte Paul einen Moment überlegt, ob er seiner Mutter eine Nachricht zukommen lassen solle, aber er entschied sich dagegen. Anna würde das Haus nicht für längere

Zeit verlassen; nicht in der Situation, in der sie sich derzeit befand.

Es war besser, überraschend aufzutauchen und möglichst schnell wieder mit dem Jungen zu verschwinden.

**15** »Und … so möchte ich Sie um die Hand Ihrer Tochter bitten, Frau Pasqualini«, sagte Moritz Gruber mit höflicher Förmlichkeit. Er machte eine kleine Verbeugung dazu und noch immer keinerlei Anstalten, sich auf einen der Stühle zu setzen.

Anna musste zugeben, dass der Mann zumindest Manieren besaß.

Neben ihm stand Else und bemühte sich, nicht allzu eitel zu lächeln. Die Komplexe waren wieder verschwunden, denn die Position als zukünftige Frau des Ortsgruppenleiters hatte ihr Selbstbewusstsein mehr gestärkt als alles andere zuvor. Außerdem ließen die neue Rolle als Braut und die Schwangerschaft sie hübsch und weiblich erscheinen.

Die Sache an sich war leichter gewesen, als sie befürchtet hatte.

»Sollen sie sich doch die Mäuler zerreißen«, hatte Moritz Gruber mit überraschender Nonchalance gesagt und dabei geschmunzelt. »Ein Mann kann stolz darauf sein, in meinem Alter noch Vater zu werden, und für mich ist es ganz besonders schön, weil es sich um das erste Mal handelt. Außerdem: Du bist ledig, Else, und ich bin ein Witwer, was also soll uns daran hindern, eine Familie zu gründen?«

Eine *deutsche* Familie, hatte Else andächtig gedacht, und dass es auch der *Führer* war, dem sie dieses Kind schenken würde, als neues Mitglied des stolzen und glorreichen Volkes, das sie unter seiner Leitung bald sein würden.

»Es soll ein Junge werden«, hatte sie sich inbrünstig gewünscht, »einer, der später einmal in diesem hoffnungsvollen Deutschland eine wichtige Position einnehmen wird.«

Anna hatte inzwischen die Möglichkeiten geprüft und eingesehen, dass es keine Alternative gab, zumindest keine für Else. Sie hatte die Kröte zu schlucken, dass einer der Drahtzieher und Nutznießer ihres finanziellen Debakels, der hartnäckige Verfolger und Bedroher ihres derzeitigen Pflegesohns, ihr Schwiegersohn werden würde.

»Es ist, wie es ist«, sagte sie deshalb und machte erst gar nicht den Versuch, ihre mangelnde Begeisterung zu verbergen.

Gleich darauf fiel ihr ein, dass es just derselbe Kommentar war wie der, den ihr Vater anlässlich ihrer eigenen Eheschließung abgegeben hatte, wenn auch aus anderen Gründen.

»Wenn ein Kind unterwegs ist, bleibt wohl nichts anderes übrig«, fügte sie deshalb hinzu und machte eine vage Geste, woraufhin das Brautpaar sich endlich setzte.

»Ich weiß nicht, ob Ihnen klar ist, dass meine Stellung ausgesprochen lukrativ und keineswegs ohne Einfluss ist«, sagte Moritz Gruber und versuchte nun seinerseits nicht im Geringsten, seine ironische Herablassung zu verstecken. Er war schließlich Geschäftsführer des *Ostalbboten*, Ortsgruppenleiter von Wisslingen, ein geschätztes Parteimitglied mit besten Verbindungen und hatte demnächst einen Anteil aus seinem väterlichen Erbe in der Pfalz zu erwarten.

Diese rothaarige Hexe sollte doch froh sein, dass er ihre Tochter nicht mit dem Kind sitzen ließ, sondern ein Mann war, der sich seiner Verantwortung stellte.

»Wir denken an eine baldige Hochzeit, Mutter. Und: im ganz kleinen Kreis.«

»Das wird auch besser sein, so wie die Dinge stehen«, konnte Anna sich nicht verkneifen zu sagen.

»Und natürlich nur auf dem Rathaus«, warf der Bräutigam an dieser Stelle dazwischen. »Ich bin aus der Kirche ausgetreten!«

Die Rote machte den Mund auf, doch dann sah sie die Augen ihrer Tochter, in denen erneut das Flämmchen der Angst zu glimmen begann, und sie verzichtete auf die Bemerkung, die ihr ganz vorn auf der Zunge lag. Es ist nicht dein Leben, sondern das deiner Tochter, sagte sie sich und fragte stattdessen nach dem Termin, der den Hochzeitern vorschwebte.

»Wir haben heute Mittag das Aufgebot bestellt«, klärte der Bräutigam sie auf. Die Else aber schaute sie an, als ob sie vorhabe, ihre Mutter zu hypnotisieren.

Sie haben also erst gehandelt und *dann* gefragt, schoss es Anna durch den Kopf, und sie wunderte sich, dass dieser Umstand sie nicht vollends in Rage brachte, sondern ausgesprochen beruhigend auf sie wirkte. So, als ob mit dieser Vorgehensweise ihre eigene Verantwortung für diese Eheschließung aufgehoben oder zumindest stark abgemildert würde.

»Ihr Onkel als gesetzlicher Vertreter meiner zukünftigen Frau hat den Aufgebotsantrag bereits unterschrieben, Sie müssen sich also nicht mehr aufs Rathaus bemühen, Frau Pasqualini!«, belehrte sie jetzt Moritz Gruber.

»Dann ist es ja gut«, erwiderte Anna und lächelte zum ersten Mal während der ganzen Unterredung. Doch es war ein *grimmiges* Lächeln, weil sie sich vorstellte, wie dieser Demnächstschwiegersohn dem Hirschwirt zugesetzt haben musste, um – ohne Rücksprache mit ihr – zu dieser Unterschrift zu gelangen.

Der arme Onkel!

Sicher fürchtete er sich jetzt davor, wie sie dies aufnehmen würde. Aber wer konnte es dem alten, geschwächten Mann schon verübeln, wenn er einem Seifenblasenspucker und Parteibonzen wie diesem Gruber nicht standgehalten hatte, auch wenn der ihm bestimmt nichts von Elses Schwangerschaft erzählt hatte.

»Wir heiraten am 26. März, Mutter. Nach der Trauung auf dem Rathaus ist ein Mittagessen im Hirschen, außer für uns nur für die Trauzeugen und dich, weil Moritz' Eltern ja schon verstorben sind.«

Die Rote dachte, dass dagegen ihre eigene Hochzeit ja eine Massenveranstaltung gewesen war, und ihr Familiensinn begann sich zu regen.

»Aber deine *Brüder*, die wirst du doch hoffentlich einladen?!«

»Was heißt hier: ›meine Brüder‹?«, erwiderte Else kühl. »Der Peter kann meinetwegen ja kommen, wenn ihm das wichtig ist, aber was Paul betrifft, da wissen wir ja nicht einmal, wo der sich herumtreibt!«

»Als Trauzeugen sind Elses Brüder jedenfalls nicht vorgesehen«, stellte Moritz Gruber klar, um dann, ein wenig prahlerisch, hinzuzufügen: »Das machen zwei SS-Freunde von mir.«

»Na dann: Heil Hitler!«, skandierte Anna sarkastisch.

Der Ortsgruppenleiter hob die Augenbrauen und gab sich pikiert. »Ich mag es nicht, wenn man den deutschen Gruß veräppelt, Frau Schwiegermutter in spe!«

Anna kam nicht mehr dazu, diese Bemerkung zu parieren, denn in diesem Moment wurde unsanft ans Fenster der Stube geklopft. Annas Magen krampfte sich heftig zusammen, als sie die Uniformen erkannte, die die Männer vor dem Fenster trugen. Hatten sie jetzt doch das Versteck gefunden, in das sie David nach dem Gespräch mit der Tochter gebracht hatte?

Else war bereits am Fenster und riss den Flügel auf.

»Das Ultimatum hat sie in die Knie gezwungen, Moritz«, schrie der vorn stehende SS-Offizier erregt. »Schuschnigg hat zehn vor acht im Rundfunk seinen Rücktritt bekannt gegeben. Und …«

Der Mann beugte sich vor, damit Moritz Gruber ihn besser verstehen konnte, und sagte: »Ich weiß aus sicherer Quelle, dass wir morgen früh in Österreich einrücken werden.«

Für einen Moment war es vollkommen still geworden.

Heiliger Bimbam! Was wird dann aus David, fragte sich Anna, und ihr wurde ganz klamm bei den Gedanken an die Konsequenzen, die sich aus dieser neuen politischen Lage ergaben. Der Bub kann schließlich nicht für alle Zeiten auf dem Heuboden in der Scheuer über dem Gänsestall bleiben!

In den übrigen Anwesenden aber machte sich ein Gefühl breit, das nur mit »vaterländischer Rührung« zu umschreiben war.

Moritz Gruber hob den rechten Arm und wartete, bis alle es ihm gleichgetan hatten. Dann sagte er mit vor Ergriffenheit heiserer Stimme: »Heil Hitler!«

»Heil Hitler«, erwiderten Else und die beiden SS-Offiziere, und Anna hätte darauf gewettet, dass keiner von allen vieren es auch nur ein kleines bisschen sarkastisch meinte.

**16** Paul Pasqualini hörte die Mitteilung in den Spätnachrichten, als er von einem Treffen mit dem Lebensmittelchemiker Otto Kolb zurückkam, den er Anfang 1937 kennengelernt hatte.

Otto Kolb hatte bereits Jahre vor diesem Zusammentreffen begonnen, mit einem Verfahren zu experimentieren, bei dem man bereits zubereitetem Gulasch in einem speziellen Trockenverfahren alle Flüssigkeit entzog. Volumen und Gewicht des Gerichts reduzierten sich dadurch erheblich; eine Eigenschaft, die den Transport großer Mengen erleichterte und auch verbilligte. Zur Zubereitung hatte man den zusammengeschnorrten Fleischstücken und der pulverisierten Sauce lediglich kochende

Flüssigkeit hinzuzufügen und erhielt dadurch eine verzehrfertige Mahlzeit, behauptete der »Erfinder« dieser ungewöhnlichen Kocherei.

Anfangs hatte Paul die kuriose Idee des dürren, ein wenig spinös und sektiererisch wirkenden Chemikers allenfalls amüsiert. Anders aber als die kleine Zahl derer, mit denen Otto Kolb bereits zuvor über eine Vermarktung seines Verfahrens gesprochen hatte, erklärte er sich bereit, das Experiment in allen Teilen zu verfolgen, inklusive mehrerer Verkostungstests.

»Es schmeckt ganz ausgezeichnet«, hatte er gleich nach Einnahme der ersten derartigen Gulaschmahlzeit zugeben müssen.

»Habe ich Ihnen doch gesagt«, hatte der Chemiker selbstbewusst erwidert.

Vorsichtig hatte Paul einige Wochen lang abgewartet, ob sich womöglich doch üble Folgen der ungewohnten Ernährung einstellen würden. Erst als diese ausgeblieben waren, hatte er sich erlaubt, das ungeheure Potenzial von Otto Kolbs Entdeckung anzuerkennen: Gerichte mit wichtigen, die Leistung steigernden Proteinen, die monatelang haltbar waren, dafür gab es Bedarf und Märkte genug.

Paul schob diese Gedanken beiseite und lauschte dem Sonderbericht.

Schuschniggs Rücktritt würde ein baldiger Einmarsch der Deutschen nach Österreich folgen, womöglich noch in der heutigen Nacht, berichtete der Kommentator.

Sein Plan, David Cohn am nächsten Tag nach Österreich zu bringen, war demnach undurchführbar geworden.

Er erinnerte sich Daisy Cohns flatternder Angst und war sicher, dass sie Wien so rasch wie möglich verlassen würde.

Was mit David geschehen sollte, stand demnach vorerst in den Sternen. Die gut vorbereitete Fahrt nach Österreich wäre, hätten die Verhältnisse sich nicht so unerwartet schnell verändert, mit geringem Risiko durchführbar gewesen.

Eine Flucht in ein anderes Land aber stellte ein wesentlich größeres Problem dar.

Ich muss gründlich darüber nachdenken, sagte sich Paul, während er die Kleider ablegte und sich ins Badezimmer begab, und mich mit den Großeltern in England in Verbindung setzen.

Im Spiegel betrachtete er lange sein müdes Gesicht.

Er sah die bohrende Sehnsucht, die durch nichts zu vertreiben war, in seinen Augen und stöhnte laut auf.

Angela.

Er hatte sie mehr als zweiundzwanzig Monate lang nicht mehr gesehen und sah, nach den beiden vergeblichen Reisen nach Neapel, auch keine Chance, dies zu verändern. Wobei sich ohnehin die Frage stellte, ob ein Zusammentreffen irgendetwas bewirken konnte.

Paul presste die Lippen zusammen und biss dabei so fest mit den Zähnen in seine Unterlippe, dass sie zu bluten begann.

Hastig spuckte er Speichel und Blut in das Waschbecken, worauf ihm reflexartig Angelas blutrotes Kleid am Abend des Fests der Contessa Vibaldi einfiel.

Er griff nach dem Zahnputzglas und warf es in plötzlich aufwallendem Zorn auf den schwarz-weiß gefliesten Boden des Badezimmers.

Danach holte er Schaufel und Besen und kehrte die Splitter, die sich überall verbreitet hatten, wieder zusammen.

Er war in seinem ganzen Leben noch nie so wohlhabend und angesehen – und noch nie so unglücklich gewesen.

**17** Der zweite Versuch, David Cohn aus dem Land zu schaffen, war eine Spontanentscheidung gewesen und verlangte rasches und entschiedenes Handeln.

Der Stabsoffizier, mit dem Paul während der letzten drei Tage über Lieferungen von Rappschen Konserven an die Wehrmacht verhandelt hatte, war nicht nur dem Alkohol zugeneigt, sondern auch ein Hobbyhistoriker.

Paul entschloss sich daher am Abend des 16. März zu einer langen »Nachtschicht« in der Firma, um seinem Verhandlungspartner am nächsten Morgen einen lockenden Vorschlag zu unterbreiten: »Zum Abschluss unserer sehr angenehmen Unterredungen könnte ich Ihnen einen interessanten geschichtlichen Ausflug anbieten, Herr Generalleutnant. Verbunden mit bestem schwäbischen Essen und Trinken«, schlug Paul ihm vor. Er wusste, dass der Mann erst am nächsten Tag zu seiner Dienststelle zurückkehren musste.

»Aber mit dem allergrößten Vergnügen«, erwiderte dieser erfreut.

Und so wiederholte Paul den Coup, der seine Eintrittskarte in das Rappsche Imperium gewesen war, und fuhr am Morgen des 17. März den Stabsoffizier auf den Hohenstaufen, wobei er sich dieses Mal die geschichtlichen Informationen ersparen konnte: Der Mann wusste bestens Bescheid.

Seinen Schulfreund Baste Gabler aber hatte Paul auch dieses Mal informiert: »Füttre ihn gut, Baste, aber nicht zu mächtig. Preis ihm den schwäbischen Hagebuttenwein an als Spezialität unserer Gegend. Und dann mach ihn klein, Baste. Du weißt schon, wie. Ich brauch ihn sternhagelblau!«

Der Baste hatte verständig genickt, aber Bedenken geäußert. »Mann, Paul, das ist ein hohes Vieh bei der Wehrmacht!«, hatte Baste zu bedenken gegeben. »Schau dir doch nur seinen vierfach geflochtenen Ramsch auf den Schultern an und den silbernen Stern. Wenn's dem was tut, dann bin ich im Eimer.«

»Dem tut es nicht viel, der säuft wie ein Loch. Einer wie der beschwert sich bestimmt nicht über einen Kater, der ist gewohnt, damit zu leben!«

Dieses Argument überzeugte sofort. Außerdem beschloss Baste, den Mann mehrmals und laut vor den verheerenden Wirkungen des Hagebuttenweins zu warnen, falls man zu viel davon trank. Vor Zeugen, versteht sich.

Somit geschah genau das, was Paul sich erhoffte.

Der Generalleutnant trank den Hagebuttenwein erst interessiert, und als er ihm schmeckte, was vorauszusehen gewesen war, so zügig wie andere Leute das Wasser. Was er nicht wissen konnte und was den Geschmack des Getränks so angenehm intensivierte, war, dass Baste jedes Mal die Hälfte des Glases mit hochprozentigem Obstler auffüllte.

Pauls Freund rang bereits nach dem zweiten Glas, das der Gast konsumiert hatte, die Hände und riet zur Mäßigung, doch der hohe Herr lachte nur laut und sagte, ein rechter Mann dürfe auch einen rechten Durst zeigen.

Der von Paul gewünschte Zustand trat zwischen dem vierten und fünften Glas ein, worauf er rasch bezahlte. Er geleitete den schwankenden und lallenden Stabsoffizier zu seinem Auto, wo er alsbald und laut schnarchend einschlief.

Gegen halb neun Uhr am Abend traf Paul in Wisslingen ein.

Er parkte den Wagen samt schlafendem Offizier neben dem Meishalderbirnbaum und dachte dabei kurz an Konstanze, die im vergangenen Herbst verstorben war. Dann fiel sein Blick auf das alte Haus, das nun ein Bestandteil der Bauunternehmung seines Bruders geworden war. So ändern sich die Zeiten, dachte er mit einem Hauch von Wehmut, während er die wenigen Schritte zurücklegte. Vorsichtig öffnete er die unverschlossene Tür seines Elternhauses und sah sich einem Verschlag gegenüber, der die restliche Erdgeschosswohnung abtrennte. Im Halbdunkel der winzigen Diele erkannte er ein weißes Schild, auf dem zu lesen stand: »Schneiderei E. Pasqualini«. Ein schwarzer Pfeil deutete ins obere Stockwerk.

Einen Moment lang stand Paul unschlüssig da, dann aber erinnerte er sich an den Tonfall seiner Mutter, als sie ihm von ihren Querelen mit Else erzählt hatte. Er drehte sich um und verschwand, so lautlos es möglich war, wieder nach draußen.

Zu sehr war er mit der Architektur des Hauses vertraut, als dass er nicht sofort gewusst hätte, was zu tun war.

Er umrundete das Gebäude, und tatsächlich, der Bachstraße zu befand sich ein weiterer Eingang.

Das hätte sie mir unbedingt sagen müssen, dachte er unwillig und sah sich nervös um, bevor er die Klingel betätigte, denn die neue Tür hatte anstelle einer Klinke nur einen Knopf.

Es regte sich nichts hinter der Tür.

Pauls bisherige Zuversicht, dass seine Mutter zu diesem Zeitpunkt am Abend zu Hause sein musste, wenn sie die Verwegenheit besaß, einen allseits gesuchten »kriminellen« Jungen zu verstecken, schwand so plötzlich, wie der hartnäckige Schnee in diesem Jahr es in den vergangenen Tagen getan hatte.

Schon wollte er auch diesen Plan für gescheitert erklären, als durch das Glasteil der Tür ein Licht fiel. Die leichten Schritte Annas verschluckte der Sisalteppich, sodass Paul beinahe erschrak, als sich die Tür öffnete und seine Mutter vor ihm stand.

»Endlich!«, sagte sie nur und zog ihn ins Haus.

Sie wussten beide, dass langes Reden nur schädlich sein konnte.

»Wo ist er?«

»Drüben in der Scheuer, über den Gänsen!«

Unwillkürlich huschte ein Grinsen über Pauls Gesicht. Wie

schlau von Anna! Der Gänsestall war vermutlich der einzige Platz im gesamten Areal, den Else niemals freiwillig betreten würde. Obwohl es während der eiskalten Winterwochen dort drüben für den Jungen ganz bestimmt nicht sehr wirtlich gewesen sein konnte.

Die Mutter schien seine Gedanken zu ahnen, denn sie sagte jetzt, während sie eine dicke Strickjacke anzog: »Bis zu dem Tag, an dem ich bei dir in Stuttgart war, war er im Haus. Aber die Else …«

Sie seufzte und ließ den Satz unvollendet.

Paul verstand sie dennoch genau.

Seine Schwester war immer schon neugierig gewesen, und sie konnte nichts für sich behalten.

Sie mussten vorsichtig sein.

»Ich geh zuerst«, ordnete er an. Anna nickte und sagte, bevor er dazu kam, eine entsprechende Frage zu stellen: »Er hat alles drüben, was ich ihm mitgeben kann.«

Paul verließ das Haus ohne Hast, steckte die Hände in seinen Mantel und ging so gemütlich wie ein Mann, der eine kleine Erledigung hinter sich gebracht hat. Der weite Mantel und der Hut würden seine Silhouette in eine beliebige verwandeln. Dennoch hoffte er inständig, dass seine Schwester nicht zu Hause war und zufällig aus dem Fenster sah.

Vor der Scheuer war es völlig dunkel.

Paul blieb möglichst weit entfernt vom Gänsestall stehen. Er wusste genau: Diese Tieren taugten als Wächter besser als jeder Hund. Ihr Gehörsinn war hoch entwickelt, und sie vermochten sich nähernde Schritte und Stimmen bekannter Personen genau von denen der Fremden zu unterscheiden. Gänse konnten zwar fünfundzwanzig Lebensjahre erreichen, andererseits aber waren sie Schlachttiere. Paul hatte keine Ahnung, ob seine Mutter manchen von ihnen ein langes Leben gewährte und sie ihn somit noch kannten, aber er konnte es nicht darauf ankommen lassen. Selbst das Geschnatter von wenigen dieser Federtiere erzeugte beträchtlichen Lärm – und dies nun war das Letzte, was sie gebrauchen konnten.

Anna huschte an ihm vorbei wie ein Schatten. Sie öffnete das Vorhängeschloss und trat in die Scheune, wobei sie ein leises Pfeifen ausstieß.

»Hört mal, ihr Guten«, sagte sie halblaut zu den Gänsen, deren Anwesenheit sie in der Dunkelheit nur erahnen konnte. »Ihr haltet die Klappe, habt ihr verstanden? Das ist nur der Paul, der den David abholen kommt.«

Danach ging sie an der Backsteinwand entlang und machte, als diese endete, drei Schritte ins Leere, bis sie den Balken ertasten konnte, in den die Steigkerben eingelassen waren.

Nur über diese Behelfsleiter gelangte man auf den Heuboden.

Der Junge lag unmittelbar unter der kreuzförmigen Öffnung der Außenmauer, die der Belüftung diente.

Anna schüttelte ihn sanft.

»Es ist so weit, David. Paul ist unten und bringt dich weg.«

David ersparte sich jede Antwort. Seit Wochen hatte er auf diesen Moment gewartet. Er packte den Rucksack, den Anna ihm vorbereitet hatte, und krabbelte auf allen vieren zum Rand des gut fünf Meter hohen Heubodens, den keine Barriere begrenzte.

Die Schneiderin schob sich an ihm vorüber und raunte: »Lass mich zuerst, ich kenn mich hier aus!«

Anna legte sich jetzt auf den Bauch und schob sich so lange nach hinten und unten, bis ihre Füße eine der Kerben berührten. Sie hielt sich zuerst an der Kante des Heubodens fest und fand dann den obersten der seitlichen Haltegriffe.

Vorsichtig stieg sie zwei Stufen die Behelfsleiter hinab und wies dann den Jungen mit halblauter Stimme an, wie er sich zu verhalten habe.

»Ich hab es«, meldete David schließlich, als er mit Füßen und Händen Halt gefunden hatte.

»Dann runter jetzt, aber langsam. Immer eins nach dem anderen«, verfügte Anna.

Doch David hatte keinerlei Mühe. Er war schon des Öfteren auf dem Bauch gelegen und hatte bei Tageslicht den Abstieg studiert.

Auf halber Höhe begann Anna erneut mit den Gänsen zu reden, und sie tat es erfolgreich.

Zwar vernahm man vereinzeltes Tappen und Scharren der Tiere, doch keines begann zu schnattern oder zu schreien.

Bevor sie die Scheune verließen, hielt Anna den Jungen noch einmal auf. Sie schlüpfte aus ihrer dicken Strickjacke und stopfte dann einen Arm des Jungen in das feste, schafwollene Kleidungsstück. David begriff und zog sich die Jacke vollends über. Dann schlang er seine Arme um die Frau, die ihm das Leben gerettet hatte, und drückte seine leicht stoppelige Wange an ihre.

»Danke für alles«, flüsterte er und versuchte erfolglos, die Tränen zurückzuhalten. Anna drückte ihn fest an ihren verflachten Busen und sagte: »Viel Glück, Bub! Ich werd an dich denken.«

Dann schob sie ihn hinaus und zog die Tür hinter sich zu. Anstatt jedoch das Vorhängeschloss wieder anzubringen, bediente sie sich des hölzernen Riegels. Eile tat not, und ihre Gänse würde in dieser Nacht schon niemand stehlen. Der Scheune entlang liefen sie auf Paul zu, der an der Ecke auf sie gewartet hatte.

»Rein mit dir«, raunte er David zu und öffnete die hintere Wagentür.

In diesem Moment erkannte David den uniformierten Mann auf dem Beifahrersitz.

Schreckerstarrt blieb er stehen. War dies eine weitere Falle?

Paul kam ihm zuvor und schüttelte den Kopf.

»Das ist dein Passagierschein, Junge«, sagte er halblaut und deutete auf den Boden vor der rückwärtigen Bank: »Da runter mit dir!«

David begriff und legte sich, so gut es ging, auf den Boden.

Paul schlüpfte aus seinem weiten Mantel und warf ihn über den Jungen. Danach holte er aus dem Kofferraum einige Pappschachteln, die er so auf der Rückbank drapierte, dass sie einen weiteren Sichtschutz abgaben.

Als er den Kofferraumdeckel wieder zudrückte, erwachte der Stabsoffizier für einen kurzen Moment. Dann aber drehte er sich zur anderen Seite und fiel zurück in sein trunkenes Koma.

»Ade, Mutter. Ich meld mich mal wieder bei dir«, flüsterte Paul.

»Fahrt mit Gott«, murmelte Anna und schaute ihnen nach, als sie auf den Fahrweg einbogen und in Richtung Dorfstraße verschwanden.

Mit gemäßigtem Tempo durchquerte Paul Pasqualini sein Heimatdorf. Kurz bevor sie die Landstraße erreichten, trat ein Mann in einer Uniform der Technischen Nothilfe ins Scheinwerferlicht und schwenkte ein rotes Schild.

Paul bremste ab und hielt an.

Der Uniformierte trat an die Fahrerseite, während Paul das Fenster herabkurbelte.

Paul warf dem noch jungen Mann einen Blick zu, aber er kannte ihn nicht. Dieses Mal glaubte er auch nicht mehr an eine zufällige Kontrolle und pries seine Vorsicht.

»Darf ich um Ihre Papiere bitten?«, fragte der Mann mit der roten Kelle, um gleich danach, als er den schlafenden Generalleutnant ausgemacht hatte, seine Forderung eiligst zurückzunehmen und sich zu entschuldigen.

»Gute Fahrt, die Herren«, wünschte er devot. Dann wechselte er die Kelle in die Linke, um dem schnarchenden Stabsoffizier mit dem deutschen Gruß seine Verehrung zu bezeigen, und stand stramm, bis Paul ihn im Rückspiegel nicht mehr erkennen konnte.

Schon erstaunlich, wie beharrlich der Gruber ist, dachte Paul, und dass diese ehrgeizige Langzeitfahndung mit dessen ganz persönlichem Fanatismus, seiner Sturheit und Eitelkeit zu tun haben musste. Vermutlich wollte er auf Biegen und Brechen »denen da oben« beweisen, dass in seiner Region kein Jude entkommen konnte.

Zügig fuhr Paul bis vor das Hotel Zeppelin, in dem sein uniformierter Gast residierte.

»Du bleibst hier und rührst dich nicht!«, befahl er David, bevor er den Stabsoffizier weckte. Er bedurfte der Hilfe des Portiers, um den betrunkenen Generalleutnant vom Auto zum Aufzug und von diesem in sein Hotelbett zu schleppen.

Fürsorglich öffnete er ihm noch die Knöpfe der stramm sitzenden Uniformjacke.

»Die großen Herren sehen besoffen auch nicht besser aus als die kleinen«, fand der Portier, als sie zusammen wieder zum Aufzug zurückgingen.

»So ist es«, erwiderte Paul, gab dem Mann ein dickes Trinkgeld und ging zurück zu dem Daimler, den er vor dem Eingang geparkt hatte.

»Wir sind gleich da, David, aber du musst bis dahin noch unten bleiben«, erklärte er dem Jungen.

Eine weitere Viertelstunde später erreichten sie die Pforte der Rappschen Werke.

Der Nachtportier verließ eilig sein Häuschen, um dem Herrn Prokuristen persönlich das Tor zu öffnen.

»Sie brauchen nicht wieder zuzumachen, ich bin in ein paar Minuten zurück«, wies Paul den Mann an.

Er umfuhr das Fabrikgebäude und hielt vor einer der großen Hallen. Dort verließ er das Auto und forderte David auf auszusteigen.

Steif kletterte der Junge aus dem Wagen und folgte Paul, der mit raschen Schritten auf die Halle zuging und eine Seitentür öffnete. Mehrere Lastwagen, welche die Produkte der Firma Rapp zu den deutschen Großhändlern und ins benachbarte Ausland bringen sollten, standen dort bereit. An dem Fahrzeug, das er persönlich während seiner »Nachtschicht« präpariert hatte, blieb Paul stehen.

Er reichte dem Jungen eine Armbanduhr, eine Brieftasche sowie ein scharfes Messer und teilte ihm mit, wie er sich zu verhalten habe: »Du steigst durch die Fahrerkabine ein und drückst auf der linken Seite, *links*, verstehst du, die Rückwand beiseite, die ich dort abgeschraubt habe. Durch den Spalt schiebst du dich in den Laderaum und rückst die schweren Kartons von hinten an die Trennwand, sodass es vom Fahrraum aus wieder völlig normal aussieht und der Fahrer keinen Verdacht schöpfen kann. Du türmst die Kartons übereinander bis zum Verdeck; auch seitlich. Danach wirst du gerade noch Platz zum Stehen finden. Der Lkw muss zwei Mal zum Zoll, auf der deutschen und auf der schweizerischen Seite. Auf der deutschen wird der Laderaum verplombt, aber das braucht dich nicht kümmern. Mit allen Wartezeiten benötigt der Wagen, von jetzt an gerechnet, maximal sechzehn Stunden, bis er über der Grenze ist. Halte dich bis dahin in der Wagenmitte auf und versuche ja nicht, an der Vertäuung herumzufummeln oder gar hinauszusehen. Verstanden?«

»Verstanden«, krächzte David, der an seine vom Asthma verursachte Platzangst dachte. Und daran, ob nicht, trotz der Künste der Agath, die elende Luftnot vorzeitig wiederkommen könne, obwohl erst ein knappes Vierteljahr vergangen war seit der letzten Behandlung.

»Es hilft nichts, Bub, es gibt keine andere Möglichkeit, wenn du aus Deutschland herauswillst«, sprach Paul dem Jungen Mut zu, denn er sah die Zeichen der Angst.

»Ich werde es schon schaffen«, sagte der Junge, und Trotz lag jetzt in seiner Stimme.

Paul musste lächeln und nickte David aufmunternd zu.

»Du schaffst es ganz sicher. Und, bitte, denke daran: Auch *ich* hänge mit in der Sache drin, wenn du dich unvernünftig benimmst und sie dich schnappen.«

»Und was mach ich, wenn die sechzehn Stunden vorbei sind?«

»Du wartest, bis der Fahrer irgendwo hält, um etwas zu essen. Dann nimmst du das Messer und schneidest die Seile der Vertäuung auf. Sie sind sehr zäh, aber es geht. Danach kletterst du raus und schaust in die Brieftasche. Dort ist Geld und die Adresse eines Mannes in der Schweiz, der dich nach England zu deinen Großeltern bringen wird!«

»Und wenn der Mann unterwegs keine Pause macht?«

»Dann sagst du den Leuten, die den Wagen ausladen, dass du dich in Stuttgart in den Wagen reingeschlichen hast. Das ist auch kein Beinbruch, aber die andere Variante wäre besser, für dich und für mich!«

Paul öffnete die unverschlossene Tür des Lastwagens, und David kletterte auf die Fahrerbank. Er rutschte ganz auf die linke Seite, stellte sich auf und begann, gegen die Rückwand der Fahrerkabine zu drücken.

Paul wartete noch, bis der Junge sich durch den Schlitz geschoben hatte, dann schloss er die Tür des Lkw wieder und verließ das Gebäude.

Gut sechzehn Stunden, nachdem der Lkw losgefahren war und der Fahrer eine längere Pause machte, säbelte David Cohn die Taue der Abdeckplane durch. Er wählte eine Stelle, die weit vom Fahrerhaus entfernt war, zwängte sich durch die Lücke, baumelte kurz mit den Beinen in der Luft und ließ sich dann nach unten rutschen, wo er bald den Erdboden berührte.

Hinter ihm befand sich ein Wäldchen, in das er stolperte, ohne vom Fahrer gesehen zu werden.

Als dieser weitergefahren war, ohne die Beschädigung der Vertäuung zu bemerken, stapfte David in die nächste Ansiedlung, eine Ortschaft namens Weinfelden.

Dort begab er sich in eine Wirtschaft, bestellte Essen und Trinken und genoss sein erstes Mahl in der Freiheit.

Nachdem er die Zeche beglichen hatte, fragte er sich zum Postamt durch und setzte sich telefonisch mit dem Mann in Verbindung, der ihn zu seinen Großeltern bringen sollte.

Während er wartete, bis dieser Herr eintraf – er hatte von etwa zwei Stunden Fahrzeit gesprochen –, dachte David darüber nach, wie wundersam gut er seine schwere Erkrankung und alle drei Stadien seiner Gefangenschaft überstanden hatte: die kleine Kammer in der Wohnung der Schneiderin, die er niemals verlassen durfte, den Heuboden über dem Gänsestall und die klamme Enge des Laderaums.

Er fühlte eine so große, so unendliche Erleichterung, dass er in ein bitterliches Schluchzen ausbrach, das nicht mehr aufhören wollte.

Erst als eine freundliche Frau ihn in einem nahezu unverständlichen, kehligen Dialekt fragte, ob sie ihm mit einem Taschentuch aushelfen könne, erlangte er wieder die Fassung.

Dankbar nahm er das Geschenk entgegen und trug es, ohne jemals zuzulassen, dass es gewaschen wurde, die nächsten dreiundsechzig Jahre seines Lebens mit sich herum. Es sollte der Dorn der Erinnerung für ihn sein, schwor er sich in dieser Stunde, ein greifbares Zeichen dafür, dass er niemals vergessen oder verzeihen durfte.

**18** An einem wetterwendischen Apriltag des Jahres 1938 traf Paul Pasqualini den Lebensmittelchemiker Otto Kolb in seinem Wohnort Blaubeuren und stellte diesem die letzte Zahlung seiner Vertragsrate in Aussicht.

Auf Pauls Betreiben war das Verfahren Kolbs in den Labors der Firma Rapp nachvollzogen und verfeinert worden; ein entsprechendes verkaufsfertiges Produkt würde nicht mehr lange auf sich warten lassen.

»Aber ich bin doch auch am Umsatz beteiligt?«, fragte der Erfinder besorgt.

»Natürlich. Und zwar zu genau dem Prozentsatz, wie er im Vertrag festgelegt ist«, beruhigte Paul den misstrauischen Mann. »Und fahren Sie ruhig damit fort, mit einer Gemüsemahlzeit zu experimentieren. Wir sind auch daran interessiert, Herr Kolb.«

Ein kurzer Regenschauer, durch den sich die Aprilsonne behauptete, zauberte einen prächtigen Regenbogen über den Blautopf. Paul beschloss, das Naturschauspiel als gutes Omen für das Trockengulasch-Geschäft zu betrachten.

Da er anderntags noch mit einem Großabnehmer in Ulm zu tun hatte, fuhr er nicht nach Stuttgart zurück, sondern in die Münsterstadt an der Donau.

Im Gasthaus Drei goldene Kannen nahm er sein Nachtmahl ein und traf dabei einen Mann, den er als Jüngling bei einem Kirchenkonzert in der Kreisstadt kennengelernt hatte. Nach dem Konzert hatten sie kräftig zusammen gezecht.

Auch der andere hatte ihn erkannt und kam, sein Weinglas in der Hand, an Pauls Tisch am Kamin.

»Paul Pasqualini. Der erste Geiger von damals!«, sagte der Mann erheitert, und auch Paul erinnerte sich noch genau.

»Rolf Springler. Der Trompetensolist!«

»Was treibt dich denn nach Ulm?«, fragte Rolf Springler.

Paul erzählte ihm von seiner Stellung beim Rappschen Konzern und nach einem weiteren Wein auch von der Kolbschen Erfindung.

»Stell dir vor, was man damit alles machen kann!«

»Ich bin bereits dabei«, erwiderte Springler und schien schlagartig ernüchtert.

Danach stellte sich heraus, dass Springler die Musik kurz nach dem damaligen Treffen aufgegeben und Ökonomie studiert hatte.

Inzwischen arbeitete er als Referent des Leiters des NS-Amts für Agrarpolitik, Richard Walter Darré.

»Paul, ich werde dich mit Leuten zusammenbringen, die sich todsicher für diese Sache interessieren«, kündigte er an, und Paul fand, dass es ein guter Abend für ihn gewesen war.

Kaum zwei Wochen danach fand das Treffen mit Rolf Springlers Leuten statt. Eine weitere Woche später erreichte die Firma Rapp ein Schreiben, in dem ihr mitgeteilt wurde, das »Experiment Kolb« sei zur »Geheimen Reichssache« erklärt worden. Die allgemeine Vermarktung der darauf basierenden Produkte wurde staatlich untersagt; gleichzeitig aber bestellten das Reichsernährungsministerium eine mittlere, die militärischen Versorgungsstellen jedoch eine große Anzahl der Trockenprodukte und stellten laufend weitere Aufträge in Aussicht.

Pauls Gefühle dabei waren gemischt. Es war nicht sein Bestreben gewesen, mit der Kolbschen Erfindung zur problemloseren Ernährung der Wehrmacht oder sonstiger militärischer Einrichtungen beizutragen.

Die Sache mit der Erfindung Otto Kolbs entwickelte sich demnach für ihn wie die des Zauberlehrlings. Er hatte, in naiver Ahnungslosigkeit, den Korken gezogen, und der Geist war aus der Flasche gestiegen. Die Flasche gehörte nun nicht mehr der

Firma Rapp, und auf die Aktionen der entwichenen, sich stets teilenden und vermehrenden Geister war kaum mehr Einfluss zu nehmen.

Paul hatte seine Bedenken dem Firmeneigner vorgetragen, doch dieser war älter, realistischer und patriotischer als sein Lieblingsprokurist.

»Halten Sie sich da heraus, Paolo!«, hatte er angeordnet. »Wir werden doch nicht so irre sein, uns gegen Großaufträge zu stemmen! Sie sind Ausländer, Sie haben vielleicht kein Verständnis dafür, aber das Militär dient unserem deutschen Vaterland und verteidigt es im Zweifelsfalle, was ehrenvoll ist. Wenn wir uns weigern würden zu liefern, würde kein Mensch dies verstehen, und Sie und ich kämen in tausend Kalamitäten. Machen Sie doch um Himmels willen kein solches Gesicht! Das Zeug, das Sie da aufgetan haben, wird uns Umsätze und Gewinne bescheren, von denen ich nie zu träumen gewagt hätte.«

»Aber warum die Lieferbeschränkung? Warum soll man die Kolbschen Produkte nicht auch der zivilen Bevölkerung zugänglich machen?«

»Wenn diese Artikel frei verkäuflich wären, könnte auch ein möglicher Feind daraus Nutzen ziehen«, hatte der kleine Herr Rapp erwidert. Paul musste zugeben, dass dieser Logik nicht zu widersprechen war – wenn man die Sache aus dem Blickwinkel der Militärs betrachtete.

Nun ja, dachte er und versuchte, seinen Missmut zu unterdrücken. Soldaten werden immer ernährt. Wenn nicht von uns, dann eben von anderen.

Vielleicht hatte sein Chef ja recht mit seinen Argumenten: Das Vaterland zu verteidigen war eine ehrenvolle Aufgabe, und für die Ernährung der Truppen mit zu sorgen war es demnach wohl auch.

Dennoch konnte Paul die leise nörgelnde Stimme in seinem

Hinterkopf nicht zum Schweigen bringen, die, während er die Stufen zu seinem Wohnhaus hinaufstieg, immerfort anmerkte, dass er, Paul Pasqualini, in dieser Angelegenheit zur Kraft geworden war, die »Gutes will und Böses schafft…«.

**19** Anfang Mai des Jahres 1938 unternahm Paul wieder einmal eine Geschäftsreise nach Rom. Der Kontakt war über jene Herren entstanden, die er im Lokal seines Schulfreunds Sebastian für die Produkte des Rapp-Konzerns hatte begeistern können.

Es ging dieses Mal um eine große Lieferung gekörnter Suppenwürze.

Bei Pasta, Fisch, Hühnchen und einer fantastischen Zabaione, befördert mit viel köstlichem Wein, wurde man schneller handelseinig, als Paul dies erwartet hatte.

Am nächsten Morgen, es war ein Donnerstag, ging Paul zum Hauptbahnhof und löste eine Rückfahrkarte erster Klasse nach Neapel. Er suchte sich ein gutes Hotel und machte sich auf den Weg durch die Stadt.

In der Galleria Umberto I. kaufte er sich ein Paar elegante braune Schuhe, die zu seinem neuen Sommeranzug passten. Am frühen Abend aber wartete er am Ende der Straße, die zum Friedhof Santo Michele führte, auf eine junge Hausangestellte der Orlandis.

»Ich kann Ihnen nichts Neues berichten, Signore«, sagte diese bedauernd. »Signora Angela war nie wieder da, und man darf ihren Namen noch nicht mal erwähnen.«

Paul bedankte sich und marschierte deprimiert zurück ins Hotel.

Bereits bei einem früheren Besuch in Neapel, wenige Wochen nach der errechneten Volljährigkeit seiner Liebsten, hatte er die junge Angestellte zum ersten Mal abgefangen und ausgefragt. Die Auskunft, die Paul verlangt hatte, war nach dem Zustecken einiger Scheine bereitwillig gegeben worden: Angela sei zwar kurz nach ihrem einundzwanzigsten Geburtstag zu Hause gewesen, habe die Villa aber rasch wieder verlassen. Die Herrin habe wenige Wochen danach das gesamte Personal zusammengerufen und mitgeteilt, die Signorina habe sich ohne ihr Einverständnis verheiratet und lebe nun im Norden des Landes. Sie habe alle aufgefordert, darüber strenges Stillschweigen zu wahren, um einen Skandal zu vermeiden.

War dies nun eine List Sofias, oder war es tatsächlich denkbar, dass Angela ihn vergessen und eine Ehe eingegangen war, hatte sich Paul danach gefragt. Sein Herz verneinte entschieden, doch sein kühler Verstand hatte ihn darauf hingewiesen, dass zwei Jahre vergangen waren, seitdem sie sich zum letzten Mal gesehen hatten. Zwei Jahre aber waren ein Zeitraum, in dem sich vieles verändern konnte – wie sein eigenes Leben bewies.

Was also suche ich hier in Neapel, dachte Paul, während er auf die halbe Mondscheibe starrte, die über dem Meer am hellen Frühsommerhimmel stand. Die Person, die er liebte, hatte die Kommune verlassen, so viel stand fest, und alles, was ihn an sie erinnerte, belebte nur den Schmerz, der schlief, aber niemals verschwunden war. Und er beschloss, die Nachforschungen nicht weiter zu betreiben.

Am anderen Morgen, er hatte gerade einen Spaziergang auf das Castel Sant'Elmo hinter sich, erinnerte er sich der Aufforderung seiner Großmutter Pasqualini, die behauptet hatte, jeden Freitag zur Mittagsstunde am Ende des Markts in der Nähe des Brunnens anwesend zu sein.

Und heute *war* Freitag.

Gegen Mittag schlenderte er über den Wochenmarkt und betrachtete das bunte Obst- und Gemüseangebot dieses gesegneten Landstrichs. Schließlich kam der Brunnen in Sicht. Erst auf den zweiten Blick erkannte Paul seine Großmutter. Sie war magerer geworden und trug ein geblümtes Kopftuch zum Schutz gegen die mittägliche Hitze. Auf einem Tisch, der von einem gestreiften Sonnenschirm beschattet wurde, hatte sie ihre Waren ausgebreitet: Eier, Gartenkräuter und große, fast durchsichtig wirkende hellgelbe Pflaumen.

Sie bediente gerade einen Kunden, dem sie Eier in eine Papptüte zählte, als Paul an den Tisch trat und mit einem kleinen verschmitzten Lächeln sagte: »Buon giorno, Signora Pasqualini!«

Die Alte hob den Kopf, und ein Strahlen erhellte ihr faltiges Gesicht.

»Paolo! Mein Gott, was für eine Überraschung!«

Sie ließ die Eier Eier sein und den Kunden Kunden, lief um den Tisch herum und sprang an Paul hoch wie ein erregtes Hündchen.

Paul fasste die alte Frau um die Taille und hob sie hoch, worauf sie ihre schmatzenden Küsse auf seinem ganzen Gesicht verteilen konnte.

Endlich ließ sie wieder von ihm ab, erinnerte sich ihres wartenden Kunden und sagte, noch ganz im Schwung ihrer Wiedersehenseuphorie: »Das ist mein deutscher Enkel, Signore!«

Plötzlich aber wich die Freude aus ihrem Gesicht. Sie wirkte betroffen, starrte zuerst Paul, danach ihren Kunden an. Es war ein so hilfloser, ratloser Blick, dass er keinem der beiden Männer entging.

Paul, der sich die Reaktion seiner Großmutter nicht erklären konnte, besah den Käufer der Eier daraufhin genauer.

Obwohl dieser Mann eine hässliche Narbe auf einer Seite der Wange hatte, war die Ähnlichkeit zwischen ihnen unübersehbar.

Sie waren gleich groß und etwa gleichen Alters, hatten den gleichen, an den Schläfen weit ins Gesicht gezogenen Haaransatz, die gleichen dunklen Locken, die Form ihrer Nasen war absolut identisch ebenso wie die Zeichnung der Augenbrauen, der Lippen, und sogar die Kerbe am Kinn, die Paul von seinem Vater geerbt hatte, befand sich bei seinem Gegenüber an der gleichen Stelle.

Die Ähnlichkeit war zu groß, als dass ein Zufall sie hätte erklären können.

Der Mann schien zu derselben Auffassung gekommen zu sein.

Er hielt Paul die linke Hand entgegen, worauf dieser erst bemerkte, dass die Rechte des Mannes – und offenbar auch weitgehend sein Arm – nicht vorhanden war.

»Mein Name ist Orlandi. Stefano Orlandi.«

»Paul Pasqualini«, erwiderte Paul und drückte reflexartig die Hand seines Doppelgängers.

Erst danach ging ihm die Bedeutung auf, die hinter dieser Vorstellung steckte.

Dieser Mann war Angelas Bruder.

Mein Gott!

Was aber bedeutete die Ähnlichkeit?

Etwa …

Aus Pauls Gesicht wich jeglicher Tropfen Blut.

Die Alte, die alles verfolgt hatte, schlug jetzt die Hände vor ihr Gesicht.

Sie stöhnte laut und rief dann: »Das habe ich nicht gewollt! Ich schwöre, das war nie meine Absicht!«

»Es ist gut, Signora Pasqualini«, sagte Stefano Orlandi begütigend und legte einen Moment lang seine Hand auf die der Alten. »Niemand wird davon erfahren! Ihr … *deutscher* Enkel …«, einen Moment lang zuckte ein ironisches Lächeln um seine Mundwinkel, »und ich, wir werden zusammen einen Kaffee trinken und uns unterhalten. Mehr wird nicht geschehen, ich verspreche es Ihnen.«

»Danke, Signore«, hauchte die Alte.

Sie wankte hinter ihren Verkaufstisch zurück, rückte die aus Schilfgras geflochtenen Schalen mit den Eiern zurecht, nur damit ihre Hände etwas zu tun hatten, und murmelte, ohne den Blick zu heben: »Es ist alles so kompliziert …«

»Das ist das Leben«, erwiderte Stefano und lächelte ihr aufmunternd zu. »Und ich denke, der deutsche Enkel wird sich wieder bei Ihnen melden.« Dann legte er die Münzen für die Eier auf den Tisch, nickte der Alten noch einmal zu und dirigierte Paul mit den Augen zurück auf die Gasse.

Paul hob zum Abschied die Hand; auf einen anderen Gruß verzichtete er.

Er war sich seiner Stimme nicht sicher. In seinem Kopf herrschte ein völliges Chaos, sein Herz pochte wild, und sein Magen verkrampfte sich bei der Aussicht auf die Unterhaltung, die nun wohl erfolgen würde.

Was, um Himmels willen, würde sie für Erkenntnisse bringen?

Stefano ging mit raschen Schritten zu einer kleinen Bar. Dort wählte er einen Tisch unter der mit wildem Wein überwachsenen Überdachung und bestellte zwei Espressi.

»Ich kehre meistens hier ein, nachdem ich die Eier gekauft habe«, sagte er in so beiläufigem Ton, dass Paul sich langsam wieder zu fassen begann.

Der Kellner brachte ihnen die beiden Mokkatassen und verschwand anschließend wieder im Dämmerschatten des angrenzenden Lokals.

»Ich weiß, was Sie denken, Paolo – ich darf Sie doch so nennen, oder ist Ihnen das unangenehm?«

»Keineswegs«, murmelte Paul, nahm einen Schluck Mokka und verbrannte sich die Zunge dabei.

»Sie ist *nicht* Ihre Halbschwester. Das ist es doch, was Sie befürchteten, oder?«

»Ja«, erwiderte Paul und war erstaunt über die Kraft seiner Stimme, denn genau jetzt begann sich die ganze Kulisse zu drehen. Es war, als ob er sich auf einem Karussell befände, das überschnell fuhr. Er klammerte sich mit beiden Händen an die Armlehnen des Holzstuhls und wartete ab.

»*Ich* allerdings bin Ihr Bruder!«, fuhr der Mann fort, um sich dann rasch zu korrigieren: »Ihr Halbbruder, präzise gesagt. Wir haben denselben Vater.«

»Anders wäre die Ähnlichkeit auch nicht zu erklären gewesen«, sprach es aus Paul. Sein Kopf, das Herz, die Glieder und seine verbrannte Zunge hatten irgendwie die Verbindung zueinander verloren.

»Einen Grappa für den Signore!«, rief Stefano dem Kellner zu.

Bis dieser gebracht und konsumiert war, wurde kein weiteres Wort mehr gewechselt.

»Und Angela ist wirklich nicht mit mir … *verwandt?*«

»Aber nein. Das ist unmöglich. Unser gemeinsamer Vater hat Neapel im Mai 1908 verlassen und nie wieder betreten.«

Paul nickte.

Sein Vater war im Herbst 1908 erstmals in Wisslingen aufgetaucht und hatte den Ort, wie er verbindlich wusste, nie längere Zeit verlassen.

Angela dagegen war 1916 zur Welt gekommen, hier in Neapel.

»Angelas Vater ist der verstorbene Ehemann meiner Mutter, den ich lange Zeit auch für meinen … *Erzeuger* … gehalten habe: Sandro Orlandi. Ich aber bin am ersten Weihnachtstag 1908 geboren worden; ziemlich genau neun Monate nach der Hochzeit meiner Eltern… respektive der meiner Mutter. Es muss demnach wenige Tage zuvor passiert sein, dass sie und Stefano Pasqualini…« Er zögerte einen Moment lang, die Ungeheuerlichkeit auszusprechen, und ergänzte dann erst seinen Satz: »…*zusammengekommen* sind!«

Paul nickte erneut. Es war unglaublich.

»Hat Ihre Mutter Ihnen davon erzählt?«, fragte er schließlich.

Stefano Orlandi schüttelte den Kopf. »Nein. Niemals. Ich bin sicher: Eher würde sie sterben. Ich habe es durch einen Zufall erfahren. Durch eine… *liebenswürdige Sentimentalität* unserer Großmutter Pasqualini.«

Stefano trank den nur noch lauwarmen Mokka in einem Zuge aus und fügte dann mit einem kleinen, selbstironischen Lächeln hinzu: »Aber auch wir, die Nonna Pasqualini und ich, haben nie darüber gesprochen. Wir *wissen es*, und das genügt uns. Sie bleibt die Eierfrau, die ich jeden Freitag besuche. Wir plaudern ein wenig über meine Frau Olivia, meine beiden Kinder, Felicia und Leopoldo, das Wetter und die Eier eben. Es ist das Beste so, wenn Sie verstehen, was ich meine.«

»Durchaus«, murmelte Paul und überlegte fieberhaft, wie er seine nächste Frage formulieren sollte.

»Angela ist in Rom«, kam Stefano ihm zuvor. »Meine Mutter hatte sie damals, nach dieser Gesellschaft bei der Contessa Vibaldi, nach Madeira geschickt, aus verständlichen Gründen, wie wir beide nun wissen!«

Na sicher, dachte Paul, und die Wut kochte in ihm hoch wie überschäumende Milch, als er sich an die Arroganz dieser Frau erinnerte. Sie hat versucht, ihre eigenen Schandtaten zu verbergen, die ganz klar zutage getreten wären, wären dieser Stefano und ich uns früher begegnet!

»Ich muss gestehen, dass ich ihr im ersten Zorn dabei noch

behilflich war. Meine Mutter versteht es, ihre Fäden zu spinnen und Menschen sich … *dienstbar* … zu machen.«

Der Teufel soll sie holen, dachte Paul aufgebracht. Was auch nichts mehr half, nachdem inzwischen Tatsachen geschaffen worden waren. Die Frau, die er liebte, war mit einem anderen verheiratet. Weshalb sonst sollte sie sich in Rom befinden?

»Ist Angelas Gatte ein Römer?«, erkundigte sich Paul und wusste in diesem Moment, dass er sie sehen wollte.

Er würde sie finden. Er würde sie in seinen Armen halten und sie bitten, mit ihm nach Deutschland zu kommen. Ihr Mann war ihm völlig egal. Sollte doch auch ihn der Teufel holen! Hauptsache, Angela und er waren wieder zusammen!

»Von welchem Gatten sprechen Sie, Paolo?«, fragte Stefano erstaunt. »Angela ist nicht verheiratet. Sie studiert in Rom Gesang und …«

Er kam nicht dazu, den Satz zu vollenden.

Paul sprang so ungestüm auf, dass er an den Tisch stieß, worauf die Tonvase mit der kleinen gelben Rose zerbrach.

»Ich werde sofort zurückfahren! Wo kann ich sie finden?«

Stefano nannte ihm Angelas Adresse in Rom, und sie verabredeten, Kontakt zu halten.

Paul fieberte vor Ungeduld, Neapel so schnell wie möglich zu verlassen, doch im letzten Moment besann er sich, dem neuen Bruder eine wesentliche Nachricht vorenthalten zu haben.

»Es gibt noch einen von uns«, sagte er, als Stefano bezahlt hatte. »Ich bin ein Zwilling. Mein Bruder heißt Peter, und wir haben auch noch eine Schwester: Else!«

»Ich habe mir immer mehr Geschwister gewünscht«, erwiderte Stefano mit einem kleinen ironischen Lächeln. »Aber ich hätte nie gedacht, dass sie mir eines Tages am Rande des Wochenmarkts beschert werden würden.«

»Das ist das Leben«, erwiderte Paul und übernahm damit,

ohne dass er es bemerkt hätte, eine Äußerung, die sein Halbbruder kaum eine Stunde zuvor gemacht hatte.

»Eines Tages, wenn Gott will, werden wir *alle* Gelegenheit haben zusammenzutreffen«, fasste Stefano seine Hoffnung und die Befürchtungen seiner Mutter in einen Satz. Dann legte er den gesunden Arm um den neuen Bruder und wünschte ihm von Herzen Glück beim Werben um seine Schwester Angela.

**20** Mit dem Zeigefinger der rechten Hand fuhr Angela liebevoll über die Rücken der Bücher, die ihre Vormieterin in den Regalen angesammelt hatte. Inzwischen hatte sie die Werke fast alle gelesen.

Euch verdanke ich, dass ich mein Leben nicht verloren habe, dachte sie dankbar. Oder meinen Verstand. Euch und der Musik!

Danach machte sie sich wieder daran, ihre eigenen Habseligkeiten zusammenzusuchen und in die Kisten zu verstauen, die Benedetto ihr für den Umzug besorgt hatte.

Zwei solcher Holzbehältnisse sind ausreichend, um alles aufzunehmen, was ich besitze, überlegte sie ein wenig ironisch, um sich dann rasch zu korrigieren.

Natürlich war das nicht alles. Sie musste dafür sorgen, dass ihr persönlicher Besitz in Neapel jetzt ebenfalls nach Rom gebracht wurde.

Stefano würde ihr sicher dabei behilflich sein. Sie hatte ohnehin noch mit ihm zu reden, um ihn von den jüngsten Entwicklungen zu unterrichten.

Ich sollte mich auch mit meiner Mutter aussprechen, dachte sie, während sie das schöne weiße Spitzenkleid aus dem Schrank holte und in eine Hülle aus Nesselstoff steckte, damit es den

Umzug gut überstehen würde. Schließlich hat sie es nur gut mit mir gemeint!

Nun, sie würde sich überwinden und sich mit Sofia versöhnen, obwohl es ihr schwerfiel. Auch heute noch, wo Angela einsah, wie notwendig die räumliche Trennung zwischen Paolo Pasqualini und ihr gewesen war, verübelte sie ihrer Mutter den erzwungenen Aufenthalt auf Madeira.

Angela ging zum Flügel und sammelte die Notenblätter ein, die dort verstreut lagen. Unzählige Notenhefte füllten bereits die Hälfte einer Holzkiste.

Man sieht genau, was mein Leben hier ausgemacht hat, dachte sie ein wenig erheitert, als es an der Tür klopfte.

»O Gott, schon wieder Ludovica!«, überlegte Angela und zog eine Grimasse. Sie hatte inzwischen wirklich genug von den Vorhaltungen der Lehrerin. Jeder hatte sein Leben, und Ludovica sollte sich doch um ihr eigenes kümmern!

»Herein«, rief sie deshalb nicht besonders freundlich und fügte noch hinzu: »Ich bin beschäftigt, ich habe wirklich keine Zeit für weitere Erörterungen!«

»Das ist ja ein netter Empfang!«, ertönte da eine männliche Stimme, eine, die Angela niemals vergessen oder verwechseln würde.

Sie sprang so schnell auf, dass ihr schwindelig wurde und sie sich für einen Moment am Deckel der Holzkiste festhalten musste.

»Paolo? Wie kommst du hierher?«

»Dein Bruder Stefano hat mir deine Adresse gegeben.«

»So, hat er das?«, murmelte Angela. Sie ging zu einem der Stühle und setzte sich. Es war nicht nur der Schwindel.

Ein flaues Gefühl begann sich in ihrem Magen auszubreiten.

Paul machte einen Schritt auf sie zu, blieb dann aber stehen. Er musterte sie aufmerksam und sagte mit hörbarer Enttäuschung in der Stimme: »Sehr erfreut über meinen Besuch scheinst du ja nicht zu sein, Angela!«

Der Zorn, der sie jetzt überfiel, war stärker als ihre Übelkeit.

»Was fällt dir eigentlich ein?«, rief sie entrüstet. »Du belügst mich schamlos, du gaukelst mir Heiratsabsichten vor und verschwindest danach, und jetzt tauchst du hier auf, als ob nichts geschehen wäre!«

Er kam jetzt doch näher und blieb vor ihr stehen.

Sein Gesicht war ernst, und die Reue in seiner Stimme war ebenso deutlich zu hören wie zuvor die Enttäuschung.

»Gut, ich habe dir nicht die Wahrheit gesagt, was meine Stellung an der Universität betraf. Das war ein Fehler, aber ich hatte Angst, dich zu verlieren, wenn ich mich … *offenbare*. Nur, das alles spielt keine Rolle mehr, Angela! Ich kann dir jetzt das Leben bieten, das du gewohnt bist. Ich habe eine sehr gute Stellung als Prokurist in einem Lebensmittelkonzern in Deutschland und eine schöne und geräumige Dienstwohnung. Und du, du bist inzwischen volljährig und ungebunden, wie dein Bruder mir erklärt hat. Wir können heiraten, sofort, wenn du das möchtest.«

Angela sah ihn an.

Entweder er war ein genialer Betrüger, oder er glaubte das, was er sagte.

»Und was ist mit deiner Frau?«

»Welcher Frau?«

Er wirkte tatsächlich erstaunt bei dieser Frage.

Angela erhob sich und ging zu der ersten Kiste. Ein bisschen hatte sie zu wühlen, aber schließlich fand sie das Hochzeitsfoto, das zwischen den Notenheften steckte.

Sie reichte es Paul, der ihr verwundert zugeschaut hatte, ohne weiteren Kommentar.

Er warf einen kurzen Blick auf die Fotografie und hob dann verblüfft den Kopf.

»Woher hast du das, Angela?«, fragte er.

»Meine Mutter hat es mir gegeben«, erwiderte Angela und wartete auf die Ausreden, Begründungen und Rechtfertigungen, die jetzt kommen würden.

»Ich frage mich zwar, wie dieses Bild in ihren Besitz kommt, aber an den Dingen zwischen *uns* ändert das schließlich nichts!«

»Findest du?«

Angela hätte sehr gerne mehr dazu gesagt, etwas Spitzes, Bissiges, doch die Dreistigkeit ihres ehemaligen Liebhabers verschlug ihr die Sprache.

»Natürlich nicht. Gut, vermutlich wollte sie damit beweisen, dass ich nicht in Pesciotta geboren bin, aber das kann doch nicht so ausschlaggebend für dich gewesen sein, dass du … in all der Zeit … niemals auf meine Briefe geantwortet …«

Plötzlich hielt er inne. Er hatte begriffen.

»Du hast gedacht, das bin *ich*?«, fragte er, aber schon als er die Vermutung aussprach, wusste er, dass es genauso gewesen sein musste. »Angela: Das ist mein Bruder. Mein Zwillingsbruder Peter. Er hat in dem Jahr geheiratet, in dem ich nach Italien kam, ein Mädchen aus dem Ort, in dem wir beide aufgewachsen sind, Augusta Heinzmann!«

Er packte ihren Kopf mit beiden Händen und zwang sie, ihn anzusehen, während er erregt weitersprach: »Deine Mutter wollte dir damit vermutlich einreden, ich sei verheiratet. Es war ihre Absicht, uns auseinanderzubringen, und es war ihr völlig egal, wodurch.«

»Aber … *warum*?«

»Ich denke, das soll sie dir selbst erzählen, Angela. Oder frag deinen Bruder Stefano, er weiß Bescheid. Es ist eine Sache eurer Familie. Ich aber bin in erster Linie daran interessiert, die Dinge zu klären, die dich und mich betreffen! Bitte glaube mir, Angela: Ich war und ich bin nicht verheiratet. Es gibt Lügen in meinem Leben, aber diese gehört nicht dazu. Die einzige Frau, die ich als Ehefrau möchte, bist du!«

»Du meinst …«, stammelte Angela. »Aber …«

Sie starrte Paul an, sah die Angst, die Sorge, die Erregung und, o Gott, die überwältigende Liebe in seinen Augen.

Er sagte die Wahrheit.

Sein Gesicht schien von ihr wegzurücken, immer weiter, und war am Ende nur noch winzig klein am Ende eines riesigen schwarzen Rohrs zu sehen, das sich ständig verengte.

Jede Farbe wich aus ihrem Gesicht, und es gelang Paul gerade noch, sie aufzufangen, bevor sie auf die Holzdielen des Salons kippte.

Paul trug sie zu einem Diwan, der mit einem Samtstoff überzogen war. Im Badezimmer fand er ein Handtuch, das er unter den kalten Wasserstrahl hielt, auswrang und Angelas Stirn damit betupfte.

Sie sah zart und liebreizend aus, so unschuldig wie Schneewittchen aus dem Märchen der Brüder Grimm.

Auch da hatte es eine falsche Alte gegeben, die im Hintergrund ihre bösen Intrigen spann, dachte Paul erbittert, denn keinen Moment lang glaubte er daran, dass Sofia Orlandi das Hochzeitsbild seines Bruders zufällig in die Hände gefallen war.

Sie musste irgendjemanden nach Wisslingen geschickt haben, um seine Familie auszuspionieren; vielleicht hatte sie auch selbst eine erneute Reise ins Schwäbische gemacht und war so auf die Idee verfallen, Angela mit dem Hochzeitsbild seines Bruders zu schockieren und seinen vermeintlichen Betrug zu untermauern. Jedenfalls hätte Sofia Orlandi auch dieses Mal beinahe eine Katastrophe bewirkt. Um ein Haar hätte sie Angela und ihn endgültig auseinandergebracht.

Ich werde ihr den Hals herumdrehen, dachte Paul voller Wut, um seine Absicht gleich wieder zurückzunehmen. Das hätte noch gefehlt, dass er im Gefängnis landete. Hätte die Alte dann noch im Tod ihren Triumph!

Es dauerte eine ganze Weile, bis Angela wieder die Augen aufschlug.

»Mein Liebes«, sagte Paul zärtlich. »Ich werde dir alles erzählen. Jede Einzelheit, von Anfang an. Nur eines musst du mir glauben, mein Herz: Ich bin ein freier Mann, ich bin wirklich nicht verheiratet.«

»Aber *ich* bin es, Paul. Ich bin seit drei Tagen die Frau des Sängers Benedetto Lacardo!«

Ohne jede Ankündigung quollen jetzt Tränen aus Angelas Augen. Sie rannen, ohne von einem Schluchzen begleitet zu sein, unablässig über ihre bleichen Wangen. Es war ein Ausdruck solcher Qual, dass Paul sich abwenden musste.

Er ging zum Fenster und sah lange in den Innenhof des Gebäudes, in dem gerade ein Gärtner blühende Blumenrabatten vom Unkraut befreite.

Paul sah Rosen und Gladiolen, tiefrot glühende Begonienbeete, er hörte den kleinen Springbrunnen plätschern, und ein gelbschwarzer Vogel schwebte sehr nahe an ihm vorüber. Dennoch hatte Paul das Gefühl, lediglich einen Film zu betrachten, in dem er selbst keine Rolle spielte. Er war zum Beobachter geworden, wenn auch keinesfalls zu einem *neutralen.* Er drehte sich um und musterte Angela, die inzwischen ihre Tränen abgewischt und sich wieder aufgesetzt hatte.

»Liebst du den Mann?«, fragte er schließlich und unterdrückte den Drang, zu ihr zu eilen und sie zu schütteln. So lange zu schütteln, bis sie ihm gestand, dass alles nicht wahr sei, dass sie sich die Geschichte nur ausgedacht hatte, um ihn zu bestrafen.

»Nein«, erwiderte sie, ohne auch nur kurz überlegen zu müssen. »Ich fand ihn nett, und er war sehr freundlich zu mir.«

Nun konnte Paul nicht mehr an sich halten. Er stürzte hinüber zu ihr und schrie: »Und weil er so nett war und freundlich, musstest du ihn heiraten und in sein Bett steigen, oder auch umgekehrt, verdammt noch mal, ist das ein Motiv für eine Ehe?«

»Wenn man enttäuscht genug ist und sehr einsam, dann ist es schon eines.«

Angela stand auf und strich die Falten ihres Kleides glatt.

Alles war verspielt, es hatte keinen Sinn, sich auf weitere Diskussionen einzulassen. Dennoch konnte sie es nicht verhindern, mit einiger Verbitterung zu sagen: »Ich glaube nicht, dass *ich allein* einen Fehler gemacht habe, und ich möchte bitte nicht von dir angeschrien werden!«

Paul sah, wie sie versuchte, ihre Würde zurückzuerlangen, und dieses steife Bemühen schnitt ihm mehr ins Herz als alles zuvor.

Ohne noch lange nachzudenken, ging er zu ihr, legte seine Arme um sie und drückte sie an sich.

Nach kurzer Zeit legte Angela ihre Wange an seine Schulter.

So standen sie lange.

Dann räusperte sich Paul und sagte mit rauer Stimme: »Liebst du denn *mich* noch, Angela?«

Er spürte an der Schulter die Bewegung, als sie nickte.

»Dann wird sich doch ein Weg aus der Misere finden lassen. Du reichst die Scheidung ein und heiratest mich!«

»Es geht nicht, Paul«, murmelte Angela. »Ich bin schwanger. Ich erwarte ein Kind von Benedetto!«

In diesem Moment begannen unzählige Glocken zu läuten. Es war Mittagszeit, und das mächtige, brausende Geläut ließ beinahe alle Fensterscheiben Roms erzittern.

»Das sind die Totenglocken für unsere Liebe«, sagte Angela bitter-ironisch und löste sich wieder von ihm. Sie ging zu der Holzkiste und schlug den immer noch offen stehenden Deckel zu.

Es war eine abschließende Geste, und Paul war klar, dass sie jetzt von ihm erwartete, dass er fortging und sie den Umständen überließ, die sie sich geschaffen hatte.

**21** Ludovica Agnelli hatte keine Mühe gescheut. Sie hatte sich ein Taxi kommen lassen und war in die Via Giulia gefahren, wo Benedetto Lacardo inzwischen ein pompöses Anwesen bewohnte, das neben der Villa des ehemaligen Baumeisters Antonio Sangallo lag.

Sie wuchtete sich die wenigen Treppen zur Terrasse hoch und stieß die stets offene Tür in den Salon auf.

Benedetto lag, ein hellblaues Satinkissen unter dem Kopf, auf dem Boden und schnarchte leise.

Ludovica betrachtete ihn mit einem grimmigen Lächeln.

Dann setzte sie sich ans Klavier und spielte ein paar Akkorde der Nornenszene aus der Wagnerschen *Götterdämmerung*.

Bene fuhr hoch wie von der Tarantel gestochen.

»Ich weiß jemand, der ihr helfen wird«, sagte Ludovica sofort und sparte sich sämtliche Einleitungen.

»Wer wird wem helfen?«, fragte Benedetto missmutig, obwohl er ahnte, was die Freundin andeuten wollte.

»Der Angela von ihrem … *Ballast* … befreit«, wurde die Diva jetzt deutlich.

Benedetto richtete sich nun gänzlich auf. Der Russenkittel, dem die überlange Siesta geschadet hatte, zeigte weniger Falten als die Stirn des berühmten Sängers.

Was bildete Ludovica sich eigentlich ein? Gut, Angelas Karriere war durch diese ungewollte Schwangerschaft unterbrochen worden, zu einem Zeitpunkt, an dem sich gerade die Aufmerksamkeit auf sie zu richten begann. Aber neun Monate, von denen bereits etliche verstrichen waren, waren schließlich kein Leben. Und ein Kind war ein Kind.

*Seines*, in diesem Falle. Sein erstes und einziges.

»Du kommst zu spät, meine Gute«, sagte er bissig und auch eine gehörige Spur boshaft, denn er wusste, was die folgende Nachricht auslösen würde: »Angela und ich haben vor drei Tagen geheiratet. Sie wird sich während ihrer Schwangerschaft auf die übernächste Opernsaison vorbereiten, das Kind bekommen und danach wieder singen. Sie wird einschlagen wie ein Komet. Glaube mir, meine Liebe, ich kenne mich aus.«

»Du kennst dich aus, pah, in der Oper und auch im Leben, natürlich!«, schnaubte Ludovica, die diese Neuigkeit traf wie ein eisiger Guss. »Erst schleppst du sie vorzeitig vor ein Publikum, sie überrascht alle mit ihren Darbietungen, und danach schwängerst du sie, du Idiot, und sperrst sie dafür ein Jahr lang weg. Ist dir klar, dass es Fälle gibt, wo die Schwangerschaft den Damen die Kraft ihrer Stimme geraubt hat?«

Benedetto, der genau dies befürchtete, wurde jetzt wütend.

»Es gibt ebenso viele Beispiele, wo die Stimme nach einem Kind gereifter und voller war als jemals zuvor«, raunzte er zurück. »Außerdem bist du nicht in erster Linie um Angela besorgt, sondern nur darum, dein eigener Ruhm könnte mit ihrem nicht wieder aufleben, *das* ist es, was dich bewegt!«

»Du verlogenes Scheusal! Und ausgerechnet *ich* habe dich mit der armen Kleinen zusammengebracht! Ich habe mir Mühe gegeben, übermenschliche Mühe, aus ihrem Piepsen eine Stimme zu machen, und dann kommt ein Wüstling wie du und macht alle Arbeit zunichte. Nicht nur, dass du ihr ein Kind angehängt hast, du hast sogar noch die Stirn, sie zu ehelichen! Als ob du nicht wüsstest, dass eine verheiratete Sängerin nur noch den halben Reiz auf das Publikum ausübt. Gib es zu, dass ich recht habe, gib es auf der Stelle zu, Benedetto Lacardo!«

»Halte den Mund, du Kröte, deren Stimme im Fett ersoffen ist. Es geht dich überhaupt nichts an, verstehst du, ganz und gar nichts.«

Der Austausch der Wahrheiten begann immer ungemütlicher zu werden, und Benedetto hasste nichts mehr als Ungemütlichkeiten. Er holte die Flasche Rotwein, die immer in Reichweite stand, füllte ein großes Glas und stürzte den Wein die Kehle hinab.

Normalerweise ölte er sich mit diesem Rebensaft den Hals. Heute aber benötigte er ihn dringend, um die Galle hinunterzuspülen, die weiterhin aus seinem Mund und in Richtung seiner dicken, langjährigen Freundin quellen wollte.

Er füllte das Glas erneut, doch bevor er es an die Lippen führen konnte, wollte Ludovica spitz wissen: »Wo steckt sie denn überhaupt, dein schwangeres Täubchen?«

Benedetto warf einen Blick auf seine Taschenuhr, die an einer langen goldenen Kette um seinen Hals hing, und musste zugeben, dass die Frage berechtigt war. Es war kurz nach zehn Uhr am Abend.

»Sie ist heute Vormittag in ihre Wohnung gegangen, um ihre Sachen zu sichten und zusammenzupacken.«

»Am *Vormittag*«, echote Ludovica und schüttelte verständnislos den Kopf. »Und du hast dir keine Gedanken darüber gemacht, weshalb sie noch nicht zurück ist?«

Benedetto schüttelte den Kopf. Er war zu lange Junggeselle gewesen, um solchen Dingen eine Bedeutung beizumessen.

Ludovica aber war ernsthaft besorgt. »Das sieht ihr nicht ähnlich! Ganz und gar nicht«, unkte sie und wandte sich bereits wieder zur Tür. »Du bist ein Kamel, Benedetto Lacardo. Und ein Egoist. Wenn nur nichts passiert ist!«

Dass dem so war, sahen sie beide sofort, als sie nach einer waghalsigen Autofahrt Angelas Wohnung betraten.

Angela hockte in einer Ecke des rosarot-elfenbeinfarben gestreiften Diwans, während in der anderen Ecke des Zimmers, in einem zerschlissenen Ledersessel, ein Mann saß, der ihnen fremd war.

Er erhob sich sofort.

Angela war blass und wirkte völlig verheult.

»Womöglich ist ihre Mutter verstorben?«, überlegte Benedetto betroffen und begann sich darüber zu schämen, dass man der armen Dame in Neapel die Verheiratung ihrer Tochter vorenthalten hatte.

Ludovicas Blick aber hing an dem unbekannten jungen Mann. Er war mindestens fünfzehn Jahre jünger als Benedetto, groß gewachsen und gut aussehend.

Die Mischung aus Trotz und Verlegenheit, die sich auf seinem Gesicht abzeichnete, ließ im Kopf der erfahrenen Frau alle Alarmglocken schrillen. Hier stimmt doch etwas nicht, schoß es ihr durch den Kopf.

»Wir haben uns Sorgen um dich gemacht, Angela«, sagte Benedetto und versuchte, nicht allzu vorwurfsvoll zu klingen, nachdem seine Frau ohnehin schon so mitgenommen wirkte. Auch er musterte den Fremden jetzt genauer.

Vermutlich ist das der Reederei-Bruder, der ihr die Leviten gelesen hat wegen der heimlichen Hochzeit, dachte er unbehaglich, doch es sollte viel schlimmer kommen.

»Es tut mir so leid, Benedetto«, stammelte Angela. Sie begann furchtbar zu schluchzen, während der fremde Mann die Lippen zusammenpresste. Zu Benedettos Erstaunen wirkte er mehr gequält als entrüstet. Doch er hatte keine Gelegenheit, sich lange Gedanken darüber zu machen, denn seine Frau brach jetzt in eine hektische Redeflut aus: »Aber ich möchte auf keinen Fall denselben Fehler machen wie meine Mutter! Ich möchte ehrlich und aufrichtig zu dir sein, Bene! Du warst immer so freundlich und liebenswürdig ... und ich ... aber ... wie hätte ich ahnen können, wie bösartig und verlogen ... kein Mensch kann sich so etwas vorstellen ... und das von der eigenen Mutter!«

Angela zog ein Taschentuch hervor und schnäuzte sich, während Benedetto zu ahnen begann, dass der Grund für diese Szene etwas Bedeutenderes sein musste als die Entrüstung von Angelas Familie der heimlichen Heirat wegen.

»Mein Name ist Paul Pasqualini«, mischte sich jetzt der Mann ein, der bisher wortlos vor dem Ledersessel gestanden hatte. »Ich muss Ihnen das erklären, Signor Lacardo. Angela und ich waren ... verlobt. Durch Missverständnisse und ... nun ja, man kann es wohl nicht anders bezeichnen, infame Intrigen hat man uns getrennt und mir einzureden versucht, Angela habe sich inzwischen anderweitig verheiratet!«

»Was heißt, man hat es Ihnen einzureden versucht? Es ist so, mein Herr!«, sagte Benedetto, der die Tragik der ganzen Angelegenheit noch längst nicht begriff.

»Man hat es ihm eingeredet, *bevor* wir getraut wurden, Benedetto. Lange zuvor schon.«

»Das ist bedauerlich, aber offenbar war es eine Prophezeiung, die sich inzwischen erfüllt hat«, schnaubte Benedetto, denn langsam ahnte er, wohin sich die Sache entwickeln würde.

Angela drückte den Rücken an die Lehne des Diwans und schaute mit zuckendem Gesicht auf den Boden.

»Du verstehst nicht, Bene. Man hat mir dasselbe gesagt. Dass *er* verheiratet sei. Wenn ich nicht davon überzeugt gewesen wäre, dann hätte ich dich ... niemals ...« Sie stockte, hob dann aber den Kopf und erklärte mit fester Stimme: »Ich kann nicht als deine Frau mit dir leben, Benedetto, nachdem ich nun weiß, wie sich alles verhalten hat! Ich liebe Paolo. Ich habe nie jemand anderen geliebt, und ich habe auch dir gegenüber nie behauptet ...«

Das schrille Gelächter Ludovica Agnellis, die alle vergessen hatten, ließ sie verstummen. Die alte Diva hielt sich mit der einen Hand an einer zierlichen französischen Kommode fest, mit der anderen ruderte sie durch die Luft wie jemand, der zu ertrinken droht. Ihr Gesicht war puterrot angelaufen; der immer wiederkehrende Lachreiz ließ ihr die Tränen nur so über die Wangen kullern.

»Das ist gut«, keuchte sie, als sie den Atem dazu fand. »Das ist besser als jede Operette: Die gerade angetraute Ehefrau präsentiert ihren alten Liebhaber und verlangt von ihrem Ehemann die Billigung einer illegalen Beziehung! Und das mit seinem Kind in ihrem Bauch!«

Angela fuhr herum und sagte mit vor Zorn bebender Stimme: »Halte du dich heraus, Ludovica!«

»Aber weshalb denn, meine Liebe? Wenn wir hier schon öffentlich diskutieren, wem du dich künftig zugehörig fühlen möchtest, dann darf doch ruhig jeder Anwesende seine Meinung dazu äußern. Was ist denn die *Ihre*, mein Herr?« Benedettos Stimme triefte vor Hohn. Er sah keine andere Möglichkeit als Zynismus, wenn er verhindern wollte, sich selbst als idiotischer Hahnrei vorzukommen.

»Ich habe Angela vorgeschlagen, sich scheiden zu lassen.«

»Es gibt keine Ehescheidung in Italien.«

»Das ist mir bekannt, aber ich bin deutscher Staatsangehöriger«, behauptete Paul, auch wenn er wusste, dass dies im Moment eine Lüge war. In Deutschland war er ein Italiener, aber egal. Irgendwie würde sich das regeln lassen. Er hatte nicht die Absicht, Angela deswegen aufs Neue zu verlieren.

»Angela würde, sofern sie in Deutschland heiratet, nie mehr ihr Vaterland betreten können. Ist Ihnen das klar, Signor Pasqualini? Wollen Sie ihr das wirklich zumuten?«, gab Ludovica zu bedenken, der das Lachen nun endgültig vergangen war.

Wenn es diesem Verrückten gelang, Angela nach Deutschland mitzunehmen, konnte diese ihre Karriere ebenso vergessen wie sie, Ludovica Agnelli, die Renaissance ihres Ruhms. Außerdem, stellte die alte Diva erstaunt fest, würde die Kleine ihr fehlen. Sie spürte, wie sich allein bei dem Gedanken daran ihr Herz zusammenkrampfte.

Ich mag sie ja *wirklich*, dachte Ludovica gerührt und war gewillt, für ihre Kleine zu kämpfen. Denn natürlich war diese ganze Liebesgeschichte infantiler Unsinn, der in nichts anderem enden würde als in Tränen und Leiden.

Eine Ehe war eine Ehe, und was davor gewesen war, war unabänderlich eine Sache der Vergangenheit. Genau das musste sie diesem jungen Heißsporn nur klarmachen. So schaute die alte Sängerin dem hübschen, jungen Teutonen in die Augen und sagte mit ernster Eindringlichkeit: »Das Kind spricht ja nicht einmal die deutsche Sprache. Sie würden ihr nicht nur für alle Zeit die Heimat nehmen, sondern auch die Entfaltung ihres Talents behindern. Ich nehme an, Sie wissen das nicht, aber Angela hat eine große Karriere als Sängerin vor sich.«

»Sofern man sie nicht mit vermeintlicher Liebe zu fesseln versucht. Und zu einer biederen deutschen Hausfrau degradiert!«, tönte Benedetto, der wider Willen begann, mit der Absurdität der Situation zu spielen. Alter Mime du, dachte er sarkastisch.

Ludovica aber schlug sich jetzt auf seine Seite und setzte noch eines drauf, indem sie mit ihrem Finger in Richtung des jungen Herrn deutete und rief: »Ganz richtig. Das ist doch wohl der derzeitige Trend in Ihrem Heimatland, oder möchten Sie mir da widersprechen?«

Der Effekt beider Attacken stellte sich unverzüglich ein.

Benedetto erkannte in der jetzt völlig zusammengekrümmten Körperhaltung seiner weinenden Frau nicht nur Zerrissenheit, sondern auch Skrupel und Zukunftsangst.

Das Gesicht des Mannes jedoch verhärtete sich, und er sagte ungelenk: »Die Entscheidung liegt ganz allein bei Angela. Ich möchte sie auf gar keinen Fall zu etwas drängen, das ihr schadet oder das sie später bereut.«

Angela schluchzte und wimmerte: »Ich weiß es doch selbst nicht, was richtig ist und wie ich mich verhalten soll, ohne neue Fehler zu machen. Ich möchte niemandem wehtun, aber ich möchte auch in keiner Lüge leben … und dann … da ist ja auch die Verantwortung für das Kind!«

»So ist es. Du musst jetzt in erster Linie *daran* denken!«, rief Ludovica, die eine gute Stunde zuvor dieses Kind noch als Angelas Ballast bezeichnet hatte, von dem sie befreit werden müsse.

Lange Zeit blieb es daraufhin still. Auf dem Kamin tickte die Messinguhr der Wohnungsbesitzerin, und allerlei Nachtgeräusche drangen durch die weit geöffneten Fenster.

Was für eine irrwitzige Situation, dachte Benedetto nicht ohne Selbstironie. Seit fünfundzwanzig Jahren hatten die Frauen um ihn gekreist wie die Motten ums Licht. Er hatte sich genommen, was ihm gefallen hatte, doch die Ansinnen der Damen, sie zu ehelichen, hatte er stets lachend von sich gewiesen. Bei Angela hatte es sich anders verhalten. Sie hatte ihn deshalb so sehr gereizt, weil sie ihn als Mann kaum wahrzunehmen schien. Er hatte ihretwegen alles vergessen, was bisher seine Lebensmaximen gewesen waren: zuerst seine übliche Vorsicht, damit es nicht zu Hochzeitsnötigungen kommen konnte, dann seinen Vorsatz, ein Junggeselle zu bleiben.

Er hatte sie haben müssen, unbedingt, auch um den Preis einer Schwangerschaft und einer Ehe.

Ludovicas Blick suchte und fand jetzt den seinen, und sie trafen eine stumme Vereinbarung. Man musste Zeit gewinnen, das war die Parole der Stunde.

Benedetto Lacardo wandte sich an den Mann, der offenbar ein Deutscher war, obwohl er das Italienische beherrschte, als ob es sich um seine Muttersprache handle.

»Sie müssen einräumen, dass diese Entwicklung sehr überraschend für mich kommt!«

Paul nickte. Er konnte es dem Mann nicht verargen, wenn er aufs Höchste schockiert war. Immerhin musste er starke Gefühle für Angela hegen, wenn er sie geheiratet hatte.

»Wir alle sind erwachsene und vernünftige Menschen. Es muss Ihnen klar sein, dass eine Ehe ein Fakt ist, den Sie zur Kenntnis nehmen müssen und nicht einfach übergehen können.«

Erneut nickte Paul, wenn auch mit einigem Widerstreben.

»Desgleichen Angelas Schwangerschaft!«

»Ich liebe aber *ihn*, Benedetto«, sagte Angela trotzig.

»Du *denkst*, dass es so ist«, versuchte ihr Ehemann sie zu korrigieren. Dann wandte er sich wieder an Paul. Er hatte den Eindruck, weiter zu kommen, wenn man diese Angelegenheit unter Männern verhandelte. »Ich bin kein Mann, der versuchen würde, eine Frau zu halten, wenn sie selbst das nicht möchte; auch dann nicht, wenn das Gesetz auf meiner Seite ist.« Er winkte ab, als er sah, dass seine Frau den Mund öffnete, um zu erwidern, und sprach mit erhobener Stimme weiter: »Niemand von uns hat offenbar Schuld an diesen … Komplikationen … die jetzt entstanden sind. Aber ich verlange, und das mit einigem Recht, dass derzeit keine Entscheidungen getroffen werden. Wenigstens so lange nicht, bis das Kind zur Welt gekommen ist.«

»Das wird nichts an meiner Meinung ändern, Bene. Ich will nicht … wie meine Mutter …«

»Man wird sehen«, fiel Benedetto ihr erneut ins Wort. »Ein Kind ist sein eigener Anwalt, und Mutter sein verändert das

Denken einer Frau unter Umständen mehr, als du dir dies derzeit vorstellen kannst.«

»Ich …«, begann Angela abermals, doch ihr Ehemann machte eine Geste, die so abschließend war, dass sie mehr aussagte als alle Worte.

»Entschuldige bitte«, sagte Benedetto und fühlte unvermittelt eine große Erschöpfung. »Aber ich glaube, dir ist nicht klar, Angela, was du mir zumutest, drei Tage nach unsrer Vermählung!«

Dieser Feststellung war nichts entgegenzuhalten.

Ludovica spürte die Beschämung des früheren Paares und beschloss eilig, diese Stimmung zu nutzen: »Ich schlage vor, die Herren entfernen sich jetzt. Es ist Angelas Zustand sicher nicht förderlich, wenn diese Auseinandersetzung noch lange andauert. Außerdem ist es spät. Ich werde dir einen Tee aufgießen, mein Kind, und danach solltest du schlafen.«

Die Blicke, die die alte Diva den beiden Männern zuwarf, waren ein so klarer Hinauswurf, dass weder der eine noch der andere zu widersprechen wagte. Es machte auch keiner Anstalten, sich vertrauter von Angela zu verabschieden als nur mit Worten.

»Kann ich Sie irgendwo hinbringen?«, erkundigte sich Benedetto, als sie zusammen auf dem Gehweg vor Angelas Wohnhaus standen.

»Nein danke. Ich gehe zu Fuß in mein Hotel.«

»Dann gute Nacht, Signore«, sagte Benedetto Lacardo höflich und bat insgeheim seinen Namenspatron darum, diesem Paolo Pasqualini eine Fülle schrecklicher Albträume zu schicken.

Es war die vierte Nacht seiner Ehe, und Benedetto Lacardo fand, er habe jedes Recht zu solch einem Wunsch.

Ludovica aber blieb in dieser Nacht bei Angela, und natürlich schlief keine der beiden Frauen.

Die alte Sängerin, geschult vom Leiden des Lebens und der Dramaturgie der Oper, redete auf Angela ein, die immer zerrissener und zweifelnder wurde.

Im Morgengrauen erreichte sie schließlich den angestrebten Kompromiss: Angela versprach, vor der Geburt des Kindes keine Entscheidung zu treffen und Paolo Pasqualini bis dahin nicht wiederzusehen. Im Gegenzug dafür verlangte Angela, in ihrer bisherigen Wohnung bleiben zu dürfen und Benedettos Zusage, von seinen ehelichen Rechten keinen Gebrauch zu machen.

**22** Eine schwere Gürtelrose, die sich wie eine purpurne Schärpe über Schulter, Rücken, Brust und die rechte Hüfte legte, hatte Anna davor bewahrt, der Hochzeit ihrer Tochter Else beiwohnen zu müssen.

Mehr als ein Vierteljahr hatte sie damit zu tun gehabt.

»Die Schmerzen werden dir bleiben, Anna«, hatte Agath ihr prophezeit – und so war es.

»Es ist dies mehr eine Krankheit der Seele als eine des Körpers! Eine, die Ohnmacht ausdrückt und Auflehnung gegen Dinge, die nicht zu verändern sind.«

»Da hast du recht, Agath«, stimmte Anna ihr zu, die genau wusste, wogegen sie sich so sinnlos wehrte.

Aber es war geschehen: Ihre Tochter hieß jetzt Elsbetha Gruber, *Elsbetha*, denn Moritz Gruber hatte darauf bestanden, dass ab dato der volle Taufname seiner Frau benutzt wurde.

»Weil er so nordisch klingt«, hatte er als Grund dafür benannt.

Anna fand das absurd.

Taufname hin oder her, ihre Tochter war immer die Else gewesen. Und sie hatte nicht die Absicht, dies zu verändern, nur weil aus ihr jetzt eine Frau Gruber geworden war.

Anfang Juli – Else trug bereits einen stattlichen Schwangerschaftsbauch vor sich her, der sie zwang, jedweden Uniformrock beiseitezulegen und ganz normale Kleidung zu tragen – kam dann ein weiterer Schlag.

Eines frühen Abends, Anna war gerade dabei, das Gemüsebeet vor der Haustür vom Unkraut zu befreien, kam sie angehastet und rief schon von Weitem: »Du wirst es nicht glauben, was ich dir zu sagen habe, Mutter!«

Anna richtete sich auf.

Auf den weißen Wangen ihrer Tochter blühten freudige Röschen, und ihre Augen blitzten so stolz, dass Anna es mit der Angst zu tun bekam.

»Was gibt es denn, Else?«

»Stell dir vor, Mutter, der Moritz hat die Cohn-Villa gekauft. Wir werden dort einziehen, gleich nachdem der Maler dort war.«

»In die Cohn-Villa?«, wiederholte Anna, die ihre eigene Stimme hören musste, um das Ungeheuerliche glauben zu können.

Else nickte eifrig. »Der Moritz hat gesagt, er hat einfach mal gefragt, weil das Haus inzwischen doch dem Staat gehört, und für ihn, als Verlagsleiter, läge die Villa als Wohnung ja ausgesprochen günstig.«

»Ja, ja«, murmelte Anna und stieg über das Salatbeet hinüber zur Bank an der Hausmauer, um sich erst mal setzen zu können.

»Also der Preis, den die vom Liegenschaftsamt genannt haben, der war so günstig, dass Moritz einfach zugreifen *musste*.«

»Dann hat er jetzt ja alles, was einmal den Cohns gehört hat«, sagte Anna, und eine Welle von Scham erfasste sie.

Denn bereits im Mai hatte der Schwiegersohn sein Erbteil

aus der Pfalz dazu verwendet, den Cohnschen Verlag zu erwerben, nachdem der frühere Kaufvertrag mit Doktor Britsch für ungültig erklärt worden war. Auch hier war der Kaufpreis erstaunlich niedrig gewesen.

Während Else wie aufgezogen weiterplapperte, welche Vorhänge sie wo anbringen und welche Möbel sie wohin stellen werde, spürte Anna noch einmal, wie David Cohn sich beim Abschiednehmen an sie gedrückt und wie sie dabei das Gefühl verspürt hatte, für wenige Wochen einen dritten Sohn gehabt zu haben.

»Nur den Kronleuchter, den werden wir natürlich behalten. Moritz sagt, das ist ein Stück, wie man's so schnell nicht wieder bekäme. Und er könne es wirklich nicht verstehen, wieso eine so raffgierige Sippe wie die Cohns ihn einfach zurücklassen konnten!«

»Man versteht manches nicht auf der Welt, Else«, sagte Anna und mahnte sich zur Ruhe. Else konnte schließlich nichts dafür, sie war einfach ein bisschen dumm.

»Bei den Vorhängen solltest du mir aber schon helfen, Mutter«, verlangte die Tochter jetzt, und es klang nicht wie eine Bitte, sondern wie ein Befehl.

So weit sollte es aber nicht kommen, denn Anna musste schon am anderen Morgen feststellen, dass sie nunmehr eine *Gesichts*rose befallen hatte.

»Am besten, du ziehst dich für eine Weile zurück, bis das ganz ausgeheilt ist«, empfahl ihr Agath bei dieser neuen Variante der mehr seelischen als körperlichen Krankheit. »Die Bläschen sind nämlich ansteckend. Deine Else ist guter Hoffnung, und gerade mit Schwangeren solltest du in diesem Zustand nicht verkehren!«

Als Elsbetha Gruber dies ausgerichtet wurde, ließ sie sich von ihrem Mann in die Kreisstadt fahren und brachte den Ballen

Stoff, den ihre Mutter zunähen sollte, zu ihrem alten Lehrmeister.

»Ich will deine Mutter erst dann wiedersehen, wenn sie ganz sicher niemanden mehr anstecken kann«, ordnete Moritz Gruber an.

Auch auf die Hilfe seines Schwagers Peter und die der Schwägerin Augusta verzichteten die Grubers bei ihrem Umzug.

Aus Vorsichtsgründen.

»Der Laden der Gustel ist ein Dorftreffpunkt. Und genau dort fängt man sich so etwas ein. Vermutlich ist es nur noch eine Frage der Zeit, bis die und ihre Kinder auch herumsiechen«, behauptete Elsbethas Mann.

Im Grunde aber war es ihm mehr als recht, wenn die neue Verwandtschaft beim Umzug außen vor blieb und ihn durch ihren Arbeitseinsatz nicht zur Dankbarkeit verpflichtete.

»Ich habe *dich* geheiratet, Elsbetha. Am Umgang mit deiner Verwandtschaft bin ich nicht interessiert«, erklärte Moritz Gruber seiner Frau. »Du gehörst jetzt einer ganz anderen Gesellschaftsklasse an, und daran solltest du denken bei künftigen Einladungen! Dein Bruder Peter ist zwar Parteimitglied, aber ich traue ihm nicht über den Weg – von deiner Mutter ganz zu schweigen. Die hat noch immer nicht begriffen, wie die Uhren heutzutage gehen.«

»Sie war schon immer ein bisschen eigen«, räumte Else ein, beschloss aber, ein ernstes Wort mit Anna zu sprechen. Es konnte nicht angehen, dass diese immer wieder spitze Bemerkungen gegen die Partei oder gar den Führer machte, wenn ihre Tochter jetzt die Frau des Ortsgruppenleiters war.

Die Angst vor immer noch möglicher Ansteckung verhinderte auch, dass Elsbetha nach ihrer Mutter schicken ließ, als sich die Geburt des Kindes ankündigte.

»Muss es jetzt auch noch früher kommen?«, jammerte Elsbetha, der klar war, dass damit ihre voreheliche Sünde nicht mehr wegzureden wäre.

»Das ist doch vollkommen egal«, sagte ihr Ehemann selbstbewusst. »Den möchte ich erleben, der es wagt, darüber Bemerkungen zu machen! Hauptsache, es wird eine Junge!«

Elsbetha hatte eine leichte Niederkunft und brachte am Ende ein Kind zur Welt, das knapp drei Kilogramm wog und vom fehlenden »Hitlerbärtchen« einmal abgesehen die perfekte Miniaturausgabe seines Vaters war.

Moritz Gruber war hell entzückt. Er küsste Elsbetha auf die verschwitzte Stirn und dankte ihr gerührt.

»Er soll Adolf heißen«, verfügte er und nahm damit Elsbethas Namenswunsch vorweg.

Mir bleibt auch gar nichts erspart, dachte Anna, als ihr Sohn Peter sie vom neuesten Stand der Dinge unterrichtete.

Da es keine Taufe gab, sondern nur eine Namensfeier im Kreise der Gruberschen Freunde, dauerte es bis Ende September – als alle Hautrötungen sie endgültig verlassen hatten –, bis Anna Gelegenheit bekam, ihren dritten Enkel zu sehen.

Else hatte sie deswegen zum Sonntagnachmittagskaffee in die Villa eingeladen, und Anna Pasqualini sah ein, dass sie dazu nicht Nein sagen konnte.

Schweren Herzens näherte sie sich dem Haus. Vor dem Azaleenbusch blieb sie stehen und gedachte der Ereignisse, von denen ihr David Cohn erzählt hatte. In diesem Moment öffnete sich die Haustür, und ihr Schwiegersohn, der Ortsgruppenleiter Moritz Gruber, trat heraus.

**23** Auf Vermittlung Annas traf Paul Pasqualini im Frühherbst 1938 seinen Bruder Peter zum ersten Mal seit mehr als fünf Jahren in der Gastwirtschaft seines Schulfreundes Sebastian am Fuße des Hohenstaufens.

»Was hast du dir diesmal denn ausgedacht?«, wollte Baste neugierig wissen. Doch Paul musste ihn belehren, dass es sich um ein ganz normales, wenn auch diskretes Zusammentreffen handle.

»Verstehe«, erwiderte Baste. Dennoch wunderte er sich darüber, dass Paul für dieses Abendessen das ganze Nebenzimmer hatte reservieren lassen.

»Ich habe meine Gründe dafür«, erklärte Paul, aber mehr wollte er nicht verraten.

Lange berichtete Paul seinem Zwillingsbruder von den italienischen Verwandten, insbesondere von den Großeltern, was Peter besonders interessierte. Auch von seiner Liebe zu Angela erzählte er, allerdings unter Weglassung der voreilig geschlossenen Ehe.

»Und was machst *du*?«, fragte er den Bruder schließlich, als er seinen Bericht beendet hatte.

»Vorwiegend Straßenbau und ein paar Neubauten für Parteieinrichtungen in der Kreisstadt. Im normalen Wohnungsbau läuft derzeit kaum etwas. Die Leute sind vorsichtig geworden und halten ihr Geld zusammen!«

»Stimmt.« Paul nickte. »Außerdem ist es mit der Arbeitslosigkeit zwar besser geworden, aber überwunden ist sie noch lange nicht.«

»Arbeitslosigkeit ist hier in der Gegend kein großes Problem. In der Landwirtschaft brauchen sie die Leute wie eh und je – und große Industrieansiedlungen haben wir ja ohnehin nicht!«

»Das ist in diesem Fall beinahe ein Glück«, fand Paul, der aus

Stuttgart anderes zu berichten wusste. Hier gab es viele Menschen, die keinen Arbeitsplatz hatten; es gab Hunger und Armut.

»Und was machen deine Gustel und die Kinder?«

»Die Gustel geht ganz in ihrem Laden auf. Sie ist eine richtig tüchtige Geschäftsfrau geworden, und die Kinder gedeihen. Der Anton ist vier und die Irmgard zwei. Schade, dass du keine Zeit hast, bei uns vorbeizukommen. Dein Neffe und deine Nichte hätten sich bestimmt gefreut, ihren Onkel Paul endlich einmal kennenzulernen, und die Gustel hätte dir mal wieder was richtig Schwäbisches gekocht.«

Paul hörte den unterschwelligen Vorwurf in der Stimme des Bruders und begriff, dass er für dieses sonderbar konspirative Zusammentreffen in Hohenstaufen nun doch eine Erklärung liefern musste. Schon um neuen Fragen zuvorzukommen, vor allem aber, um seinen Status in der Firma Rapp nicht zu gefährden. Zweifellos würde dort niemand verstehen, wie man einen schwäbischen Zwillingsbruder in Wisslingen samt großer Verwandtschaft am selben Ort haben konnte, wenn man ein neapolitanischer Professor gewesen und italienischer Staatsangehöriger war.

»Es geht nicht, dass ich euch besuchen komme«, sagte er deshalb und senkte die Stimme, obwohl sie ganz allein in dem kleinen Nebenzimmer waren. »Ich habe in Stuttgart eine sehr … *verantwortungsvolle* Tätigkeit und die Auflage, dass ich keine Kontakte mit meiner früheren Umgebung pflegen soll. Es war schon riskant genug, mich hier mit dir zu treffen.«

Peter schaute seinen Bruder lange an und sagte dann, wobei die Enttäuschung deutlich zu hören war, auch wenn er sich bemühte, genau diese zu verbergen: »Das hätte ich wirklich nicht gedacht, Paul. Dass auch du dich mit diesem Regime …«, im letzten Moment entschärfte er den Satz etwas, »… *zusammentust!*«

Paul schluckte die bittere Pille, dass Peter ihn für einen geheimen Funktionär oder Schnüffler der Hitlerregierung hielt; schließlich hatte er ihm solches ja selbst suggeriert. Er stürzte sich deshalb rasch auf das »auch«.

»Wer macht denn das *sonst noch* aus der Familie?«

»Na unsere Schwester Else. Samt unserem herrlichen Schwager, dem Herrn Ortsgruppenleiter Moritz Gruber. Jetzt sag nur nicht, dass du davon keine Ahnung hast!«

Natürlich wusste Paul Bescheid. Seine Mutter hatte es ihm geschrieben, ohne jeden Kommentar, was ihm erneut bewiesen hatte, welch kluge Frau Anna doch war.

Jetzt aber gab er sich überrascht. Das würde ein abendfüllendes Thema abgeben, und vielleicht erfuhr er darüber hinaus auch Peters politische Ansichten.

Der jedoch war nach Pauls »Bekenntnis« vorsichtig geworden und erzählte von allem Möglichen, nur nicht von seiner Einschätzung des Hitler-Regimes. Was zur Folge hatte, dass – je länger sie sich unterhielten – die Entfernung der Zwillinge größer wurde als in den Jahren ihrer Trennung.

Als Peter wieder zu Hause in seinem Ehebett neben der schlafenden Gustel lag, dachte er darüber nach, ob er sich, was seine Abneigung gegen den Hitler und seine Partei betraf, nicht doch in einem Irrtum befand. Wenn sogar sein Bruder Paul, den er immer für gescheiter als sich selbst gehalten hatte, ein Diener dieser Sache geworden war!

Paul dagegen, der sein Bett erst eine Stunde später fand als der Bruder, grübelte den Rest der Nacht darüber nach, ob Offenheit nicht die bessere Taktik gewesen wäre. Natürlich hatte er die Zurückhaltung Peters gespürt. Der Morgen dämmerte schon herauf, als Paul einsah, dass es besser war, eine Entfremdung in Kauf zu nehmen, als die Gefährdung seiner Stellung im Rappschen Konzern zu riskieren. Denn mit nichts anderem als diesem Posten konnte er Angela *den* Lebensstandard garantieren, den sie gewohnt war.

**24** Mit nahezu manischer Energie hatte Angela nach Pauls Abreise ihre Gesangsübungen fortgesetzt.

Der fortschreitenden Schwangerschaft wegen gestalteten sich diese aber mehr und mehr anstrengend, sodass Ludovica eines Tages sagte: »Du solltest jetzt wirklich eine Pause mit der Singerei machen, mein Kind!«

»Du verstehst das nicht, Ludovica«, behauptete Angela ihren Willen.

Ich verstehe dich sehr gut, dachte Ludovica, aber sie war zu klug, um es auszusprechen. Das Singen ist die Droge, die dich aufrecht hält. Das Singen und das Lesen!

Denn Angela hatte die dicke Diva dazu gebracht, ihr jedes Mal ein Buch mitzugeben, wenn sie zum Singen erschien.

Es gab noch eine weitere Droge, von der weder Benedetto noch Ludovica etwas wussten, auch wenn sie es ahnen mochten: Angela erhielt jede Woche zwei Postsendungen von Paul Pasqualini, und mindestens ebenso häufig schickte sie selbst Briefe nach Stuttgart.

Benedetto aber erschien mehrmals die Woche zu allen möglichen und unmöglichen Tageszeiten bei ihr, auf einen Espresso, zu einem Glas Wein oder einfach nur, um sich nach Angelas Befinden zu erkundigen.

Pünktlich jeden Sonntagabend um sieben Uhr kam er, um Angela zum Essen abzuholen, denn am Sonntag sah sein Vertrag mit der Oper keine Verpflichtungen vor.

Zu Angelas Verwunderung machte er ihr niemals mehr Vorhaltungen. Er gebärdete sich wie ein guter Freund, informierte sie über das Tagesgeschwätz und die Vorgänge an der Oper, brachte ihr kleine Aufmerksamkeiten und sorgte sich um ihre regelmäßige und gesunde Ernährung.

In diesen Stunden des Beisammenseins mühte er sich redlich, verlorenes Terrain zurückzuerobern.

»Ich habe veranlasst, dass ein Telefonanschluss in deine Wohnung verlegt wird«, verkündete er Angela an einem Sonntagabend während des Essens.

»Das ist doch nicht notwendig. Und viel zu teuer für eine Mietwohnung«, widersprach ihm Angela.

»Es ist zur Beruhigung meines Gewissens«, behauptete Benedetto, und schließlich rückte er mit dem wahren Grund für diese Maßnahme heraus: »Ich habe bereits lange Zeit vor unserer Hochzeit ein Angebot für ein Gastspiel an der Metropolitan Oper in New York angenommen«, klärte Benedetto sie auf. »Eigentlich wollte ich dich damit überraschen. Als verspätete Hochzeitsreise gewissermaßen. Aber das hat sich ja jetzt, aus verschiedenen Gründen, überholt.«

Angela nickte schuldbewusst. Es war nicht der einzige Plan Benedettos, welcher der jüngsten Entwicklungen wegen aufgegeben werden musste.

»Ich werde zurück sein bis Ende Oktober, wenn das Kind kommt«, versprach Benedetto, und Angela schämte sich ein weiteres Mal. Benedetto freute sich trotz aller Widrigkeiten so unverhohlen auf das Kind, dass es sie immer wieder ins Herz schnitt.

Als er abgereist war, bemerkte Angela, wie sehr ihr seine lärmende Heiterkeit fehlte, die selbst das Auftreten Paolo Pasqualinis nicht ganz hatte beseitigen können.

Ein Leben an Benedettos Seite hätte durchaus seine Annehmlichkeiten, musste Angela vor sich selbst zugeben, als sie am Morgen des ersten Oktobertags erwachte und die Wärme des Betts noch eine Weile genoss. Bene hatte eine Art und Weise, das Leben optimistisch zu betrachten, die ansteckend war. Und beeindruckend, wenn man wusste, wie traurig und ratlos er zugleich war.

Fast ebenso sehr wie sie selbst.

Die gemeinsame Zukunft in Deutschland, die Paolo in seinen Briefen mit werbenden Worten schilderte, erschien ihr, wenn sie darüber nachdachte, wie in einen kühlen Nebel gehüllt. Es war ein fremdes und fernes Land, in dem es oft regnete, hatte man ihr erzählt. Und wie würden wohl Paolos Verwandte und Kollegen sie aufnehmen, sollte es zu einer endgültigen Umsiedlung kommen?

Unwillkürlich verhielt die junge Frau sich genauso, wie ihr Ehemann es verlangt hatte: Sie schob derartige Gedanken einfach beiseite, so lange, bis tatsächlich eine Entscheidung anstehen würde. Bis nach der Geburt des Kindes, das in ihrem Leib heranwuchs und seine Existenz immer öfter durch energische Tritte und Stöße ankündigte.

Benedetto hoffte auf einen Sohn, wie Angela klar war, einen Stammhalter, der seinen Namen weitertragen würde.

Sie selbst wusste nicht, welches Geschlecht sie sich für das Kind wünschen sollte, bis ihr einfiel, dass Benedetto sie bestimmt leichter ziehen ließe, wenn es ein Mädchen wäre.

Wenige Wochen zuvor hatte sie sich entschlossen, ihrem Bruder wie auch ihrer Mutter zu schreiben. Sie hatte beide über ihre Eheschließung informiert und von ihrer Schwangerschaft berichtet.

Stefano hatte ihr beinahe postwendend geantwortet. Er hatte ihr gratuliert, wenn auch in vorsichtigen, zurückhaltenden Worten, die Angela sich sehr gut erklären konnte, denn Paolo hatte ihr von dem Zusammentreffen in Neapel erzählt.

Von ihrer Mutter hatte sie keine Antwort erhalten.

Gerade als sie darüber nachdachte, fühlte sie unterhalb ihres Nabels einen schmerzhaften Stich; unmittelbar danach eine Welle von Hitze, die vom Bauch ausgehend bis zu den Haarwurzeln anstieg und in ihrem Kopf stecken zu bleiben schien.

Schweißtröpfchen bildeten sich auf ihrer Stirn.

Angela setzte sich auf und lauschte in sich hinein.

Es konnte doch unmöglich sein, dass schon das Kind kam? Es fehlten noch volle drei Wochen bis zu dem Termin, den der Arzt ihr errechnet hatte. Noch hatte sie diese Gedanken nicht zu Ende gebracht, als der ominöse Vorgang sich wiederholte, nur wesentlich stärker, sodass sie laut aufstöhnte.

Anschließend verharrte sie ratlos auf der Bettkante. Sollte sie mit ihrem neuen Telefon den Arzt anrufen und ihn um eine Erklärung für diese Phänomene bitten? Oder besser zuerst Ludovica?

Sie fühlte sich merkwürdig schwach und unfähig zu einem Entschluss. Endlich stemmte sie sich hoch und schlurfte in Richtung Telefon. Dabei fiel ihr auf, dass ihre Beine dick angeschwollen waren; die Knöchel waren überhaupt nicht mehr auszumachen.

Während sie bestürzt diese bläulichen Schwellungen betrachtete, flutete eine neue Woge von Schmerz und Hitze über sie hinweg. Angela streckte die Hand aus, um an der Platte des Esstischs Halt zu finden, doch es war zu spät.

Sie griff in die Luft und sackte wie eine Gummipuppe in sich zusammen.

Wohltätige Dunkelheit umfing sie, die alles verdrängte: die Hitze, den Schmerz und die Angst, die sie kurz zuvor noch befallen hatte.

25 Die Nachricht vom Münchner Abkommen, das am 29. September 1938 abgeschlossen worden war, brachte wieder Ruhe in Pauls aufgerührte Gedanken, was die Verwendung der Kolbschen Erfindung betraf. Die Kriegsgefahr, ausgelöst durch die schwelende Sudetenfrage, war nunmehr gebannt und der Frieden unter den Ländern Europas gesichert.

Als Paul am ersten Oktober in seinem Büro saß, einem hohen, mit dunklem Holz getäfelten Raum, sah er in der *Stuttgarter Zeitung* das Bild Benito Mussolinis, *des* Mannes, der den Lauf seines Lebens so entscheidend beeinflusst hatte.

Mit einem breiten Lächeln auf seinem markanten Gesicht marschierte er an der Seite des Führers und Reichskanzlers Adolf Hiltler den Herren Chamberlain und Daladier entgegen.

Was wäre gewesen, wenn ich diesen Architekturwettbewerb nicht gewonnen hätte?, fragte sich Paul beim Anblick des Bildes, und gleich danach, wo Italien wohl stünde, würde dieser Mann weiterhin die Kinder der Volksschule in Gualtieri unterrichten.

Dann aber erinnerte er sich daran, wie seine Mutter Fragen, in denen »wenn« und »dann« eine wesentliche Bedeutung einnahmen, zu kommentieren pflegte: »*Wenn* der Affe nicht überall haarig wäre, *dann* wär er vielleicht ja ein Mensch!«

Zwei Stockwerke weiter oben besah sich der Firmeneigner den Umsatz, den das Trockengulasch-Geschäft seinem Unternehmen inzwischen beschert hatte, wobei weder Reklame noch komplizierte und teure Vertriebswege den beträchtlichen Gewinn schmälerten. Er studierte auch die anderen Zahlen und konnte feststellen, dass die Geschäfte des Rapp-Imperiums sich erheblich verbessert hatten, seitdem Paul Pasqualini Geschäftsführer geworden war.

Helmut Rapp überprüfte auch die Spesenabrechnungen

Pauls. Er dachte längere Zeit darüber nach, während er mit seinem schweren Brieföffner aus Bronze spielte.

»Der Professor soll zu mir kommen«, verlangte er danach von seiner Sekretärin. Er – wie auch alle anderen in den Rappschen Werken – hatten diese Titulierung des Italieners übernommen.

»Ich muss erst nachsehen, ob er da ist, Chef. Er wollte diese Woche nach Mailand fahren und vielleicht auch noch nach Venedig!«

»Ja, eben«, brummte der Unternehmer ungnädig und warf die halb gerauchte Zigarre so heftig in den großen Bronzeaschenbecher, dass die Funken stoben und kleine Löcher in seine Schreibunterlage aus Filz sengten.

Die Sekretärin fand Paul in seinem Büro und bat ihn, den Chef aufzusuchen.

»Sie sollen zum Alten kommen, Professor. Aber Vorsicht: Er wirft seine Zigarre!«

Paul nickte, erhob sich und griff nach seinem Jackett. Grundsätzlich hatte er sich nichts vorzuwerfen, von dem Betrug, mit dem er Einlass in diese Firma gefunden hatte, einmal abgesehen. Diese Entdeckung aber fürchtete er unentwegt und noch wesentlich mehr, seitdem er Angela beschworen hatte, zu ihm nach Deutschland zu kommen.

Während er die breiten Holztreppen hochstieg und dann den langen Flur entlangeilte, der zu Rapps Allerheiligstem führte, überlegte er fieberhaft, ob es einen Anlass gegeben hatte, bei dem der Chef über seine falsche Staatsangehörigkeit gestolpert sein könnte.

»Sie haben mich rufen lassen, Herr Rapp?«

»Bitte, setzen Sie sich, Professor! Ich möchte Ihnen einen Vorschlag machen.«

Paul nahm Platz, wohingegen sein Chef sich erhob und vor dem großen Fenster auf und ab ging, während er sprach.

»Unsere Firma hat einen beträchtlichen Aufschwung erfahren, seitdem Sie die Geschäftsführung übernommen haben, Professor!«

Paul war erleichtert, und er nickte geschmeichelt.

Das war nicht die Ouvertüre zu einer Gardinenpredigt oder gar einem Rausschmiss, so viel war klar.

»Ich habe deshalb beschlossen, Sie … *noch fester* … in mein Firmenkonsortium einzubinden. Ich zahle Ihnen eine Provision für das Trockengulasch-Geschäft und biete Ihnen zudem eine Beteiligung an … von … sagen wir, vorerst fünf Prozent des Gesamtgewinns.«

»Zehn Prozent«, sagte Paul automatisch, denn das Handeln und Feilschen war ihm inzwischen in Fleisch und Blut übergegangen.

Danach erschrak er heftig.

Eine leichte Zornröte zog über die Wangen des Fabrikanten, doch dann brach er in schallendes Gelächter aus.

»Sie sind und bleiben ein Italiener«, rief er belustigt. Dann aber besann er sich einen Moment lang und sagte apodiktisch: »Sieben. Sieben Prozent und kein Jota mehr. Sind wir uns einig?«

»Damit kann ich leben«, erwiderte Paul und bemühte sich nicht im Geringsten, sein breites Grinsen zu verstecken.

Sie besprachen die Details des Beteiligungsvertrags, bevor Paul zurück in sein Büro ging und die Sache in allen Facetten noch einmal Revue passieren ließ. Anschließend beendete er seinen Arbeitstag ausnahmsweise schon zur Mittagszeit und suchte ein Ausflugslokal auf, das hoch über dem Neckartal lag.

Die Sonne schien noch warm auf die geschützt liegende Terrasse. Paul bestellte sich einen gefüllten Kalbsbraten mit Spätzle sowie eine Flasche Cannstatter Zuckerle.

Langsam und genussvoll aß er das feine Mahl und trank den

Wein bis auf den letzten Tropfen aus, während er auf die rostfarbenen und hellgelben Rebenblätter der Weinberge schaute, die in der Sonne glühten.

Wie schön die Welt doch sein kann, dachte er dabei dankbar. Und alles andere wird sich auch noch fügen.

**26** Paul hätte, später befragt, nicht sagen können, zu welchem Zeitpunkt das Gefühl der Euphorie einer nervösen Unruhe gewichen war. Obwohl er nicht mehr vorgehabt hatte, an diesem Tag in die Firma zurückzukehren, bat er seinen Fahrer, ihn bei den Rapp-Werken abzusetzen.

Er sichtete die Post, die seine Sekretärin inzwischen auf dem Schreibtisch bereitgelegt hatte, aber es fand sich dabei weder etwas Wesentliches noch etwas Besorgniserregendes.

Den Gedanken, seiner Mutter könne etwas geschehen sein, verdrängte er rasch wieder. Er hatte seinem Bruder Peter sowohl seine Adresse als auch die dienstliche und private Telefonnummer gegeben. Peter würde nicht zögern, ihn in so einem Fall zu kontaktieren.

Die Nervosität steigerte sich von Stunde zu Stunde, sodass sich Paul am späten Nachmittag nicht mehr beherrschen konnte.

Er tat, was er bisher noch nie unternommen hatte: Er griff zum Telefonhörer, um Angela in Rom anzurufen. Als die Verbindung zustande gekommen war, lauschte er lange dem Klingelton, doch niemand nahm den Hörer ab. Vielleicht war sie ja ausgegangen. Oder beim Einkaufen.

Zwei Stunden später wiederholte Paul den Versuch, doch auch dieses Mal war er vergeblich.

Seine Unruhe war einer kalten Entschlossenheit gewichen.

Er notierte auf einem Blatt die dringendsten Anweisungen für seine Sekretärin, räumte den Schreibtisch auf und wies den Chauffeur an, ihn in die Weinsteige zu bringen.

»Bitte warten Sie auf mich. Sie müssen mich nachher nach Ulm fahren, von dort aus erreiche ich noch den Nachtzug nach Mailand.«

Hastig packte er das Notwendigste zusammen und trieb dann den Chauffeur an, so schnell wie möglich zu fahren. Irgendetwas sagte ihm, dass Angela ihn dringend brauchte, auch wenn ihr Kind frühestens in drei Wochen erwartet wurde.

Als er Rom endlich erreichte, schien freundlich die Sonne. Das südliche Flair legte sich wie ein bunter Mantel um seine Sinne, und Paul begann, sich für seine Hysterie zu schämen, hinter der sich vermutlich nichts anderes verbarg als die Sehnsucht.

Ein wenig zwickte ihn sein Gewissen, als er sich bewusst machte, dass er mit seiner überstürzten Reise gegen die Abmachung verstieß, die er mit Ludovica Agnelli und Benedetto Lacardo getroffen hatte, aber auch diese Gedanken schob er schnell beiseite. Zu groß war jetzt die Freude auf das Wiedersehen mit Angela.

Als das Taxi ihn vor dem Haus abgesetzt hatte, in dem sie wohnte, nahm er zwei Treppenstufen auf einmal, um schneller nach oben zu gelangen.

An der Etagentür drückte er gleich mehrmals auf die Klingel. Er lauschte angespannt, doch niemand näherte sich der Tür, um sie zu öffnen.

Paul klingelte wieder und wieder, doch ohne Erfolg.

Seine Freude schrumpfte in sich zusammen, aber er hatte nicht die Absicht, so schnell aufzugeben. Im Innengarten traf er den Hausmeister, der dabei war, die Blätter aufzusammeln, die der große Ahornbaum abgeworfen hatte.

»Die Signora ist sehr krank«, erklärte der Mann sofort dramatisch, nachdem Paul ihn befragt hatte. »Donna Ludovica, die berühmte Sängerin, Sie wissen schon, hat sie gestern Abend bewusstlos aufgefunden. Man musste sie mit der Ambulanz in ein Krankenhaus bringen. Ich sage Ihnen, die Arme hat schrecklich ausgesehen, ganz schrecklich!«

Paul packte den verdutzten Mann an den Armen, so heftig, dass dieser sich zu wehren begann.

»Und wo ist sie jetzt, ich muss es wissen.«

»Was fällt Ihnen ein! Lassen Sie mich sofort wieder los!«

»Entschuldigen Sie bitte, es tut mir leid. Ich bin nur so aufgeregt. Wissen Sie, wohin man Signorina Orlandi gebracht hat?«

»Ich habe keine Ahnung«, brummte der Mann beleidigt und machte vorsichtshalber einen Schritt zurück. »Außerdem hat die Dame geheiratet. Sie heißt jetzt Lacardo!«

Paul nickte und dachte fieberhaft nach. In einer Stadt wie Rom gab es viele Krankenhäuser. Es würde Zeit kosten, sich in jedem nach einer Patientin namens Angela Orlandi respektive Angela Lacardo zu erkundigen.

Da fiel ihm wieder ihre Gesangslehrerin ein, die dafür gesorgt hatte, dass Angela in eine Klinik gebracht worden war.

»Können Sie mir die Adresse von Donna Ludovica nennen?«

»Natürlich«, erwiderte der Hausmeister. »Auch alle Hotelanschriften von Signor Lacardo während seiner Amerikareise. Er selbst hat mir die Liste übergeben. Ein sehr vernünftiger und umsichtiger Gatte, wenn Sie mich fragen, mein Herr!«

Mit einer Langsamkeit, die Paul beinahe zum Wahnsinn trieb, malte der Hausmeister Buchstabe für Buchstabe Ludovicas Adresse auf einen Zettel. Paul riss ihm das Papier aus den Händen und stürzte davon.

Eine knappe Stunde später klingelte er an der Tür der großen

Etagenwohnung Ludovicas. Es schien eine Ewigkeit zu dauern, bis endlich geöffnet wurde.

»Wo ist Angela?«, stieß Paul hervor.

»Warten Sie, Paolo. Ich komme sofort«, sagte Ludovica und schien die Abmachung, die sie getroffen hatten, schon vergessen zu haben. »Es geht ihr nicht gut.«

Angela befand sich in der Frauenklinik des Dottore Fabricio, einem Haus, das eher an ein gediegenes Luxushotel als an eine Krankenanstalt erinnerte.

»Es ist eine Traditionsadresse in Rom für Entbindungen«, versicherte ihm Ludovica Agnelli, als sie endlich in der Klinik waren und nach dem Leiter des Hauses verlangt hatten.

»Es ist gut, dass Sie kommen, Signore«, sagte der Dottore ernst und bat sie, Platz zu nehmen.

»Wie geht es ihr?«, fragte Paul, dessen Stimme vor Angst zitterte.

»Schlecht«, bekannte der Arzt ohne Beschönigung. »Wie gesagt, es ist gut, dass Sie da sind. Ihre Frau ist leider noch immer ohne Bewusstsein, und wir können die Entscheidung unmöglich länger aufschieben.«

»Welche Entscheidung?«, krächzte Paul, doch der Gesichtsausdruck des Arztes war beredt genug.

»Wie weiter verfahren werden soll. Es wäre sinnlos, einem Laien die genaue medizinische Problematik erklären zu wollen, aber leider stehen die Dinge so, dass wir uns entscheiden müssen zwischen einem chirurgischen Eingriff, der zwar das Leben der Mutter erhalten wird, aber den Exitus des Fötus in Kauf nimmt, oder aber einer normalen Geburt, die das Kind vermutlich überleben wird, die Mutter aber mit einer großen Wahrscheinlichkeit nicht.«

Paul starrte den weißhaarigen Mediziner fassungslos an. »Sie sind ja verrückt«, stieß er schließlich hervor. »Wenn dieses Kind der Grund für Angelas drohenden Tod ist, dann *befreien Sie sie davon*, ganz egal wie, nur so, dass sie am Leben bleibt!«

»Das ist nicht erlaubt«, ertönte in diesem Moment eine weibliche Stimme. Paul fuhr herum.

In der Türöffnung stand Sofia Orlandi. Sie trug ein graues Kostüm, und ihre immer noch dunklen Haare waren im Nacken zu einem strengen Knoten zusammengeschlungen.

Sofia spürte die Blicke aller drei Anwesenden und wiederholte mit fester Stimme: »Die katholische Kirche erlaubt es nicht, dass man zugunsten der Mutter das Leben eines ungeborenen Kindes aufs Spiel setzt!«

Der Dottore nickte bekümmert. Er leitete eine Klinik in kirchlicher Trägerschaft und sah sich genötigt, der neu eingetroffenen Dame beizupflichten: »Das ist die offizielle Haltung des Vatikans.«

Paul fuhr hoch. »Das ist ja die Höhe!«, schrie er. »Was schert mich der Papst? Und Sie ...«, er stach mit dem Finger in Richtung Sofia, »was mischen Sie sich schon wieder in unser Leben ein und spielen die Hüterin katholischer Gebote? Ausgerechnet Sie! Als ob Sie nicht schon genug Unglück angerichtet hätten, Signora Orlandi!«

Sein Gesicht war jetzt nahe an ihrem, und der Zorn presste ihm derart den Atem ab, dass seine Stimme eine halbe Oktave höher klang als normal. »Was sind Sie denn für eine Mutter? Zuerst treiben Sie Angela mit Lügen in eine Ehe aus Trotz und Enttäuschung, und jetzt, wo sie daliegt und sich nicht wehren kann, reden Sie ihr den Tod an den Hals!«

Sofia Orlandi wich nicht zurück.

Sie maß den Sohn ihrer Feindin mit kaltem Blick.

»Es gibt nur einen, der das Recht hat, über Leben und Tod zu entscheiden«, sagte sie, an die Adresse des Arztes gerichtet. Sie atmete tief durch, um dann in verächtlichem Ton an Paul gewandt hinzuzufügen: »Das mag sich in Ihrer ketzerischen Religion anders verhalten, bei uns in Italien aber wird dies respektiert.« Dann drehte sie sich wieder zum Leiter der Klinik und sagte: »Ich hatte Gelegenheit, alles zu hören, was Sie erklärt haben, Dottore. Ich bin die Mutter von Angela Lacardo, während dieser Herr hier keineswegs ihr Ehemann ist, wie Sie offenbar glauben!«

Der Klinikleiter wirkte etwas verwirrt. Er schaute zuerst zu dem Mann, der ein Gesicht machte, als ob er gewillt sei, ihn alsbald mit der Pistole dazu zu zwingen, das Skalpell zu ergreifen, danach wieder zu der gnadenlosen Dame, die behauptete, die Mutter seiner Patientin zu sein.

»Sie finden mich in der Hauskapelle, wenn es etwas zu vermelden gibt, Dottore«, beendete Sofia jegliche weitere Diskussion. »Ich werde dort das einzig Hilfreiche in einer derartigen Situation tun: Ich werde beten. Gott wird die Dinge so regeln, wie es ihm beliebt, und wir müssen uns darin fügen. Sogar Sie, Signor Pasqualini!«

Daraufhin wandte sie sich um und verließ den Raum, ohne die Tür hinter sich zu schließen. Ihre Schritte hallten noch eine kurze Zeit auf dem Marmorboden des Flurs, danach trat eine große Stille ein.

Der Chefarzt putzte verlegen seine Brille, bevor er es wagte zu fragen: »Und wo befindet sich Signor Lacardo?«

»In Boston«, erwiderte Ludovica. »Er singt heute dort den Alvaro!«

»Wie passend«, murmelte der Chefarzt mit einem Anflug von Ironie. Er fand es sehr angemessen, dass der Ehemann dieser unglücklichen Wöchnerin ausgerechnet mit einer Gesangspartie in Verdis Oper *Die Macht des Schicksals* befasst war.

Auch die alte Sopranistin lächelte, als sie die Gedanken des Arztes an seinem Gesichtsausdruck ablas.

Nur Paul, dem die Oper weitgehend fremd und in diesem Moment auch herzlich egal war, verstand seine Bemerkung nicht.

»Kann ich zu ihr?«, fragte er stattdessen und nahm eine so drohende Haltung dabei ein, dass der Chefarzt es ihm nicht abschlagen mochte, zumal Ludovica Agnelli nach kurzem Überlegen befand: »Ich glaube, das wäre vernünftig. Wenn es etwas gibt, das sie aus ihrer Bewusstlosigkeit reißen kann, dann ist es die Anwesenheit dieses Herrn hier!«

Womit sie recht behalten sollte.

Ohne auf den Arzt oder die Ordensschwestern zu achten, die im Zimmer herumwieselten, um weitgehend nutzlose Maßnahmen zu ergreifen, sprach Paul auf Angela ein, wobei er sie an beiden Händen fasste. »Du musst aufwachen, Liebste! Das Kind will heraus. Du musst ihm dabei helfen, hörst du mich, Angela? Bitte, mach deine Augen auf und reiß dich zusammen! Es wird alles gut, wenn du nur tust, was der Doktor dir sagt!«

Er sagte es immer wieder, wie ein buddhistischer Mönch sein Mantra wiederholen mochte.

Die Nonnen, die ahnungslos waren und den Mann weiterhin für den Gatten hielten, tauschten gerührte Blicke. Sie hatten so gut wie nie die Gelegenheit, in diesen Räumen die Väter der künftigen Kinder zu sehen. Sie waren höchst angetan von dieser Fülle der Liebe und offenbar unerschöpflichen Geduld.

In der Mitte der Nacht geschah dann das Wunder. Angela schlug die Augen auf. Ihr Blick war klar, und sie konnte verstehen, was Paul zu ihr sagte.

»Versuchen Sie zu pressen, Signora«, befahl der Arzt, der die Chance erkannte.

Angela, die nichts anderes empfand als ein Gefühl stumpfen Schmerzes, befolgte tapfer seine Anweisung.

Zuerst konnte sie, wie sehr sie auch ihren Unterleib zusammenkrampfte, keine Veränderung ihres Zustands erkennen.

Dann aber geschah etwas Seltsames. Als Kind war Angela bei einem Aufenthalt auf dem Landgut einmal vom Pferd gefallen und rittlings auf einem umgestürzten Baumstamm gelandet. Sie hatte den Eindruck gehabt, dieser Stamm habe die Absicht, sie in zwei Hälften zu zerreißen, und jenes Empfinden hatte sie nun von Neuem.

Die Nonnen drängten hektisch herbei, und der Chefarzt stieß Paul in den Hintergrund. Die zwei durchwachten Nächte und der süßlich fade Geruch des Blutes bewirkten, dass ihm ein wenig schwindelig wurde, doch niemand kümmerte sich um ihn. Er lehnte lange an der gekalkten Wand, und sein Magen begann eben zu rebellieren, als ein langer und hoher Schrei Angelas ihn wieder ans Bett trieb. Ein neues Schreien mischte sich ein, und Paul sah, über die ausladende Haube einer der Ordensschwestern hinweg, ein grausig anzusehendes, schleimigrotes Bündel, aus dem ein pechschwarzer Schopf mit erstaunlich langen Haaren hervorstach.

»Es scheint gesund zu sein«, sagte die Ordensfrau erleichtert und verschwand mit dem zappelnden Ding in einen Nebenraum.

»Und … Angela?«, flüsterte Paul besorgt.

»Man wird sehen«, brummte der Arzt, dessen Optimismus, Angela betreffend, sich sehr in Grenzen hielt. »Am besten, Sie begeben sich auch in die Kapelle und beten, Signore!«

Paul schüttelte heftig den Kopf. Der verhassten Sofia Orlandi wollte er dort nicht begegnen müssen.

Er setzte sich auf den Stuhl, den eine der Schwestern ihm in einer Ecke zurechtrückte, und versuchte, sich auf Angelas Gesicht zu konzentrieren.

Als alle Aktionen um sie herum beendet waren und ein weißes Tuch den gequälten Leib Angelas bedeckte, rückte er mit dem Stuhl wieder näher an sie heran und sprach mit halblauter

Stimme auf sie ein, beruhigend und aufmunternd zugleich. Die beiden Ordensfrauen, die ihm dabei zuhörten, beobachteten gebannt, dass die Worte dieses Mannes mehr bewirkten als alle Medizin, die der Patientin eingeflößt worden war. Angelas verkrampfte Mimik entspannte sich langsam, und so etwas wie tiefer Friede legte sich auf ihre Gesichtszüge. Schließlich schliefen sie beide, die Wöchnerin in ihrem Bett und der Mann zusammengekrümmt auf dem Stuhl. Doch selbst im Schlaf hielt er noch ihre Hand umfasst.

Sofia Orlandi besuchte während dieser Stunden ihre kleine Enkelin. Das Wesen, das Paul bei seinem Eintritt in die Welt so hässlich erschienen war, erwies sich, gebadet und in ein spitzenverziertes Steckkissen verpackt, als wahre Schönheit.

»Die Ähnlichkeit mit Ihnen ist sehr verblüffend, Signora«, stellte die Kinderschwester fest, als Sofia ihre Enkeltochter zum ersten Mal in den Armen hielt.

»Tatsächlich? Finden Sie?«, fragte diese erstaunt, wobei ihr Erstaunen mehr der Empfindung galt, die sich in ihr ausbreitete. Sie fühlte eine so überwältigende, tiefe Liebe für dieses winzige Geschöpf, wie sie sie nie mehr verspürt hatte, seitdem Stefano tot war.

Sie vergaß die Kapelle und verbrachte die meiste Zeit im Zimmer des Kindes. Mit ungewohnter Geduld flößte sie der Kleinen aus einer Flasche die Milch einer anderen Frau aus der Klinik ein, spielte mit den winzigen Händchen, die sich mit erstaunlicher Kraft um ihren Zeigefinger klammerten, und fühlte dabei ein unbeschreibliches Glücksgefühl. Nur selten verließ sie den Raum, um sich zu erfrischen oder ans andere Ende des Flurs zu gehen, wo ihre Tochter Angela mit dem Tode rang.

Eine dieser Abwesenheiten nutzte Paul, um Angelas Tochter zu betrachten. Auch er kam nicht umhin, die große Ähnlichkeit des Kindes mit seiner Großmutter Orlandi festzustellen. Als er aber zu überlegen begann, wie diese ständige Erinnerung an Sofia Orlandi wohl in der Zukunft auf ihn wirken würde, schob er den Gedanken rasch wieder von sich. Dieses Kind war ein anderer Mensch, und Ähnlichkeiten der Physiognomie waren keine Indizien für vergleichbare Charaktere.

Während das Kind auf Sofias Geheiß auf den Namen Leonora getauft wurde, verweigerten die Nieren Angelas immer noch weitgehend ihre Tätigkeit. Längst war auf Paul Pasqualinis Betreiben ein urologischer Spezialist herangezogen worden.

Paul hatte es trotz Sofias lautstarken Protests durchgesetzt, dass ein Feldbett für ihn in Angelas Zimmer gebracht wurde. Er wich nur dann von ihrer Seite, wenn Sofia Orlandi erschien, um – mit dem laut eingeforderten Recht einer Mutter – einige Stunden am Bett ihrer Tochter zu wachen.

Offenbar versuchte sie, durch spitze Bemerkungen die Nonnen gegen Paul einzunehmen, doch biss sie dabei stets auf Granit. Die frommen Frauen hatten gesehen und gehört, und sie hatten ein Herz; etwas, das dieser Mutter und Großmutter offenbar fehlte. Denn selbst die Gebete, die sie an Angelas Krankenlager unaufhörlich vor sich hinmurmelte, hörten sich an wie beleidigte Anschuldigungen Gottes.

Der Kampf um Angelas Leben dauerte drei lange Tage.

Endlich, am vierten Morgen erwachte sie aus ihrer Benommenheit.

»Gott sei Dank!«, rief Paul erleichtert, als er sah, dass ihre Augen wieder klar waren und ihre Finger den Druck der seinen erwiderten.

Sie war noch sehr schwach, aber sie würde leben.

»Wo ist mein Kind?«, flüsterte sie. »Ist es gesund?«

»Aber ja doch«, versicherte Paul, und eine der Nonnen machte sich auf den Weg, die Kleine zu holen.

Nach kurzer Zeit rollte die Ordensfrau das Bettchen herein,

gefolgt von Sofia Orlandi, die es kaum dulden wollte, dass man den Schlaf der Enkelin unterbrach, um sie an die Brust ihrer Mutter zu legen. Paul musste an sich halten, um nicht auf diese Frau loszugehen und sie aus dem Zimmer zu werfen.

»Meine Süße«, flüsterte Angela und drückte ihre Wange gegen die flaumzarte Haut ihrer Tochter. »Ich werde sie Paola nennen!«

»Das geht nicht. Das Kind ist bereits getauft. Es heißt Leonora!«

Angela klappte den Mund auf, besann sich dann aber anders, während ihre Mutter erklärte: »Die Nottaufe war eine Vorsichtsmaßnahme. Immerhin ist die Kleine drei volle Wochen zu früh geboren, und falls sie vor der Taufe verstorben wäre …«

»Glücklicherweise war das ja nicht der Fall«, unterbrach sie eine der Nonnen, während Paul vor Wut bebte.

»Ich glaube, Sie lassen Mutter und Kind jetzt am besten eine Weile allein«, befahl eine zweite Ordensschwester energisch. Ihr war nicht entgangen, wie Paul sich fühlte, und sie wollte ihn so vor unüberlegten Handlungen schützen.

Paul nickte nur, begab sich nun selbst in die Kapelle der Klinik und dankte Gott für den glücklichen Ausgang der Sache. Und plötzlich fühlte er sich so schwach, dass er zu weinen begann und lange nicht mehr damit aufhören konnte.

**27** Benedetto Lacardo erschien am letzten Tag, bevor Paul wieder abreisen musste. Zahlreiche Depeschen und sogar Telefonate aus der Firma Rapp drängten diesen bereits seit einer guten Woche, nach Stuttgart zurückzukehren.

Zuallererst eilte Benedetto an das Krankenbett seiner Frau, zu dem ihm aber eine energische Nonne den Zutritt verwehrte.

Die Signora müsse, wie der Chefarzt befohlen habe, strenge Mittagsruhe einhalten.

So machte sich Benedetto daran, seine kleine Tochter zu besuchen. Sofia Orlandi hatte sich zu einigen Besorgungen in die Stadt begeben, sodass der frischgebackene Vater das Glück hatte, die erste Begegnung vollkommen ungestört erleben zu dürfen.

»Was für ein süßes Geschöpf!«, rief der Sänger begeistert. Seine geschulte Stimme dröhnte derart durch den Raum, dass zwei weitere Neugeborene erwachten und zu weinen begannen.

Die Kinderschwester legte mahnend ihren Zeigefinger auf den Mund, was Benedetto nicht sehr beeindruckte.

»Dieses Kind ist das Glück meines Lebens«, verkündete er, kaum weniger lautstark, wiegte die Kleine begeistert auf seinen Armen und begann zu singen. Es handelte sich um ein römisches Kinderlied, das seine eigene Kinderfrau ihm noch vorgesungen hatte, als er bereits zur Schule gegangen war.

Erstaunlicherweise schwiegen die beiden anderen Säuglinge daraufhin wieder, während Leonora ihre schwarz bewimperten Lider öffnete. In ihren dunklen Kirschaugen erschien ein Glitzern, und etwas wie ein Lächeln geisterte über ihre feinen Gesichtszüge.

Benedetto sah es sofort.

»Sie lächelt, Schwester, sehen Sie, sie hat mir zugelacht, ich bin ganz sicher!«

Die Schwester versagte sich eine Antwort – oder gar eine Korrektur dieser Feststellung.

Junge Väter waren allesamt kindisch, und dieser hier, so berühmt er war, machte keine Ausnahme dabei.

Benedetto sang noch eine kleine Sequenz aus der *Zauberflöte*: »Ein Mädchen oder Weibchen wünscht Papageno sich, ja, so ein süßes Täubchen wär Seligkeit für mich!«, doch danach nahm ihm die Kinderschwester das »Glück seines Lebens« wieder ab und wechselte die Windel. Selbst dies entzückte den Sänger, zumal er dabei den restlichen Körper seines Kindes betrachten konnte.

Als die Schwester beinahe damit fertig war, das Kind erneut in seinen weißen Kokon zu wickeln, öffnete sich die Tür, und eine dunkelhaarige, noch immer gut aussehende Frau mittleren Alters betrat das Zimmer.

»Was macht dieser Mann hier?«, fragte sie mit scharfer Stimme, trat neben die Wickelkommode und legte die Hand auf die kleine Leonora. Die Geste war beschützend, zugleich aber so besitzergreifend, dass Benedetto verstimmt klarstellte: »Ich bin der Vater des Kindes – und wer sind *Sie*, wenn ich fragen darf?«

»Ich bin die Mutter«, erklärte Sofia hochfahrend.

»Das, meine Liebe, dürfte kaum möglich sein, denn dabei handelt es sich um die Dame, die ich geheiratet habe. Also, noch einmal: Wer, bitte, sind Sie?«

»Mein Name ist Sofia Orlandi. Ich bin die Mutter Ihrer *Frau*, Signor Lacardo.«

Benedetto, der sich bereits zur viel geübten Bühnenerregung aufgeplustert hatte, benutzte den Schwung und lenkte ihn in überschwängliche Freundlichkeit um: »Verehrte Schwiegermama, endlich habe ich die Freude, Sie kennenzulernen.«

»Die Ehre ist auf meiner Seite«, erwiderte Sofia kühl.

Der Mann war viel zu alt für Angela, aber sei's drum: Er war ein Italiener, ein Katholik, und er hatte nicht das Geringste mit der roten Hexe in Deutschland und ihrer Sippe zu tun.

»Gut, dass Sie endlich zurück sind«, sagte Sofia deshalb. »Es ist dringend notwendig, dass endlich Ordnung geschaffen wird!«

»Inwiefern?«, fragte der Sänger erstaunt.

»Ich nehme an, es ist nicht nur in meinem, sondern vor allem in *Ihrem* Interesse, wenn Sie ein klares Wort mit diesem … diesem Signor Pasqualini sprechen, der die Aufmerksamkeit meiner Tochter bereits seit zwölf Tagen in Anspruch nimmt. Gegen jede Sitte im Übrigen, und das ist das Mindeste, was ich zu dieser Sache anmerken möchte!«

Benedetto Lacardo bemerkte, wie ihm das Blut in den Ohren rauschte. Warum, zum Teufel noch mal, kann dieser Kerl sich nicht an die Verabredung halten?, dachte er zornig.

Vom auffordernden Blick seiner Schwiegermutter getrieben, machte er sich nun ein zweites Mal auf, seine Frau zu besuchen. Jetzt fand er sie wach, und Paul Pasqualini saß auf einem Stuhl neben ihrem Bett.

Sofia Orlandi hatte nicht gezögert, ihm zu folgen. Es war ihr völlig klar, was jetzt stattfinden würde: die Schlacht um das Kind.

»Wie ich sehe, sind Sie kein Mann, der imstande ist, ein gegebenes Wort einzuhalten«, eröffnete Benedetto Lacardo den Schlagabtausch, bevor ihm jemand anderer zuvorkommen konnte.

»Du solltest vielleicht zuerst einmal mich begrüßen«, sagte Angela, die bestrebt war, der Auseinandersetzung gleich von Anfang an die Schärfe zu nehmen. Sie wusste, wie elend sie noch aussah, und hoffte darauf, dass Benedetto dies registrieren und sich zusammennehmen würde.

Genau das geschah.

Benedetto trat an Angelas Bett. Er blicke in ihr schmal gewordenes, blasses Gesicht mit den dunklen Augenringen und spürte ein großes und hinderliches Mitleid in sich aufkeimen.

»Mein armes Kind«, sagte er, bückte sich und hauchte einen Kuss auf ihre kalte Stirn. Als er sich aber aufrichtete, sah er den Kontrahenten direkt vor sich, und die Wut kehrte zurück.

»Ich hätte den Anstand von Ihnen erwartet, mit Ihrer … *Auf-*

*wartung* … hier so lange zu warten, bis meine Frau und das Kind aus der Klinik entlassen sind«, schnaubte er und versuchte, die Qual in Angelas Augen zu ignorieren.

»Wenn Paolo nicht bei mir gewesen wäre und mich beschworen hätte weiterzuleben, hätte ich nicht die Kraft gefunden, dies alles zu überstehen. Dann wärst du jetzt Witwer, Benedetto. Ein *kinderloser* Witwer, präzise gesagt!«

»Das ist eine sentimentale Auslegung der Sache. Du verdankst dein Leben der Kunst der Ärzte, meine Liebe, und nicht irgendwelchen Beschwörungen. Die Frage für mich ist: Warum war er hier, wo er mir doch versprochen hatte, damit zu warten bis *nach* der Geburt?«

»Er hat es gespürt, dass etwas mit mir nicht in Ordnung war«, erwiderte Angela, um gleich darauf zu begreifen, welch großer Fehler dies gewesen war.

»Ah, ja? Die Liebe ist so überaus groß, dass es gelingt, telepathische Botschaften auszutauschen? Wie rührend! Warum, frage ich mich da, habt ihr euch nicht derart verständigt, *bevor* ich Idiot um dich angehalten habe?«

Dann begriff auch er, dass er sich in der Wortwahl vergriffen hatte.

Paul fing den Ball, den Benedetto ihm so unbedacht zugespielt hatte, unverzüglich auf: »Wenn Sie selbst es als … *Idiotie* … bezeichnen, Angela geheiratet zu haben, dann nehme ich an, Sie haben nichts dagegen, wenn dieser Irrtum korrigiert wird. Ich bitte Sie, nein, ich flehe Sie an: Geben Sie Angela frei. Wir werden nach Deutschland ziehen und Sie nie mehr belästigen.«

Bei diesen Worten hielt Sofia Orlandi nichts mehr. »Sie werden das doch nicht zulassen, Signor Lacardo?«, schrie sie. »Es ist *Ihre* Aufgabe, diesen Mann in seine Schranken zu weisen. Das heilige Sakrament der Ehe …«

»Halt du dich heraus, Mutter. Und bitte: Geh! Wenn du nicht gewesen wärst, müsste eine derart ... irrwitzige ... Unterhaltung überhaupt nicht stattfinden.«

»Ich hätte dich strenger erziehen sollen und dich nicht den schädlichen Einflüssen von Tante Serafina ...«

»Verlasse mein Zimmer! Sofort. Ich will nichts mehr hören«, schrie Angela mit überkippender Stimme. Ihr bleiches Gesicht zeigte jetzt kreisrunde rote Flecken auf den Wangen, und die Erregung ließ die bläuliche Ader an ihrer Schläfe pochend hervortreten.

»Bitte, beruhig dich, mein Herz«, bat Paul besorgt und fasste nach ihrer Hand. Eines Tages bring ich die Alte doch noch um, dachte er dabei erbittert. Er hatte noch nie jemanden erlebt, der die Dinge so auf den Kopf stellen konnte wie Angelas Mutter.

»Gut, dann werde ich eben gehen«, sagte Sofia mit allem Mazone-Hochmut, den sie aufbringen konnte.

Angela und Paul war die Erleichterung anzusehen, als sie endlich zur Türklinke griff, doch es war noch nicht ausgestanden.

»Man kann niemanden bekehren, der wissend sein Unglück wählen möchte«, sagte Sofia zu ihrem Schwiegersohn. »Aber es ist eine Sünde, ein unmündiges Kind mit in so etwas hineinzuziehen. Es ist *Ihr* Kind, Benedetto Lacardo, und ich hoffe, Sie sind vernünftig genug, es davor zu bewahren.«

Dann endlich trat sie hinaus und zog die Tür hinter sich zu.

Das Gift aber, das sie zurückgelassen hatte, breitete sich in Benedetto aus wie eine Infektion. Er hatte nahezu ein halbes Jahr Zeit gehabt, sich mit seiner übereilt geschlossenen Ehe auseinanderzusetzen. Er wusste, dass sie misslungen war und seine Frau nicht zurückzuhalten wäre, wenn dieser Deutsche eine Entscheidung von ihr fordern würde, was in seiner Abwesenheit wohl geschehen war. Was er nicht bedacht hatte, war die jähe und heftige Liebe zu seinem Kind. Angelas Mutter musste es gesehen und erkannt haben, denn ihre Worte waren wohlüberlegt gewesen, das war ihm jetzt klar.

»Gut. Du kannst mit ihm gehen, Angela, wenn du das unbedingt möchtest«, sagte er deshalb. »Aber das Kind bleibt hier bei mir, in Italien.«

Angela starrte ihn fassungslos an. Sie hatte alle möglichen Dinge erwogen; eine derartige Forderung Benedettos aber war nicht dabei gewesen.

»Das kannst du unmöglich verlangen«, jammerte sie. »Ich bin doch die Mutter!«

»Und ich bin der Vater«, erwiderte Benedetto. Der Gedanke, seine Tage mit einer kleinen, süßen Tochter zu verzieren, gefiel ihm immer besser, je länger er darüber nachdachte.

»Bene, du hast weder die Zeit noch die Geduld für die Betreuung eines kleinen Kindes. Du müsstest eine Kinderfrau engagieren und so die Erziehung einem fremden Menschen überlassen. Möchtest du das wirklich?«

»Ich möchte es jedenfalls mehr, als meine Tochter in einer fremden Kultur aufwachsen lassen, mit einem Stiefvater, der das Interesse an ihrer Förderung spätestens dann verlieren wird, wenn du ihm eigene Kinder geboren hast.«

Paul sprang auf und rief: »Ich versichere Ihnen …« Doch Benedetto fiel ihm ins Wort. »Was denn, Signor Pasqualini? Was möchten Sie mir denn dieses Mal versprechen, um es dann, wenn es Ihnen passend erscheint, rasch wieder zu vergessen? Sie werden doch nicht erwarten, dass ich Ihre Versprechungen noch ernst nehme?«

»Ich werde es prüfen lassen, ob ein derartig … unmenschliches … Vorgehen überhaupt rechtlich …«

»Das Recht, *mein Herr*«, Benedetto bediente sich tatsächlich und mit triefender Ironie der deutschen Worte, »das Recht ist in diesem Falle ganz unzweifelhaft auf meiner Seite. Es gibt keine Ehescheidung in Italien, und das Aufenthaltsbestimmungsrecht über ein italienisches Kind wird ein italienisches Gericht, so man es anruft, mit Sicherheit dem italienischen Vater zusprechen und keiner Mutter, die sich in Deutschland in einem ehebrecherischen Verhältnis oder in einer nach italienischem Verständnis bigamistischen Ehe befindet. Oder bist du da anderer Ansicht, Angela?«

Die junge Mutter konnte jedoch schon nicht mehr antworten. Erneut hatte sie einen Schwächeanfall erlitten, der den Ärzten noch eine weitere Woche beträchtlichen Kummer bereiten sollte.

Und Paul Pasqualini sah sich nun endgültig gezwungen, wieder nach Deutschland abzureisen.

Als Angela nach insgesamt sechs Wochen aus dem Krankenhaus entlassen wurde, zog sie zurück in ihre alte Wohnung.

Benedetto Lacardo hatte sich mit einer Trennung einverstanden erklärt; auch damit, dass Leonora bei Angela aufwachsen solle, sofern ihm, wann immer er es wünschte, ein Zusammensein mit dem Kind gestattet würde.

Angela aber schrieb einen langen, um Verständnis bittenden Brief an Paolo Pasqualini, in dem sie ihm darlegte, dass es ihr unmöglich sei, sich von ihrem Kind zu trennen, auch nicht um den Preis, dafür mit ihm zusammenleben zu können. Sie versicherte ihn ihrer unaufhörlichen Liebe und bat ihn, sooft seine Geschäfte und seine Lebenssituation es erlaubten, zu ihr nach Rom zu kommen.

Paul, der genau diese Reaktion Angelas befürchtet hatte, las den Brief einige Wochen lang mehrmals täglich. Doch selbst ihm, der sonst um keine Idee verlegen war, fiel kein Ausweg aus diesem Dilemma ein.

Er verfluchte Sofia Orlandi, wann immer er an sie dachte, und stürzte sich wie ein Berserker in die Geschäfte der Firma

Rapp. Diese trugen ihm überreich Früchte ein; so üppige, als ob das Schicksal sich damit für sein privates Unglück entschuldigen wolle.

**28** Spätestens seit der Reichspogromnacht vom 9. auf den 10.11. 1938 war klar, dass Anna recht behalten hatte, was ihren Verdacht betraf, wie der Führer mit den Juden verfahren wollte.

Paul bewunderte den scharfen Verstand seiner Mutter, die er immer wieder heimlich traf, wenn er auf der Durchreise war.

»Du wirst sehen, auch meine Einschätzung von Hitlers ›Friedenswillen‹ ist richtig«, sagte sie zu ihm, als sie sich im Mai 1939 in Kirchheim an der Teck in einem kleinen Café trafen.

»Ich bin inzwischen auch deiner Meinung, Mutter«, musste Paul zugeben, nachdem er sich versichert hatte, dass sie zu dieser Tageszeit die einzigen Gäste im Raum waren und auch keinerlei Türen offen standen. »Der Mann strebt einen Krieg an.«

Anna nickte bekümmert.

Sie war eine Mutter von zwei wehrtüchtigen Söhnen und wusste, welche Gefährdung ein Krieg für diese bedeuten würde – von allem anderen Elend, das er wohl bringen würde, ganz abgesehen.

Paul süßte seinen Kaffee mit zwei Löffelchen Zucker und setzte dann an, seiner Mutter das mitzuteilen, was er sich längst schon vorgenommen hatte: »Ich habe es nie vergessen, wie schrecklich das war, als wir damals das ganze Geld und die Häuser aus der Schwäbisch Gmünder Erbschaft verloren haben!«

»Ich auch nicht, Paul. Ganz bestimmt nicht.«

Noch einmal vergewisserte sich Paul, dass keine fremden Ohren dieses Gespräch belauschen konnten. Dann sagte er: »Deswegen habe ich nach und nach das meiste Geld, das ich auf meinen Konten hatte, in Gold und Diamanten umgetauscht. Heimlich und sehr vorsichtig.«

»Das war klug von dir, Paul«, lobte Anna und stach ein großes Stück von ihrem Kirschkuchen ab. »Du musst es aber gut verstecken, Junge. Auf so etwas sind Diebe besonders scharf!«

Paul lächelte ein wenig. »Das dachte ich mir auch. Deshalb habe ich es … *außer Landes* … gebracht.« Es war eine vornehme Umschreibung der komplizierten Schmuggeleien, mit denen diese Aktionen nur möglich gewesen waren. »Jetzt liegt das Zeug in einem Schließfach in Zürich. Hier ist ein Zettel mit dem Nummerncode und dem Schlüsselwort.«

Er sah das Erstaunen in den Augen seiner Mutter und fügte hinzu: »Ich reise sehr viel, und falls mir etwas passieren sollte, dann sollst *du* das bekommen!«

»Warum ich? Du wirst nicht ewig ein Junggeselle bleiben, und dann …«

Paul schüttelte den Kopf und fiel ihr ins Wort: »Ich werde weder heiraten noch eine Familie haben.«

»Wie kannst du so etwas sagen, Paul?«, entrüstete sich Anna. »Du bist ein junger Mann von gerade mal siebenundzwanzig Jahren. Da kann man so etwas doch nicht einfach ausschließen!«

»Doch, Mutter, man kann«, erwiderte Paul. In seiner Stimme klang so viel Trauer und Entschlossenheit mit, dass seine Mutter erschrak. Sie war erfahren genug, um sich den Hintergrund dieser Feststellung ausmalen zu können, und Pauls Andeutungen entsprachen nur dem, was sie längst schon befürchtete.

»Es gibt also eine Frau, die du liebst, aber nicht bekommen kannst. Ist das richtig?«, fragte sie jetzt in ihrer direkten Art.

Paul überlegte einen Moment, aber er wusste, dass es keinen Sinn hatte, sie anlügen zu wollen. Wenn Anna einmal Verdacht geschöpft hatte, und dies war der Fall, würde sie sich nicht wieder ablenken lassen.

»Ja, das ist richtig. Aber es ist komplizierter, als du dir vorstellen kannst.«

Anna nickte und beließ es dabei.

Paul aber gab vor sich selbst zu, dass seine Liebe zu Angela durch die Komplikationen ihrer Beziehung nicht etwa geringer, sondern noch größer als früher geworden war. Es war wie eine Manie: Kaum waren ein paar Wochen verstrichen, fand er einen Anlass, in die römische Hauptstadt zu reisen. Sie fielen sich in die Arme und erlebten Tage im Liebesrausch, denen, bevor er die Stadt wieder verließ, eine Flut von Erklärungen und Begründungen, wilden Forderungen und verzweifelten Tränen folgte.

Der zweite, quälende Teil aber war schon auf der Rückreise vergessen, während die Sehnsucht sich erneut und drängender als zuvor einstellte. Ihre Liebe war wie ein Getränk, das den Durst immer heftiger machte, anstatt ihn zu stillen. Paul hatte nicht die geringste Vorstellung, wohin dies führen sollte – und wie es wohl enden würde. Nur eines stand fest: Sein Geld benötigte Angela nicht. Sie war überaus wohlhabend, wie Stefano Orlandi, der ihr Vermögen verwaltete, ihm versichert hatte.

Unter den aufmerksamen Blicken seiner Mutter trank Paul nun seinen Kaffee aus und sagte danach bedauernd: »Ich muss wieder los, Mama. Die Geschäfte rufen. Ich bin auf der Reise nach Mailand und dann weiter nach Rom.«

Anna nickte. Sie schob mit der Kuchengabel die letzten Krümel des Kuchens zusammen und häufte sie auf ihren Kaffeelöffel. Paul musste unwillkürlich ein wenig grinsen. Das war seine sparsame, pietistische Mutter: Nur nichts verschwenden!

»Da kannst du ja richtig froh sein über den ›Stahlpakt‹, den Ribbentrop und Galeazzo gestern in Berlin unterzeichnet haben«, sagte sie ironisch und lächelte dabei. »Das muss dir doch eine große Erleichterung sein, mit deiner italienischen Geliebten in Rom, wenn der Hitler und Mussolini derart zusammenrücken!«

»Wie kommst du jetzt darauf?«, fragte Paul frappiert.

»Ich höre dir zu, wenn du etwas erzählst«, erklärte Anna und konnte ihre Genugtuung über den Volltreffer nicht ganz verbergen. »Und Rom kommt in deinen Berichten sehr oft vor. Du warst mindestens drei Mal dort seit dem vergangenen Herbst, oder irre ich mich da?«

Paul war froh, dass die Bedienung den Gastraum betrat und ihn einer Antwort enthob. Er holte einen Schein aus seinem Portemonnaie und rief lauter, als es notwendig gewesen wäre: »Zahlen bitte, Fräulein!«

Anna lächelte grimmig.

Paul beglich die Rechnung und gab ein zu hohes Trinkgeld.

Die junge Bedienung war kaum wieder verschwunden, als Anna den Gesprächsfaden erneut aufnahm: »Du bist alt genug, um selbst zu wissen, was du tun oder lassen willst, Paul. Nur: Ehebruch ist eine schwere Sünde, und für alle Sünden muss man büßen, mein Junge. Wenn nicht gleich, dann etwas später!«

»In diesem Fall kann man das nicht so sehen«, protestierte Paul. Erst dann bemerkte er, dass er seiner Mutter schon wieder auf den Leim gegangen war. Diese aber fasste nach ihrer Handtasche und kontrollierte, ob sich ihr Busfahrschein noch an der richtigen Stelle befand.

»Solche Entschuldigungen finden alle, wenn sie Betroffene sind«, sagte sie dann und dass nicht viel Fantasie notwendig gewesen war, um zu erraten, dass die Frau verheiratet sei.

»Dann weißt du ja jetzt, was du wissen wolltest«, brummte Paul verdrossen, als er ihr in die dunkelblaue Segeltuchjacke half.

»So ist es!«, sagte Anna, ein wenig eitel über ihren Erfolg.

Aber *alles* weißt du doch nicht, dachte Paul, als er ihren Arm nahm und sie hinaus zur Bushaltestelle geleitete. Glücklicherweise hast du *davon* keine Ahnung.

Denn, ehrlich gesagt, er wagte es nicht, sich die Reaktion seiner Mutter vorzustellen, hätte sie gewusst, dass seine verheiratete römische Geliebte ausgerechnet die Tochter *der* Frau war, der sie die Schuld am Tod seines Vaters zuschrieb.

## 29

Am 31. August 1939 sollte Angela im Rahmen eines Opernfestes die Gianetta in Donizettis *Der Liebestrank* singen, an der Seite von Benedetto als Nemorino und Elvira de Higaldo, einer spanischen Gast-Koloratursopranistin, die für die Partie der Adina verpflichtet worden war.

Benedetto hatte bereits im Januar durchgesetzt, dass eine Kinderfrau engagiert wurde, die sich um die kleine Leonora kümmerte, solange ihre Mutter sich auf den ersten Auftritt auf einer Opernbühne vorbereiten musste. Er war es auch, der auf die Idee verfiel, die Wohnung auf Angelas Etage anzumieten, die gerade frei geworden war.

Leonora und Lucia, das Kindermädchen, nisteten sich dort ein, während Benedetto und Ludovica nicht rasteten und ruhten, Angela den letzten Schliff zu verpassen.

»Das ist der entscheidende Tag für dich, meine Liebe«, wiederholte Benedetto immer wieder. »Wenn du bei dieser hochrangigen Veranstaltung bestehst, liegt deine Karriere vor dir wie ein roter Teppich ins Universum der Unsterblichkeit!«

Was für Angela aber vor allem wichtig war: Paul war in Rom. Er war bei ihr und würde im Publikum sitzen, und das war mehr als nur ein gutes Omen!

Die Veranstaltung wurde von Kennern als Sternstunde der Operngeschichte gewertet.

Die Spanierin sang die schwierigen Koloraturpartien leicht wie ein Engel, Benedetto lief zu seltener Form auf, und Angela, die Debütantin, konnte sich neben den beiden Stars der Opernbühne glänzend behaupten. Einzelne Blumen und ganze Gebinde flogen auf die Bühne und ließen die wieder und wieder sich verneigenden Künstler schließlich über wahre Blütenteppiche schreiten. Die Da-capo- und Bravo-Rufe wollten nicht enden, und auch bei der anschließenden Gala war jeder voll des Lobes. Zum ersten Mal in ihrem Leben musste Angela Autogramme gewähren. Sie schrieb ihren Namen auf Programmhefte und Eintrittskarten, in Notizbücher und Poesiealben und sah dabei stets auf den Ring, den Paolo ihr zu diesem denkwürdigen Abend geschenkt hatte. Sie trug ihn wie einen Ehering an der rechten Hand. Es handelte sich um einen großen, tiefblauen Saphir, in Weißgold gefasst. Angelas weißes Spitzenkleid, das sie auch an diesem Abend trug – zusammen mit dem aparten Halsschmuck Benedettos –, machten sie zu einer herausragenden Schönheit.

Benedetto, der über weitreichende Verbindungen zur Presse verfügte, streute den von ihm erfundenen Beinamen, und bald sprach man im Festsaal nur noch von »Usignolo bianco«, der weißen Nachtigall, und vom »Schwarzen Engel«, denn die Spanierin war zum festlichen Mahl ganz in Schwarz erschienen.

Von Ludovica gewarnt, verbrachte Angela das Bankett an der Seite ihres Gatten.

»Privat kannst du das halten, wie du möchtest, offiziell aber ist Benedetto dein Ehemann. Unterschätze nicht die Macht des Katholizismus in einem Staat wie dem unseren: Eine einzige öffentliche Demonstration deines Verhältnisses mit Paolo Pasqualini – und du kannst deine Karriere vergessen!«

Angela, die wusste, dass ihre strenge Lehrerin recht damit hatte, sprach schon am Vortag mit Paul darüber. Widerstrebend gab er sein Einverständnis.

Als es ihm aber zwischen Pasta und Fisch zu bunt wurde mit Benedettos Küssen und Händchenhalten, widmete er sich der jungen Soubrette, die man ihm als Tischdame zugeteilt hatte, mit derart intensivem Charme, dass Angela erbleichte.

Zum frühestmöglichen Zeitpunkt verließ sie die Nachfeier.

Paul folgte ihr eine knappe Stunde später und sah sich kurz darauf einer Furie gegenüber.

»Was bildest du dir ein«, schrie Angela erregt und hämmerte mit ihren Fäusten auf das gefältelte Hemd seines Smokings. »Ich schmachte nach dir, wochenlang, und kaum bist du da, beginnst du mit anderen Frauen zu flirten!«

»Und du?«, fragte Paul und packte ihre Handgelenke. »Du gibst eine solche Szene ehelichen Glücks, dass ich mich frage, wie oft ein solches tatsächlich stattfindet, während ich in Deutschland bin und mich nach dir verzehre!«

»Du bist ja verrückt. Es ist nichts mit Benedetto! Gut, er versucht es hin und wieder, aber ich habe ihm deutlich zu verstehen gegeben …«

»Aha, das dachte ich mir doch. Schwöre mir, schwöre mir auf der Stelle, dass er dich nicht angefasst hat!«

»Ich kann sorglos jeden Eid darauf ableisten, aber wie steht das mit dir? Wie hältst du das mit der Treue, wenn du in Stuttgart bist, ganz allein in deiner Wohnung am Abend oder am Sonntag … oder …«

Doch wenig später heilten sie sich mit dem Balsam ihrer Vereinigung, die so stürmisch verlief wie niemals zuvor.

Das Kind hatte weder Angelas Stimme die Kraft genommen noch ihrer Figur geschadet, ganz im Gegenteil. Ihre Brüste waren voller und fraulicher geworden, ihre Hüften ein klein wenig runder, doch die schmale, zerbrechlich wirkende Taille war ihr geblieben.

Und noch etwas war geschehen: Schwangerschaft und Geburt hatten Angelas Körpergefühl verändert. War sie sich früher ihrer Reize kaum bewusst gewesen, verstand sie es jetzt meisterhaft, diese einzusetzen. Sie spürte die Macht, die sie dadurch über den Geliebten gewann, und sie spielte damit. Sie lockte und wies zurück, ließ sich scheinbar erobern, um sich gleich darauf leidenschaftlich, frivol und durchtrieben wirkend auf ihn zu schwingen wie Diana, die Göttin des Mondes und der Jagd.

»Ich bin so glücklich, so unsagbar glücklich«, murmelte Angela schließlich, bevor sie an Pauls Schulter einschlief. Hinter den schweren Vorhängen war längst der neue Tag angebrochen.

»Ich bin auch glücklich«, sagte Paul laut, und er wusste, dass es wahr war; zumindest in diesem Moment.

Sie schliefen bis zum frühen Nachmittag und versäumten die Schlagzeilen, an denen sich die Zeitungsjungen auf der Piazza vor dem Hotel heiser schrien.

Es waren nicht die erwarteten. Der *Liebestrank* samt dem Kosaken Benedetto Lacardo mit seinem spanischen schwarzen Engel und Angela Orlandi war von den politischen Ereignissen auf den Innenteil der Sonderausgaben verwiesen worden.

»Hitler greift Polen an« und »Steht ein Zweiter Weltkrieg bevor?« waren die Themen, die nicht nur die Römer am heutigen Tage beschäftigten. Drohte tatsächlich ein weiterer Krieg? Immerhin waren italienische Truppen bereits im April in Albanien einmarschiert!

Als Paul am Vormittag des zweiten September wieder abreiste, kaufte er auf dem Hauptbahnhof alle Zeitungen, die er bekommen konnte.

Während er durch die spätsommerliche Landschaft gen Norden brauste, las er alle Artikel, die über die Aktionen des deutschen Führers geschrieben worden waren. Er musste dabei an seine Mutter und an ihre Bemerkung denken, wie erleichtert er darüber sein könne, dass Italien ein Verbündeter Deutschlands und kein potenzieller Kriegsgegner war.

Zwei Tage später erklärten England und Frankreich Deutschland den Krieg.

Mein Gott, lass es dabei sein Bewenden haben und mache, dass es bald wieder vorbei ist, dachte Paul.

In düsteren Ängsten malte er sich aus, wie es wäre, könnte er Angela plötzlich nicht mehr besuchen, doch er tröstete sich alsbald mit dem Gedanken an den von seiner Mutter zitierten Vertrag zwischen Mussolini und Hitler.

Wie immer dies politisch zu betrachten war: Niemand in den beiden betroffenen Ländern wünschte sich wohl inständiger die Haltbarkeit dieses stählernen Pakts als Angela Orlandi in Rom und Paul Pasqualini in Stuttgart.

**30** Peter Pasqualini erhielt seinen Stellungsbefehl wenige Tage vor dem Weihnachtsfest 1939.

Er beschloss, seiner Frau Gustel erst nach den Festtagen Bescheid zu sagen. Seiner Mutter aber berichtete er noch am selben Tag von der Einberufung, die auf den 2. Januar 1940 datiert war. Und er machte keinen Hehl aus seiner mangelnden patriotischen Begeisterung.

»Ich glaube weder an eine Berechtigung noch an den Sinn dieses Kriegs!«

Peter hatte einen Arbeiter in seinem Bautrupp, der im Ersten Weltkrieg verschüttet worden war und sich seitdem weigerte, in einem festen Gebäude zu schlafen. Und er begegnete täglich einem Vetter zweiten Grades der Mutter, dem ein Schrapnell das Bein weggerissen hatte und der seither mit Holzprothese und Stock durchs Leben humpeln musste.

»Meine Eingabe, mich unabkömmlich zu stellen, haben sie abgewiesen«, erklärte er bitter, »weil mein Geschäft nicht kriegswichtig sei. Und das jetzt, wo ich gerade den Kopf über dem Wasser habe, geschäftlich gesehen, und das in so schwierigen Zeiten!«

»Du könntest ja mal mit dem Moritz sprechen«, riet ihm Anna, obwohl sie sich fast die Zunge zerbiss bei dieser Empfehlung. »Vielleicht kann er etwas ausrichten, und sie ändern das noch einmal ab. Einfluss in der Partei hat er ja, dein Herr Schwager!«

»Die ändern nichts mehr, Mutter. Die auf der Einberufungsstelle sind schlimmer als Pontius Pilatus«, grollte Peter in Anspielung darauf, dass dieser gesagt hatte, was geschrieben sei, sei geschrieben und bleibe demnach auch so.

Anna seufzte, aber sie hatte noch nie dazu geneigt, sich ein X für ein U vorzumachen. Im Grunde war ihr klar, dass Peter unwiderruflich nach Neujahr einrücken musste.

Und als Anna nach einem ziemlich belasteten Christfest und Peters Abschied in den Krieg ihren Sohn Paul wieder einmal traf, war ihre erste Frage, ob auch er einen Stellungsbefehl bekommen habe.

Paul schüttelte den Kopf. »Als Geschäftsführer eines Lebensmittelkonzerns bin ich unabkömmlich«, sagte er. Einen Moment hatte es den Anschein, als ob er noch etwas hinzufügen wolle, dann aber besann er sich anders und schwieg.

Anna runzelte die Stirn und beschloss, den Stier endlich bei den Hörnern zu packen.

»Irgendetwas stimmt doch nicht mit dir, Paul, oder?«

»Was soll denn nicht stimmen?«, drehte Paul die Frage um und hoffte, dadurch einer wirklichen Antwort entgehen zu können. Doch seine Mutter war jetzt nicht mehr zu beschwichtigen.

»Ich bin nicht auf den Kopf gefallen«, sagte sie scharf. »Du wirst doch nicht glauben, ich mache mir keine Gedanken darüber, weshalb wir uns ständig heimlich treffen müssen, so wie zwei Spione.«

Und da Paul weiter beharrlich schwieg, fuhr sie fort: »Das hängt doch längst nicht mehr mit deiner Verlegenheit wegen der verunglückten Hochzeit damals zusammen, dass du dich nicht in Wisslingen blicken lassen willst. Also, jetzt heraus mit der Sprache!«

Paul zuckte schließlich die Achseln, beugte sich vor und sagte so leise, dass sie es gerade noch verstehen konnte: »Ich habe einen italienischen Pass, Mutter. Ich bin *italienischer* Staatsangehöriger, verstehst du?«

Anna riss erstaunt die Augen auf. »Du bist … aber … wie ist das möglich, Paul?«

»Das ist eine andere Geschichte. Nur, es *ist so*, und das ist die Crux, Mama.«

»Heiliger Bimbam«, murmelte Anna. Sie hatte alles Mögliche erwartet, dies allerdings nicht.

Rasch dachte sie nach und kam zu dem Ergebnis, dass ihr das dennoch lieber war als der Gedanke, ihr Sohn sei ein Spitzel der Nazis, wovon sie bisher hatte ausgehen müssen. Außerdem erledigte sich damit auch die Angst vor einem weiteren Stellungsbefehl.

»Das darfst du aber keinem Menschen erzählen, Mutter, sonst bin ich erledigt. Gerade jetzt, wo Familienväter wie Peter in den Krieg ziehen und Leib und Leben riskieren!«, beschwor Paul sie.

Anna sah seine Furcht und nickte mit großem Ernst. »Du kannst dich auf mich verlassen, Paul. Ich werde schweigen wie ein Grab. Allerdings verstehe ich jetzt, warum wir uns immer in Gasthäusern und Cafés …«

In dem Moment versagte ihr die Stimme, und Paul erkannte

die Tränen in den Augen der sonst so gefasst und nüchtern wirkenden Mutter. Rasch legte er seine Hand auf die ihre. »Dem Peter wird nichts passieren, Mutter. Du kennst ihn doch. Der ist vorsichtig, und schlau ist er auch. Der wird schon darauf achten, dass er nicht gerade irgendwo hinkommt, wo's brenzlig werden kann.«

»Hoffen wir's«, murmelte die Rote und schniefte in ihr Taschentuch. »Auf jeden Fall solltest du vermeiden, deinem Schwager Moritz zu begegnen und ihn ins Nachdenken darüber zu bringen, warum du noch da bist und Peter im Feld. Das ist ein ganz Hinterfotziger, der Moritz, glaub es mir, Paul, und es tut mir weh, über meinen Schwiegersohn so sprechen zu müssen. Der würde nicht rasten und ruhen, bis er herausgefunden hat, weshalb du nicht eingezogen worden bist. Wer weiß, worauf er bei solchen Nachforschungen dann stoßen würde! Und auf deine Schwester Else ist in dieser Beziehung auch kein Verlass.«

Paul nickte. Genau das war ihm von Anfang an klar gewesen.

»Ich pass schon auf, Mutter«, sagte er beruhigend, aber Anna ließ sich nicht so rasch zufriedenstellen.

»Und wie stellst du dir vor, dass das mal weitergehen soll? Ich meine, irgendwann wird der Pass doch ablaufen, und was ist dann?«

»Keine Ahnung, Mama«, erwiderte Paul unverblümt.

»Gut, wenn du dir keine übertriebenen Illusionen machst! Denn alles kommt ans Tageslicht, wie sehr man es auch verbergen möchte. Nur hoffe ich, dass es dann geschieht, wenn die Zeiten weniger problematisch sind.«

»Das hoffe ich auch, Mama. Es ist die einzige Hoffnung, die mir in dieser Beziehung noch bleibt«, bekannte Paul und dachte wieder einmal, dass es undenkbar war, Angela nach Deutschland zu holen, solange dieser Krieg andauern würde.

Danach sprachen sie über Peters Kinder und den verzogenen

kleinen Adolf Gruber, der sich nach Meinung Annas zu einem Familientyrannen entwickelte.

Am Abend saß Paul dann allein in seinem Auto an einem Waldrand in der Nähe von Schwäbisch Gmünd und dachte nach.

Der kleine Cohn fiel ihm ein und wie dieser von der Notwendigkeit seiner Flucht überrollt worden war. Der Junge hatte sein Leben ausschließlich dem Mut Annas und, zugegeben, auch ein wenig seiner, Paul Pasqualinis Courage zu verdanken.

Es war zwar unwahrscheinlich, dass er selbst einmal zu einem derart überstürzten Aufbruch gezwungen sein würde, aber Glück war nicht käuflich und Vorsicht besser als Nachsicht.

Ich muss etwas unternehmen, dachte Paul, als er endlich den Wagen anließ, um nach Stuttgart zurückzufahren.

Als er sein Wohnhaus an der Weinsteige erreichte, wölbte sich ein heller Himmel über die schwäbische Hauptstadt. Die Nacht war klar und kalt, und eine Unzahl leuchtender Sterne sprenkelte das All.

Sein Zwillingsbruder Peter Pasqualini sah Hunderte von Kilometern entfernt denselben Himmel. Er hockte in seinem Unterstand, der ein Teil des viel gerühmten Atlantikwalls war, und fand den Krieg hauptsächlich langweilig. Allerdings hatte er das dumpfe Gefühl, dass dies nicht immer so bleiben würde …

## 31

Sofia Orlandi war in der Stadt beim Friseur gewesen, um sich wieder einmal die Haare nachdunkeln zu lassen, was inzwischen notwendig geworden war.

Sie beschloss soeben, im Ristorante Santa Lucia, ihrem Lieblingslokal, eine kleine Mahlzeit zu sich zu nehmen, als gellendes Sirenengeheul ihr den Appetit vertrieb.

Wie flüchtende Ratten rannten die Passanten über Straßen und Plätze hinweg zu den Eingängen des »Napoli sotterranea«, des uralten unterirdischen Höhlensystems. Einst war es ein von geheimnisvollen Legenden umrankter Treffpunkt liebender Paare, tagscheuer Händler und Schmuggler gewesen, in diesen Frühsommertagen des Jahres 1943 aber zur Zufluchtsstätte der Neapolitaner gegen die Angriffe der Alliierten geworden.

Immer häufiger gab es diese Angriffe, und immer heftiger wuchs die Angst der Neapolitaner vor dem Verlust von Leben, Gesundheit und Gütern.

Sofia hob verächtlich die Nase.

Sie hatte keine Lust, sich in dem engen unterirdischen Tunnelsystem mit schlecht riechenden, übel gekleideten Personen herumzudrücken.

»Taxi«, rief sie, als sie sich dem Stand des Unternehmens näherte, von dem sie sich chauffieren ließ, wenn ihr eigener Fahrer nicht zur Verfügung stand.

Doch von den beiden Wagen war nichts zu sehen, ebenso wenig von den dazu gehörenden Fahrern.

»Feiges Pack!«, schimpfte Sofia laut. Sie musterte ihr Schuhwerk und beschloss, den steinigen, aber kurzen Weg zur oberen Fahrstraße zu nehmen, die am Anwesen der Mazone-Orlandi vorbeiführte.

Die warnenden Sirenen waren noch nicht ganz verklungen, als sich vom Meer her bereits die ersten Flugzeuge näherten.

Sofia hörte ihre Motorgeräusche und wandte sich um.

Wie Vogelkot fielen aus den Bäuchen der Fluggeräte dunkle, längliche Gebilde vom Himmel. Der Schwarm zog vorüber, die böse Fracht aber fiel zur Erde, wo sie sich unter ohrenbetäubendem Donner in den Boden fraß, das Erdreich aufriss und alles, was sich darauf befand, in die Luft katapultierte.

»Allmächtiger«, murmelte Sofia, die bisher noch keinen dieser Angriffe mit eigenen Augen gesehen hatte. Bis vor wenigen Tagen noch hatte sie sich auf dem Landsitz der Familie nahe Salerno befunden.

Als Stefano am vergangenen Wochenende zurückgefahren war, um einen dringenden Termin wahrzunehmen, hatte sie darauf bestanden mitzukommen. Sofia hasste das Landleben ebenso sehr, wie ihre Schwiegertochter und die beiden Enkelkinder es mochten.

»Mir geschieht schon nichts«, hatte Sofia auf ihrem Willen beharrt. »Ein Villenviertel ist kein strategisches Ziel.«

»Mir wäre es dennoch lieber, du bliebest bei Olivia und den Kindern«, hatte es Stefano ein letztes Mal versucht, doch gegen den Eigensinn seiner Mutter war wieder einmal nicht anzukommen gewesen.

Sofia wollte ihren Aufstieg gerade fortsetzen, als eine weitere Staffel von Fliegern am Himmel erschien. Sie brausten über Sofia hinweg wie die ersten, doch dieses Mal verloren sie ihre Bomben nicht über dem Hafen, sondern erst später.

Mit aufgerissenen Augen sah Sofia die tödliche Saat, die aus den Flugzeugbäuchen herauspurzelte. Sie sah die Bomben sehr deutlich, und auf einmal begriff sie, dass die Einschläge diesmal nicht fern sein würden, sondern ganz in ihrer Nähe.

Mit plötzlich einsetzendem Herzrasen hastete sie den Weg weiter nach oben, doch sie war viel zu langsam, um zu entkommen.

Sie hörte einen Einschlag, der klang, als ob die gesamte Welt explodierte. Den nächsten erlebte sie nicht mehr akustisch. Unvermittelt war sie in gleißenden Feuerschein gehüllt. Sie spürte eine Stoßwelle, die sie davonzutragen schien, über die Gärten am Hang der Stadt hinweg, irgendwo auf das Meer hinaus. Es musste das Meer sein, denn danach war alles kühl und sehr still.

Als Sofia wieder erwachte, war es bereits Nacht. Erstaunt sah sie sich um und setzte sich auf. Sie saß am Rand eines riesigen Lochs. Neben ihr befanden sich das Wurzelwerk eines Baums sowie große Brocken einer zerborstenen Steinmauer.

»Wo bin ich?«, fragte Sofia verwirrt, doch als sie ein rauchendes Häufchen von ehemals weißen Brettern sah, die zu einer Gartenlaube gehört hatten, fiel es ihr wieder ein.

Die Bomben. Sie war in einen Fliegerangriff geraten.

Sie zog die Beine an den Leib und sah erleichtert, dass sie gehorchten. Vorsichtig drehte sie Kopf und Rumpf; zuerst nach links, dann nach rechts. Sie spürte keinerlei Schmerzen.

Nun erst richtete sie sich vollends auf und sah um sich herum die ganze Verheerung ihrer Umgebung. Sie konnte es kaum glauben, dass sie den Bombeneinschlag unbeschadet überstanden hatte!

Sofia suchte nach ihrer Handtasche, in der sich ihre Geldbörse und ihre Hausschlüssel befanden. Nach kurzer Zeit fand sie das Lederbehältnis, das nicht beschädigt war. Auch Börse und Schlüssel waren vorhanden. Schließlich schlängelte sie sich um entwurzelte Bäume, kletterte über große Erdhügel und arbeitete sich so langsam nach oben, wo die Straße sein musste. Diese hatte sich aber in ein Chaos von tiefen Kratern und Halden von Erde und Steinen verwandelt.

Als sie das erste zerstörte Haus zu Gesicht bekam, stieß sie einen lauten Schrei aus. Ihr Entsetzen schlug in Panik um, als ihr plötzlich bewusst wurde, dass sie von ihrem eigenen Schrei nichts vernommen hatte.

Sollte sie etwa … ? O mein Gott: Nein!

Sofia Orlandi öffnete ihren Mund erneut und schrie so laut um Hilfe, wie sie es vermochte.

Doch auch von diesem Schrei hörte sie nichts.

Sie presste die Handflächen auf ihre Ohren und schluckte mehrmals. Das muss die Druckwelle gewesen sein, die die Bomben ausgelöst hatten, dachte sie. Nun gut, das würde wieder vergehen.

Eine halbe Stunde später fand sie den Platz, an dem sich die Villa Mazone-Orlandi befunden hatte. Was davon übrig geblieben war, glich dem Skelett eines Hauses; Garten und Park waren mit Trümmern übersät.

Lange betrachtete Sofia die Szenerie.

Die Bilder der Vergangenheit zogen an ihr vorüber: ihre Kindheit, umsorgt von Tante Serafina, ihr cholerischer, liebevoller Vater. Die Stunden der Muße im Garten, die ersten Träume des jungen Mädchens in ihrem jungfräulichen Bett im Obergeschoss, die unvergesslichen, wunderbaren, folgenschweren Stunden in Stefanos Armen. Sandros Tod und die neue Freiheit; ihre trotzige Auflehnung gegen das Schicksal, als das Wiedersehen mit dem Geliebten und sein Tod sich die Hände gereicht hatten.

Ihre Kinder, die sich mit jedem neuen Tag, den sie lebten, von ihr entfernt hatten. Ihr Scheinglück mit wechselnden Liebhabern. Die Entfremdung ihres Sohnes deswegen. Die Furcht vor der Entdeckung ihrer Lebenslüge, die zum Bruch mit der Tochter geführt hatte.

Alles vorüber, zerfallen wie diese Steine.

Sofia zuckte zusammen, als sie eine derbe Hand auf ihrer Schulter verspürte. Sie drehte sich um und sah einen Mann, der in eine dunkle Uniform gekleidet war und unentwegt den Mund öffnete, verzog und wieder schloss.

»Ich kann Sie nicht hören«, sagte Sofia, aber sie war nicht sicher, ob diese Worte wirklich aus ihrem Mund gekommen waren.

Es schien so gewesen zu sein, denn der Mann nickte und fasste sie vorsichtig am Arm. Erneut klappte sein Mund auf und zu, doch Sofia vernahm nicht einmal einen fernen Hauch seiner Rede.

Man brachte sie in ein Krankenhaus. Sie versuchte, ihren Namen und ihre Adresse zu nennen, und bald darauf erschien ihr Sohn Stefano.

Er redete erregt auf sie ein, aber Sofia konnte dabei nur seinen Lippenbewegungen folgen.

Zehn Tage lang behandelte man sie mit Arzneien und Apparaten. Man unterzog sie den verschiedensten Versuchen, doch die Beeinträchtigung wollte und wollte nicht schwinden.

Eines Abends erschien der Chefarzt an Sofias Bett.

Im Gegensatz zu allen anderen machte er keinen Versuch, mit ihr zu sprechen. Er ließ sich von einer Krankenschwester einen Briefblock bringen und schrieb dann mit einem Füller, den er aus der Brusttasche seines weißen Kittels holte, in großen Buchstaben eine Nachricht für Sofia auf das Papier: »Es tut mir leid, Ihnen sagen zu müssen, dass Sie taub bleiben werden, Signora Orlandi.«

Sofia schaute ihn fassungslos an.

»Das ist nicht wahr«, schrie sie, ohne dass sie einen Laut davon hörte.

Der Arzt aber nickte nachdrücklich.

»Doch. Leider, Signora!«, formten seine Lippen, und dieses Mal konnte Sofia seine Sprache lesen.

Sie verlangte, allein zu sein, und verweigerte die Abendmahlzeit.

Erneut liefen die Bilder, die sie vor der Ruine der Familienvilla gesehen hatte, vor ihren Augen ab. Es war die längere Version ihres Lebensfilms.

Zwei Mal hielt Sofia ihn an.

Einmal, als sie angesichts des Petersdoms in Rom Gott die weitere Gefolgschaft verweigert hatte; ein zweites Mal, als sie beim Gedanken daran, ob ein jenseitiges Treffen mit Stefano möglich sein werde, beschlossen hatte, wieder fromm zu werden.

Das jenseitige Leben war, wie sie schon mit fünfzehn Jahren erkannt hatte, unabänderlich hinter dem Schleier eines Geheimnisses verborgen. Niemand wusste, was sich dahinter verbarg.

Ihr *diesseitiges* Leben aber war ohne Glück.

Die Liebe ihrer Kinder, die einzig wärmende Liebe, die alternden Menschen verbleibt, hatte sie leichtfertig und egoistisch verspielt, wie sie jetzt einräumen musste. Selbst Stefano, der sich um sie kümmerte, liebte sie nicht, er tat seine Pflicht.

Was ihr auf dieser Welt noch verblieb, war zu einer Insel geworden, auf der sie, umgeben vom Meer der Einsamkeit, dahinvegetieren musste. Kein Wort, kein Satz, kein Lachen und Weinen, kein Singen und Musizieren, kein zärtliches Rufen, kein kicherndes Flüstern, kein Schnarchen, kein Bellen, kein Vogelgezwitscher würde ihr Brücke sein zu den anderen, nicht einmal das Tuten eines Schiffs oder das Hupen eines Autos würden zu ihr vordringen können.

Sie war allein.

Und nicht nur dies. Sie war einzig auf ihre Gedanken verwiesen.

Früher hatte Sofia sich oft gefragt, wie wohl die Hölle beschaffen sein mochte, und natürlich hatte sie die Hölle im *jenseitigen* Leben vermutet.

Jetzt aber ahnte sie es, nein, sie wusste bereits kurz nach Überschreiten der Schwelle, dass die Hölle für sie eine *diesseitige* Einrichtung war.

Sofia beschloss, dass sie sich dort nicht aufhalten wollte, egal was hinter dem Schleier des Geheimnisses auf sie warten mochte.

Sie stand auf und ging zum Waschbecken des Krankenzimmers, wo sich ein Wasserglas befand. Sie hob es hoch und ließ es auf das Porzellanbecken fallen.

Wie erwartet zerbrach es.

Sofia suchte sich eine geeignete Scherbe aus, ging zurück zum Bett und kletterte hinein. Sie stopfte sich das Kopfkissen in den Rücken, sodass sie gestützt sitzen konnte, und machte sich daran, ihre Pulsadern aufzuritzen.

Im ersten Moment erschrak sie, als das Blut herausschoss, doch dann sah sie befriedigt, wie schnell der Lebenssaft sie verließ und das weiße Bett rot färbte.

Sie lehnte sich zurück in das Kissen und versank wie eine Ertrinkende im Wasser langsam in einer warmen, klebrigen Dunkelheit.

**32** »Setzen Sie sich, Professor!«, forderte Helmut Rapp Paul Pasqualini auf, nachdem die Sekretärin ihn ins Chefbüro geführt hatte.

Der Unternehmer saß hinter seinem ausladenden Schreibtisch wie ein sorgenvoller Zwerg.

Er wirkte noch kleiner und noch gebeugter, seitdem er seinen einzigen Sohn verloren hatte. Der nämlich hatte sich nicht nur als widerspenstig gegen seinen Vater erwiesen, sondern er hatte sich auch mit der Staatsgewalt angelegt, und man hatte ihn wegen Wehrdienstverweigerung erschossen.

Paul setzte sich auf den lederbezogenen Stuhl, während Helmut Rapp die Schublade seines Schreibtischs öffnete und Paul ein Exemplar der *Neuen Zürcher Zeitung* reichte.

Es war eine Ausgabe vom 26. Juli 1943, und Paul fragte sich wieder einmal, wie sein Chef es schaffte, in den Besitz solcher Nachrichtenblätter zu kommen.

Rasch überflog Paul den Artikel, der von der Verhaftung Mussolinis am 25. Juli handelte. Er spürte den Blick Rapps auf sich, obwohl er die Augen nicht von den Zeitungslettern nahm.

»Was halten Sie davon, Paul?«

Paul überlegte einen Moment, dann entschloss er sich zur Offenheit. »Es ist der Anfang vom Ende der Allianz Italiens mit Nazideutschland.«

»So sehe ich das auch«, stimmte sein Chef ihm zu.

Jetzt wird er gleich davon anfangen, ich solle mich aus der Firma zurückziehen, dachte Paul. Er kannte die bissigen Kommentare der Kollegen über die lasche Kriegsführung der Italiener im Balkankonflikt, wo die Griechen sie an jeder Front bereits 1941 zum Rückzug gezwungen hatten. Erst die deutschen Wehrmachtsverbände, die den Verbündeten zu Hilfe geeilt waren, konnten die Griechen schließlich zur Kapitulation zwingen. »Wehrmachtsverbände, die von anderen Kriegsschauplätzen abgezogen werden mussten, nur weil die verdammten Spaghettifresser keinen Mumm im Leib haben«, hatte Gebhard Ritter, der Bilanzbuchhalter, am Tisch des Führungspersonals in der Kantine getönt, und er war nicht einmal leiser geworden, als der Chefeinkäufer mit einer Kopfbewegung warnend auf den »Professor« gewiesen hatte, der gerade den Raum betreten hatte.

Nein, nein. Paul war sich über die Gefährdung seiner Position durchaus im Klaren.

»Ich grüble schon geraume Zeit darüber nach, wie zu verfahren wäre, wenn unsere Bedenken sich bewahrheiten«, sagte Helmut Rapp in diesem Moment.

Na also, jetzt kommt es, dachte Paul, der es bisher vermieden hatte, über diesen Fall bewusst nachzudenken. Zu sehr waren seine regelmäßigen Fahrten nach Rom zu Angela von seiner Stellung in der Firma Rapp abhängig. Mit beidem war es jetzt wohl zu Ende.

»Wissen Sie, Paul, einen Sohn wie Sie, das ist es, was ich mir immer gewünscht habe: intelligent, fantasievoll und so *elegant wendig*. Jeder Komplikation gewachsen. Aber, nun ja, es sollte nicht sein. Mein Gerhard war ein … *trotziger Träumer*. Menschen dieser Art werden selten alt und sterben noch seltener in ihrem Bett.«

Er seufzte ein wenig, bevor er zum Wesentlichen überging: »Jedenfalls, als ich gestern Abend bei einer Flasche Spätburgunder saß, fragte ich mich, warum ich mir diesen Wunsch eigentlich nicht erfülle. Ich weiß nicht, wie eng Sie noch mit Ihren Verwandten in Italien verbunden sind, und ich habe Sie auch noch nie befragt, wie sehr Sie sich als *Italiener* fühlen, aber falls dies keine Hindernisse wären: Ich biete Ihnen an, Sie zu adoptieren, Paul. Mit allen Rechten und Pflichten!«

Paul verschlug es die Sprache. Fieberhaft dachte er nach. War es ein Verrat, wenn er dieses Angebot annahm? Ein Verrat an seinem Vater, dessen Namen er ablegen würde? Oder ein Verrat an seiner Mutter, die diesen Namen liebte, die ihren Mann geliebt hatte und auf die beiden deutschen Pasqualinis, ihre Söhne, hoffte? Die darauf baute, dass die Fremdartigkeit, unter der ihr Mann, der Einwanderer, hatte leiden müssen, mit schwäbischem Blut und schwäbischer Tüchtigkeit gekreuzt, in der zweiten Generation verschwinden würde. Die darum betete, dass nicht nur Peter, sondern auch er einen Platz unter den anderen Familien Wisslingens fand? Er wusste, wie sehr Anna darauf setzte, dass er die italienische Geliebte vergessen und eines Tages doch in ihrem Heimatdorf ansässig würde.

Andererseits wäre die Frage der Staatsangehörigkeit dadurch ein für alle Mal geregelt und manches andere auch. Die Rapps waren ein bekanntes Stuttgarter Geschlecht mit einer weit verzweigten Verwandtschaft in Industrie und Handwerk; einem Netzwerk an Verbindungen und Beziehungen, die überaus nützlich waren, wie Paul längst bemerkt hatte.

Außerdem war Helmut Rapp ein reicher Mann, und auch sein Sohn würde dies sein.

»Darf ich mir das ein paar Tage überlegen, Herr Rapp?«, fragte Paul, der wusste, dass sein Chef eher verwundert gewesen wäre, hätte er das Angebot alsbald akzeptiert.

»Natürlich«, erwiderte der Unternehmer. »Man muss so etwas von allen Seiten betrachten!«

»Jedenfalls danke ich Ihnen für Ihr großes Vertrauen«, sagte Paul.

Herr Rapp aber stand auf und ging zu seinem großen altdeutschen Schrank, in dem er – wie Paul wusste – seine privaten Papiere verwahrte. Nun stellte sich heraus, dass der Schrank auch ein Barfach beherbergte, aus dem Helmut Rapp jetzt eine Cognacflasche und zwei Gläser entnahm.

Umständlich goss er diese halb voll und wies dann auf eines davon.

»Egal wie du dich entscheidest, mein Junge, ich finde es jetzt an der Zeit, dass wir zum ›Du‹ übergehen!«

Paul nahm sein Glas und erhob sich.

»Auf die Zukunft«, sagte Helmut Rapp und prostete ihm zu.

»Auf die Zukunft«, wiederholte Paul und sprach in Gedanken den neuen Namen schon einmal aus: Paul Rapp.

Es klang sehr deutsch, erinnerte sofort an Markenprodukte und würde niemanden veranlassen, nach der ethnischen Herkunft zu fragen oder zu forschen.

Helmut Rapp schwenkte den Rest des Cognacs vorsichtig in seinem Glas und sagte nachdenklich: »Man dürfte natürlich nicht mehr lange damit warten, du weißt schon, weshalb.«

»Das ist richtig«, pflichtete Paul ihm bei. Man durfte den Fall nicht eintreten lassen, dass die bisher verbündeten Italiener womöglich zu Feinden wurden, was bei der derzeitigen Kriegslage nicht ganz auszuschließen war.

»Ich werde mich zügig entscheiden«, versprach Paul.

Angela würde natürlich nicht Rapp heißen wollen, aber das war nachrangig. Sie hatte inzwischen in Rom eine gewisse Berühmtheit unter dem Namen Orlandi errungen und würde diesen schon deswegen beibehalten.

Zwei Tage später, am 30. Juli 1943, erschien Paul erneut in Helmut Rapps Büro.

»Ich habe es mir überlegt. Ich stimme einer Adoption zu und versichere dir, ein guter und treuer Sohn zu sein!«, erklärte Paul nicht ohne Feierlichkeit, als die Sekretärin die Tür hinter sich geschlossen hatte.

»Dann soll es so sein«, erwiderte Helmut Rapp ein wenig gerührt.

Danach rief er den Justitiar des Hauses an und bat ihn, einen Adoptionsvertrag vorzubereiten.

Kurz bevor ihn Paul wieder verließ, fiel Helmut Rapp noch etwas ein. »Du könntest heute Abend mit mir in die Staatsoper gehen. Sie geben den *Tannhäuser* mit prominenter Besetzung. Anschließend findet noch ein Abendessen statt, bei dem verschiedene wichtige Leute aus der Kunstszene, aber auch aus Politik und Wirtschaft erwartet werden. Ich würde mich freuen, wenn du mitkämst, Paul!«

Paul war ein Freund der Musik, nicht aber der Wagnerschen Opern, doch er mochte den neuen Vater nicht gleich enttäuschen.

»Ich freue mich – und fühle mich geehrt«, versicherte er deshalb. Sie verabredeten, sich in der Halle des Opernhauses zu treffen, eine halbe Stunde vor Beginn der Aufführung.

Diese erwies sich als voller Erfolg. Paul musste zugeben, dass die Inszenierung grandios gewesen war, auch wenn er die Musik noch immer als zu schwer und schwülstig empfand. Er verglich sie innerlich mit dem augenzwinkernden Pathos der italienischen Komponisten und wusste, dass er in diesen Belangen immer ein Italiener bleiben würde, Adoption hin oder her.

Das Souper sollte im Hotel Zeppelin stattfinden, einer Kulisse, in der Paul inzwischen gewohnt war, sich zu bewegen.

Als Erstes nahm die Festgesellschaft in der großen Halle ein Glas Sekt zu sich. Zwischen den fast ausschließlich befrackten Herren und den Damen in Abendkleidern sah man viele Uniformträger aus allen Waffengattungen. Man sprach ein wenig von der Oper, doch sehr viel von Krieg.

»Mit dem ›Unternehmen Zitadelle‹, der großen Offensive an der Ostfront, hat sich das Blatt wieder gewendet«, behauptete gerade ein in Urlaub befindlicher Panzergeneral, als ein Getuschel der Leute einsetzte, die in der Nähe des Eingangs standen.

Heil-Hitler-Rufe wurden laut, und zwischen den Köpfen der Umstehenden sah Paul jetzt, wem die Begrüßung galt: Heinrich Himmler, dem Reichsführer der SS.

»Er soll demnächst ja auch noch Innenminister werden«, flüsterte eine Dame in einem violetten Taftkleid ihrem Begleiter zu. »Ich hab das aus höchsten Kreisen!«

Paul, der Himmler nur aus den Zeitungen kannte, fand den Mann nicht sehr sympathisch. Die Wichtigkeit, die ihn erfüllte, erkannte man auf der Stelle an seiner Körpersprache, noch ohne zu wissen, welche Weisheiten er so gestenreich von sich gab.

Während die Gäste ihre Sektgläser austranken und die Ober die geleerten Gläser auf silbernen Tabletts wieder einsammelten, schweifte Pauls Blick über die Versammlung hinweg.

Es war die Crème de la crème Süddeutschlands, die hier versammelt war, *und er war dabei!*

Der Mann in Uniform, der neben Himmler stand, drehte sich jetzt um. Paul erkannte ihn sofort: Es war der Generalleutnant, dem er in Hohenstaufen einen so grandiosen Rausch verpasst hatte!

Noch ehe sich Paul darüber im Klaren war, ob dies nun gut oder schlecht für ihn sei, drängte sich der Mann durch die Gesprächsgrüppchen zu ihm durch und rief mit dröhnender Stimme: »So trifft man sich wieder, Professor. Wie geht's Ihnen denn?«

»Danke der Nachfrage«, sagte Paul und fügte ein wenig flapsig hinzu: »Man schlägt sich so durch!«

Sie plauderten ein wenig, bis der Gong sie in den Festsaal rief, wo das Menü wartete.

Paul orientierte sich am Sitzplan, der hinter einer Glaswand aushing, und winkte noch einmal Herrn Rapp zu, der am Ehrentisch platziert worden war. Er selbst saß, wie er dem Plan entnahm, am Tisch Nummer 9 in der Nähe der Saaltür.

Als er gerade seinen Platz aufsuchen wollte, fiel sein Blick erneut auf den Generalleutnant, der neben dem Ehrentisch unterhalb der Bühne stand und sich mit einem Herrn unterhielt, der eine SS-Uniform trug. Vermutlich lag es daran, dass Paul ihn noch nie in der schwarz-silbernen Aufmachung gesehen hatte, denn er wurde erst aufmerksam, als dieser Mann die Hand erhob und in seine, Pauls Richtung zeigte.

Plötzlich wusste Paul, um wen es sich handelte: um seinen entgangenen Schwiegervater Erich Dussler, Druckereibesitzer in Wisslingen, ein SSler der ersten Stunde und Jugendfreund des anwesenden Heinrich Himmler!

Was danach passierte, geschah so selbstverständlich, als ob Paul es Hunderte von Malen trainiert hätte.

Er nahm einem vorbeistreifenden Kellner, der neben leeren auch noch gefüllte Gläser auf seinem Tablett hatte, eines davon ab, trank einen kleinen Schluck und hob dann den Kopf zur weit offen stehenden Saaltür. Mit der Rechten machte er eine Geste, als ob er in der noch immer mit Menschen gefüllten

Halle jemanden erkannt hätte, und ging dann, das Glas in der Hand, noch einmal zurück.

In der Halle angekommen stellte er das Glas sofort auf einem der Stehtische ab, durchquerte mit einem starren Lächeln die lange Lobby und verließ das Hotel. Er ging ein kurzes Stück, wobei er sich zwang, ein normales Tempo einzuhalten, und verschwand dann in der Unterführung, die zum Hauptbahnhof führte.

Dort beschleunigte er seine Schritte. Er hastete die Treppen hoch, die zu den Bahnsteigen führten, und warf dabei einen Blick auf die große Anzeigetafel mit den Klappbuchstaben und Zahlen. Der nächste abfahrende Zug hatte den Zielbahnhof Aalen, über Schorndorf und Schwäbisch Gmünd.

Der Zug ruckte bereits an, doch mit einem Sprung landete Paul noch auf dem Eisenpodest des letzten Wagens.

Er blieb dort im milden Fahrtwind stehen und entledigte sich zuerst seiner Halsschleife, die er in die Tasche des Frackkittels steckte. Diesen warf er kurz vor Schorndorf in ein dichtes Gestrüpp, etwas später folgte der Kummerbund. Sein schlichtes Frackhemd knöpfte er auf und krempelte die Ärmel bis über die Ellbogen. Er war nun ein Mann in schwarzer Hose und weißem Hemd; nichts Auffälliges war mehr an ihm, wenn man von den schwarzen Lackschuhen absah. Doch auch diese brauchte er nicht zu verstecken, denn der Schaffner machte sich bei der spätabendlichen Fahrt nicht die Mühe, die Fahrberechtigungen der wenigen Zuggäste zu kontrollieren.

Paul sprang ab, als der Zug kurz vor Schwäbisch Gmünd an einem roten Signallicht anhalten musste. Dann setzte er zu einer strammen Nachtwanderung an, die ihn über Felder und Wiesen hinweg, am Fuße des Hohenstaufens vorbei in die Gemarkung der Kreisstadt führte. Er hatte keine Mühe, sich zurechtzufinden. Der Mond schien hell, und in seiner Jugend war er diese

Wege öfter gegangen, wenn seine Mutter darauf bestanden hatte, die Verwandtschaft in Schwäbisch Gmünd zu besuchen.

Gleich hinter dem Hohenstaufen, am äußersten nordöstlichen Rand der Gemeinde Wisslingen lag eine Obstwiese, die noch immer Anna gehörte. Sie grenzte an einen mit Schieferschichten durchsetzten Hügel, der locker mit Schlehenbüschen bewachsen war. Er wurde von den Wisslingern deshalb gemieden, weil sich in den Ritzen des Schiefers ganze Sippen von Kreuzottern eingenistet hatten. Bei einer Obsternte vor vielen Jahren hatten die beiden Pasqualini-Buben ein ganzes Kalkstein-Höhlensystem hinter den Schieferschichten entdeckt. Bis sie zwölf gewesen waren, hatten sie in diesen Gängen und Grotten Indianer gespielt oder Räuber und Gendarm. Später einmal hatte Peter sich hier verkrochen, als seine Schulnoten so schlecht gewesen waren, dass er dem Zorn seiner Mutter entfliehen wollte. Er war so lange verschwunden geblieben, bis Paul ihn aufgespürt und zurückgeholt hatte.

Niemand sonst wusste von diesem Versteck, und Peter befand sich noch immer an der Westfront.

Während Paul nun einen Armeeschlafsack ausrollte, eine Petroleumlampe anzündete, sich eine Flasche Bier holte und jeweils eine Büchse Schinkenwurst und Kommissbrot öffnete, pries er seine Vorsicht und Umsicht. Der hintere Teil der Höhle war vollgestapelt mit Wasser, Bier, Wein, Schnaps sowie Konserven der Firma Rapp und anderer Hersteller. Es gab eine petroleumbeheizte Kochplatte, genügend Kanister mit diesem Brennstoff, Geschirr und Besteck. Es gab sogar Medikamente, Kleidungsstücke und Leibwäsche, Socken und Schuhe.

Nur Papiere, andere Personalpapiere, hatte Paul nicht auftreiben können. Er hatte zwar Beziehungen verschiedenster Art, aber keine zu Fälschern oder Leuten, die mit derlei Dingen Handel betrieben.

Aber egal.

Jedenfalls war er bestens ausgerüstet, um in Ruhe nachdenken zu können, wie es nun weitergehen sollte.

Ausgerechnet der Dussler, dachte Paul aufgebracht, bevor er endlich einschlafen konnte. Der Kerl kam ihm vor wie ein Racheengel, der gerade *dann* erschienen war, als er glaubte, die Komplikation seines Lebens endlich beseitigen zu können – wenn auch unverdient und nur durch die Gnade seines Chefs. Natürlich hatte Dussler sich beim Generalleutnant nach ihm erkundigt, das war an seiner Handbewegung deutlich zu erkennen gewesen. Und natürlich hatte der Offizier ihm vom »italienischen Professor« erzählt, mit dem er ein so famoses Saufgelage gehabt hatte. Mit Sicherheit hatte Dussler danach dem Generalleutnant, womöglich sogar Himmler, Pauls wirkliche Identität enthüllt.

Die Sache mit der italienischen Staatsangehörigkeit würde sich nun rasch als Luftnummer herausstellen, denn es gab keine Änderungseinträge in den Akten der entsprechenden Ämter – wie auch? Die würden feststellen, dass Paul Pasqualini ein wehrtauglicher deutscher Mann war, der sich seiner Ehrenpflicht, fürs Vaterland zu kämpfen, durch falsche Angaben entzogen hatte.

Spätestens am Nachmittag würden alle Wisslinger und Kreisstädter von seinem Betrug, seiner »Hochstapelei« – was den akademischen Titel betraf – und seiner »Feigheit« wissen, dafür würde der alte Dussler schon sorgen. Und Helmut Rapp würde zutiefst betrübt sein über seinen betrügerischen Beinahesohn, was Paul aufrichtig bedauerte.

Aber das war nicht das Wesentliche.

Das Wesentliche war, dass er sterben würde, wenn sie ihn fanden. Sie würden ihn genauso erschießen wie Gerhard Rapp, den trotzigen Träumer.

33 Am Morgen des folgenden Tages, es war der 1. August 1943, wurde Peter Pasqualini in der Nähe des französischen Bauernhofs, in dem er einquartiert war, von der Kugel eines Partisanen ins Bein getroffen.

Der Sanitäter stellte fest, dass Peters Schienbein in Mitleidenschaft gezogen war, und verfügte, dass er nach Deutschland verlegt wurde.

Vier Tage später wurde die flüchtig versorgte Wunde in einem Lazarett nahe Koblenz operiert.

»Wenn du Glück hast, war das der Heimatschuss«, sagte der Arzt, der kein Blatt vor den Mund nahm.

Peter nickte und versuchte, mit einer alten Kupfermünze eine Wundinfektion zu provozieren, die, wie er hoffte, ein langes Herumdoktern auslösen und ihn vor einer Rückkehr an die Front bewahren werde.

»Der Krieg ist doch längst schon verloren«, tuschelten nämlich die Kameraden, die im Osten gewesen waren. »Spätestens seit Stalingrad ist alles verspielt!«

Doch sie mussten vorsichtig sein. Mit solchen Äußerungen verlor man das Leben schneller, als man sich vorstellen konnte.

Peter gab sich redlich Mühe, doch seine gesunde, junge Natur behielt die Oberhand gegen den Grünspan.

In den letzten Augusttagen wurde er zu einem Genesungsurlaub nach Hause entlassen, doch bereits vier Wochen später hatte er sich wieder bei seiner Einheit am Atlantikwall zu melden.

»Der Doktor meint, das wird schon wieder«, sagte Peter anstelle einer Begrüßung, als er in den Laden seiner Ehefrau humpelte.

»Du warst bestimmt leichtsinnig und hast dich zu weit vorgewagt«, rief Gustel unter Tränen, umarmte und drückte ihn.

Die beiden Kinder Anton und Irmgard hingegen betrachteten ihren Vater, den sie seit mehr als einem Jahr nicht mehr gesehen hatten, mit vorsichtiger Zurückhaltung.

»Renn rüber zur Oma Anna, Anton«, forderte Gustel ihren Ältesten auf. »Und sag ihr, dass der Papa da ist!«

Das würde die Schwiegermutter sicher aufheitern, denn seitdem der alte Dussler das Gerede über den Paul ausgelöst hatte, war sie ernst und menschenscheu geworden.

Peter erfuhr erst nach Tagen von dem Skandal, doch er nahm die Sache erstaunlich gelassen.

»Was weiß man schon, was Leute dazu bringt, dies oder jenes zu tun oder zu unterlassen«, sagte er zu seiner Frau, die sich nicht genug ereifern konnte über das unehrenhafte Verhalten des Schwagers.

Als er aber mit seiner Mutter allein war, machte er keinen Hehl mehr aus seiner wahren Betrachtung.

»Der hatte doch recht, der Paul, wenn er versucht hat, sich vor dem Wahnsinn zu drücken. Schade, dass er damit nicht durchgekommen ist. Ich könnte dir Sachen erzählen, Mutter, Sachen, die so ungeheuerlich sind, dass man sie kaum glauben kann!«

Im Lazarett in Koblenz hatte er von Massenerschießungen in Polen gehört. Juden waren das angeblich gewesen, Zivilisten, und deutsche Soldaten waren dazu gezwungen worden … es war unfassbar! Und von *Lagern* hatte man ihm berichtet, in denen Menschen vergast wurden, als ob sie Schädlinge wären.

Davon sagte er seiner Mutter natürlich nichts. Es hätte ihr das Herz nur noch schwerer gemacht, wo sie schon wegen Paul so in Sorge war.

»Was glaubst denn du, wo er steckt, Peter?«, fragte sie jetzt, denn früher war es immer so gewesen, dass ein »P« wusste oder zumindest ahnte, wo der andere zu finden war.

Peter verzog nachdenklich den Mund. »Er wird versuchen, ins Ausland zu kommen. In die Schweiz, nehm ich mal an!«

»Das vermute ich auch«, stimmte Anna ihm zu, denn sie dachte an Pauls Bericht von dem Gold und den Diamanten, die er dort deponiert hatte.

Der weiß doch ganz genau, dass die Grenze zur Schweiz absolut dicht ist, überlegte Peter dann aber, während er im Garten in einem Liegestuhl ruhte.

Auch müsste er erst einmal in die Nähe der Grenze kommen, und selbst das ist nicht einfach bei den strengen Kontrollen.

Das Nichtstun ging ihm bald auf die Nerven, und er begann mit Spaziergängen, die er täglich weiter ausdehnte. Und bald war er schon wieder recht ordentlich auf den Beinen und konnte auf den Stock verzichten, den er anfangs noch hatte benutzen müssen.

Eines lichten Septembertags ging er die Obstwiesen inspizieren. Die frühen Birnen der oberen Wiesen taugten zwar nur zu Kompott und für den Most, aber er wollte sich vergewissern, ob das Obst bald schon gelesen werden konnte. Vor einem breiten, windschiefen Birnbaum, der Bergamotte Souleurs trug, eine fabelhafte Birne, die ein Vorfahre einmal aus Frankreich importiert hatte und die den schwäbischen Boskopäpfeln in der Mostmischung erst den richtigen Pfiff gab, blieb er stehen und schaute mit zusammengekniffenen Augen hinauf zum »Schlangenberg«. Wie immer war das hintere Drittel dieser Hangwiese von nie gemähtem Gras, Brennnesselteppichen und dornigen Schlehenbüschen bewachsen; kein einziges Zeichen begründete Peters Verdacht.

Dennoch wollte er es wissen.

Er suchte sich einen dicken Ast, den wohl ein Sommergewitter von den Bäumen gerissen hatte, und klopfte vorsichtig damit auf den Boden, um die Schlangen zu verjagen, bevor er sich durch die widerspenstige Natur in Richtung des verborgenen Eingangs der Höhle vorarbeitete.

Als er dort angekommen war, verharrte er erst einmal und schob sich dann durch den schmalen Spalt.

Früher ist das leichter gegangen, dachte er mit einem kleinen Schmunzeln. Das letzte Mal war er dreizehn Jahre alt gewesen, als er hier Eintritt gesucht hatte.

Es gab einen kleinen Vorraum, eine Art Diele, wie sie diese Öffnung getauft hatten. Danach erweiterte sich der Höhlenraum so weit, dass man mühelos stehen konnte; auch jetzt, als erwachsener Mann noch, wie Peter feststellen konnte.

Im ersten Moment sah er überhaupt nichts, doch als seine Augen sich an das Dämmerlicht gewöhnt hatten, erkannte er in einer Ecke ein sackartiges Gebilde.

Vorsichtig schlich er näher, trotzdem erschrak er, als der Sack hochfuhr und mit scharfer Stimme rief: »Hände hoch, oder ich schieße!«

Peter hob zwar die Arme über den Kopf, aber der Schrecken wich von ihm. Er hatte richtig geraten.

»Mich brauchst du nicht zu erschießen, Paul«, sagte er mit einem Grinsen.

Der Strahl einer Taschenlampe traf sein Gesicht, und Paul versuchte sich ein Bild von Peters Absicht zu machen. Er war ein Mann mit dem Rücken zur Wand, er durfte sich keine Fehler gestatten, weshalb er die Pistole zwar senkte, sie aber nicht weglegte.

»Was willst du hier, Peter?«

»Nachsehen, ob ich richtig vermutet habe.«

»Und dann?«

Erst jetzt begriff Peter, was Paul damit meinte. Er tippte sich an die Stirn und sagte entrüstet: »Du denkst doch wohl nicht, ich werd dich verpfeifen?«

»Eigentlich nicht. Aber man weiß es ja nie … was aus Menschen wird, wenn sie … na ja … zum Beispiel *heiraten*. Oder einen Schwager haben, der ihnen viel helfen könnte mit seinen Parteibeziehungen, wenn sie das wollten …«

»Jetzt halt aber die Klappe, Paul, oder ich werde dir eine kleben! Und leg die Pistole weg, du Trottel, bevor ein Unglück passiert. Ich mach mir Sorgen um dich, und das wird ja wohl noch erlaubt sein.«

»Entschuldige«, sagte Paul und dachte, dass er über all den Versteckspielen des letzten Jahrzehnts seelisch vielleicht doch einen Knacks abbekommen hatte, wenn er sogar seinem »anderen Ich« nicht mehr traute.

Er stopfte die Pistole wieder unter den Schlafsack und zündete die Petroleumlampe an. Peter sah ihm dabei zu und hatte nun Gelegenheit, das perfekt ausgerüstete Lager zu betrachten.

Anerkennend pfiff er durch die Zähne. »Da gibt's ja grad alles. So gut ausgerüstet sind wir nicht mal an der Front!«

»Das glaub ich sofort. Ich kenne sie nämlich, die Herren Einkäufer der Wehrmacht. Die haben alle Grimms *Aschenputtel* gelesen und wissen, wie man verfährt: ›Die schlechten Linsen ins Töpfle, die guten ins Kröpfle!‹ Glaub mir, Peter, wenn man *die* Kröpfe alle sehen könnte, das wär ein Schauspiel! Und jetzt setz dich und sprich mit mir! Du bist seit drei Wochen der erste Mensch, mit dem ich das tun kann!«

»Da sei aber froh!« Peter lachte. Dann sagte er: »Du brauchst dir nicht in die Hose zu machen. Die meisten im Ort denken, du hast die Absicht, dich in die Schweiz abzusetzen, der Dussler und seine Vasallen allen voran. Für so tolldreist, dass du ausgerechnet *hier* ein Lager aufschlägst, hält dich außer mir keiner.«

»Dann ist es ja gut«, brummte Paul und suchte unter den Vorräten eine Flasche Weinbrand heraus, um das Wiedersehen gebührend zu feiern. Peter allerdings hatte keine Lust, das

Misstrauen des Bruders einfach nur hinzunehmen. Vielleicht war es ja gut, wenn sie endlich einmal Klartext miteinander sprachen.

»Das, was du vorhin angedeutet hast, dass du mir nicht mehr trauen magst … nein, lass mich ausreden!«, wehrte Peter die versuchte Einrede des Bruders ab. »Das kann ich zurückgeben. Wenn ich nur an unsere sonderbare Unterhaltung beim Baste in Hohenstaufen denke, da war ich es, der Bedenken bekam, ob man mit dir noch offen sprechen kann, nachdem du mir von deiner *verantwortungsvollen Stellung* in Stuttgart erzählt hattest.«

Paul nickte. Er erinnerte sich nur zu gut an diese Stunden.

»Ich musste vorsichtig sein. Auch damals schon.«

»So hab ich mir das dann auch zusammengereimt.«

Peter schüttelte den Kopf und rutschte an der Felswand entlang nach unten in eine Sitzposition, um dann festzustellen: »Du hast schon eine ausgesprochene Begabung, dich in idiotische Sachen zu verwickeln, das muss man dir lassen.«

»Allerdings«, erwiderte Paul mit galliger Selbstironie. Er goss den Weinbrand in eine Kaffeetasse und in ein Wasserglas und reichte dem Bruder das Glas, bevor er sich neben ihn setzte.

»Auf das Leben!«, sagte er dann und stieß mit der Kaffeetasse an Peters Glas.

»Auf das Leben!«, erwiderte der. Sie tranken beide einen Schluck, dann streckte Peter vorsichtig das verletzte Bein aus und stöhnte dabei ein wenig.

»Was ist mit deinem Bein?«, fragte Paul sofort.

»Ein missratener Heimatschuss«, erklärte ihm der Bruder mit einem schrägen Grinsen. »Wenn die Kugel ein kleines bisschen mehr links getroffen hätte, dann wäre alles ausgestanden für mich.«

»Und was spricht man in Armeekreisen, wie lange der Zirkus

noch andauern wird?«, erkundigte sich Paul flapsiger, als ihm zumute war.

»Die einen sagen, ein paar Monate, die anderen meinen, es kann noch ein Jahr oder länger dauern. Nur dass der Scheißkrieg verloren ist, darauf wetten nahezu alle.«

»Das ist nicht das, was ich hören wollte«, musste Paul zugeben. »Ich habe gehofft, es geht schneller.«

Sie saßen jetzt dicht beieinander, den Rücken an die löchrige Kalkwand der Höhle gelehnt. Beide schwiegen sie lange.

»So etwa muss es in der Gebärmutter der Mutter gewesen sein«, sagte Paul nach einiger Zeit, in der das Gefühl der Zusammengehörigkeit so heftig angewachsen war wie schon lange nicht mehr.

»Ja. Nur etwas enger«, erwiderte Peter und lachte. »Ich erinnere mich ganz genau daran, wie breit du dich damals gemacht hast.«

Dann schwiegen sie wieder.

»Und wie willst du hier wieder wegkommen?«, fragte Peter schließlich.

»Ich weiß es nicht, aber es wird mir schon etwas einfallen.«

»Stimmt. Dir fällt immer was ein. Das hast du von der Mutter. Die ist auch listig, wenn es drauf ankommt.«

Paul lächelte.

Peter hatte nicht unrecht, aber der eigentlich Einfallsreiche war ihr Vater gewesen.

Paul füllte ihre Trinkgefäße noch einmal nach und erzählte Peter von Angela, seiner großen Liebe. Es war fast zehn Wochen her, seitdem er sie zum letzten Mal gesehen hatte, zehn lange Wochen, und die Sehnsucht war übermächtig geworden. Erstaunlicherweise erleichterte es ihn, von ihr sprechen zu können.

Danach trat wieder Stille ein.

»Und du, bist du glücklich?«, fragte Paul seinen Bruder nach einer langen Weile.

Peter dachte nach, bevor er dem Bruder antwortete, und es war eigentlich mehr eine Antwort für sich selbst, denn in den vergangenen zwei Wochen hatte er sich diese Frage auch schon gestellt.

»*Jetzt* bin ich glücklich, wenn ich hier mit dir zusammen sein kann und alles zwischen uns wieder so ist, wie es früher war. Ich bin glücklich, dass es mich an der Front nicht erwischt hat. *Am Abend* bin ich glücklich in diesem Urlaub, wenn ich meine schlafenden Kinder betrachten kann, bevor ich zur Gustel ins Bett steige. Manchmal bin ich auch da glücklich. Aber tagsüber, wenn das Alltägliche abläuft oder wir unsere Dinge bereden, da spüre ich – wie soll ich das ausdrücken – einen … *unüberwindbaren Unterschied* … in unserem Denken und Wollen!«

Er rückte noch näher an seinen Bruder heran, bevor er sein größtes Geheimnis preisgab: »Meine Frau ist mir so fremd geworden, wie ich mir's nie hätte vorstellen können. Ich hätte nie gedacht, dass etwas so … *schmerzhaft* … sein kann, aber, glaub es mir, Paul, genau das ist es! Es ist quälender als mein verletztes Bein oder jede andere Bedrängnis zuvor.«

»Aber warum?«, fragte Paul erstaunt. »Die Gustel ist doch ein nettes, verträgliches Ding?«

»Das ist sie. Und eine gute Mutter dazu. Auch durchaus eine Ehefrau, mit der man zufrieden sein kann, wenn du weißt, was ich meine …«

»Woran klemmt es denn dann?«

Peter seufzte. Der Seufzer klang so, als ob er schon lange zu dieser Sache gehöre.

»Der Laden ist ihr wichtiger geworden als alles andere. Zumindest wichtiger als ich, bei den Kindern möcht ich's ihr nicht unterstellen. Wenn ihre Kasse am Abend stimmt, dann könnte die Welt untergehen, und es käme ihr gar nicht so schrecklich vor! Die Gedanken an ihren Laden überlagern alles, unsere Partnerschaft, die Sorge, wie es weitergehen wird mit dem Krieg, uns Deutschen und auch mit *mir,* wenn ich zurück an die Front muss. Gustel kann sich nicht vorstellen, wie es ist, wenn man jeden Tag denken muss, dies könnte dein letzter sein. Und dass dann andere Dinge eine Wichtigkeit bekommen, nicht nur die materiellen. Sie begreift nicht, was los ist, Paul. Sie hält die Gefallenen, die ihr bekannt sind, noch immer für die Ausnahme der Regel; eine Ausnahme, die nie etwas mit ihrem geordneten Leben zu tun haben könnte.«

»Und was ist mit deiner Verletzung, hat sie das denn nicht nachdenklich gemacht?«

»Das mit dem Bein sieht sie eher als Unfall. Den ich hätte vermeiden können, wenn ich nur aufgepasst hätte.«

»Na ja, das ist schon ein bisschen … *naiv*«, musste Paul einräumen.

»Es ist nicht naiv, es ist das, was sie glaubt. Was man ihr beigebracht hat. Du solltest unseren Schwager reden hören. Wie der von der ›Weltherrschaft‹ spricht, die Hitler durch diesen Krieg aufrichten wird, vom Niedergang der minderen Rassen und von der großen Wende, wenn demnächst die ›Wunderwaffen‹ eingesetzt werden. Unsere Schwester Else glaubt das eins zu eins alles, aber meine Gustel leider immer noch das meiste davon. Zumindest so lange, wie sie, trotz der Lebensmittelbeschränkungen, noch genügend Ware geliefert bekommt und ausreichend verkauft. Die sieht das alles ganz einfach: Für die große Welt sorgt Papa Hitler, für die kleine Welt, da sorgt sie. Sie hat keine Zweifel, keine kritischen Fragen, keine Träume, keine Pläne und keine andere Vorstellung vom Leben als ihren Laden. Das ist ihr Kosmos!«

Eine Krämerseele also, dachte Paul, doch er war taktvoll genug, es nicht auszusprechen. Stattdessen sagte er begütigend: »Du hast die letzten Jahre allerhand erlebt und gesehen, Peter, von dem sie keine Ahnung hat, und so etwas verändert. Du kannst Gustel nicht vorwerfen, dass sie hier in Wisslingen nicht zu den gleichen Einsichten kommt wie du. Wenn der Krieg vorbei ist und sich alles wieder normalisiert, wird auch das sich wieder … *zurechtrücken!*«

Allerdings: Viel Hoffnung hatte er nicht, wenn er an Gustels Vater dachte. Auch er war Krämer gewesen – und sein Beruf mit dem Charakter identisch.

Danach sprachen sie noch lange von den verschiedensten Dingen: von ihrer Kinderzeit, von ihren Streichen, vom Vater, der – wie sie erstaunt feststellen mussten – in jedem von ihnen ein Bild mit anderen Akzenten hinterlassen hatte, und natürlich von Anna, ihrer Mutter.

»Du solltest mir erlauben, dass ich ihr sage, wo du bist, Paul«, forderte Peter, der das blasse, spitze Gesicht vor Augen hatte, das Anna bekommen hatte, seitdem der Skandal des Bruders öffentlich geworden war.

»Wenn du meinst«, ließ Paul sich erweichen.

Vielleicht war es ja wirklich besser, wenn die Mutter wusste, wo er sich aufhielt. Dass sie verschwiegen und vorsichtig sein konnte, hatte sie schon im Fall des kleinen Cohn bewiesen.

Endlich rappelte Peter sich hoch. »Ich muss wieder gehen, Paul, und ich glaube nicht, dass es gut ist, wenn ich noch einmal vorbeikomme. Bei Mutter ist das etwas anderes, die ist ja oft hier oben auf den Wiesen, vor allem jetzt, in der Erntezeit. Es wird niemand etwas daran finden, noch nicht mal die Else.«

Sie lächelten beide, obwohl es ihnen leidtat um ihre verblendete Schwester, die noch schlimmer war als Gustel.

»Dann geh mit Gott und pass auf dich auf!«, sagte Paul mit rauer Stimme, und sie umarmten sich lange.

Peter zwängte sich aus der Höhle zurück ins Tageslicht, das schon langsam der Nacht zu weichen begann. Er kämmte mit dem langen Ast seine Fußstapfen aus dem hohen Gras und stieg dann den leicht abschüssigen Hohlweg hinab Richtung Dorf.

Als er nach Hause kam, verschloss Gustel eben die flache Stahlkassette, in die sie am Abend die Scheine steckte.

»Ich werf das noch schnell in den Schalter der Sparkasse, damit es in Sicherheit ist!«, rief sie Peter zu und huschte hinaus.

Peter machte auf der Stelle kehrt und verließ ebenfalls wieder das Haus.

Er verschwand in entgegengesetzter Richtung wie seine Frau und strebte auf den Hirschen zu, in dem seit dem Tod des Onkels dessen Sohn Hubert der Wirt und der Metzger war.

An diesem Abend kam Peter sehr spät nach Hause. Seine Schritte waren schwer, und dies nicht des verletzten Beines wegen.

Unwillig drehte Gustel, die ihn gehört hatte, sich auf die andere Seite.

Auch gut so, dachte Peter und fiel in einen bleiernen Schlaf.

**34** Das Bombardement der Alliierten in der ersten Hälfte des Jahres 1943 hatte der Reederei Mazone-Orlandi schwer zugesetzt, doch es hatte sie nicht vernichtet.

Stefano Orlandis kluger Strategie war es zu danken, dass die Firma bisher nur drei Schiffe verloren hatte. Die anderen hatte er, noch zur richtigen Zeit, durch Scheinverkäufe einer staatlichen Requirierung entzogen. Gleichzeitig waren sie von ihm an Stätten beordert worden, die weit entfernt von den Kriegsschauplätzen waren. Dort fuhren sie mit kleinen Frachten zwar kaum das Liegegeld in den Häfen ein, aber nach Kriegsende würden sie noch vorhanden und wieder einsetzbar sein.

Mit den Reedereianlagen im Hafen von Neapel verhielt es sich anders. Docks, Hallen und Kontorgebäude waren beschädigt, und was noch zu gebrauchen war, war von den deutschen Wehrmachtstruppen besetzt worden, die nach der Verhaftung Mussolinis Neapel in Besitz genommen hatten.

Um ihrem Terrorsystem und den zähen Partisanenkämpfen der Resistenza zu entgehen, waren Stefano Orlandis Familie und seine Mutter auf das Landgut bei Salerno übersiedelt. Sie sollten für die Dauer des Krieges dort bleiben.

Sofia hatte ihren Selbstmordversuch im Frühsommer gerade noch einmal überlebt. Eine Nachtschwester, die ihre Pflichten besonders genau nahm, hatte sie halb verblutet entdeckt. Unverzüglich eingeleitete Rettungsmaßnahmen hatten Sofia gezwungen, in die diesseitige Welt und in ihre persönliche Hölle zurückzukehren.

Sie war sehr geschwächt und noch immer auf Olivias Pflege angewiesen.

»Wir teilen Angela nichts von alledem mit«, hatte Stefano gleich nach dem Vorfall angeordnet. »Reisen sind gefährlich bis unmöglich, und jede Nachricht, die man ihr geben könnte, würde Angela höchstens belasten.« Danach schrieb er seiner Schwester einen Brief, in dem er ihr lediglich den Wechsel des Aufenthaltsorts mitteilte.

Am Tag, bevor auch er nach Salerno aufbrechen würde, begab sich Stefano noch einmal in die Stadt. Es war Freitag, und auch in diesen schweren Tagen erschienen die Händler aus den Vorstädten zum Wochenmarkt. Zahlreiche deutsche Soldaten in ihren Uniformen waren zwischen den Neapolitanern auszumachen. Stefano schob sich durch die Marktbesucher und stellte belustigt fest, wie sehr das Angebot sich verändert hatte. Kostbarkeiten wie Hühnchen, Kaninchen oder Eier wurden unter Kartoffel- oder Gemüsekisten verborgen und nur an gute Stammkunden verkauft; auf gar keinen Fall aber an Deutsche.

Er fand seine Großmutter, die offenbar nur noch Küchenkräuter, Zucchini, Karotten und kleine, grünblaue Trauben verkaufte, an ihrem üblichen Platz. Stefano wartete ab, bis sich kein Kunde an ihrem Marktstand befand, erst dann trat er näher.

»Ich bin froh, Sie gesund anzutreffen«, sagte er erleichtert, denn die Pasqualinis wohnten ja ebenfalls in der Region, die vom Bombardement betroffen gewesen war.

»Ganz meinerseits«, erwiderte die Alte, die sich viele Gedanken über das Schicksal dieses Enkels gemacht hatte.

»Ich war glücklicherweise zu Hause, als es passiert ist, im ehemaligen Haus meiner Großmutter Odilia Orlandi«, konnte Stefano seine Nonna beruhigen. »Es ist unbeschädigt, und meine Frau und die Kinder befanden sich auf dem Lande.«

»Auch bei uns ist niemandem etwas passiert«, berichtete Maria Pasqualini, während sie verstohlen Eier in eine Tüte legte. »Sogar das Haus, die Fenster und die Werkstatt sind heil geblieben, obwohl auf dem Friedhof, nur ein paar Steinwürfe entfernt, drei Bomben niedergegangen sind.«

»Da hatten Sie mehr Glück als unsere Familie: Die Villa Mazone ist völlig zerstört.«

»Ich habe es gesehen.« Maria Pasqualini nickte, um dann sofort nachzuhaken: »Was ist mit Ihrer Frau Mutter, Signore?«

»Sie war auf dem Fußweg zur Fahrstraße, als es passierte. Leider ist sie seitdem vollkommen taub.«

»Was für ein schreckliches Schicksal! Und dabei ist sie doch noch eine so junge Frau!«

Stefano musste ein wenig schmunzeln. So etwas konnte nur eine Frau Mitte siebzig behaupten. »Meine Mutter ist dreiundfünfzig«, stellte er richtig, worauf Maria Pasqualini, überzeugt davon, er wolle ihre Einschätzung bestätigen, erwiderte: »Das meinte ich ja!«

Stefano erkannte, dass die Betrachtungen von alt und jung nicht zusammenzubringen wären, und teilte der Großmutter nun mit, weshalb er gekommen war. »Meine Familie ist, wie erwähnt, auf unserem Landgut bei Salerno, und ich werde ihr heute nachfolgen. Ich wollte mich noch von Ihnen verabschieden, Signora. Man weiß ja nie, ob man sich wiedersehen wird in solch schwierigen Zeiten.«

Die Alte nickte. »Das weiß man nie«, sagte sie traurig und überlegte einen Moment lang, ob sie dem Enkel von der Krankheit erzählen sollte, die sie dünner und dünner machte, aber sie unterließ es dann doch.

»Ich habe Ihnen eine Fotografie mitgebracht«, sagte Stefano indessen und holte einen Umschlag aus seinem Einkaufskorb.

Die Alte betrachtete das Foto, das Stefano vor einiger Zeit hatte anfertigen lassen. Es zeigte ihn und die ganze Familie. Maria Pasqualini studierte es aufmerksam, dann lächelte sie.

»Der Sohn gleicht Ihrer Gattin, aber die Tochter ist ganz das Abbild unserer Tochter Gina!«, erklärte sie spontan und erschrak danach heftig.

Was sie gesagt hatte, war gegen alle nie ausgesprochenen Regeln.

Doch Stefano war nicht etwa beleidigt, sondern er lächelte nachsichtig und sagte dann ein wenig wehmütig: »Vielleicht werde ich sie eines Tages ja auch einmal kennenlernen.«

»Das wünsche ich mir«, erwiderte die Alte und konnte die Tränen nun nicht mehr zurückhalten. »Leben Sie wohl, Signore«, sagte sie mit kratzender Stimme, denn es war ihr vollkommen klar, dass sie ihn nie wiedersehen würde. »Drei Monate noch«, hatte der Arzt ihr gesagt, den sie jetzt konsultiert hatte, »vielleicht ja auch vier!«

»Auf Wiedersehen«, sagte Stefano und drückte die Hand der alten Frau sehr lange.

»Sie haben mir so viel Glück geschenkt, Stefano«, bekannte Maria Pasqualini jetzt doch. Sie wollte noch etwas hinzufügen, aber es stellte sich ein deutscher Offizier neben den Reeder und deutete fordernd auf die Trauben.

Stefano nickte zum Abschied und entfernte sich. Die Eier steckte er aus reiner Gewohnheit in seinen Korb.

Noch ehe Maria Pasqualini dem Deutschen die unreifen Früchte in eine Tüte gepackt hatte, heulten wieder einmal die Sirenen, und in kürzester Zeit waren alle Marktleute samt ihren Kunden im Labyrinth des unterirdischen Neapel verschwunden.

**35** »Es muss etwas passiert sein, anders kann ich mir sein langes Schweigen nicht mehr erklären«, sagte Angela am 12. September zu Ludovica, die der knapp fünfjährigen Leonora einen Pfirsich schälte und darauf achtete, dass die Kleine ihr hübsches Kleidchen nicht damit bekleckerte.

»Es ist Krieg, Angela!«, gab die Diva zu bedenken. »Du kannst nicht erwarten, dass der Postverkehr davon nicht beeinträchtigt wird.«

»Ich habe in seiner Firma angerufen, was ich noch nie gemacht habe«, gestand Angela, »und habe nach ihm gefragt …«

»Und was hat man dir dort gesagt?«

»Überhaupt nichts. Die Frau dort hat einfach aufgelegt, und in seiner Wohnung hat sich überhaupt niemand gemeldet.«

»Das wirkliche Wunder an dieser Sache ist, dass überhaupt eine Verbindung zustande gekommen ist.«

Angela nickte bedrückt und ersparte es sich, Ludovica zu erklären, an wie vielen Strippen sie hatte ziehen müssen, bis die

Verbindung nach Stuttgart ermöglicht worden war. Glücklicherweise gab es Verehrer mit sehr guten Beziehungen, denn anders wäre es unmöglich gewesen.

»Vielleicht haben sie ihn in den Krieg geschickt, und er muss für sein Vaterland kämpfen wie andere auch?«, mutmaßte die alte Sängerin, denn ihre Sympathien für den Deutschen hielten sich mehr denn je in engen Grenzen. Wäre der verdammte Kerl dort geblieben, wo er herkommt, hätte Angela jetzt etliche Sorgen weniger. Sie wäre ohne Einschränkung die Frau von Benedetto Lacardo, und ihre eigene Karriere wäre unbelastet vom Schmachten und Bangen nach einem Mann, der dies nicht verdient, dachte Ludovica unversöhnlich, während ihr das Kind entwischte.

»Ich will zu dir, Mama!«, rief Leonora und kletterte auf Angelas Schoß. Angela drückte die Kleine, die immer mehr ihrer Großmutter Sofia ähnlich sah, an ihr Herz. Es war, als ob ihre Tochter einen Sinn dafür hätte, wann die Mutter ihre Nähe und Wärme besonders benötigte, und sie war verschwenderisch mit der Gabe der Liebe. Alle Nervosität und Angst fiel von Angela ab, wenn sich die dünnen Ärmchen Leonoras um ihren Hals schlangen und die weichen Lippen der Tochter ihre Halsmulde fanden. Das war es, was Leonora von ihrer Großmutter unterschied, der sie so ähnlich sah: Dieses Kind verströmte sich geradezu im Geben, während sie verblüffend wenig Ansprüche stellte. Vielleicht deswegen, weil jeder ihr zugetan war. Die Summe der Liebe und Sympathie war es vermutlich, die sie so pflegeleicht machte. Dabei hätte sie allen Grund, sich als verzogenes Gör zu gebärden, denn sowohl das Kindermädchen als auch Ludovica und vor allem ihr Vater verwöhnten sie über alle Maßen.

Unwillkürlich musste Angela lächeln, als sie an Bene dachte, während sie das Kind in ihren Armen hin und her wiegte.

Wie bei allem, was er tat, übertrieb Benedetto seine Vaterrolle. Er hatte es, seitdem Leonora laufen konnte, durchgesetzt, sie mit zu den Proben in die Oper zu nehmen, um ihre Musikalität zu schulen.

Nur dem freundlichen Wesen des Kindes und dem Geschick von Lucia, dem Kindermädchen, war es zu danken, dass der Probenbetrieb darunter nicht litt.

Tatsächlich schienen der Kleinen Musik und Gesang zu gefallen. Sie hockte meist mit gebanntem Blick dabei und lauschte. Die Kinderfrau fütterte sie mit Keksen und Obst. Sie tat dies, bis Benedettos Aufmerksamkeit voll dem Probegeschehen galt und er seine Tochter wieder vergaß, was in der Regel nicht länger als eine Viertelstunde dauerte. Danach ging Lucia mit der Kleinen im Park spazieren, um kurz vor dem mutmaßlichen Ende der Probe wieder einzutreffen und zu behaupten, nur ganz kurz weg gewesen zu sein.

Angela hatte es längst unterlassen, sich in dieses Verfahren einzumischen. Sie hatte sich angewöhnt, Benedettos Proben – soweit sie nicht ebenfalls mit im Ensemble war – für persönliche Ausgänge zu nutzen: den Friseur, die Schneiderin oder um eine Freundin zu treffen. Ihr Leben hatte sich eingespielt, und die Rollen, die man ihr anbot, wurden größer und interessanter.

»Wäre nicht dieser abscheuliche Krieg, du hättest bereits an den bedeutendsten Opernhäusern Europas gesungen«, behauptete Ludovica, was eine Übertreibung war, wie sie selbst wusste. Angelas Stimme, die immer schön, aber noch jugendlich schlank war, entfaltete sich mit dem Umfang ihres Repertoires mehr und mehr. Sie war jetzt siebenundzwanzig Jahre alt; mit dreißig frühestens würde sie den Zenit erreichen, das war der erfahrenen Lehrerin klar.

Angelas eheliches Leben, das keines war, verlief erstaunlich problemlos.

Von den Proben in der Oper abgesehen, zu denen er Leonora und Lucia stets abholte, kam Bene wie eh und je, wann immer er Lust dazu hatte. Am Sonntag aber erschien er pünktlich um sieben, küsste die Kleine, bevor sie zu Bett gebracht wurde, und ging mit ihrer Mutter zum Abendessen. Die Versuche, sie zurückzugewinnen, hatte er aufgegeben.

Er hatte sich eine Haushälterin genommen, eine junge Frau aus der Basilicata, die nicht nur kochte und das Haus bestellte, sondern auch Benedettos Bett machte und darin schlief.

»Das hast du nun davon! Man wird an deiner Eignung als Ehefrau zweifeln, wenn das sich herumspricht«, hatte Ludovica Angela vorgehalten, als sie davon erfuhr. Doch Angela war nicht gekränkt, sondern erleichtert – und in Rom sprach man bald von diesem und jenem. Im Moment hauptsächlich vom Waffenstillstand von Cassibile, der wenige Tage zuvor im Auftrag König Viktor Emanuels III. zwischen der Badoglio-Regierung und den Alliierten geschlossen worden war. Gleich am nächsten Tag, als Quittung auf die Vereinbarung gewissermaßen, erfolgte die Besetzung Norditaliens durch deutsche Truppen. Sie befreiten den inhaftierten Mussolini und erweiterten ihre Besatzungszone bis hinunter nach Rom. Nun zerfiel das Königreich Italien in zwei Teile.

Genug Gesprächsstoff für die Hauptstadt in diesen Tagen, wie Angela fand.

Die Römer nahmen es, wie alles, was ihnen in diesen Kriegsjahren widerfahren war und widerfuhr, gelassen. Gut, man hatte sich in Auseinandersetzungen mit halb Europa befunden und wusste noch nicht, wie dies alles weitergehen würde, was aber noch lange nicht bedeutete, dass das römische Leben anders verlief als zu anderen Zeiten. Die Römer verstanden es, sich mit der Normalität des Alltags gegen das Außerordentliche zu wehren.

Benedetto aber war schrecklich wütend gewesen, weil die politischen Verwicklungen die Premiere der Oper *Turandot* verpatzten, auf die er sich den ganzen Sommer über vorbereitet hatte.

Angela, die erst für die Partie der Turandot vorgesehen gewesen war, hatte die Titelrolle schließlich an die wesentlich ältere, fest im kulturellen Beziehungsgeflecht Roms verankerte Sopranistin Lisa Dora verloren.

Es blieb ihr übrig, die Liu zu singen, eine junge Sklavin, weshalb sie nicht besonders traurig darüber war, dass die Aufführung in den November hinein verschoben worden war.

Die politischen Entwicklungen betrachtete sie höchst zwiespältig. Einerseits widerstrebte ihr die Besatzerrolle der Deutschen, andererseits boten die Gegebenheiten in Rom am ehesten die Möglichkeit, Paul wiederzusehen. Hätte sie der Empfehlung ihres Bruders Folge geleistet und sich mit dem Kind ebenfalls aufs Landgut der Orlandis zurückgezogen, wäre ein solches Treffen völlig unmöglich geworden.

»Die ganze Welt ist verrückt geworden«, sagte sie jetzt und legte das Kind, das inzwischen eingeschlafen war, vorsichtig auf den Diwan und deckte es zu.

»Ich bin seit der Geburt Leonoras nur selten voll und ganz deiner Meinung«, erwiderte Ludovica und wogte in die Küche, um ihren Nachmittagsespresso zuzubereiten, »aber in diesem Punkt sind wir vollkommen einig, mein Herz!«

**36** »Wach auf, Paul. Wach sofort auf!«, drang eine bekannte Stimme in Pauls unruhige Träume.

Paul fuhr hoch. Obwohl es in seiner Höhle stockdunkel war, wusste er sofort, wer diesmal gekommen war.

Der fluoreszierende Zeiger des Weckers neben ihm zeigte zwanzig Minuten vor drei Uhr.

»Mutter«, stammelte er verwirrt. »Was machst du denn hier, mitten in der Nacht?«

Die Frage war berechtigt, denn Anna war erst am Tag zuvor bei ihm gewesen.

»Es ist etwas passiert«, sagte sie da mit einer so hohen und dünnen Stimme, wie er sie noch nie bei ihr gehört hatte.

»Was?«

»Ich habe es ja immer geahnt«, stieß Anna hervor. »Dieser verdammte Hittelmayer mit seiner Fabrik!«

Paul zählte zwei und zwei zusammen: »*Das* war also der Krach, den ich gestern gehört habe, sogar noch hier oben …«

»Das war der Krach, ja.« Nun schrie Anna beinahe, mit einer Verzweiflung, die einem das Herz brechen konnte. »Er war auf dem Weg in die Stadt, um einen Freund zu besuchen. Und er muss genau bei der Fabrik gewesen sein, als sie angefangen haben zu bombardieren. Dort gibt es überhaupt nichts mehr anderes als ein riesiges Loch. Ein paar von den Arbeitern, die in den Hallen waren, haben sie noch gefunden, mehr oder weniger ganz, aber überlebt hat es keiner. Und die, die im Freien waren, die auf den Bahngleisen standen oder Fußgänger im näheren Umkreis, die hat es in tausend Fetzen zerrissen. Er ist tot, Paul, mausetot …« Erneut schluchzte sie auf.

Paul spürte, wie eine große Kälte in ihm hochstieg. Sie lähmte ihn, als ob er aus Eis wäre, und ließ ihn kaum die Lippen auseinanderbringen.

»*Wer* ist tot, Mutter, wer ist es?«, fragte er, obwohl er es eigentlich wusste.

»Der Peter«, erwiderte Anna, die plötzlich ganz ruhig schien. »Dein Bruder. Dein ›anderes Ich‹ … Er war noch bei mir, unmittelbar bevor er aufgebrochen ist.«

Sie sank vornüber, krallte sich an ihrem verbliebenen Zwillingssohn fest und brach in ein heiseres Weinen aus, das ihren ganzen Körper erzittern ließ.

Paul hielt sie fest und sagte kein Wort. Er kannte keines, das ihren und seinen Schmerz hätte ausdrücken können, und von Lindern war keine Rede.

»Ich bringe ihn um«, stieß Anna endlich hervor. »Ich bringe ihn um. Ich erwürge ihn mit meinen eigenen Händen!«

Paul brauchte keine Erklärung dafür, wen sie damit wohl meinte. Auch er hätte diesen gewissenlosen, verbrecherischen Bärtchenträger erschlagen, hätte sich die Chance dazu geboten.

Peter, der gehofft hatte, nach dem Krieg seine Träume zu leben.

Jetzt war er ein Traum, ein körperloser Geist, den sie nie wieder würden berühren können. Er drückte die Mutter fester an sich und wartete, bis ihr die Tränen ausgegangen waren.

»Wie hat es Gustel denn aufgenommen?«

Anna löste sich von ihm und sagte mit rauer Stimme: »Sie weiß nichts davon. Ich habe ihr gesagt, ein Militärfahrzeug war da und hat ihren Mann vorzeitig abgeholt, weil er in seiner Stellung dringend benötigt wird!« Anna Pasqualini zuckte kurz mit den Schultern. »Sie hat es geglaubt.«

Paul starrte der Mutter in ihr weißes, unbewegtes Gesicht und dachte, dass sie jetzt den Verstand verloren habe, genau wie damals beim Vater.

Einen kurzen Moment lächelte Anna; er spürte es mehr, als er es sah.

»Es ist nicht so, wie du denkst«, sagte sie dann. »Und jetzt mach endlich ein Licht!«

Stumm befolgte Paul ihre Anordnung. Die Petroleumlampe flackerte, aber sie tat ihren Dienst.

Erst jetzt bemerkte er ihre ausladende Tasche. »Was hast du

denn mitgebracht?«, fragte er, mehr um überhaupt etwas zu sagen als aus echtem Interesse.

Anna hob den Kopf. Sie war jetzt sehr ruhig.

»Deinen Passierschein«, sagte sie mit bitterer Ironie. »Er war in Zivilkleidung unterwegs!«

Dann stand sie auf und holte Peters Uniform aus der Tasche. Sein Uniformhemd, seine Militärstiefel, die Unterwäsche, die Socken. Sein Soldbuch, seine Erkennungsmarke, seinen Stahlhelm, sein Koppel. Nichts hatte sie vergessen, auch nicht den Urlaubsschein und die anderen Papiere.

»Und du gib mir deinen italienischen Pass. Ich werde dafür sorgen, dass man ihn findet. Zwischen der Eisenbahnlinie und der Fabrik. Dort, wo er gelaufen sein muss!«

»Das geht doch nicht, Mutter«, sagte Paul, der genau verstand, was sie vorhatte.

»Niemand außer mir kann euch wirklich unterscheiden, vermutlich nicht mal die Gustel …«

»Trotzdem. Das wäre doch … *pietätlos!*«

Anna lachte ein kurzes, grimmiges Lachen.

»Junge«, sagte sie dann. »Ich habe einen Mann und jetzt auch noch einen Sohn verloren. Ich finde, das ist mehr als genug. Ich kann dir nicht versprechen, dass du damit in die Schweiz kommst, aber nach Frankreich bestimmt, und von dort gibt es auch Wege in die Schweiz. Du warst immer schon schlau, Paul, du wirst eine Möglichkeit finden davonzukommen!«

»Mutter, ich sage dir doch …«

»Du bist jetzt still und tust, was ich sage. Ich habe alles sorgfältig gegeneinander abgewogen. Du kannst nicht hierbleiben, sie wissen von diesem Höhlensystem, die Parteibonzen in der Kreisstadt. Irgendein Geologe ist letztes Jahr darauf gestoßen und hat es der Kreisverwaltung berichtet. Erst waren sie nicht sehr interessiert an dieser ›Entdeckung‹, aber inzwischen gibt's

Pläne, geheime Akten hier auszulagern und sonstigen Kram, den sie gerne in Sicherheit hätten. Dein Schwager hat daheim davon erzählt. Ich wollt's dir nur nicht sagen, bevor mir eine Lösung eingefallen ist. Die, die jetzt eingetreten ist, habe ich allerdings nicht in Betracht gezogen!« Sie lachte abermals bitter auf, bevor sie fortfuhr: »Je schneller du hier verschwindest, Paul, desto besser. Im Moment jedenfalls sind alle abgelenkt und haben andere Sorgen. Es ist, so betrachtet, der ideale Moment.«

»Ich weiß nicht, Mutter, ich hab da Hemmungen. Und irgendwie werd ich schon auch so durchkommen.«

»Sei nicht dumm, Paul! Dem Peter schadet es bestimmt nicht mehr, und dir wird es das Leben retten, wenn du dich für ihn ausgeben kannst. Zu mir oder zu sonst wem im Ort kannst du jedenfalls nicht kommen, sie werden demnächst in Wisslingen nach dir suchen, hat mir die Else erzählt – und das nicht aus Versehen. Die vermutet heute noch, dass ich beim kleinen Cohn meine Finger im Spiel hatte, und warum sollte ich dann ausgerechnet meinen eigenen Sohn nicht verstecken?«

Sie sah, dass Paul immer noch zögerte, und setzte hinzu: »Du darfst nicht glauben, dass dir irgendwer helfen wird, als *Paul* Pasqualini, der sich vor dem Kommiss gedrückt hat. Dieses Land ist zu einem großen Gefängnis geworden, und Aufseher und Zuträger sind überall! Sie werden auch immer radikaler mit den Fahnenflüchtigen, je schlechter sie dastehen in ihrem elenden Krieg. Die machen kurzen Prozess und erschießen dich auf der Stelle, wenn du keine Papiere vorweisen kannst.«

»Ich weiß, Mutter. Und trotzdem …«

Paul lehnte sich an die felsige Wand und zwang sich zum Nachdenken. Die Bemerkung seines Bruders fiel ihm ein, dass Anna zur List fähig sei, wenn es um etwas gehe. Jetzt ging es um sein Leben, und niemand außer ihm war daran so interessiert wie seine Mutter. Allenfalls Angela noch.

Der Gedanke an Angela brachte ihm schließlich die Entscheidung.

Er wollte sie wiedersehen, koste es, was es wolle!

37 Am 23. September, dem Tag, an dem der von den Deutschen befreite Benito Mussolini die »Repubblica Sociale Italiana« ausrief und der süditalienischen Badoglio-Regierung den Krieg erklärte, wurde Paul Pasqualinis leerer Sarg in den Boden versenkt. Es geschah dies zusammen mit den meist ebenfalls leeren Särgen der insgesamt zweiundzwanzig Menschen aus Wisslingen, die bei dem Luftangriff auf die Hittelmayersche Fabrik getötet worden waren. Es handelte sich um fünf Männer, von denen vier über sechzig Jahre alt gewesen waren, und um siebzehn arbeitsverpflichtete Frauen.

Der Ortsgruppenleiter Moritz Gruber hatte eine pompöse Trauerfeier inszeniert, die einen Tag nach der in der Kreisstadt stattfand, wo man zweiundachtzig Menschen verloren hatte; neun Arbeiter in fortgeschrittenen Lebensjahren, neununddreißig arbeitsverpflichtete Frauen und vierunddreißig Passanten, Bahnreisende und Zivilisten, darunter zwölf Kinder.

Else Gruber war es gelungen, ihren Mann davon zu überzeugen, ihren Bruder Paul stillschweigend mit zu beerdigen, das erspare alle Begründungen »nach oben«, die für die Familie nur peinlich sein konnten.

Die Totenglocken konnten nicht geläutet werden, weil man sie abgeholt hatte, um Munition aus ihnen zu fertigen, aber die Blaskapelle spielte verschiedene Trauermärsche. Der Pfarrer hielt eine Predigt, die er auf einem Satz aus dem ersten Klagelied des Jeremia aufbaute: »Sieh doch mein Elend, o Herr, denn die Feinde prahlen!«

Er konzentrierte sich dabei sehr aufs Elend und verdammte die prahlenden Feinde, die dies verursacht hatten, für den Geschmack des Ortsgruppenleiters Gruber viel zu wenig. Er kam jedoch nicht sehr weit damit, denn die Sirenen, die einen erneuten Luftangriff ankündigten, trieben die gesamte Beerdigungsgesellschaft samt Musikkapelle, die Partei- und Kreisfunktionäre sowie den Pfarrer im vollen Ornat in den Luftschutzbunker unter der Schule oder in die Keller der nächstgelegenen Häuser.

Als der Spuk wieder vorbei war – diesmal glücklicherweise ohne Schäden zu hinterlassen –, machten sich nur noch die engen Angehörigen die Mühe, erneut auf den Friedhof zu gehen, um die Toten der Erde zu übergeben.

Anna stand so lange am Grab ihres Sohnes, bis die Parteijugendlichen, die man hatte rufen müssen, den beiden alten Totengräbern behilflich zu sein, den Hügel über dem Grab errichtet und das Kreuz mit dem falschen Namen in die Erde gesteckt hatten.

Dann erst ging sie nach Hause.

Sie saß bis tief in die Nacht auf der Bank vor dem Haus. Obwohl es schon auf Ende September zuging, war der Tag heiß gewesen, und die Wärme hielt sich hier, in der geschützten Ecke, besonders gut.

Anna schmeckte die Gerüche des nahenden Herbstes und betrachtete ihre Gladiolen, die wie Staketen in den Nachthimmel ragten. Zum ersten Mal seit Stefanos Tod beneidete sie ihn um diesen Zustand. Er hatte ihm sehr viel erspart.

Und wer wusste schon, was noch alles kommen mochte.

**38** Sehr bald sollte sich herausstellen, dass Paul Pasqualini nicht nur in die Schuhe seines Zwillingsbruders Peter geschlüpft war – er musste auch darin marschieren.

Was genau Peter in diesem Krieg getan hatte, war bei dem Besuch in der Höhle nicht besprochen worden; nur dass sein Einsatzort am Atlantikwall gewesen war.

Als Paul sich am bezeichneten Sammelort in Mannheim einfand, begann sofort die erste Komplikation seines Identitätswechsels.

»Da bist du ja wieder«, schrie ein rotbackiger Hüne ihm zu, der dieselbe Uniform trug wie er selbst, und schlug Paul freundschaftlich auf die Schultern.

»Du scheinst dich aber gut erholt zu haben, Pit«, konstatierte der Soldat nach einem prüfenden Blick.

»Gutes Futter bei der Mutter«, versuchte Paul sich in einem Späßchen.

»Ah ja. Haben sie deine Frau jetzt auch arbeitsverpflichtet?«, schloss der Rotbackige aus dieser Bemerkung und setzte sich neben seinem vermeintlichen Kumpel auf die hölzerne Bank.

Verdammt, dachte Paul alarmiert. Ich muss vorsichtig sein! Sogar so harmlose Scherze konnten sich gegen ihn richten, denn gleich zu Beginn seines Lebens als Peter hatte er sich dessen Familienstand nicht bewusst gemacht. Außerdem hatte er natürlich keine Ahnung, wie dieser massige Kamerad hieß, der ihn Pit genannt hatte und mit dem Peter offenbar recht vertraut gewesen war. Doch Paul wusste sich rasch zu helfen.

»Sag mal«, bat er den Mann nach ein paar unverbindlichen Sätzen, »könntest du mir mal deinen Urlaubsschein zeigen? Mein Schwager, der Ortsgruppenleiter, du weißt schon, hat behauptet, die hätten da einen ›formalen Fehler‹ gemacht und dass ich Ärger deswegen kriegen könne, wenn eine Kontrolle kommt. Jetzt möcht ich mal sehen, ob deiner anders aussieht als meiner!«

Der Rotbackige griff ohne weitere Rückfragen in die Innentasche seiner Uniformjacke und reichte Peter seine Brieftasche.

»Da hast du den ganzen Kram. Das ist ja mal wieder typisch für die Parteibonzen: Uns schicken sie dorthin, wo's brenzlig ist, und die hocken sich in ihren Provinzbüros die Hintern breit und spielen die bürokratischen Erbsenzähler. Die mag ich, das kann ich dir sagen!«

»Er ist ein Arschloch, der Moritz«, konstatierte Paul und überflog die Papiere des anderen. Der Mann hieß Eduard Kahle und war Truppführer bei der Organisation Todt. Vermutlich war er selbst auch so etwas Ähnliches, nur musste er höher gestellt sein, denn Peters Uniform hatte einen anderen Kragenspiegel.

Der »Organisation Todt« also hatte Peter angehört, was eigentlich logisch war: Peter war Maurermeister gewesen, und Kenntnisse solcher Leute dürften Gold wert sein beim Bau von Verteidigungsanlagen.

Das ging ja noch an.

Paul entspannte sich ein wenig und hoffte, nicht mit irgendwelchen Schießgeräten hantieren zu müssen, deren Bedienung ihm fremd und deren Einsatz ihm verhasst war.

Der Sonderzug fuhr jetzt ein.

Eduard Kahle griff nach seinem Rucksack und sagte zu Paul: »Folge mir, Alter. Im Quartiermachen bin ich einsame Spitze, und ob ich das in französischen Bauernkäffern erledigen muss oder in deutschen Frontzügen: Wer mit mir reist, hat den optimalen Platz.«

»Na, dann los«, erwiderte Paul und trabte im Kielwasser des Hünen zum Zug.

Sie fuhren mit vielen Aufenthalten vier Tage und fünf Nächte. Paul bummelte dabei oft durch den Zug und versuchte, die

Stimmung der Soldaten einzufangen. Das interessanteste Gespräch belauschte er kurz hinter Evreux, als zwei Offiziere sich darüber unterhielten, wie sehr sich der »Wüstenfuchs« Rommel über den Zustand des legendären Atlantikwalls erregt hatte, mit dem in Deutschland mächtig Propaganda betrieben wurde.

»Nichts als ein totaler Bluff«, sollte der Generalfeldmarschall geschrien haben. Und auch von Rundstedt, der Oberbefehlshaber West, sei derselben Meinung gewesen.

»Gut, aber die Leute im Stab mussten einwenden, dass es gefährlich sei, so viel Material und Menschen allein für die Komplettierung des Atlantikwalls aufzuwenden, wo es im Osten an den verschiedensten Stellen so klemmt!«, erwiderte der andere Offizier und warf Paul, der in Hörweite stehen geblieben war, einen aufmerksamen Blick zu. Die Spione waren überall, und es dämmerte ihm, dass solche Gespräche auf Zugfluren besser nicht geführt werden sollten.

Paul, der die Gedanken des Mannes erahnte, trat schnell die Flucht nach vorn an und sagte gespielt devot: »Bitte um Entschuldigung, Herr Oberleutnant, dass ich hier stehen geblieben bin, obwohl das ein Abteil erster Klasse ist, aber ich war blessiert, und mein Bein macht noch manchmal Beschwerden.«

Der Mann war schnell besänftigt und sagte gönnerhaft: »Schon gut, Kamerad. Das lässt wieder nach!« Sein Blick fiel auf das Emblem der Organisation Todt an Pauls Kragen, und er fügte hinzu: »Wir brauchen da draußen jeden vernünftigen Mann. In letzter Zeit verweist Speer die Leute bei den Bautrupps zu sehr auf die rekrutierten französischen Zwangsarbeiter. Wobei jeder, der zwei und zwei zusammenzählen kann, weiß, dass das Probleme machen wird. Die Résistance wird die Gelegenheit nutzen und euren Club infiltieren, aber so weit denken die offenbar nicht in Berlin.«

Paul nickte mit bedenklicher Miene und machte sich dann

aus dem Staub, wobei er nicht vergaß, ein klein wenig zu hinken.

Am frühen Morgen des fünften Tages hatten sie den Zielbahnhof erreicht und wurden mit Mannschaftswagen an ihre Einsatzorte gebracht.

Paul wohnte mit einem halben Dutzend anderer Soldaten zusammen in einem Bauernhof. An der freundlichen Begrüßung – nicht nur durch die Kameraden, sondern auch durch die französischen »Gastgeber« – bemerkte er, dass sein Bruder Peter sich hier ordentlich aufgeführt haben musste. Er registrierte aber auch die fordernden Blicke der zwanzigjährigen Tochter des Bauern und sah ihre Enttäuschung, als er ihr keine besondere Aufmerksamkeit schenkte und ihren Versuchen, ihn allein anzutreffen, geschickt entging.

Sollte es nicht nur das große Interesse am Laden gewesen sein, das die Gustel dem Peter so fremd gemacht hat?, überlegte er, als er am Abend in seiner Kammer lag, die er mit dem Hünen Eduard teilte.

Doch Peter war tot und konnte darauf keine Antwort mehr geben. Sollte die Französin doch denken, er habe seine Haltung ihr gegenüber während des Heimaturlaubs verändert. Was ihn betraf, so hatte er Sehnsucht nach Angela und nur nach ihr.

Angela aber war fern, und die Schweiz war es ebenso.

Den Optimismus der Mutter, dass von Frankreich aus auch Wege dorthin führen würden, konnte er nicht mehr teilen, nach allem, was er auf der Fahrt hierher gesehen und gehört hatte.

Er saß hier erst einmal fest und sah keine Chance, wie dieser Zustand zu ändern wäre.

Der Hüne im Bett gegenüber begann rasselnd zu schnarchen, und so begann die erste Härte des Kriegs für Paul Pasqualini mit chronischem Schlafmangel.

Die nächsten Monate verbrachte Paul damit, die Strände und

Brandungszonen zu verbarrikadieren. Zusammen mit seinem Trupp – inzwischen hatte er begriffen, dass er den Titel eines Frontführers hatte – errichtete er Hindernisse aus Reihen von »Tschechenigeln«, Hemmbalken, von denen viele an der Spitze mit Minen oder Sprenggranaten bestückt waren, und Stacheldrahtverhaue. In breiten Streifen wurden die Ufergebiete vermint. Es wurden auch zahlreiche »Rommelspargel« installiert, die aus Masten und dazwischen gespanntem Draht bestanden und Luftlandeoperationen erschweren oder unmöglich machen sollten. Wassergräben wurden angelegt. Panzermauern und Brandfallen ergänzten die Palette der Hindernisse.

In der Zeit kurz vor Weihnachten besuchte sie eine Inspektionsgruppe aus Berlin.

Ein Major namens Lauder betrachtete aufmerksam die Arbeit des Fronttrupps X/8, für die Paul verantwortlich war.

»Gute Arbeit, Frontführer«, lobte er. »Wie war der Name?«

»Pasqualini, Herr Major!«

Der Offizier hob die Brauen. Er kam gerade aus Salò und hatte kein besonderes Faible für die Leute, die er dort kennengelernt hatte.

»Italiener?«, fragte er mit unvermittelter Antipathie.

»Einer meiner Urgroßväter«, sagte Paul. »Ich bin gebürtiger Schwabe!«

»Ah ja. Das sind gute und fleißige Leute«, befand der Major. Er war schon beinahe wieder an seinem Auto, als ihm etwas einfiel: »Sagen Sie, sprechen Sie noch italienisch?«

»Ja, ja. Sehr gut«, erwiderte Paul unbedacht und dachte gleich danach, dass er bei dem Mann jetzt unten durch war. Das Gegenteil schien aber der Fall zu sein, denn der grinste jetzt breit und erklärte: »Sie wissen gar nicht, welcher Sorge Sie mich dadurch entheben, Frontführer!«

Eine gute Woche später bekam Paul einen Marschbefehl ins

von Deutschland besetzte Italien. Er hatte beim festungsmäßigen Ausbau der »Gotenlinie«, eines Verteidungswalls, der sich von Viareggio am Ligurischen Meer nach Pesaro an der Adria ziehen sollte, eine Stelle als Hauptfrontführer anzutreten.

**39** Als Angela ihre Tochter nach einem kurzen »Ferienaufenthalt« bei ihrem Papa in der Via Giulia wieder abholte, begegnete ihr auf der Terrasse ein hübsches Mädchen von ungefähr sechs Jahren. Sie spielte sich der ein Jahr jüngeren Leonora gegenüber auf wie eine Erzieherin und war eben dabei, eine Zeichnung zu kritisieren:

»Eine Kuh hat Hörner und einen anderen Schwanz als ein Pferd«, belehrte sie die Kleine. »Außerdem ist eine Kuh braun oder schwarz gefleckt und niemals *rot*!«

»Ich hab nur drei Farben. Das Gras ist schon grün und der Himmel blau, und das stimmt, nicht wahr, Mama?«

»Absolut«, bestätigte Angela erheitert und wandte sich dann dem anderen Mädchen zu.

»Und wer bist du?«

»Ich heiße Beatrice.«

»Sie ist meine Nichte«, rief Isabel, die Haushälterin Benedettos, durch die offen stehende Terrassentür.

»Sie kriegt bald eine Schwester. Oder auch einen Bruder«, verkündete Beatrice triumphierend und deutete mit dem Finger auf Leonora.

»Stimmt das denn, Mama?«, erkundigte sich die Kleine hoffnungsvoll. Sie wünschte sich nichts mehr als ein Geschwisterchen.

»Nein, mein Schatz, das stimmt nicht«, musste Angela ihre Tochter enttäuschen.

»Doch, doch. Es ist die Wahrheit«, erklang in diesem Moment die sonore Stimme Benedetto Lacardos.

»Wie meinst du das, Bene?«, fragte Angela ein wenig frappiert, doch da sah sie es schon.

Die Haushälterin erschien in der Tür zum Salon. Sie trug einen gewaltigen Schwangerschaftsbauch vor sich her, und die Art, wie sie sich neben den berühmten Sänger stellte, sagte mehr aus als alle Worte.

»Ich bin begeistert«, verkündete Bene, bevor Angela zu einer Reaktion fähig war. Dann wandte er sich zu seiner Mätresse um und sagte sanft: »Gib den Mädchen noch was zu essen, bevor Leonora uns wieder verlässt, Isabel!«

Die Haushälterin verschwand mit den beiden Kindern im Haus. Benedetto Lacardo aber musterte seine Ehefrau mit einem maliziösen Lächeln und fragte: »Du hast doch nichts dagegen, wenn ich noch einmal Vater werde, Angela, oder?«

»Natürlich nicht«, erwiderte Angela rasch, aber innerlich verpasste ihr die Sache doch einen Stich. Nicht etwa aus Eifersucht, nein. Ihr Herz gehörte Paolo Pasqualini, auch wenn sie schon lange nichts mehr von ihm gehört hatte.

Doch Benedetto würde dieses neue Kind genauso mit Liebe überschütten wie sein bisher einziges, was bedeutete, dass Leonora seine Zuneigung künftig teilen musste. Denn diese Isabel, eine kräftige Brünette mit dem Sturkopf derer aus der Basilicata, war nicht die Frau, die dulden würde, dass ihr Partner Unterschiede machte zwischen Leonora und dem zu erwartenden Nachwuchs.

»Ich werde natürlich zu diesem Kind stehen«, erklärte Bene, der ihr Mienenspiel aufmerksam beobachtet hatte. »Auch in der Öffentlichkeit!«

Das war unangenehm, musste Angela einräumen. Gut, sie lebte ihr eigenes Leben und lieber ohne die Freuden der leiblichen Liebe, als ihrem Ehemann dergleichen Rechte einzuräumen, aber das war eine Sache zwischen Bene und ihr. Ein weiteres Kind des berühmten Sängers aber würde die Presse wohl registrieren, ebenso die Tatsache, dass seine Ehefrau keine Anzeichen von Schwangerschaft aufgewiesen hatte.

»Es ist immer noch besser, du stehst als die betrogene Ehefrau da, als sie schreiben von deiner Liebesaffäre mit einem Deutschen«, stellte Bene fest und konnte die Schadenfreude nicht ganz aus seiner Stimme heraushalten. Er hatte, bei Gott, dieser Frau gegenüber Nachsicht und Langmut gezeigt. Die Lebensfreude aber wollte er sich durch diese verunglückte Ehe nicht stehlen lassen. Wenn es dieses Mal *sie* war, die unter den eingetretenen Umständen litt, so war dies nicht mehr als recht und billig.

Genau dies sagte sich Angela selbst, während sie Benedettos Angebot annahm und ein Glas des Rotweins trank, den er stets in Reichweite hatte.

»Vielleicht wird das Ganze ja von den politischen Entwicklungen überlagert! So interessant sind wir dann auch wieder nicht«, versuchte Benedetto, sie aufzurichten, denn er war nicht wirklich zur Bosheit fähig.

»Hoffen wir es!«, murmelte Angela und wollte daran glauben.

»Was hörst du von deinem Deutschen?«

»Nichts. Ich fürchte, er musste doch in den Krieg ziehen, obwohl er immer behauptet hat, in seiner Position als Geschäftsführer eines Lebensmittelkonzerns habe er das nicht zu befürchten.«

»Heutzutage ist nichts mehr unmöglich«, unkte Benedetto, der vor Kurzem erst mit den deutschen Besatzern zusammengeprallt war, als er Krankheit vorgeschützt hatte, um nicht Schubertlieder beim Geburtstagsfest eines ihrer »Häuptlinge« singen zu müssen, wie Benedetto diesen Herrn respektlos genannt hatte.

»Wenn du deine Zunge nicht hütest und ein wenig geschickter agierst, wirst du demnächst im Kerker landen«, hatte Ludovica ihn daraufhin gewarnt. Was Benedetto nicht sehr beeindruckt hatte und Ludovica veranlasste, noch deutlicher zu werden: »Du bildest dir ein, deine Berühmtheit und deine Beliebtheit bei den Römern sei dir genügend Schutz, aber irre dich nicht. Die Deutschen sind humorlos und grausam, und sie haben keinen Respekt vor den Künsten!«

Das nun war ein Doppelschlag gewesen, denn sie hatte auch Angela damit treffen wollen.

Wo immer man sich in diesen Tagen in Rom hinwandte, überall traf man auf die verhassten deutschen Soldaten.

»Lange wird das nicht mehr gehen mit diesem Terror«, hatte Benedetto neulich in einem öffentlichen Lokal verkündet, ohne Rücksicht darauf, wer sich außer ihnen dort noch befand.

»Die Resistenza wird immer mächtiger. Bald schon werden wir uns selbst von den Deutschen befreien, wie es die Neapolitaner geschafft haben, noch ehe die Alliierten dies für sie erledigen konnten.«

Wie auch immer, noch waren sie da, die deutschen Besatzer. Das normale Leben war höchst erschwert, und mit dem kulturellen verhielt es sich ähnlich.

Neulich, als Angela sich mit einer Freundin hatte treffen wollen, war sie drei Mal in Kontrollen geraten. Als sie endlich eintraf, hatte sie davon erzählt und ihren Bericht mit der Bemerkung geschlossen: »Diese verdammten Deutschen. Wenn doch der Teufel sie holen würde!«

Erst am Abend, als sie in ihrem Bett lag, war ihr klar geworden, was sie gesagt hatte. Sie bat den fernen, schweigenden Paolo um Verzeihung für ihre Verallgemeinerung und seufzte dann tief.

Das Leben war manchmal schon schwierig!

**40** Manchmal schon hatte sich Paul Pasqualini gewünscht, weiter am Atlantikwall geblieben zu sein. Die Anzahl deutscher Bauarbeiter und Ingenieure in der Organisation Todt nahm stetig ab, während zunehmend KZ-Insassen, Häftlinge aus Arbeitserziehungs- und Polizeilagern und andere Gefangene des Naziregimes zum Einsatz kamen.

Die Leidenswege dieser Leute spiegelten sich in ihren Gesichtern und ausgemergelten Gestalten wider, und die Geschichten, die sie erzählten, ließen Paul schaudern.

Was sind das für Menschen, die imstande waren, anderen Menschen derartige Dinge anzutun, fragte er sich, und wie kam er dazu, in den Diensten solcher Scheusale zu stehen?

Die Antwort darauf war schnell gegeben: Widerstand war zwecklos, und allzu offen gezeigte Menschlichkeit bedeutete im günstigsten Falle, dass man die Gruppe wechseln musste, vom Hauptfrontführer zum Nazi-Arbeitssklaven. Wurde die »zu lasche« Behandlung der Zwangsarbeiter aber als Rebellion ausgelegt, hatte sie den sofortigen Erschießungstod zur Folge.

Paul beschloss daher, dieser Situation seine gesammelte List entgegenzusetzen, denn er konnte nicht anders handeln, als zu versuchen, »seinen Leuten« zu helfen.

Behutsam und dank seiner ausgezeichneten Sprachkenntnisse baute er einen Tauschhandel mit der einheimischen Bevölkerung auf. Gegen Obst, Lebensmittel und Wein – und in Übereinstimmung mit den ihm unterstellten Zwangsarbeitern – lieh er den Einheimischen regelmäßig seine vielseitig begabten Spezialisten aus. Am begehrtesten waren gelernte oder autodidaktisch geschulte Elektriker, Kfz-Mechaniker und Schlosser, aber auch Installateure, Tischler oder Ingenieure.

Pauls Bautrupp war im Gegensatz zu anderen gut genährt und arbeitete demnach am besten.

Viele Abende brachte Paul damit zu, seinen italienischen Zwangsarbeitern, die meist aus dem Süden stammten und Analphabeten waren, Briefe an ihre Angehörigen zu schreiben.

In den Nächten lag er wach und dachte schweißgebadet darüber nach, was geschehen würde, wenn sich ein »Loch« in seiner privaten Unterorganisation der Organisation Todt auftat.

Doch wie durch ein Wunder bekam niemand Kenntnis von dem verbotenen Tauschhandel, weder Pauls linientreue Kameraden noch die Handlanger der faschistischen Italienischen Sozialrepublik, die noch gefährlicher waren als die Deutschen, die sie kontrollierten.

Europa aber brannte mehr und mehr in diesem Krieg. Deutsche Städte wurden vom Bombenhagel der Alliierten zerstört; im Gegenzug flogen im Januar 1944 vierhundert deutsche Flugzeuge Angriffe auf die britische Hauptstadt.

Die sowjetische 1. Ukrainische Front unter General Shukow startete ihre Offensive gegen die deutsche Heeresgruppe Süd, bald gefolgt von der sowjetischen 2. und 3. Ukrainischen Front. Die Deutschen räumten Odessa, und die Sowjets eroberten Sewastopol.

Die endgültige Wende des Kriegs aber brachte das Unternehmen »Overlord«, als Briten, Amerikaner und Kanadier an der Normandieküste landeten.

Paul dachte an seine Befestigungsarbeiten am Atlantikwall und deren offensichtliche Nutzlosigkeit. All die »Tschechenigel« und »Rommelspargel« schienen versagt zu haben, denn die Truppen der Alliierten rückten immer weiter ins Hinterland vor.

Vielleicht ist es jetzt bald vorbei, hoffte Paul inständig.

Seine Sehnsucht nach Angela wuchs ins Unermessliche und ließ ihn ein gewagtes Manöver planen. Mit einem Truppenversorgungstransport würde er als blinder Passagier nach Rom fahren, um Angela zu besuchen.

Zwei Tage später wollte er auf dieselbe Weise zurückkehren.

Paul war sich des Risikos, das er dabei einging, vollkommen bewusst, doch es war ihm gleichgültig. Er hatte Angela mehr als ein Jahr nicht mehr getroffen. Sein Leben war täglich bedroht, und er wollte nicht sterben, ohne sie wiedergesehen zu haben.

Zwei Tage vor dem geplanten Ausflug jedoch kam überraschend die Nachricht vom Einzug der alliierten Truppen in Rom.

»Die Deutschen haben sich hinter den Tiber zurückgezogen«, wusste der Transportoffizier, den Paul mit mehreren Kisten Wein bestochen hatte, zu berichten.

Angelas Wohnung aber lag jenseits des Tibers und war damit unerreichbar für ihn geworden.

Die enttäuschte Hoffnung machte ihn rasend. Mit einer Spitzhacke hieb er sinnlos auf einen Erdhaufen ein, so lange, bis der Transportoffizier ihm das Werkzeug entwand und ihn dazu zwang, einen Teil des Bestechungsweins mit ihm zu trinken.

Vom Alkohol völlig benebelt schlief Paul schließlich ein.

Gegen drei Uhr am Morgen erwachte er wieder, bedauerlich ernüchtert, doch ohne Beschwerden.

Er krümmte sich auf seinem Feldbett zusammen und weinte.

Zwei Tage später kam der Befehl für die ganze Adria-Front, zu der Pauls Bautrupp gehörte, sich hinter die sogenannte Georg-Linie zurückzuziehen.

**41** Am 20. April 1945 hatte Moritz Gruber die verängstigte Bevölkerung in die Turnhalle der Schule gebeten.

Es waren Frauen jeden Alters, Jugendliche, Kriegsverletzte und alte Männer, die seiner Einladung folgten.

Elsbetha Gruber saß mit erregt geröteten Wangen zwischen

den wenigen Honoratioren und genoss ihre Rolle als Frau des wichtigsten Mannes im Dorf. Ihre Mutter hockte neben ihrer Schwiegertochter, die erst im allerletzten Moment gekommen war, nachdem sie die tägliche Abrechnung gemacht hatte. »Seit September 43 habe ich nichts mehr von meinem Peter gehört«, erzählte sie eben einer entfernten Verwandten. Anna senkte beschämt den Kopf und war ein Mal im Leben froh, als ihr Schwiegersohn zu sprechen begann.

Er wirkte nicht mehr so großmäulig wie in den Jahren zuvor, doch er schien noch immer an das siegreiche Ende der deutschen Sache zu glauben. Nicht anders war es zu erklären, dass er das Dorf versammelte, um einen Aufruf des Gauleiters Wilhelm Murr zu verlesen: »Volksgenossen! Volksgenossinnen!«, hieß es dort, »Soldaten! Parteigenossen! In erbitterten Abwehrkämpfen verteidigt die deutsche Nation ihren heiligen Boden ihrer Heimat! Die Vernichtungspläne unserer Feinde sind grausam, sind barbarisch, sie müssen mit letzter Macht zerschlagen werden. Oft hat unser Volk in tödlicher Gefahr gestanden. Immer ist es, wenn auch mit übermenschlichen Anstrengungen, Herr seines Schicksals geworden!«

Anna schnaubte ironisch durch die Nase, was ihr einen warnenden Blick von Gustel eintrug.

»So war es, und so wird es auch diesmal sein. Wer sich daher dem Feind unterwirft, verfällt der Ächtung und Verachtung. Er wird selbst vom Feind verachtet! Wer Feindpropaganda folgt, hat sein Leben verwirkt. Der Kampf um das Leben von achtzig Millionen Deutschen kennt keine Rücksichten. Er kennt nur eines: Kampf bis aufs Messer den Feinden unseres Volkes!«

»Der wird sich noch mal wünschen, er hätte es unterlassen, uns diesen Mist vorzulesen«, sagte Anna halblaut.

Gustel erbleichte und zischte: »Du bringst uns noch alle um Kopf und Kragen, Mutter!«

Anna Pasqualini presste verächtlich die Lippen zusammen, aber sie schwieg, während ihr Schwiegersohn weiter psalmodierte: »Unser Denken und Handeln gilt daher allein dem verbissenen Widerstand und damit dem Sieg. So erweisen wir uns in den Stunden der Entscheidung würdig der Mahnung des großen Sohnes unseres Schwabenvolkes, Friedrich Schiller: ›Nichtwürdig ist die Nation, die nicht ihr Alles freudig setzt an ihre Ehre!‹ Stuttgart, 10. April 1945.«

»Sogar der Schiller muss noch herhalten für ihren Wahnsinn«, empörte sich Anna, jetzt nicht einmal mehr leise, und einige der Umsitzenden nickten ihr zu.

»Der darf doch nicht denken, er kann uns verarschen, der Murr«, meinte der alte Schuhmachermeister Spannagel, der Anna nach der Versammlung ein Stück weit begleitete.

»So ist es«, sagte sie. »Ich hör jeden Tag Radio Beromünster, und ich weiß, dass das, was die sagen, keine Feindpropaganda ist.«

»Da brauch ich nicht einmal Radio zu hören«, erwiderte der Schuster. »Man braucht nur mit den durchziehenden Soldaten zu sprechen. Die Amerikaner und Franzosen haben unser württembergisches Gebiet erreicht, da beißt keine Maus einen Faden ab, und andere Regionen sind längst besetzt.«

Anna nickte düster und brachte die Sache auf den Punkt: »Der Krieg ist verloren, *das* ist die Wahrheit. Und dieser Kerl in Berlin schickt uns idiotische Führerbefehle wie den von der ›verbrannten Erde‹ im März! Soll der in Berlin doch zerstören, was er will, bevor der ›Feind es in die Hand bekommt und Nutzen daraus ziehen wird‹. Wir hier, wir werden nicht so dumm sein, das auch noch kaputt zu machen, was wir in die Zukunft hinüberretten können.«

»Das ist genau das, worüber ich mit dir sprechen will, Anna«, sagte der Schuhmachermeister. Er dämpfte nun doch vertraulich die Stimme, als er sein Wissen preisgab: »Frag mich nicht, woher ich die Information habe, aber der Ami steht bereits drüben im Tal. Es kann sich nur noch um ein, zwei Tage handeln, dann ist er bei uns!«

Für Anna war dies keine besondere Überraschung. Verwundert war sie nur, weshalb der alte Schuhmachermeister, der, seitdem der Bürgermeister erschossen worden war, eine Art Ältestenrolle im Dorf übernommen hatte, dies gerade mit ihr erörterte.

Doch lange brauchte sie nicht darüber zu rätseln. Der Alte wurde jetzt präzise: »Wenn der Ami kommt, musst du es verhindern, dass dein Schwiegersohn den Volkssturm mobil macht, sonst liegt unser Dorf genauso in Schutt und Asche wie Wäschenbeuren!«

Wäschenbeuren war eine Gemeinde westlich des Hohenstaufens. Dort hatte der Volkssturm sich gegen die Besetzung der Amerikaner gewehrt, worauf fünf Zivilisten und ein Soldat den Tod gefunden hatten, einhundertfünfzehn Anwesen zerstört wurden und sechshundert Einwohner obdachlos geworden waren.

»So etwas darf es bei uns nicht geben, wir haben genügend Opfer zu beklagen und Schäden erlitten!«, ereiferte sich der Schuster.

»Und wie soll ich das machen, hast du dafür vielleicht auch ein Rezept?«, fragte Anna ironisch.

»Dir wird schon etwas einfallen«, meinte der Schuster. »Du bist die Hellste im Dorf, hat dein verstorbener Onkel immer behauptet!«

»Ja, vielen Dank auch für das Kompliment«, brummte Anna sarkastisch, aber ein bisschen fühlte sie sich dennoch geschmeichelt.

»Ich sag dir Bescheid, wenn es so weit ist«, stellte der Schuster in Aussicht.

Und wer sagt *dir* Bescheid, Meister Spannagel?, hätte Anna noch fragen wollen, aber da war er schon weg. Außerdem hätte sie wohl keine Antwort bekommen. So etwas war dann doch zu gefährlich in diesen Zeiten.

Nachdenklich ging sie den Krummbach entlang zu ihrem Haus.

Wenn es nur schon vorbei wäre, dachte sie und verdrängte die Gedanken an ihren Paul, von dem sie seit Monaten nichts mehr gehört hatte.

**42** Am 22. April 1945, die Apfelbäume standen in voller Blüte, die Flur dampfte und roch nach Frühling, hörte Anna, die noch im Halbschlaf lag, ein Steinchen, das an das Fenster ihres Schlafzimmers prallte.

Gleich darauf folgte ein zweites.

Anna setzte sich auf. Der Wecker zeigte kurz nach sechs Uhr am Morgen. Sie schlüpfte in ihre Pantoffeln und schlurfte zum Fenster. Im Vorgarten stand der sechsjährige Urenkel des Schuhmachermeisters.

Anna hakte den Holzladen auf und öffnete den Fensterflügel.

Kaum hatte der Junge ihren Kopf gesehen, rief er mit gedämpfter Stimme: »Es ist so weit, Frau Pasqualini, soll ich ausrichten!«

»Gut, Bub. Dann geh zurück und sag, ich werd es regeln!«

»Du sollst nicht vergessen, eine Fahne rauszuhängen, sonst schießen sie in dein Haus!«

»Ich werde es bestimmt nicht vergessen. Und jetzt lauf, bevor jemand dich sieht!«

Der Junge nickte, drehte sich um und rannte die Straße hinab.

Anna aber wusch sich hastig und zog sich an. Sie steckte die vorbereitete weiße Fahne zwischen die Scharniere der Holzläden und vergewisserte sich, dass sie nicht herausrutschen konnte. Das hätte gerade noch gefehlt, dass die Amis das Haus zusammenschießen. Das einzige Haus, das mir geblieben ist und das mein Stefan gebaut hat!, dachte sie dabei.

Sie nahm das Fahrrad, denn bis zur Cohn-Villa, in der die Tochter und ihre Familie wohnte, war es ein gutes Stück über das freie Feld.

Anna trat in die Pedale und fuhr vorsichtshalber den Trampelpfad am Krummbach entlang. Das war zwar mühsamer, als den Feldweg zu benutzen, doch sie konnte hier einigermaßen sicher sein, nicht auf anrollende Panzer zu stoßen.

Als Anna den Schlüssel zückte, den ihr Else seit der Geburt des Kindes für Notfälle ausgehändigt hatte, hörte sie drinnen im Haus die hohe und geifernde Stimme der Tochter.

Rasch schloss sie auf und ging über die breite Holztreppe nach oben. Die Schlafzimmertür stand offen und zeigte ihr eine kuriose Szene.

Während ihr Schwiegersohn eine große weiße Fahne – sie bestand aus zwei zusammengenagelten Besenstielen und einem ebenfalls darauf genagelten Tischtuch – durch den geöffneten Fensterflügel schieben wollte, versuchte Else genau dies zu verhindern. Sie umklammerte den unteren Besenstiel und machte Anstalten, ihren Mann vom Fenster zu zerren. Moritz Gruber hingegen versuchte erfolglos, Else den Stiel zu entreißen.

»Die Fahne hängt bei uns nicht aus dem Fenster! Nicht bei *uns!*«

»So nimm doch Vernunft an«, schrie Moritz erbittert und drängte zum Fenster.

»Niemals!«, kreischte Else und wich keinen Zentimeter. »Nur über meine Leiche!«

»Über deine vielleicht. Ich hab die Absicht zu überleben …«

»Schäm dich, du Feigling. Wo der Führer doch gesagt hat …«

»Der Führer kann mich mal«, wurde der Gruber jetzt grob. »Und du solltest an unser unschuldiges Kind denken. Oder willst du wirklich, dass es der Ami erschießt?«

»Genau daran solltest du denken, Else«, mischte sich Anna jetzt ein, die von den beiden Streithähnen noch gar nicht bemerkt worden war.

»Was machst du denn hier, Mutter?«, fragte Else erstaunt.

»Ich muss mit deinem Mann sprechen«, erklärte Anna, »und zwar sofort!«

Sie wandte sich ihrer Tochter zu und sagte eine verdächtige Spur zu freundlich für ihr Naturell: »Entschuldige uns einen Moment, Else!« Dann fasste sie den Schwiegersohn am Ärmel, schob ihn zur Tür und sagte: »Und nimm deine Fahne mit!«

Moritz Gruber war so perplex, dass er unwillkürlich gehorchte.

Else war ebenfalls überrascht. Dass ausgerechnet ihre Mutter es war, die verhinderte, dass die schändliche weiße Fahne gehisst wurde, hätte sie nicht für möglich gehalten.

Anna aber schloss die Tür des Schlafzimmers hinter sich, drehte wieselflink den außen steckenden Schlüssel im Schloss und stopfte ihn in die Tasche ihrer Jacke.

Moritz Gruber starrte sie verständnislos an, während Else hinter der Tür nun aufging, dass die Dinge anders liefen, als sie es vermutet hatte.

Sie schlug mit der flachen Hand gegen das Türblatt und schrie voller Zorn: »Lass mich heraus, Mutter!«

»Halt deinen Mund und geh weg von der Tür. Und wenn du es nicht ganz verlernt hast, dann *bete*, mein Kind!«

Anna wandte sich nun ihrem Schwiegersohn zu. »Du hast dich das letzte Jahrzehnt benommen wie ein Mensch, der sein Gewissen an der Garderobe abgegeben hat, Moritz Gruber:

opportunistisch und verantwortungslos. Du hast dich aufgeplustert wie ein Pfau, mit deinem Rang als Ortsgruppenleiter und deinen SS-Freunden. So wichtig hast du dich gegeben, als ob der Hitler dir jeden Morgen Bescheid gesagt hätte, was für dich wohl zu tun wäre, als ›erster Mann‹ hier am Platze. Jetzt zeig, dass du noch einen letzten Rest Charakter hast, nimm deine Fahne und geh damit den Amis entgegen!« Ihre Stimme wurde drohend, als sie hinzufügte: »Tu es, Moritz, oder *ich* werde es machen!«

»Das ist doch nicht dein Ernst, Mutter«, stammelte Elses Mann.

»Mein völliger Ernst! Hier …!« Anna deutete auf die Besenstiele mit dem Friedenstischtuch in seiner Hand. »Das ist das Einzige, was du für Wisslingen noch tun kannst. Vielleicht hilft es dir später, wenn du den Amis erklären musst, warum du den Nazis das ständige Loblied gesungen hast, in deiner Zeitung, oder vielmehr der Zeitung, die du den armen Cohns abgeluchst hast. Von allen anderen Erklärungen, die die Sieger wohl fordern werden, mal ganz zu schweigen …«

Moritz Gruber starrte sie unschlüssig an.

Er war, wie Anna festgestellt hatte, mehr Opportunist als Fanatiker. Vor allem aber war er schlau. Ohne ein weiteres Wort zu sagen, nahm er die Besenstielfahne und stieg die Treppe hinab.

Anna Pasqualini folgte ihm bis zur Haustür. Sie sah, wie er das Tischtuch um die Besenstiele wickelte, um die Fahne besser transportieren zu können. Dann schnappte er sich ihr Rad und strampelte davon. In der Linken hielt er die Fahne.

Nachdem er den Wald passiert hatte, warf er das Rad ins Gebüsch und setzte den Weg zu Fuß fort. Schweiß trat auf seine Stirne, obwohl es noch morgendlich frisch war. Die Fahne hatte er wieder entrollt und trug sie sichtbar vor sich her.

Nach zwanzig Minuten sah er die Panzer heranrollen.

Sie fuhren dicht an dicht und krochen über die Wiesen wie eine Riesenschlange. Moritz Grubers Hals wurde trocken und seine Hände eiskalt.

Er ging in der Mitte des Wegs und dachte, dass er das nun davon hatte. Dass es die Strafe dafür war, aufs falsche Pferd gesetzt zu haben. Und dass es vermutlich nur die erste von allen Strafen war; andere würden noch folgen.

Fast hoffte er, sie würden ihn sofort erschießen, dann wäre alles vorbei. Als er noch gut fünfzig Meter entfernt war, blieb die Panzerkolonne stehen. Sofort stoppte auch Gruber.

Aus dem ersten Panzer kletterte ein Mann, der ein Maschinengewehr in der Hand hielt. Er wurde von zwei weiteren bewaffneten Soldaten flankiert, die aus dem Hintergrund traten.

Langsam kamen sie auf ihn zu.

Moritz Gruber schwenkte die Fahne, doch nur ein bisschen, um die Amerikaner zu keinen voreiligen Handlungen zu verleiten.

Dann sagte er leicht stotternd in seinem besten Englisch, das er einstmals erlernt hatte, dass er die Aufgabe habe, das Dorf Wisslingen kampflos zu übergeben.

Seine Frau Elsbetha aber sah vom Fenster ihres Schlafzimmers aus, wie sich die Panzerschlange ins Dorf bewegte. Sie setzte sich auf die weinrote Satinsteppdecke, die über ihr Ehebett gebreitet war, und begann leise zu weinen.

Sie weinte lange und bitterlich.

Es waren tieftraurige Tränen, die sie dem gestrandeten Nazireich und ihrem geliebten Führer nachweinte, denn Elsbetha war, wie ihre Mutter bereits vor langer Zeit hatte erkennen müssen, in beachtlicher Weise naiv.

Anna, die mehrmals durch das Schlüsselloch geschaut hatte, kümmerte sich um den kleinen Adolf, der inzwischen erwacht war. Sie machte ihm ein kräftiges Frühstück aus den überreichen Nahrungsmittelbeständen der Tochter, denn sie war sicher, dass es die letzte Mahlzeit des Kindes in diesem Hause sein werde.

Gegen neun Uhr schloss sie die Schlafzimmertür ihrer Tochter wieder auf und sagte zu dem kläglichen Häufchen, das zusammengekrümmt auf der Steppdecke lag: »Du solltest das Notwendigste zusammenpacken, Else. Die werden das Haus requirieren. Es ist das beste in der ganzen Umgebung.«

»Aber die können doch nicht … es ist doch *unser Haus*, Mutter!«

»Die können schon«, erwiderte Anna und stieg auf den Stuhl, um den Koffer herunterzuholen, der sich auf dem Kleiderschrank befand.

»Was nicht im Koffer ist, ist verloren«, erklärte sie ihrer Tochter hellsichtig.

Else stand auf und starrte unschlüssig auf die Wäschekommode. So ganz konnte sie noch immer nicht glauben, was die Mutter behauptete.

Diese aber klappte bereits den Koffer auf und fragte geschäftig: »Wo sind die Sachen vom Adolf?«

»In seinem Zimmer drüben. Aber für uns alle reicht der Koffer ja nie. Den braucht der Moritz für sich allein.«

Dumme Gans, dachte Anna, aber sie sagte es nicht.

Adolf, der sein Frühstück aufgegessen hatte, kam jetzt von der Küche nach oben.

»Verreisen wir, Mama?«, fragte er hoffnungsvoll.

»So ist es, Bub«, sagte Anna und fuhr ihm über den blonden Schopf. »Die Mama und du, ihr verreist jetzt zu *mir!*«

»Und was ist mit Moritz?«, fragte Else spitz.

»Deinem Ehemann suchen heute die Amerikaner ein Quartier«, mutmaßte Anna, und auch damit sollte sie recht behalten.

43 Paul Pasqualini war am Ende seiner körperlichen und seelischen Kräfte, als er sich in der Nacht zum 10. Mai 1945 in Richtung Wisslingen vorarbeitete. Ein Dreivierteljahr des Schreckens, der Gewalt und der Flucht lag hinter ihm.

Hatte er in der Mitte des Jahres 1944 noch gehofft, relativ unschuldig aus diesem Wahnsinn herauszukommen: Heute wusste er mehr vom Gesetz des Krieges: Der Schnellere überlebt, lautete dieses. Der oder ich …

Sein letzter Befehl hatte ihn dazu abgeordnet, am Ausbau der »Alpenfestung« teilzunehmen. Müde, ausgemergelte Zwangsarbeiter dazu anzuhalten, Tätigkeiten zu verrichten, die es Regierungs-, Militär- und Parteibonzen ermöglichen sollten, sich in eine »uneinnehmbare Festung« zu begeben. Dort sollten sie den angeblich nicht zu vermeidenden Zusammenstoß zwischen der bolschewistischen Sowjetunion und dem kapitalistischen Amerika auf deutschem Boden abwarten, um sich dann der Siegerseite als Verhandlungspartner anzudienen. Ein Trick der NS-Strategen in Berlin, die vollkommene militärische Niederlage doch noch in einen Teilsieg umzuwandeln.

»Ich bin doch nicht verrückt, an solch einen Schwachsinn zu glauben«, sagte Paul ganz offen zu seinem Oberstfrontführer in einem Vier-Augen-Gespräch.

»Ich glaube auch nicht daran, aber ich bin zu alt und zu erledigt, um mich zu widersetzen oder zu desertieren. Ich werde so lange ohne besonderes Engagement mitspielen, bis mich die Alliierten gefangen nehmen. Wenn du schlau bist, dann machst du's genauso!«

Paul aber hatte keine Lust, »schlau« zu sein und an der Alpenfestung mitzubauen. Hier waren mit Sicherheit keine Handelsgeschäfte mehr möglich, welche die Kräfte seiner Untergebenen stärken konnten – und auch die seinen.

Eines Abends beschloss er seinen persönlichen Rückzug und stellte den Mitgliedern seines Trupps frei, zu bleiben oder ihn zu begleiten.

Drei der Jüngeren schlossen sich ihm an, die anderen erklärten das Gleiche wie ihr oberster Vorgesetzter an diesem Frontabschnitt: Sie fühlten sich zu alt oder zu ausgelaugt für Pauls Unternehmen – oder beides.

Die Monate, die danach folgten, waren unbeschreiblich; eine Gratwanderung – nicht nur über die winterlichen Kämme der Alpen, sondern zwischen Feinden verschiedenster Spezies: von allen Seiten vorrückende Alliierte, Partisanen der verschiedensten Lager und fanatisierte Zivilisten. Sogar Kinder waren darunter.

Es war ein nicht enden wollendes Chaos.

Paul hatte getötet, verletzt, gestohlen und gelogen, um zu überleben, und es war ihm, zusammen mit seinen Kameraden, gelungen.

Zwei der drei Begleiter waren in Österreich geblieben, der dritte hatte ihn in der Gegend von Murnau verlassen.

Seitdem hatte sich Paul alleine durchgeschlagen, an versprengten Truppenteilen, Volkssturmgruppen und bereits angelangten Besatzern vorbei. Er bewegte sich meist in der Nacht und wo immer möglich im Sichtschutz der Wälder.

Bis jetzt hatte er Glück gehabt, obwohl er ein Mal, in der Nähe von Biberach an der Riss, beinahe in ein Lager der Franzosen getappt wäre.

Das letzte Stück Weg zum Dorf Wisslingen führte über Wiesen und freies Feld. Paul war sich im Klaren darüber, dass er dort gut ausgemacht werden konnte. Er beschloss, am Rand des Waldes zu warten, bis die Dunkelheit eingebrochen war.

Ein paar der deutschen Soldaten, die er unterwegs getroffen hatte, hatten behauptet, der Krieg sei vorüber. Solche Parolen aber hatte Paul unterwegs viel zu oft schon gehört, um ihnen noch Glauben zu schenken.

Endlich stand der Mond am wolkigen Himmel, und es war so dunkel geworden, dass er es riskieren konnte, bis zu seinem Elternhaus vorzudringen.

Im letzten Moment erinnerte er sich der Erzählung des kleinen Cohn, der bei seiner Flucht den Krummbach benutzt hatte, und er beschloss, ebenfalls diesen beschwerlichen, aber uneinsehbaren Weg am Bachufer entlang zu wählen.

Als er vor dem Haus der Mutter stand und auf die Klingel drückte, dachte er, dass der Junge sich damals wohl genauso gefühlt haben musste wie heute sein Retter: gehetzt, nervös und voll Angst.

Geräusche wurden hinter den Mauern hörbar, die Tür ging auf, und er stand Anna gegenüber. Sie war älter geworden, noch ein wenig hagerer als früher vielleicht, aber ihre Körperhaltung war aufrecht und ihr Blick klar und forschend.

Im ersten Moment erkannte sie nicht, wer der überschlanke Mann in der abgewetzten Uniform mit den stahlgrauen, in krausen Locken vom Kopf abstehenden Haaren war.

»Mutter«, sagte Paul jetzt, und es klang wie ein Schluchzen.

»Paul?«, fragte sie ungläubig, doch da hatte er schon die Arme um sie geschlungen und schluchzte jetzt wirklich.

Anna hielt ihn fest und spürte, wie die Tränen über ihre Wangen rannen, obwohl sie gedacht hatte, keine einzige mehr verlieren zu können, seitdem der verschwiegene Tod Peters auf ihrem Gemüt lastete.

»Komm herein«, sagte sie endlich. »Wir haben Besuch!«

Paul, dem es zutiefst widerstrebte, irgendwelchen Besuchern gegenüberzutreten, versuchte, die Mutter abzuwehren. Doch diese nahm ihn am Arm und nötigte ihn in ihre Stube.

Paul blieb erschrocken in der Türöffnung stehen, denn das

Erste, was er sah, war eine amerikanische Offiziersuniform, deren Brustpartie mit zahlreichen Orden und Auszeichnungen dekoriert war.

»Stell dir vor, mein Paul ist wieder zu Hause!«, rief Anna dem Amerikaner zu.

Dieser erhob sich. Er war groß, sehr schlank, hatte ein bleiches, schmales Gesicht und schwarze Haare. Obwohl sie überaus kurz geschnitten waren, hatten sie es dennoch geschafft, sich zu kräuseln.

Eine vage, dunkle Erinnerung regte sich in Pauls Kopf.

»David?«, fragte er ungläubig.

Der Mann nickte mit einem Lächeln. Er fasste in seine Hosentasche und holte ein Taschentuch hervor, das aussah, als ob es einer Frau gehöre. Er schaute mit einem sonderbaren Gesichtsausdruck darauf und steckte das Tuch dann zurück in die Tasche. Anna schob Paul derweilen ein Stück weiter in die Stube hinein. Jetzt standen die Männer sich gegenüber.

Sie musterten sich lange, bevor sie wieder etwas sagen konnten.

David machte schließlich den Anfang. »Ich glaube, wir haben uns beide ziemlich verändert«, fand er, und danach brachen sie, so gleichzeitig, als ob jemand einen Befehl dazu gegeben hätte, in Lachen aus.

Sie lachten so lange, bis ihnen die Tränen über die Wangen liefen, und das hysterische Gelächter legte sich wie Balsam auf die Wunden der letzten Jahre.

»Du hast recht. Wir haben uns verändert, David«, antwortete Paul, als er sich wieder beruhigt hatte, und wischte sich die Lachtränen aus den Augenwinkeln.

Danach machte Anna einen Kaffee aus echten Kaffeebohnen, die David mitgebracht hatte. Dazu gab es Corned Beef, Büchsenbrot und als Nachtisch eine Tafel Schokolade.

Paul und Anna genossen alles andächtig, während David sich mit einer Tasse Kaffee begnügte.

Um elf Uhr entschuldigte sich Pauls Mutter mit einem langen, anstrengenden Tag und begab sich zu Bett.

David aber öffnete eine Flasche Whiskey und holte zwei Gläser aus dem Geschirrschrank – er kannte sich immer noch hier aus.

Sie sprachen nicht viel, während sie tranken, und verständigten sich mit knappen Worten.

»Bin mit der Familie nach Amerika ausgewandert«, sagte David irgendwann in die Stille hinein und: »Haben dort die Staatsbürgerschaft bekommen, dank Großvaters Geld und seinen Beziehungen.« Und bald danach, mit Erbitterung in der Stimme: »Ich werde nie mehr in Deutschland leben. Meine Heimat ist drüben …«

Paul hielt dagegen: »Ich habe 1943 meinen Stuttgarter Posten verloren. Dann waren die Nazis hinter mir her.«

David nickte. »Den Rest hat mir deine Mutter erzählt.«

Sie waren beim dritten Glas, als David feststellte: »Du hast eine Menge gut bei mir, Paul. Wenn du nicht gewesen wärst …«

Paul winkte ab. »Das ist alles vorbei«, sagte er müde. »Hauptsache, wir leben!«

»Das schon«, erwiderte David, »nur, das eine schließt das andere ja nicht aus. Was kann ich für dich tun, Paul? Glaube mir, ich habe viele Möglichkeiten.« Er grinste ein wenig und fügte mit sympathischer Selbstironie, aber durchaus glaubhaft hinzu: »Ich bin ein Mann von Bedeutung!«

Paul sah ihn an und wurde ganz ernst. »Ich will wieder ich sein!«, sagte er dann.

»Das ist ein Klacks«, erwiderte David. »Das ist keine … *Revanche* … für das, was du für mich getan hast, falls etwas dergleichen überhaupt möglich ist.«

Paul nahm gedankenvoll einen weiteren Schluck Whiskey. Er hatte es eigentlich gar nicht vorgehabt, es sprach ganz von alleine aus ihm: »Wenn du wirklich etwas für mich tun möchtest, David, dann besorg mir eine Zeitungslizenz!«

»Verstehe«, sagte David und nickte.

»Das ist es, was ich gelernt habe, das Zeitungmachen, dafür habe ich Zeugnisse und auch Begabung, sogar Kapital. Es war immer mein Traum ...«

»Der Wunsch ist erfüllbar«, erklärte David schlicht. »Wenn du willst, kannst du den *Ostalbboten* übernehmen. Erst mal als Heereszeitung, aber ich bin sicher, das ist nur ein Übergangsstatus.«

»Und was ist mit Moritz Gruber?«

David verzog den Mund zu einer angewiderten Grimasse.

»Dein Schwager ist vorläufig interniert und wird es wohl noch geraume Zeit bleiben, das habe ich heute Abend schon deiner Mutter erklärt. Außerdem werden sich die Militärbehörden mit den Umständen befassen, zu denen der einstige Ortsgruppenleiter unsere Zeitung, das Haus und den Verlag ... *erworben* ... hat. Du darfst davon ausgehen, Paul, dass diese Verträge samt und sonders annulliert werden! Immerhin hat er meinen Vater auf dem Gewissen.«

In diesem Moment musste Paul unvermittelt an Angela denken. Er sah sie so plastisch vor sich wie nie in all der Zeit, seitdem er sie das letzte Mal in den Armen gehalten hatte.

Sie lächelte ihm zu, sanft und verschmitzt. Er hörte ihre Stimme, und er fühlte ihre Wärme und ihren Duft, den zarten Druck ihrer Finger in seinem Nacken.

Es war das Letzte, was er spürte an diesem Tag. Der ungewohnte Alkohol hatte ihn überwältigt, sodass er nach hinten, in die Ecke des gepolsterten Sofas sank und dort die restliche Nacht verbrachte, tief schlafend und voll bekleidet.

Als Anna ihn am nächsten Morgen weckte, hatte sie einen Holzzuber mit heißem Seifenwasser vorbereitet, in dem der Heimkehrer sich wohlig räkelte. David, der ebenfalls im Haus übernachtet hatte, kam wenig später nach und legte sich in den zweiten Zuber mit heißem Wasser.

»Warum grinst du denn, Sieger?«, fragte Paul träge, als er das Lächeln sah, das aus Davids Gesicht nicht mehr verschwinden wollte.

»Wegen des Zubers«, erwiderte David.

Paul legte sich auf den Bauch und beschloss, die Sache auf sich beruhen zu lassen. Jeder hatte seine Erinnerungen, und nicht alle wollten erklärt werden.

## 44

Die erste Ausgabe des *Ostalbkuriers*, des ehemaligen *Ostalbboten*, unter der Regie des neuen Geschäftsführers Paul Pasqualini erschien am 1. Dezember 1945.

Bereits seit Juli jedoch hatten die Druckmaschinen im Verlagshaus wieder gearbeitet und ein Nachrichtenblatt gefertigt; dank David Cohns Vermittlung als Heeresgruppenzeitung. Die überregionalen Artikel waren für die gesamte amerikanische Besatzungszone dieselben; Paul hatte lediglich die regionale Berichterstattung sowie die amtlichen Bekanntmachungen beizusteuern.

Die erste ordentliche Ausgabe der neuen Zeitung umfasste vier Blätter und erschien, wegen des Papiermangels, nur zwei Mal in der Woche.

Paul konnte in seinem Blatt auch von Massenverhaftungen berichten, die der Entnazifizierungswelle vorausgingen.

In Wisslingen wurden, außer dem bereits internierten Ortsgruppenleiter, weitere fünf Personen verhaftet; darunter Erich

Dussler und sein Schwiegersohn. In der Kreisstadt lag die Zahl der Verhafteten weit über hundert. Die meisten davon wurden jedoch bereits nach wenigen Wochen wieder entlassen.

David Cohn hatte Paul nicht nur eine Zeitungslizenz verschafft, er sorgte auch dafür, dass Augusta Pasqualini ein amtliches Schreiben zugestellt wurde, in dem die Verwechslung ihres Mannes Peter mit seinem Zwillingsbruder Paul beim damaligen Bombenangriff klargestellt wurde. Peter war demnach als Soldat im Urlaub gefallen, was versorgungstechnisch eine wesentliche Feststellung war.

Gustel war traurig und erleichtert zugleich.

»Jetzt kann ich wenigstens darauf hoffen, eine Witwenrente zu kriegen«, erklärte sie ihrer Schwiegermutter Anna, als diese zusammen mit Paul erschien, um die Witwe aufzurichten. Sie sagte es *vor* allen Äußerungen der Trauer über den Tod ihres Mannes, worauf Paul dachte, der Bruder habe mit der Einschätzung seiner »kassenfixierten« Ehefrau doch richtig gelegen.

Allzu viel Zeit, sich darüber Gedanken zu machen, hatte er aber nicht. Die Arbeit drohte ihm über den Kopf zu wachsen, denn am Anfang war er der Universalmann im Zeitungsverlag. Er musste die regionalen Artikel alle selbst verfassen, redigieren, setzen, umbrechen und drucken. Er hatte demnach nicht nur das zu erledigen, was er als Schweizer Degen einmal gelernt hatte, sondern auch die Arbeiten als Redakteur und Geschäftsführer des Verlags.

Erstaunlicherweise ging ihm all dies flugs von der Hand.

»Mein Vorleben als Hochstapler zahlt sich jetzt aus«, erklärte er David Cohn eines Abends mit einem Grinsen. »Das Formulieren hab ich als Professor in Neapel gründlich erlernt und alles andere Wichtige als Geschäftsführer beim Rapp-Konzern in Stuttgart.«

Der übrigens war, bei einem der zahlreichen Luftangriffe auf

Stuttgart, vollkommen vernichtet worden. Im Januar 1945 hatten die Bomben auch das Wohnhaus des Firmenchefs zerstört. Zusammen mit seiner Haushälterin und der Portierfamilie der Firma, die im Erdgeschoss einquartiert gewesen war, hatte der Unternehmer Rapp den Tod gefunden, berichtete David Cohn, den Paul gebeten hatte, nach seinem Exchef zu forschen.

Der amerikanische Jude bekleidete einen hohen Rang in der Besatzungsarmee.

»Ich habe eine kleine, aber nicht unwichtige technische Erfindung gemacht«, hatte David grinsend erklärt, als Paul ihn befragt hatte, wie ihm dies trotz seiner Jugend gelungen war.

David Cohn versorgte Anna und ihre Familie fürsorglich mit Esswaren, Trockenmilch und Luxusgütern wie Bananen, Kaffee und sogar Schokolade, sodass niemand unter der Nahrungsmittelknappheit der ersten Nachkriegszeit zu leiden hatte.

Darüber hinaus half David Paul beim Aufbau seiner neuen Existenz, wo immer er konnte. Er versuchte, die wenigen Wünsche zu erfüllen, die Paul an ihn hatte, mit einer einzigen Ausnahme.

»Es ist unmöglich, derzeit für dich eine Reise nach Rom zu arrangieren«, musste er die Bitte des ehemaligen Retters und jetzigen Freundes abweisen. »Du musst dich noch eine Weile damit gedulden, Paul!«

Nur widerstrebend nahm Paul diese Auskunft zur Kenntnis. Er schrieb Angela immer wieder, obwohl er wusste, wie wenig aussichtsreich diese Versuche der Kontaktaufnahme waren.

Noch stand die Welt auf dem Kopf.

Er begriff es spätestens dann, als er David eines Tages – es war Ende Dezember 1945 – auf einer Fahrt nach Stuttgart begleitete.

»Mein Gott«, stammelte er, während sie durch die Ruinen und Trümmerberge der ehemaligen Innenstadt fuhren.

»So oder so ähnlich sieht es überall aus in den großen deutschen Städten«, klärte David ihn auf.

Paul schlug die Hände vors Gesicht, als sie an seinem ehemaligen Wohnhaus in der Weinsteige vorübergefahren waren. Der ganze Straßenzug in diesem Bereich war wie weggefegt; nur einzelne Mauerreste standen noch.

Auf der Heimfahrt war er sehr still.

»So etwas darf nie wieder passieren, David«, sagte Paul mit großem Ernst, als David ihn vor dem Elternhaus absetzte.

»So sehe ich das auch«, erwiderte David, doch er setzte etwas hinzu, was Paul in dieser Konsequenz noch nicht überlegt hatte: »Es ist an uns, dies zu verhindern. An Leuten wie dir und mir. Du hast eine Chance, mit deiner Zeitung für den Frieden zu werben und später auch für die Demokratie, falls es gelingt, Deutschland in diese Staatsform zu bringen. Ich habe meine Chance drüben über dem Teich, und glaube mir, Paul, ich werde sie nutzen!«

Paul dachte lange nach in dieser vorletzten Nacht des Jahres 1945, und er erkannte, dass David ihn auf die richtigen Dinge hingewiesen hatte. Es genügte nicht, seine Arbeit zu tun und sie so gut wie möglich zu machen. Es musste ein übergeordnetes Ziel geben, und dieses konnte nur die Erhaltung des Friedens sein. Jeder, der diesen Krieg erlebt hatte, musste mit daran arbeiten. Die Deutschen aber, die Schuld am Entstehen der kriegerischen Auseinandersetzungen wie an dem entsetzlichen Fazit trugen, waren geradezu verpflichtet dazu, mit aller Kraft, die sie aufwenden konnten.

Gestärkt von diesen Gedanken stürzte er sich erneut in die Arbeit. Er deckte damit auch die quälende Sehnsucht nach Angela zu. So sehr strapazierte er sich, dass Anna sich veranlasst sah, ihn zu maßregeln: »Was soll das, Sohn?«, hielt sie ihm vor, als sie eines frühen Morgens im Frühjahr 1946 persönlich im Druckereisaal erschien.

»Du hast doch inzwischen Hilfe bekommen. Du könntest dich jetzt ein bisschen zurücknehmen und die anderen auch ihre Arbeit tun lassen. *Die können das*, Paul, das hast du selbst doch schon mehrfach betont. Warum also musst du dir nahezu jede Nacht um die Ohren schlagen? Du wirst dich damit ruinieren und schaffst das, was der ganze Krieg nicht zustande gebracht hat: dass du deine Gesundheit verlierst!«

Paul musste zugeben, dass seine Mutter nicht unrecht hatte, aber er wollte und konnte das Nachdenken nicht aufkommen lassen. Was war mit Angela? Warum meldete sie sich nicht? Inzwischen funktionierten die Postwege doch wieder, wenn auch nur leidlich.

War sie wieder zurück nach Neapel gezogen? Oder hatte sie die letzten Kriegsjahre doch auf dem Landgut ihrer Familie verbracht und war noch dort? Oder war ihr womöglich etwas geschehen?

Langsam wäre mir jede Tatsache, selbst eine böse, noch lieber als diese quälende Ungewissheit, dachte er voller Qual.

Als sie jedoch kam, diese Tatsache über Angelas Schicksal, war Paul alles andere als erleichtert.

Mit dem Mantel der Zeitung, den er immer noch von der Heereszeitungen-Zentrale aus Frankfurt bezog, kam im Oktober des Jahres 1946 auch ein Artikel über eine aufsehenerregende Aufführung der Verdi-Oper *Nabucco* in der Metropolitan Opera New York mit zwei italienischen Gastsängern. Die Berichterstattung überschlug sich in der Begeisterung über die Gesangsleistungen und die Schönheit der »Usignolo bianco«, der »weißen Nachtigall« Angela Orlandi. Der stets weiß gekleidete weibliche Star aus Italien war zusammen mit seiner Familie abgebildet, dem Sänger Benedetto Lacardo, der den Ismael gesungen hatte, sowie ihren beiden Kindern.

Ihren *zwei Kindern*, dachte Paul schockiert und unterzog das

Bild einer genauen Betrachtung. Das Mädchen musste Leonora sein. Der Junge an ihrer Seite aber war ungefähr drei Jahre alt und konnte demnach unmöglich ein Kind sein, das aus einer Vereinigung zwischen Angela und *ihm* stammte.

Es war Benedetto Lacardos Kind, genau wie das erste. Man musste kein Hellseher sein, um dies zu erkennen: Vater und Sohn sahen sich so ähnlich, dass es sofort ins Auge sprang.

Angela hatte sich in der Zeit ihrer Trennung besonnen und sich wieder ihrem Ehemann zugewandt. Eine verständliche Entscheidung, aus ihrer Sicht.

Der Schmerz kam erst geraume Zeit später, doch er kam mit großer Macht. Paul lebte wochenlang fast ausschließlich von Kaffee, Zigaretten und Whiskey; so lange, bis Anna, der mahnenden Worte müde, ihrem fünfunddreißigjährigen Lieblingssohn eines Nachts die Flasche aus der Hand riss, zu Boden warf und Paul eine gewaltige Ohrfeige verpasste.

»Andere Mütter haben auch hübsche Töchter«, sagte sie am folgenden Morgen, als sie erkannte, dass er in sich gegangen und willens war weiterzuleben.

»Ich ziehe die Arbeit vor«, erwiderte Paul, und genauso verhielt er sich auch.

**45** Während der Internierung hatte Moritz Gruber den Entnazifizierungs-Fragebogen ausgefüllt. Schlau, wie er war, hatte er die dort aufgeführten Fragen so beantwortet, dass man ihm kaum etwas vorwerfen konnte. Und genauso kam es.

Trotz David Cohns energischer Intervention wurde er lediglich als »Minderbelasteter« eingestuft. Dass er indirekt für den Tod Edmund Cohns verantwortlich war, konnte nicht bewiesen werden, da es außer dem damals noch minderjährigen David keine direkten Zeugen mehr gab. Die Spruchkammer, die nach den Eindrücken des gerade erlebten Unrechtsstaats nach dem alten Rechtsgrundsatz »in dubio pro reo« verfuhr, ließ diese Episode demnach außer Acht und entließ den ehemaligen Ortsgruppenleiter von Wisslingen nach zehn Monaten Haft.

Als Moritz Gruber Ende März 1946 zurückgekommen war, fand er seine Frau und seinen Sohn Adolf in der oberen Wohnung seiner Schwiegermutter vor, wo Elsbetha, die nun wieder zur Else geworden war, auch ihre Damenschneiderei betrieben hatte.

An eine Wiederaufnahme dieser Tätigkeit war allerdings nicht zu denken. Niemand konnte es sich leisten, Kleidung anfertigen zu lassen. Noch nicht einmal Änderungs- oder Flickarbeiten wurden vergeben. Die beiden Frauen und der kleine Adolf lebten von den Vorräten Annas und den guten Gaben ihres ehemaligen Schützlings David Cohn.

»Und wie soll das jetzt mit uns weitergehen, Moritz?«, fragte Else ihren Ehemann, nachdem sie ihn zuerst einmal mit dicken Bohnen in Tomatensoße, Corned Beef und einer Banane gefüttert hatte. Jetzt trank er eine Tasse guten Bohnenkaffee, und er trank sie aus bis auf den Grund, bevor er ihre Frage beantwortete.

»Vermutlich werde ich in den Raum Frankfurt ziehen. Ich habe während der Internierung ein paar Leute getroffen, die interessante Ideen haben, während ich immerhin einige Güter … ich meine … so ganz blind war ich ja auch nicht die letzten Jahre … aber das spielt in dem Zusammenhang keine Rolle!«

Er nahm sich noch ein paar Stückchen Schokolade, kaute prüfend darauf herum und stellte dann fest: »Schoko mit Muntermacher. Das haben unsere Nachtflieger auch immer bekommen!«

Else aber interessierte sich im Moment weder für Schokolade

noch für Nachtflieger. Sie wollte wissen, wie ihr Mann sich die Zukunft vorstellte.

»Und was wird mit uns, wenn du nach Frankfurt ziehst? Sollen wir da auch hin, der Adolf und ich, oder wie hast du dir das vorgestellt?«

Moritz Gruber schob ein weiteres Stück Schokolade in den Mund. Er hatte gewusst, dass dies kommen würde. Es machte ihm keine Freude, aber es war besser, es sofort hinter sich zu bringen. Außerdem war Else manchmal ein bisschen begriffsstutzig, weshalb es gnädiger war, sich klar auszudrücken.

»Ich habe mir vorgestellt, dass du und der Adolf hier bei deiner Mutter bleiben«, sagte er deshalb.

Else verstand ihn tatsächlich nicht sofort.

»Also, ich weiß nicht: Du dort und ich hier – das ist doch keine Ehe, Moritz!«

»War unsere Ehe denn irgendwann einmal eine?«, fragte Moritz Gruber, und noch immer verstand Else die verborgene Botschaft seiner Aussagen nicht.

»Was soll das heißen?«, schnaubte sie.

»Dass der einzige Grund für unsere Heirat doch deine Schwangerschaft war. Und dass ein uneheliches Kind zu haben im selben Dorf, in dem ich Ortsgruppenleiter war, mit meinem Posten nicht zu vereinbaren gewesen wäre. Nur, den Posten, den gibt es jetzt nicht mehr, also sehe ich auch keinen Grund dafür, eine Ehe weiterzuführen, die mir noch nie ein … *Herzensanliegen* … war!«

Else starrte den Mann an, mit dem sie acht Jahre lang verheiratet war. Acht Jahre, in denen sie ständig versucht hatte, ihm alles recht zu machen, im Haus, in der Öffentlichkeit und auch im Bett. Und jetzt sagte er so etwas! Sprach kaltschnäuzig von *seiner* Zukunft in Frankfurt. Seiner Nachkriegszukunft, für die er offenbar schon während der zwölf Jahre des »tausendjährigen Reichs« Vorsorge getroffen hatte, wenn sie seine Worte richtig auslegte. Und das, während er ihr und den Leuten hier im Dorf die Parolen aus Berlin und, wenige Tage vor dem Ende, sogar noch den Durchhalteaufruf des Gauleiters Murr vorgelesen hatte!

Unzählige Szenen schossen ihr jetzt durch den Kopf. Die Sache mit dem Truppenversorgungszug zum Beispiel, der zwischen der Kreisstadt und dem nächsten Bahnhof auf der Gemarkung Wisslingen anhalten musste, weil das Schienennetz bei einem Beschuss beschädigt worden war.

Als Bedienstete der Reichsbahn die Güterwaggons schließlich nach zwei Tagen öffneten, war aus den ursprünglich verplombten Wagen sämtliche Fracht verschwunden gewesen.

Else erinnerte sich der Nacht, in der sie so schlecht geschlafen hatte, und an die Lastwagengeräusche, die am frühen Morgen aus dem Verlagsgebäude herübergedrungen waren. Es waren nicht die beiden Lastwagen gewesen, die die fertigen Zeitungen abholten; die kamen um vier Uhr morgens. Es war aber *fünf* gewesen auf ihrem Wecker, als sie sie hörte. Als sie Moritz beim Frühstück darauf angesprochen hatte, hatte er sie ausgelacht und behauptet, sie habe das wohl geträumt. »Du weißt doch genau, wie wenig Lastwagen es hier in der Gegend noch gibt, nachdem nahezu alles, was fahren kann, requiriert worden ist!«

Jetzt erschien Else der Vorfall in anderem Licht, ebenso wie manches andere, das ihr aufgefallen war.

Moritz Gruber aber, der sie beobachtet hatte, stutzte ihre revanchistischen Gedanken zurecht, bevor sie sie richtig gefasst hatte.

»Glaub nicht, dass es irgendwas zu beweisen gibt«, sagte er und hatte die Unverfrorenheit, auch noch das letzte Stückchen Schokolade in den Mund zu schieben. »Du kannst zu eurem Amerikanerfreund rennen, wenn du das möchtest. Aber ich versichere dir: Es wird gar nichts bewirken. Ich war sehr vorsichtig.«

»Du bist ein Schwein, Moritz«, sagte Else mit schmalen Lippen, doch ihr Ehemann lächelte nur und erwiderte ironisch: »Du bist auch eines, Else. Es ist die Wahrheit, auch wenn ich es genossen habe …«

Else sprang auf und schrie: »Ich bin das, was du aus mir gemacht hast. Du und dein Führer und die ganze verdammte Mischpoke!«

»Das ist dein Problem, Else«, fand der Gruber und nahm sich eine der amerikanischen Zigaretten aus der Schachtel, die auf der Küchenkommode lag. »Ich werde für Adolf natürlich aufkommen«, verkündete er dann. »Immerhin ist der Junge mein leibliches Kind!«

»Du wirst auch für mich sorgen müssen«, erwiderte Else erbittert und dachte, dass sie ihn ausquetschen werde wie eine Zitrone, wenn er erst einmal so weit war, dass ihm etwas abzupressen war. Doch Moritz Gruber war mit dieser Ankündigung nicht zu erschrecken.

»Du bist wirklich ein bisschen … naiv … Else«, fand er und steckte das Zigarettenpäckchen unauffällig in seine Jackentasche. »Sonst würdest du dich erinnern, dass du vor unserer Heirat einen Ehevertrag unterschrieben hast.«

Else stutzte einen Moment, doch dann fiel ihr ein, dass dies den Tatsachen entsprach. »Das ist in *besseren Familien* wie der meinen so üblich«, hatte er ihr damals versichert.

Das hatte sie jetzt davon.

Den Jungen überließ er ihr gnädig zum Aufziehen – was sollte er auch mit einem zusätzlichen Esser, der sieben Jahre alt war und demnach zu nichts nutze. Sie aber ließ er zurück wie einen zu dünn gewordenen Putzlappen. Sie würde in Zukunft nicht nur die ehemalige Frau Ortsgruppenleiter sein – ein Status, der ihr im Moment bereits genügend Feindseligkeiten und Häme eintrug –, sondern auch noch eine »Geschiedene«. Eine geschiedene Frau aber rangierte in der engen pietistischen Gesellschaft dieser Region gleich hinter einer Prostituierten.

Und ein Wiederaufleben ihrer Schneiderei konnte sie als Frau mit derartigem Ansehen glatt vergessen.

Else Gruber, geborene Pasqualini, war tatsächlich naiv, sogar ein wenig dumm, aber sie war keine Frau, die einen solchen Schlag ohne Gegenschlag wegsteckte.

Sie zog den dick wattierten Kaffeewärmer von der Kanne und tat, als ob sie sich eine weitere Tasse Kaffee eingießen wolle. Dann aber goss sie den brühheißen Kaffee ihrem Ehemann gezielt über die linke Seite der Stirn, über die linke Wange und das linke Ohr weiter an Hals und Oberarm hinab.

Moritz Gruber schrie wie am Spieß, fuhr hoch und schüttelte sich wie ein Mensch, der von epileptischen Anfällen geplagt wird.

Else schaute ihm ungerührt dabei zu und sagte dann mit boshafter Freundlichkeit: »Entschuldige, Moritz, aber ich bin leider ausgerutscht.«

Der antwortete nicht, sondern rannte zum Spültisch, drehte den Wasserhahn auf und hielt die schmerzende Gesichtshälfte darunter.

Anna, die das Geschrei gehört hatte, kam in die Küche gerannt.

»Was ist denn hier los?«, fragte sie erstaunt.

»Nichts, Mutter«, sagte Else mit kühler Stimme. »Der Moritz und ich haben nur grade unsere Scheidung besprochen …«

Eine knappe Woche nach diesem Vorfall fand Anna auf ihrem Küchentisch einen Brief ihrer Tochter.

»Ich war und ich bin ein Opfer des vergangenen Regimes«, schrieb Else. »Wenn ich in Wisslingen bleibe, werde ich den Rest meines Lebens schief angesehen und ausgegrenzt werden, so wie man es jetzt bereits mit mir macht. Mein Mann, der für alles verantwortlich ist, hat sich abgesetzt, und sein Kind wird ihm jeden Tag, den es älter wird, äußerlich ähnlicher. Ich kann diese ständige Erinnerung an meine missglückte Ehe nicht auf die Dauer ertragen, deshalb gehe auch ich. Dort, wo ich hinwill, kann ich das Kind ohnehin nicht gebrauchen, also lasse ich den Adolf bei Dir. Einen Unterhalt für den Buben wird der Moritz sicherlich zahlen, und über das Scheidungsverfahren werde ich auch seine Adresse erfahren, sodass Du Kontakt mit ihm aufnehmen kannst. Ich weiß, dass Du mit meinem Verhalten nicht einverstanden sein wirst, Mutter, deshalb *schreibe* ich Dir. Mit dem Hitler hattest Du recht und mit manch anderem auch, aber das bringt mich jetzt auch nicht weiter. Ich werde wieder von mir hören lassen. Bleib gesund und halte Dich an den Paul, der war ja immer Dein Liebling. Deine Else.«

Anna las den Brief immer wieder, grübelte und machte sich nächtelang Vorwürfe, bei Else irgendetwas versäumt oder falsch gemacht zu haben. Als sie in ihrer Not schließlich mit Paul darüber sprach, nahm der ihre Hand. »Die Menschen sind verschieden, Mutter«, sagte er einfach. »Ich bin ganz sicher, du hast nichts falsch gemacht.«

Anna seufzte. Ganz ausgeräumt waren ihre Bedenken doch nicht, aber sie nahm sich vor, wenigstens Adolf gegenüber gerecht zu sein, dem seine entflohenen Eltern auch noch die Hypothek seines Vornamens verpasst hatten.

**46** Im Jahr 1949 waren endlich alle Formalitäten abgewickelt, und David Cohn sah sich in der Lage, den ihm zurückübereigneten Verlag samt der ehemaligen Cohnschen Villa an Paul Pasqualini zu verkaufen.

Paul öffnete dazu sein Depot bei der Zürcher Bank. Für den restlichen Kaufpreis, den er nicht aufbringen konnte, behielt David eine dreißigprozentige Beteiligung am Verlag.

»Lass uns das feiern«, schlug David vor, als sie das Büro des Notars in Zürich verließen.

»Ich glaube, da muss ich passen«, wandte Paul zögernd ein. »Ich hab eigentlich was mit der Magda ausgemacht, David!«

Magdalena Blümel war eine seiner Redakteurinnen, und in der letzten Zeit war sie ihm eine unentbehrliche Assistentin geworden. Nun wollte er sich erstmals privat mit ihr treffen.

»Ich habe mir etwas ganz Spezielles ausgedacht«, beharrte David jedoch entgegen seiner sonstigen Art. »Ich glaube, es wird dich interessieren!«

So nahmen sie zwei Zimmer im Baur au Lac, und Paul schlüpfte nach einem frühen Abendessen in den Smoking, den David herbeigezaubert hatte.

Danach fuhren sie mit dem Taxi zur Oper.

Sie kamen so spät, dass sie ihre Loge im ersten Stock im Sturmschritt aufsuchen mussten. Kaum waren sie in den tiefen, rot gepolsterten Samtstühlen versunken, hob sich der Vorhang, und das Orchester begann mit der Ouvertüre der *Zauberflöte*.

Paul hatte die Oper nicht mehr gehört, seitdem sie einmal in der Kreisstadt aufgeführt worden war, mit ihm selbst als erstem Geiger im Laienorchester. Er mochte die Musik ausgesprochen gerne.

Erfreut lächelte er David zu und gab ihm durch ein Kopfnicken zu verstehen, dass er mit diesem musikalischen Geschenk seinen Geschmack voll getroffen habe.

Der Tamino war ein Franzose, Papageno ein sehr bekannter Wiener und die Pamina eine noch junge Schweizerin, die im Jahr zuvor bei Konzerten und auf Opernbühnen ihres Heimatlandes geglänzt hatte.

Als die Königin der Nacht auftrat und mit ihrer berühmten Koloraturarie sofort alle Aufmerksamkeit auf sich lenkte, glaubte Paul, sich verhört zu haben.

Er beugte sich vor und lauschte gebannt. Die Sängerin hatte eine grandiose, eine sensationell gute Stimme. Die Töne kamen mit perlender Reinheit von ihren Lippen, und sie traf die schwierigen Koloraturen mit traumwandlerischer Sicherheit und Stärke. Sie war, wie es die Rolle vorschrieb, eine fordernde mütterliche Furie, zugleich aber erschien sie weiblich zart und verletzlich.

Erstaunlicherweise war sie nicht, wie es üblich war, dunkel, sondern in ein silbriges Weiß gekleidet, nur ein schwarzer Spitzenschleier, mit dem sie kokettierte und spielte, floss von ihrer silbernen Perücke zu Boden.

»Usignolo bianco«, flüsterte David Paul zu und sah ihn bedeutungsvoll an.

Natürlich wusste Paul längst, dass dies der Beiname seiner geliebten Angela war. Es war also kein falscher erster Eindruck gewesen, ein Wunschtraum, der sich wieder verflüchtigen würde. Er hatte sich nicht geirrt.

Es *war* Angela.

Wie im Fieber verbrachte er die folgenden zweieinhalb Stunden. Es erschien ihm, als ob die ganze Oper ausschließlich ein Dialog zwischen Angela und ihm wäre, ein Kampf wie der ihres Lebens: die Sphären von Gut und Böse, die ohne Schuld der Hauptbeteiligten durcheinandergeraten waren, das Drängen aus Elend und Nacht zum Licht und einer gemeinsamen Zukunft.

»Entschuldige, David, aber: Ich muss sie treffen!«, sagte er, kaum dass der letzte Vorhang sich vor den Sängern geschlossen hatte.

»Das war vorherzusehen«, erwiderte David mit einem Lächeln, denn natürlich hatten sie längst über Pauls große, unglückliche Liebe gesprochen.

Aufgewühlt verließ Paul an der Seite Davids den Saal. »Lass uns ins Hotel zurückfahren«, sagte der junge Amerikaner. »Ich habe etwas für dich arrangiert.«

»Warum machst du das, David?«, fragte Paul ihn erstaunt.

»Weil ich der Auffassung bin, dass es nicht gut ist, eine Partnerschaft eingehen zu wollen, wenn die Vergangenheit noch nicht aufgeräumt ist.«

»Welche Partnerschaft?«, wollte Paul wissen, doch es war eine rhetorische Frage. Er wusste genau, worauf David anspielte – und dieser verzichtete mit einem ironischen Lächeln auf eine Antwort.

In einem kleinen Salon im Hotel wartete Paul auf Angelas Ankunft. Er konnte sich nicht erinnern, jemals so nervös gewesen zu sein. Verzweifelt darum bemüht, die Haltung zu bewahren, studierte er die Stiche an der Wand, die diverse Alpenlandschaften zeigten, und machte sich noch einmal bewusst, dass Angela die Frau eines anderen Mannes war, mit dem sie ein weiteres Kind hatte. Niemand konnte ihm Vorwürfe machen, sie wiedersehen zu wollen, nur musste er die notwendige Distanz beibehalten.

Angela betrat den Salon mehr als eine Stunde nach ihm. Ohne Schminke, Kostüm und Perücke war sie eine moderne Frau Anfang dreißig, auf dem Zenit ihrer weiblichen Schönheit. Ihre honigfarbenen Locken trug sie in einer hochgesteckten Frisur, und ein streng geschnittenes, stark tailliertes Kleid betonte geschickt ihre weiblichen Rundungen. Ihr Gesicht aber war blass, und an ihren Augen, die ihn unruhig musterten, sah er, dass sie ebenso aufgeregt war wie er selbst.

»Du hast graue Haare bekommen«, sagte sie anstelle einer Begrüßung. Unwillkürlich hob sie die Hand, um Pauls stahlfarbene Locken zu betasten, doch dann stoppte sie mitten in ihrer Bewegung.

Paul erkannte in dieser unterbrochenen Geste die Absicht, die er selbst gefasst hatte: Sie wollte Distanz halten.

Es wäre absurd gewesen, ihr jetzt einen schönen Abend zu wünschen oder mit dergleichen Ritualen zu beginnen. So entschloss er sich, ebenfalls sofort ins Gespräch einzusteigen.

»Es hat seine Gründe«, sagte er vieldeutig und fuhr sich über die dichten Haare. »Aber setz dich doch, bitte. Möchtest du etwas trinken?«

»O ja, bitte. Wasser. Sehr viel Wasser. Das Singen macht durstig«, sagte sie mit ironischem Unterton. »Und ein klein bisschen Wein!«

Paul bestellte nach einer kurzen Rückfrage eine Flasche Rotwein und eine große Karaffe Wasser.

Nachdem der Ober wieder gegangen und Angelas erster Durst gelöscht war, entstand eine spannungsgeladene Stille.

»Wie geht es deinem Mann und den Kindern?«, erkundigte sich Paul schließlich und konnte nicht verhindern, dass die Frage spitz und gekränkt klang.

»Danke. Sehr gut«, erwiderte Angela und probierte den Wein.

»Wie schön für euch«, konstatierte Paul und fühlte einen heißen Zorn in sich aufsteigen. Sie hielt es nicht einmal für notwendig, ihm Begründungen dafür zu liefern, dass sie sich zurück in Benedetto Lacardos Arme geflüchtet hatte! Es schien, dass er ihr diese Erklärungen abverlangen musste, und genau das wollte er. Plötzlich begann er zu verstehen, was David mit der »unaufgeräumten Vergangenheit« gemeint hatte. Er hatte es unterdrückt, all die Jahre hatte er vor sich selbst verdrängt, wie peinigend und unerträglich er diese Abwendung empfungen hatte.

»Ich warte«, sagte er deshalb mit scharfer Stimme. Es klang wie ein Ultimatum.

Angela hob die Brauen und sah ihn erstaunt an. »Worauf wartest du, Paolo?«

»Auf deinen Bericht. Wie es geschehen konnte, entgegen aller Absprachen geschehen konnte, dass du …«

Paul atmete tief durch und begann dann laut zu werden, ohne es zu bemerken: »Dass du zu diesem verdammten … *Kosaken* zurückgekehrt bist und ein weiteres Kind mit ihm in die Welt gesetzt hast! Ich aber, ich habe *gelebt* von der Hoffnung auf unsere gemeinsame Zukunft. Nur deswegen ist es mir gelungen, den Krieg zu überstehen und über all dem Irrsinn nicht den Verstand zu verlieren. Ich habe an dich gedacht und mich nach dir gesehnt, am Atlantikwall, im faschistischen Oberitalien, während der Gefechte in den Alpen und weiß Gott noch wo überall. Und danach, danach habe ich geschuftet wie ein Verrückter, um ein Nest für dich vorzubereiten. Um dann erkennen zu müssen, dass du dich – entschuldige, wenn ich bei dem Exempel bleibe – längst irgendwo anders *eingenistet* hattest, ein Luxusleben in Amerika geführt hast, an der Seite deines Benedetto und der niedlichen Kinderchen … aber … egal. Vermutlich war es zu viel verlangt, dass du mir deinen Sinneswandel hättest mitteilen sollen, damit auch ich irgendwann hätte frei werden können für ein anderes Leben!«

Angela starrte ihn mit leicht geöffnetem Munde an.

»Ich glaube, du bist verrückt«, sagte sie schließlich.

Paul schüttelte entschieden den Kopf und sagte mit ätzender Ironie: »Ich *war* es, meine Liebe. Ich war es nach dir!«

Er musterte sie mit gnadenloser Schärfe. Niemals hätte er es für möglich gehalten, dass sie derart mit seinen Gefühlen spielte. Trotz ihrer dreiunddreißig Jahre wirkte sie mädchenhaft unschuldig und tatsächlich so etwas wie empört. Womöglich würde sie jetzt an sein Mitleid appellieren, Verständnis von ihm verlangen für ihre schwierige Lage damals im bedrohten und besetzten Rom. Paul fühlte etwas wie eine Welle von Übelkeit in sich aufsteigen. Er wollte all dies nicht erleben müssen, weder ihr Bitten noch seine eigene scheinheilige Vergebung. Es war das Beste, er ging. David hatte sich geirrt. Die menschliche Vergangenheit war nicht »aufzuräumen« wie der Schutt und die Trümmer in den zerbombten Städten. Seelische Beschädigungen blieben. Sie wären nur mit Liebe zu heilen – das wusste er mit plötzlicher Hellsichtigkeit, doch Angelas Liebe stand ihm weder zu, noch wollte er sie noch haben.

Er erhob sich und sagte: »Entschuldige, aber ich glaube, es hat keinen Sinn, dieses Gespräch fortzusetzen.«

Paul wandte sich um und hatte bereits die Klinke der Tür in der Hand, als ihre Stimme ihn wieder einfing.

»Das war kein Gespräch«, sagte sie mit bösem Sarkasmus. »Das war eine Anklage. Zu der ich mich offensichtlich nicht äußern soll!«

Sie stand jetzt ebenfalls auf, ging zu ihm und zog mit einem energischen Griff Pauls Hand von der Klinke.

»Jetzt will ich dir einmal sagen, was *ich* empfinde, Paolo Pasqualini! Wie *ich* mich gefühlt habe, als ich nichts, nichts und wieder nichts von dir gehört habe! Gut, anfangs habe ich mir noch einzureden versucht, dass du meine Nachricht, dass ich das letzte Jahr des Kriegs und das erste danach auf dem Landgut meiner Familie verbracht habe, nicht erhalten hast. Danach aber, Paul, wäre Gelegenheit gewesen, nach mir zu forschen, wenn du es gewollt hättest. Ich habe die Wohnung in Rom nie aufgegeben, und der Hausverwalter hat mir die Post regelmäßig zugeleitet. Außerdem: Ludovica hat Rom nie verlassen, und auch in der Oper hat man stets gewusst, wo ich mich befinde. Ich habe gelitten wie ein Hund, Paul, Monate und Jahre um dich gezittert. Schließlich *musste* ich denken, dass dir etwas zugestoßen ist, denn ich habe es für ausgeschlossen erachtet, dass du am Leben bist und dich nicht bei mir meldest. Ich hielt dich für tot, bis vorgestern dieser Amerikaner bei mir aufgetaucht ist und mich in deinem Namen um eine Unterredung gebeten hat.«

Paul war verwirrt.

Ihre Worte klangen plausibel und ehrlich, wenn man den Umstand außer Acht ließ, dass sie in der Zeit, in der sie angeblich um ihn gezittert hatte, sich mit Benedetto im Bett gewälzt, sein Kind empfangen, ausgetragen und geboren hatte.

Genau dies sagte er ihr.

Angela wurde noch blasser, als sie schon war. Sie schwieg lange Zeit auf diese Vorhaltungen, dann flüsterte sie mit weißen Lippen: »Zu so etwas hast du mich für fähig gehalten?«

Paul verzog mit einem zynischen Lächeln den Mund. Er fasste in die Brusttasche seines Smokings, holte seine Brieftasche hervor und klappte sie auf. Hinter seinem neuen Pass hatte er den ausgeschnittenen Zeitungsartikel mit dem Familienbild der Lacardos verborgen. Er legte den Zeitungsausschnitt auf den Tisch des Salons.

Angela warf einen Blick darauf, doch sie zeigte keinerlei Anzeichen von Überraschung oder gar Scham.

»Ja und?«, fragte sie verständnislos. Doch plötzlich stutzte sie und begann zu begreifen. »Du denkst … mein Gott: Du hast gedacht, das ist *mein Kind?*«

»Natürlich!«, blaffte Paul gereizt. »Wessen denn sonst? Es steht doch darunter. Hier: Die berühmte Sängerin Angela Orlandi, ihr Gatte Benedetto Lacardo und ihre Kinder!«

»Das stimmt nur begrenzt«, stellte Angela klar. »Es sind *Benedettos* Kinder, verstehst du?«

»Nein«, sagte Paul brüsk. Der Anblick dieser fotografierten Idylle setzte ihm jedes Mal zu, wenn er sie betrachtete. Heute aber, wo Angela das Offensichtliche auch noch abzuleugnen versuchte, schmerzte er ganz besonders.

»Herrgott, so begreif es doch!«, wurde nun auch Angela laut. »Der Junge ist Benedettos Kind *mit einer anderen Frau!*«

Ganz langsam drangen ihre Worte in sein Bewusstsein. Benedettos Kind mit einer anderen Frau? Um Gottes willen! Dann hätte er … dann wäre er …

Sie stand jetzt nahe vor ihm. Er sah die kleinen, flaumigen Haare an ihrer Wangenpartie, er sah ihre Lippen, die wie zu einem Schrei geöffnet waren und sich ihm zuneigten.

Jetzt endlich verstand er.

Die Sprache der Bilder hatte sie ein weiteres Mal genarrt, und diesmal war er es gewesen, der ihnen geglaubt hatte.

Der Kuss war nichts anderes als die Fortsetzung der Vorwürfe auf andere Weise. Sie liebkosten sich nicht, sie verbissen sich ineinander, erzeugten Schmerz und erlitten Schmerz.

Erst die Leidenschaft der folgenden Nacht fegte die Aggressionen beiseite und machte der Zärtlichkeit Platz.

In den frühen Morgenstunden sprachen sie von der Zukunft.

»Es ist unmöglich, mich scheiden zu lassen«, erklärte Angela bedrückt. »Die Gesetze erlauben es immer noch nicht!«

»Du könntest um die deutsche Staatsangehörigkeit ansuchen, dann müsste es möglich sein …«

»Vielleicht. Aber ich hätte keine Möglichkeit mehr, in Italien aufzutreten. Ich liebe dich, Paolo, ich liebe dich mehr als alles andere auf der Welt, aber die Erfahrung der letzten Jahre hat mich gelehrt, wie wichtig es ist, auf eigenen Beinen zu stehen und einen Beruf auszuüben. Besitz und Vermögen können von heute auf morgen zerstört sein oder verschwinden. Nur was *im* Menschen ist, bleibt ihm, solange er lebt!«

Paul dachte an die Erfahrung seiner eigenen Familie und musste ihr zustimmen.

»Außerdem ist Benedetto ein guter und großzügiger Mann. Er kümmert sich nicht nur fürsorglich um Leonora, sondern auch um mich. Wenn ich ihn verlassen würde, um Deutsche zu werden, würde das auch *ihm* Schaden zufügen. Immerhin ist Rom der Sitz des Vatikans, und die katholische Kirche ist strikt gegen die Ehescheidung. Er würde als verlassener Mann nicht nur zu einem Opfer und Gehörnten, was einem Heldentenor übel anstünde; als bekanntes Paar würden wir auch in der Öffentlichkeit als böses Exempel verschrien. Die Oper in Rom wäre dem Druck der Kirche ausgesetzt, und ich vermute mit Sicherheit, man würde Bene, um ständigen Ärger zu vermeiden, bald aus der ersten Garde des Ensembles nach hinten schieben, was der Anfang vom Ende seiner Karriere wäre. Ich kann ihm so etwas nicht antun, nicht nach allem, was er für mich getan hat! Außerdem hätte ich, zumindest im Moment, Skrupel, eine Deutsche zu werden. Du weißt nicht, Paolo, was wir in Rom durchgemacht haben unter der deutschen Besetzung!«

Paul konnte sich Letzteres vorstellen. Er hatte es in Oberitalien ja selbst erleben müssen, wie manche seiner Landsleute sich den ehemaligen Verbündeten gegenüber aufgeführt hatten. Dennoch war es Tatsache, dass Benedetto Lacardo erst Mitte fünfzig war. Seine Gesundheit war offenbar ausgezeichnet, was bedeutete, dass eine Heirat für längere Zeit undenkbar war.

»Ich hätte so gerne Kinder mit dir gehabt«, gestand Paul und zog Angela an seine Brust. Sie kuschelte den Kopf in seine Halsmulde und versuchte, ihn mit vielen kleinen Küssen zu trösten.

»Das geht leider nicht«, flüsterte sie, und Paul spürte ihre Tränen auf seiner Haut. »Nach Leonoras Geburt hat man mir gesagt, es seien keine weiteren Kinder mehr möglich.«

Sie liebten sich ein weiteres Mal, und als sie danach erschöpft nebeneinanderlagen, sagte Angela: »Wenn du eine Ehe möchtest und Kinder, dann will ich dich nicht festhalten, Paolo!«

Paul hielt ihr den Mund zu. »Sei ruhig, Angela. Ich will so etwas nie mehr hören!«

Sie entzog sich seiner Hand und setzte sich auf. »Doch, Paul. Es ist ein schwerer Verzicht für einen Mann, und ich möchte nicht schuld daran sein, wenn du das eines Tages bedauerst.«

»Es reicht jetzt, Angela! Ich will *dich*, begreife das endlich!«

»Wir könnten uns nicht allzu oft treffen, und immer nur heimlich!«

Paul war klar, dass sie recht damit hatte, aber er war entschlossen, sie nicht wieder zu verlieren.

»Wenn die Umstände, zu denen unsere Beziehung stattfindet, nicht zu verändern sind, dann muss ich sie eben hinnehmen!«, befand er. Dann schwang er die Beine aus dem Bett und verkündete: »Nur, wenn ich nicht bald ein riesiges Frühstück zu mir nehme, werde ich tot umfallen!«

Angela lachte und krabbelte ebenfalls aus dem Bett. Sie schlang die Arme um ihn und fühlte noch einmal seinen nackten, warmen und festen Körper.

»Das muss natürlich verhindert werden, mein Liebster!«, sagte sie und dachte, dass sie noch nie im Leben so glücklich gewesen war wie an diesem Morgen.

**47** Die enttäuschten Erwartungen von Magdalena Blümel erzeugten in Paul Pasqualini eine großartige geschäftliche Idee.

Beim Versuch, sie zu trösten und ihr anstelle des privaten ein interessantes berufliches Angebot zu machen, kam Paul der Gedanke, ein Magazin für Frauen herauszugeben.

Er hörte sich um und prüfte den Markt, der zu dieser Zeit noch wenige Konkurrenzprodukte aufwies. Dann sprach er mit David, der begeistert war von Pauls Einfall.

»Das ist genau das, was jetzt eine Chance hat!«, versicherte der amerikanische Freund und besorgte bei seiner nächsten Heimreise die entsprechenden amerikanischen Presseangebote.

»Etwas wie *dieses* käme nie bei uns an!«, sagte Magda, als die beiden Männer sie zu einer Unterredung baten und ihr die amerikanischen Zeitschriften zeigten. »Das müsste sehr behutsam auf das Naturell und die Bedürfnisse der *deutschen* Frauen abgestimmt werden.«

»Dann mach das doch, Magda!«, forderte Paul sie auf. »Du hast völlig freie Hand dabei. Wir beide schätzen dich und verlassen uns auf deinen Instinkt. Wir verstehen ohnehin nichts davon«, versicherte er und zwinkerte David zu: »Schließlich sind wir *nur Männer!*«

Magdalena reizte die Aufgabe ungemein. Sie steigerte ihr Selbstbewusstsein und kompensierte, wie Paul sich erhofft hatte, auch den Liebeskummer, den er ihr verursacht hatte.

Im Frühsommer 1950 erschien die neue Frauenzeitschrift, die auf Pauls ausdrücklichen Wunsch den Namen *Angela* trug.

Magdalena war dagegen gewesen und hatte eingewandt, es könne zu Ausspracheproblemen kommen.

»Das wird sich schon regeln«, fand Paul und setzte sich in diesem Punkt über die Meinung der neuen Chefredakteurin hinweg.

Die Auflagenzahlen bewiesen bald, dass er recht damit hatte. Überhaupt begann sich Pauls harte Arbeit nun auszuzahlen. In seinem Verlagshaus erschienen inzwischen nicht nur der *Ostalbkurier*, der unter dem verkürzten Namen *Kurier* auch zu einer wichtigen überregionalen Zeitung gediehen war, sondern eine Wochenzeitschrift und das Frauenmagazin *Angela*.

Bis Mitte der Fünfzigerjahre war Paul zu einem der wichtigen Verleger der neuen Bundesrepublik Deutschland geworden.

Die ehemalige Cohn-Villa hatte er völlig renovieren lassen.

Er lebte mit seiner Haushälterin, einer entfernten Verwandten, die im Krieg ihren Mann verloren hatte, ganz alleine darin.

Anna hatte sich geweigert, das Haus zu verlassen, das ihr Ehemann einst erbaut hatte. Obwohl Paul seine Mutter sehr gerne um sich gesehen hätte, fügte er sich ihrer Entscheidung. Er ahnte nicht, was sich hinter den vorgebrachten Argumenten verbarg: Der heranwachsende Adolf sah seinem Vater so ähnlich, dass Anna Bedenken hatte, der Junge könne den Zorn oder die Rachsucht David Cohns auf sich ziehen – und dieser verkehrte sehr häufig in seiner ehemaligen Villa. David aber mit seinem feinen Gespür bemerkte den Eifer, mit dem Anna jede Begegnung zwischen ihm und dem inzwischen sechzehnjährigen Adolf zu vermeiden suchte.

Eines Abends im Jahre 1954 fand Anna Pasqualini den Amerikaner und den Jungen in einem engagierten Gespräch, als sie von einem Besuch bei Gustel zurückkam. Sie verstand allerdings kein Wort von dem, was gesagt wurde, denn die Unterhaltung wurde in Englisch geführt. Obwohl sie stolz auf ihren Ziehsohn war, hinderte sie dies nicht daran, den Enkel zu rügen: »Das hab ich dann gerne: Da sitzt du hier herum, redest unnützes Zeug auf Fremdländisch, und dabei solltest du auf der oberen Wiese die Birnen zusammenlesen!«

»Das war ja kein Hexenwerk, Oma«, versuchte Adolf sie zu beschwichtigen. »Die Körbe stehen schon in der Scheuer.«

Doch Anna war noch nicht zufrieden: »Die Hühner und Gänse wären auch noch zu füttern!«

»Ist auch schon erledigt«, winkte Adolf ab, während David gestand: »In der Küche war noch ein Rest Kartoffelsalat vom Mittagessen. Ich hab mir erlaubt, den zu verputzen. Ist das schlimm?«

»Es ist unverzeihlich!«, sagte Anna und lächelte geschmeichelt.

Sie kannte Davids Vorliebe für ihren schwäbischen Kartoffelsalat und machte grundsätzlich einen, wenn sie wusste, dass er wieder einmal drüben im Verlag und in der Villa war. Meistens aber brachte sie ihn selbst dorthin. Nun holte sie den Zwetschgenkuchen aus ihrem Versteck und stellte ihn auf den Tisch. Beinahe gleichzeitig griffen David und Adolf zu.

»Der Adolf ist ein sehr begabter junger Mann mit einer schnellen Auffassungsgabe«, sagte David Cohn, während er aus dem Tongefäß die kalt gestellte Schlagsahne auf den Kuchen häufte. Dabei sah er Anna direkt in die Augen und lächelte so perfide, dass sie feuerrot wurde, als sie begriff, dass er sie durchschaut hatte.

»Für was hältst du mich eigentlich«, bohrte David weiter in der Wunde. »Für einen Revanchisten, oder wie?«

»Wovon sprecht ihr eigentlich?«, wollte Adolf jetzt wissen, doch seine Großmutter sagte sofort: »Halt du deinen Mund, solange er nicht leer ist!«

»Dann wird das vorläufig nichts«, erwiderte Adolf und schob ein weiteres Stück Kuchen hinein.

David und Anna mussten beide lachen.

»Der futtert mich noch blank«, sagte Anna und schüttelte den Kopf.

»Das ist normal in dem Alter«, fand David. Dann aber wurde er wieder ernst. »Er will nach Amerika, wenn er nächstes Jahr das Abitur gemacht hat, hat er mir gerade erzählt!«

»Nach Amerika?«

Anna war ehrlich erschrocken. Amerika war weit, und der Bub war ihr trotz allem ans Herz gewachsen. »Er ist doch noch viel zu jung für so eine Entscheidung!«

»Das meinst nur du, Oma!«

»Werd du erst einmal trocken hinter den Ohren, und dann sehen wir weiter!«, sagte Anna und hoffte, dass sich dieser Floh im Hirn schon wieder legen werde.

Genau das sagte sie auch zu David, als der Junge sich in sein Zimmer begeben hatte.

»Ich weiß nicht, ob es ein ›Floh‹ ist«, wandte David ein. »Mein Eindruck ist eher, er will durch diesen Schritt die Vergangenheit loswerden.«

»Das ist genau das, was ich meine. Er denkt noch kindlich. Die ›Vergangenheit loswerden‹! Wer kann das schon, David? Die Vergangenheit trägt man mit sich herum, bis man tot ist. Das weiß er nur noch nicht.«

Doch David wiegte den Kopf hin und her. »Das stimmt natürlich. Und dennoch. Wenn man die Umgebung wechselt, stößt man nicht ständig mit dem Kopf dagegen. Ich habe nichts anderes gemacht damals, und deine Tochter ja auch. Und dein Schwiegersohn erst recht. Der lebt jetzt in Hamburg und hat ein fabelhaft florierendes Unternehmen. Schrottverwertung!«

»Das passt zu ihm«, sagte Anna und lächelte mit seltener Boshaftigkeit.

David Cohn hätte ihr auch mitteilen können, was ihre Tochter so trieb, aber er wusste, welch Stich ins Herz es ihr gewesen wäre, erfahren zu müssen, dass Else sich zu einer der begehrtesten Edelnutten Frankfurts entwickelt hatte.

Schon aus diesem Grund war es vielleicht besser, wenn ihr Sohn den Kontinent wechselte. Söhne vertrugen solche Wahrheiten sicher noch schlechter als pietistische Mütter.

»Bleibst du noch eine Weile bei Paul?«, versuchte Anna das Thema zu wechseln.

»Nein. Er verreist morgen, und was zu besprechen war, haben wir schon besprochen.«

»Er arbeitet zu viel«, klagte Anna, obwohl sie genau wusste, dass die sporadischen Kurzreisen, die Paul unternahm, nicht immer nur geschäftliche Hintergründe hatten. Es steckt vermutlich noch immer diese Italienerin dahinter, sagte sie sich.

Bei dieser speziellen Reise allerdings hatte sie unrecht. Paul war zu einer Tagung von Wirtschaftsleuten gereist, die in Hannover stattfand. Während des Festbanketts saß er neben Wirtschaftsminister Ludwig Erhardt, dem Vater der neuen Währung, der Deutschen Mark.

Paul hatte bereits in den Zeiten der Bizone mit ihm zu tun gehabt, wo der Wirtschaftsrat Erhardt zum Direktor der Verwaltung für Wirtschaft gewählt hatte.

»Die Bautätigkeit in der Bundesrepublik steht unmittelbar vor einer Explosion«, vertraute Erhardt Paul nach dem Essen an. Sie saßen bei einem Verdauungsschnaps in einer der Nischen des Saals, in dem sich kleine Tische und gepolsterte Sessel befanden. Der Wirtschaftsminister und Honorarprofessor für Rechts- und Staatswissenschaften an der Universität Bonn zog genüsslich an seiner dicken Zigarre und blies Rauchkringel in die Luft, bevor er sorgenvoll ergänzte: »Was unsere junge Republik vor beinahe unlösbare Probleme stellen wird!«

Paul nickte und steuerte seine Erfahrungen bei: »Die Verluste qualifizierter Arbeitskräfte durch den Krieg sind in allen Branchen schmerzhaft zu spüren! Dabei hätten wir Stellen in Hülle und Fülle, während in anderen Ländern die Arbeitslosigkeit teilweise so groß ist, dass die Leute kaum sich und ihre Familien ernähren können. In der Heimat meines Vaters zum Beispiel …«

Paul stockte, denn im selben Moment hatte er eine fantastische Idee. Ohne zu zögern, teilte er sie dem Wirtschaftsminister mit.

Der sah ihn lange nachdenklich an und nickte dann. »Wenn Sie das zuwege bringen, Pasqualini, dann haben Sie bei mir etwas gut!«

48 Eine Woche später, nach vielen Telefongesprächen, fuhr Paul nach Rom.

Dort gab es ein Wiedersehen der besonderen Art.

Sein ehemaliger Wohnungsgenosse und Freund, der Anwalt Emilio Rigotti, hatte die damals eher flapsig gemachte Bemerkung wahr gemacht und war in die Politik gegangen.

In Bari, wo er die Kanzlei seines Vaters betrieben hatte, war er mit dem Rechtsprofessor und christdemokratischen Politiker Aldo Moro zusammengetroffen, der als aussichtsreicher Kandidat für einen Ministerposten bei den nächsten Wahlen galt.

Rigotti hatte bereits 1952 die väterliche Kanzlei verkauft und war nach Rom umgesiedelt, wo er inzwischen weitreichende Verbindungen in der Christdemokratischen Partei besaß.

Über Angela hatte Paul bereits vor längerer Zeit von Emilios neuer Karriere und seinen Absichten erfahren.

Emilio schlug am Telefon ein Treffen in einem Lokal in der Nähe des Palazzo Venezia vor, das Paul sofort als das wiedererkannte, in dem er nach seiner ersten Audienz bei Benito Mussolini diniert hatte.

So schließt sich der Kreis, dachte Paul erheitert, während er Emilio herzlich in die Arme schloss.

»Das Leben ist schon kurios«, fand auch Emilio, als sie das erste Glas auf ihr Wiedersehen tranken.

»Wie geht es Editha?«, erkundigte sich Paul.

»Vorzüglich. Wir haben zwei Söhne, Paolo – in Erinnerung an dich übrigens – und Mariano«, teilte Emilio mit einem Schmunzeln mit. »Und jetzt spanne mich bitte nicht länger auf die Folter und teile mir deine ›wirtschaftlich-politische Idee‹ endlich mit!«

Paul erklärte ihm nun ausführlich, was er sich vorstellte, zum Wohl der armen italienischen nachgeborenen Bauern- und

Handwerkersöhne und der deutschen Wirtschaft. Nach einer gedrängten Unterweisung in die Geschäfte des Bauhandwerks sollten diese für eine begrenzte Zeit in die aufstrebende junge Bundesrepublik übersiedeln, um dort die explodierenden Bautätigkeiten mit ihrer Arbeitskraft zu unterstützen.

Sogar eine Benennung dieser Personengruppe hatte Paul sich bereits ausgedacht.

»Sie werden *Gastarbeiter* bei uns sein, Emilio«, sagte er werbend. »Sie sollen *dort* ihr Geld verdienen, wo sich Arbeit in Hülle und Fülle befindet. In den stark zerstörten Gebieten Nachkriegsdeutschlands nämlich, und einen guten Teil ihres Salärs werden sie nach Hause schicken, wo ihre Familien davon profitieren können.«

Emilio schwenkte den Aperitif in seinem Glas und dachte über dieses Angebot nach.

»Es würde manches soziale Problem lösen – vor allem in Süditalien«, musste er dann einräumen.

Nachdem sie vorzüglich gegessen und über vergangene Zeiten geredet hatten, versprach Emilio, sich umzuhören, wie die Politik sich zu Pauls Vorschlag stellen würde.

Spät in der Nacht erst erreichte Paul Angelas Wohnung.

Als sie, voneinander gesättigt, in Angelas Bett lagen, erkundigte sich Paul nach Leonora, die er auf dem Landgut der Familie vermutete.

»Ja, sie ist dort«, bestätigte Angela. »Sie ist der absolute Liebling meiner Mutter, und auch Leonora hängt abgöttisch an ihr.«

»Sie hängt an ihr?«, fragte Paul, gleich doppelt erstaunt. Er konnte sich nicht vorstellen, dass irgendjemand mit Sofia Orlandi klarkam, erst recht nicht ein junges Mädchen von sechzehn Jahren. Außerdem war Sofia, soweit er wusste, noch immer vollkommen taub.

»Ich weiß, was du denkst«, sagte Angela und lächelte ein

wenig. »Auch ich hätte es für unmöglich gehalten. Aber es ist so, als ob Leonora einen ganz besonderen Schlüssel zum Herzen meiner Mutter besäße. Sie ist vollkommen vernarrt in das Kind, vom ersten Moment an war sie das. Und Leonora liebt sie. Sie war anfangs auch die Einzige, der meine Mutter die Worte von den Lippen ablesen konnte. Du hättest es sehen sollen, wie das kleine Mädchen, das damals gerade selbst erst das Sprechen erlernt hatte, die Laute formte, so lange, bis ihre Großmutter begriffen hatte, was es ihr sagen wollte. Und wie sie darauf bestand, dass sie Antwort bekam! Dass meine Mutter nicht auch noch ihre Sprache verloren hat, weil sie sich selbst ja nicht mehr hören kann, und sie heute in der Lage ist, trotz ihrer Einschränkung mit uns zu kommunizieren, das alles verdankt sie und verdanken wir ausschließlich Leonora!«

»Unglaublich«, murmelte Paul. Sie hatten höchst selten über Angelas Mutter gesprochen. Noch heute schnürte der Groll Paul die Kehle, wenn er an deren Verhalten dachte – und an das, was daraus entstanden war.

Angela fühlte, wie sich Pauls Atem veränderte, und legte begütigend ihre Hand auf seinen nackten Arm. Sie streichelte ihn zärtlich, bis sie spürte, dass er eingeschlafen war. Dann dachte sie an ihr Gastspiel in London und dass sie ihr nächstes Treffen besser dort abhalten sollten.

Sie war berühmt, und auch Paul war inzwischen ein bekannter Mann geworden. Es wurde immer schwieriger für sie, ohne Aufsehen Tage und Nächte zusammen zu verbringen. Italien war in diesen Dingen – zumindest was die öffentliche Meinung betraf – immer noch katholisch geprägt. Eine Beziehung wie die ihre hatte alle Chancen, als »Sünde« in den Gazetten breitgetreten zu werden, wenn die Journaille ihnen auf die Schliche kam. Und im Deutschland Konrad Adenauers war man ebenfalls prüde und bieder.

Schon mehrmals in den vergangenen Wochen hatte Angela den Journalisten einer Boulevardzeitung in der kleinen Bar herumlungern sehen, von der aus man den Eingang zu ihrem Wohnhaus im Auge behalten konnte. Und ob der neue Hausverwalter Anfragen oder gar Trinkgeldern ebenso widerstehen würde, wie der alte es getan hatte, war noch nicht abzusehen.

Es war besser, sie gingen künftig in wechselnde Hotels, wenn Paul sie in Rom besuchen kam, obwohl Angela dies hasste. Sie mussten dabei zwei verschiedene Zimmer beziehen, und Paul hätte keine andere Wahl, als sich in den frühen Morgenstunden in sein eigenes zurückzuschleichen. Und selbst bei dieser Vorgehensweise lauerte noch die Gefahr der Entdeckung.

Angela seufzte leise und kuschelte sich dann zusammen.

Manchmal wünschte sie sich, eine ganz normale Ehefrau zu sein. Doch gleich bei der Überlegung, ob sie lieber eine deutsche oder eine italienische Gattin sein wolle, begannen die Schwierigkeiten.

Am besten, ich bleibe das, was ich bin, dachte sie noch, bevor sie endlich den Schlaf fand.

Auch Paul hatte über das Problem ihrer heimlichen Treffen und die Gefahr nachgedacht, dass diese öffentlich werden könnten. Und wie immer fand er eine geeignete Lösung.

»Wir bauen uns selbst ein Hotel«, verkündete er vergnügt und tunkte genüsslich sein Croissant in den Milchkaffee, als sie sich nach einem Gastspiel Angelas in Paris trafen. »Dann können wir uns dort eine Suite einrichten und uns immer wieder ein paar Tage so fühlen, als ob wir ein Ehepaar mit einer eigenen Wohnung wären.«

Angela war einen Moment lang verblüfft, doch dann gefiel ihr die Vorstellung.

»Und wo soll das sein?«

»Am Gardasee, habe ich mir gedacht. Die Deutschen haben nämlich inzwischen ihre Liebe zu Italien entdeckt. Sie singen ›Wenn bei Capri die rote Sonne im Meer versinkt‹ und ›Santa Lucia‹. Die meisten scheuen noch den weiten Weg bis zum Meer, aber Oberitalien bietet ihnen schönes, verlässliches Wetter, Palmen und Seen. Allerdings fürchten sie sich noch immer vor den Fährnissen der fremden Sprache. Wenn wir ihnen ein Hotel bieten, in dem deutsch gesprochen wird, glaube mir: Sie werden sich auf ihre Motorroller, Motorräder und in ihre nagelneuen Volkswagen schwingen und sich aufmachen ›ins Land, wo die Zitronen blühn‹! Sie mögen sein, wie sie wollen, meine teutonischen Landsleute, aber ihren Goethe beherrschen sie – und der schürt ihre Sehnsüchte!«

»Man bräuchte aber ein geeignetes Grundstück dazu – und Fachleute, die ein solches Hotel konzipieren könnten.«

»Ich habe beides zur Hand«, erklärte Paul fröhlich. »Emilio Rigotti hat Kontakt mit einem Parteifreund aus Garda hergestellt, der bereit wäre, mir ein Grundstück am See zu verkaufen. Und mein Neffe Anton, der Sohn meines verstorbenen Zwillingsbruders Peter, hat nicht nur eine Maurerlehre absolviert, sondern gerade die Architektenschule beendet. Ich habe mit ihm gesprochen. Er wäre bereit, das Hotel zu planen und auch die Bauleitung zu übernehmen.«

Und genauso geschah es.

Anton Pasqualini, der Enkel des Baumeisters Stefano Pasqualini, setzte sich zu Beginn des Jahres 1956 auf sein Motorrad und legte die Distanz, die seinen Großvater Monate der Anstrengung gekostet hatte, in nur zwei Tagen zurück.

Er bezog ein privates Quartier beim Grundstücksverkäufer Giovanni Fanfani, einem angesehenen Weinhändler, und stürzte sich mit Elan in seine neue Aufgabe.

Häufig erschien sein Bauherr und Onkel Paolo Pasqualini,

um nach dem Fortgang der Arbeiten zu sehen. Auch er kam bei diesen Reisen im großen Gutshaus Fanfani unter und traf dort regelmäßig auf die Opernsängerin Angela Orlandi. Diese hatte der örtlichen Zeitung ein umfangreiches Interview gegeben, in dem sie nicht versäumte zu erwähnen, wie sehr das Klima am Gardasee ihrer strapazierten Stimme wohltat, weshalb sie so oft wie möglich ein paar Erholungstage in Garda verbringe. Meist war die berühmte Diva in Begleitung ihrer Tochter Leonora, einem hübschen jungen Mädchen, und ihrer tauben Mutter, die mit Mitte sechzig noch immer eine sehr ansehnliche Dame war.

Und da die Leute am Gardasee vor allem damit beschäftigt waren, der Reise- und Erlebniswut der Deutschen standzuhalten, blieb Pauls Verhältnis mit Angela Orlandi ein geheimes.

Leonora Lacardo aber gelang es, ihre Großmutter Sofia zu immer ausgedehnteren Aufenthalten am Gardasee zu überreden. Das junge Mädchen entdeckte ihr Interesse für die regionale Botanik und schweifte wochenlang durch die Umgebung, wobei sie vorgab, nach Moosen und Farnen zu suchen.

Sofia Orlandi lag derweilen, eingehüllt in eine leichte Wolldecke, auf der Terrasse des Gutshauses hoch über dem See und genoss sogar noch die späten Herbsttage dieser gesegneten Region. Sie war ebenso überrascht wie ihre Tochter Angela, zu Beginn des Monats November 1956 feststellen zu müssen, dass, im Schatten des Hotelneubaus gewissermaßen, eine neue geheime Beziehung entstanden war.

»Ich möchte heiraten, Mama«, erklärte Leonora ihrer schockierten Mutter bei deren Besuch am 22. November, dem Fest der heiligen Cäcilia. Angela hatte, als Zugeständnis an den gastlichen Ort, den Festgottesdienst in der Pfarrkirche mit einigen geistlichen Liedern verschönt, und man war eben zu einem kleinen Festmahl zusammengekommen. Angela war etwas verärgert über die beharrliche Anwesenheit von Mutter und Tochter gewesen, denn sie erwartete Paul, den sie – Sofia Orlandis wegen – dieses Mal im Grandhotel an der Seepromenade einquartiert hatte.

Noch ehe sie ihrer Tochter mitteilen konnte, mit neunzehn Jahren sei sie viel zu jung, um an solch schwerwiegende Festlegungen zu denken, sie habe mit der gewünschten Ausbildung als Dolmetscherin noch nicht einmal begonnen und nicht jede Verliebtheit müsse zwingend vor dem Altar enden, rief ihre Tochter mit strahlender Miene: »Wir erwarten ein Baby, Mama!«

Die Tatsache, dass Leonora diese Ungeheuerlichkeit sofort im Plural verkündete, wie auch dass sie das Wort »Baby« verwendete, das vorzugsweise die Deutschen aus dem amerikanischen Wortschatz übernommen hatten, brachte alle Alarmglocken in Angelas Kopf zum Klingen.

»Und wer ist der Vater?«, fragte sie deswegen und schob alle Vorhaltungen erst einmal zur Seite.

»Antonio Pasqualini«, erwiderte Leonora so selbstverständlich, als ob alle Anwesenden im Raum nichts anderes hätten erwarten können.

»Wer ist es?«, rief Sofia Orlandi, die wie immer mit den Augen am Mund ihrer Enkelin geklebt hatte, mit sonderbar hoher Stimme.

Leonora drehte sich zu ihr.

»Antonio Pasqualini, der Architekt, der für seinen Onkel Paolo das neue Hotel am See baut, Großmutter!«

Sofia gab einen Laut von sich, der ihre Tochter zutiefst erschreckte. Sie sprang auf, nahm ihr eigenes Glas, in dem sich noch ein Rest des Sherrys befand, den die Gastgeber als Aperitif angeboten hatten, und flößte ihrer Mutter die belebende Flüssigkeit ein.

»Was hat sie denn, Mama?«, erkundigte sich Leonora ein wenig bedrückt. Gerade von ihrer geliebten Großmutter hatte sie sich Unterstützung in dieser Unterredung erhofft.

»Das erklär ich dir später«, sagte Angela und half ihrer Mutter auf, die ihr ein Zeichen gab, in ihr Zimmer zu kommen.

Die Familie Fanfani, die vier Kinder und fünf Enkel umfasste und daher in dramatischen Familienszenen geschult war, deckten Leonoras schockierendes Bekenntnis mit viel Spaghetti, Limonenforelle, geschmortem Kaninchen und dem vorzüglichen Wein aus ihren eigenen Weinbergen zu.

Angela ging sofort nach dem Dessert hinüber zum Grandhotel, um Paolo die Neuigkeit zu übermitteln.

»Mein Gott!«, sagte der nach ihrem Bericht. »Das ist unglaublich. Was wird meine arme Mutter dazu sagen!«

»Das spielt keine Rolle«, sagte Angela, die inzwischen darüber nachgedacht hatte, bestimmt. »Oder soll der Fehler noch einmal wiederholt werden?«

»Nein«, sagte Paul schließlich. »Aber es ist dennoch unglaublich!«

»Ich finde das nicht. Im Grunde ist es nur konsequent!«

»Und worin siehst du die Konsequenz?«, wollte Paul wissen, der ihren Gedankensprüngen nicht folgen konnte.

»Dass die Pasqualini-Männer auf die Mazone-Frauen offenbar eine magische Anziehung ausüben!«, erwiderte Angela und nahm seine Hand.

»Und umgekehrt auch«, stimmte Paul ihr jetzt zu, zog ihre Hand an den Mund und sagte neckend: »Geliebte Großmutter!«

Angela lachte laut auf. »Es ist, wie es ist«, sagte sie dann kokett und schlang die Arme um seinen Hals.

Als Angela – es war schon nach dem Morgenläuten – sich endlich aus Pauls Bett schälte und in der frischen Luft des Novembertags zurück ins Haus der Fanfanis schlich, war sie froh, den Hotelneubau so fortgeschritten zu sehen. Je älter sie wurde, desto erbärmlicher kam ihr dieses Versteckspielen und Bettwechseln vor.

Obwohl sie müde war von der kurzen Nacht, schrieb sie einen langen Brief an ihre Mutter, in dem sie ihr all das berichtete, worüber so lange Jahre hinweg geschwiegen worden war: von ihrer verunglückten Ehe, von ihrer jahrelangen Beziehung mit Paolo Pasqualini. Sie schrieb auch davon, dass ihr Bruder und sie selbst längst davon wussten, wer tatsächlich der Vater Stefanos gewesen war, und sie appellierte an Sofias Einsicht und Einlenken, ihrer Liebe zu Leonora wegen.

Gerade als die Sonne aufging, schob sie den Brief unter den Türschlitz von Sofias Zimmer.

**49** Am 25. März 1957 erwartete das neue Hotel Europa die ersten Gäste. Es handelte sich um eine Doppelfeierlichkeit: die Hochzeit des jungen Paares und die Einweihung des Hotels.

Die Idee zur Namensgebung stammte vom Architekten und heutigen Bräutigam Anton Pasqualini, und auch der Termin der Feier war sehr bewusst von ihm ausgewählt worden. Er war der Tag, an dem in der italienischen Hauptstadt die sogenannten Römischen Verträge, die Grundstock einer europäischen Einigung sein sollten, von den Ländern Belgien, Bundesrepublik Deutschland, Frankreich, Italien, Luxemburg und den Niederlanden unterzeichnet wurden.

»Das finde ich ein sehr angemessenes Hochzeitsdatum, wenn man unsere Familiengeschichte betrachtet«, hatte Anton zu Leonora gesagt.

»Mir ist das völlig egal«, hatte diese erwidert. »Ich bin glücklich darüber, dass wir *überhaupt* heiraten können!«

Sie hatte ihrem künftigen Mann längst nicht alles erzählt, was sich im Hinblick auf diese Eheschließung in ihrer Familie abgespielt hatte.

»Diese Hochzeit zu ermöglichen war ein diplomatisches Meisterstück«, sagte in diesem Moment auch Paul Pasqualini zu Angela Orlandi.

Sie standen auf der Balustrade des Dachgartens vor ihrer Suite im fünften Stock des Hotels und hielten nach den beiden Bussen Ausschau, die die Hochzeitsgesellschaft herbeibefördern sollten.

Das erste der beiden Gefährte, in dem sich die italienischen Gäste befanden, tauchte eben in der Kurve vor dem Hotel auf.

»Gehen wir sie begrüßen«, sagte Angela erleichtert und zog Paul hinter sich her.

Die Zusammensetzung der Busgesellschaft machte mehr als alles andere klar, wie viele Gespräche und Offenbarungen im Vorfeld dieser Eheschließung stattgefunden haben mussten: In den ersten Reihen saßen der Reeder Stefano Orlandi, seine Frau Olivia und ihre beiden erwachsenen Kinder Felicia und Leopoldo. Gleich hinter ihnen hatte die verwitwete Gina Pivato aus Pesciotta a Mare, deren Mann in der Schlacht am Monte Cassino gefallen war, Platz genommen. Auf den Nebensitzen hockten ihre vierunddreißigjährigen Zwillingssöhne Gianni und Giacomo mit ihren Frauen und insgesamt sieben halbwüchsigen Kindern. Im Mittelteil des Busses lehnte ein gut erhaltener Siebziger mit dichtem, schlohweißem Haar in den Polstern, Roberto, ein Großonkel des Bräutigams. Seine Ehefrau Rosalia, die neben ihm saß, war eine Matrone beträchtlicher Ausmaße. Ihre vier Kinder, zwei junge Männer und Frauen, jeweils begleitet von ihren Ehepartnern und vier Kindern komplettierten die italienische Festgesellschaft.

Emilio Rigotti und Editha hatten sich entschuldigen lassen.

Emilio, unter Minister Aldo Moro zum Staatssekretär geworden, war an der Ausarbeitung der Römischen Verträge maßgebend beteiligt gewesen. Er musste während der Staatsbesuche in der Hauptstadt anwesend sein.

Kaum waren die italienischen Hochzeitsgäste begrüßt, erschienen die deutschen.

Anna saß neben dem Fahrer des Mercedes-Busses. Hinter ihr hatten David Cohn und Adolf Gruber Platz genommen. Beide waren dieser Hochzeit wegen eigens aus Amerika angereist und hatten schon einige Erinnerungstage in Wisslingen verbracht.

Augusta Kottmann verwitwete Pasqualini, die Mutter des Bräutigams, hockte in einem viel zu engen, blauweiß getupften Seidenkleid in ihrem Sitz und schwitzte vor Wichtigkeit und Aufregung. Ihr neuer Ehemann Gebhard Kottmann war ein eloquenter, rotbackiger Herr. Von Beruf war er, wie er später jedem in breitem Schwäbisch erzählte, ein Versicherungsvertreter.

Irmgard, die Schwester des Bräutigams, war flankiert von ihrem Ehemann, einem farbigen ehemaligen Besatzer, mit dem sie zwei putzige kaffeefarbene Kinder hatte: die zweijährigen Zwillinge Hans und Heinz. Die junge Hirschwirtin versuchte, ihre drei Buben zu bändigen, die beim Aussteigen übereinanderpurzelten. Ganz am Schluss kletterte der Hirschwirt, ein Enkel Eugen Sailers, aus dem deutschen Bus.

Paul begrüßte alle herzlich und übernahm danach die Vorstellung der beiden Gruppen, während Angela nervös zum Hoteleingang sah, wo sie erwartete, endlich ihre Mutter zu sehen.

Zwischenzeitlich traf noch ein weiteres Gästefahrzeug ein. Laut hupend, in einer übergroßen, verschwenderisch mit Blumen geschmückten Limousine – so, als ob es sich um seine eigene Hochzeit handle – traf Benedetto Lacardo ein. In seiner Begleitung befanden sich Isabel und ihr gemeinsamer Sohn Carlo. Auf dem Rücksitz aber, ihn ganz und gar belegend, thronte ein Berg aus taubenblauen Spitzen, der sich bei näherem Hinsehen als Ludovica Agnelli herausstellte.

»Wo bleibt denn deine Mutter?«, raunte Paul Angela zu, nachdem er auf seine Armbanduhr geblickt hatte. Es war an der Zeit, die Kirche aufzusuchen.

»Stefano ist schon hochgegangen, um sie zu holen!«, erwiderte Angela und hoffte, dass ihre Mutter, die immer für einen exaltierten Auftritt gut war, nicht noch einen weiteren vorgesehen hatte. Bitte nicht heute, nicht an dem Tag, an dem meine Leonora glücklich sein sollte, dachte Angela angespannt.

Als ob ihre Bitte erhört worden wäre, erschien Sofia Orlandi jetzt am Arm ihres Sohnes Stefano.

Sie trug ein streng geschnittenes schwarzes Kleid mit einem schwarzen Spitzenbolero und hatte anstelle eines Huts ein paar Straußenfedern mit einem schwarzen Spitzenschleierchen auf den noch immer dunklen Haaren. Sie sah aus wie eine Königin.

Bei ihrem Anblick trat Paul an die Seite seiner Mutter und schob seine Hand unter ihren Ellbogen. Als er sie berührte, fühlte er Annas flatternden Herzschlag. Sie hatte nichts mehr gefürchtet als diesen Moment.

Mit einem langen Blick maßen sich die beiden Frauen.

Anna trug ihr eigenes ehemaliges Hochzeitskleid, das ihr immer noch passte. Nahezu gleichzeitig lösten die beiden Frauen sich von ihren Söhnen und gingen aufeinander zu. Als sie dicht voreinander standen, musterten sie sich erneut.

Sofia öffnete als Erste den Mund und sagte mit der überdeutlichen Artikulation, wie sie Tauben eigen ist: »Die Zeiten haben sich geändert!«

Anna lächelte ein wenig, was ihr hageres, ernstes Gesicht erstaunlich belebte und deutlich machte, dass auch sie einmal eine attraktive Frau gewesen war.

»Ja, so ist es!«

Es war die Quintessenz dessen, was die vielen Unterredungen zwischen ihr und ihrem Sohn Paul – dieser Hochzeit wegen – ergeben hatten.

In diesem Moment preschte ein Sportwagen amerikanischer Bauart herbei. Er war rosarot lackiert. Rosarot war auch die rothaarige Frau mit der wilden Lockenfrisur gekleidet, die am Steuer saß. Rosa eingefärbt war auch das Fell des Pudels, der auf dem Rücksitz hockte und sich aufspielte, als ob er der Herr des erstaunlichen Fahrzeugs sei.

»Else?!«, krächzte Anna, erschüttert vom Anblick ihrer Tochter, von der sie jahrelang nichts gehört hatte. Doch sie hatte keine Zeit, sich zu echauffieren, da die Kirchenglocken nun ertönten und dröhnend die Hochzeit einläuteten. Die Gespräche erstarben, und die Hochzeitsgesellschaft eilte in die Kirche, wo sie sich auf die wenigen Bänke verteilte.

Sofia und Anna, die jeweils dem italienischen und dem deutschen Teil der Großsippe vorstanden, überließ man höflich die erste Reihe.

So saßen sie schließlich nebeneinander, die beiden Frauen Stefano Pasqualinis.

Leonora wurde von Händels »Largo« und Paul Pasqualini zum Altar geleitet, wo ihr Bräutigam Anton sie erwartete. Die beiden Männer Angelas hatten sich auf diesen Modus geeinigt, nachdem Benedetto klar geworden war, dass er nicht gleichzeitig singen und zum Altar gehen konnte.

Während Ludovica an der Orgel alle Register zog, betrachtete Anna die vielen vergoldeten Engel und Heiligen, welche die Kirche so überreichlich bevölkerten. Sie musterte die üppigen Blumengebinde, die den Altarraum zierten und mit ihren Gerüchen die Sinne betörten, und wünschte sich in die Kargheit der pietistischen Kapelle zurück, in der sie einstmals geheiratet hatte. Irgendwann, dachte Anna aber, kommen die wieder zusammen, die Lutherischen und die Katholen, genauso wie die Völker Europas!

»Willst du, Antonio Pasqualini«, hörte sie nun den Pfarrer sprechen, »die hier anwesende Leonora Lacardo zu deiner Ehefrau nehmen, sie lieben und ehren, in guten und in schlechten Tagen, so sprich mir jetzt nach: Ja, ich will es!«

Als auch Leonora »Ja, ich will es« gesagt hatte, fasste Anna hinüber und legte ihre harte, verarbeitete Hand auf die zarte, feingliedrige Sofias. Ihre Finger glitten ohne Mühe ineinander, und derart verschlungen hielten sie einander fest, während Angela Orlandi das »Ave Maria« sang.

Sofia hörte nichts davon, doch in der Zeitspanne eines Wimpernschlags hatte sie den Eindruck, dass die Schleier um das Geheimnis des jenseitigen Lebens durchscheinend wurden. Die diesseitige Liebe und die verheißene neue Welt, so schien es ihr, seien ein und dieselbe Sache: ein Zustand des Glücks; flüchtig und vielfach beschwert im Erdenleben, umfassend, vollkommen und vollendet im Jenseits.

Paul, der neben seinem Halbbruder Stefano Platz gefunden hatte, dachte an seinen Violinsolisten-Auftritt vor dem Duce, an die Läufte der Zeiten und die Verwirrungen und Irrungen der menschlichen Gefühle, als der Pfarrer die Stola um die Hände des jungen Paares schlang und es segnete.

Er fühlte den Blick Angelas und sah darin die Frage: Wird es auch uns eines Tages möglich werden, »rechtmäßig verbundene« Eheleute zu sein?

Vielleicht, dachte Paul Pasqualini.

Ganz sicher, sprach es aus Angelas Augen.

Die Mazone-Frauen und die Pasqualini-Männer.

Eine Unmöglichkeit in der ersten Generation.

Ein Fragezeichen in der zweiten.

Eine gesegnete Allianz in der dritten: Es war geschehen, dass ein Pasqualini eine Mazone heiratete, und ein neuer, jetzt legitimer Sproß wuchs bereits heran.

Als sie die Kirche verließen, war der diesige Morgennebel einem strahlenden Frühlingstag gewichen.

Sie versammelten sich auf dem Platz vor der Kirche, um dem Brautpaar zu gratulieren, als am Rathaus zur Ehre der ersten Stufe der europäischen Einigung, der Römischen Verträge, die Flagge gehisst wurde.

Sie flatterte so fröhlich im Frühlingswind, als ob sie alle Hoffnungen spüre, die dieser Tag in sich barg.

## DANKSAGUNG

Ich danke meinen Agenten Peter Stertz und Joachim Jessen für ihre Beratung, Begleitung und Geduld während des Schreibprozesses sowie Gerhard Seidl für sein sachkundiges und behutsames Lektorat. Cheflektorin Dr. Maria Dürig, der Leiterin der Presseabteilung, Dr. Berit Böhm und Werbeleiterin Brigitte Nummer sowie den weiteren beteiligten Mitarbeitern des Limes Verlags sei herzlich gedankt für aufmunternde Worte, unterstützende Maßnahmen und ihre Sorgfalt bei der Herstellung des Buches.